Gerhard Konzelmann:
Der Nil
Heiliger Strom unter Sonnenbarke,
Kreuz und Halbmond

Deutscher
Taschenbuch
Verlag

Vom Autor erweiterte Ausgabe
Mai 1985
Deutscher Taschenbuch Verlag GmbH & Co. KG, München
© 1982 Hoffmann und Campe Verlag, Hamburg
ISBN 3-455-08753-1
Umschlaggestaltung: Celestino Piatti
Umschlagfoto: Walter Weiss (aus dem Buch »Ägypten«,
Verlag C. J. Bucher GmbH, München und Luzern 1978)
Gesamtherstellung: C. H. Beck'sche Buchdruckerei, Nördlingen
Printed in Germany · ISBN 3-423-10432-5

# Inhalt

Personen- und geographische Namen sind so transkribiert, daß sie bei
der Aussprache möglichst wenig Schwierigkeiten bereiten. J- im An-
laut gleicht einem Dsch-. Feste Betonungsregeln gibt es nicht, doch
liegt die Länge häufig auf der zweiten Silbe.

# Die Fabel vom Frosch und dem Skorpion am Nil

Erzählt wird, daß einmal ein Skorpion am Ufer des Nil gewartet habe. Da sei ein Frosch an ihm vorübergehüpft auf dem Weg zum Wasser. Der Skorpion sprach: »Nimmst du mich mit ans andere Ufer, ich will mich dort umsehen?« Der Frosch gab zur Antwort: »Ich traue dir nicht, deshalb kann ich dich nicht auf meinen Rücken nehmen. Wenn wir mitten im Fluß sind, stichst du mich, und ich bin gelähmt und ertrinke!« Ironisch entgegnete der Skorpion: »Meinst du, ich will mich selbst umbringen, weil ich genug habe vom Leben? Dich zu stechen wäre Selbstmord, denn ich müßte mit dir ertrinken.« Der Frosch sah ein, daß der Skorpion keinen Anlaß habe, ihn zu stechen. Er gab dem Skorpion ein Zeichen, er möge ihm auf den Rücken steigen.

In ruhigem Wasser schwammen sie dahin, bis der Frosch, gerade in der Mitte des Flusses, einen stechenden Schmerz spürte, der ihn lähmte. Mit letzter Kraft fragte er: »Warum? Du bringst dich doch selbst um!« Er hörte den Skorpion noch antworten: »Du hast vergessen, daß wir uns im Land am Nil befinden.« Dann versanken sie beide.

Zu denen, die Fabeln – aber auch Wahres – vom Nil und seinen Ufern zu berichten wußten, gehörte der arabische Geograph Abu Hasan Ali Ibn Al Husain Ibn Ali. Bekannt ist er bis heute unter dem Namen Al Mas'udi. An den mächtigen Strömen Mesopotamiens, an Euphrat und Tigris, war er aufgewachsen; mit ihrem Lauf war er vertraut. Er hatte Persien, Pakistan und sogar das Fabelland Indien gesehen. In Büchern hatte er dargestellt, was ihn dort faszinierte. Doch als er im Jahre 941 an den Nil kam, da beschloß er zu bleiben, um Menschen und Land am »König aller Flüsse« verstehen zu lernen. Al Mas'udi begann, das Land am Nil zu erkunden – und zu beschreiben. Noch unsicher in Einsicht,

Erkenntnis und Formulierung suchte er in den Bibliotheken der Stadt, die damals noch nicht Al Kahira, noch nicht Cairo hieß, was kundige Männer in den Jahren zuvor über Ägypten notiert hatten. Die nach seiner Meinung treffendsten Worte stellte Al Mas'udi an den Anfang seiner Abhandlung. In den Schriften eines Weisen habe er diese Charakterisierung gefunden: »Der Nil ist ein Wunder. Drei Monate des Jahres ist das Land an seinem Ufer eine silbrig schimmernde Perle. Drei Monate ist das Land schwarzer Moschus, drei Monate ein dunkelgrüner Smaragd und drei Monate ein Barren roten Goldes.«

Aus eigener Anschauung ergänzte und erläuterte Al Mas'udi die Worte des Weisen: »Eine silbrig schimmernde Perle ist das Land am Nil in den Monaten Juli, August und September, wenn es von der Flut des Flusses überschwemmt ist; wenn die auf allen Seiten vom Wasser umgebenen Gehöfte und Dörfer auf ihren Erhebungen und Hügeln über dem unruhig spiegelnden Nil den Sternen gleichen, wenn die Dörfer nur noch mit Booten erreichbar sind. Schwarzer Moschus ist das Land am Nil in den Monaten Oktober, November und Dezember, wenn das Wasser in das Flußbett zurücktritt und einen schwarzen Boden hinterläßt, in den die Bauern die Saat legen. Dieser schwarze Boden strömt einen starken Geruch aus, der dem Duft des Moschus gleicht. Ein dunkelgrüner Smaragd ist Ägypten in den Monaten Januar, Februar und März, wenn ihm die überall sprießenden Gräser, die Pflanzen der Felder und die Blätter der Bäume den Glanz dieses Edelsteins verleihen. Und ein Barren roten Goldes ist Ägypten in den Monaten April, Mai und Juni, wenn die Saat reift, wenn Gräser, Pflanzen und Baumblätter eine rötliche Färbung annehmen. Dann gleicht das Land am Nil, vom Anblick wie vom Nutzen her, dem Golde. Ein Wunder ist der Nil.«

Auf die Flut, deren Wirkung Al Mas'udi beschreibt, wartet das Land am Nil in unserer Zeit vergeblich. Fast gleichmäßig in seinem Wasserstand strömt der Fluß in Ägypten durch die Jahreszeiten. Nur an seinem Oberlauf, in Äthiopien und im Sudan, zeigt er noch seine erstaunliche und lange unerforschte Eigenschaft, an präzisen Kalenderdaten anzusteigen und abzuschwellen.

Die Zähmung des Nil begann im Jahre 1899 mit dem Bau des ersten, noch unbedeutenden Damms von Asswan durch die britische Kolonialverwaltung. Gegen diesen Damm konnte sich der Fluß noch wehren. Er trug auch weiterhin seinen fruchtbaren Schlamm nach Ägypten hinein.

Nassers gewaltige Talsperre aber – entworfen als Symbol ägyptischer Unabhängigkeit – erlaubt die Beherrschung des Nilwassers durch den Menschen. Doch zehn Jahre nach seiner Fertigstellung sehnen sich die Bauern des Niltals nach der schwarzen Erde, die fruchtbar ist und die wie Moschus duftet.

Behutsam entwickelt sich die Rache des Flusses für die Zerstörung seiner Eigenart, die ihn vor anderen Flüssen auszeichnete. Landwirtschaftsexperten denken seit dem Beginn der achtziger Jahre darüber nach, ob die riesige Aufschüttung aus Stein und Sand nicht wieder abgetragen werden müßte, um die bisher noch fruchtbare Erde des Deltas auch weiterhin so gesund zu erhalten, daß sie drei Monate des Jahres dem dunkelgrünen Smaragd und drei Monate dem Barren roten Goldes gleichen kann.

Al Mas'udi hat damals, im 10. Jahrhundert unserer Zeitrechnung, auch eine Beschreibung des Charakters der Menschen am Nil gefunden. Auch sie sei, so meinte er, von einem Weisen verfaßt und treffe die Wahrheit: »Die Bewohner Ägyptens sind unruhig und gehorchen nur aus Furcht. Aufrührerisch sind sie im Frieden und wütend im Kriege.« Al Mas'udi hat sich trotzdem wohl gefühlt in Ägypten. Er war ein Sammler des Wissens seiner Zeit, ein Enzyklopädist. Im Land am Nil fand er, was er suchte: Er sah Zeugnisse der Menschheitsgeschichte, und er begegnete klugen Männern, die ihm Vergangenes erklären konnten. So begriff er, daß Aufruhr und Krieg den Gang der Welt mehr verändern als Ruhe und Frieden. Der aufrührerische Charakter der Ägypter, gepaart mit ihrer wütenden Kampflust im Kriege, habe das Land abrupten Wechsel von Erhöhung und Sturz und ein Abenteuer nach dem anderen erleben lassen.

Tausend Jahre sind vergangen, seit Al Mas'udi seine Bemerkungen über Ägypten und seine Bewohner aufgeschrieben hat. Manche Feststellung ist so nicht mehr gültig, wie sie der Autor gemeint hat – und trotzdem ist sie wahr. Dazu zählt der Satz: »Der Reichtum des Nillandes erweckt Begierde und erzeugt den Neid der Nachbarn.« Daran hat sich bis in unsere Gegenwart nichts geändert. Reich ist Ägypten zwar nur an bislang ungehobenen Bodenschätzen – und an Menschen; aber gerade die große Zahl an Bewohnern gibt ihm Bedeutung in einer Region flächengroßer Wüstenstaaten mit geringer Einwohnerzahl. Den Neid bekommt es heute vor allem von seiten des libyschen Revolutionsführers zu spüren, auf den nur knapp drei Millionen Menschen hören, während Ägypten immerhin von mehr als vierzig Millionen bewohnt wird.

Im Verlauf der tausend Jahre, die uns von Al Mas'udi trennen, verwischte sich auch die Verknüpfung von Vergangenem und Gegenwärtigem nicht, die er damals für bemerkenswert hielt. »Allen Ägyptern ist bekannt, was die alten Könige, die Pharaonen, vollbrachten«, notierte der Araber und Moslem Al Mas'udi mit Erstaunen: war es doch dem Heer des Islam bei Eroberungen in anderen Regionen gelungen, die Denkmäler der früheren Kulturen zu vernichten. Die Pyramiden allerdings ließen bei ihrem Anblick gar nicht den Gedanken aufkommen, ihre Zerstörung sei möglich. Sie sind für die Ewigkeit gebaut. Sie haben die christliche Zeit und den Anbruch des Islam überstanden; es schadete ihnen wenig, als die Mamluken zum Zeitvertreib mit Kanonen auf Sphinx und Pyramiden schossen. Die Plünderungen durch Archäologen des 19. Jahrhunderts ließen sie unbehelligt. Sie werden in unserer Zeit mit größerem Interesse betrachtet als das Riesenwerk des Staudamms von Asswan.

Das Bewußtsein der langen Geschichte der Nilvölker gab den Politikern Ägyptens das Gefühl der Gelassenheit – auch in der Zeit der Isolation ihres Landes nach Sadats Besuch in Jerusalem. Auf die empörten Vorwürfe aus Tripolis, Damaskus und Baghdad, die ägyptische Führung habe den Islam verraten, konnte Anwar As Sadat mit der Bemerkung reagieren, daß Ägypten Gott schon verehrt habe, als in Libyen, Syrien und Irak noch der Aberglaube herrschte. Damit bezog der Präsident die Epoche des Christentums ein in die Geschichte der Anbetung des einen und allmächtigen Gottes auf ägyptischem Boden.

Gewaltig ist der Dreiklang aus früher Geschichte, griechisch-christlicher Zeit und den Jahrhunderten des Islam in der Erinnerung der Ägypter. Sie blicken zurück auf einen historischen Ablauf, der durch Überblendung von Kulturen geprägt ist. Doch der Eindruck der Ruhe, den ein solcher Rückblick entstehen läßt, täuscht. Was sich heute als Kontinuität darbietet ist bei genauer Betrachtung eine Kette von kulturellen Revolutionen, von Eroberungen durch Fremde, von Zerfall und neuem Anfang, von Umsturz und Mord, Machtgier und rätselhaftem Tod. Al Mas'udi, der Beobachter aus dem 10. Jahrhundert, bemerkt, ohne eine weitere Erklärung zu geben: »Der Nil und das Land um den Nil gehören dem, der beide raubt!« Gegenwart und Geschichte beweisen, wie recht er hatte.

# Tod am Nil

Wer das Attentat erlebt hat, der wird den Schock nie vergessen. Den Vorgang zu begreifen ist im Augenblick des Geschehens schwierig.

Der Zeitpunkt ist gut gewählt: Die Parade ist in ihrem Ablauf bereits langweilig geworden, da brechen um 12 Uhr 40 zum letzten Höhepunkt fünf Kampfmaschinen vom Typ Mirage-5-E im Tiefflug mit höllischem Donner in das Blickfeld der Zuschauer ein. Knapp über der Oberkante des Tribünendachs, das sich zum Schutz vor Sonnenstrahlen wölbt, fliegen die Maschinen eng nebeneinander. Das pyramidenartige Grabmal des Unbekannten Soldaten, das – von der Tribüne aus gesehen – auf der anderen Seite der Paradestraße steht, wird in geringem Abstand passiert. Fasziniert blicken die Zuschauer auf die Düsen: Sie stoßen Abgasfahnen in fünf leuchtenden Farben hinter sich her. Da mischt sich plötzlich in den Donner der Kampfflugzeuge der Knall einer detonierenden Handgranate. Sie ist von einem Lastwagen aus geworfen worden, der unmittelbar vor dem Tribünenplatz des Präsidenten angehalten hat.

Der Lastwagen gehört zu einer Gruppe von 72 dreiachsigen Fahrzeugen vom sowjetischen Typ Zil-151, die in der ägyptischen Armee als Mannschaftstransporter und als Zugmaschinen für Panzerabwehrgeschütze dienen. Die Kanonen, die von den Lastwagen bei der Parade geschleppt werden, stammen aus Nordkorea. Weder die Fahrzeuge noch die Kanonen erregen bei den Zuschauern auch nur einen Schimmer von Aufmerksamkeit. So bemerkt niemand, daß vor der Tribüne, in unmittelbarer Nähe des Präsidenten, das zweitletzte Fahrzeug der Gruppe angehalten hat.

Den plötzlichen Stopp hat Leutnant Khaled Al Islambuli veranlaßt, ein 24 Jahre alter Offizier. Der Fahrer, ein Soldat ohne Rang, war überrascht, als der neben ihm sitzende Leutnant unvermittelt die Zündung ausschaltete und die Handbremse anzog. Er sah, wie Khaled Al Islambuli die Wagentür öffnete und eine bereits geschärfte Granate in Richtung der Tribüne warf. Diese Beobachtung gab der Mann später zu Protokoll.

Kaum ist der Sprengkörper explodiert, springen drei Soldaten von der Ladefläche des Lastwagens herunter. In großen Sätzen bewegen sie sich auf Sadat zu und beginnen sofort aus ihren Maschinenpistolen zu schießen. Einer schleudert eine weitere Handgranate in die Zuschauerreihen; sie trifft Verteidigungsminister Abu Ghazala, detoniert jedoch nicht. Ein anderer Attentäter steht direkt an der Tribüne und feuert über die Brüstung hinweg, wobei er sein Gewehr über den eigenen Kopf halten muß. Eine dritte Handgranate wirbelt durch die Luft. Ihr Flug endet am Kopf des Generalstabschefs, Generalleutnant Abd Rab An Nabi. Der Sprengkörper fällt zu Boden – ein Blindgänger.

Viele der Zuschauer haben sich schon nach den ersten Schüssen auf den Boden geworfen; manche, die weiter entfernt sitzen, fliehen über die Stuhlreihen hinweg. Zum Ausbruch der Panik trägt bei, daß die fünf Kampfmaschinen immer wieder im Tiefflug die zur Parade eingeübten Kunststücke vorführen; in kurzem Abstand ist das furchterregende Donnern der Düsen zu hören. Die Piloten können nicht wissen, daß unter dem Tribünendach grausiges Geschehen den Ablauf der Parade unterbrochen hat. Die Menschen, die sich im Schußfeld der Attentäter wissen, rechnen mit einem Angriff der Flugzeuge. Nicht auszuschließen ist die Beteiligung der Luftwaffe am Anschlag auf den Präsidenten. Die Explosion einer Luft-Boden-Rakete könnte die gesamte Führungsspitze des ägyptischen Staates auslöschen.

Über eine Minute lang feuern die Attentäter, dann sind ihre Gewehrmagazine leer. Sie versuchen zu fliehen. Jetzt bellen Einzelschüsse aus den Pistolen der Leibwache des Präsidenten auf. Zwei der Fliehenden werden getroffen; sie brechen zusammen. 30 Meter abseits kniet ein Uniformierter, der von zwei Soldaten festgehalten wird. Einer verschwindet im niederen Gebüsch neben der Tribüne. Er wird erst später verhaftet – in der Wohnung seiner Schwester.

Die Flugzeuge bleiben schließlich aus. Nur noch Schreie sind zu hören. Die Getroffenen brüllen vor Schmerz, rufen nach Arzt und Krankenwagen. Die Leibwächter schreien sich gegenseitig an. Das Auto des Präsidenten fährt in rascher Geschwindigkeit vor und verläßt den Platz genauso schnell wieder – ohne Anwar As Sadat. Verstört packen die fünfhundert Militärmusiker, die vor dem Denkmal des Unbekannten Soldaten zur Parade gespielt haben, ihre Instrumente zusammen. Die Lastkraftwagen sind weggerollt. Die ersten Signale der Krankenwagen tönen in der Ferne.

Hinter der Tribünenbrüstung liegen Uniformierte und Zivilisten am Boden. Zu denen, die sich – flach auf die Betonstufen gedrückt – über Minuten nicht rühren, gehört auch Vizepräsident Hosni Mubarak. Ein Leibwächter packt ihn schließlich, reißt ihn hoch und führt ihn zum wartenden Wagenpark. Ein Kraftfahrzeug vom Typ Volvo bringt den Vizepräsidenten, der am Arm blutet, ins Militärkrankenhaus von Maadi, dem nilaufwärts gelegenen Vorort der Hauptstadt. In dieses Militärkrankenhaus wird auch Präsident Sadat eingeliefert. Um dem offensichtlich schwer Verwundeten rasch Hilfe bringen zu können, wird er in einem Gazelle-Hubschrauber transportiert, der hinter der Tribüne für Notfälle bereitstand.

Ahmed Sirhan, der langjährige persönliche Leibwächter des Präsidenten, sagt, Sadats Gesicht sei sofort nach Beginn des Kugelhagels blutüberströmt gewesen; aus dem Mund des Präsidenten sei geronnenes Blut gequollen. Die Ärzte des Militärkrankenhauses stellen bei der Einlieferung des verwundeten Staatschefs fest: »Weder Puls noch Herzfunktionen wahrnehmbar. Die Augen sind weit offen, reagieren aber nicht auf Lichtreize. Blut dringt aus dem Mund. Offenbar liegt keine Verletzung des Schädels vor. Ein Fremdkörper steckt unter der Nackenhaut. Zwei Einschüsse in der Brust. Einschuß und Austrittsloch oberhalb des Knies am linken Bein. Wunde am rechten Arm. Viele Splitter in der linken Brustseite. Allem Anschein nach sind wichtige Partien der linken Lungenseite zerrissen. Die Behandlung muß sich zunächst darauf beschränken, die blockierten Atemwege durch eine künstliche Luftröhre zu ersetzen, die Herzfunktionen durch Elektroschocks und direkte Herzmassage zu aktivieren.« Doch das Herz des Präsidenten Anwar As Sadat hat für immer aufgehört zu schlagen.

Eineinhalb Stunden nach der Einlieferung des Präsidenten konstatieren die Ärzte des Militärkrankenhauses, daß Sadats Hirn abgestorben ist. Dem Vizepräsidenten, der selbst wegen seiner leichten Verwundung behandelt wird, teilt der Chefarzt den Tod Sadats durch ein Koranzitat mit: »Allein Allah lebt ewig!«

Als Todesursache nennt der Bericht der Ärzte »den schweren Nervenschock, den er sofort bei Beginn des Attentats erlitten hat, in Verbindung mit inneren Blutungen im Bereich der linken Lunge.«

Die Verantwortung im Staat hat jetzt Mubarak zu übernehmen. Er ordnet zunächst an, daß der Tod Sadats noch geheimgehalten wird. Hosni Mubarak, der zur rechten Hand des Präsidenten saß, findet sein Glück selbst erstaunlich. Er berichtet über seinen Eindruck vom Verlauf des Attentats:
»Ich habe zunächst gar nicht bemerkt, was da geschah. Während einiger Sekunden war mein Blick ganz auf die Flugzeuge konzentriert. Dann hörte ich einige Explosionen, die allerdings nicht laut waren. Ich sah, wie der Präsident aufstand. Immer wenn sich Sadat bei der Parade erhob, mußten der Verteidigungsminister und ich ebenfalls aufstehen. Als ich gerade dem Beispiel des Präsidenten folgen wollte, da sah ich, wie jemand etwas nach uns warf. Dieses Bild hatte ich aber nur für den Bruchteil einer Sekunde vor Augen, dann stieß mich jemand zu Boden. Ich versuchte noch, den Präsidenten mit mir niederzureißen, doch das gelang mir nicht.«
Zusammen mit dem Vizepräsidenten hat auch der Verteidigungsminister das Attentat überlebt. Offensichtlich aber hatten die Organisatoren die Auslöschung der gesamten ägyptischen Führungsspitze geplant – diese Absicht war aus der Wahl des Attentatsortes und aus dem Ablauf der Ereignisse zu ersehen. Bei keinem anderen Anlaß saßen die zwei wichtigsten Politiker Ägyptens und der Oberkommandierende der Armee samt ihren Beratern und Stabschefs so eng beieinander wie aus Anlaß der Abnahme der Truppenparade. Die Handgranaten sollten durch ihre Splitterwirkung möglichst viele der Anwesenden töten. Die Überlebenden folgern, daß nach Ablauf der ersten Phase des Vorhabens eine zweite Phase beginnen sollte, in der eine neue Führungsspitze versuchen wollte, die Macht in Ägypten in die Hand zu bekommen.
Naheliegend ist der Gedanke, daß Angehörige der Einheit des Leutnants Khaled Al Islambuli, der nach dem Augenschein der Tatzeugen der Anführer der kleinen Gruppe war, das Attentat geplant hatten und nun den Zeitpunkt für gekommen hielten, durch einen Putsch die Machtzentren des ägyptischen Staates zu besetzen.
Aus den Papieren, die der Leutnant bei sich trägt, ist zu ersehen, daß er einem Artillerieregiment angehört, das in Cairo stationiert ist. Verteidigungsminister Abu Ghazala ordnet die Umzingelung der Ka-

serne an und läßt Panzer vor dem Eingang auffahren. Doch die erschreckten Soldaten, die nicht an der Parade teilgenommen haben, zeigen schon durch ihr Verhalten, daß sie nichts mit Putschplänen zu tun haben.

Eine Viertelstunde nach den Schüssen auf den Präsidenten sind die Nervenzentren der Hauptstadt – das Gebäude von Rundfunk und Fernsehen, das Telegraphenamt, das Innenministerium und die Polizeizentrale – von Truppen gesichert, auf deren Loyalität sich der Verteidigungsminister verlassen kann. Vizepräsident Mubarak wartet, bis ihm der Vollzug ähnlicher Maßnahmen auch aus den Provinzhauptstädten gemeldet wird, dann setzt er sich vor die Kamera des ägyptischen Fernsehens und sagt dem Volk, daß sein Präsident tot ist:

»Unser Führer, den Millionen geliebt haben, der Held von Krieg und Frieden, ist gestorben. Allah selbst hat es gewollt, daß Anwar As Sadat den Heldentod gerade an dem Tag sterbe, der ein Symbol geworden ist. Sadat starb mitten unter Soldaten, unter Helden, mitten unter seinem Volk. Stolz feierten sie den Tag, an dem das arabische Volk seine Würde wiedergefunden hatte.«

Am Tag nach dem Attentat beginnt das Beiramfest, dem die Moslems den Rang des Weihnachtsfestes der Christen beimessen. In Cairo leben die Menschen während der Festtage in gespannter Ruhe. Das Gerücht ist zu hören, auf den Innenminister sei ein Attentat verübt worden; der Totgesagte zeigt sich, um das Gerücht zu widerlegen, noch am selben Tag in der Öffentlichkeit. Ein anderes Gerücht erzählt, in der Provinzstadt Assiut werde geschossen. Dieses Gerücht ist nicht zu widerlegen.

Nilaufwärts, 378 Kilometer von Cairo entfernt, breitet Assiut sich am Westufer des Stromes aus. Eine schattige Uferpromenade gehört zu den reizvollsten Stellen der Stadt. Das Zentrum besteht aus einer Reihe von Märkten, aus breiten Straßen, aus Häusern, denen anzusehen ist, daß die Bewohner nicht arm sind.

Schon vor Jahrtausenden hatte die Stadt Bedeutung als Verbindungspunkt eines Landwegs mit einer Wasserstraße: In Assiut erreichte die Karawanenroute, die von den Oasen der libyschen Wüste nach Osten führte, den Nil. Für den Handel mit Oberägypten war Assiut der wichtigste Markt. Geschickte Kaufleute fanden Arbeit, gründeten Geschäfte und verdienten. Als Ägypten in den ersten Jahrhunderten unserer Zeitrechnung christlich wurde, nahmen die einflußreichen

Händler diese Religion an – und sie blieben Christen, auch nach dem Einbruch des Islam ins Niltal, der während des 7. Jahrhunderts erfolgte. Die Anhänger der christlichen Religion nannten sich »aigyptios«, woraus sich die arabische Bezeichnung »Kipt« und schließlich auch unser Wort »Kopten« ableitete. Im Gegensatz zu den Arabern, die als Eroberer ins Land am Nil gekommen waren, waren die Aigyptios stolz darauf, der ursprünglichen Bevölkerung anzugehören. Streit zwischen Kopten und Moslems war nicht selten in der Geschichte. Als die Unruhen in Assiut während der Tage nach Sadats Tod auflodern, sagt Hosni Mubarak: »Assiut ist immer ein besonderer Fall. Daran sind wir schon gewöhnt. Da leben Extremisten der Kopten und der Moslems.«

Am Morgen des 8. Oktober, um sechs Uhr, steigt eine Gruppe junger Männer vor dem Gebäude der Polizeidirektion von Assiut aus einem Personenwagen vom Typ Peugeot. Sie schießen die Wache vor dem Gebäude nieder und stürmen durch den Eingang. Die Polizisten im Gebäude schießen aus Pistolen auf die Angreifer, doch die sind besser bewaffnet. Mit ihren Maschinenpistolen feuern sie sich den Weg frei. Sie finden das Büro des wachhabenden Offiziers. »Ich habe ihm die Gurgel durchgeschnitten! Und ich bin stolz darauf!« sagt der Anführer der Gruppe nach seiner Verhaftung.

Die Angreifer haben auf Überraschung gesetzt. In der Stunde des Morgengebets ist die Wachsamkeit der Polizisten gering – wenngleich sie wegen des Attentats auf Sadat zu besonderer Aufmerksamkeit angehalten sind. Die Gebetszeiten werden seit dem Propheten Mohammed heilig gehalten. Sie durch Gewalt zu entheiligen gilt als schlimmes Verbrechen. Die jungen Männer aber, die zur Stunde des Morgengebets die Polizeidirektion angreifen, nützen nicht nur die Vorteile der Tageszeit; sie wollen mit der Wahl der heiligen Minuten zur Ausführung ihres Anschlags auch demonstrieren, daß sie den Staat Ägypten nicht mehr als islamisch ansehen, daß in diesem Staat nicht einmal mehr die Gebetszeiten Respekt verdienen. Nach ihrer Meinung werde nur noch ein Lippenislam praktiziert. Die Gesetze des Propheten jedoch bleiben unbeachtet – so lautet ihr Vorwurf gegen die Staatsgewalt.

Gerade weil sie glaubten, der Staat habe sich vom Islam entfernt, greifen sie die Vertreter der Staatsgewalt an; deshalb haben sie die Polizeidirektion als Ziel des Anschlags ausgesucht. Er beschränkt sich jedoch nicht auf die Sicherheitszentrale von Assiut. Zwei weitere Polizeistationen in der Stadt werden attackiert. Einige Männer, die

Armeeuniform ohne Rangabzeichen tragen, entwenden – ebenfalls zur Gebetszeit – einen Datsun-Lastwagen, der dem Krankenhaus von Assiut gehört. Mit diesem Lastwagen fahren sie zu einer Polizeiwache im Koptenviertel der Stadt. Dort werden sie von Schüssen aus den Gewehren der Polizisten empfangen.

Keiner der Anschläge ist wirklich erfolgreich. Auch die Gruppe in der Polizeidirektion wird schließlich durch massive Gegenwehr wieder hinausgedrängt. Die Eroberung der zwei Polizeiwachen scheitert. Den Angreifern gelingt es nicht, den Polizeiapparat der wichtigen ägyptischen Stadt in die Hand zu bekommen. Hätte ihr Überraschungsschlag dazu geführt, daß sie die Kontrolle über Assiut ausübten, dann hätten sie ein Fanal gesetzt: Auch in anderen Städten Ägyptens wären überzeugte Moslems auf den Gedanken gekommen, sie müßten ebenfalls zu den Gewehren greifen, um den Gesetzen des Islam in Ägypten Geltung zu verschaffen.

Doch mit der Abwehr der Angriffe auf die Staatsgewalt ist die Gefahr nicht beseitigt. Die jungen Männer ziehen sich schießend in umliegende Häuser zurück. Von den Dächern aus feuern sie auf die Gebäude der Polizei. Ihre Zahl wächst. Die islamische Jugend der Stadt Assiut zeigt ihre Sympathie für die Aufständischen. Gegen neun Uhr müssen die Sicherheitskräfte feststellen, daß die Feuergefechte ein bedrohliches Ausmaß annehmen. Das wirtschaftliche Leben der Stadt ist tot. Die Händler haben ihre Läden am Morgen erst gar nicht geöffnet; die Menschen bleiben aus Angst in den Häusern.

Zwar ist es den Angreifern nicht gelungen, die Zentralen der Staatsgewalt in Assiut in die Hand zu bekommen, doch sie demonstrieren jetzt, daß es ihnen trotz dieses Fehlschlags möglich ist, durch ihre Waffen die Stadt zu beherrschen. Diese Herausforderung kann sich das Regime in Cairo nicht gefallen lassen.

Ohne auch nur eine Stunde lang Schwäche zu zeigen, hat die zu Sadats Regierungszeit mächtige Schicht der Vertreter des Bürgertums ihre Fähigkeit bewiesen, Ägypten in ihrem Sinn weiterregieren zu können. Das Regime bricht nicht zusammen, als der Mann an der Staatsspitze sein Leben verloren hat. Sadat war der Repräsentant der Schicht der Offiziere, Rechtsanwälte, Grundbesitzer, Ärzte, Kaufleute, Fabrikanten; er vertrat eine Bürgerklasse, die daran interessiert ist, für sich selbst die Lebensumstände zu verbessern – und die gleichzeitig der

Meinung ist, Ägypten habe mehr als genug für die Gesamtheit Arabiens getan und besitze jetzt das Recht, vor allem an das eigene Wohlergehen zu denken. Dieser Schicht bietet sich sofort nach Sadats Tod der bisherige Vizepräsident Hosni Mubarak an – er ist bereit, die der Bürgerschicht günstige Politik fortzusetzen.

Die Regierungsgewalt fällt dem Vizepräsidenten beim Tod des Staatschefs keineswegs von selbst zu. Der Artikel 84 der ägyptischen Verfassung bestimmt: »Ist die Position des Präsidenten der Republik freigeworden, übernimmt der Sprecher der Volksversammlung dessen Aufgabe, allerdings nur als Interimspräsident. Innerhalb von sechzig Tagen muß ein neuer Präsident gewählt werden. Diese sechzig Tage beginnen mit dem Zeitpunkt, an dem der Platz des Präsidenten frei geworden ist.«

Dieser Verfassungsartikel läßt jedem Ägypter mit Ansehen und Ehrgeiz die Chance, nach dem Präsidentenamt zu greifen. Doch bei Sadats Tod gibt es keine Diskussion: Zwar übernimmt der Sprecher der Volksversammlung verfassungsgemäß die Kompetenz des Präsidenten – kein Zweifel bleibt aber, daß er diese Kompetenz an Hosni Mubarak weiterzugeben hat. Um seine Entschlossenheit zu zeigen, der Herausforderung durch Attentäter und religiös orientierte Feinde zu begegnen, läßt sich Hosni Mubarak zum Oberbefehlshaber der Armee ernennen. Er beherrscht damit die bewaffnete Macht im Land am Nil. Er kann den Befehl geben, den Aufstand in Assiut mit Gewalt zu brechen.

In Hubschraubern werden Straßenkampfspezialisten der Armee von Cairo aus nach Assiut gebracht. Sie stürmen nach und nach die Verschanzungen der Aufständischen. Am frühen Nachmittag erkennen die Bewohner von Assiut, daß die Staatsgewalt die Oberhand gewinnt. Die jungen Männer, die am Vormittag den harten Kern der islamischen Revolte unterstützt haben, wollen bald nichts mehr mit dem Aufruhr zu tun haben; sie flüchten nach Hause.

Als die Gefechte am Nachmittag zu Ende gehen, versucht die Regierung in Cairo noch den Eindruck zu erwecken, die Ereignisse von Assiut seien unbedeutend gewesen, doch als die Zahl der Toten bekannt wird, da lassen sich Ausmaß und Härte ablesen: Fünfzig Männer der Sicherheitskräfte sind tot; von den Angreifern haben neun ihr Leben verloren. Zehn der Aufständischen sind verwundet; die Polizei aber meldet, daß 92 ihrer Männer Schußverletzungen erlitten haben. 37 der Aufrührer können gefangengenommen werden. Einer beachtlichen

Zahl der Moslems, die das Regime der Bürger in Ägypten haben zerstören wollen, gelingt zunächst die Flucht.

Zu den Flüchtigen gehört ein 35jähriger Berufsoffizier: Major Abud Abdel Latif As Zomor. Er ist noch jung und trotzdem bereits vorgemerkt für die Ernennung zum Oberstleutnant. Seine Zugehörigkeit zur Gruppe der Aufrührer stellt Hosni Mubarak und Verteidigungsminister Abu Ghazala vor ein Problem: Beide haben sofort nach dem Attentat auf Anwar As Sadat geäußert, die Armee habe nichts mit der Affäre zu tun. Der Leutnant, der die Attentäter angeführt habe, sei ein Sonderfall; die Tat des Offiziers Khaled Al Islambuli spiegele keine regimefeindliche Tendenz innerhalb des ägyptischen Offizierskorps wider. Die Beteiligung des brillanten Nachwuchsoffiziers Abud Abdel Latif As Zomor am Aufruhr in Assiut untergräbt die Behauptung der beiden für die Armee Verantwortlichen.

Da die Aktion in Assiut zeitlich abgestimmt war mit dem Attentat, muß davon ausgegangen werden, daß Major As Zomor zu den Hintermännern der Ermordung des Präsidenten gehört. Sobald der Name des Majors auf der Liste der Teilnehmer am Aufstand erscheint, erhalten die Vorgänge eine neue Dimension, die das Regime beunruhigt. Der Offizier muß gefunden werden – solange er in Freiheit lebt, ist die Gefahr nicht auszuschließen, daß er, mit Hilfe von Freunden in der Armee, weitere Aufstandsversuche anzettelt. As Zomor besitzt, das ist bekannt, einen beachtlichen Kreis von Freunden; daß sie ähnlich denken wie er, ist anzunehmen.

Aus Assiut ist Abud Abdel Latif As Zomor verschwunden. Die Sicherheitsbehörde glaubt, daß sich der Major in Cairo aufhält, denn nur in dieser unübersichtlichen Riesenstadt ist ein Untertauchen möglich. Um es dem Flüchtenden zu erschweren, ein Versteck zu finden, warnt das Innenministerium die Bevölkerung: Jeder, der einen Verdächtigen bei sich aufnehme, habe harte Konsequenzen zu erwarten. Die Mindeststrafe für Familienväter oder für Einzelpersonen, die irgend jemand bei sich aufnehmen, der mit dem Attentat und mit dem Aufstand zu tun haben könnte, betrage drei Monate Gefängnis.

Den Sicherheitsbehörden ist bekannt, daß der Bruder des Majors, der 22jährige Student Tarek Abdel Mawgud Ibrahim As Zomor, zeitweise in einer kleinen Wohnung im Cairoer Stadtviertel ostwärts der Pyramiden lebte. Der Bruder benützte die Wohnung, mit anderen Studenten zusammen, immer dann, wenn er Kurse an der Landwirtschaftsfakultät besuchte. Mit nur geringer Hoffnung auf Erfolg läßt das Innenministerium die Benhastraße überwachen – im ersten Stock eines der Häuser dort befindet sich die Unterkunft des Studenten.

Am 12. Oktober, sechs Tage nach dem Attentat auf Sadat und vier Tage nach dem Aufruhr in Assiut, bemerken die Beobachter, daß sich die beiden Brüder As Zomor und andere aus Assiut verschwundene Personen in der Benhastraße aufhalten. Innenminister Mohammad Nabawi Ismaïl gibt noch am selben Tag Befehl zum Sturm auf die Wohnung. Dabei sei jedoch besonders darauf zu achten, den Major lebend zu fangen.

In der Morgendämmerung des 13. Oktober umzingeln dreihundert Soldaten das Haus in der Benhastraße. Als die Brüder As Zomor spüren, daß sie nicht mehr entkommen können, schießen sie mit Maschinengewehren auf die Belagerer. Sie werfen auch Handgranaten in der Absicht, die Soldaten zu größerem Abstand zu zwingen. Doch es gelingt einigen Männern einer Spezialeinheit des Innenministeriums, auf das Dach des Hauses zu klettern.

Nach 15 Minuten Schußwechsel zwischen Belagerern und Aufständischen wird der Major As Zomor getroffen. Er und sein Bruder ergeben sich den Soldaten. Drei weitere der Aufrührer wollen vom Dach aus weiterkämpfen. Sie werden dort jedoch sofort von den Männern der Spezialeinheit überwältigt.

In der Wohnung finden die Soldaten ein Waffenlager: Maschinengewehre, Maschinenpistolen, Munition, Handgranaten und Wurfgeschosse, die bei der Explosion einen betäubenden Knall erzeugen. Solche Geschosse sind auch beim Attentat geworfen worden. Ihre Zündung hat jedoch versagt. Viele Anzeichen weisen die Untersuchungsbehörden an jenem Tag darauf hin, daß die Wohnung des Studenten As Zomor die Basis der Attentäter ist.

Die Verhöre der Verhafteten, bei denen die Sicherheitsbehörden nicht zimperlich vorgehen, enthüllen das Ausmaß der Verschwörung. Die Brüder As Zomor hatten gemeinsam die Organisation und die Koordination der Einzelaktionen übernommen. Der Major As Zomor war allein verantwortlich für die direkte Planung des Attentats. Mehrere Alternativen hatte er ausgearbeitet – den Schwerpunkt aber legte er auf einen Plan, der einen Anschlag gegen Sadats Haus an der Gabelung des Nil unterhalb von Cairo vorsah.

Die Örtlichkeit hatte sich der Major genau angeschaut. Von der Landseite her war das Haus außerordentlich stark durch Polizisten und Leibwächter gesichert, die an Toren, Mauern und Zäunen postiert waren. Vom Nil her aber war der Einstieg in die weitläufigen Parkanlagen möglich. Allerdings wurden dazu Männer gebraucht, die schwimmen konnten. Diese Fähigkeit aber wird in der ägyptischen Armee den Soldaten kaum beigebracht. Trotzdem gelang es dem Major, Männer zu rekrutieren, die schwimmen konnten und bereit waren, Präsident Sadat zu töten. In der Nacht sollte der Anschlag ausgeführt werden. Vorgesehen war, Sprengstoff und Waffen in wasserdichten Behältern über den Nil zu bringen. Eine Nacht sollte ausgewählt werden, in der mit Sicherheit anzunehmen war, daß der Präsident im Kinosaal Spielfilme anschaute – dies war gewöhnlich spätabends seine Lieblingsbeschäftigung. Sadat im Kinosaal zu überraschen und zu ermorden, sah der Plan vor. Die Attentäter sollten dann die Leiche im Nil verschwinden lassen. Mit der Sprengung des Hauses hätte die Aktion ihr Ende gefunden.

Major As Zomor glaubte an den Erfolg dieses Vorhabens, da es ihm sogar gelungen war, den Dienstplan der Wachen, die das Haus am Nil zu sichern hatten, in die Hand zu bekommen. Er wußte, daß während der Nacht nur wenige Sicherheitsbeamte das Nilufer kontrollierten. Doch er ließ sich von dem Argument überzeugen, es genüge nicht, nur den Präsidenten zu töten: Werde das Attentat im Haus am Nil verübt, dann treffe man ihn allein, denn bei den Filmvorführungen seien meist außer Sadat nur Adjutanten anwesend, die nicht zur Führungsspitze gehörten. In der richtigen Erkenntnis, daß die Mitglieder des herrschenden Regimes sofort in der Lage sein würden, Ersatz für Sadat zu finden, verwarf Major Abud Abdel Latif As Zomor den schon sorgfältig vorbereiteten Plan, den Präsidenten, als Leichnam, für immer im Nil zu versenken.

Den Gedanken, das Regime könne nur beseitigt werden, wenn es gelänge, alle oder wenigstens die meisten der militärisch und politisch wichtigen Personen Ägyptens auszulöschen, hat ein 28jähriger entwickelt: Mohammed Abdel Salam Faraq. Von Beruf ist er Ingenieur. Er legt Wert darauf, Autor eines Büchleins zu sein, das sich mit Glaubensfragen befaßt. Darin versucht Mohammed Abdel Salam Faraq nachzuweisen, daß sich die Mächtigen am Nil vom Islam abgewandt hätten.

Wenig Gemeinsames verbindet den Ingenieur und den Major: Mohammed Abdel Salam Faraq stammt aus einer bürgerlichen Familie, die sich der wechselnden Obrigkeit anzupassen wußte. Die Sippe des Abud Abdel Latif As Zomor aber war häufig durch Aufsässigkeit und gewalttätige Handlungen aufgefallen. Die beiden sind allein durch das Bewußtsein miteinander verkettet, der Islam werde im Ägypten der Gegenwart verraten. Der Major und der Ingenieur sind der Meinung, Sadat und die mit ihm verbündete Schicht ließen sich nicht von den Grundsätzen der islamischen Religion, sondern vom Gedankengut der Europäer und der US-Amerikaner lenken. Das Volk, das islamisch denke und islamisch regiert werden wolle, leide darunter. Die beiden wollten dafür sorgen, daß die Mächtigen des Regimes für den Verrat bestraft werden – daß sie vor allem abgelöst werden durch Männer, die dem Auftrag des Propheten Mohammed folgen wollten, Politik und Religion eng miteinander zu verklammern. Sadat hatte diese Klammer bewußt aufgelöst durch die Propagierung des Grundsatzes: »Wer beten will, der soll in die Moschee gehen; wer Politik machen will, der soll in die Partei eintreten. Keine Politik in der Religion und keine Religion in der Politik!«

»Das Regime der Ungläubigen ist zu beseitigen!« – unter dieser Parole sammelten sich Gruppierungen unterschiedlicher Prägung. Konservative Kräfte, die alle Vorschriften des Propheten verwirklicht sehen wollten, ohne jedoch Eigentumsverhältnisse zu ändern, schlossen sich mit Sozialrevolutionären zusammen, die Mohammeds Lehren für die Gegenwart neu interpretierten, in der Absicht, eine Gesellschaft zu formen, in der soziale Gerechtigkeit verwirklicht werden könnte. Fünf solcher Gruppierungen zwischen den Extremen von konservativ und fortschrittlich waren schließlich festzustellen. Gemeinsame Basis der Überzeugung war der Glaube an die Heiligkeit des Koran als Äußerung des einen und wahren Gottes.

Die frommen Männer, die entschlossen waren, die Machtverhältnisse in Ägypten zu ändern, wußten den Zeitpunkt anzugeben, an dem sich die Religionsfeindlichkeit des Regimes offen enthüllt habe: Dieser Tag sei der 5. September 1981 gewesen. Am Abend dieses Tages hatte Sadat vor dem ägyptischen Parlament gesprochen.

Die Woche zuvor hatte der Präsident in seinem Haus im Nildelta verbracht. Eine umfangreiche Aktensammlung war ihm dort vorgelegt worden, die Aufschluß gab über die religiösen Spannungen im Lande.

Das Studium dieser Akten hatte Sadats Handeln ausgelöst. Am 5. September 1981 war der Präsident eine Stunde nach Sonnenuntergang im Hubschrauber den Fluß entlang bis zu seinem Haus am Nil in Cairo geflogen. Der Landeplatz direkt am Nilufer ist über die Wasseroberfläche vorgezogen. Wenn früher der Hubschrauber dort aufsetzte, war die betonierte Plattform hell erleuchtet gewesen. Diesmal aber brannten keine Markierungslampen; der Hubschrauber war die ganze Strecke ohne Positionslichter geflogen. Offensichtlich bestimmte Furcht vor einem Attentat die Maßnahmen der für die Sicherheit des Präsidenten verantwortlichen Beamten. Die Gefahr bestand, daß Gegner des Regimes den Hubschrauber durch Geschosse zum Absturz brachten. Da seit Tagen Hunderte von Männern und Frauen in Ägypten verhaftet wurden, mußte mit der Verzweiflungstat von Verwandten und Freunden der Verhafteten gerechnet werden. Die Abdunkelung sollte das Zielen auf den Präsidentenhubschrauber erschweren.

Von der Landeplatte aus brachte eine Wagenkolonne den Präsidenten zum Parlament. Um 18.45 Uhr begann er seine Rede. Nur ein Thema beherrschte Sadats Worte zur Lage der Nation: die religiös bestimmte Radikalisierung im Lande. Sie hatte im Juni 1981 zu heimtückischen Auseinandersetzungen zwischen Moslems und Christen in einem Viertel der Hauptstadt geführt. Harmloser Streit zwischen zwei Familien – Moslems beschwerten sich darüber, daß Christen, die ein Stockwerk höher wohnten, am islamischen Feiertag Wäsche über den Balkon hängten – steigerte sich zu Straßenschlachten, die mit Messern und Pistolen ausgefochten wurden. Christliche und islamische Familien hatten Tote zu beklagen. Die religiösen Spannungen, die den Libanon zerrissen hatten, waren auch in Ägypten spürbar geworden. Präsident Sadat sprach davon, daß er die Spaltung des Landes in einen koptischen und in einen islamischen Teil durch Härte verhindern werde. Die von ihm befohlene Verhaftungswelle habe den fanatisch-religiösen Bewegungen der Moslems und der Kopten die Spitze abgebrochen. Die Einheit Ägyptens sei wieder gesichert.

Beide Seiten trügen Schuld an den Spannungen, sagte Sadat, doch die Anklage gegen die Führung der Kopten klang wenig überzeugend. Der Eindruck wurde erweckt, der Präsident schlage nur deshalb auch auf die Kopten ein, um die Bitterkeit der Moslems gegen die Verhaftung von islamischen Geistlichen abzuschwächen. Sadat verkündete, das republikanische Dekret, das den Papst der Kopten im Amt bestätigt, sei außer Kraft gesetzt. Diese Maßnahme kam praktisch der Entthronung des Papstes Shenuda III. gleich. Der Vorwurf des Präsidenten: Der Papst habe sich nicht nur mit der geistlichen Führung der Kopten begnügen wollen – er habe die Absicht gehabt, sie auch politisch zu lenken.

Der Schlag gegen die Kopten war zwar aufsehenerregend, doch seine Bedeutung blieb geringer als die Auswirkung der Maßnahmen gegen Moslemgruppen. In seiner Rede gab Sadat bekannt, daß er keine politischen Äußerungen von Geistlichen mehr dulden werde. Wer Agitation betrieben habe, sei zu verhaften und zu verurteilen. Er sagte: »Die Moschee ist der Ort, um Allah anzubeten. Sie ist nicht der Ort, um Politik zu machen!« Zum Zeitpunkt der Rede waren bereits tausend islamische Frauen und Männer verhaftet, weil sie diesen von Sadat aufgestellten Grundsatz verletzt hatten.

Sadat sah es als seine Aufgabe an, allen islamischen Geistlichen im Lande den Gedanken auszutreiben, die vom Propheten Mohammed geforderte Verkoppelung von Glauben und Politik zu fordern. Praktizierung dieser Verkoppelung hätte bedeutet, daß die Geistlichkeit – wie im Iran – beherrschende Kraft der Politik wird. Sadat aber wollte sich nicht von den islamischen Glaubensmännern sein Handeln bestimmen lassen. Neben seiner Autorität sollte sich kein Khomeini entwickeln dürfen.

Sadat wurde in seiner Entschlossenheit von Dr. Abdel Rahman Bissar (gestorben im Frühjahr 1982), dem Großsheikh des für die islamische Lehre wichtigen Instituts der Al-Azhar-Moschee in Cairo, unterstützt. Der Großsheikh hatte die Geistlichen angewiesen, allein das Wort Allahs zu predigen und jede politische Anspielung zu unterlassen. Die offene Parteinahme der geistlichen Autorität gab dem Präsidenten freie Hand, die Schließung von rund fünftausend privaten Moscheen und Betstätten zu fordern, in denen meist Laienprediger wirkten. Künftig sollten nur noch solche Männer das Wort Allahs predigen dürfen, die ein Diplom des Al-Azhar-Instituts vorweisen konnten.

In diesen Maßnahmen sahen der Major Abud Abdel Latif As Zomor und seine Gesinnungsgenossen die Unterwerfung des Islam durch das religionsfeindliche Regime. Dagegen wollten sie kämpfen. Alle sollten sie ihr Leben verlieren, die Sadat am 5. September 1981 nach seiner Rede gratuliert hatten. Nicht einer sollte die Chance haben, die Politik der Gängelung der Gläubigen fortzusetzen. Nach gründlicher Überlegung und Prüfung vieler Möglichkeiten erkannte der Major: Die Voraussetzung zur Auslöschung aller wichtigen Männer der herrschenden Schicht bot sich allein bei der Parade am 6. Oktober.

Leutnant Khaled Al Islambuli war bereit, das Attentat auszuführen. Er wußte schon ab Mitte September, daß er zu den Soldaten gehörte, die am Vorbeimarsch der Truppe teilzunehmen hatten. Doch in seiner Einheit befand sich niemand, auf den er sich verlassen konnte. Der Leutnant mußte einen Weg finden, um einige Soldaten durch Männer seiner Verschwörergruppe auszutauschen.

Um das Risiko einer Störung des Manövers durch Fehlverhalten und Irrtümer auszuschließen, hatte sich die Armeeführung dazu entschlossen, den Ablauf des Vorbeimarsches nach einem festen Plan zu proben. In der Woche vor dem 6. Oktober fanden zwei vollständige Durchläufe der Parade statt. Von den Probetagen an wurden die Soldaten in besonderen Bereitstellungskasernen und in Behelfslagern zusammengehalten. Nur in ganz besonderen Fällen war es erlaubt, Männer auszutauschen. Daß ein solcher Sonderfall eintrat, dafür sorgte Leutnant Khaled Al Islambuli.

Als Regel gilt, daß jeder Soldat froh ist, wenn er eine Chance sieht, vom Dienst befreit zu werden. Bietet ein Vorgesetzter diese Chance, fragt kaum ein Soldat nach den Hintergründen, nach dem Warum – der Urlaub wird so schnell als möglich angetreten. Am Tag vor der Parade wandte sich Leutnant Khaled Al Islambuli an drei Männer seiner Einheit: Er wolle ihnen freie Tage verschaffen, aus reiner Gefälligkeit. Damit sie jedoch keinen Ärger mit höheren Vorgesetzten bekämen, sei es sicher gut – so schlug der Leutnant vor –, wenn sie ein Abführmittel einnähmen. Auf Grund der dann eintretenden Symptome würde der Sanitäter Dienstunfähigkeit bescheinigen. Die Soldaten schluckten das Mittel, meldeten Verdauungsstörungen und wurden prompt nach Hause geschickt, um sich auszukurieren.

Ohne Schwierigkeiten gelang es dem Leutnant, drei Männer, die er aus dem Kreis Gleichgesinnter ausgewählt hatte, in das Behelfslager zu bringen. Die Männer kamen bereits uniformiert und mit Waffen versehen an. Der Lagerwache sagten sie, der Leutnant habe sie als Ersatz für die Kranken angefordert. Vor den Augen der Wache überprüfte Khaled Al Islambuli mit betonter Sorgfalt die Maschinenpistolen der Ersatzleute – es bestand strenge Vorschrift für die Offiziere, die

Waffen daraufhin zu prüfen, daß sich keine scharfe Munition in den Magazinen befinde. Die Männer wurden sogar abgetastet zur Suche nach unerlaubten und gefährlichen Gegenständen. Offensichtlich gab sich der Leutnant besondere Mühe. Die Wache war schließlich zufrieden, als Khaled Al Islambuli feststellte, die Ersatzleute könnten ohne Sorge den Paradetruppen eingegliedert werden. Die Magazine ihrer Maschinenwaffen aber waren gefüllt mit scharfer Munition; in den Taschen trugen die Männer Handgranaten. Niemand konnte sie noch hindern, Präsident Sadat zu töten.

Im Fernsehgebäude wartet der Sprecher Mohammed Al Betagi auf Anzeichen, daß die Parade einen unvorhergesehenen Verlauf nimmt. Er hört und sieht, daß die Übertragungen im Fernsehen und im Rundfunk ab 12.40 Uhr unterbrochen sind. Die Fernsehkameras haben zuletzt rennende Männer gezeigt. Schüsse sind zu hören gewesen. Jeden Augenblick – so hofft der Sprecher – müssen draußen vor dem Fernsehgebäude, das direkt am Nil liegt, die Verschwörer vorfahren, die den Auftrag übernommen haben, die Studios und Sendeeinrichtungen für die islamische Revolution in die Hand zu bekommen.

Der Sprecher Mohammed Al Betagi ist nicht der einzige, der auf die Ankunft der Verschwörer wartet. Der Ingenieur Sayyed Rashed ist bereit, die Schaltungen auszuführen, die notwendig sind, um alle ägyptischen Sender in einem Netz zu einer Senderkette zu vereinigen. Dem Attentat auf Anwar As Sadat soll sofort über alle Rundfunkstationen die Proklamation der »Islamischen Republik Ägypten« erfolgen. Der Text ist vorbereitet. Er besagt, daß Anwar As Sadat für seinen Verrat an Allah mit dem Tode bestraft worden sei, daß Männer die Regierung übernommen hätten, die Mohammeds Gebote respektieren. Die Proklamation schließt mit den Worten, auch am Nil, wo der Islam Epochen einer ruhmvollen Kultur bewirkt habe, müsse die Religion wieder an Glanz gewinnen.

Mohammed Al Betagi soll den Aufruf vor dem Mikrofon verlesen, sobald das Funkhaus von den Verschwörern besetzt ist. Wenn ihm das Kodewort genannt wird, dann kann er sicher sein, daß seine Freunde die Sendeanlagen kontrollieren, daß die Revolution erfolgreich ist. Major Abud Abdel Latif As Zomor hat die Losung für die Funkhausbesetzung mit Bedacht gewählt. Der Name des Toten wird dafür benützt – das Kodewort heißt »Anwar«. Doch der Sprecher und der mit ihm verbündete Ingenieur bekommen die Losung nicht zu hören. Als die Männer, die das Funk- und Fernsehgebäude besetzen wollen, beim neuen Hotel »Ramses Hilton« in die Niluferstraße einbiegen, sehen sie, daß sie zu spät gekommen sind. Das Hochhaus, in dem sich die Studios befinden, wird von Soldaten abgesichert, deren Offiziere dem Regime loyal bleiben. Nur zwei Minuten zuvor ist die Einheit eingetroffen; der Alarmplan ist präzise und rasch befolgt worden. Den Verschwörern bleibt keine Chance: Sie fahren am Objekt, das sie besetzen sollen, vorbei, nilabwärts.

Dieser Fehlschlag verurteilt die Revolution am Nil zum Scheitern. Der Aufstand in Assiut kann den Durchbruch nicht bringen. Die Verschwörer lassen sich daraufhin zu sinnlosen Verzweiflungstaten hinreißen: Sie beschießen in der Morgendämmerung das Haus des Innenministers mit Maschinenpistolen; sie unternehmen den Versuch, die Zentrale der Sicherheitsbehörde im Cairoer Stadtteil Gizeh im Handstreich zu besetzen. Sie planen vor allem die Tötung der Staatschefs, die zu Sadats Beerdigung nach Cairo kommen. Doch gerade diese Absicht wird verraten – die Spezialisten des ägyptischen Geheimdiensts brechen das Schweigen verdächtiger Personen rasch. Auf Grund der bei Verhören gewonnenen Erkenntnisse wird der Weg, den die Trauergäste zu gehen haben, verkürzt.

Innerhalb weniger Tage schwillt die Zahl der Verhafteten auf 356 Männer und Frauen an. Hosni Mubarak, der das Attentat auf Sadat zunächst als Aktion von vier »Terroristen« bezeichnet hatte, muß zugeben, daß Ägypten von einer Verschwörung bedroht ist. Am 23. Oktober gewinnt er aus dem Studium der Verhörakten die Erkenntnis: »Da ist eine Revolution im Stile des Ayatollah Khomeini vorbereitet worden. Sie war auf lange Frist geplant und sollte nicht vor Herbst 1982 in das wirklich aktive Stadium treten. Die Verschwörer wollten bis dahin große Mengen an Waffen kaufen. Vor allem aber war es ihre Absicht, viele junge Menschen zu gewinnen, so daß schließlich eine Basis für die Revolution bei einem Teil der Massen entstanden wäre. Die Verhaftungen, die Anwar As Sadat hat durchführen lassen, trafen auch einige wichtige Köpfe der Verschwörung. Die übrigen gerieten in Verwirrung, bekamen Angst und sahen sich veranlaßt, ihre Pläne zu ändern. Sie mußten fürchten, daß im Laufe der Monate das ganze Verschwörernetz entdeckt und zerstört wird. Sie gaben deshalb ihre geduldigen Vorbereitungen auf, um zur Methode der systematischen Ermordung wichtiger Persönlichkeiten überzugehen. Dafür waren sie aber nicht trainiert. Sie führten besondere Schießübungen durch in Gelände, das die Chance bot, unentdeckt zu bleiben. Dieses Gelände liegt zwischen den Kilometermarkierungen neun und zehn der Straße, die vom Nil aus zu den Oasen im Westen führt. Dort sind auch Verstecke für Waffen und Munition gefunden worden. Wie gut sich die Verschwörer vorbereitet hatten, konnten sie leider beim praktischen Einsatz beweisen.«

Gleich der erste Anschlag traf den Präsidenten. Die Systematik der Morde sollte nach Absicht dieser »Khomeinisten« nicht nur Politiker auslöschen, sondern auch die Intellektuellen des Landes. Die Attentäter wollten eine Atmosphäre des Schreckens schaffen. Sie wollten die Träger des Staates zermürben. Die Bevölkerung, so glaubten sie, werde passiv bleiben und der Machtergreifung durch die »Khomeinisten« keinen Widerstand entgegensetzen.

Hosni Mubarak entnimmt den Verhörakten, daß Abud Abdel Latif As Zomor, der Armeemajor, der Kopf des Personenkreises gewesen sei, dem die praktische Ausführung der Morde und Anschläge anvertraut gewesen sei. Mubarak sagt: »As Zomor wollte nicht nur das Fernsehgebäude besetzen lassen, sondern auch das Verteidigungsministerium und den Sitz der Sicherheitsbehörde.«

Aus den Unterlagen der Vernehmungen, die bis Ende Oktober 1981 abgeschlossen sind, gewinnt Hosni Mubarak auch Einsicht in die Psychologie des Majors: »Das ist ein Mann, der mit Komplexen beladen ist. Diese Komplexe haben ihre Ursachen in den zwei Ehen, die er geführt hat. Als die erste Frau kein Kind bekommen hat, da ließ er sich von ihr scheiden. Doch die Frau, die er dann heiratete, blieb ebenfalls kinderlos. Erst nach diesen Enttäuschungen begann As Zomor seinen Lebensinhalt in der Religion zu suchen. Im Laufe der Zeit wurde er zum religiösen Extremisten.«

Der Major war ein Praktiker im Gebrauch der Waffen. Er beherrschte die Regeln der militärischen Organisation, der Logistik. Doch er besaß nicht die Persönlichkeit, wie sie der iranischen Revolution in der Gestalt des Ayatollah Khomeini zur Verfügung stand. Auf geistigem und geistlichem Gebiet konnte der Major nicht als ein Mann gelten, dem andere gehorchten. Da die Revolutionäre am Nil dem iranischen Vorbild folgen wollten, waren sie gezwungen, sich nach einem Geistlichen umzusehen, der den Gläubigen als religiöse Autorität von hohem Format präsentiert werden konnte und der zugleich auch zu erkennen gab, daß er politischen Verstand besaß. Der blinde Prediger, der in den Moscheen der Hauptstadt an Freitagen zur Gebetszeit für Hunderte von Männern zündende Worte fand, war nur wenig geeignet, Leitfigur einer Revolution zu sein. Er konnte in den Zuhörern zwar Abscheu wecken gegen den Präsidenten und gegen das eher weltlich orientierte Regime der bürgerlichen Repräsentanten, er war jedoch kaum Persönlichkeit genug, um den Massen als Garant der religiösen Staatsordnung vorgestellt werden zu können.

Major As Zomor war gewillt, Khomeinis Revolution nachzuahmen – dessen Fehler aber wollte er vermeiden. In seinem kleinen Apartment bei den Pyramiden hatten Beamte der Sicherheitsbehörden eine handschriftliche Zusammenfassung – sechs Seiten lang – der Grundsätze des Ayatollah gefunden. Offensichtlich hatte sich der Major gründlich mit diesem Thema befaßt. Den Mangel der Islamischen Revolution des Islam hatte As Zomor erkannt: Dem Ayatollah war es zwar gelungen, den Schah zu stürzen, eine neue Ordnung zu begründen war ihm nicht möglich gewesen. Haß auf Präsident Sadat, der die Trennung von Politik und Glauben vollzog, reichte für den Major als Motiv aus, um auf den Sturz des Staatschefs hinzuarbeiten. Dieser Sturz war aber nicht bereits Erfüllung aller Absichten. Er sollte Vorstufe sein für den Aufbau des islamischen Staates. Die Spitze dieses Staates wollte der Major einem Geistlichen anvertrauen, der die Verbindung von Glaube und Politik wiederherstellen konnte. Diesem religiösen Mann mußte der Ruf anhaften, selbst nahezu ein Heiliger zu sein. Daß ihm die Gläubigen ganz selbstverständlich die Hand küssen, war Voraussetzung für seinen Anspruch auf absoluten Gehorsam der Gläubigen.

Einen Geistlichen mit charismatischer Ausstrahlungskraft fand der Major nicht. Der Theologieprofessor Dr. Omar Ahmed Ali Abdel Rahman, dem die Funktion des geistlichen Führers schließlich übertragen wurde und der den Titel »Mufti« erhielt, ist ein Mann von hohem Fachwissen; er unterrichtete an der Theologischen Hochschule von Assiut. Sein Bild von der Welt aber ist von Naivität geprägt.

Für den Major und für den Mitverschwörer Mohammed Abdel Salam Faraq, den Ingenieur, arbeitete Dr. Abdel Rahman religiöse Gutachten, Fatwas genannt, aus, die den Attentätern eine Rechtfertigung gaben für ihre Tat. Diese Gutachten bezeichneten Sadat als gottlosen Menschen, der die Religion verachte, der dem Propheten Mohammed den Respekt verweigere, der Allahs Gesetze nicht zur Kenntnis nehme. Anwar As Sadat sei als Feind der Religion zu betrachten. Feinde der Religion aber hätten kein Recht zu leben. Die Tötung des Präsidenten müsse folglich als gottgefällige Tat angesehen werden. Alle am Attentat Beteiligten geben während der Verhöre an, Dr. Abdel Rahman habe ihnen gesagt, es sei ihre Pflicht, Sadat umzubringen.

Gingen die Untersuchungsorgane in den Wochen nach dem Attentat davon aus, daß der Zusammenschluß der unterschiedlichen Gruppierungen – die sich das Ziel gesetzt hatten, das Attentat auf Sadat auszuführen – nur locker organisiert war, so mußten sie Anfang Dezember 1981 feststellen, daß sich die Chefs der Gruppen auf eine Verfassung eingeschworen hatten, die zugleich als Aktionsprogramm gelten konnte. Das Dokument wurde in einem Versteck der Verschwörer in Cairo gefunden.

Artikel 1 der Verfassung legt fest, daß die politischen und religiösen Ziele in gemeinsamen Aktionen erkämpft werden sollen. Das Individuum hat sich in die Gesamtorganisation einzupassen.

Artikel 2 besagt, daß die Änderung der gesellschaftlichen Ordnung als Ziel der gemeinsamen Organisation zu betrachten sei. Mitglied der Organisation könne nur sein, wer die Lebensgrundsätze und gesellschaftlichen Regeln beachte, die während der ersten drei Jahrhunderte des Islam Gültigkeit besaßen. Jedes Mitglied sei verpflichtet, sich unterzuordnen und Aufgaben zu erfüllen – bedingungslos! –, die ihm von der Führung der Organisation aufgetragen werden. Geheimhaltung wird als oberstes Gebot betrachtet.

Artikel 3 gibt die Methode an, wie in der Vorstellung des normalen Gläubigen Verständnis geweckt wird für die Islamische Revolution: Die Freitagspredigt wird als Schlüssel des Zugangs zu Kopf und Herz der Moslems betrachtet. In zunehmendem Maße müsse es gelingen, die Moscheen den Geistlichen zu öffnen, die der Organisation nahestehen. Über die Fakultäten der Islamischen Institute und über die Moscheen sei die Durchdringung der Gesellschaft mit dem Geist der Revolution zu bewirken. In den Dörfern sei den Schulen diese Aufgabe zugewiesen, deshalb seien die Lehrer für die Organisation anzuwerben.

Artikel 4: Die Organisationsführung hat darauf zu achten, daß sie Schwächen und Stärken des Gegners erkennt – wobei als Gegner sowohl Einzelpersonen als Gemeinschaften oder die feindliche Schicht insgesamt zu betrachten sind.

Artikel 5: Die Organisationsführung entscheidet über die Methoden, wie die »Herrschaft des Heidentums« in Ägypten überwunden werden kann, um damit die Basis zu schaffen für den Aufbau des islamischen Staates. Auch muß festgelegt werden, wie der einmal aufgebaute islamische Staat vor den heimtückischen Angriffen der Gegner bewahrt werden kann.

Artikel 6: Die Organisation baut eine Spezialabteilung auf, die für den bewaffneten Kampf zuständig ist. Ihr sollen Männer angehören, die Kenntnis haben im Gebrauch von Waffen und die wissen, welche Erfordernisse für den Guerillakampf notwendig sind. Die Angehörigen werden im Schießen mit Pistolen und mit Maschinenwaffen ausgebildet. Sie lernen die Ausübung der Kampfsportarten Karate und Judo. Sie nehmen Unterricht im Autofahren. Die Mitglieder müssen auch ideologisch geschult sein.

Artikel 7: Die Leitung der Spezialabteilung bestimmt, welche Operation gegen den Feind ausgeführt wird. Sie stimmt sich zuvor ab mit den Leitungen der Aufklärungsabteilung und der Abteilung für Auslandskontakte. Beide Abteilungen sind vordringlich aufzustellen.

Artikel 8: Um den religiösen Charakter der Revolution zu gewährleisten, wird ein Geistlicher zum »Emir« oder zum »Mufti«, zum islamischen Oberhaupt, bestimmt. Dem Emir steht ein Rat von gläubigen Laien zur Seite, der als gesetzgebende Körperschaft für Staat und Volk wirkt.

Artikel 9: Der Rat der Geistlichen überwacht Staat und Gesellschaft. Ihm gehören Imame wichtiger Moscheen aus den bedeutenden Städten Ägyptens an.

In diesem Rat der Geistlichen haben sich allerdings auch Major Abud Abdel Latif As Zomor und der Ingenieur Mohammed Abdel Salam Faraq einen Platz gesichert. Sie wollen offensichtlich in dem von ihnen geplanten Staatswesen vermeiden, daß die Geistlichkeit allein das letzte und entscheidende Wort in allen Angelegenheiten des Staates zu sagen hat.

Artikel 10 der konspirativen Verfassung bestimmt, daß die Organisation einen wirkungsvollen Geheimdienst aufzubauen hat, der mit allen Mitteln traditioneller und moderner Technik Informationen sammeln soll. Ausdrücklich werden als Methoden der Informationsbeschaffung das Abhören von Telefonen und die Erpressung von Einzelpersonen genannt. Ein Spezialzweig des Geheimdiensts soll sich damit befassen, Schlüssel zu den Schränken herzustellen, in denen die Behörden Dokumente aufbewahren.

Artikel 11 verordnet die Gründung eines Finanzdepartments der Organisation. Dieses Organ verwaltet die Gelder, die durch Spenden der Gläubigen aufgebracht werden. Festgestellt wird, daß die Spendenwilligkeit der ägyptischen Bevölkerung beachtlich ist, wenn die Spendenaufrufe religiös motiviert sind. Die Bereitwilligkeit der Ägypter, Geld zu geben, müsse ausgenützt werden. Das Finanzdepartment trage die Verantwortung für die günstige Anlage der Gelder im Inland und im Ausland. Zu beachten sei, daß die Anlage möglichst hohen Profit einbringe.

Artikel 12 erklärt alle Personen, die der Organisation Widerstand entgegensetzen, die ihr feindlich gesinnt sind, kurzerhand für Ungläubige. Zu dieser verwerflichen Gattung der Menschen sei auch jeder zu zählen, der mit den Zielen der Organisation nicht übereinstimme. Solche Ungläubigen seien umzubringen. Ihr Eigentum sei zu beschlagnahmen. Es werde aufgeteilt unter denen, die direkt oder indirekt am Attentat teilgenommen haben. Auch dem religiösen Führer, dem Emir oder Mufti, stehe ein Teil der Beute zu.

Dieser Schlußteil der Verfassung des Verschwörerkreises zeigt, daß sich der Major, der Ingenieur und der Geistliche eng an die Gebräuche der Frühzeit des Islam anschließen wollen. Zur Zeit des Propheten war der Kampf gegen die »Ungläubigen« ganz selbstverständlich mit der Eroberung von Beute verbunden. Wer am Kampf beteiligt war, der hatte sich ein Anrecht auf einen Teil des erbeuteten Feindeigentums erworben. Der Prophet Mohammed und später seine Nachfolger, die Kalifen, waren berechtigt, sich vor allen anderen Stücke aus der Beute anzueignen. Zum eroberten und damit zum verteilbaren Gut zählten jahrhundertelang auch die Frauen der Unterlegenen. Selbst in diesem Punkt folgen die Gegner Sadats den Vorbildern aus der aggressiven Phase des Islam während der ersten drei Jahrhunderte nach seiner Verkündung: Das Schriftstück der Verschwörer schließt ausdrücklich die Frauen der zu tötenden »Ungläubigen« ins Beutegut ein.

Kein Zweifel an der ewigen Gültigkeit von Mohammeds Verhalten vor dreizehnhundert Jahren plagt die Verschwörer; sie fragen nicht, ob der Prophet sich damals in seinem Handeln gemäß der Sitte seiner Zeit verhalten hat – und sich heute ganz anders verhalten würde. Nicht der geistige Inhalt der Verkündigung des Propheten ist für die Attentäter von Bedeutung, sondern das Verhaltensmuster, das Mohammed hinterlassen hat. Der Großsheikh des Instituts Al Azhar in Cairo, Dr. Abdel Rahman Bissar, wies nach gründlichem Studium der Verfassung der Sadatmörder auf diesen Punkt hin. Nach seiner Auffassung hat der Glaubensstandpunkt der Verschwörer nichts mit dem Islam zu tun.

Leutnant Khaled Al Islambuli hält den Koran hoch über den Kopf und ruft: »Im Namen Allahs haben wir unseren Weg begonnen. Wir wollen die Fahne des Islam erheben. Uns interessiert keine Partei und keine Ideologie. Wir glauben allein an die Religion, die Opfer verlangt. Die Religion muß wieder ihren Glanz bekommen, auch am Nil!« Dann preist der Leutnant dreimal Gott: »Allahu Akhbar! – Allah ist über allem! – Allahu Akhbar! – Allahu Akhbar!« Alle gefangenen Mitverschwörer wiederholen im Chor die Preisung Allahs. Nur der Major Abud Abdel Latif As Zomor schweigt.

In Käfigen, deren Gitterstäbe bis zur Decke reichen, sind die Attentäter und ihre Helfer für die Stunden ihres Prozesses eingesperrt. Vier Einzelkäfige, aneinandergefügt, geben Platz für 24 Angeklagte. Allen ist das Haar geschoren – nur dem Major nicht. Er trägt auch im Käfig seine Uniform samt Rangabzeichen. Selbst hinter Gittern bleibt er ein Mann mit militärischer Autorität.

In der ersten Stunde des Prozesses umarmen sich die Angeklagten häufig. Offensichtlich haben sie sich seit der Festnahme unmittelbar nach dem Attentat nicht mehr gesehen. Im Käfig ganz rechts außen steht der Geistliche, der eigentlich die Funktion des religiösen Führers in der Islamischen Revolution Ägyptens hätte ausüben sollen: Dr. Omar Ahmed Ali Abdel Rahman. Die Gefangenen in seinem und im Käfig daneben beten mit ihm; die Insassen der anderen Käfige suchen wenigstens Blickkontakt zu dem Mann, der ihnen während der Tage vor dem Attentat so oft gesagt hat, daß ihr Anschlag gottgefällig sei.

Die engsten Familienangehörigen sind am ersten Prozeßtag als Beobachter zugelassen. Sie sitzen, jede Sippe für sich, ganz hinten auf den Schulbänken, die sich vor den Käfigen befinden. Die Schulbänke zeugen von der eigentlichen Bestimmung des Verhandlungsraums: Der Prozeß findet im Lehrsaal des Militärlagers Jebel Ahmar im Osten von Cairo statt. Väter, Mütter und Geschwister der Attentäter drücken sich eng zusammen; die Frauen verhüllen mit großen Kopftüchern die Gesichter bis auf die Augen. Die Angeklagten winken den Verwandten zu. Einige der Verschwörer nützen die Vorschrift aus, daß sie durch Posten unverzüglich zur Toilette gebracht werden müssen, wenn sie dies wünschen. Der Weg zur Toilette aber führt direkt an Vater, Mutter und Geschwistern vorüber.

Auch Major As Zomor entdeckt seine Eltern. Er zeigt mit der rechten Hand mehrmals und eindringlich nach oben – und sie nicken. Die Geste des Majors soll andeuten, daß Sohn und Eltern sich im Himmel wiedersehen werden.

Beim Eintritt des Gerichts – es besteht aus Offizieren aller Waffengattungen – setzen sich die Angeklagten auf den Boden ihrer Käfige; der Boden steigt in Stufen nach hinten an. Durch dieses Zeichen der Mißachtung wollen die Angeklagten ausdrücken, daß sie die Autorität des »Höchsten Militärgerichts« nicht anerkennen. Als Mohammed Abdel Salam Faraq spürt, daß der Gerichtsvorsitzende Stimmen aus den Käfigen nicht durch hartes Eingreifen der Wachen unterdrücken läßt, da äußert er lauten Protest: »Wir wollen nicht durch ein militärisches Sondergericht verurteilt werden. Wir wollen, daß nach den Gesetzen des Islam über uns Recht gesprochen wird.« Artikel 1 der Verfassung Ägyptens schreibe die Anwendung islamischer Rechtsgrundsätze vor.

Der Gerichtsvorsitzende, Generalmajor Samir Mohammed Fadel, geht auf diesen Protest nicht ein. Als Stellvertretender Direktor für das Militärgerichtswesen ist er an die Weisungen des Verteidigungsministers gebunden. Dessen Standpunkt lautet: Da das Attentat bei der Parade, also bei einem militärischen Anlaß, geschehen sei, müsse das Militär auch die Gerichtsbarkeit in dieser Sache ausüben. Dabei bilden die Soldaten, die ganz selbstverständlich der Militärgerichtsbarkeit unterstehen, in der Reihe der Attentäter die Minderheit.

Eine eigentümliche Mischung der Berufe kennzeichnet die Gruppe der Angeklagten. Es gehören ihr an: zwei Offiziere, drei Ingenieure, zwei Händler, neun Studenten der Fakultäten Landwirtschaft, Maschinenbau und Theologie, zwei Lehrkräfte der Universität – dazu zählt der Geistliche –, ein Zahnarzt, ein Apotheker, ein Zimmermann, ein Kraftfahrer, ein Anstreicher und ein Angehöriger der Volksverteidigungskräfte. Bemerkenswert bleibt noch, daß wenige Mitglieder der Gruppe älter als dreißig Jahre sind.

Einige der Angeklagten haben den Mut, den Militärrichtern zu sagen, daß sie gefoltert worden seien. Einer kann Kopfwunden vorweisen, die bei Mißhandlungen während der Verhöre entstanden seien. Erstaunlich ist, daß der Gerichtsvorsitzende den Klagen der Männer hinter Gittern mit großer Geduld zuhört. Er bestimmt sogar, drei der Verschwörer seien einem Ärztekomitee vorzustellen, damit die Ursachen der Verletzungen festgestellt werden können.

Auch Dr. Omar Ahmed Ali Abdel Rahman bittet darum, eine Klage vorbringen zu dürfen. Als ihm dies vom Vorsitzenden gestattet wird, meint der Geistliche, der die höchste Autorität des Islam in der Revolution besitzen sollte, es werde ihm verwehrt, mit den anderen Angeklagten zu beten; er werde in Einzelhaft gehalten. Die Behörden machten sich damit des unislamischen Verhaltens schuldig, sagt der Theologe in weinerlichem Tonfall.

Die Attentäter haben während der Verhöre Dr. Abdel Rahman belastet: Er habe immer davon gesprochen, daß Anwar As Sadat von Allah bereits zum Tode verurteilt worden sei und daß ihnen der Vollzug des Urteils anvertraut worden sei. Als der geistliche Führer beim eigenen Verhör mit den Aussagen des Leutnants Khaled Al Islambuli konfrontiert wird, entgegnet er, der Offizier habe ihn mißverstanden: Nie habe er so etwas wie einen Befehl zum Mord des Präsidenten geäußert, er habe nur davon gesprochen, daß Ägypten, ein Land mit starker islamischer Tradition, derzeit nicht nach den Gesetzen des Propheten Mohammed regiert werde. Dr. Abdel Rahman plädiert während des Prozesses, auch andere Autoritäten hätten Sadat heftig kritisiert. Die Anklage betreffe ihn überhaupt nicht; er sei unschuldig.

Leutnant Khaled Al Islambuli, der wohl weiß, daß alle Filmaufnahmen, die das Attentat zeigen, ihn als den Anführer ausweisen, bekennt, daß er Präsident Anwar As Sadat getötet habe. Er fügt hinzu, er sei stolz darauf, damit dem Islam einen Dienst erwiesen zu haben.

Der Vorwurf des Leutnants und der Attentäter insgesamt richtet sich nicht gegen einen Präsidenten, der Ägypten durch Vertrag mit Israel Frieden gab nach jahrzehntelangem Krieg. Keiner klagt an, Anwar As Sadat habe die Existenz Israels akzeptiert, und er sei deshalb als Verräter zu betrachten. Vorgeworfen wird ihm, er habe die drei Religionen – Islam, Judentum und Christentum – als gleichberechtigt betrachtet. Sadat habe sogar die Absicht gehabt, für diese drei Religionen eine gemeinsame Betstätte auf dem Berg Sinai zu schaffen. Der Verrat Sadats, so die Attentäter, sei darin zu sehen, daß er dem Islam den Anspruch verwehrt habe, die einzige Religion zu sein, der Gott wirklich Gültigkeit zuweise.

Die Militärrichter aber sehen den Fall nicht als Akt der religiösen Auseinandersetzung: Sie richten über politische Attentäter, die den Staatschef getötet haben. Am 6. März 1982 verurteilen sie den Leutnant Khaled Al Islambuli, seine drei Mittäter und den Ingenieur Mohammed Abdel Salam Faraq zum Tode. Der Major Abud Abdel Latif As Zomor gehört nicht zu denen, die sterben müssen. Nach dem Spruch der Richter soll er lebenslang Zwangsarbeit leisten.

Noch ehe sich am 15. April 1982 ein Lichtschimmer am Horizont östlich von Cairo zeigt, werden die fünf Todesurteile vollstreckt. Am Vorabend, um 21 Uhr, hatte Präsident Hosni Mubarak die Revisionsgesuche der Verteidiger abgewiesen. Damit war das letzte Rechtsmittel zum Aufschub der Hinrichtungen ausgeschöpft. Die Entscheidung des Präsidenten war eindeutig ausgefallen, obgleich viele Menschen am Nil Sympathie empfanden für die Täter. Von Einzelpersonen, von politischen und religiösen Gruppen war Mubarak aufgefordert worden, die Urteile zu mildern.

Unmittelbar nachdem Mubarak den Tod der fünf Männer mit seiner Unterschrift besiegelt hatte, begannen die Vorbereitungen für die Hinrichtungen. Im Gefängnis Bab Al Khalq wurden Galgen aufgestellt für die drei Zivilisten unter den Verurteilten. Leutnant Khaled Al Islambuli und ein weiterer Attentäter, der früher einmal Offizier gewesen war, erwarteten auf dem Gelände des Militärlagers Jebel Ahmar den Tod durch Kugeln aus den Gewehren eines Erschießungskommandos.

Als die Urteile vollzogen werden, sind nur die Anwälte informiert. Den Familien wird der Tod ihrer Angehörigen um die Mittagszeit mitgeteilt.

# Die Pyramiden – Symbol des Staates

Der tote Präsident hinterläßt keine prächtigen Paläste; seine Häuser sind eher großbürgerlich zu nennen. Doch sie haben eines gemeinsam: Sie öffnen sich zum Nil. Unter den Fenstern der Arbeitszimmer aller Häuser strömt breit das Wasser. Wo immer sich Anwar As Sadat in Ägypten aufgehalten hat, in seinem Blickwinkel lag stets der mächtige Fluß.

Sadats Haus bei Asswan ist in die gelbe Sandlandschaft Nubiens gebaut, abseits von Stadt und Dorf, doch in Sichtweite des Nil. Auf der Wasseroberfläche spiegeln sich Dünen und Felsen; sie bilden den Ausläufer der Wüste, die sich eng an den Fluß herandrängt. Wenig oberhalb des Hauses ist der Nil durch die Stromschnellen des Ersten Katarakts gewirbelt worden, doch rasch hat er das Gleichmaß der Strömung wiedergefunden. Der Fluß paßt sich an: Unruhe ist eine Stimmung, die der Gegend von Asswan fremd ist. Der Präsident, der leicht zu Erkältungen neigte, hielt sich im Haus am oberen Nil häufig in den Monaten zwischen Dezember und März auf – wegen des warmen und trockenen Wetters.

Drei Klimazonen durchfließt der Nil im Gebiet Ägyptens; in jeder der drei Zonen besaß Sadat ein Haus. Stark ist der Gegensatz zwischen den Erscheinungsformen der Landschaft am oberen und am unteren Nil. Beherrscht bei Asswan die Farbe Gelb das Bild, so ist das Gebiet des Nildeltas von vielen Nuancen des Grün geprägt. Fruchtbar ist der Boden dort, wo sich der Fluß in Arme und Kanäle auffächert. Auf Feldern und in Baumgärten wachsen Zitrusfrüchte und vielfältige Gemüsearten wie Bohnen, Gurken, Zwiebeln, Lauch und Tomaten. Auch Getreide und Kartoffeln werden geerntet. Die Reichen Ägyptens haben sich schon vor Generationen Ziergärten, Palmenhaine und Eukalyptuswälder im Nildelta anlegen lassen und ihre Villen in den Schatten der Bäume gestellt.

Anwar As Sadat hatte ein solches Haus bezogen, ganz in der Nähe der Gabelung der beiden Nilarme unterhalb der Hauptstadt Cairo. Braun und behäbig fließt das Wasser daran vorbei. Es verbirgt dem Betrachter, daß es durchsetzt ist mit den Abfällen von vielen Millionen Menschen, die am Ufer des Nil wohnen.

Den dritten Wohnsitz besaß der Präsident dort, wo das Niltal breiter wird, im südlichen Viertel der Hauptstadt. Für eine kurze Flußstrecke spaltet sich das Wasser auf und umfließt Gezira, die Insel der Gärten und Sportanlagen. Segelboote, Schleppkähne und Dampfer schwimmen nach Süden und Norden. Weit im Osten, über den Häusern der Stadt, sind die Steinbrüche von Mokattam zu sehen, aus deren Wänden einst die Pharaonen das Baumaterial für die Pyramiden brechen ließen.

Kalkstein aus den Brüchen von Mokattam ist auch für die Präsidentenvilla verwendet worden. Westlich der steinernen Giganten war der flache Bau mit seiner langen Fensterfront von der Sharia Al Ahram, von der Pyramidenstraße, aus zu sehen gewesen. Anwar As Sadat hatte das Haus benützt, wenn er Gästen die eindrucksvollen Denkmäler der Zivilisation im Niltal vor Augen führen wollte: die Pyramiden der großen Pharaonen Mykerinos, Chephren und Cheops. Einen wirkungsvolleren Blickwinkel auf die hochragenden Quaderbauten als von den Fenstern der Präsidentenvilla aus konnte man sich kaum vorstellen.

Ein Vierteljahr nach dem Attentat auf den Präsidenten haben Preßlufthämmer Sadats Villa bei den Pyramiden zerstört. Der neue Präsident Hosni Mubarak hat die Arbeiter geschickt, die das Vorfeld der historischen Denkmäler aufräumen sollten. Niemand habe das Recht, so meint Hosni Mubarak, sich den Blick auf die Zeugnisse der Vergangenheit anzueignen. Die Einheit von Geschichte und Gegenwart hatte Sadat hier zu demonstrieren versucht, das Fortwirken der ägyptischen Frühzeit bis in die aktuelle Politik. Er wollte das Erbe der Vergangenheit als Verpflichtung für die Zukunft verstanden wissen. Optisch begreifbar sollte dieses Programm sein. Auch die Marschallsuniform, die er am Tag seines Todes trug, war auf den Kragenspiegeln mit Lotusemblemen geschmückt, die schon zur Zeit der Pharaonen Bedeutung besaßen.

Dem Beispiel des Königs Faruk war Sadat gefolgt. Der Monarch, der 1952 hatte abdanken müssen, war sich bewußt gewesen, daß er in der späten Nachfolge der mächtigen Herrscher Ägyptens stand. Um seine Nähe zu den Gewaltigen der Vergangenheit zu zeigen, hatte er sich einen Palast zu Füßen der Pyramiden bauen lassen.

Gamal Abdel Nasser, der Revolutionär und Sozialist, der die Monarchie in Ägypten beendete, benützte das Farukhaus selten und nur mit Widerwillen. Doch auch Nasser wußte sich der Herausforderung durch die Geschichte zu stellen. Gleichwertiges wollte er schaffen: Den Pyramiden der Pharaonen an Ausmaß und Bedeutung entsprechen sollte der Riesendamm bei Asswan. Doch er war nicht konzipiert zum ewigen Ruhm eines Menschen, er sollte, durch die Bändigung des Wassers, allen Bewohnern des Niltals dienen.

Das Bauwerk des Vorgängers galt für Sadat wiederum wenig. Selbst wenn er sein Haus in der Nähe des Ersten Katarakts, und damit des Asswandamms, besuchte, wollte der Präsident nicht informiert werden über die Wasserfüllung des Sees hinter der Staumauer oder über die Leistung der energieerzeugenden Turbinen. Seine Gefühle wurden eingefangen durch die Bauwerke weit zurückliegender Generationen. Wenn er von Größe und Ruhm Ägyptens sprach, dann war die Zeit der Pharaonen gemeint.

Zu Sadats Regierungszeit besannen sich die Menschen im Niltal auf ihre Eigenständigkeit. Das Land löste sich politisch aus dem Rahmen der übrigen arabischen Länder, in den es durch Gamal Abdel Nasser fest eingefügt worden war. Sadat hatte keinen Zweifel daran gelassen, daß ihm die »Einheit des Niltals« bedeutungsvoller erschien als die »Einigung der Arabischen Nation«. Diese Einheit des Niltals aber war verwirklicht gewesen in der Epoche der Pharaonen – bis weit in den heutigen Sudan hinein reichte ihr Reich. Die Pyramiden vor den Fenstern seiner Villa galten dem Präsidenten als Symbol des Zusammenhalts der Menschen am Nil.

Die Beseitigung von Sadats Haus bei den Pyramiden bedeutet keinen Wandel der Einstellung der herrschenden Schicht zur Vergangenheit – im Gegenteil: Auch Hosni Mubaraks Denken ist vom Respekt geprägt vor der bedeutendsten Zeit, die Ägypten je durchlebt hat. Unter seiner Anleitung wurde ein Komitee eingesetzt, das die Pflege der Schätze Ägyptens aus alter Zeit organisieren soll. Aufgabe des Komitees sei es, die Heiligkeit des Bodens, auf dem die Pyramiden stehen, zu bewahren.

Zu den Sieben Weltwundern gehören die Pyramiden am Nil. Sie wurden errichtet auf Befehl von Herrschern, die für ihre ewige Ruhe ein sicheres Gehäuse besitzen wollten. Die Technik des Pyramidenbaus hatte sich langsam entwickelt. Mit schlichten Sandhügeln waren die Gräber der toten Herrscher in der Frühzeit bedeckt gewesen. Bereits in den Jahrhunderten, die von den Historikern nicht erschlossen werden können, wurde an der Ostseite des Grabhügels ein Altar mit zwei Stelen angefügt. Als man mit Ziegeln umzugehen wußte, baute man als Wohnstätte für den königlichen Geist einen Scheinpalast dazu, wobei die Baumeister zunächst die Häuser kopierten, in denen die Toten zuletzt gewohnt hatten. Den lebenden Königen erschien das offene Gemäuer der Totenhäuser jedoch bald nicht mehr sicher genug. Für den ewigen Aufenthalt wurden geschlossene Baustrukturen verlangt. Es galt, Grab und Palast in einer Anlage bleibend zu vereinen. So entwickelte sich schließlich die Gestalt der Stufenpyramide, deren Bausubstanz sich in Terrassen über einer unterirdischen Grabkammer erhob. Streng zu beachten waren die Himmelsrichtungen, der Eingang hatte genau nach Norden zu zeigen, die Opferstelle nach Osten. Zahlreiche geräumige Nebengebäude und eine Umfassungsmauer ergänzten einst den Grabkomplex, von dem im Verlauf der Jahrtausende nur der massive Block der Pyramiden übrigblieb.

Die erste Pyramide entstand um das Jahr 2630 v. Chr. am linken Nilufer, etwa 20 Kilometer südlich der Gegend der heutigen Stadt Cairo. Saqqara wird der Platz genannt; er stellt wohl den attraktivsten archäologischen Ort Unterägyptens dar, der noch manche Überraschung birgt. Saqqara liegt auf dem Wüstenplateau über der heute fast völlig verschwundenen Stadt Memphis. Die Stufenpyramide des Pharao Djoser, deren gewaltige Reste noch in Saqqara zu sehen sind, gilt als frühstes Bauwerk dieser Art und wahrscheinlich sogar als erster imposanter Steinbau der Welt überhaupt. Der Name des Mannes, der dem Pharao dieses gewaltige Totenhaus errichtet hat, ist erstaunlicherweise bekannt. Der Architekt der Stufenpyramide von Saqqara hieß Imhotep.

Arzt soll er gewesen sein, sagt die Überlieferung, obgleich die Quellen aus jener Zeit davon nichts berichten. Doch sicher ist die Aufgabe des Arztes in Ägypten damals nicht von der Funktion des Weisen, des Magiers zu trennen, die Imhotep am Hofe des zweiten Pharaos der 3. Dynastie erfüllte. Der Weise war ein Nachfolger der

Medizinmänner primitiver Kulturen – ihm wurden Respekt und Anbetung zuteil. Hundert Jahre nach seinem Tod wurde Imhotep als Halbgott verehrt, von dem die Kranken Hilfe erwarten konnten. Nach der Eroberung Ägyptens durch die Perser im Jahre 525 v. Chr. – da war Imhotep schon über zweitausend Jahre lang tot – war die Erinnerung an diesen Mann noch so stark, daß er zum wirklichen Gott erhoben wurde. Auch nach dem Erlöschen der persischen Herrschaft blieb Imhoteps Ansehen unangetastet. In der griechisch-römischen Epoche des Nillandes wurden zu seinen Ehren Tempel errichtet: in Memphis und auf der Nilinsel Philae bei Asswan. Kranke ließen sich zu diesen heiligen Plätzen tragen; sie schliefen meist in den Tempelhallen, in der Hoffnung, der kundige Gott Imhotep offenbare ihnen im Traum das richtige Heilmittel für ihre Leiden.

In der Ägyptischen Abteilung der Staatlichen Museen Berlin(-Ost) ist eine Statue zu sehen, die Imhotep darstellt. Augen und Stirn beherrschen das Erscheinungsbild; der Mund zeigt einen Anflug von Spott. In beiden Händen hält der Mann eine geöffnete Papyrusrolle, in der er offensichtlich liest. Die Statue will den Eindruck erwecken, der Dargestellte sei ein Gelehrter.

Imhotep war von Pharao Djoser beauftragt, den Staat zu lenken. Das war im ägyptischen Reich eine überschaubare Aufgabe. Ägypten bestand immer aus dem schmalen Streifen fruchtbaren Bodens an beiden Ufern des mächtigen Flusses und aus seinem breit auseinanderlaufenden Delta. Menschen, Tiere und jede Form von Vegetation leben allein vom Wasser des Nil. In geschichtlicher Zeit war das nie anders; auch in Gegenwart und Zukunft ändert sich nichts an dieser Abhängigkeit. Innenpolitik im Pharaonenreich bestand darin, das Wasser der sommerlichen Nilflut so zu regulieren, daß es gerecht verteilt werden konnte. Dazu war das Wissen um den Zeitpunkt der Ankunft des Flutwassers notwendig. Wer den Tag voraussagen konnte, der galt als Weiser. Wer die Höhe der kommenden Flut schon vorher anzugeben wußte, dem wurden göttliche Kräfte zugesprochen.

Imhotep, der Regierungschef des Pharao Djoser, war vor allem der Herr über das Wasser. Sein Ruf als Weiser und Gottbegnadeter beruhte auf seiner Fähigkeit, den Zeitpunkt der Flut und die mögliche Höhe des Wasserstands zu prophezeien. Im Text einer Inschrift, die am Nil in der Nähe des Ersten Katarakts gefunden wurde, bestätigt der Pharao seinem Minister außerordentliche Fähigkeiten: »Ich war in größter Sorge, weil der Nil sieben Jahre lang nicht angeschwollen und das ganze Land in großer Not war. Da fragte ich den weisen Imhotep um Rat, wo der Ursprung des Nil liege und wer der Gott sei, der dort bestimme. Da antwortete Imhotep: Ich muß für die Antwort in das Bücherhaus gehen und dort die heiligen Bücher nachschlagen. Da ging er von dannen. Als er zurückkehrte, ließ er mich das Geheimnis um das Anschwellen des Nil wissen. Er enthüllte mir Wunder, zu denen noch kein König seit der Urzeit der Welt Zugang hatte.«

Mit diesem Wissen, an dem er seinen Herrscher teilhaben ließ, war es Imhotep möglich, Vorsorge zu treffen für die rechtzeitige Öffnung der Kanäle und Flutschleusen. Auf Grund seiner Anweisungen wurde das Wasser im Sinne aller Bewohner genutzt. Allein die gerechte Verteilung garantierte die Nutzung aller Anbauflächen und bewahrte damit die Bewohner Ägyptens vor dem Hunger.

Innenpolitik und Außenpolitik überschnitten sich im Bemühen, neidische Feinde vom Niltal fernzuhalten. Die Nutzung des Wassers setzte Frieden voraus – so mußten fremde Stämme abgewehrt werden, die aus den immer trockener und unfruchtbarer werdenden Wüsten an das lebenspendende Nilwasser drängten.

Eine Inschrift im Zeremonienhof vor der Stufenpyramide nennt die Funktionen des Imhotep: »Minister des Herrschers von Unterägypten, Zweiter nach dem König von Oberägypten, Oberster Haushofmeister, Inhaber des erblichen Adels, Hoherpriester von Heliopolis, Baumeister, Bildhauer und Vorsteher der Vasenhersteller.«

Sein Vater war bereits höchste Aufsichtsperson über alle Bauvorhaben des Pharao in Ober- und in Unterägypten gewesen. Die Fähigkeit, riesige Bauten aus behauenen Steinen zu errichten, besaß der Vater aber noch nicht. Sie wurde erst von Imhotep entwickelt. Imhotep, der zwar adlig und gottbegnadet, aber eben doch nur ein Sterblicher war, mußte seine Fähigkeiten jedoch vor allem dazu verwenden, der Person des Pharao zu dienen. Solche Dienste hatten über die Pflichten gegenüber dem lebenden Herrscher hinauszugehen – Imhotep hatte auch für den Unsterblichen zu sorgen, dessen Existenz nicht mit dem irdischen Tod endet. So entwarf Imhotep für den Pharao Djoser eine Ruhestätte, die heute noch von der Genialität des Baumeisters, Politikers und Arztes zeugt.

Nur Mutmaßungen sind möglich über die Entstehungsgeschichte der

Stufenpyramide von Saqqara. Wahrscheinlich war ein traditioneller Bau geplant und ausgeführt worden, der sich über der unterirdischen, mit Fayancekacheln verkleideten Grabkammer erhob. »Mastaba« wird ein solcher traditioneller Bau genannt. Das Wort entspricht dem arabischen Begriff für »Sitzbank«. Die Mastaba bestand aus einem rechteckigen Gebäude, das oben flach war. Die Seitenwände waren aus Lehmziegeln, in einigen Fällen auch schon aus Stein.

Zu den Mutmaßungen über die Stufenpyramide gehört die Annahme, daß die Mastaba, die ursprünglich die Grabkammer überdeckte, im Gesamtkomplex der Tempelanlage ohne optische Wirkung blieb. Der geniale Imhotep muß es als seine Aufgabe betrachtet haben, dem Pharao für die Ewigkeit ein wirkungsvolleres Haus aus unvergänglichem Stein zu bauen.

Nichts ist bekannt von den Schwierigkeiten, die der Entschluß, den riesigen Steinbau zu errichten, nach sich zog. Arbeiter, die wußten, wie man Ziegel an der Luft trocknete und regelmäßige Mauern aufschichtete, waren zwar vorhanden. Aber die Zahl der Spezialisten, die mit Kalkstein umzugehen wußten, war gering. Ziegel während der Herstellung in eine rechteckige Form zu bringen war keine Kunst. Aber Kalksteinblöcke so zu behauen, daß glatte Flächen entstanden, die aneinandergefügt werden konnten, war schwierig.

Auch Imhotep, der Architekt, besaß keinerlei Erfahrungen hinsichtlich der Statik und Druckverhältnisse, die bei der Aufschichtung von schweren Kalksteinblöcken entstehen. Werden Steine glatt aufeinander- und aneinandergefügt, dann wirken sich die Druckkräfte nur senkrecht aus und vermögen damit keinen Schaden anzurichten. Sind die Blöcke jedoch nicht perfekt aufeinander abgestimmt, dann wirkt sich ein Teil der Druckkräfte auf die Seiten hin aus. Bei einem Druck von vielen tausend Tonnen können die seitlich wirkenden Kräfte das Mauerwerk in Bewegung geraten lassen. Ist erst einmal die Stabilität vermindert, dann gerät leicht auch die Schichtung der Steinblöcke aus den Fugen.

Die Untersuchung der Stufenpyramide von Saqqara zeigt, daß der Baumeister Imhotep die dem Bauwerk zugrundeliegende Mastaba in waagrechter Schichtung der Steine ausgeführt hat. Die darüber errichtete Pyramide aber verzichtet auf die perfekte Waagerechte der Schichten. Die Steinblöcke sind angeschrägt, steigen außen an und senken sich der Mitte zu. So wird erreicht, daß die Schwerkraft die Steine ins

Zentrum der Pyramide zieht. Der gefährliche Druck nach außen wird aufgehoben. Anzunehmen ist, daß der heute erhaltene Teil der Stufenpyramide von Saqqara nur den Kern des Bauwerks darstellt, das Imhotep – der sein Konzept im Laufe der Bauarbeiten veränderte und Umfang und Höhe ausweitete – schließlich hatte errichten wollen. Vielleicht hatte er schon daran gedacht, eine wirkliche, regelmäßige Pyramide zu errichten – und dann erkennen müssen, wie schwierig das Anbringen und Befestigen der glatten »Außenhaut« ist. Beweisen läßt sich diese Absicht nicht. Daß die Verkleidung eines Pyramidenkerns wirklich ein Problem darstellte, kann an einem anderen Beispiel gezeigt werden.

Etwa 80 Kilometer nilaufwärts, an der Abzweigung der Straße von Cairo zur Oase Fajum, steht in der Nähe der Bahnstation El Wasta auf dem linken Nilufer am Rand des Wüstenplateaus ein turmartiger, eckiger Bau, der einen Hügel aus Steinschutt um etwa 40 Meter überragt. Dem Blick bietet sich eine Ruine, die von kenntnisreichen Besuchern schon als die geheimnisvollste Ruine der Welt bezeichnet worden ist. Beschreibungen ägyptischer Altertümer nennen sie die Pyramide von Meidum. Die arabische Bezeichnung dafür heißt »Ahram al-Kaddah« – die falsche Pyramide. »Falsch« deshalb, weil das Gebäude eher wie der Rest des Turms zu Babel als eine Pyramide aussieht. Niemand kennt den genauen Zeitpunkt, zu dem der Bau ausgeführt worden ist, und niemand weiß, wann seine Seitenwände heruntergebrochen sind. Wahrscheinlich trat die Katastrophe während der Bauarbeiten ein. Die herabstürzenden Steinplatten müssen Tausende von Arbeitern erschlagen haben.

In sieben Stufen war der Pyramidenkern über der Grabkammer aufgeschichtet worden. Dann hatten die Baumeister die Winkel zwischen den Stufen ausfüllen lassen, damit die glatte Mantelschicht angebracht werden konnte. Durch diese Baumaßnahme wäre eine Pyramide entstanden, deren Grundrisse ein Quadrat mit den Seitenlängen von 144 Metern gebildet hätte. Die Höhe der Pyramide kann mit 92 Metern errechnet werden. Doch die Verankerung der Auffüllung und der Außenhaut mißlang, da die nötigen Fundamente dafür fehlten. Kräfte wurden wirksam, die nicht mehr zu bändigen waren. Zehntausende Tonnen Gesteinsmaterial glitten am Pyramidenkern herunter.

Daß beim Bau der Pyramide von Meidum nicht so sorgfältig gearbeitet worden ist wie bei der Stufenpyramide von Saqqara, für deren

Ausführung der gelehrte Imhotep verantwortlich war, ist auch heute noch zu erkennen. Die äußeren Steine des Pyramidenkerns sind glatt behauen und passend gefügt. An manchen Stellen aber sind die glatten Blöcke herausgebrochen – so wird die nächste Schicht sichtbar. Sie besteht aus einer Anhäufung nahezu unbearbeiteter Steine.

Die Archäologen gehen davon aus, daß die Pyramide von Meidum etwa zwei Generationen nach der Lebenszeit des Imhotep aufgeschichtet worden ist. Huni, der letzte König der 3. Dynastie, soll den Befehl zum Bau gegeben haben. Die Katastrophe wird erst während der Regierungsjahre des Snofru, des ersten Herrschers der 4. Dynastie, eingetreten sein. Es sind jedoch keine Schrifttafeln und keine bildlichen Darstellungen erhalten, die irgendeinen Hinweis auf die Vorgänge geben, die den Pyramidenbau von Meidum zerstört haben. Vorzeigbar aber ist noch in unserer Zeit, welche Lehren die Pyramidenbauer in der Übergangszeit von der 3. zur 4. Dynastie aus der Katastrophe von Meidum gezogen haben.

Rund 45 Kilometer nilabwärts von der Katastrophenstätte und nur wenig nördlich der Stufenpyramide von Saqqara liegt die Pyramidengruppe von Dahschur. Auch ihre Basis ist das Wüstenplateau westlich des Nil. Die südlichste Pyramide dieser Gruppe war wohl die erste überhaupt, die von vornherein als wirkliche Pyramide und nicht als stufenförmiger rechteckiger Turm angelegt worden ist. Als sicher gilt, daß dieser Bau erst nach dem Unglück von Meidum in seinen wichtigsten Konstruktionsabschnitt eingetreten ist.

Die südlichste Pyramide von Dahschur trägt mancherlei Bezeichnungen. Zutreffend ist die »Stumpfe Pyramide«, weil ihre Spitze nicht steil zum Himmel ragt; die eigentliche Besonderheit dieses Bauwerks aber ist besser mit dem Begriff »Knickpyramide« gekennzeichnet. In der Hälfte der ursprünglich geplanten Höhe verändert sich der Winkel der Kanten. Ihre Fluchtlinien streben jetzt einem niedrigeren Ziel zu. Der Neigungswinkel verändert sich von 54°28′ auf 43°22′. Bemerkenswert ist noch, daß bei der Schichtung im Pyramidenteil oberhalb des Knicks weit sorgfältiger gearbeitet wurde als im Basisteil.

Die Veränderung des Neigungswinkels verminderte die Gefahr, daß sich die Außenhaut ablöste und am Pyramidenkern herunterglitt. Furcht vor einer derartigen Katastrophe muß die Baumeister bewogen haben, ihr ursprüngliches Konzept gründlich umzustoßen und auf eine wahrhaft eindrucksvolle Höhe des Grabbauwerks zu verzichten.

Der Auftraggeber – wahrscheinlich König Snofru, zu dessen Lebzeiten sich wohl auch die Katastrophe von Meidum ereignete – muß mit dem Erscheinungsbild der »Knickpyramide« unzufrieden gewesen sein, denn er ließ in unmittelbarer Nähe des abgestumpften Baus eine zweite Pyramide aufschichten, die von Anfang an den neuen Böschungswinkel von 43°22' aufwies. Da beim flacheren Winkel eine imposante Höhe erst durch gewaltige Ausmaße der Basis zu erreichen ist, mußten die Architekten ein Grundrechteck von bis dahin nie erreichten Seitenlängen wählen. Die Rechteckseiten sind jeweils 220 Meter lang.

Diese flache Pyramide, die 2 Kilometer nördlich der »Knickpyramide« steht, trägt den Namen »Die Rote«. Im Sonnenlicht leuchtet das Steinmonument in der Tat rötlich. Das Baumaterial, Kalkstein, besitzt diese Färbung.

Beide Pyramiden von Dahschur geben Zeugnis von einer Veränderung in der Struktur des Baumaterials. Die Aufschichtungen von Saqqara und Meidum bestehen aus Steinblöcken, die jeweils noch von einer kleinen Gruppe der Arbeiter behauen und durch die Kraft ihrer Arme transportiert werden konnten. Beim Bau der »Roten Pyramide« war die Grenze der menschlichen Leistungsfähigkeit für die Bewältigung der Steingewichte erreicht.

Seit Imhotep die Grundform geschaffen hatte, ist die Idee, Pyramiden als sicheres Haus für die ewige Ruhe der Herrscher zu bauen, am Nil über Generationen hin nicht erloschen. Imhotep hatte die Leistung vollbracht, die Maurerkolonnen, die Grabtempel aus Ziegelsteinen aufgestapelt hatten, in Arbeitsverbände umzuwandeln, die Millionen von Steinblöcken brechen, behauen, transportieren und schichten konnten. Ihre Fertigkeit steigerte sich im Verlauf der Jahrzehnte. Es wuchs auch die Erkenntnis, daß die Stabilität der Pyramiden mit der Vergrößerung der einzelnen Blöcke zunahm: Je mächtiger und massiver die Bauelemente waren, desto fester und dauerhafter ruhten sie aufeinander.

Ein Problem blieb der Transport der Steinquader. Der Gebrauch von Wagen und Rad war im Zeitalter des Pyramidenbaus noch unbekannt. Die Arbeiter quälten sich mit einer Art von Schlitten ab, der aus hölzernen Kufen bestand. Modelle solcher Schlitten sind von Archäologen gefunden worden. Auf leicht angeschrägten Rampen konnten die mit Steinen beladenen Schlitten gezogen und geschoben werden. Doch keine Überlieferung aus jener Zeit berichtet, wie die Pyramiden wirklich gebaut wurden. Theorien über Verwendung von Hebewerkzeugen sind Spekulation.

Da die Werkzeuge fehlten, mußten Arbeiter in riesiger Zahl ihre Kraft einsetzen. Die Rechnung, daß an einer großen Pyramide über hunderttausend Männer arbeiteten, ist nicht übertrieben. Allerdings wurde nicht das ganze Jahr hindurch an den Grabmonumenten gearbeitet. Die Pharaonen wußten, daß sie die Männer nicht willkürlich aus der landwirtschaftlichen Produktion abziehen durften. Blieb die Ernte aus, weil die Felder nicht bestellt werden konnten, dann kam es im Lande am Nil zu gefährlichen Unruhen. So wurden die Männer für die Zeit angeworben, in der sie auf den Feldern am wenigsten gebraucht wurden. Entbehrlich waren sie während jenes Vierteljahres, in dessen Mitte die Nilflut lag. Neun Monate pro Jahr ruhte die Bautätigkeit nahezu.

Der griechische Historiker Herodot, der im 5. Jahrhundert vor Christi Geburt lebte, berichtet, der Bau der Cheopspyramide, die in kurzer Entfernung westlich der heutigen Stadt Cairo liegt, habe dreißig Jahre gedauert. Zehn Jahre habe das Arbeiterheer gebraucht, um die Rampe vom Nil her hoch zum Wüstenplateau anzulegen. Auf dieser Rampe seien dann die Steinblöcke transportiert worden. In zwanzig weiteren Jahren sei schließlich der Riesenbau entstanden.

Dreißig Jahre bedeuteten damals – und ganz besonders für die armen Schichten – mehr als ein Menschenleben. Während der Bauzeit der Cheopspyramide mußte das Wissen um die Konstruktionsprinzipien von einer Generation an die nächste weitergegeben werden. Der polnische Architekt und Geologe Wieslaw Kozinski ist der Meinung, dieser Kenntnisübermittlung hätten die drei kleinen Pyramiden an der Südseite der Cheopspyramide gedient. Sie seien nichts anderes als Modelle, die im Verhältnis 1 : 5 die Maße der großen Pyramide während unterschiedlicher Baustufen wiedergeben.

Daß auch der Bau der Cheopspyramide – trotz der Beachtung aller Erfahrungen aus vorherigen Pyramidenkonstruktionen – nicht ohne Probleme zu bewältigen war, ist an der Decke der Grabkammer des Königs zu ersehen: Einer der Granitblöcke ist gebrochen. Die Baumeister müssen die Gefahr erkannt haben. Die fünf Hohlräume direkt über der Grabkammer, die unzugänglich sind und die keinen augenfälligen Zwecken dienen, weisen darauf hin; sie verminderten den Druck auf die Grabkammerdecke. Doch die Entlastung hat nicht ausgereicht: Der Granitträger zerbarst.

Wahrscheinlich ist, daß der Donner des brechenden Granits, der wohl auch außerhalb des Pyramidenbaus zu hören war, dem Pharao als böses Anzeichen in den Ohren widerhallte. Eine Grabkammer, deren Decke zersprungen war, konnte kaum noch als sicheres Haus für die Ewigkeit betrachtet werden. Der Pharao wird es sich verbeten haben, in dieser Pyramide beigesetzt zu werden. Die Annahme, der Herrscher habe sich so verhalten, gibt eine Erklärung dafür, warum der Sarkophag in der Grabkammer keinen Deckel besitzt: Der Sarkophag wurde nicht benützt. Er hat zu keiner Zeit einen Toten in sich geborgen. Hunderttausend Menschen haben dreißig Jahre lang vergebens ihre Arbeitskraft eingesetzt. Die Cheopspyramide hat den Zweck, für den sie gebaut worden ist, nie erfüllt.

Allerdings stellt sich die Frage, ob die Aufnahme des Königsleichnams der einzige und eigentliche Zweck des Pyramidenbaus war. Der Naturwissenschaftler Kurt Mendelssohn, der sich mit der Baugeschichte von Imhoteps Stufenpyramide bis zur Monumentalkonstruktion für den Pharao Cheops befaßt hat, vermutet ein sozialpolitisches Programm. Er verweist auf die Gleichzeitigkeit der Aufschichtung mehrerer Pyramiden und zieht daraus erstaunliche Konsequenzen: Die Bauperioden der Monumente sind nicht säuberlich voneinander zu trennen – sie verlaufen häufig parallel –, und sie entsprechen wahrscheinlich in ihrem Beginn nicht dem Anfang einer Herrscherzeit. Damit ist die einfache und zunächst so schlüssige Theorie, jeder Pharao habe bei der Erhebung in sein hohes Amt den Befehl gegeben, für sein ewiges Leben ein Haus zu bauen, das möglichst noch vor seinem Tode fertig sein sollte, unsicher geworden.

Die Pharaonen bestimmten zwar mehr als jede andere Person im Niltal über das Leben der Bewohner, sie konnten jedoch nicht ökonomische Gesetze außer Kraft setzen. Auch die Pharaonen hatten sich Zwängen unterzuordnen. Für den Pyramidenbau standen, gemessen an der Bevölkerungszahl Ägyptens, nicht mehr als hunderttausend Arbeiter zur Verfügung. Kam ein neuer Herrscher an die Macht, konnte er nicht den Befehl geben, diese Hunderttausend seien ab sofort für die Aufschichtung seines Hauses des ewigen Lebens einzusetzen. Der Pharao war nicht einmal in der Lage, nach seinem Ermessen wenigstens einen Teil der erfahrenen Arbeiter von der bisherigen Arbeitsstätte abzuziehen – Sitte und Anstand geboten, die Fertigstellung des Totenhauses nicht zu stören. Der Pharao mußte mit diesem Befehl warten, bis die Pyramide seines Vorgängers eine bestimmte Höhe erreicht hatte, von der aus die weitere Konstruktion mit einer geringeren Zahl von Arbeitern möglich war. Je enger der Grundriß der obersten Plattform wurde, desto weniger Arbeiter fanden Platz und Beschäftigung auf der Baustelle. An der Spitze konnten schließlich nur noch ganz wenige Männer tätig sein. Die freien Arbeitskräfte waren dann für andere Aufgaben verfügbar. So entwickelten sich Gesetze der Abhängigkeit zwischen Arbeitsmarkt und Baustadien, die durch Eingriffe von außen kaum zu verändern waren und denen sich auch die Pharaonen anzupassen hatten.

Sicher waren in der Zeit des Imhotep die Männer zur Arbeit am Pyramidenbau verpflichtet worden; sie hatten diesen Dienst wahrscheinlich sogar als Zwang empfunden. Inzwischen hatten sie zwar kaum Gefallen an der mühevollen Arbeit gefunden, doch sie hatten sich daran gewöhnt – und vor allem: sie waren wohl darauf angewiesen. Sie und ihre Familien lebten von dieser Arbeit. Im Verlauf der Jahrzehnte war den Männern die sommerliche Beschäftigung auf der staatlichen Baustelle zur Selbstverständlichkeit geworden. In den Wochen vor und nach der »Flutschwelle« waren die meisten der Landarbeiter ohne Beschäftigung. Drei Monate lang dauerte die Zeit der Ruhe in der Landwirtschaft – in diesem Vierteljahr fanden die Arbeitswilligen Aufgaben und Versorgung beim staatlichen Arbeitsprogramm.

Vielen Historikern galt es als selbstverständlich, daß die Arbeiter, die Pyramiden zu bauen hatten, als Sklaven behandelt wurden. Durch historische Zeugnisse aus jener Zeit läßt sich diese Ansicht jedoch nicht belegen. Sie hat ihre Wurzel im biblischen Bericht über die Behandlung der jüdischen Sippen, die am Nil Vorratsstädte zu bauen hatten, durch die Aufseher des Pharao. Dieser Bericht wurde als wahr betrachtet – und ganz selbstverständlich auf die soziale Lage der Gesamtbevölkerung Ägyptens übertragen. Demnach hätten sich die Ägypter, die während der Epoche der 3. und 4. Pharaonendynastie lebten, viele Jahrzehnte lang vor der Peitsche des Herrschers gebeugt.

Bequem ist diese Theorie, doch sie wird den Bewohnern des Niltals nicht gerecht. Die Menschen Ägyptens bewiesen zwar in der langen Geschichte des Wachsens ihrer Zivilisation beachtliche Geduld und

Bereitschaft zur Unterordnung, doch immer wieder brach ihr Wille zur Eigenständigkeit durch. Es erscheint mehr als zweifelhaft, daß sich die Männer Jahr für Jahr erneut hätten zusammentreiben lassen – um im Sommer für ein Vierteljahr Sklaven zu sein. Vielmehr dürfte das Gegenteil der Fall gewesen sein. Die Männer dürften die Wochen vor und nach der Flut vielleicht manchmal murrend, im allgemeinen aber ganz zufrieden auf der Staatsbaustelle zugebracht haben. Sie entgingen so der sommerlichen Langeweile ihres Dorfes, erhielten Nahrung und begegneten Männern aus allen Regionen des damals bekannten Niltals.

Bei der Betrachtung des Pyramidenbaus darf man nicht vergessen, wer seinen Beginn inspiriert hatte: der Arzt und Architekt Imhotep. Sicherlich kam er bei der Organisation der staatlichen Großprojekte nicht ohne Druck aus, und er bewies ja auch genügend Durchsetzungsvermögen, doch paßt zum Bild dieses Mannes, das uns die Überlieferung bietet, der Aufbau einer staatlich gelenkten Sklaverei nicht. Er wird geschildert als ein Mann, der die Barbarei am Nil beenden wollte. Zum politischen Erbe, das er übernommen hatte, gehörten blutiger Kampf zwischen Sippen, Vernichtung von Familien aus purem Neid, Raub von Frauen und Vieh, Vergeltung und Rache ohne Maß. Wollte er dieses Erbe überwinden, mußte er den Männern, die die Sitten der Vergangenheit nicht von selbst aufzugeben bereit waren, ein Ziel setzen. Der Bau einer Pyramide war ein solches Ziel. Die Männer der Stämme, die bisher nur Verbindung zu anderen Männern innerhalb der eigenen Großfamilie kannten, trafen auf dem Bauplatz mit Fremden zusammen. Sie lernten die Fremden kennen und erfuhren, daß sie kaum andere Charaktereigenschaften besaßen. Sie begriffen allmählich die Gemeinsamkeit der Menschen des Niltals. Die Festigung des Staatsgedankens war die Folge dieses Einfühlungsprozesses. Gleichzeitig bedeutete die Beschäftigung der Massen während der stillen Sommermonate durch eine staatliche Organisation eine starke Bindung an den Staat, der auch in schlechten Zeiten ein Mindestmaß an Sicherheit gewähren konnte.

Doch welche volkswirtschaftlichen Auswirkungen hatte der stetige Pyramidenbau? Sicher ist, daß der Lebensunterhalt des Arbeiterheers aus Steuern bezahlt worden ist. Die Wohlhabenden, die Grundbesitzer, die reichen Händler wurden durch Abgaben belastet. Nutznießer der Steuerentrichtung war nicht nur der Pharao, dem ein Haus für die

Ewigkeit gebaut wurde, es profitierten auch die ärmeren Menschen am Nil davon. So brachte das Arbeitsbeschaffungsprogramm der Volkswirtschaft wenigstens einen indirekten Nutzen.

Ausgeblutet wurde das ägyptische Volk während der rund zwei Jahrhunderte des Pyramidenbaus jedenfalls nicht. Pharao Snofru, der insgesamt drei dieser Kolossalkonstruktionen aufschichten ließ, herrschte über ein wohlhabendes Land. Seine Händler verkauften und kauften Waren in den Küstenstädten, die dem Libanongebirge vorgelagert sind, und in den Häfen auf dem Gebiet der heutigen Türkei. Die ägyptischen Kupferminen auf der Halbinsel Sinai brachten reiche Erträge. Der Staat konnte sich die Großbauprojekte leisten.

Am stärksten und nachhaltigsten wirkte sich der Pyramidenbau im gesellschaftlichen Bereich aus. Die Menschen am Nil begannen sich als Angehörige eines Staates zu fühlen; sie wurden zu Ägyptern geformt. Selbstverständlich war diese Leistung nicht. Der Blick auf die Landkarte zeigt sofort die Eigentümlichkeit des Nillandes: Es erstreckt sich über Hunderte von Kilometern in einem schmalen Band, das oft nur wenige Meter rechts und links des Flußlaufs breit ist. Selten dehnt es sich auf einige Kilometer aus. Es wird eingeengt von den Wüsten, deren Sand die Vegetation am Nil immer bedroht. Wehren sich die Bauern nicht, dann ist das fruchtbare Land vom Sand bald zugedeckt. Nur im Nildelta wird der Blick nicht durch das aufragende Wüstenplateau eingeengt – nur dort können sich landwirtschaftliche Siedlungsgebiete auch in die Breite entwickeln.

Diese Eigentümlichkeit Ägyptens begünstigte die Neigung der Bewohner, sich in Sippen abzukapseln, sich in Sekten zu organisieren. Die Idee des Imhotep machte der Zersplitterung ein Ende: Bis ins letzte Dorf wurde das Staatssymbol, die Pyramide, schließlich bekannt. Wer keine gesehen hatte, der wußte aus Erzählungen von Existenz und Aussehen dieser Bauwerke. Die Pyramiden insgesamt wurden als Ausdruck der Ordnung und der Gemeinsamkeit akzeptiert – wobei sicher Stolz ein entscheidender Faktor war für die Annahme des Staatssymbols durch die Bevölkerung: Aus jedem Dorf waren Männer dabei, die gewaltigen, zum Himmel strebenden Bauwerke zu schaffen. So trug jede Region dazu bei, Monumente zu errichten, die ohne Beispiel waren.

Das funktionierende System der staatlichen Arbeitsbeschaffung vermochte über Generationen hinweg zur Lösung der Probleme von Staat und Gesellschaft beizutragen. Wie in jeder vergleichbaren Organisation aller Zeiten machte sich schließlich auch hier die Bürokratie breit und überwucherte die Zweige, die noch Leistung erbrachten. Die letzte Glanzleistung des von Imhotep geschaffenen, zweckgebundenen Riesenunternehmens war die Aufschichtung der Cheopspyramide. Sie besteht aus mehr als zwei Millionen Blöcken; jeder Block wiegt etwa zweieinhalb Tonnen. Beim Vergleich von Bauleistung und Arbeitszeit ist festzustellen, daß an jedem Tag nahezu dreihundert Steinblöcke in den Bau eingefügt wurden.

Mit zeitlicher Verzögerung dazu entstand unmittelbar neben der Cheopspyramide bereits ein zweites, ähnliches Bauwerk – bekannt unter dem Namen »Pyramide des Chephren«. Deutlich ist zu erkennen, daß die Konstruktion nicht mit der Sorgfalt ausgeführt wurde, die noch die Arbeit an der Cheopspyramide auszeichnete. Die Organisation verlor an Tüchtigkeit; das Interesse am Pyramidenbau erlosch. Die Notwendigkeit dazu war nicht mehr vorhanden: Das Staatswesen war geschaffen.

Als die letzte Pyramide der Epoche der 4. Dynastie begonnen wurde – sie steht als drittes Monument neben der Cheopspyramide auf dem Plateau westlich von Cairo –, da wurde ein wesentlich kleinerer Grundriß gewählt. Das für die Pyramide des Mykerinos abgesteckte Pensum war mit weniger Arbeitskräften zu bewältigen. Weitergehende Konsequenzen aus der veränderten Situation wurden bald gezogen: Schon der nächste Pharao nach Mykerinos – sein Name war Schepseskaf – gab überhaupt keinen Befehl mehr zum Bau einer Pyramide. Sein Grabmal, das sich in Saqqara befindet, ist im Aussehen einem Sarkophag ähnlich. Pyramiden, die später gebaut wurden, erreichten nie mehr die gewaltigen Ausmaße der Bauten aus der Zeit der 4. Dynastie.

# Pharao: Herrscher und Gott

Nur kurze Zeit vor seinem Tod hatte Präsident Anwar As Sadat befohlen, daß Ramses II. ungestört ruhe. Bis dahin war die ausgetrocknete, braun- und gelbgefleckte Leiche des einst mächtigen Herrschers der Nilregion im Mumiensaal des Ägyptischen Museums in Cairo den Blicken der Besucher ausgesetzt gewesen. Sadat empfand Scham für den Toten im Glassarg, der sich nicht dagegen wehren konnte, als Schauobjekt einer unwissenden Menge präsentiert zu werden, die nur deshalb das Eintrittsgeld bezahlte, weil sie wohligen Schauer empfand beim Anblick eines vor mehr als drei Jahrtausenden verstorbenen Mannes. Der Präsident ließ den Mumiensaal schließen. Er gehört nicht mehr zum Besichtigungsprogramm des Ägyptischen Museums. Bei den Toten herrscht fortan Frieden.

Kein deutlicherer Kontrast ist möglich als der zwischen dem ausgemergelten Kopf des toten Ramses und den Darstellungen, die zu seinen Lebzeiten entstanden sind. Klein ist das Haupt der Mumie, eingefallen sind die Wangen und Schläfen. Die Reste des Haares, jetzt grau und rotblond, wecken den Eindruck, ein Greis liege im Glassarg. Dünnlippig und wie ein langer Einschnitt geformt ist der Mund, der bösartig zu lächeln scheint. Der Mund der Statuen aber zeigt volle Lippen um eine schmale Öffnung. Die steinernen Gesichter besitzen runde Wangen. Sie überlagern Backenknochen, die bei der Mumie besonders stark hervortreten.

Trotzdem ist zu erkennen, daß die Steinmetzen jener Zeit durchaus an die Ähnlichkeit zwischen Statue und dargestellter Person gedacht haben. Nase und Kinn der gemeißelten Abbilder entsprechen den Gesichtsformen des Toten. Ebenso ist Übereinstimmung in der Ausformung der Stirn zu erkennen. Doch die Würde, die der steinerne Pharao ausstrahlt, fehlt der Mumie. Sie macht deutlich, daß sie den letzten leiblichen Rest eines Menschen darstellt, der gestorben ist wie andere Menschen auch – an Alter und Krankheit. Die Statuen aber zeigen uns Ramses II. als Gott.

Viermal und überlebensgroß war die Gestalt des Pharao einst am Eingang des Tempels von Abu Simbel zu sehen. Drei der Riesenfiguren sind noch erhalten; eine ist im Laufe der Jahrtausende zerfallen. Die Kolossalstatuen haben den Blick zum Nil gerichtet. Doch sie stehen heute nicht mehr dort, wo Ramses II. sie hatte ausmeißeln lassen. Ihr alter Standort ist vom Nilwasser überflutet; er liegt unter der Oberfläche des Sees, der durch den Damm von Asswan aufgestaut wird. In den Jahren von 1964 bis 1968, in der Regierungszeit des Präsidenten Gamal Abdel Nasser, war die Tempelanlage, die sich hinter den Statuen verbirgt, in ihrer gesamten Tiefe von 40 Metern aus dem Berg geschält, in transportable Blöcke zersägt und in 210 Meter Entfernung – aber 65 Meter höher – wieder zusammengefügt worden.

Finanziert worden war das Projekt von der UNESCO, die ihre Mitgliedsstaaten aufgefordert hatte, zur Rettung der Tempel von Abu Simbel Geld zu spenden. Mehr als 40 Millionen Dollar waren notwendig, um in der abgelegenen Gegend, 280 Kilometer Nilstrecke südlich von Asswan, eine technische Meisterleistung in Planung und Präzision zu vollbringen. Da Nassers Nilstaudamm oberhalb des Ersten Katarakts weit fortgeschritten war und der Wasserspiegel bereits zu steigen begann, stand die Rettungsaktion unter gewaltigem Zeitdruck. Deutsche Firmen konnten ihre Tüchtigkeit beweisen. Am 22. September 1968 ist der Tempel von Abu Simbel am neuen Platz eingeweiht worden – ohne Ehrfurcht vor dem Pharao und Gott, der sich hier ein Heiligtum geschaffen hatte. Verehrt wurde an jenem Septembertag nur die Technik unserer Zeit, die ein geplantes Wunder vollbracht hatte.

Zu seiner Zeit hat der Pharao Verehrung und Anbetung in hohem Maße genossen. Der Tempel von Abu Simbel gibt ein Zeugnis davon. Auf den Wandreliefs sind die Erfolge des Pharao darstellt. Da sind Szenen zu sehen aus dem Verlauf der Schlacht von Kadesch, die – nach diesem Zeugnis – mit einem Sieg des ägyptischen Heeres über die Streitmacht des Hethiterreiches auf heute syrischem Gebiet geendet hatte; die meisten Berichte aber sprechen davon, daß sie eher unentschieden abschloß. Andere Reliefs zeigen Gefechte gegen libysche und nubische Feinde. Immer ist der Pharao als Sieger gegenwärtig. An der nördlichen Wand der zweiten Säulenhalle schildert ein Relief, wie Ramses sein eigenes Bild anbetet, das sich auf einer Nilbarke befindet. Ramses selbst verehrte sich als Gottheit.

Um das Jahr 1290 v. Chr. ist Ramses II. geboren worden. Manche Inschrift deutet darauf hin, daß er schon in sehr jungen Jahren mit militärischen Kommandoaufgaben betraut war, vor allem in Nubien, das bis in die Region des Tempels von Abu Simbel unter ägyptischer Kontrolle stand. Da ist auf einer Stele sogar zu lesen, als Ungeborener habe er bereits Pläne für Feldzüge entworfen. Auch schon vom Vater des Ramses berichten Wandbilder, er sei ein Feldherr von gewaltigem Format gewesen. Die Außenmauer des Tempels von Karnak zeigt ihn in der Haltung des Siegers. Er überragt ein Riesenheer gefangener Feinde, die gefesselt abgeführt werden. Überliefert ist, daß Sethos I. syrische Gebiete wiedererobern konnte, die an das Volk der Hethiter verlorengegangen waren.

Als Informationsquellen über das Leben der Herrscher jener Zeit sind die bildlichen Darstellungen an den Tempeln kaum zu gebrauchen. Sie sind zwar eindrucksvoll in der Gestaltung, aber von mäßigem Wert in der Schilderung von wirklichen Begebenheiten. Realismus war von den Steinmetzen nicht verlangt: Sie hatten ihren Herrscher und Gott in vorteilhaften Situationen darzustellen; sie waren beauftragt, Propagandatafeln zu schaffen. Werden die Tempelreliefs unter diesem Gesichtspunkt betrachtet, schwindet das wahre Wissen um die Mächtigen der alten ägyptischen Reiche.

Von Ramses I., vom Begründer der Dynastie, zu der Ramses II. gehört, ist gar nichts bekannt, außer der etwas unpräzisen Mitteilung, er sei Offizier gewesen. Nirgends ist er abgebildet, nichts wissen die Ägyptologen über die Umstände seines Regierungsantritts zu berichten. Kurz scheint seine Amtszeit als Herrscher gewesen zu sein. Länger als zwei Jahre hat sie nicht gedauert.

Ob Kunde übriggeblieben ist von einem Monarchen am Nil, hängt von der Gnade seiner Nachfolger ab. Da konnte ein Pharao vorgesorgt haben durch Tempelanlagen von imposantem Grundriß, die durch Mauern und Bilder auch später von seinem Ruhm zeugen sollten – wenn die Nachfolger Bauwerk und Reliefs für sich in Beschlag nahmen, wenn sie ihren Namen anbringen ließen, dann war die Vorsorge nutzlos gewesen. Der Vater von Ramses II. gehörte allem Anschein nach zu jenen Herrschern, die dem eigenen Vater keinen Nachruhm gönnen wollten. Sethos I. baute zwar pflichtgemäß für den verstorbenen Vater einen Totentempel; er vernachlässigte dieses Gebäude jedoch schon bald zugunsten eines Tempels, der ihm selbst gewidmet sein sollte.

An Ramses I. erinnern noch Kalksteinplatten, die aus jenem wenig wetterfesten Tempel stammen müssen, den Sethos I. hatte errichten lassen. Doch die Inschriften feiern nicht den Vater; sie preisen den Sohn, den Stifter des Tempels. So ist vergessen, ob Ramses I., der Großvater von Ramses II., ein außergewöhnlicher Feldherr war oder nur ein mutiger Abenteurer, der Pharao werden wollte. Vergessen ist auch, an welcher Grenze er für Bestand und Ausdehnung des Nilimperiums kämpfte.

Das Reich, das den Herrschern am Nil unterstand, dehnte sich von Nubien aus über Niltal und Nildelta bis zu den Gebieten, die heute auf den Landkarten als Israel und Libanon ausgewiesen sind, bis in die Gegend der libanesischen Stadt Tripoli, die nördlich von Beirut liegt. Auf dem Gebiet von Libanon und Syrien stieß Ägypten an das Hethiterreich, das sich nahezu über die ganze heutige Türkei erstreckte. Generationenlang war das Land zwischen Aleppo und Byblos Objekt des Streits; blutige Schlachten wurden um den fruchtbaren Boden ausgefochten.

Umworben waren damals die syrischen Kleinfürsten, die im Machtbereich der beiden Großmächte regierten. Sie konnten nur durch militärische Stärke überzeugt werden, daß es klug sei, sich an eine Seite zu binden. Sollten sie veranlaßt werden, sich in Richtung des Machtzentrums am Nil zu orientieren, dann konnte es nur ein Mittel geben: Ramses II. mußte die Überlegenheit der Ägypter beweisen. Dazu rüstete der Pharao ein Heer von zwanzigtausend Kämpfern aus und zog vom Nildelta durch den Nordteil der Halbinsel Sinai und dann der Ostküste des Mittelmeers entlang. Zur selben Zeit aber bewegte sich ein starker Truppenverband südwärts: Auch der König der Hethiter war auf dem Weg ins syrische Gebiet, auch er wollte die Regionalfürsten veranlassen, seine Verbündeten zu bleiben.

Am Fluß Orontes, in der Nähe der heutigen Stadt Homs in Syrien, lag damals die Festung Kadesch. Hier begegneten sich die beiden

Heere. Die Hethiter hatten den Anmarsch der Ägypter längst bemerkt; Ramses aber glaubte, der Feind befinde sich noch bei der Stadt Halpa, die in unserer Zeit Aleppo heißt.

Die ägyptischen Darstellungen von damals geben zu, daß Ramses schlecht informiert war. Unwahrscheinlich aber wirkt die Behauptung, das ganze Heer der Hethiter habe sich nahe beim Lagerplatz der Ramsesarmee auf der entlegenen Seite der Befestigungen von Kadesch verborgen gehalten. Zwanzigtausend Kämpfer in unmittelbarer Nähe der feindlichen Armee so zu verstecken, daß sie nicht entdeckt wurden, dürfte schwergefallen sein. Der König der Hethiter hatte wohl nur seine beweglichste Formation, die Streitwagen, so nahe in Bereitschaft gehalten. Offenbar wollten die Autoren der Propagandatafeln an den Wänden der Tempel von Theben und Abu Simbel die Anfangslage der Schlacht für die Ägypter als gefährlich darstellen, um den Ausgang desto eindrucksvoller als Leistung des Pharao aufzeigen zu können.

Mit einem Überraschungsangriff der versteckten Streitwagen begannen die Hethiter die Schlacht. Sie stießen hinein in den Aufmarsch der Ägypter; sie zerstörten die Schlachtordnung, noch ehe sie planmäßig entfaltet war. Die Streitwagen befanden sich überraschend schnell im Lager der Ramsestruppen, die sich in Panik zurückzogen. Die Niederlage sei abzusehen gewesen, sagen die ägyptischen Berichte, da habe der Pharao selbst eingegriffen. Ramses sei auf seinen Streitwagen gestiegen und allein dem Feind entgegengefahren. An den Wänden des Tempels von Abu Simbel sind die Texte erhalten, die vom Alleingang des Ramses erzählen: »Der Herr drang auf die Feinde ein. Groß war seine Kraft. Er tötete das ganze Heer zusammen mit seinen Befehlshabern. Sie fielen einer über den anderen, die Kämpfer zu Fuß und die Lenker der Streitwagen. Unser Herr erschlug sie ganz allein, denn niemand war an seiner Seite.«

Kampfentscheidend war allerdings nicht der Mut des Pharao, der trotz der Übertreibung in den Inschriften gar nicht bezweifelt werden soll, sondern die Ankunft eines Verbandes von Kämpfern, die nicht zur Armee des Pharao zählten; es könnte sich um Hilfswillige aus einem anderen Volk gehandelt haben. Nicht auszuschließen ist, daß diese Retter in kritischer Situation einem semitischen Volk angehörten, das in Lehenspflicht zum Pharao stand.

Die Schlacht endete unentschieden. Beide Heere verfügten noch über ausreichende Reserven, doch war keine Seite bereit, sie einzusetzen –

aus Angst, völlig aufgerieben zu werden. Die Tafeln an den Tempelwänden berichten, Ramses habe seinen Kommandeuren Vorwürfe gemacht wegen ihres Verhaltens in der Schlacht. Sie versprachen, am folgenden Tag besser zu kämpfen. Doch als die Sonne wieder aufging über dem Schlachtfeld von Kadesch, da näherten sich Unterhändler der Hethiter, die Waffenruhe anboten. Nach Beratung mit seinen Offizieren nahm Ramses den Vorschlag an. Der Kampf war zu Ende. Es hatte keinen Sieger gegeben. Ein Unentschieden aber konnte nicht dem Anspruch des Pharao gerecht werden, er sei kein Mensch wie andere, der zu Kompromissen gezwungen sei. Und doch handelte der Pharao wie ein Politiker: Ramses ließ den Feind ziehen und verzichtete damit auf die Entscheidung. Ein seltsamer Schritt für einen Pharao, der von sich sagte, er lebe in der strahlenden Helle der Götterwelt, sei unbesiegbar durch sterbliche Menschen. Er war zwar nicht besiegt worden, doch als Sieger konnte Ramses kaum gelten – wenigstens nicht an Ort und Stelle auf dem Schlachtfeld von Kadesch.

Bei der Heimkehr an den Nil verwandelte sich die durchaus menschliche Friedfertigkeit des Pharao in Erbarmungslosigkeit des übermenschlichen Herrschers – wenigstens in Worten und Bildern. Den Steinmetzen wurde geboten, nur den Sieg des Pharao darzustellen, mit allen Details der unvorteilhaften Ausgangslage. Sie hatten auch die Einnahme der Stadt Kadesch bildhaft zu beschreiben und wurden damit zu einer Propagandalüge gezwungen, denn auf diesen Erfolg hatte Ramses nach der Annahme des Waffenstillstands verzichtet.

Die ägyptischen Augenzeugen der Schlacht von Kadesch, die Offiziere der Fußtruppen und der Wagenlenker, hüteten sich, vom Unentschieden zu erzählen. Sie hatten sich vor Kadesch in der Tat wenig ehrenhaft benommen und hatten daher guten Grund, die Wahrheit zu verschweigen. Der Pharao schonte sie nicht in Worten und Reliefs der verordneten offiziellen Kriegsdarstellungen. Sie mußten sich die Beschämung wohl gefallen lassen, zum Ruhm des Herrschers.

So wurde am Nil schon frühzeitig gepflegt, was in den Nahostkriegen unserer Zeit eine hohe Blüte erlebte: die Veränderung von Tatsachen durch Worte, die Verschleierung von Niederlagen durch rhetorische Kunststücke. Gamal Abdel Nasser war ein Meister der Realitätsverfremdung, und selbst Anwar As Sadat machte von ihr erfolgreich Gebrauch. So erwähnt die ägyptische Geschichtsschreibung im Verlauf des Oktoberkriegs von 1973 die israelische Überquerung des Suezkanals in Richtung Westen nur beiläufig. Sie stuft dagegen den ägyptischen Sturm über den Kanal und den Stoß durch die Bar-Lev-Linie als militärische Meisterleistung ein. Anwar As Sadat selbst hat erklärt, im Oktober 1973 sei nicht, wie von Israel berichtet worden war, die Dritte Ägyptische Armee am Suezkanal eingeschlossen gewesen – im Gegenteil: Die Dritte Ägyptische Armee habe im Verein mit anderen Einheiten die israelischen Verbände in die Zange genommen, so daß sie schließlich hätten um Waffenstillstand bitten müssen.

Ramses war der erste Herrscher Ägyptens, der die Propagandamethode der Realitätsverfremdung ohne Skrupel in großem Stil anwandte. Hatten die Hethiter vor Kadesch Waffenruhe auf der Basis des unentschiedenen Endes der Schlacht angeboten, so ließ der Pharao zu Hause am Nil verbreiten, der Hethiterkönig habe um Abbruch des Kampfes gefleht. Diese Worte läßt er dem Feind in den Mund legen: »Angst verbreitet sich wie ein Flächenbrand im Land der Hethiter. Ich bin dein Sklave. Du hast gestern deine Feinde getötet. Millionenfach hast du sie umgebracht. Töte uns heute nicht, da wir dein Eigentum sind. Schenke uns das Leben.«

An den Platz, wo sich Ramses II. die Winkelzüge der Propaganda ausdachte, an die Hauptstadt, erinnert nur noch der Streit der Archäologen über den Standort. Sicher ist nur, daß sie den Namen »Per-Ramses« trug, auf deutsch »Residenz des Ramses«. Unbestritten ist auch, daß sich Per-Ramses nicht am Ort der bisherigen Hauptstädte Theben und Memphis befand. Doch an vielen Plätzen im Nildelta wurden Gegenstände, Skulpturen und Mauerreste aus der Ramseszeit in beachtlicher Zahl gefunden. Der Pharao hatte offenbar zwar irgendwo eine zentrale Kanzlei besessen, er selbst residierte jedoch abwechselnd in seinen zahlreichen Palästen. Die Herrscher am Nil hatten sich auch damals schon an landschaftlich reizvollen Orten Häuser gebaut, um dort ihrem Vergnügen oder der Beschaulichkeit zu leben.

Eine Beschreibung der verschwundenen Hauptstadt ist erhalten geblieben: in Schriftform auf Papyrus. Die Wirklichkeit traf sie wohl ebensowenig wie die steinernen Propagandatafeln an den Tempelwänden. Die Sätze gehören wahrscheinlich zu einem Übungstext für die Schreiber des Pharao:

»Als ich nach Per-Ramses kam, fand ich die Stadt wunderschön. Sie ist voll von allem Guten. Für jeden Tag ist Nahrung vorhanden. In den

Teichen findet man Fische, in den Gärten Gemüse. Dattelpalmen stehen am Ufer des Flusses. Die Lagerhäuser sind von mächtiger Höhe. Angefüllt sind sie mit Getreide. Lauch und Knoblauch wachsen für die Würze der Speisen. Äpfel, Oliven und Feigen hängen an den Bäumen. An der Mündung des Nil wird Salz gewonnen. Schiffe fahren auf dem Fluß. Die jungen Männer tragen täglich Festkleider. Ihr Haupt ist mit Öl gesalbt. Sie trinken Getränke, die süßer sind als Honig.«

Die Beschreibung schildert eine Stadt im Wohlstand. Bei aller Übertreibung des Textes ist doch anzunehmen, daß sie damit der Wahrheit entspricht. Funde im ganzen Land weisen darauf hin, daß die Bewohner nicht arm gewesen sein können. Ramses II. hatte die Voraussetzungen für Wohlstand geschaffen. Die Staatsorganisation, die der Pharao kontrollierte, war straff. Ägypten verfügte über einen geschulten Beamtenstand, der auch die Aufgabe wahrnahm, das Nilwasser gerecht zu verteilen.

War das Land am großen Fluß nicht von Streit unter den Mächtigen befallen, fand der Krieg nicht innerhalb seiner Grenzen statt, und stieg der Nil im Sommer an, dann blieb Ägypten von Armut verschont. Der Boden im Delta ist fruchtbar. Wird er bewässert, so kann er viele Millionen Menschen ernähren. Damit das Nilwasser nicht ausbleibe, wurden von den Priestern in den Wochen vor der Flut Hunderttausende Männer und Frauen zu den Tempeln gerufen. Traf die Flut dann ein, galt dieses Ereignis als Bestätigung für die Bereitschaft der Götter, dem Volk am Nil zu helfen. Die Götter – der Pharao zählte dazu – sorgten für die Menschen. Niemand brauchte zu hungern. Notwendig war nur, daß eine Person die Orientierung vorgab, nach der sich die Masse richten konnte. Ramses, Herrscher und Gott zugleich, war diese Person.

Eine Ordnung der allgemeinen Gerechtigkeit zu schaffen lag nicht in der Absicht des Pharao. Die Beamtenschaft war zwar tüchtig – aber auch korrupt. Das Prinzip, für die Untertanen des Staates bürokratische Barrieren aufzubauen, die durch besondere Zahlungen überwunden werden müssen, war am Nil zu jeder Zeit gültig. Nur spätere Besucher aus Europa konnten so unverständig sein, dieses Prinzip Korruption zu nennen. Es hilft allen Beteiligten: Der Staat braucht den Beamten weniger zu bezahlen; die Beamten verdienen; dem Untertan wird schließlich geholfen. Bis heute hat sich nichts verändert am Prinzip, das den Gang der Geschäfte am Nil unterhält.

Klug erschien es den Bewohnern Ägyptens, sich mit dem Gott Osiris zu verständigen, denn er hatte Einfluß auf das Schicksal von Einzelmensch und Staat. Die Ägypter waren überzeugt, Osiris habe der menschlichen Gesellschaft des Landes die Verhaltensgesetze gegeben. Osiris wurde auch die Kraft zugesprochen, alljährlich den Nil ansteigen zu lassen. Über die wahre Herkunft des Nilwassers wußte niemand Bescheid. Irgendwo in einem Landstrich südlich von Abu Simbel ließ der Gott Osiris das Wasser aus der Erde aufsteigen – so sah das von der Theologie beeinflußte Verständnis vom Jahreszyklus des großen Flusses aus.

Die Lehre vom Gott Osiris sagt ausdrücklich, daß er nicht von Ewigkeit her schon Einfluß auf den Weltenlauf nahm. Er war gezeugt und geboren worden wie ein Mensch. Als Mutter des Osiris gilt die Himmelsgöttin Nut. Der Vater, so wird berichtet, sei der Erdgott Geb gewesen. Zwei weitere Kinder zeugte das göttliche Paar. Zuerst wurde ihnen der Sohn Seth geboren und dann die Tochter Nephthys.

Da Erde und Mond Partner sind, mußten auch die entsprechenden Götter in Beziehung zueinander stehen. Da der Erdgott Kinder mit der Himmelsgöttin gezeugt hatte, leitete der Mondgott Thot auch für sich das Recht auf eine enge Verbindung mit Nut ab. Wenig später wurde das Mädchen Isis geboren. Die Vaterschaft wurde dem Mondgott zugesprochen.

Die Götter waren von Sympathie und Antipathie geleitet. Die beiden Brüder Osiris und Seth haßten sich – Osiris und die Halbschwester Isis aber liebten sich und wurden ein Paar. Seth ärgerte sich darüber und überlegte, wie er Osiris töten könne. Als Anstoß für den Brudermord wirkte sich wohl auch das Gefühl aus, Osiris sei vom Glück mehr begünstigt als er. Nach reiflicher Überlegung glaubte Seth zu wissen, wie sein Ziel zu erreichen sei. Genau nach Größe und Leibesumfang des Osiris ließ er einen reichverzierten Mumiensarg herstellen. Bei einem Gelage spielte Seth den Betrunkenen. Wie aus einer Laune heraus bot er den Mumiensarg demjenigen der Trinkgenossen an, der so hineinpasse, als ob der Sarg für ihn geschaffen sei. Dem einen war der Sarg zu groß, dem anderen zu klein – nur Osiris wurde vom Sarg so umschlossen, daß sein Körper Halt in dem Gehäuse fand.

Seth spielte nicht lange den Erstaunten. Er schloß den Sarg mit dem Deckel zu, daß er von innen nicht geöffnet werden konnte. Niemand hinderte den Bruder des Osiris daran, den Sarg in den Nil zu stoßen.

Alle blickten nach, als er samt göttlichem Inhalt davonschwamm. Der Sargkasten hatte die Eigenschaften eines Bootsrumpfes.

Aus dem Schock erwacht, versuchte Isis, die beim Bankett dabei war, den Sarg im seichten Wasser aufzufangen, doch er trieb hinaus auf die Mitte des Flusses und verschwand bald aus dem Blickfeld. Isis versank nun nicht in Trauer; entschlossen wanderte sie flußabwärts und erkundigte sich in allen Siedlungen, ob irgend jemand gehört habe, daß ein reichverzierter Sarg angetrieben worden sei. Nach vielen Tagen fand Isis schließlich den Mumiensarg und ihren Lebenspartner und Halbbruder Osiris, der in der engen Hülle erstickt war.

Seth, der vermutet hatte, daß Isis ihrem Geliebten überallhin folgen würde, war ebenfalls den Nil hinabgewandert. Er wollte Isis hindern, den Sarg zu bergen, doch er kam zu spät. Isis hatte den Toten bereits aus dem Mumiensarg befreit, als Seth sie erreichte. In seinem Zorn schlug Seth auf die Leiche seines Bruders ein, wobei er die Glieder vom Rumpf trennte, bis der Körper schließlich in vierzehn Stücke zerteilt am Boden lag. Er bemühte sich, die Leichenteile weit auseinanderzuwerfen. Doch dies gelang ihm nur unvollkommen.

Als Seth gegangen war, suchte Isis die Teile zusammen und legte sie an ihren Platz. Der Körper war bald wieder vollständig, nur das Geschlechtsglied war nicht mehr zu finden. Alles übrige aber begann sich auf wunderbare Weise wieder zu beleben – und obgleich Osiris nun ohne Geschlechtsglied lebte, besaß er die Kraft, Isis zu befruchten. Sie brachte einen Sohn zur Welt, der den Namen Horus erhielt. Dieser Sohn, so erzählen die Osirislegenden, habe dann die Rache für die Leiden des Vaters an Seth vollzogen.

Trotz seiner Bösartigkeit wurde Seth zu den Göttern gezählt, die Anspruch auf Verehrung besaßen. Der Name Sethos, den der Vater des Ramses trug, ist auf diesen Gott zurückzuführen. Ramses II. selbst hat diesem Gott besondere Verehrung entgegengebracht.

Daß die Pharaonen glaubten, sie seien selbst Angehörige des Göttergeschlechts, war keineswegs ungewöhnlich. Doch kaum einer der Herrscher hatte bisher verlangt, wirklich als Gott angebetet zu werden. Geglaubt wurde, Pharaonen würden sich nach dem Tod in Götter, häufig sogar in Osiris, verwandeln. Ramses II. aber wollte nicht erst als Toter, sondern als lebender Pharao gleichberechtigt neben den Göttern stehen. Durch Monumentalbilder wurde dem Volk verkündet, daß sein Herrscher ein Gott sei. Überall im Niltal wurden Kolosse von Statuen aufgestellt, die, wenn auch häufig nur andeutungsweise, die Gesichtszüge des Ramses besaßen. Waren auf Relieftafeln schon Götter zu sehen, dann mußten die Steinmetzen die Gestalt des Gottkönigs zwischen die vorhandenen Gottfiguren einfügen. Dies geschah auch dann, wenn Ramses auf einer solchen Relieftafel als Anbetender zu sehen war. Auf derselben Tafel, zu besichtigen im Tempel von Abu Simbel, ist Ramses nun bis heute zweimal zu erkennen: als Anbetender und als Angebeteter.

Die Darstellungen aus jener Zeit zeigen Ramses II. nicht nur als König und Gott, sondern auch als Mann, der seinen männlichen Begierden nachgibt. Der Turiner Papyrus stellt den Pharao in mehreren Positionen des Geschlechtsaktes vor: Ramses stößt sein steifes Glied in die Köperöffnungen von Mädchen unterschiedlicher Rassen. Sie bieten sich ihm auf Streitwagen dar und auf eigens für die Liebe erdachten Sesseln. Auf diesen Bildern ist Ramses II. keineswegs der Übermensch, der Gott, als den ihn die Kolossalstatuen präsentieren. Seine Figur ist meist kleiner als die der Mädchen; seine Haltung ist kaum königlich zu nennen. Spuren des Alters sind im Gesicht zu erkennen. Daß der Pharao berauschende Getränke liebte, ist an der Flasche zu ersehen, die er häufig hoch erhoben in der Hand trägt. Texte ergänzen die Bilder; sie machen deutlich, daß die Erotik im Dasein des Herrschers beachtliche Bedeutung hatte. In seinem Frauenpalast sollen sich die schönsten Mädchen aus dem Nilland und aus Syrien aufgehalten haben.

Männliche Kraft bis ins hohe Alter zu beweisen war Ramses gezwungen. Wenn sich schon nicht verbergen ließ, daß seine Erscheinung alterte, mußte er doch die Beständigkeit von Kraft und Willen zeigen. Mochte sich das Aussehen verändern, die göttliche Energie blieb ihm erhalten – und die Inspiration zu einer Tat, die weit in die Zukunft weist: Ramses II. wollte eine Kanalverbindung schaffen zwischen dem Nil und dem Roten Meer – einen Vorläufer des Suezkanals.

Zunächst aber bemühte sich der Pharao um Frieden mit dem Feind im Norden, mit der Großmacht des Hethiterreiches. Nach dem unentschiedenen Ende der Schlacht von Kadesch, das allerdings durch geschickte Propaganda in einen Sieg verwandelt werden konnte, hatte Ramses II. acht Jahre später noch einmal versucht, den Hethitern zu zeigen, daß er ein Feldherr von hohen Fähigkeiten war. Er gab seinem

Heer Befehl, auf heute syrisches Gebiet vorzurücken. Die Kämpfer der Hethiter, vom Nachfolger des Königs kommandiert, der bei Kadesch Waffenstillstand angeboten hatte, wehrten sich kaum. Obgleich Ramses II. einen Truppenverband führte, der stark genug war, um dem Hethiterreich eine entscheidende Niederlage beibringen zu können, die vielleicht zur Unterwerfung wichtiger Teile des Reiches auf dem Gebiet der heutigen Türkei geführt hätte, bewies er außerordentliche Mäßigung: Ramses begnügte sich mit der Absicherung des von ihm kontrollierten Territoriums – und ließ sich schließlich sogar darauf ein, Formeln für den Frieden mit den Hethitern auszuhandeln und zu besiegeln.

Der Vertrag ist auf wundersame Weise in ägyptischer und in hethitischer Fassung erhalten. Jean-François Champollion, der geniale Franzose, dem die Entzifferung der Hieroglyphen gelang, hat um das Jahr 1830 den ägyptischen Text im Tempel von Karnak entziffern können. Der Berliner Hugo Winckler stieß am 20. August 1907 in der Türkei bei Ausgrabungsarbeiten auf die Version der Hethiter, die in Keilschrift notiert ist.

Der Einführungstext, der nur in der Hieroglyphenschrift erhalten ist, spricht davon, daß die Hethiter um den Frieden gebeten haben. Dann aber stimmen die Texte in beiden Fassungen im Inhalt überein: Sie legen fest, daß Friede für ewige Zeiten herrschen möge zwischen den Ländern der Ägypter und der Hethiter. Allerdings nennt die Version der Hethiter den König des Nillandes nie »Gott«. Artikel 2 des Hieroglyphentextes aber besagt: »Das Verhältnis zwischen dem großen Herrscher von Ägypten und dem großen Herrn des Hethiterlandes wird durch diesen Vertrag geregelt. Der Gott erlaubt nicht, daß Feindschaft zwischen den beiden herrsche.« Als der Vertrag, so peinlich präzise er auch formuliert war, dann doch nicht ausreichte, um die Grenzstreitigkeiten im Land an der Ostküste des Mittelmeers zu beenden, schickte der Hethiterkönig sogar seine Tochter an den Nil – als Geschenk, als Zeichen, daß ihm die Versöhnung der beiden Staaten wichtig sei.

Der Grund für die Nachgiebigkeit des Pharao in einer Zeit des Erfolgs ist nicht überliefert. Möglich ist, daß er Sorge hatte vor einer Vergrößerung seines Reiches auf der kleinasiatischen Seite des Mittelmeers. Um den Nil herum war sein Staat gegliedert; der Fluß war die Lebensader des Reiches. Der Besitz von Land und Macht in zu großer

Entfernung vom Nil hätte die Struktur der Herrschaft verändert. Eine solche Überlegung könnte den Pharao veranlaßt haben, die Hethiter zu schonen.

Möglich aber ist auch, daß die Zahl der verfügbaren Männer gar nicht ausreichte, um riesige Heere zu formieren und gleichzeitig Handwerker und Hilfsarbeiter für die Bauvorhaben am Nil zu rekrutieren. Hunderttausende von Männern benötigte Ramses II. zur Ausführung seiner Pläne – wobei er durchaus nicht nur an die Errichtung von gigantischen Tempeln dachte.

Die Kaufleute im Staat des Pharao pflegten enge Handelsbeziehungen zu anderen Ländern im vorderasiatischen Raum. Ägypten führte Gold aus, das in Bergwerken im Süden, in Nubien, geschürft wurde. Auch Getreide und Wein gehörten zu den Exportartikeln. Damit Einfuhr und Ausfuhr überhaupt möglich sind, müssen Verkehrswege benutzbar sein. Dem Pharao war bekannt, wie nahe der Ausläufer des Roten Meeres von Süden her an die Mittelmeerküste reichte. In Ramses reifte zum erstenmal der Gedanke, eine Wasserstraße graben zu lassen zwischen den beiden Meeren. Er wählte nicht wie mehr als dreitausend Jahre später Ferdinand de Lesseps die direkte Linie Nord–Süd. Der von Ramses geplante Kanal sollte im Bereich der Bitterseen nach Westen führen zum östlichsten Arm des Nil im Delta. Lesseps hat in der zweiten Hälfte des 19. Jahrhunderts genau am selben Platz und in derselben Richtung den Süßwasserkanal vom Nil zu den Bitterseen graben lassen, der aber nur der Wasserversorgung der Kanalzone diente.

Der Vorteil der vom Pharao gewählten Linie war, daß vor allem die Handelsstädte am Nil mit dem Roten Meer verbunden waren. Sie wurden so zum Umschlagplatz für Waren, die übers Mittelmeer eingeführt und nach Osten weiterverkauft werden sollten. Niemand im Staat des Pharao besaß Interesse, den unmittelbaren Schiffsverkehr zwischen Mittelmeer und Rotem Meer zu fördern.

Ramses II. konnte sicher sein, daß die wohlhabenden Handelsherren am Nil das Projekt des Kanals unterstützten. Arbeitskräfte wurden angeworben oder einberufen. Hunderttausende von Männern waren schließlich dazu eingesetzt, im Sand eine tiefe Furche zu graben. Nicht einmal primitivste Werkzeuge standen ihnen zur Verfügung. Mit den Händen füllten sie den Sand in Weidenkörbe, die dann auf der Schulter getragen und abseits von der entstehenden Furche entleert wurden.

Mühsam war die Arbeit – und oft genug ohne Erfolg. Der lose Sand fiel nach und nach wieder in den Graben hinein. Manchmal wurde die Baustelle auch von Sandstürmen heimgesucht. Waren sie abgeklungen, hatte der Wind meist den abtransportierten Sand in die Furche zurückgeblasen.

Jahrelang wurde am Vorläufer des Suezkanals gegraben, doch fertiggestellt wurde er nie. Die Arbeiten erlahmten mit der Zeit. Arbeiter wurden abgezogen zu anderen Projekten, die der Pharao ausgeführt haben wollte. Die Impulse des Herrschers, das Kanalvorhaben voranzutreiben, wurden schwächer. Irgendwann muß Ramses sogar den Befehl zur Einstellung der Grabarbeiten gegeben haben.

Die Wahrscheinlichkeit ist groß, daß ihn strategische Bedenken zur Aufgabe des zunächst stark geförderten Projekts bewogen haben. Die Wasserstraße hätte den Handel mit den Ländern des Ostens erleichtert – sie hätte vor allem aber von feindlichen Heeren benutzt werden können, die in das Nildelta einfallen wollten.

Die trockene Wüste bildete eine natürliche Barriere. Heere brauchten Wasser auf ihrem Weg. Ostwärts von den Nilarmen aber fanden sich nur wenige Wasserstellen, kaum eine Quelle sprudelte stark genug, daß sie Zehntausende von Fußsoldaten, Reitern und Tieren versorgen konnte. Der Kanal aber hätte Süßwasser in jene Region geführt. Die Wüste wäre kein Hindernis mehr für den Feind gewesen.

Als die Arbeiter wieder verschwunden waren aus dem sandigen Land ostwärts des Nil, da sorgte der Wind dafür, daß schon bald keine Spur mehr vom Kanal des Pharao zu sehen war. Mehr als sechshundert Jahre später wollte König Necho II. die Absicht des Ramses verwirklichen, eine Verbindung zu schaffen zwischen dem Nil und dem Roten Meer. Doch ein Orakel verhinderte die Ausführung des Plans. Der König wurde gewarnt, ein Kanal durch die Wüste werde vom Feind als bequemer Weg an den Nil benützt. Weitere hundert Jahre später – als eine persische Dynastie Ägypten beherrschte – ließ König Dareios I. Grabungen auf einem Teil der von Necho projektierten Kanalstrecke durchführen. Die Wasserstraße diente dann allerdings dazu, das Land am Nil zugunsten der Perser auszubeuten. Auf 24 Schiffen, so wird berichtet, sei Tribut für Persien auf dem Kanal nach Osten transportiert worden.

Die Bauarbeiter, die am Kanal nicht mehr gebraucht wurden, blieben nicht arbeitslos. Ramses II. vergab Aufträge in großer Zahl für den Bau von Tempeln im Niltal. Der Gott wollte sich in Stein verewigt wissen. Gigantisch in den Ausmaßen sollte der eigene Totentempel sein. Seine Trümmer – als Ramesseum bezeichnet – sind noch in Theben zu sehen. Verschwunden ist die Monumentalstatue, die Ramses II. darstellte: 17 Meter hoch muß sie gewesen sein und 7 Meter breit, von Schulter zu Schulter gemessen. Der Perserkönig Kambyses hat sie im Jahre 525 v. Chr. zerschlagen lassen.

Ramses II. hatte seinen Totentempel gebaut, doch er dachte lange nicht ans Sterben. Als Mann der Voraussicht bestimmte er zwar schon frühzeitig seinen Nachfolger, aber immer wieder mußte er seine Absichten ändern, denn die Söhne, die der Pharao zur Nachfolge erkor, starben. Zwölf seiner Söhne hatte Ramses zu betrauern. Ramses hatte zu erkennen gegeben, daß er vor allem in Chaemwese den richtigen Mann sah, der nach ihm das Nilland regieren könnte. Doch auch dieser Sohn starb – im Alter von 25 Jahren. Damals galt ein Mann mit dieser Zahl von Lebensjahren als älterer Mann. Der dreizehnte in der Liste der Erbfolge wurde schließlich Kronprinz. Bei vorausgehenden Pharaonen hatte ein derartiger Listenplatz nie Hoffnung geboten, wirklich eines Tages Herrscher zu werden.

Die Frauen des Pharao starben im Verlauf der Jahrzehnte ebenfalls. Nofretari, die eine ausgeprägte Schönheit gewesen sein muß, war tot, noch ehe Ramses II. das Alter von fünfzig Jahren erreicht hatte. Königin Isis-Nefert, die Mutter des für die Nachfolge ausgebildeten Chaemwese, mußte wohl noch vor ihrem Sohn bestattet werden. Die Prinzessin, die der Hethiterkönig zum Zeichen der Friedensbereitschaft an den Nil geschickt hatte, scheint ein hohes Lebensalter erreicht zu haben. Sie wird allerdings nicht die Mutter des Sohnes gewesen sein, der dem Pharao im 53. Jahr seiner Regierungszeit geboren wurde – Ramses II. war zur Zeit der Geburt 75 Jahre alt.

Hatten die Bewohner Ägyptens den Anspruch ihrer Herrscher, gottähnlich oder sogar die Verkörperung eines Gottes zu sein, nie ganz ernst genommen, so gab ihnen die Lebenskraft dieses Pharao zu denken. Zwölf mögliche Nachfolger zu überleben konnte als Zeichen gelten, daß dieser König mit Unsterblichkeit ausgezeichnet sei. Ungestört von Kriegen und Bürgerkriegen, von Not und Hungerzeiten verstrichen die Jahre. Die Chroniken erinnern an keine Ereignisse, die es wert gewesen wären, festgehalten zu werden. Einzig die alljährlichen Feiern im Monat der Nilflut boten Höhepunkte des Daseins. Unbeirrt von der eigenen Tatenlosigkeit ließ Ramses in seinen vielen Lebensjahren Statuen aufstellen, die ihn an Statur über jegliches menschliche Maß weit hinaushoben. Die Propaganda wirkte: Immer selbstverständlicher wurde das Bewußtsein, daß Ramses II., Pharao und Gott, nicht sterben werde. Mehr als zwei Generationen der normalen Sterblichen hatte er bereits überlebt. Die Männer seiner Umgebung konnten sich nicht mehr an die Schlacht von Kadesch und an die Zeiten erinnern, da Ramses durch Tatkraft und durch Entschlußfreudigkeit Ruhm geerntet hatte. Im Volk aber wußte niemand mehr, wann der Pharao sich zuletzt in der Öffentlichkeit, bei großen Festen gezeigt hatte. Er verlebte seine späten Jahre wohl freiwillig abgeschlossen, vielleicht auch abgeschirmt durch Höflinge, die seinen Zerfallsprozeß beobachten konnten, aber darauf bedacht waren, daß die bestehenden Machtstrukturen möglichst lange erhalten blieben.

In der Mitte des Jahres 1224 v. Chr. muß Ramses II. gestorben sein. Die Mumie ist in unserer Zeit untersucht worden, ob sie Symptome einer Krankheit aufweist, die den Tod bewirkt haben könnte. Eine der möglichen Theorien besagt, der Pharao habe an einer Entzündung des Unterkiefers gelitten – diese Entzündung habe das Leben des sehr alten Mannes beendet.

Kein Dokument ist erhalten, das vom Tod des Gottes spricht. Aber aus dem Gang der Geschichte ist zu erkennen, daß dieses Ereignis als Einschnitt in der Entwicklung des Nillandes zu sehen ist. Seit der Schlacht von Kadesch hatte Ägypten in Ruhe leben dürfen. Feinde hatten aufgehört, sich feindlich zu verhalten. Der Gott, selbst wenn er untätig war, galt als wirkungsvoller Beschützer des Landes. Jetzt aber erwachten die Feinde wieder. Sie sahen die Möglichkeit, Beute zu machen in den reichen Städten Ägyptens. Kriege bereiteten sich vor. Ramses aber wurde für das ewige Leben als Gott präpariert.

Sofort nach dem Tode wurde die Bauchdecke des Pharao geöffnet. Für diese Arbeit waren Spezialisten ausgebildet worden; obgleich sie hohe Verantwortung trugen, waren sie von niederem Stand. Unter Aufsicht eines Priesters holten sie die Eingeweide aus dem Leichnam. Leber, Nieren, Lunge und Herz legten sie in tönerne Gefäße. Der ausgehöhlte Körper aber wurde mit Natron angefüllt. Nun begann der natürliche

Prozeß der Austrocknung, der sechzig Tage lang dauerte: Das Natron entzog den Körperwänden die Feuchtigkeit, sie waren damit vor Fäulnis geschützt. Der Pharao blieb vor dem Zerfall bewahrt. Eingebunden in Leinenstreifen war der Tote zum ewigen Schlaf bereitet.

Die Ruhe, die der Hülle des Pharao zugedacht war, blieb nicht lange ungestört. Schon hundert Jahre nach der Beisetzung wurde das Grab ausgeraubt. Die Diebe nahmen jedoch nur die Grabbeigaben mit. Die Mumie erschien ihnen wertlos: Ein Skelett, mit Haut überzogen, war auf keinem Markt zu verkaufen.

Obgleich die mit der Priesterschaft verbundene Sicherheitsbehörde des Pharaonenstaats ihre Pflicht darin sah, den Totenfrieden zu schützen, wurde sie häufig von organisierten Banden überlistet, die in die Grabkammern eindrangen. Meist gehörten zu den Banden Komplizen, die Angehörige der Wachmannschaften waren. Wenn diese Komplizen zum Dienst an bestimmten Gräbern eingeteilt waren, konnte damit gerechnet werden, daß sich niemand den Bandenmitgliedern entgegenstellte, die das Gemäuer erbrechen wollten. Trotz des guten Willens der Behörde war die Untat des Grabraubs im Tal der Könige nie ganz zu verhindern. So fielen nahezu alle Königsgräber den Dieben zum Opfer.

Die wertvollen Gegenstände aus Gold und Silber, die Schmuckstükke, die Möbel, die Geschirre, die in den Gräbern aufgestapelt waren, erwiesen sich für die toten Pharaonen als verhängnisvoll. Das Eigentum der Toten, das ihnen dienlich sein sollte, lockte Verbrecher an. Etwa zweihundert Jahre nach dem Tod Ramses' II. entschlossen sich die Priester, die toten Pharaonen vom größten Teil ihres Eigentums zu trennen: Die Mumien wurden aus den Königsgräbern entfernt und in einer winzigen Grabkammer von rund 14 Quadratmetern Grundfläche erneut bestattet. Sie wurden ganz einfach aufeinandergestapelt.

Abgelegen vom bisherigen Begräbnisplatz im Tal der Könige befand sich die Grabkammer, die Schutz vor Räubern bieten sollte. Ein Schacht, mehr als 10 Meter tief, führte zum Eingang einer Tunnelröhre, 60 Meter lang, die gerade hoch genug war, daß ein Mann darin kriechen konnte, Grabkammer und Röhre waren jeweils sorgfältig vermauert.

Nahezu drei Jahrtausende lang lagen die Toten ungestört in einfachen Holzsärgen, in die sie zum Transport gelegt worden waren. Dann entdeckten Fellachen den seltsamen Schacht und den vermauerten Eingang. Die Männer, die alle zu einer Familie gehörten, fanden schließlich im Frühjahr 1871 den Ruheplatz der Pharaonen. Sie behielten das Geheimnis in der Sippe.

Zum Zeitpunkt, als sie auf die Mumien stießen, arbeitete in Cairo bereits eine Behörde, die sich um den Schutz der ägyptischen Altertümer bemühte. Die Beamten, meist Europäer, wollten verhindern, daß wertvolle Zeugnisse der ägyptischen Geschichte zerstört oder an Privatpersonen verkauft wurden, die sie dann der Forschung vorenthielten. Die Mitarbeiter dieser Behörde wunderten sich in der Mitte der siebziger Jahre des vergangenen Jahrhunderts über das Angebot von seltsamen Fundstücken im Bazar von Cairo. Da wurde Schmuck angeboten, der aus Gräbern stammen mußte, in denen, nach Meinung der Wissenschaftler, längst nichts mehr zu finden war.

Das Geheimnis der Herkunft dieser Stücke war nur mühsam zu lüften. Erst als die Sippe der Grabräuber unter dem Druck der beharrlichen Fragen immer mehr in Bedrängnis geriet, da fand sich einer der Männer bereit, über den letzten Zufluchtsort der Pharaonen zu sprechen. 49 Mumien wurden geborgen – unter ihnen auch der Leichnam von Ramses II. Ein Namensschild machte die Erkennung möglich.

# »Da kam Pharaos Tochter und badete im Nil«

Altertumswissenschaftler und Ägyptologen haben sich darum bemüht, festzustellen, ob Ramses II. wohl jener Pharao gewesen ist, mit dem sich, nach dem Zeugnis des Alten Testaments, Mose herumstritt, um die Freiheit jüdischer Familien zu erreichen, die in Ägypten als Zwangsarbeiter festgehalten wurden. Der Gedanke, der bedeutende Pharao Ramses und der Gottesmann Mose hätten einen Konflikt auszukämpfen gehabt, ist in der Tat faszinierend. Doch der geschichtliche Ablauf, wie ihn die Ägyptologen erforscht haben, bietet den dramatischen Augenblick der Begegnung zwischen Ramses und Mose nicht. Der Pharao, mit dem Mose stritt, hieß Merenptah.

Als Ramses II. starb, wurde der Kronprinz zum Herrscher gesalbt. Sein Name Merenptah bedeutet »Der über die Wahrheit Zufriedene«. 55 Jahre zählte er beim Regierungsantritt; Merenptah war damit so alt wie Chaemwese, der Lieblingssohn Ramses', im Jahr seines Todes.

Bei der Amtsübernahme wurde ihm fast dieselbe Stufe der Verehrung zuteil, die Ramses II. genossen hatte. Dichter feierten ihn als den Erzeuger der alljährlichen Nilflut, die das Land fruchtbar macht. Nur um ihn zu erfreuen, so jubelten die Sprachgewaltigen, würden die Götter das Wasser des Flusses ansteigen lassen. Doch es begann keine Epoche des Glücks für Ägypten. Derartige Prophezeiungen wurden zwar ausgesprochen, in Erfüllung aber gingen sie nicht. Libysche Stämme überfielen Siedlungen im westlichen Nildelta und raubten sie aus. Eine Wandschrift, die in Karnak zu finden ist, vermeldet den Sieg des Königs über die »Seevölker«, die vom Meer her nach Ägypten eindringen wollten. Von den Inseln des Mittelmeers seien diese Seevölker gekommen – von Sizilien zum Beispiel. Irgendwann gelang ihnen dann doch der Durchbruch. Sie faßten Fuß am Nil.

Nur wenig ist bekannt über die Ereignisse nach dem Tod des großen Pharao. Die Einheit des Reiches zerbrach wahrscheinlich schon bald. Eine Inschrift, die König Sethnacht, der erste Herrscher der 20. Dynastie, hatte meißeln lassen, berichtet vom Bürgerkrieg am Nil während der Jahrzehnte von Sethnachts Thronbesteigung. Er war Pharao in den Jahren 1196 bis 1194, regierte also 28 Jahre nach Ramses II. Rivalität zwischen der alten Hauptstadt Theben und dem Verwaltungszentrum, das Ramses geschaffen hatte, war aufgebrochen. Aus dem Streit entwickelte sich ein Krieg der Städte und Sippen gegeneinander. Das Land wurde ärmer. Nur die wechselnden Herrscher behielten Glanz und Reichtum – und manchmal auch Würde.

Werden die fünf Bücher Mose als Dokument für einen realen historischen Vorgang betrachtet, wird den Bibeltexten Wahrheitsgehalt beigemessen, dann ist festzustellen, daß in jenen Jahren der Wirren ein Konflikt aufbrach zwischen dem Pharao, der in den Mosesbüchern keinen Namen trägt, und einem Mann aus den Stämmen der Juden. Der Konflikt begann, als zwei alte Männer zur Audienz beim Herrscher erschienen: die Brüder Mose und Aaron. Mose war ungefähr achtzig Jahre alt; von Aaron wird berichtet, er sei noch drei Jahre älter gewesen. Urlaub verlangten die beiden Greise – nicht für sich, sondern für die jüdischen Familien, die im Nildelta lebten. Der Urlaub, so sagten sie dem Pharao, sollte nur einige Tage dauern: Die Juden wollten die Freizeit nützen, um in der Wüste ihren Gott anzubeten und ihm zu opfern.

Das Urlaubsgesuch war nur ein Vorwand. Mose und Aaron fühlten die Verpflichtung in sich, die jüdischen Familien aus Ägypten wegzuführen – zurück in die Heimat, aus der sie einst gekommen waren. Die Urlaubstage, so sah der Plan der beiden vor, konnten Gelegenheit geben zur Flucht. Drei Wandertage weit vom Nildelta entfernt, in der Wüste ostwärts vom Fluß, sollte das Opferfest stattfinden. Hätte der Pharao schließlich entdeckt, daß er getäuscht worden war und die Juden gar nicht an Wiederkehr zu ihrer Arbeitsstätte dachten, hätte er auch feststellen müssen, daß die Flüchtigen einen Vorsprung von mindestens drei Tagen besaßen.

Der Plan war geschickt ausgedacht, doch der Pharao zeigte sich nicht bereit, auf das Urlaubsgesuch mit Verständnis für die religiösen Wünsche der jüdischen Familien zu reagieren. Er kannte den Gott nicht, auf den sich Mose und Aaron beriefen. Er wollte den fremden Kult nicht durch Urlaubsgewährung für seine Anhänger offiziell anerkennen. Die Götter am Nil hießen Amon, Horus, Ptah und Seth – sie und einige andere wurden verehrt. Kein weiterer Gott durfte sich neben sie stellen.

Der Pharao reagierte als Bewahrer der bestehenden Gottheiten: »Ich weiß nichts von diesem Gott Jahwe!« Er forderte Mose und Aaron auf, die jüdischen Familien nicht länger von der Arbeit abzuhalten: »Faul sind sie, und sonst gar nichts!« Unverzüglich sollten die Männer und Frauen ihre Arbeit in den Ziegeleien wieder aufnehmen.

Welche Arbeit den Juden am Nil zugewiesen war, ist auf bunten Wandbildern in Grabkammern der Mächtigen Ägyptens zu sehen. Ein Minister des Pharao Tuthmosis III. ließ um das Jahr 1460 v. Chr. in einem solchen Wandbild festhalten, wie Häuser gebaut werden. Da ist die Herstellung von Ziegeln zu sehen. Die Arbeiter, die dafür tätig sind, unterscheiden sich von den Aufsehern in der Hautfarbe: Die Aufseher sind dunkler gefärbt als die Arbeiter. Was die Hellfärbung bedeutet, ist Bild und Text eines Wandbildes im Grab des Pharao Chnumhotep zu entnehmen: Die Hellhäutigen sind Angehörige semitischer Stämme.

Die Ziegelherstellung, die in der Grabkammer des Ministers von Tuthmosis III. beschrieben wird, geschieht so: Ein hellhäutiger Arbeiter befeuchtet Ton und knetet ihn so lange, bis er sich formen läßt. Ein anderer Mann, ebenfalls hellhäutig, streicht den weichen Ton in viereckige Holzformen. Die Masse trocknet an der Sonne. Sind die Ziegel hart, werden sie zu den Maurern geschleppt. Der ganze Arbeitsvorgang untersteht der Aufsicht dunkelhäutiger Männer.

Das zweite Buch Mose gibt zwei Ortsnamen an für den Arbeitsplatz der jüdischen Familien: »Sie mußten dem Pharao Vorratsstädte, nämlich Pithom und Ramses, bauen.« Diese Orte präzise zu identifizieren war der Wissenschaft bisher nicht möglich, doch sind beide wohl im Ostteil des Nildeltas zu suchen. Funde weisen darauf hin, daß Pithom im östlichen Ausläufer des Wadi Tumilat lag; durch dieses Wadi verläuft heute der Süßwasserkanal, der das Nildelta mit Ismaïlia verbindet. Tel Al Maschuta heißt der Platz, an dem im Jahre 1883 ein gewaltiger Tempelbereich ausgegraben worden ist. Manche Ägyptologen sind der Meinung, die Tempel gehörten zur Pharaonenstadt Pithom, und Tel Al Maschuta sei damit einer der Orte, an denen die jüdischen Familien lebten und arbeiteten.

Unsicher ist nicht nur die Feststellung des Wohnorts, unsicher ist auch, wie die Juden überhaupt an den Nil gekommen sind. Die Legenden um Joseph und seine Brüder geben eine Erklärung, die der Realität entsprechen kann. Joseph, so wird im Ersten Buch Mose erzählt, sei von seinen Brüdern an die Händler einer Karawane verkauft worden, die unterwegs waren nach Ägypten. Die Brüder konnten Joseph nicht leiden; er war vom Vater bevorzugt worden. Am Nil wurde Joseph an Potiphar, an den Befehlshaber der Leibwache des Pharao, verkauft. Der junge Sklave bewies eine geschickte Hand und wurde schließlich Verwalter der Güter seines Besitzers. Beschuldigt, die Frau des Potiphar belästigt zu haben, verlor er Amt und Freiheit. Doch auch im Kerker wurde er bald mit dem Posten eines Aufsehers betraut.

Durch Traumdeutungen, in denen er voraussagen konnte, was bald darauf geschah, erregte Joseph Aufmerksamkeit. Schließlich erfuhr sogar der Pharao von dieser Begabung. Der Herrscher war zu dieser Zeit ratlos, er hatte von 14 Kühen am Nil geträumt und glaubte fest daran, daß dieser Traum Auskunft über die Zukunft gebe. Da ihm niemand sonst die Bedeutung erläutern konnte, ließ er den Sklaven Joseph kommen und erzählte ihm von seiner Erscheinung: »Mir träumte, ich stand am Ufer des Nil. Da stiegen sieben Kühe aus dem Wasser, schön und fett. Sie weideten im Gras am Ufer. Nach ihnen stiegen sieben andere Kühe heraus, kümmerlich und häßlich und mager – nie habe ich in ganz Ägypten so häßliche Kühe gesehen. Und dann fraßen die mageren, häßlichen Kühe die sieben ersten, fetten Kühe. Als sie die aber in sich hineingefressen hatten, da merkte man ihnen nicht an, daß sie die fetten Kühe verschlungen hatten. Sie waren häßlich wie zuvor. Noch einmal träumte mir, sieben Ähren wuchsen auf einem einzigen Halm, voll und schön. Nach ihnen sproßten sieben leere, dürre, vom Ostwind versengte Ähren auf, und die dürren Ähren verschlangen die sieben schönen Ähren. Das alles habe ich meinen Wahrsagern gesagt, aber keiner kann es deuten.«

Joseph, so sagt das Erste Buch Mose, habe mit dieser Auslegung der Träume geantwortet: »Beide Träume bedeuten ein und dasselbe. Gott hat dem Pharao gezeigt, was er vorhat. Sieben schöne Kühe sind sieben fette Jahre. Auch sieben Ähren sind sieben fette Jahre. Die sieben mageren und häßlichen Kühe, die nach jenen aus dem Nil aufstiegen, sind sieben magere Jahre. Die sieben leeren und vom Ostwind verbrannten Ähren sind ebenfalls sieben Jahre des Hungers. Es werden sieben Jahre kommen, die reiche Fülle bringen für ganz Ägypten. Aber nach ihnen werden sieben Hungerjahre kommen. Man wird von der Fülle nichts mehr wissen im Hunger. Nun sehe der Pharao sich nach einem tüchtigen und verständigen Mann um.« Dieser Mann, so schlug Joseph vor, solle Vorräte anlegen während der kommenden fetten Jahre.

Der Pharao setzte Joseph ein zum Verwalter der Ernten. Das Erste Buch Mose sagt, er habe unumschränkte Macht im Land am Nil besessen – ohne seinen Willen soll sich keine Hand und kein Fuß geregt haben. Als dann in der Tat die Jahre der schlechten Ernten angebrochen seien, da habe Ägypten genug Getreide gehabt; es reichte für das Brot aller Bewohner des Nillandes.

Generationen von Ägyptologen haben versucht, die wunderbare Karriere des semitischen Sklaven Joseph in das überlieferte Gerüst der Herrscherfolge am Nil einzupassen. Der Historiker Manetho hat um das Jahr 280 v. Chr. – zur Zeit der Überlagerung ägyptischer Kultur durch griechisches Denken – eine Liste der Pharaonen zusammengestellt, die dreißig Dynastien umfaßt. Manetho war nicht nur Historiker und Archivar, sondern auch Priester im Tempel griechischer Götter in Heliopolis. Keineswegs war er ein Gegner der ägyptischen Kultur und der in Ägypten althergebrachten Religion. Er war, im Gegenteil, überzeugt, daß die Religionen der Griechen und der Ägypter identisch seien.

Manetho – dessen Geschichtswerk nur in Zitaten erhalten ist – berichtete, Ägypten sei während der 15. und 16. Dynastie von fremden Herren regiert worden, die er die »Hyksoskönige« nennt. Er übersetzte diesen Begriff mit »Hirtenkönige«. Etwa neunzig Jahre lang dauerte die Herrschaft der 15. und 16. Dynastie – ungefähr von 1640 bis 1550 v. Chr. Die Historiker haben diesen Jahren die Bezeichnung »Zwischenzeit« gegeben. Fremd klingen die Namen der Könige, die uns überliefert sind: Sie sollen Salitis, Scheschi, Chian, Apophis und Chamudi geheißen haben. Diese Namen sind allerdings nicht auf Bauwerken im Nildelta zu finden, wie dies üblich ist für die Herrschernamen vorhergehender Dynastien, sondern auf Skarabäen, die im vorderasiatischen Raum entdeckt worden sind. Der frühe jüdische Geschichtsschreiber Josephus, der Manetho in diesem Fall ausführlich zitiert, ist der Meinung, die Hyksos seien semitische Stämme gewesen, die von Osten, von Palästina, in das Nilland eingefallen waren und das bisherige System der Dynastien Ägyptens zerbrochen hatten.

Der Umbruch war zweifellos da: Er läßt sich an der kulturellen Entwicklung Ägyptens ablesen. Um das Jahr 1700 v. Chr. hörten die Ägypter auf, stolze Bauwerke zu errichten; die schöpferischen Kräfte scheinen damals erloschen zu sein. Da keine Bauwerke entstanden, deren Wände mit Bildern geschmückt werden konnten, unterblieb die Darstellung des Lebens in der damaligen Zeit. Kein beweiskräftiges Dokument liegt vor, das aussagt, was wirklich geschehen ist.

Keinen Zweifel gibt es an der Erkenntnis, daß kurz vor dem Jahr 1700 v. Chr. vom Osten her ein Einbruch kriegerischer Völker erfolgte. Ungewohnt war die Art, wie die Fremden ihre Überfälle ausführten: Sie fuhren auf Streitwagen, die von Pferden gezogen wurden. Revolutionär war die Methode der rasch beweglichen Kriegführung. Anzunehmen ist, daß die Ägypter überrascht und demoralisiert zugleich waren, als sie von den Hyksos angegriffen wurden.

Die neuen Herren, die als Zerstörer eingefallen waren, übernahmen jedoch bald die Lebensart, Kultur und sogar die Religion der Unterlegenen. Sie brachten aber auch Neuerungen mit, die den Unterworfenen zugute kamen: die Herstellung von Bronze, die Verwendung der sich schnell drehenden Töpferscheibe und eine Verbesserung des Webstuhls. Mit Hilfe der Hyksos konnte das Nilland einen Rückstand im technischen Wissen aufholen, der offensichtlich gegenüber den Gegenden Vorderasiens existierte: Künftig verwendeten auch die Ägypter Pferd und Wagen.

Unverändert aber blieben die ägyptischen Traditionen der Macht. Die Hyksos hatten aus der alten Heimat keine eigenen Regierungsformen mitgebracht, die der neuen Aufgabe, Ägypten zu beherrschen, gewachsen gewesen wären. Sie ließen sich von den Beamten am Nil belehren. Der Herrschaftsstil der Pharaonen, der ihnen in den Bauwerken des zerbrochenen Systems täglich vor Augen stand, muß den Hyksos imponiert haben. Sie ahmten die Pharaonen nach – und setzten so die Kette der ägyptischen Herrscher fort.

Joseph hat mit hoher Wahrscheinlichkeit seine Karriere in der Zeit der Hyksos gemacht. Wenn der jüdische Historiker Josephus recht hat und die Hyksos tatsächlich zu den semitischen Stämmen gehört haben, dann waren der Hyksos-Pharao und der Sklave Joseph Verwandte.

Das Erste Buch Mose erzählt, Joseph habe seine Sippe zur Zeit der Hungersnot, die vor allem in den Gebieten ostwärts von Ägypten herrschte, an den Nil geholt. Mehrmals waren die Brüder gekommen, um Korn zu kaufen, doch Joseph hatte sich lange nicht zu erkennen gegeben. Als er sich schließlich dazu durchrang, den Brüdern zu verzeihen, daß sie ihn einst nach Ägypten verkauft hatten, da soll der Pharao so zu Joseph gesprochen haben: »Sage deinen Brüdern, sie sollen ihre Esel beladen und ins Land Kanaan ziehen. Sie sollen ihren Vater und ihre Familien holen und zu mir kommen. Ich will ihnen das Beste Ägyptens geben, und sie sollen die reichste Frucht des Landes essen. Du, Joseph, gib ihnen Wagen aus Ägypten für ihre kleinen Kinder und für ihre Frauen, laß sie ihren Vater herbringen. Ihren Haushalt aber sollen sie ohne Sorge zurücklassen, denn das Beste Ägyptens soll ihnen gehören.«

Der Gedanke klingt einleuchtend: Ein reicher Verwandter sorgt für seine armen Verwandten. Der Pharao weist der Sippe des Joseph Boden zu, der ihr gehören soll. Das Erste Buch Mose spricht vom »Land Gosen«. Es muß sich im Osten des Nildeltas befunden haben.

Neunzig Jahre nach dem Einfall der Fremden begann sich Widerstand gegen die Verwandten der Josephssippe zu regen. Die Männer von Theben wollten die Hyksosherrschaft nicht länger dulden; sie konnten sich schließlich befreien. In Theben übernahm wieder eine ägyptische Dynastie – die 17. in der Gesamtzählung – die Herrschaft. Die Mumie des Königs Seqenenre, der zu dieser Dynastie gehörte, zeigt Spuren einer Verwundung: Möglich ist, daß er im Kampf mit den Hyksos sein Leben lassen mußte.

Die Fremden bildeten eine Militärkaste, die keine Wurzel in der Bevölkerung besaß. Ihre Herrschaft war gesichert, solange sie in Waffen und in Kampftechnik überlegen waren. Als die ursprüngliche Bevölkerung den technologischen Rückstand aufgeholt hatte, konnte sich die Militärkaste auf keine Vorteile mehr stützen. Die Ägypter waren den Fremden zumindest an Zahl überlegen; sie drückten die Hyksos aus dem Nilland. Erhalten ist ein Bericht über diese Ereignisse, über die Verfolgung der Hyksos bis nach Palästina. Dort seien sie von befreundeten und verwandten Stämmen aufgenommen und beschützt worden.

Das Zweite Buch Mose erzählt von Veränderungen in der Machtstruktur, die Ägypten lange nach Josephs Tod betroffen haben: »Da kam ein neuer König zur Macht, der von Joseph nichts mehr wußte.« Der neue König und seine Nachfolger hatten wieder die Kraft, ihren Einfluß auszudehnen auf die Gebiete in Palästina und darüber hinaus. Sie schickten Heere an den Euphrat. Diese Auseinandersetzungen spiegeln sich auch im Mosestext. Der Pharao äußerte die Sorge, die jüdische Sippe, die seit langer Zeit im Nildelta lebte, könnte mit dem Feind zusammenarbeiten und in einer kritischen Situation sogar das Land an sich reißen. Diese Gefahr sei nicht zu unterschätzen, denn das Volk der Juden in Ägypten sei an Zahl mächtig geworden. So wurde der Beschluß gefaßt, diesem Volk die Lust zu weiterer Vermehrung zu nehmen: »Man zwang die Juden unbarmherzig zum Dienst und machte ihnen das Leben schwer mit harter Arbeit an Lehm und Ziegeln und mit Frondienst auf den Feldern. Je mehr man sie aber unterdrückte, desto stärker mehrten sie sich und breiteten sich aus. Den Ägyptern graute schließlich vor ihnen. Der Pharao gebot zuletzt, man habe alle Söhne, die den Juden geboren werden, in den Nil zu werfen, die Töchter aber seien am Leben zu lassen.«

Hatte der Pharao, zu dessen Zeit Joseph Karriere gemacht hatte, der Einwanderersippe das »Beste Ägyptens« gegeben, so mußte dieselbe Sippe jetzt die Umkehrung der Situation erleben. Die bisher Bevorzugten wurden gedemütigt. Sie waren für die Ägypter die letzte Erinnerung an die Jahrzehnte der eigenen Demütigung, ein Relikt aus der Besatzungszeit, in der die Hyksoskaste herrschte. Die sich einst wohl gefühlt hatten am Nil, weil sie der Pharao freundlich aufgenommen hatte, waren zu Fremdlingen und zu Verfolgten geworden.

Die Aufforderung, die Söhne der Juden in den Nil zu werfen, muß befolgt worden sein. Das Zweite Buch Mose beschreibt, wie ein jüdisches Ehepaar aus Sorge vor den Aufpassern des Pharao sein Kind in einen Binsenkorb gelegt und auf dem Nil ausgesetzt hätte. »Da kam Pharaos Tochter und badete im Nil. Als sie nun den Korb im Schilf sah, sandte sie eine Magd hin und ließ ihn holen. Sie sah das Kind, ein Knäblein, das weinte, und sie hatte Mitleid mit ihm.«

Die Tochter des Pharao erkannte, daß es sich um ein Kind aus der Sippe der Juden handeln mußte. Sie ließ es dennoch aufziehen und erklärte es später zu ihrem eigenen Sohn – wie das geschehen konnte, sagt das Zweite Buch Mose nicht. Der »Sohn der Pharaonentochter« wuchs am Hof auf. Der junge Mann erhielt die Ausbildung eines

Prinzen – er wurde vertraut gemacht mit den Göttern Ägyptens, mit dem komplizierten Geflecht unterschiedlicher Göttergestalten, die, jeder Gott für sich, Helfer oder Gegenpart sein konnten in den verschiedenen Bereichen des Lebens. Dem Gott Month war Bedeutung gegeben im Kriege. Der Gott Toth war zuständig für Schreiben und Rechnen. Der Gott Chnum wurde als die Kraft angesehen, die als Auslöser der Nilüberschwemmung galt. Von Hathor wurde behauptet, sie sei die Göttin der Frauen. Osiris soll die Vegetation und die Unterwelt beherrscht haben. In Ansätzen nur war in dieser Vorstellung von der Götterwelt die Vision spürbar, eine noch höhere Kraft habe Gewalt über Month, Toth, Chnum und Hathor und über zahlreiche andere Gottheiten.

Wenig mehr als hundert Jahre zurück lag der Versuch des Pharao Amenophis IV., die Menschen am Nil zu überzeugen, daß ein alles beherrschender Gott existiere, der sich in der Sonnenscheibe verkörpere. »Aton« war die Bezeichnung für die Sonne – Amenophis IV. hatte die Kühnheit besessen, sie auf den mächtigen Gott zu übertragen. Sich selbst hatte der Pharao den Namen Echnaton gegeben, »der dem Gott Aton Wohlgefällige«. Schon bald nach Echnatons Tod war die Sonnenreligion als Ketzerei verschrien worden. Die Erinnerung an Echnaton erlosch und mit ihr die Vision vom einen und allmächtigen Gott. Am Hof, an dem Mose aufwuchs, waren Echnaton und Aton aber sicherlich noch ein Gesprächsthema.

Mose, der nicht die religiöse Erziehung seiner Blutsbrüder erhielt, erfuhr zunächst nichts von der monotheistischen Glaubenslehre der Juden – fremd war ihm der Gott Abrahams. Mose war als junger Mann eingebunden in die traditionelle Ordnung der herrschenden Schicht am Nil. Ganz zum Ägypter kann Mose indes nicht geworden sein; er muß gewußt haben, daß er nicht durch Blutsbande mit der Sippe des Pharao verbunden war. Das Zweite Buch Mose weiß von Besuchen des jungen Höflings bei seinen Brüdern, den Hebräern. Bei einem dieser Besuche am Arbeitsplatz der Verwandten wurde er Zeuge, wie ein ägyptischer Aufseher einen Hebräer erschlug. Im Zorn tötete Mose den Ägypter und verscharrte ihn im Sand.

Mose mußte fliehen. Er fand Zuflucht bei Beduinen und lebte lange unter den einfachen Bedingungen der Existenz wandernder Familien, die nirgends in der Steppe eine feste Heimat haben. Er lernte das zweite Gesicht des Nillandes kennen: die Öde von Steppe und Wüste. Der

Kontrast konnte nicht größer sein: Vom Luxus des Palasts am Nil war Mose in das schlichte Beduinenzelt geflohen, das in einem Raum Platz für alle Mitglieder einer Großfamilie bieten mußte. Mose erfuhr wenig Ablenkung in der Einsamkeit. Die Voraussetzung war gegeben für Konzentration auf Wesentliches. Er hörte, wie Gott nach ihm rief. Er hörte nicht die Stimme von einem der vielen Götter, die Bedeutung besaßen im Niltal – er hörte die Stimme des *einen* und allmächtigen Gottes.

Mose fühlte sich beauftragt, seine Brüder fortzuführen aus Ägypten, in das Land zurück, in dem einst Abraham gelebt hatte. Ein alter Mann von achtzig Jahren sei Mose gewesen, sagt das Zweite Buch Mose, als die Unterredung mit dem Pharao stattfand, als Mose und sein Bruder Aaron Urlaub forderten für die jüdischen Sippen, die im Nildelta ein unfreies Leben führten. Lange zurück lag die Tat des Mose, wegen der er geflohen war. Niemand mehr am Hof erinnerte sich daran. Den Willen des Pharao konnten die beiden Brüder nicht brechen. Gott selbst habe erst die Sinnesänderung bewirkt durch Ereignisse, von denen die Existenz jeder Familie am Nil betroffen war. Das Zweite Buch Mose berichtet:

»Und der Herr sprach zu Mose: Geh hin zum Pharao morgen früh, wenn er zum Nil hinausgeht. Tritt ihm am Ufer entgegen und sage zu ihm: Der Herr, der Gott der Hebräer, hat mich geschickt mit dem Befehl: Entlasse mein Volk. Wenn du nicht gehorchst, werde ich das Wasser im Nil schlagen. Da werden die Fische im Nil sterben, und der Nil wird stinken, und die Ägypter werden das Wasser im Nil nicht mehr trinken können. Wenn du dich aber weigerst, so will ich das Land mit Fröschen plagen. Der Nil wird von Fröschen wimmeln, und sie werden hinaufsteigen und in dein Haus dringen, in dein Schlafgemach und auf dein Bett.«

Als die Plage der Frösche zu Ende war, fielen Stechmücken über das Land am Nil her. Dann schlug der Herr das Land mit Pest, Blattern, Hagel, Heuschrecken und Finsternis – schließlich ließ er alle Erstgeborenen im Lande sterben; auch der älteste Sohn des Pharao verlor sein Leben. Da erst durften die jüdischen Sippen das Nildelta in Richtung Osten verlassen.

Der Weg führte sie zunächst zum Roten Meer. Mühsam bewegte sich der Treck durch die Sümpfe – in ständiger Angst, von ägyptischen

Verfolgern eingeholt und zurückgebracht zu werden. In der Gegend der heutigen Stadt Suez am Roten Meer entdeckten sie, daß der Pharao seinen Entschluß bereute, sie aus seinem Machtbereich zu entlassen: Streitwagen näherten sich rasch von Westen. Panik brach aus. »Da streckte Mose seine Hand über das Meer aus, wie Gott es ihm befohlen hatte, und der Herr ließ die ganze Nacht einen starken Ostwind wehen. Das Wasser teilte sich, und die Israeliten gingen trockenen Fußes mitten durch das Meer.« Die Verfolger dagegen versanken in den zurückströmenden Fluten.

Für das Wunder von einst gibt es eine ganz natürliche Erklärung. Die Wolkensäule, die sich nach dem biblischen Bericht zwischen die Bedrängten und die Verfolger schob, läßt sich heute noch häufig über den Wüsten an der Suezkanalzone beobachten. Windwirbel reißen Sandkörner hoch. Die Drehbewegung erzeugt einen Sog. Bis zu 30, 40 Meter hoch steigt der Wirbel. Im Kern bildet er eine schwarze Wolke, die von durchsichtigen Sandschleiern umgeben ist. Manchmal ist zu sehen, wie die Wolkensäule ihren Standpunkt unvermittelt verändert. Da ist zuvor der Wind umgesprungen. Bald darauf zeigt sich Strömung in den Sümpfen und Lagunen im Bereich der Bitterseen im Suezkanal: Der Wind treibt das Wasser zusammen. Sobald er nachläßt, fließt das Wasser wieder zurück. Ein solches Naturphänomen dürfte vor mehr als dreitausend Jahren den jüdischen Sippen, die mit Mose zogen, das Leben gerettet haben.

Mose scheint sich in dieser Gegend sehr gut ausgekannt zu haben. Schließlich hatte er mehrere Jahre hier gelebt – und gebetet: Zum Berg Horeb, so hatte ihm Gott befohlen, sollte er das Volk bringen, damit es mit ihm einen Bund schließe. Quer durch die Wüste schleppte sich die Karawane, hungernd, durstend, extremen Temperaturschwankungen ausgesetzt. Aber Mose wußte sehr genau, was er tat: Hätte er die direkte Route entlang der Küste genommen, die bis zum Gelobten Land insgesamt nur 250 Kilometer lang ist, so hätten ihn die schnellen Reiter des Pharao bald entdeckt und eingeholt. Tod oder erneute Sklaverei wäre die Folge gewesen.

In der Nähe von Gaza gab es dazuhin eine gut ausgebaute Festung, deren Besatzung zu regelmäßigem Patrouillendienst ausritt. Erst nach dem israelisch-ägyptischen Krieg des Jahres 1967 ist die Festung wieder entdeckt worden. Vom Altertümermarkt waren die ersten Hinweise gegeben worden: Auf einmal waren den Antiquitätenhändlern in

Jerusalem Funde angeboten worden, die aus dem Gazastreifen kommen mußten. Weder über die Herkunft noch über die Mittelsmänner war von den Zulieferern Näheres zu erfahren. Die Archäologin Trude Dothan bạt schließlich Moshe Dayan, der selbst Altertümersammler war, um Hilfe. Der Geheimdienst der israelischen Armee spürte die Quelle der Funde auf: Er machte die Überreste der Festung bei Deir Al Balah ausfindig. Diese Festung hatte Mose einst in großem Bogen umgangen.

Vom Nil bis zum Mosesberg maß der Weg etwas mehr als 300 Kilometer. Zehn Jahre soll die Karawane mit etwa fünftausend Männern und Frauen, die Rinder und Schafe vor sich hertrieben und Wagen mit ein paar Habseligkeiten zogen, dafür gebraucht haben. Auf dem Weg nach Süden mußten zwar auch trockene Gebiete überwunden werden, aber es gab dann doch wieder Oasen, in denen Menschen und Vieh zu Kräften kommen und sich für eine weitere Strecke mit Proviant versorgen konnten. Wiederum mied Mose eine Abkürzung. Am Weg der Händler, der die nördlichsten Spitzen der Golfe von Suez und Akaba verband, waren zwar auch Quellen zu finden, aber ihre Wassermenge reichte höchstens für kleinere Karawanen aus – nie für so viele Durstende. Auch darüber war Mose offenbar genauestens informiert.

Zuweilen erinnerte sich das Volk während der entbehrungsreichen Wanderung an das Leben am Nil, das doch so übel nicht gewesen war: »Als wir an den Fleischtöpfen Ägyptens saßen, hatten wir Brot, so viel wir wollten. Wir aßen Zwiebel, Lauch und Knoblauch, und die Fische des Nil wurden uns sogar geschenkt!«

Lange blieben die Bindungen an Ägypten spürbar. Immer wieder fielen die Sippen zurück in die Sitten und Gebräuche des Nillandes. Erst mit den Zehn Geboten, so berichtet die Bibel, vermochte Mose die Wende herbeizuführen. Indem er den Menschen, die mit ihm gingen, den unumstößlichen Willen Gottes kundtat, vermittelte er ihnen das Bewußtsein, das auserwählte Volk zu sein. Bis heute hat diese gesetzgeberische Großtat nichts von ihrer Faszination eingebüßt. Nur: Ohne die Erfahrungen im Nilland wäre sie so nicht möglich gewesen.

Wer den Ort sehen will, an dem Mose die Inspiration zu den Zehn Geboten empfangen haben soll, muß heute dreitausend hohe Stufen, aus unbehauenem Stein gefügt, hinaufsteigen. Der Berg Sinai beim Katharinenkloster ragt 2000 Meter hoch empor. Weit nach Norden ist der Blick frei auf das Land Kanaan, das Mose mit seinem Volk erreichen wollte. Er selbst hat die Ankunft dort nach insgesamt vierzig Wanderjahren nicht mehr erlebt. Sein Grab soll sich am Weg von Jericho hinauf nach Jerusalem befinden. Ob es wirklich sein Grab ist, weiß niemand – genausowenig, ob es Mose in der uns überlieferten Gestalt überhaupt gegeben hat. Neuere Auffassungen gehen dahin, daß hier eine vielschichtige Tradition zusammengeflossen ist und sichtbar gemacht wurde.

Das ändert nichts an der Tatsache, daß die Heimkehrer aus Ägypten das göttliche Gesetz ins Gelobte Land mitgebracht haben.

# Birgt das Land am Nil den Schlüssel zur Welt?

Kaiser Augustus und andere Herrscher Roms hatten sein Grab besucht, um ihn zu ehren, doch als sich Napoleon – der vom Ehrgeiz getrieben war, ihm nachzueifern – in Alexandria erkundigte, wo sich denn dieses Grab befinde, da wurde ihm mitgeteilt, daß niemand mehr den Platz kenne. Die Erinnerung an Alexander den Großen war erloschen in der Stadt der Lagunen am Westrand des Nildeltas, in der Stadt, die von ihm begründet worden ist, die seinen Namen trägt.

Von Babylon war der Leichnam Alexanders im Jahre 321 nach Alexandria gebracht worden, in einem prunkreichen Wagen, dessen Herstellung Handwerker und Künstler Babylons zwei Jahre lang beschäftigt hatte. Berichte aus jener Zeit schildern das Fahrzeug: Die einbalsamierte Leiche lag in einem goldenen Sarkophag, den eine Purpurdecke schmückte. Auf dem Leichenwagen waren auch Alexanders goldener Thron und die von ihm einst benützten Waffen zu sehen. Der Baldachin, der über den Wagen gespannt war, soll derart mit Juwelen besetzt gewesen sein, daß er dem Himmelsgewölbe geglichen habe. Säulen aus Gold haben den Baldachin getragen. Zwischen den Säulen hingen vier Gemälde, die Alexander in der Pose des Herrschers zeigten, umgeben von seinen Armeekommandeuren; auf den Bildern waren auch die sagenhaften indischen Kriegselefanten zu sehen sowie die so häufig siegreiche Reitertruppe und die Flotte Alexanders.

Als Besonderheit wird beschrieben, daß der Leichenwagen des Heerführers gefedert gewesen sei, so daß der für die Ewigkeit präparierte Körper keinen harten Stößen ausgesetzt war. Um die Fahrt vom Zweistromland an Tigris und Euphrat über die syrische Stadt Aleppo möglich zu machen, begleiteten erfahrene Straßenbaumeister und Arbeiter den Wagen. Sie sorgten dafür, daß Gebirgspässe passierbar waren, sie schlugen Brücken und verbreiterten die Wege, damit die 64 Maultiere, die an vier langen Deichseln den Wagen zogen, Platz fanden.

Das Kommen des Wagens kündigte sich schon von weitem an: Ein Glockengeläute war zu hören. Die Glocken hatten die Handwerker in Babylon zwischen den Säulen aufgehängt. Der mächtige Schall lockte die Menschen der Städte und Dörfer an. Viele, die nichts besaßen, die sich nicht gebunden fühlten, schlossen sich dem Leichenzug an. So wurde der Leichnam des mächtigen Herrschers nicht nur von Soldaten, Gouverneuren und glänzend gekleideten Offizieren begleitet, sondern auch von Armen und Entwurzelten, von Abenteurern und Verbrechern. In Alexandria endete die Fahrt. Der Leichnam Alexanders des Großen wurde bestattet in einem Grabmal, das imposant gewesen sein muß, denn der damalige Herrscher am Nil zog politischen Nutzen aus der Anwesenheit des toten Alexander in seiner Stadt.

Das Begräbnis im Nildelta hatte Alexander nie gewollt. Seine Absicht war, in der Wüste bestattet zu werden, in der Oase Siwa, die mehr als 300 Kilometer abseits von der Küstenstraße liegt; nicht weit von der Oase entfernt verläuft heute die libysch-ägyptische Grenze. Siwa ist ein grüner Fleck mitten in der gelbbraunen Sandwüste. Der Ort besteht aus weißgekalkten Lehmhäusern, die umgeben sind von Gärten, Rosenhecken und Dattelpalmen. Das Wasser aus zweihundert Quellen läßt Leben sprießen in der heißen und trockenen Region.

Von Alexandria aus hätte der Leichenzug bis Siwa weitere 600 Kilometer zurücklegen müssen. Die Oase Siwa hatte Alexander deshalb als Ort seines Grabes bestimmt, weil sich dort das Orakelheiligtum des Gottes Amon befand, zu dem der Feldherr außerordentliches Vertrauen gefaßt hatte. War Alexander während seiner Feldzüge in kritische Situationen geraten, hatte er häufig den Gott Amon angerufen. Dank göttlicher Hilfe, so glaubte Alexander, habe er viele Probleme meistern können.

Dieser Gott war ursprünglich von nur regionaler Bedeutung gewesen. Nur langsam hatte sich sein Einfluß von Mittelägypten bis Theben ausgedehnt. Schließlich ist Amon in der Zeit nach 1990 v. Chr. als Schutzgott der Pharaonen angebetet worden. In jenen Jahren verbanden die Gläubigen Amon mit dem Sonnengott Re von Heliopolis und verehrten ihn als Staatsgott. Bis zur Plünderung der Stadt Theben durch die Assyrer im Jahre 663 v. Chr. konnte der Amonkult die Herrscherwechsel überdauern; dieses Ereignis aber zerstörte Heiligtümer und Ansehen des Gottes Amon. Er war fortan wiederum nur von regionaler Bedeutung – in der Oase Siwa zum Beispiel.

Zehn Jahre vor seinem Tod hatte Alexander die Oase besucht. Zum Erstaunen seiner Berater war ihm die Absicht nicht auszureden gewesen, die beachtliche Strecke durch die wasserlose Wüste zu reiten, um einem Orakel Fragen stellen zu können. Schon bei seiner Ankunft in der Oase wurde er vom ältesten Priester mit Gesten der Demut und der Anrede »Sohn des Amon« begrüßt, die einem Pharao zustand. Und der nun mächtigste Mann am Nil nahm diese Floskel der Höflichkeit sichtbar ernst. Seit jenem Besuch in der Oase gab Alexander vor, überzeugt zu sein, er stamme von einem Gott ab und sei mit göttlichen Fähigkeiten ausgestattet. Überliefert ist, daß Alexander bald nach dem Ritt zur Oase seiner Mutter geschrieben habe, er sei sehr zufrieden mit dem Bescheid des Orakels; unter vier Augen werde er ihr später Näheres mitteilen. Diese Mitteilung unterblieb dann allerdings, da Alexander nie mehr zu seiner Mutter heimkehrte.

Alexander glaubte wohl, der Gott Amon sei identisch mit Zeus. So konnte die Begrüßung durch den ältesten Priester am Heiligtum der Oase Siwa als eine Form der Verkündung der direkten Abstammung Alexanders von Zeus gedeutet werden. Der Feldherr erklärte, darin eine Bestätigung verhüllter Äußerungen seiner Mutter zu sehen, aus denen er habe entnehmen können, daß nicht König Philipp II. von Makedonien sein Vater sei, sondern der Gott Zeus selbst.

Es war natürlich nicht die Hoffnung auf eine Bestätigung seiner göttlichen Abstammung gewesen, die Alexander zu seinem Zug nach Ägypten veranlaßte, aber der Spruch des Amonorakels in Siwa konnte seinem Ansehen bei Beratern und Offizieren nur nützlich sein.

Alexander wollte die Perser aus diesem Gebiet vertreiben. Für den Herrscher eines griechischen Kleinstaats war dieser Entschluß außergewöhnlich. Eine Reihe brillanter Erfolge – dazu zählt die Schlacht bei Issos, das am Nordostwinkel des Mittelmeeres, an der Grenze zwischen Kleinasien und Syrien, liegt – markierten den Weg des Mannes aus Makedonien, der sich vorgenommen hatte, die damals bekannte Welt zu verändern. Im Jahre 333 v. Chr. hatte der Perserkönig Dareios die bittere Niederlage von Issos erleben müssen. Sie leitete das Ende der persischen Herrschaft über Ägypten ein; sie stärkte Alexanders Entschluß, dem Perserreich insgesamt ein Ende zu bereiten.

Die Mittel zum gewaltigen Schlag gegen die wichtigste Großmacht jener Zeit hoffte Alexander in Ägypten zu finden. Die Berichte Herodots, vor mehr als hundert Jahren geschrieben, waren noch immer die Quelle des Wissens über das Land am Nil. Als Reich der Wunder hatte der griechische Autor Ägypten geschildert. Großartige Bauten und Gold in Fülle seien dort zu finden. Im Bewußtsein Alexanders und seiner Armeekommandeure war die Erkenntnis gewachsen, daß der Herrscher über Ägypten auch den Schlüssel zur Kontrolle der restlichen Welt besitze.

Da die persischen Herren das Nilland während der Endphase ihrer Herrschaft abgeriegelt hatten, war niemand in der Lage gewesen, zu überprüfen, ob die Eindrücke, die Herodot empfangen hatte, noch stimmten. Die Isolation Ägyptens hatte den Beobachtern, deren Blick nicht bis zum Nil dringen konnte, das Gefühl gegeben, der Wohlstand des Landes sei eher noch größer geworden in den vergangenen Jahrhunderten. Beim Eintritt in Ägypten wurde Alexander von den Bewohnern der Festungen und Siedlungen mit Jubel begrüßt. Er habe sie vom Joch der Perser befreit – diese Parole hatte Alexander verkünden lassen. Da die eigenen Versuche, die Fremdherrschaft abzuschütteln, schmählich gescheitert waren, ließen sich die Menschen am Nil bereitwillig »die Fesseln abnehmen«, obwohl sie wissen mußten, daß Alexanders Einzug in ihr Land nur eine Ablösung der bisherigen Besatzungsmacht durch eine andere bedeuten konnte.

Die Bewohner des unfreien Landes gaben sich mit formalen Unterschieden zufrieden: Kambyses, der persische Eroberer, hatte keine Achtung gezeigt vor den religiösen Traditionen Ägyptens; Alexander aber opferte selbst an den Weihestätten, die den Ägyptern heilig waren. Er ließ erkennen, daß er die Leistungen der Pharaonenzeit achtete, daß er sich sogar als Pharao der Gegenwart fühle. Er befahl, königliche Kleider zu schneidern, die genau dem Ornat der Pharaonen entsprachen. In Memphis übernahm Alexander in einer Zeremonie, die sich an alte Sitten anlehnte, die Macht in Ägypten. Doch schon wenige Tage später fuhr er auf einem Boot nilabwärts. Dort, wo sich der Fluß teilt, wählte er den westlichen Nilarm als Weg. Zur Küste des Mittelmeers wollte Alexander, um eine Stadt zu gründen, die seinen Vorstellungen entsprechen sollte. Die Königsstadt Memphis sah er nicht als

Mittelpunkt eines so wichtigen Landes in einer sich wandelnden Zeit: Ägypten sollte Teil des Großreichs werden, das Alexander zu formen gedachte. Die Zentren der Teilstaaten mußten miteinander in Verbindung stehen; waren sie Seehäfen, konnte die Kommunikation am leichtesten organisiert werden. Von Tradition ließ sich Alexander bei seinen Planungen nicht beirren. Er nützte sie aus, wenn sie ihm Vorteil brachte – er zerstörte sie, wenn sie ihn behinderte. Der Tradition der Königsstadt Memphis fühlte sich Alexander nicht verpflichtet.

An der Mündung des westlichen Nilarms ins Mittelmeer wandte sich Alexander weiter nach Westen. Beim Dorf Rhakotis fand er einen natürlichen Hafen, den früher phönizische Seeleute benützt hatten. Längst war der Hafen bedeutungslos geworden, da die persischen Herren den Schiffsverkehr von ägyptischen Küstenorten aus unterbunden hatten. Das Terrain um diesen Hafen erschien geeignet für die Anlage einer Stadt, die sich gründlich von den bisherigen Siedlungszentren Ägyptens unterscheiden sollte.

Das Gelände, auf dem Alexandria heute steht, entspricht nicht ganz dem Terrain, auf dem zur Zeit der Stadtgründung Straßen gezogen und Häuser gebaut wurden. Die Insel Pharos – auf der, als Weltwunder bestaunt, der Leuchtturm errichtet wurde – war damals noch dem Festland vorgelagert. Die Insel ist längst durch Aufschüttungen und Anschwemmungen einbezogen in die Küstenlinie. Besonders zu beiden Seiten des Dammes, der die Insel mit der Stadt verbunden hatte, haben die Bewohner von Alexandria im Verlauf der Jahrhunderte Abfälle und Schutt abgelagert. So ist ein breiter Landrücken entstanden. Teile der bizarren Form der einstigen Insel Pharos sind jedoch noch zwischen dem Palast Ras Al Tin im Westen und dem Fort des Sultans Kaïtbai im Nordosten zu erkennen. In manchen Gegenden der Stadt ist die schnurgerade Straßenführung erhalten geblieben, die Alexander selbst dem Architekten Demokrates von Rhodos vorgeschrieben hatte. Grabungsproben haben ergeben, daß die Sharia Gamal Abdel Nasser direkt über einer Hauptstraße des alten Alexandria verläuft.

Übersichtlich und großzügig wurde die Stadt angelegt, nicht eng und zusammengedrängt wie die langsam gewachsenen, großen Siedlungen des Vorderen Orients. Die Straßen wurden im rechten Winkel zueinander gezogen. Sie waren geschaffen, um darauf zu reiten und zu fahren; für die Fußgänger waren die Wege zu weit und zu langwierig. In der Stadt Alexanders fehlte der Markt, das Zentrum des vorderöstlichen Lebens. Da gab es keine Gassen mit Verkaufsgewölben, keinen Platz für zeltartige Stände.

Als künstliche Konstruktion war Alexandria entstanden. Und trotzdem blühte die Stadt zunächst. Unter den Ptolemäern wurde sie zum Mittelpunkt von Handel und Kultur, zum geistigen Zentrum der alten Welt. Hier wurde gesammelt, was Wissenschaft und Kunst zu bieten hatten. Alexandria konnte gedeihen im Rahmen der Gesamtstruktur des von Alexander geformten hellenistischen Imperiums: Es lebte, solange das Land am Nil einbezogen war in den Staatenverband der Region des östlichen Mittelmeers. Die griechischen Herren, die von der Gründung an die Stadt im Griff behielten, zogen es vor, über das Meer zu blicken, in die ursprüngliche Heimat und nach Kleinasien; sich dem Nil zuzuwenden, weigerten sie sich.

Als die Nachfolger Alexanders in Alexandria allmählich ihre Macht verloren, begann die Umwandlung der Stadt. Die griechischstämmigen Einwohner wanderten aus übers Meer nach Norden. Die Häuser an den rechtwinklig verlaufenden Straßen verfielen; die Pflasterungen der Straßen brachen auf. Die Ägypter nahmen Besitz von Alexandria. Sie bauten Häuser und Hütten dort, wo beim Damm zur Insel Pharos neues Land entstanden war. Niemand kümmerte sich mehr um Stadtbaupläne. Unregelmäßig ist die Anlage der neuen Siedlung.

Die Ägypter wandten sich wieder ab vom Meer: Alexandria verlor seine Bedeutung – Cairo, die Stadt am Nil, entstand. Der Fluß erhielt den Wert im Bewußtsein der Menschen zurück, den er zur Zeit der Pharaonen besessen hatte. Alexander hatte versucht, die Orientierung zu ändern, den Ägyptern das Bewußtsein zu geben, daß sie Menschen sind, die am Meer wohnen, doch diese Umorientierung mißlang.

Als Alexander im Frühling des Jahres 331 v. Chr. Ägypten verließ, da muß er schon den Wunsch gespürt haben, in diesem Land – und zwar in der Oase Siwa – begraben zu werden. Dabei war er keineswegs von Todesahnung oder Todessehnsucht geplagt. Die Aufgabe, die vor ihm lag, begeisterte ihn: Er wollte die Erde unterwerfen bis zum Weltenmeer, das alles umspülte. Kaum ein halbes Jahr nach dem Abzug aus Ägypten gehörte ihm das Gebiet um Tigris und Euphrat. Er zog in Babylon ein, dem Zentrum des Kulturlandes an den zwei Strömen. Er sah die »Hängenden Gärten« und den »Turm zu Babel«. Die Erinnerung an Ägypten, das Alexander nie als wunderbar empfunden hatte, erlosch für sieben Jahre. Nur der ägyptische Gott Amon, als dessen Sohn sich Alexander bezeichnete, hielt die Phantasie des Welteroberers gefangen. Von diesem Gott hat Alexander sich nie getrennt. Das Gefühl der Verwandtschaft mit Amon nahm der Feldherr mit auf den Weg nach Indien.

Dem Mittelmeerraum hatte er den Rücken gekehrt. Der Osten war die Richtung, in der Unsterblichkeit zu erreichen war. Viele der Männer, die er aus der Heimat mitgebracht hatte, weigerten sich, über Persien hinauszuziehen. Lieber wollten sie in Alexandria am Mittelmeer leben als in der Neugründung Alexandria am Kaukasus. Alexander aber ließ sich nicht beirren: Er löste die Kommandeure, die nicht weiterreiten wollten, ohne Zaudern ab und ersetzte sie durch dienstwillige Perser. Wer sich beklagte, der war in Gefahr, vom Feldherrn selbst erstochen zu werden. Dieses Risiko galt auch für Kampfgefährten, die Alexander vorwarfen, er verleugne seinen wahren Vater zugunsten des seltsamen ägyptischen Gottes Amon. Als einer von Alexanders Offizieren ihm eines Tages in spöttischem Ton zurief, er möge doch mit seinem Vater Amon in den Krieg ziehen, und als die Dabeistehenden darüber lachten, da ließ er die ganze Gruppe, 13 Mann, erdolchen.

Immer weiter dehnte sich die Welt aus, die Alexander zu erobern hoffte. Längst hätte er das riesige Meer – das nach Meinung damaliger Geographen die Erde begrenzt – erreichen müssen, doch immer wieder standen Bergriegel vor ihm, Tausende von Metern hoch, und immer wieder mußte er hören, daß sich dahinter weite Ebenen und unbekannte Länder befanden. Alexander mußte Gebirgskrieg in Afghanistan und Pakistan führen; er und sein Riesenheer hatten den Indus zu überschreiten. Feldherr und Truppe waren dem Monsunregen ausgesetzt. Endlich, im Jahre 325 v. Chr., sah Alexander an der Mündung des Indus sein Ziel vor sich: das gewaltige Meer. Der Ozean war erreicht – doch nicht das Ende der Welt. Zur Erleichterung aller Kommandeure befahl Alexander den Rückzug nach Westen. Indien lag vor dem Eroberer, doch er hat dieses gewaltige Land nicht weiter angetastet.

In Babylon erinnerte sich Alexander wieder an Ägypten, an den Nil. Er ließ darüber nachdenken, auf welchem Weg die sicherste und schnellste Seeverbindung geschaffen werden könnte zwischen den beiden Strömen Tigris und Euphrat im Osten und dem Nil im Westen. Er wollte die Verkehrsrouten ausbauen für profitreichen Gewürzhandel mit den Märkten an der Grenze Indiens. Zu diesem Zweck sollte die arabische Halbinsel erobert werden, die er bisher verschont hatte. Die Absicht, das kontrollierte Gebiet der Landbrücke zwischen Mesopotamien und Ägypten zu verbreitern – das in der Gegend von Gaza, an der Nahtstelle zwischen Ägypten und Arabien, nur sehr schmal war –, lag dem Angriffsbefehl zugrunde. Alexander ließ eine Flotte bauen, und er beauftragte seine Seeleute, die Küsten Arabiens zu erkunden. Doch den Befehl zur Eroberung Arabiens konnte Alexander nicht mehr geben. In der Nacht vor dem Tag, an dem das neue Kriegsziel hätte proklamiert werden sollen, starb Alexander der Große.

Wie das Grab des Alexander in der von ihm gegründeten Stadt Alexandria ausgesehen hat, zeigt die Abbildung auf einer römischen Öllampe, die aus dem 1. Jahrhundert n. Chr. stammt: Sie ist im Leningrader Museum Eremitage zu sehen. Im Vordergrund zeigen Wellen das Meer an; Schiffe fahren in den Hafen ein. Bauwerke mit mächtigen Bögen empfangen den Reisenden. Landeinwärts sind die Grabstätten der Mächtigen zu erkennen. Sie haben Pyramidengestalt. Das höchste der Monumente umschloß den Leichnam Alexanders.

Der Platz der Grabstätte läßt sich annähernd bestimmen. Er liegt dort, wo heute die Strukturen der hellenistischen und der arabischen Stadt aneinanderstoßen. Senkrecht zur Hafenstraße verläuft die Sharia Nebi Daniel, die Straße des Propheten Daniel. Unter dieser Verkehrsader könnten Reste von Sarkophag und Grab gefunden werden.

Der Geograph und Historiker Strabo, der im 1. Jahrhundert v. Chr. gelebt hat, nennt den Ort in Alexandria, an dem Alexander beigesetzt worden sei, »Sema«. Dieses Sema lag an der großen Längsachse der Stadt, die zu einem Teil heute der Sharia Gamal Abdel Nasser entspricht. Sollten sich Abbildung und Beschreibung des Strabo ergänzen, dann kann folgendes Fazit erlaubt sein: Präzise an der Kreuzung der Straßen Nebi Daniel und Gamal Abdel Nasser ist Alexanders Ruhestätte zu suchen. An dieser Ausgrabung aber wird im heutigen Ägypten niemand interessiert sein. Wer nach dem Sarkophag des Mannes suchen will, der das Land am Nil dem hellenistischen Geist öffnen wollte, wird wenig Verständnis finden.

Die Abbildung auf der römischen Öllampe, die Alexanders Grabmal zeigt, macht mit der Form eines weiteren Monuments bekannt, das heute nicht mehr besteht: Da ist als turmartiger Bau das Grabmal der Kleopatra zu sehen.

# »Da lag vor ihr der Nil«

Niemand war dabei, als Kleopatra VII. starb. Niemand hat gesehen, auf welche Weise sie starb. Die Legende berichtet uns von ihrem Tod; sie überliefert wohl nur den Schein der Wahrheit.

Ein ägyptischer Bauer, so wird erzählt, habe Kleopatra einen Korb mit Feigen gebracht. Unter den Feigenblättern im Korb aber sei eine Schlange versteckt gewesen. Sie habe Kleopatra, die nach den Feigen greifen wollte, in den Arm gebissen. Zwei winzige Einstiche seien oberhalb des Ellbogens der Toten zu sehen gewesen.

Die Legende teilt mit, Kleopatra selbst habe befohlen, daß ihr die Schlange gebracht werde. Sie wollte sterben und suchte ein Mittel zum Selbstmord. Ihr politisches Programm war gescheitert. Das Konzept der Unabhängigkeit für die hellenistischen und orientalischen Länder im Römischen Reich war von der Zentralmacht Rom zerstört worden. Der Römer Antonius, den sie liebte und der mit ihr den Plan der Souveränität für die Regionen entwickelt hatte, war eben bestattet worden. Kleopatra hatte nur noch die Entscheidung zwischen Tod und Gefangenschaft.

Kleopatra starb im eigenen Grabmal: im Mausoleum, das sie sich hatte bauen lassen. Mitten in der Stadt Alexandria war es errichtet worden – groß genug, um darin auch leben zu können, um Schätze zu stapeln. Horaz beschreibt die Situation der Kleopatra kurz vor dem Tod so:

> Sie blickt hinüber, zum verlassenen Palast,
> Lächelnd, mit ruhiger Hand ergreift sie
> Die bösen Vipern, bis tödliches Gift
> Ihr in die Adern dringt.

Dann stirbt sie todesmutig, tapferer denn je.
Zu stolz, um im Triumph davongeführt zu werden,
Entthront, begleitet von den Schiffen des Octavian.
Kleopatra war dazu nicht bereit.

Am Nil hatte Kleopatra Zuflucht gesucht, in der Heimat. Der Dichter Vergil betont in der Aeneis die Gefühle des Friedens, die sie bei der Rückkehr empfand:

Da lag vor ihr der Nil in seiner ganzen Länge,
Vom Kummer ganz ergriffen öffnet er die Brust,
Breitet die Arme aus, ruft die Besiegten herbei
Zu kühlen sich im Schoße seines blauen Stroms,
Dem heimatlichen Wasser.

Obgleich sie in Ägypten geboren worden ist, kann sie nicht als Ägypterin gelten. Obgleich ihre Haut dunkel getönt war, zählte kein Nubier zu ihren Vorfahren. Ihre Dynastie stammte aus Griechenland und war eigentlich hellhäutig – doch Kleopatras Urgroßvater Ptolemaios V. Epiphanes hatte sich eine Frau aus dem Geschlecht der Seleukiden geholt, sie hieß Kleopatra I. Von dieser Königin wurde gesagt, sie habe ausgesehen wie die Frauen in Persien. Kleopatra VII., die Urenkelin, verdankte der Frau aus dem Osten die Besonderheit der Gesichtszüge.

Zum Geschlecht der Ptolemäer gehörte Kleopatra. Seit über dreihundert Jahren regierten sie Ägypten als Nachfolger der Pharaonen. Zur Macht war die Dynastie gekommen in der Zeit der Umwälzungen, die Alexander der Große in der Region zwischen Mittelmeer und dem Persisch-Arabischen Golf ausgelöst hatte. Ptolemaios I., der Begründer der Dynastie, war mit Alexander verwandt gewesen und hatte zu dessen Heerführern gehört. Als er selbständiger König wurde, wählte er Alexandria, die Stadt, die Alexander gegründet hatte, zur Residenz. Dieser Stadt blieben die Ptolemäer treu.

Zu Beginn des Jahres 69 v. Chr. ist Kleopatra geboren worden. Ihr Vater hieß Ptolemaios XII. und ließ sich mit dem Beinamen Theos Philopator Philadelphos Neos Dionysos anreden – der Gott, der seinen Vater liebt, der seine Geschwister liebt, der neue Dionysos. Die Menschen am Hof von Alexandria aber nannten ihn, war er nicht anwesend, einfach Auletes – den Flötenspieler. Waren sie ihm nicht wohlgesonnen, dann gebrauchten sie den Schimpfnamen Nothos – Bastard. Ungerecht war diese Bezeichnung keineswegs, Ptolemaios XII. war als illegitimer Sohn in die Familie geboren worden.

Die Bezeichnung »der neue Dionysos« hatte sich der König erst fünf Jahre vor der Geburt der Kleopatra gegeben. Als »Neos Dionysos« sollten seine Untertanen in ihm die Wiedergeburt dieses Gottes sehen. Korrigiert werden muß in diesem Zusammenhang das Mißverständnis, der Gott Dionysos verkörpere weinselige, trunkene Lebensauffassung. Dionysos ist zwar der Schutzgott des Weines, vor allem aber wird er als Symbol der Bemühung gesehen, sich aus irdischen Bindungen zu lösen, um die mystische Vereinigung mit Kräften zu erfahren, die nicht zur menschlichen, körperlichen Welt gehören. Der Gott Dionysos verheißt seinen Gläubigen die Überwindung des Todes und die ewige Erlösung. Bereits Alexander der Große hatte Wert darauf gelegt, als Wiedergeburt dieses Gottes geachtet zu werden – Dionysos und Osiris waren für ihn austauschbare Namen für dieselbe Gottheit.

Die Herrscher aus dem Geschlecht der Ptolemäer betonten alle die Einheit ihrer Person mit einem mächtigen Gott – sie folgten damit den Gebräuchen der Pharaonen, die sich als Götter verehren ließen. Nahtlos wurden die Epochen der Pharaonen und der Ptolemäer miteinander verknüpft. Listen der gebräuchlichen Festtage, die im Nildelta gefunden wurden und die eine Art Bestandsaufnahme der Götterverehrung darstellen, zeigen, daß Übereinstimmung gesehen wurde zwischen pharaonischen und griechischen Göttern. In diesen Listen wird Dionysos neben Osiris gesetzt. Dionysos und Osiris gelten generell als verschiedene Bezeichnungen für den einen Gott. Ptolemaios wollte dieser Tradition entsprechend als Neugeburt des wichtigen ägyptischen Gottes Osiris angebetet werden.

Die Bereitschaft der Menschen Ägyptens, den König als Gott zu sehen, war allerdings gering. Satirische Sprüche, verfaßt vom Philosophen Demetrios, nährten Zweifel, ob ein Bastard Gott und König in einer Person sein könne – Dionysos achte doch wohl darauf, nur in einem Herrscher von reinem, edlem Blut wiedergeboren zu werden. Die kritische Stimmung wuchs, als die Bevölkerung von Alexandria erfuhr, daß die Dynastie der Ptolemäer von den Göttern nicht mit Glück bedacht wurde.

Der Bruder des Herrschers von Ägypten war König von Zypern gewesen. Als die Römer sein Land annektierten – mit der erlogenen

Begründung, ein Vorgänger des Königs habe die Insel dem römischen Staat vermacht –, tötete er sich selbst. In der ägyptischen Hauptstadt Alexandria war bald darauf Schadenfreude spürbar, daß der eigene Monarch offensichtlich durch die Römer gedemütigt worden war: Sie hatten ihm wohl die Abhängigkeit vor Augen führen wollen, in der er sich gegenüber dem Römischen Reich befand. In den politisch interessierten Zirkeln von Alexandria war nun die Frage zu hören, mit welchem Recht der König weiterhin die Bezeichnung »der seine Geschwister liebt« in seinem Titel führen wolle, habe er doch nichts zur Rettung seines Bruders unternehmen können.

Ptolemaios war der letzte Herrscher im Gebiet des östlichen Mittelmeers, dem die Römer noch Handlungsfreiheit im eigenen Land zugestanden. Zu bezweifeln war allerdings, ob die Mächtigen in Rom, deren hervorstechendste Eigenschaft die Gier nach Geld war, noch lange den Drang unterdrücken würden, sich das reiche Land am Nil anzueignen. Mit sicherem Gespür entdeckte Ptolemaios unter den römischen Politikern den Mann, der künftig das Riesenreich regieren würde, der damit auch die Entscheidung zu fällen hatte, ob Ägypten seine Selbständigkeit behalten durfte oder nicht. Der Name dieses Mannes war Julius Cäsar.

Formal war Cäsar einer unter Gleichwertigen in der Regierung Roms, doch er konnte dem König von Ägypten versprechen, die römische Republik werde durch ein Gesetz bestätigen, daß Ptolemaios als Freund und Verbündeter des Volkes der Römer zu betrachten sei. Für die Ausfertigung dieses Gesetzes verlangte Cäsar die Summe von umgerechnet 50 Millionen Mark. Obwohl Ägypten als reiches Land gelten konnte, enthielt die Staatskasse keinen derart hohen Betrag. Ptolemaios mußte Kredit aufnehmen bei römischen Bankiers.

Um Rückerstattung und Zinszahlung leisten zu können, war der König gezwungen, neue Steuern zu erheben. Aus dieser Maßnahme wiederum erwuchs weitere Unzufriedenheit, die zu Gewalttätigkeit führte: Hofbeamte wurden in Alexandria verprügelt; Steuereintreiber fühlten sich bedroht. Ptolemaios selbst spürte Angst. Er verließ Ägypten.

Als »Freund und Verbündeter des römischen Volkes« war der König berechtigt, die römische Regierung um Hilfe zu bitten. Um sein Recht wahrzunehmen, reiste Ptolemaios zu Schiff nach Rom. Seine Tochter Kleopatra nahm er mit.

Ptolemaios rechnete sich gute Chancen aus, daß die römische Verwaltung tatkräftig helfen würde, um sein Regime in Alexandria wieder zu stabilisieren – waren doch die Bankiers außerordentlich daran interessiert, daß Ptolemaios die Macht am Nil behielt. Nach einem Putsch konnten sie kaum mehr mit problemloser Rückzahlung des Kredits rechnen. Sie hatten die Erfahrung schon oft machen müssen: Neue Herren lehnten die Verantwortung für alte Schulden ab; außer der Gewalt gab es dann kein Mittel mehr, um Zahlungen einzutreiben.

Wie sehr die Politiker Roms auf seiner Seite standen, erfuhr Ptolemaios bald nach seiner Ankunft in der Hauptstadt am Tiber. Er wurde zunächst mit der Nachricht empfangen, eine Delegation von hundert Ägyptern sei auf dem Weg nach Rom; die Männer seien in der Absicht unterwegs, Klage zu führen über Rechtsbrüche des Königs. Seine Sorge, die Regierenden des Reiches könnten der Klage Beachtung schenken, löste sich bald auf, denn er bekam freie Hand zur Abrechnung mit den Sprechern der Unzufriedenen. Ptolemaios konnte den Befehl geben, daß sie umgebracht werden.

Daß Ptolemaios, die Verkörperung des Gottes Osiris, nicht mehr ins Land am Nil zurückkehre, war der Wunsch der Bewohner. Für Ptolemaios blieb nur noch die Möglichkeit, mit Hilfe der Römer nach Alexandria zu kommen. Er brauchte eine Garde, die ihm den Weg in die Hauptstadt öffnete und ihm das wütende Volk vom Leib hielt. Julius Cäsar gab dem König eine solche Garde mit; er ließ sich aber deren Einsatz bezahlen.

Allein durch die Hilfe der Großmacht Rom konnte Ptolemaios wieder über Ägypten regieren. Daß sein Land von den fremden Soldaten im Auftrag römischer Bankiers ausgeplündert wurde, war nicht zu verhindern. Die Menschen im einst reichen Gebiet des Nildeltas wurden arm.

Künftig hatte der König der Ägypter seine politischen Entscheidungen mit den Herren von Rom abzustimmen. Als der fünfzigjährige Monarch daran dachte, einen Nachfolger auszuwählen, da holte er sich das Einverständnis, daß Kleopatra VII. und deren ältester Halbbruder die Macht teilen konnten. Dieser Halbbruder war allerdings erst zehn Jahre alt.

Kleopatra VII. und der überaus junge Ptolemaios XIII. wurden im Jahr 51 v. Chr. Herrscher von Ägypten. Der Vater war tot. Er hinterließ ihnen eine Hauptstadt, die als zweitgrößte Metropole des Mittelmeerraums gelten konnte – nur Rom war größer an Ausdehnung und an Menschenzahl.

Die Stadt war auf einem gewaltigen Kalksteinriff gebaut, das durch eine Lagune vom Festland getrennt war. Die Straßen folgten geraden Linien und verliefen zueinander in rechten Winkeln. Zwei Hafenbecken, zwischen denen eine Mole gebaut war, konnten mehr als zweitausend Schiffen Platz bieten. Auf einem Inselchen an der Nordspitze des Hafens stand ein Leuchtturm, dessen Feuer aufs Meer hinausstrahlte. Dieser Leuchtturm zählte zu den Wundern der damaligen Welt. Wer sich nach Ägypten hineinbegeben wollte, der bestieg ein Schiff auf der Lagune im Süden der Stadt. Über einen Kanal gelangte er zum Nil. Doch war die Verbindung zwischen der Hauptstadt und dem Land nur dünn. Alexandria orientierte sich in Richtung Meer, in Richtung Griechenland – und neuerdings in Richtung Rom. Die herrschende Schicht kümmerte sich wenig um die Lebensumstände der Menschen im Nildelta.

Bauern, Landarbeiter waren die Menschen im Delta zumeist. Acht Millionen Männer, Frauen und Kinder zählten zu dieser Schicht. Ägypter waren sie; ihre Familien lebten schon immer am Nil. Ihre soziale Lage hatte sich seit der Zeit der Pharaonen nicht verändert: Sie hatten für den Reichtum der Regierenden zu sorgen.

Die Reichen und Mächtigen aber gehörten zu Familien, die einst aus Griechenland eingewandert waren, zumeist im Gefolge des großen Alexander. Sie besaßen Privilegien, die weitgehende Befreiung von Steuern und Schutz vor dem Zugriff der Justiz zusicherten. Sie fühlten sich als Angehörige einer überlegenen Besatzungsmacht, die keine Rücksicht zu nehmen brauchte auf Rechte der ursprünglichen Bevölkerung. Daß ein Grieche die Sprache der Ägypter beherrschte, war ein seltener Fall. Beide Bevölkerungsgruppen unterließen Bemühungen, sich gegenseitig zu verständigen.

So waren keine Möglichkeiten gegeben für wechselseitige Sympathie, für Zusammenarbeit. Selten konnte ein Ägypter in hohe Verwaltungsstellungen aufrücken. Um das Jahr 130 v. Chr. war ein Angehöriger einer ägyptischen Familie Gouverneur von Oberägypten. Er blieb die Ausnahme. Allem Anschein nach wollten die Ägypter gar nicht zu treue Diener der griechischen Oberschicht sein. Sie neideten den Fremden zwar deren Privilegien, im übrigen aber blickten sie auf die

Griechen herab. Die Griechen wurden für unreine Menschen gehalten. An manchem ägyptischen Tempel war eine Aufschrift zu finden, der Eintritt für Griechen sei verboten.

So blieben auch die Überlagerungen der traditionellen ägyptischen Kultur durch hellenistische Einflüsse gering: Die Ägypter ließen sich nicht zur Änderung ihrer Lebensart zwingen. Sie lehnten die Kultur der Eindringlinge ab und bemühten sich, das fremde Element in ihrem Lebensbereich abzustoßen. Sie wurden auch nicht zugänglicher gestimmt durch die Bemühungen der Herrscher, Brücken zu schlagen im religiösen Bereich durch Schaffung der Identität ägyptischer und griechischer Götter.

Ptolemaios XII. hatte geglaubt, eine Teilung der Macht zwischen der Tochter und deren Halbbruder sei möglich. Friede zwischen den beiden Monarchen herrschte jedoch nur, solange der männliche Thronerbe ein kleiner Junge war und keinen eigenen Willen entwickelte. Kaum aber hatte er an Statur und an Mut gewonnen, setzte er die Mitregentin ab und proklamierte sich unter dem Titel Ptolemaios XIII. zum alleinigen Herrscher Ägyptens.

Die Absetzung gelang deshalb, weil die Höflinge und die Chefs der Streitkräfte befürchteten, Kleopatra werde die romfreundliche Politik des Vaters fortsetzen. Diese Politik war bei den Häuptern der Griechenfamilien unbeliebt gewesen. Sie forderten von ihrem Herrscher die Auflösung der Bindung an Rom.

Für eine solche radikale Änderung der Außenpolitik schien in der Mitte des Jahrhunderts eine Chance zu bestehen. In Rom war der Bürgerkrieg ausgebrochen: Cäsar und Pompejus stritten sich um das höchste Amt in der Republik. Cäsar, ausgestattet mit dem Glanz des siegreichen Feldherrn, der in Gallien Erfolg gehabt hatte, konnte seinen Willen durchsetzen. Pompejus mußte aus Italien fliehen. Den Balkan sicherte er sich zunächst als militärische und politische Basis. Von hier aus wollte er den Kampf um Rom führen.

Pompejus brauchte Geld für den Krieg. Aus der ägyptischen Staatskasse wollte er sich die Summen holen, die er für die Bezahlung einer Armee aufwenden mußte. Doch ehe er seine Forderung wirklich stellen konnte, überfiel ihn Cäsars Truppe bei Pharsalos in Thessalonien. Wiederum blieb der Konkurrent Sieger.

Aufgeben wollte der geschlagene Pompejus aber noch nicht. Er war fest überzeugt, daß der König von Ägypten ihm helfen würde. Doch als

Pompejus am 28. September des Jahres 48 v. Chr. im Nildelta sein Schiff verließ, um an Land zu gehen, wurde er hinterrücks ermordet. Ptolemaios XIII. hatte den Befehl zur Tat gegeben. Von den Häuptern der Griechenfamilien war der König dazu ermuntert worden.

Hatte die Schicht der Griechen geglaubt, mit dem Tod des Pompejus sei die Gefahr der römischen Einmischung beseitigt, so hatte sie sich getäuscht. Cäsar nahte unbemerkt, entschlossen, die Entscheidung der Auseinandersetzung mit dem Konkurrenten im Nildelta zu erzwingen. Keine Woche war vergangen seit dem Mord an Pompejus, da fuhren zehn Schiffe in den Hafen von Alexandria ein. Ihnen entstiegen 3500 Kämpfer zu Fuß und mehr als 800 Reiter. Als die Armee an Land gegangen war, betrat auch Julius Cäsar ägyptischen Boden. Beamte seines Stabes trugen Liktorenbündel, die Zeichen der römischen Macht. Sie gingen vor Cäsar her, zu seiner Seite und hinter ihm. Er kam nicht wie ein Gast an den Nil – er benahm sich, als ob er eine Provinz des Römischen Reiches besuchte.

Die griechischen Herren von Alexandria sahen in diesem Betragen eine Anmaßung. Die Bewohner der östlichen Mittelmeerküsten kannten die Arroganz der Römer, die nirgends Rücksicht nahmen auf nationale Empfindungen und überall forderten, sie müßten als Herren empfangen werden. Wurde dieser Anspruch auf Zypern und in Syrien geduldet, so war die maßgebliche Schicht von Alexandria nicht gewillt, dem Römer den Auftritt als Machthaber nachzusehen. Die Herren veranlaßten einige Truppenverbände, den Weg der römischen Soldaten zwischen Hafen und Stadt zu blockieren. Sie vermochten wenig auszurichten gegen Cäsars disziplinierte Einheiten, doch wurden einige der Soldaten aus Rom erschlagen. Cäsar mußte erkennen, daß er in Alexandria nicht als Freund empfangen wurde.

Die Verantwortlichen in der Stadt rechneten zunächst mit dem baldigen Abzug der Römer. Sie hatten Cäsar durch die Ermordung des Pompejus einen Dienst erwiesen – Cäsar war Sieger im römischen Bürgerkrieg –, sie erwarteten Dankbarkeit. Doch der Sieger konnte sich keine derartigen Gefühle leisten, denn er brauchte Geld, um seine Truppen vor der Rückkehr in die Heimat zu bezahlen. Er verlangte die Begleichung alter Schulden, ohne Dokumente über die Rechtmäßigkeit der Forderung vorzulegen. Mit den Höflingen, die sich als störrisch erwiesen, wollte Cäsar gar nicht erst über die Schuldenfrage verhandeln; er verlangte Gespräche mit den legalen Herrschern von Ägypten. Der junge Ptolemaios kam in Cäsars Hauptquartier. Er stellte sich als der alleinige König am Nil vor. Cäsar aber berief sich auf das Testament des verstorbenen Königs. Er verlangte, daß auch Kleopatra erscheine. Sie aber hielt sich im Osten des ägyptischen Staats, an der Grenze nach Palästina, auf.

Die entmachtete Mitregentin mußte damit rechnen, von den Beauftragten des Ptolemaios unterwegs verhaftet und ermordet zu werden. Sie erreichte jedoch unbehelligt das Lager der römischen Truppen in Alexandria. Erzählt wurde bald darauf in Ägypten, Kleopatra sei, in einen Teppich gehüllt, an den Wachen vorbeigeschmuggelt worden, die ihr Halbbruder hatte aufstellen lassen.

Kleopatras Ankunft in Alexandria veränderte die Situation des Königs. Schon am folgenden Tag bemerkte er eine eigentümliche Vertraulichkeit zwischen Cäsar und Kleopatra. Sie machten bald darauf auch kein Geheimnis mehr aus ihrer Zuneigung. Sie waren schon in der ersten Nacht unter dem gemeinsamen Dach zum Liebespaar geworden.

Ruhe war ihnen allerdings kaum vergönnt. Die Führung der ägyptischen Ostarmee hatte sich entschlossen, der Besetzung von Alexandria durch die Römer ein Ende zu bereiten. Zwanzigtausend Kämpfer bildeten eine beachtliche Übermacht, die Cäsar nicht unterschätzen durfte. Mit der Erfahrung aus zahlreichen Feldzügen gelang ihm die Verteidigung der Hauptstadt. Zu Hilfe kamen ihm Zwist und Mordanschläge der Kommandeure der ägyptischen Ostarmee untereinander.

Am Ende der Kampfhandlungen ertrank der junge Ptolemaios, der sich einen Sieg der Ostarmee erhofft hatte, im Nil. Das Schiff, auf dem er fliehen wollte, kenterte, weil es mit Flüchtlingen überladen war.

Seit vielen hundert Jahren glaubten die Ägypter, wer im Nil ertrinke, dem komme der besondere Segen des Gottes Osiris zu. Die Überzeugung war weit verbreitet, wer im Nil versinke, der werde sogar selbst zum Gott. Wollte Cäsar für die Zukunft Unruhen vermeiden, die sich am Gedanken entzündeten, Ptolemaios XIII. sei im Kampf gegen Rom zum Gott geworden, mußte er beweisen, daß am Leichnam des Königs keinerlei Anzeichen einer Verwandlung zum Gott sichtbar seien. Um diesen Beweis möglich zu machen, gab Cäsar Befehl, den Körper des Ptolemaios zu suchen. Diese schwierige Aufgabe gelang schließlich erst nach Trockenlegung des Nilarmes, auf dem das Schiff des Königs gekentert war.

Der Ausgang des Kampfes hatte auch die Entscheidung in der Fehde zwischen Kleopatra und ihrem Halbbruder gebracht. Sie war nun Herrscherin über Ägypten – von Cäsars Gnaden. Wie sehr sie mit dem Römer verbunden war, wurde in jenen Wochen nach den Kämpfen um Alexandria deutlich. Jeder, der Kleopatra begegnete, konnte sehen, daß sie schwanger war. Ganz selbstverständlich nahmen die Höflinge an, Cäsar sei der Vater des Kindes.

Als schwangere Frau begleitete sie Cäsar, der den Nil so weit als nur möglich mit dem Schiff befahren wollte, ins Innere Ägyptens. Nie hatte sie den Drang verspürt, ihr Land und die Ägypter kennenzulernen. Die Hauptstadt war eine politische und gesellschaftliche Einheit für sich. Die Herrscherschicht der Griechen lebte zwar von der Arbeit ägyptischer Handwerker und Bauern, doch die Lebensumstände derer, die keine Privilegien besaßen, interessierten die Mächtigen und Reichen nicht. Cäsar aber wollte wissen, wie das Land am Nil aussah, wo der Fluß seinen Ursprung hatte, wie die Menschen lebten. Doch Wißbegier war nicht der einzige Grund für die Nilreise: Er wollte dem Volk der Ägypter auch deutlich machen, daß die Römer jetzt die eigentlichen Herrscher am Nil waren.

Eine starke und eindrucksvolle Streitmacht nahm Cäsar mit auf die Nilreise. Zu Beginn des Jahres 47 v. Chr. legten die Schiffe in Alexandria ab und passierten den Kanal, der zu einem Nilarm führte. Historiker, die später gelebt haben, schildern Cäsars Schiffsverband als eine Flotte von vierhundert Booten. Kleopatra besaß eine prächtig ausgestattete Barke; sie segelte mit, umringt von den Booten der Bewaffneten.

Dort, wo unüberwindbare Hindernisse im Wasser des Nil die Weiterfahrt unmöglich machten, endete die Reise: Cäsar und Kleopatra waren bis zum Ersten Katarakt gekommen, bis zu den Wasserwirbeln, die wenig südlich von Asswan den ruhigen Verlauf des Nil unterbrechen. Weit entfernt war die Flotte noch vom Ursprung des Nil, von seinen Quellen. Cäsar, der sich durch Schwierigkeiten kaum von einem Weg abbringen ließ, hätte gerne die Expedition weitergeführt, um das Geheimnis des Nilursprungs zu ergründen, doch er war seit langem ohne Nachricht von Rom – er wußte nicht einmal, ob die Macht in der Hauptstadt noch ihm gehörte oder ob ein anderer bereits die Herrschaft übernommen hatte. Er ließ deshalb die Schiffe in Asswan wenden. Fünfeinhalb Monate nach dem Beginn der Schiffsreise kehrten Cäsar und Kleopatra nach Alexandria zurück. Nur wenige Tage später verließ Cäsar den ägyptischen Boden. Um diese Zeit wurde Kleopatra von einem Sohn entbunden. Sie gab ihm den Namen Ptolemaios Caesar.

Die erstaunlich lange Abwesenheit des mächtigsten Mannes im römischen Staat hatte seinem Einfluß in der Hauptstadt nicht geschadet. Bei der Rückkehr wurde er als Diktator begrüßt. Kleopatra empfand die Notwendigkeit, diesem Mann auch weiterhin nahe zu sein. Sie folgte dem Vater ihres Sohnes nach Rom.

Sie wollte auch prüfen, wie eng sich Cäsar in der gegenseitigen Beziehung gebunden fühlte. Sie kannte die Gerüchte, Cäsar liebe die Königin von Mauretanien und habe auch Liebschaften mit anderen vornehmen Damen der eroberten Gebiete begonnen. Dazuhin machte der Diktator kein Hehl daraus, daß er ganz offiziell verheiratet war. Befriedigt stellte Kleopatra in Rom jedoch fest, daß sie von Cäsar herzlich und würdig zugleich empfangen wurde.

Schon bald nach der Ankunft der Königin von Ägypten wurde ihre Statue am Forum Julianum aufgestellt, unmittelbar neben dem Standbild der Göttin Venus. Cäsar wies so die Römer darauf hin, daß sein Gast als Verkörperung der Göttin Isis identisch sei mit Venus. Er wertete sich damit selbst auf, denn schließlich war er dieser Göttin verbunden.

Kleopatra galt zugleich als Nachfahrin des legendären Alexander, den alle bedeutenden Feldherren noch jahrtausendelang nachzuahmen versuchten. Auch Cäsar verfiel dieser Versuchung. Obgleich sich der Fünfundfünfzigjährige nach den Anstrengungen der vergangenen Jahre eigentlich ruhebedürftig fühlte, bereitete er einen Feldzug in den Orient vor, der einen gewaltigen Teil des einstigen Alexanderreichs dem römischen Imperium einverleiben sollte. Zu vermuten ist, daß Kleopatra den Anstoß gab zu Cäsars ehrgeizigen Plänen.

Daß Kleopatra von Einfluß war auf den mächtigsten Mann in Rom, ist aus manchen Anzeichen abzulesen. In Briefen und Berichten aus jenen Monaten, in denen Kleopatra Cäsars Gast war, werden Gerüchte erwähnt, die davon sprechen, die ägyptische Stadt Alexandria sei von Cäsar auf Wunsch Kleopatras zur Zentrale des Reiches bestimmt worden; Cäsar wolle ein Gesetz erlassen, das den Sohn der ägyptischen Königin zum Erben Roms mache. Diese Gerüchte trugen dazu bei, die Unzufriedenheit vieler Politiker in Rom zu schüren. Noch ehe er das

Riesenheer, das er mobilisiert hatte, nach Osten führen konnte, wurde Cäsar ermordet. Die Verschwörer fürchteten Cäsars Erfolg und Cäsars Bereitschaft, auf Kleopatra zu hören.

Kurze Zeit nach dem Tod des mächtigen Freundes reiste Kleopatra nach Ägypten zurück. Sie wollte schon deshalb nicht in Rom bleiben, weil sich viele in der Stadt darauf vorbereiteten, den vom Balkan in die Heimat zurückkehrenden Octavian zu empfangen: Er war der Großneffe des toten Diktators – und dessen Adoptivsohn. Octavian wollte Cäsars Erbe antreten und hoffte dabei auf die Unterstützung der Offiziere des römischen Heeres. Für Kleopatras Pläne war der Anspruch des jungen Mannes gefährlich: Sie hielt ihren Sohn, den einzigen leiblichen Nachkommen Cäsars, eher für berechtigt, Ansprüche auf die Macht im Römischen Reich zu erheben. In Rom mußte sie damit rechnen, daß Octavian bereitwillige Helfer finden würde, den Mitbewerber um die Macht zu beseitigen.

Kleopatra schreckte selbst vor Mord nicht zurück, wenn eine Person ihre eigenen Ziele gefährdete. Schon bald nach der Heimkehr starb ihr Halbbruder Ptolemaios XIV., der seit dem Tod Ptolemaios' XIII. als einflußreicher Mitregent eingesetzt war. Kleopatra hatte den jungen Mann, mit dem sie die Regierungsverantwortung hätte teilen sollen, vergiften lassen. Cäsars Sohn rückte in die Regentschaft nach. Er bekam von Kleopatra den Namen Ptolemaios XV. zugesprochen. Damit besaß er einen würdigen Titel, um gegen Octavian auftreten zu können.

Vorauszusehen war, daß Rom nicht von Machtkämpfen verschont bleiben würde. Octavians Position war nicht fest genug, um Mitbewerber, die auch an ihr Recht auf die Nachfolge Cäsars glaubten, bedeutungslos werden zu lassen. Kleopatra wartete ab.

Innere Probleme Ägyptens hinderten die Königin, sich an der Politik im überregionalen Maßstab der Mittelmeerwelt zu beteiligen. In zwei aufeinanderfolgenden Jahren – 42 v. Chr. und 41 v. Chr. – führte der Nil so wenig Wasser, daß Ernten ausfielen. Das reiche Land am Fluß konnte seine Bewohner nicht mehr ernähren. Die Königin gab einen Teil des Staatsschatzes frei, damit in Syrien Getreide eingekauft werden konnte.

Als der Hunger am Nil durch gute Ernten gebannt werden konnte, da waren auch in Rom die Entscheidungen gefallen: Octavian und

Antonius teilten sich die riesige Aufgabe, das Reich zu verwalten. Antonius übernahm die Kontrolle der Ostprovinzen.

Er sah seine wichtigste Aufgabe darin, den Feldzug zu beginnen, den Cäsar geplant hatte: Antonius wollte jetzt, auf den Spuren Alexanders, weit über Syrien hinaus nach Osten vorstoßen. Hatte Cäsar sich von Kleopatra beeinflussen lassen in seinen politischen Absichten für eine Neuordnung der Staaten östlich des Mittelmeers, so wollte Antonius auch nicht auf Kleopatras Rat – und auf den finanziellen Beitrag Ägyptens zur Deckung der Kosten des Feldzugs – verzichten. Er ließ die Königin wissen, daß er sie zu sehen wünsche.

Auf heute türkischem Boden fand die Begegnung statt, in der Stadt Tarsus. Kleopatra hatte beträchtliche Summen aus Alexandria mitgebracht – sie sollten jedoch nicht zur Finanzierung des Krieges dienen, sondern zur Bezahlung der Feste und Bankette, die sie für den Römer veranstalten ließ. Kleopatra stellte sich dabei als Aphrodite dar. Es fiel ihr leicht, in das körperliche Erscheinungsbild dieser griechischen Göttin zu schlüpfen, denn als Isis Ägyptens waren ihr Eigenschaften zugeschrieben, die nach der Vorstellung der Griechen auch Aphrodite besaß. Antonius hatte nichts dagegen einzuwenden, daß ihm eine Göttin entgegentrat, blieb ihm doch so die Chance, sich ebenfalls als Verkörperung eines Gottes auszugeben: Selbstverständlich war er Dionysos und Osiris in einer Person.

Im Herbst des Jahres 40 v. Chr. gebar Kleopatra Zwillinge, deren Vater Antonius war. Die Kinder erhielten die Namen Kleopatra und Alexander. Besonders der Name des Sohnes sollte den Vater daran erinnern, daß er der Welt noch ruhmvolle Taten schuldig sei.

Die Sympathie des Antonius lohnte sich für Kleopatra: Sie hatte keine Einmischung in ihre Herrschaft am Nil zu befürchten, und sie konnte, unter römischem Protektorat, die Grenzen des Ptolemäerstaates in Gebiete hinein ausdehnen, die heute zu Syrien, Libanon und Jordanien gehören. Der von Kleopatra angestachelte Ehrgeiz des römischen Feldherrn Antonius brachte ihr Gebietsgewinn ein, ihm selbst jedoch nicht den imponierenden Erfolg, der ihn als Strategen vom Format des Alexander ausgewiesen hätte. Die Offensive in Richtung Persien scheiterte in den Winterstürmen Armeniens. Viele tausend Kämpfer erfroren. Antonius mußte den Befehl zum Rückzug geben.

Die Niederlage wirkte sich verheerend auf das Ansehen des Antonius in Rom aus. Die Vorwürfe gegen ihn waren nicht unberechtigt. Er habe, so wurde gesagt, den Feldzug zu spät im Jahr begonnen, weil er mit Kleopatra zusammen gewesen sei und sich nicht von ihr habe trennen können. Die Römer sahen in Octavian mehr und mehr den fähigeren Politiker – und viele hegten Hoffnung, er könne die Spannungen und Bürgerkriege in Rom und in den Provinzen überwinden.

Kleopatra vermochte nicht einzusehen, daß sie letztlich in der Bindung an den seiner Aufgabe nicht gewachsenen Antonius ihre eigene Machtstellung im östlichen Mittelmeer gefährdete. Solange das römische Heer in Vorderasien und Kleinasien auf Antonius hörte, konnte Kleopatra ihren Gebietszuwachs sichern. Der Zusammenbruch der Machtstruktur, die Antonius aufgebaut hatte, mußte auch ihr Verderben bringen. Noch konnte die Königin dem Traum leben, es werde ihr gelingen, ein Reich zu schaffen, das nicht von Rom, sondern von Alexandria aus regiert werde. Im Herbst des Jahres 34 v. Chr. kam Antonius an den Nil, um sein Scheitern in Armenien zu vergessen. Er ließ sich feiern, als wäre er siegreich aus Persien zurückgekehrt. Die Beute, die er dem armenischen Herrscher abgenommen hatte, stellte Antonius in Alexandria aus – zum Ärger der Römer, die selbst gern gefeiert hätten; sie fühlten sich übergangen. Die Römer gönnten den Griechen in Alexandria die Geschenke nicht, die Antonius großzügig verteilte.

Erstaunen erregte in Rom, daß Antonius in Alexandria Länder verschenkte, die dem römischen Staat gehörten. Kleopatra Selene, eine Tochter aus der Verbindung von Kleopatra mit Antonius, wurde – obwohl erst sechs Jahre alt – Königin der Cyrenaika. Diese Belehnung mußte in Rom schon deshalb als ärgerlich empfunden werden, weil die Cyrenaika den Rechtsstatus einer römischen Provinz besaß. Octavian rügte die Maßnahme des Antonius, doch dieser ließ sich nicht beirren; er war entschlossen, die Ptolemäerdynastie mit Ländern und mit Macht auszustatten – wobei er sich als wesentliches und gleichberechtigtes Mitglied dieser Dynastie betrachtete. Am Nil wollte er möglich machen, was ihm in Rom verwehrt blieb: Durch seine Kinder konnte er die eigene Macht auch für die Zukunft bewahren; sie blieb nicht vergänglich, nur auf die eigene Person beschränkt. Seinem zweijährigen Sohn – auch er entstammte der Verbindung mit Kleopatra – gab er die Würde eines Königs von Makedonien und wies ihm die Gebiete von den Dardanellen bis in die Region des Euphrat zu. Der kleine Junge wurde zum Oberherrn der Kleinmonarchen in Vorderasien ernannt. Zuständig für Territorien, die Antonius ostwärts des Euphrat bereits erobert hatte oder noch zu erobern plante, sollte Alexander Helios sein, der Zwillingsbruder der Kleopatra Selene.

Octavian schickte einen Protestbrief an den Nil. Er wies darauf hin, daß kein Feldherr Roms das Recht habe, eroberte Gebiete zu verschenken. Sicher sei dies nur geschehen, weil Antonius jener Frau Kleopatra verfallen sei. Die Antwort, die Antonius nach Rom sandte, ist uns zumindest als Zitat erhalten: »Was spricht dagegen, daß ich eine Beziehung zur Königin habe? Neu ist diese Beziehung wahrhaftig nicht. Sie besteht schon seit neun Jahren. Octavian handelt doch ganz ähnlich. Livia ist nicht seine einzige Frau. Kommt es denn wirklich darauf an?«

Das Ansehen des Antonius in der Hauptstadt des Römischen Reiches schwand völlig. Solange Politiker und Volk noch daran glauben konnten, daß er einen ruhmvollen Sieg in Persien erringen werde, waren kritische Worte nur in gedämpftem Ton zu hören; wußte man doch nicht, ob Antonius durch diesen Sieg und durch den damit verbundenen Reichtum sein eigenes Prestige steigern und das des Octavian mindern konnte. Erst als über Monate und Jahre hin keine Nachricht nach Rom drang, die Erfüllung der Hoffnung auf den Sieg in Persien versprach, wurde die Kritik deutlich. Octavian sprach schließlich die Überzeugung aus, Antonius füge dem römischen Staat in unerträglichem Maße Schaden zu. Der Schädling Antonius könne nicht länger geduldet werden.

Antonius hatte längst nicht mehr im Sinn, Rom Nutzen zu bringen. Ihm ging es vielmehr um die Unabhängigkeit des Ptolemäerstaates. Seine Pläne schreckten vor der Teilung des Landbesitzes der Republik nicht mehr zurück. Die Vision vom eigenen Reich im Osten hatte ihn gepackt. In der Verwirklichung dieser Vision war Antonius das Werkzeug der Kleopatra, die das Imperium der Ptolemäer stark und unabhängig sehen wollte.

In den Ärger über die Schenkung römischer Gebiete an minderjährige Kinder mischte sich in Rom die Angst, vom Nil aus werde eine Invasion der italischen Halbinsel vorbereitet. Man erzählte sich, Kleopatra habe sich geschworen, vom Kapitol aus den Römern ihren Willen aufzwingen zu wollen. Dieses Gerede war von der Wahrheit weit entfernt. So weit reichte der Ehrgeiz der Geliebten des Antonius nicht.

Sie fühlte sich als Königin des Ostens, als göttliche Verkörperung absoluter Gewalt. Von Staatstheorien, wie sie in Rom diskutiert wurden, verstand sie nichts. So war sie geistig eher mit Persien verbunden als mit Rom. Auf keinen Fall aber wollte sie die Residenz im Nildelta eintauschen gegen einen Palast am Tiber. Die intellektuelle Atmosphäre Roms behagte ihr nicht. Sie fürchtete die Federn gescheiter Schriftsteller, die sich weigerten, die Mächtigen auch ohne Grund zu loben.

Ihre Versuche, ihren Partner Antonius ebenfalls von Rom zu lösen, waren nicht durchweg erfolgreich. Er rechnete damit, daß Rom den Abfall der Ostprovinzen nicht hinnehmen werde. Krieg mit Octavian aber lag nicht in seinem Sinn; das Risiko, zu verlieren, erschien ihm zu bedrohlich. Zwar verfügte Antonius über eine starke Streitmacht zur See und auf dem Lande, doch konnte er nicht sicher sein, daß die Kämpfer, sie waren meist Männer der Ostprovinzen, auch in kritischer Zeit wirklich loyal blieben.

Analysierte Antonius seine Beziehungen zu Rom, so mußte ihm deutlich werden, daß ihn nur der Vorwurf treffen konnte, er habe römische Gebiete an nächste Blutsverwandte verschenkt. War dieser Vorwurf erst entkräftet, gab es für Octavian auch keinen Anlaß mehr, über eine Militäraktion gegen Alexandria nachzudenken.

Die Verleihung der Cyrenaika, der Gebiete in Syrien und in der Euphratregion rückgängig zu machen war für Antonius jedoch undenkbar. Er konnte nur hoffen, für seine Maßnahmen Verständnis in Rom zu finden. Um dies zu erreichen, schickte Antonius dem Senat in der Hauptstadt den offiziellen Antrag, das hohe Gremium möge die Übergabe der Länder an die Kinder der Königin Kleopatra als rechtmäßig anerkennen, da sie dazu beitrage, die Provinzen des Ostens enger an Rom zu binden. Auf diesen plumpen Winkelzug reagierte der Senat erst gar nicht. Das Schweigen mußte von Antonius als Kriegserklärung verstanden werden.

Octavian begann zu rüsten. Da die Staatseinnahmen zur Finanzierung eines Feldzugs, der in den Osten des Mittelmeers führen sollte, nicht ausreichten, mußten im römischen Kernland die Steuern um nahezu das Doppelte angehoben werden. Der Verwaltungsakt der Steuerumstellung vollzog sich langsam: Octavian konnte nicht sofort über das Geld verfügen. Entsprechend zögernd verlief der Prozeß der Aufrüstung. In der Zeitspanne zwischen Octavians Entschluß, Krieg zu führen, und der Aufstellung des Heeres hätte Antonius, der seine

Truppen in der griechischen Provinz seines Herrschaftsgebiets einquartiert hatte, in Italien landen und siegen können. Doch er trennte sich ungern von Kleopatra, und er war zu vorsichtig geworden.

Der Feldherr, der noch drei Jahre zuvor ernsthaft daran gedacht hatte, die Feldzüge des großen Alexander nachzuahmen oder gar zu übertreffen, ließ sich in die Defensive drängen, handelte in der Seeschlacht bei Actium feige und floh schließlich an den Nil.

Antonius ließ sich fortan von düsteren Gedanken bedrücken, die ihm jeglichen Mut raubten. Kleopatra aber gab sich nicht ab mit Gedanken an das Ende. Sie glaubte noch an die Zukunft der Dynastie. Sie ließ die Schätze der Heiligtümer im Nildelta einsammeln, um so ein Heer bezahlen zu können; sie suchte ihre Popularität in Alexandria zu steigern: Feste wurden gefeiert, als ob die Ptolemäerdynastie Siege errungen hätte. Sie wollte die Menschen am Nil auf die Verteidigung der Unabhängigkeit von Rom vorbereiten.

Octavian vermied das Wagnis einer Landung an der Küste des Nildeltas. Seine Truppen stiegen in Phönizien aus den Schiffen, am Ostufer des Mittelmeers. Auf seinem Marsch in Richtung Ägypten wurde das Heer aus Italien durch die Verteidiger einiger Festungen aufgehalten; ernsthaft gefährdet aber war Octavians Erfolg nie.

Als Octavian in die östliche Vorstadt von Alexandria eindrang, so erzählt eine Legende, sei der Gott Dionysos aus der Hauptstadt gewichen. Nach griechischer Überzeugung verlassen die Götter einen Ort, dem Unglück bestimmt ist. Um Mitternacht sei eigentümliche Musik in Alexandria zu hören gewesen – Musik von Instrumenten und Stimmen. Die unsichtbaren Musikanten hätten sich durch die Straßen bewegt in Richtung auf ein Tor. Dort sei der Klang schwächer geworden und schließlich gar nicht mehr zu hören gewesen. So sei Dionysos im festlichen Zug der Geister aus Alexandria geleitet worden.

Zerbrochen war die phantastische Vision, Antonius und der Gott bildeten eine Einheit. Wenn Antonius aber nicht die Verkörperung eines Gottes war, wie konnte Kleopatra ihren Anspruch wahren, sie sei Königin, aber auch zugleich Aphrodite und Osiris? Als der göttliche Zauber verblich, fielen die bisher Getreuen von Kleopatra ab. Männer, die nur Stunden zuvor ihr Leben für die Gottkönigin eingesetzt hätten, boten jetzt Octavian ihren Dienst an. Antonius zog die Konsequenz: Er tötete sich selbst.

Kleopatra wurde die Gefangene des Siegers. Doch sie war nicht bereit, sich im Triumphzug durch Rom führen zu lassen. Auch sie gab sich den Tod. Die Kinder ihrer Verbindung mit Antonius wurden von Octavian nach Italien mitgenommen. Sie wurden der Menge als Beute präsentiert, führten danach jedoch ein normales, unauffälliges Leben.

Der Sohn des Cäsar aber durfte nicht am Leben bleiben. Er hätte einer künftigen ägyptischen Nationalbewegung als Führergestalt von hohem Symbolwert dienen können.

Das fruchtbare Nildelta wurde römische Provinz. Tot war der Gedanke, eine Stadt am mächtigen Fluß könne Mittelpunkt eines Reiches von Bedeutung sein. Erst Jahrhunderte später löste sich Ägypten aus der Bevormundung durch fremde Völker.

# Amon, Christus und Allah am Nil

Daß Ägypten jetzt Teil des Römischen Reiches war, eröffnete den Göttern des Nillandes den Zugang zur Welt des Mittelmeers. Ihr Wirkungsbereich blieb nicht länger beschränkt auf die Ufer links und rechts des Flusses und auf das Nildelta. Schon in der Zeit der Ptolemäer hatte sich die Zone ihrer Bedeutung erweitern können: Gemeinden ägyptischer Kulte waren in Griechenland entstanden. Erleichtert wurde diese religiöse Invasion bisher fremder Gebiete durch die Feststellung, ägyptische und griechische Götter seien identisch. Hatte doch schon Alexander der Große behauptet, der Gott Amon, der in der Oase Siwa sein Orakelheiligtum besaß, sei nichts anderes als der Gott Zeus, der in seiner Heimat angebetet wurde. Fand Zeus durch die Identifizierung mit Amon Zugang am Nil, dann konnte Amon durch denselben Vorgang Einfluß gewinnen in den nördlichen Randländern des Mittelmeers.

Da wiederum Übereinstimmung festgestellt wurde zwischen Zeus und Jupiter, führte der Prozeß der Identifizierung dazu, daß der ägyptische Kult auch in Rom Anklang fand. Zur Zeit der frühen römischen Kaiser reisten ägyptische Priester nach Rom und forderten die Menschen auf, die Götter des Nillandes anzubeten. Sie hatten durchaus die Chance, dem verblassenden religiösen Bewußtsein der Römer einen neuen Impuls zu geben, sie brauchten nur die abgestorbene Hülle des Kultes mit Leben zu erfüllen. Doch dieser Anstoß unterblieb, obgleich gerade damals ein starkes Interesse für die Exotik Ägyptens, für seine Kultur und seine Riten bestand.

Rom entwickelte sich nicht zum Ort der Anbetung des Gottes Amon; der Kult um Isis und Osiris wurde nicht zur Staatsreligion. Der Glaube an Jesus Christus wurde herrschend im Römischen Imperium und schließlich im Jahre 381 zum verbindlichen Kult erklärt. Erstaunlicherweise enthält dieser eine Reihe Elemente kleinasiatischer und ägyptischer Götterverehrung, auch wenn uns das heute gar nicht mehr so bewußt ist. Im Opfertod der Gottheit spielen Vorstellungen eine Rolle, die mit den alten Vegetationsgottheiten zu tun haben: Osiris starb jährlich, um zu neuer Glorie auferweckt zu werden. Isis verkörperte die gnadenreiche, barmherzige Göttin der selbstlosen Liebe; sie wurde zusammen mit ihrem Kind in einer Pose dargestellt, die christlichen Betrachtern als Übereinstimmung mit Bildern von Maria und dem Jesuskind auffällt.

Wechselseitig war offenbar die Befruchtung: Das Christentum war inspiriert von ägyptischen Kulten, und andererseits erleichterten diese Parallelen die Verbreitung der christlichen Religion im Land am Nil. Innerhalb weniger Jahrzehnte erlosch die Anbetung der traditionellen Götter des Nillandes. Die Tempel verfielen; manche wurden mit Gewalt zerstört. Zugleich mit dem Glauben an die Götter verschwand das kulturelle Erbe aus dem Bewußtsein der Menschen. Die Hieroglyphenschrift wurde nicht mehr lange verwendet: Die letzte Inschrift, die in Hieroglyphen ausgeführt wurde, ist im Jahre 394 entstanden.

Bei oberflächlicher Betrachtung der Zivilisation des Niltals – besonders aus heutiger Sicht – kann der Eindruck entstehen, die Menschen hätten nur zwei Perioden kultureller Blüte erlebt: die Epoche der Pharaonen, repräsentiert durch die Pyramiden, und die andauernde Epoche des Islam, bildhaft gemacht durch Moscheen und Minaretts. Verborgenheit übt die zahlenmäßig starke Gruppe der Christen. Ihre Kirchen sind meist bescheiden und drängen sich nicht vor in die Hauptstraßen. Selbst ihre wichtigste Kirche, die Markuskathedrale in Cairo, fällt von außen nicht als Prunkbau auf. Bescheidenheit und der Hang, sich zu verbergen, sind aus der späteren Geschichte des Zusammenlebens zwischen Kopten und Moslems zu erklären.

Die Christen, die heute in Ägypten leben, erheben Anspruch, einstmals das Erbe der Pharaonenzeit übernommen zu haben. Bischof Gregorius, zuständig für die Höheren Theologischen Studien der Koptischen Kirche, begründet diesen Standpunkt so: »Die Kopten sind die wahrhaften und direkten Nachkommen der Alten Ägypter. Die Worte ›Kopte‹ und ›Ägypter‹ verraten beim ersten Anhören die gemeinsame Wurzel nicht, doch sie beschreiben dieselbe Sache und stammen vom gleichen griechischen Begriff ab, der *aigyptios* heißt und die ursprünglichen Bewohner des Nillandes kennzeichnet. Dieser griechische Begriff wiederum ist abgeleitet von der Hieroglyphe *Ha-Ka-Ptah*, die ›Tempel des Gottes Ptah‹ bedeutet. Die Kopten sind diejenigen, die aus dem Lande stammen, in dem einst der Gott Ptah angebetet worden ist.«

Der Heilige Markus, einer der Apostel Jesu, sei der Begründer der christlichen Gemeinde am Nil gewesen, sagt Bischof Gregorius – er hält sich mit dieser Aussage an die Überlieferung. Sie berichtet, Markus sei im Jahre 61 n. Chr. von Palästina nach Alexandria gekommen. Dies war die Zeit, als Nero in Rom herrschte.

Der Ort der Missionierung war klug gewählt. In Alexandria lebten damals – ähnlich wie im New York von heute – mehr Juden als in Jerusalem selbst. Auch Judenchristen dürfte es hier bereits gegeben haben, wahrscheinlich schon seit den späten dreißiger Jahren, als in Jerusalem die Verfolgung der Urgemeinde einsetzte.

Alexandria, die Gründung Alexanders des Großen, hatte auch nie Verbindung gehabt mit den kulturellen Traditionen des Niltals. In hellenistischem Geist war die Stadt erbaut worden. Ihre Götterwelt gehörte zu Griechenland oder zu jenen kunstvollen Konstruktionen, die Griechengötter und ägyptische Kulte miteinander verzahnen wollten. In einer Atmosphäre der Künstlichkeit der Ideologien konnte der kritische und skeptische Gedanke gedeihen, daß sich die Schöpferkraft Gottes nicht in den Statuen der Tempel in Alexandria darstelle, sondern daß Gott der Welt eine ursprüngliche Form der Offenbarung zugedacht habe, um den Menschen die Augen zu öffnen.

Markus profitierte zunächst von der hellenistischen Geistesschulung der führenden Schicht in der Stadt: Durch ihre weiten Beziehungen im Mittelmeerraum hatten die Bewohner vielerlei Seltsamkeiten kennengelernt. Hatte schon der Stadtgründer Alexander von sich behauptet, er sei der Sohn des Gottes Amon-Zeus, so war es wenig verwunderlich, daß einer in die Stadt kam, der berichtete, er habe in Palästina den Messias gesehen, Gottes Sohn, der den Tod überwunden habe, und er sei sein Apostel.

Die Toleranz der Führungsschicht von Alexandria hatte jedoch Grenzen: Sobald es zwischen Juden und Judenchristen zu Streitigkeiten kam und das sozialrevolutionäre Moment in der neuen Lehre immer deutlicher wurde, konnten die für Ruhe und Ordnung verantwortlichen Behörden in Alexandria nicht mehr tatenlos zusehen. Auch durfte das

Anwachsen des judenchristlichen Einflusses in Alexandria schon deshalb nicht hingenommen werden, weil Messiasideen von hier aus rascher Verbreitung finden konnten als von jeder anderen Stadt des Imperiums aus, Rom eingeschlossen. Am Ostersonntag des Jahres 68 ist Markus in Alexandria umgebracht worden. Seine Lehren waren zur Gefahr geworden für die römische Ordnung.

Die Markuskathedrale im Cairoer Stadtteil Abbasija bewahrt heute, was vom Leichnam des Heiligen geblieben ist. Agenten der Republik Venedig hatten die Reliquie in der ersten Hälfte des 9. Jahrhunderts aus Alexandria gestohlen; zum 1900. Jahrestag der Ermordung des Heiligen verzichtete Venedig jedoch auf die sterblichen Reste seines Schutzpatrons. 1968 hat der Heilige Markus seine Ruhestätte in Cairo gefunden.

Markus ist nicht der einzige Märtyrer der Kopten. Nur zehn Jahre vor dem Erlaß des Toleranzedikts von 313, das freie Religionswahl gestattete, versuchte Kaiser Diocletian, in einem Gewaltakt »der christlichen Schlange das Haupt abzuschlagen«. In Ägypten sah er dieses Haupt; vom Nil aus, so glaubte er, breitete sich die Überzeugung, Jesus sei Gottes Sohn gewesen, trotz aller Verfolgung, immer wieder im Römischen Imperium aus. Der Kaiser kam selbst nach Alexandria. Zehntausende von Männern und Frauen sollen auf seinen Befehl hin umgebracht worden sein. Bischof Gregorius sagt, insgesamt seien achtzigtausend Menschen in den Jahren zwischen der Ermordung des Heiligen Markus und der Verkündung des Toleranzedikts für den Glauben an Jesus Christus gestorben.

Als die Gläubigen in Rom, Griechenland und in Kleinasien sich noch damit begnügten, die Evangelien wörtlich zu nehmen, blühte in Ägypten bereits eine theologische Schule, die sich mit der Auslegung der Worte Christi befaßte. Ihr theologischer und philosophischer Hintergrund wurde durchleuchtet. Die Geistlichen der Schule legten Prinzipien der Bibelarbeit fest, die jahrhundertelang Gültigkeit besaßen. Das Ansehen der theologischen Schule war schließlich so bedeutend, daß Kaiser Theodosius II. in der ersten Hälfte des 5. Jahrhunderts bestimmte, jeder, der die Schule ohne Abschluß verlasse, sei entweder ein Ketzer oder doch zumindest ungläubig.

Die Beiträge koptischer Theologen zur Entwicklung der christlichen Glaubenslehre sind beachtlich. Als am Ende des 3. Jahrhunderts ein

Priester aus der Gegend westlich des Nildeltas – sein Name war Arius – in seinen Predigten den Standpunkt vertrat, Christus sei nicht göttlicher Natur, da verlangte das Oberhaupt der koptischen Kirche, daß diese These von allen Bischöfen des Christentums diskutiert werden müsse. Auf seinen Wunsch wurde das Konzil von Nicäa einberufen. Der Kopte bekam den Auftrag, zusammen mit dem Bischof von Cäsarea, den christlichen Glauben in Worte zu fassen. Von ihm stammt die Formulierung: »Wir glauben an den Heiligen Geist.«

Ein Jahrhundert später leugnete der Bischof von Konstantinopel die Göttlichkeit des Heiligen Geistes. Wiederum mußte ein Konzil entscheiden, und wiederum formulierte das Koptenoberhaupt die Glaubensformel, der die Bischöfe zustimmen konnten.

In der ersten Hälfte des 5. Jahrhunderts sorgte erneut ein Bischof von Konstantinopel für Verwirrung unter den Gläubigen der Christenheit. Nestorius glaubte, den Heiligen Schriften entnehmen zu können, daß Christus aus zwei deutlich voneinander trennbaren Persönlichkeiten bestanden habe: aus einer Gott zugeordneten Persönlichkeit, die mit der Kraft begabt war, Wunder zu vollbringen – und aus dem rein menschlichen Wesen, das Hunger, Erschöpfung und Schmerz gekannt habe. Da seit dem Ende des 4. Jahrhunderts das Römische Imperium geteilt war in Westrom und Ostrom, betraf die Abweichung von der gültigen Lehrmeinung zunächst nur die Geistlichkeit des Reiches, auf dessen Gebiet der abweichende Standpunkt gepredigt worden war.

Die Bischöfe Ostroms trafen sich, um sich mit den Erkenntnissen des Bischofs Nestorius zu befassen. Seiner Bedeutung gemäß hatte wieder der oberste Bischof Ägyptens den Vorsitz. Er wies dem Konzil die Richtung. Nach seiner Meinung war das göttliche und das menschliche Wesen Christi nicht voneinander zu trennen. Er überzeugte die anderen Bischöfe mit einem Gleichnis: »Wird Eisen sehr stark erhitzt, dann wird es flüssig. In diesem Zustand bilden Eisen und Hitze eine Einheit, obgleich sie zwei völlig verschiedene Elemente sind. Eisen und Hitze lassen sich nicht voneinander trennen, ohne daß sich der Zustand der Masse verändert. So lassen sich die zwei Naturen Christi nicht voneinander trennen.« Die Konzilsteilnehmer beschlossen, diesem Argument zu folgen: Die Anhänger des Bischofs Nestorius wurden exkommuniziert.

Nur wenig später entwickelten oströmische Theologen den Gedanken, in Christus wirke nur das göttliche Element. Es sei derart stark, daß von ihm das menschliche Element Christi vollständig aufgesogen werde. Man könne folglich nicht von den zwei Elementen, den zwei Naturen in der Person des Erlösers, sprechen. Diese neue Lehre erhielt den Namen »Monophysitismus«.

Der Gedanke, Jesus sei zwar Gott und Mensch, doch überwiege die göttliche Natur bis zur Auflösung der menschlichen Natur, überzeugte viele christliche Gläubige in Ägypten. Das Verbot des Monophysitismus nützte nichts: Es machte die neue Lehre nur noch bekannter. Als Bischöfe und schließlich Patriarchen lehrten, in Christus sei allein die göttliche Natur wirksam, da war das Land am Nil für die traditionelle Lehre verloren. Im Jahre 578 schlossen sich die monophysitischen Sekten, die sich innerhalb weniger Dezennien gebildet hatten, zur nationalen koptischen Kirche des Niltals zusammen. Sie begann ihren eigenen Weg zu gehen, geführt von Patriarchen, die sich die Bezeichnung »Papst« gaben.

Die Legende erzählt, ein koptischer Priester aus Alexandria sei einst auf einem Esel durch Hitze, Sand und Staub geritten; er war allein auf dem Weg nach Jerusalem, um die Orte zu besuchen, an denen Jesus Christus gelebt und gepredigt hat. Als er vor Erschöpfung nicht mehr weiterreiten konnte, traf der Koptenpriester auf eine Karawane, die Rast machte. Der Karawanenführer hieß Amru Ibn Aass; er war ein reicher Kaufmann aus Mekka. Der Priester, dem Verdursten nahe, bekam von Amru Ibn Aass zu trinken. Er durfte sich im Schatten der Tiere ausruhen. Der erschöpfte Mann schlief rasch ein. Amru Ibn Aass, der bei ihm saß, bemerkte eine giftige Schlange, die auf den Schlafenden zukroch. Der Karawanenführer ergriff Pfeil und Bogen, legte an und tötete die Schlange. Da wachte der Kopte auf und sagte: »Jetzt hast du mir zum zweitenmal das Leben gerettet. Dafür werde ich dich belohnen. Hier in der Wüste bin ich nur ein armer Pilger. Doch ich lade dich ein, mich im Land am Nil zu besuchen. Dort werde ich Wege finden, dir für deine Hilfe zu danken.«

Amru Ibn Aass soll die Einladung zunächst vergessen haben – berichtet die Legende. Die Fortsetzung der Geschichte aber ist historisch belegt: Bald darauf wurde aus dem Karawanenführer ein Feldherr, der sich verpflichtete, für den Islam das Schwert zu führen. Amru Ibn Aass hatte Erfolg. Er konnte das starke, aber schwerfällige Heer der Großmacht Byzanz aus dem heute syrischen Gebiet verdrängen. Nach der Eroberung von Damaskus brach dort jedoch die Pest aus. Amru Ibn Aass wollte sein Heer, es umfaßte viertausend Kämpfer, nicht gefährden. Er verließ die Stadt mit seiner Truppe und zog in Richtung Nil – ohne seinen Vorgesetzten, den Kalifen in Mekka, erst lange zu fragen.

Die Legende vom Koptenpriester und vom islamischen Karawanenführer kann viel mit der Wahrheit gemeinsam haben, denn der Feldherr Amru Ibn Aass, der ein Moslemheer befehligte, wurde am Nil auffallend freundlich empfangen. Offensichtlich verfügte er über Beziehungen zur Führung der Kopten in Alexandria. Noch ehe er das Kernland Ägyptens wirklich erreicht hatte, schloß er einen Vertrag mit den regierenden geistlichen Herren ab: »Dies ist die Sicherheitsurkunde, die Amru Ibn Aass den Bewohnern von Ägypten überreicht. Sie sollen sicher sein für ihr Leben, ihren Glauben, ihr Eigentum, darunter zählen auch ihre Kirchen und Kreuze. Sie sollen sicher sein ihres trockenen Landes und ihrer Gewässer. Nichts soll ihnen mit Gewalt angetan werden. Nichts soll ihnen weggenommen werden. Die Bewohner von Ägypten zahlen dafür eine Kopfsteuer von insgesamt fünfzig Millionen Dinaren. Dieser Betrag wird fällig, wenn der Wasserstand des Nil am höchsten ist.«

Die Koptenführer fühlten sich als durchaus befugt, derartige Verträge abzuschließen, vertraten sie doch die Bevölkerung. Mit diesem Standpunkt konnte der byzantinische Gouverneur nicht einverstanden sein. Er war eingesetzt, um das Land am Nil für den Kaiser Heraklius von Byzanz zu verwalten. Ägypten war Bestandteil des Oströmischen Reiches, eine Provinz, die vom Kaiser keinerlei Selbstbestimmungsrecht zuerkannt erhalten hatte.

Die Ägypter aber hatten in der Vergangenheit nur dann die byzantinische Herrschaft gespürt, wenn ihr Land Steuern zu bezahlen und Getreide zu liefern hatte. Ägypten war nichts anderes als eine ausgebeutete Kolonie von Byzanz gewesen. Verbundenheit mit dem christlichen Reich empfanden die Kopten nicht. Dazuhin war ihre eigene religiöse Entwicklung von der oströmischen Kirche nie anerkannt worden. Die Gelegenheit erschien günstig, sich von Byzanz zu lösen. Die von Amru Ibn Aass geforderte Summe überschritt nicht die Beträge, die immer wieder an den Kaiser zu zahlen waren.

Als der byzantinische Gouverneur den Patriarchen der Kopten fragte, warum er einen Vertrag mit den anrückenden Moslems geschlossen habe, so ganz aus freien Stücken, da erhielt er die Antwort: »Wir sind nicht vor der Zahl der Moslems erschrocken. Viertausend Männer sind nicht so sehr viel. Doch jeder einzelne Moslem wiegt hundert der Unsrigen auf. Von allen Genüssen der Erde brauchen sie nur schlichte Kleidung und einfache Nahrung. Sie sehnen sich nach dem Märtyrertod, weil sie glauben, daß er direkt ins Paradies führt. Wir aber hängen am Leben mit seinen Freuden. Wir fürchten den Tod.«

Der Gouverneur des Kaisers Heraklius rüstete zum Widerstand gegen die Moslemarmee. Er hatte Glück: Die Reiter des Amru Ibn Aass wurden vom Nilhochwasser aufgehalten, das weite Flächen im Delta bedeckte. Doch als in den ersten Wochen des Jahres 641 das Wasser wieder fiel, da begann Amru Ibn Aass die Belagerung von Alexandria. Die Kopten, die außerhalb der Stadt lebten, halfen dem Moslemfeldherrn: Sie verkauften Lebensmittel an die Quartiermeister der fremden Reiter; sie bauten ihnen Brücken über die Arme des Nil.

Im Frühjahr 641 starb Kaiser Heraklius. Er hatte bis zuletzt darauf gedrängt, daß Ägypten für das Reich verteidigt werden müsse. Er wollte nicht die Verantwortung tragen für den Verlust der reichen Provinz am Nil. Nach seinem Tod aber kümmerte sich niemand in Byzanz um Ägypten. Die Garnison fühlte sich vom Mutterland verlassen. Keine Ablösung traf mehr ein und keine Verstärkung. Wichtige Kommandeure flohen auf Schiffen übers Meer nach Hause. Für die Zurückbleibenden verlor die Belagerung von Alexandria jeden Sinn. Die Koptenführer konnten im Dezember 641 Alexandria endlich an die Moslems übergeben.

Welche Konsequenzen der Einmarsch der arabischen Armee für das Nilland haben mußte, erkannten die christlichen Herren nicht. Sicher waren sie überzeugt, die große Gemeinde der Kopten werde in der Lage sein, die viertausend Fremden aufzusaugen. Schließlich war ihnen vom Eroberer die Wahrung der Eigenständigkeit zugesagt worden – und daran glaubten sie. Doch mit diesem Jahr 641 begann sich Ägypten zu verändern. Fortan war in diesem Land überall die Verkündung der Größe Allahs zu hören.

Ohne Probleme vollzog sich der Machtwechsel in Alexandria. Amru Ibn Aass und seine Männer staunten über diese Stadt. Sie stellten fest, daß sie viertausend Bäder und vierhundert Theater besaß. Von den zahlreichen Bibliotheken, die in Alexandria bestanden, berichten die islamischen Historiker nichts. Anzunehmen ist, daß Amru Ibn Aass die

Bücher vernichten ließ – getreu dem Grundsatz des Kalifen Omar: »Stimmen Bücher überein mit dem Glauben, sind sie überflüssig – stimmen sie nicht mit dem Glauben überein, sind sie schädlich und müssen zerstört werden!«

Amru Ibn Aass wäre gerne in Alexandria geblieben; er wollte im Palast des byzantinischen Gouverneurs regieren, doch der Kalif Omar wies ihn streng zurecht. Befehlshaber und Truppe hatten die Stadt am Meer zu verlassen und nilaufwärts zu ziehen. Der Kalif Omar verbot, daß sich seine Kommandeure in bequemen Häusern einnisteten. Sie sollten Soldaten bleiben, auf weitere Befehle warten. Den Platz, von dem aus Amru Ibn Aass das Nilland kontrollieren mußte, hatte der Kalif selbst festgelegt, durch Dekret aus dem fernen Medina. Dort, wo der Nil sich teilt, wo das Delta beginnt, hatte der Befehlshaber sein Lager aufzuschlagen. Es durfte nicht aus festen Häusern bestehen, sondern nur aus Zelten. Nach diesem Wunsch des Kalifen richtete sich sogar der Name des Lagers: Es hieß »Fostat« – das Zelt. Aus diesem Lager entstand später die ägyptische Hauptstadt Cairo.

Von Medina aus achtete der Kalif darauf, daß seine Befehle befolgt wurden: Als Amru Ibn Aass in Fostat eine Moschee bauen ließ – und für sich selbst gleich daneben ein festes Haus –, da wurde er streng gerügt. Als einer der Unterführer Boden konfiszierte, um Grundbesitzer zu werden, da mußte er das Heer verlassen und nach Mekka zurückkehren. Der Kalif wünschte, daß sich die Soldaten nicht an das Land binden sollten; sie hatten jederzeit bereit zu sein, ohne Zögern das bisher besetzte Gebiet zu verlassen, um neue Regionen für den Islam zu erobern.

Die Kopten am Nil, die gehofft hatten, sie würden künftig freier leben können, wurden enttäuscht. Statt des Kaisers verlangte der Kalif Steuern und Getreide. Geld und Weizen wurden jetzt nicht mehr zu Schiff abtransportiert, sondern auf dem Rücken von Kamelen. Riesig seien die Karawanen gewesen, berichten arabische Historiker: Als das erste Kamel in Medina angekommen sei, habe gerade das letzte die Getreidelager am Nil verlassen – 1500 Kilometer Wüstenweg trennen Medina vom Nil.

Mit großem Aufwand verbunden war der Transport des Getreides durch Karawanen. Amru Ibn Aass ordnete die Prüfung anderer Beförderungsarten an. Priester der Kopten erinnerten sich, daß irgendwann zur Zeit der Pharaonen die Schiffahrt möglich war zwischen dem Nil und dem Roten Meer. Ein Kanal hatte damals bestanden. Über dessen genaue Lage wußte allerdings niemand mehr so recht Bescheid. Korrekt vermutet wurde, daß die künstliche Wasserstraße vom östlichsten Nilarm des Deltas in die Richtung der Seen bei der heutigen Stadt Ismaïlia führte. Diese Seen waren damals noch mit dem Roten Meer durch Fahrrinnen in sumpfigem Gelände verbunden. Amru Ibn Aass fand den Gedanken bestechend, den Nil und das Rote Meer miteinander zu verbinden. Er gab Befehl, daß der Kanal gebaut werde. Bei einer Untersuchung des Geländes war zu erkennen, daß früher einmal der Schiffsweg am Hauptarm des Nil beim Militärlager Fostat begonnen hatte; dann hatte er eine Verzweigung des Flusses benützt und sandiges Gebiet bis zum Timsah-See durchquert; von hier aus war der Weg offen zur Nordspitze des Roten Meeres. Der Kanal mündete ins Meer, wo heute die Stadt Suez liegt. Keine drei Wochen brauchten die Getreideschiffe fortan von den Vorratshäusern am Nil bis zu den Häfen von Mekka und Medina.

Doch der Befehlshaber des Kalifenheeres schickte nicht so viel Getreide in die Heimat, wie sein Herrscher erwartet hatte. Amru Ibn Aass verteidigte sich, er könne kaum mehr von der Ernte der Bauern eintreiben, da sie mit Mißernten geschlagen seien; infolge anhaltender Trockenheit wachse nichts am Nil. Kalif Omar aber schickte ein Schreiben, das der Befehlshaber erst lesen und dann in den Nil werfen sollte – der Nil war der eigentliche Adressat. Der Text lautete: »An den Nil in Ägypten, von Omar, dem Beherrscher der Gläubigen. Bist du bisher nach deinem eigenen Willen geflossen, so vertrockne. Doch ich bin überzeugt, daß du nach dem Willen Allahs, des Einzigen und Allmächtigen, dein Wasser strömen läßt. Ich bete zu Allah, daß er dir wieder zu fließen gebiete.«

Der Brief des Kalifen hatte Erfolg – wie Amru Ibn Aass nach Hause berichtete: Der Wasserspiegel des Nil sei bald schon so hoch gestiegen, daß die Bauern ihre Saat auswerfen konnten. Doch nach der Ernte verließen wiederum nur wenige Getreideschiffe das Militärlager Fostat. Wiederum fühlte sich der Kalif veranlaßt, einen Brief zu schreiben, doch diesmal war der Befehlshaber selbst der Empfänger. Der Kalif meinte: »Ich habe, oh Amru, über dich und deine Funktion nachgedacht. Du befindest dich am Nil in einem großen und reichen Lande. Seine Bewohner hat Allah gesegnet. Du bist in einem Land, das schon die Pharaonen, trotz ihres Unglaubens, in einen blühenden Zustand gebracht haben. Ich bin daher erstaunt, daß dieses Land nicht die Hälfte der früheren Erträge einbringen soll. Es herrscht jetzt doch keine Hungersnot in Ägypten. Ich weiß auch von keinem Mißwachs. Früher hast du von den vielen Steuern geschrieben, die du dem Land auferlegen willst. Ich hatte die Hoffnung, daß diese Steuern mir zufließen. Doch jetzt höre ich Ausflüchte, die mir gar nicht gefallen. Ich habe dich nicht Ägypten regieren lassen, um dich und deine Leute reich zu machen, sondern weil ich hoffte, du würdest durch gute Verwaltung unsere Einkünfte vergrößern.«

Amru Ibn Aass war der Versuchung verfallen, vom Kalifen unabhängig werden zu wollen. Den Reichtum Ägyptens hätte er gerne behalten, um auf dieser festen Basis wieder einen autonomen Staat am Nil aufzubauen. Der Kalif zerstörte diese Pläne: Er schickte seinen Finanzspezialisten Mohammed Ibn Maslama nach Fostat. Der hatte Order, dem Befehlshaber der Nilarmee genau die Hälfte seines Vermögens abzunehmen. Amru Ibn Aass mußte gehorchen. Die Vision vom eigenständigen Nilstaat zerstob – jedoch nicht für lange.

Von Ägypten aus dehnte sich das islamische Reich bald nach Westen aus: Die nordafrikanische Küste fiel ganz in die Hände der Eroberer. Im Jahre 711 wagte der Islam den Sprung auf die Iberische Halbinsel – nach Europa. Noch immer wurde der Staat der Moslems zentral regiert, doch der Mittelpunkt der Macht verlagerte sich. Die Kalifen hatten Mekka und Medina verlassen; sie regierten in Damaskus und schließlich in Baghdad. Mit der Ortsveränderung wandelte sich auch der Charakter des Kalifenregimes: Die Beherrscher der Gläubigen wurden zu Potentaten des Ostens, stärker Persien verhaftet als dem arabischen Raum. Weit entfernt war den Kalifen der Nil. Sie ließen den dortigen Herrschern schließlich einen immer höheren Grad der Unabhängigkeit.

Etwa 230 Jahre nach der Eroberung des Nildeltas durch den Islam fand der Kalif Al Muwaffak keinen Beamten und keinen Offizier mehr, der Mut genug besaß, an den Nil zu reisen, um in Fostat, das sich längst vom Militärlager zur Stadt entwickelt hatte, den allzu souveränen Gouverneuer von seiner Absetzung zu unterrichten. Ahmed Ibn Tulun war der Name dieses ehrgeizigen Mannes, der die Oberaufsicht des Kalifen von Baghdad über das Land am Nil nicht mehr anerkennen wollte. Erstaunlich war die Karriere des Ahmed Ibn Tulun, dessen

Vater noch zur Kaste der Militärsklaven gehört hatte, die vom Kalifen Ma'mun, der ein Sohn von Harun Ar Raschid war, siebzig Jahre zuvor geschaffen worden war. Der Herrscher in Baghdad hatte Angst bekommen vor seinem arabischen Heer, das mit Zorn die Verwandlung des Kalifen zum despotischen und blutgierigen Orientpotentaten persischer Prägung beobachtet hatte. Um dem Putsch der wütenden Offiziere zuvorzukommen, umgab sich Ma'mun damals mit einer Leibgarde, die nicht dem Heereskommando unterstand. Die Mitglieder der Sondertruppe wurden aus den Turkvölkern zwischen Kaspischem Meer, Aralsee und der Hungersteppe rekrutiert. Meist waren die Rekruten als ganz junge Männer auf den Sklavenmärkten gekauft worden.

Aus der Leibgarde entwickelten sich Heeresverbände, die bald an Zahl und Bedeutung ein Übergewicht in der Armeestruktur bekamen. Schließlich waren die Männer aus den Turkvölkern so mächtig geworden, daß der Kalif zeitweise ein Gefangener in ihren Händen war. Bis Al Mu'tamid, der achte Kalif nach Ma'mun, den Einfall hatte, die Turksoldaten in den Krieg gegen persische Bergstämme zu schicken. Viele starben an den Folgen von Verwundung und Krankheit; sie wurden nicht durch Einkäufe auf den Sklavenmärkten in den turkmenischen Gebieten ersetzt, sondern durch Angehörige arabischer Stämme, die westlich von Baghdad lebten. So verloren die Fremden langsam ihre Macht in der Hauptstadt am Tigris.

Zur gleichen Zeit aber stieg ihr Einfluß am Nil. Auch hier war in der Vergangenheit – in den Jahrzehnten, die auf den Kalifen Ma'mun folgten – das arabische Element des Heeres zugunsten der Fremden zurückgedrängt worden. Zu den Turksoldaten, die nach Fostat versetzt worden waren, hatte auch der Vater von Ahmed Ibn Tulun gehört. Wegen seiner hohen Intelligenz war er zum Offizier ausgebildet worden. Seinem Sohn Ahmed hinterließ er einen guten Namen, der die Basis bilden konnte für eine Karriere, die zum höchsten Amt am Nil führte. Der Kalif Mustain – überzeugt, daß Ahmed Ibn Tulun die Klammer festigen würde, die Fostat an Baghdad band – schenkte ihm 1000 Dinare und eine hübsche Sklavin. Vor allem aber ernannte er ihn zum Statthalter am Nil.

Was Amru Ibn Aass nicht möglich war, gelang Ahmed Ibn Tulun: Ungestraft löste er seine Herrschaft von der Machtzentrale des islamischen Reiches los und wurde unabhängig. Den Weg zur Autonomie des Nillandes beschritt er allerdings vorsichtig: Er schickte im Verlauf von

Jahren immer weniger Steuern nach Baghdad, beantwortete die Beschwerdebriefe des Kalifen zuerst nur kurz, dann überhaupt nicht mehr, und schließlich blieben Befehle aus Baghdad unbeachtet. Als der Kalif sich entschloß, Ahmed Ibn Tulun abzusetzen, da hatte er nicht mehr die Macht, seinen Willen durchzudrücken.

Ahmed Ibn Tulun war vom Ehrgeiz getrieben, seine Hauptstadt Fostat glanzvoller zu gestalten als Baghdad. Ein Zeugnis seiner Absicht ist bis heute in Cairo erhalten: die Ibn-Tulun-Moschee, die durch Ausgewogenheit der Maße beeindruckt. Das Areal, das sie bedeckt, mißt 140 mal 160 Meter. Aus gebrannten Ziegeln bestehen die Wände; zum Bau des Minaretts aber wurden behauene Kalksteine verwendet.

Den Platz für den Moscheebau, einen flachen Hügel unweit des Nil, hatte Ahmed Ibn Tulun mit Bedacht gewählt: Er galt als heilig, da hier, wie die Legende berichtet, einst Abraham seinen Sohn Isaak opfern wollte. Rings um diesen von Allah gesegneten Ort entstanden feste Häuser, wurden Straßen angelegt. Der Ort erhielt den Namen »Kata'« – ein heute kaum mehr gebräuchliches Wort, das »ein Stück Land« bedeutet. Die Bewohner aber nannten ihre Wohngegend immer »das Stadtviertel des Tulun«.

Ahmed Ibn Tulun wollte nicht nur eine Stadt besitzen, die prächtiger war als Baghdad, er hatte auch die Absicht, die Kalifenwürde in diese Stadt zu holen. Diese Würde bedeutete, daß ihr Träger der »Beherrscher der Gläubigen« war; seine Meinung zählte in politischen und religiösen Angelegenheiten; er besaß weltliche und geistliche Macht. Doch der Griff nach der Kalifenwürde mißlang, trotz der geschickten Intrige, die Ahmed Ibn Tulun von Damaskus aus gegen den Herrscher in Baghdad einfädelte. Aber die Stadt am Nil wurde zum erstenmal Zentrum der arabischen Welt. Der Kalif von Baghdad wurde kaum mehr gefragt, wenn politische Entscheidungen anstanden im Gebiet zwischen Damaskus und Mekka sowie in der Region Nordafrikas. In der Stadt des Tulun wurden die bedeutenden Geschäfte der Händler des islamischen Reiches abgeschlossen. Hier lebten die Geldgeber, die den Händlern wichtige Abschlüsse ermöglichten. Abzulesen ist der wachsende Reichtum des Nillandes an der Steigerung der Steuereinnahmen: Als Ahmed Ibn Tulun Gouverneur wurde, betrugen sie nur 800000 Dinare im Jahr – im Sterbejahr des Souveräns hingegen vier Millionen. Dieses Plus wurde nicht durch Steuererhöhung oder rigorose Eintreibung erreicht, es war das Resultat des wachsenden Wohlstands.

Sechzehn Jahre lang regierte der Sohn des Militärsklaven Tulun am Nil. Bei seinem Tod befanden sich in der ägyptischen Staatskasse zehn Millionen Dinare. Der Wert dieses Betrages ist daraus abzulesen, daß der Bau der riesigen Moschee nur 120000 Dinare gekostet hat; der Bau eines Krankenhauses war für 60000 Dinare möglich gewesen.

Der Erbe des Ahmed Ibn Tulun benützte einen Teil des Geldes, um auf der Nilinsel Gezira einen üppigen Garten anzulegen, den ein Chronist aus jener Zeit so beschreibt:

»Darin befanden sich Hunderte von verschiedenen Arten wohlriechender Blumenpflanzen, von Sträuchern und veredelten Obstbäumen. Die Stämme der Palmen waren mit vergoldeten Metallplatten verkleidet. Unter ihnen leiteten kupferne Röhren überall das Wasser hin, so daß es aus den Palmstämmen hervorzuquellen schien. Wasserbecken sammelten es auf und verteilten es in Bächen über den ganzen Garten. Da formten Blumen in verschiedenen Farben Bildnisse und Schriftzüge. Die Worte ›Allahu Akhbar!‹, gebildet aus seltenen Blumen, waren zu lesen – ›Allah ist über allem!‹. Gärtner beschnitten diese Bildnisse und Schriften jeden Tag mit der Schere, so daß kein Blatt zuviel war. Außerdem sah man in diesem Garten die unterschiedlichsten Lotusarten in Rot und Blau und Gelb. Man sah auch Pflanzen aus Persien und noch weiter entfernten Gebieten. Auf Aprikosenbäume waren Mandelzweige aufgepfropft. Besonders sehenswert war ein Gartenpavillon aus Teakholz in durchbrochener Arbeit. Das Innere war in den verschiedensten Farben bemalt. Der Boden war mit Marmorplatten belegt. Von den Pfeilern der Wände flossen kleine Kaskaden herab. Finken und Amseln hatten ihre Körbe. Zwischen den Blumen stelzten Pfauen und Flamingos.«

Der Erbe hatte jedoch nur die Gabe, Anregungen zu geben für die Anlage von Gärten, für den Bau luxuriöser Häuser. Um Politik kümmerte er sich wenig, und so bekam der Kalif in Baghdad die Chance, seinen Einfluß wieder auf Gebiete auszudehnen, in denen bisher Ahmed Ibn Tulun geherrscht hatte. Bald wurden die Stadthauptleute Syriens wieder am Tigris und nicht am Nil ernannt. Im Dezember des Jahres 905 endete die kurze Zeit der Tulunidendynastie. Harun, der Enkel des Ahmed Ibn Tulun, mußte seine Hauptstadt am Nil dem Kalifenheer übergeben.

Doch schon vier Jahre später war das Volk im Nildelta bereit, für seine Unabhängigkeit Opfer zu bringen. Im Westen, dem Gebiet, das heute zu Tunis zählt, erhob sich Protest gegen die Macht des Kalifen. Ein Mann, der von sich behauptete, ein direkter Nachkomme der Prophetentochter Fatima – und damit ein direkter Nachkomme von Mohammed selbst – zu sein, meldete seine Ansprüche auf das Nildelta an. Sein Name war Ubeidallah. Als Blutsverwandter des Propheten verlangte er, daß man ihn verehre. Er forderte für sich politische Macht. Ganz selbstverständlich glaubte er das Recht zu haben, sich Kalif nennen und als Kalif handeln zu dürfen. Ubeidallah warf dem Kalifen in Baghdad vor, er besitze keine Blutsbeziehung zu Mohammed und dürfe daher die Würde des »Nachfolgers des Propheten« nicht tragen – das Wort »Kalif« bedeutet »Nachfolger«.

Bis der Weg zum Nil freigekämpft war, vergingen sechzig Jahre. Erst dem dritten Kalifen in der Linie der Nachkommen Fatimas – die »Fatimiden« genannt – gelang die Eroberung Ägyptens. Sein Name: Mu'izz li-Dinillah – »Der die Religion Allahs verehrt«. Im Jahre 970, unmittelbar nach dem Einzug in die Stadt am Nil, gründete der Kalif die Al-Azhar-Moschee, deren Prediger bald zur höchsten Autorität in Glaubensfragen wurden. Der Name der Al-Azhar-Moschee läßt sich mit »die Blühende« übersetzen. Die Bezeichnung leitet sich ab vom Beinamen der Prophetentochter, der ursprünglichen Mutter des Fatimidenclans. Das der Moschee beigeordnete Lehrinstitut hatte zunächst die Aufgabe, den Gläubigen darzulegen, daß die bisherigen Kalifen zu Unrecht als Herrscher des islamischen Reiches gegolten hatten – zu Unrecht deshalb, weil sie nicht mit dem Propheten Mohammed blutsverwandt waren. Nur die Söhne, Enkel, Urenkel aus der Verbindung zwischen Fatima und deren Mann Ali seien von Mohammed selbst zu seiner Nachfolge vorbestimmt worden. Die Familie der Fatimiden, so lehrten die Prediger der Al-Azhar-Moschee, mache endlich ein Unrecht wieder gut, das die ersten »Nachfolger« des Propheten durch widerrechtliche Aneignung der Kalifenwürde begangen hatten. Allein Ali selbst und seine Söhne hätten bei Mohammeds Tod die Erbfolge antreten dürfen; sie seien jedoch vom Schwiegervater des Propheten Mohammed in verbrecherischer Weise daran gehindert worden. Die Prediger ordneten sich mit dieser Lehre ein in die »Schiat Ali«, in die »Partei des Ali«. Aus diesem Begriff leitet sich die Bezeichnung »Schiiten« ab.

Die Menschen am Nil wurden umerzogen. Sie mußten akzeptieren, daß sie bisher in einem bösen Irrtum befangen waren, über den Allah zornig war: Sie hatten politisch und religiös den falschen Herren gedient. Nur durch Treue zum Clan der Fatimiden, so wurde ihnen gesagt, sei dieser Irrtum, der als Unrecht und Verbrechen gelte, wiedergutzumachen. Die Gläubigen gehorchten, und die Hauptstadt des Nillandes wurde von den Nachkommen der Fatima – die jedoch ihre Abstammung nie wirklich nachweisen mußten – in eine Bastion der schiitischen Ausprägung der islamischen Religion verwandelt.

Um die Moschee herum gruppierten sich bald schon Häuser und Märkte. So wie hundert Jahre zuvor die Ibn-Tulun-Moschee zum Zentrum einer Siedlung geworden war, so wurde nun die Al-Azhar-Moschee zum Kristallisationspunkt einer Gemeinde. Die Bewohner der Gegend um die Moschee der Fatimiden unterschieden sich von den Menschen in der Nachbarsiedlung zwar durch intensiveres Bekenntnis zur Heiligkeit der Prophetentochter Fatima, trotzdem verschmolzen die alte und die neue Stadt schon nach wenigen Monaten untrennbar ineinander. Der Gesamtkomplex erhielt den Namen »Al Kahira« – »die Siegreiche«.

Die Überzeugung des Clans der Fatimiden, von Allah zu Außergewöhnlichem bestimmt zu sein, war besonders beim sechsten Kalifen dieser Dynastie ausgeprägt. Sein Name: Al Hakim bi Amrillah – »der Herrscher auf Befehl Allahs«. Aus alten Legenden ist die Ehrfurcht spürbar vor diesem Mann. Er soll die Fähigkeit besessen haben, sogar schwere Steine allein durch seinen Willen zu bewegen. Es wird erzählt, er habe Türen öffnen können, ohne sie zu berühren. Mit diesen Künsten hätte er sich einreihen können in die große Zahl der Zauberer, die Kinder, Frauen und auch Männer beeindruckt oder erschreckt haben. Doch vom gewöhnlichen Magier trennte ihn die Behauptung, er sei, wie Allah, informiert über alle Geschehnisse der Vergangenheit, der Gegenwart und der Zukunft. Die Höflinge bekamen oft den Ausspruch zu hören: »Alles ist bei mir verzeichnet.«

Kaum war Al Hakim bi Amrillah am 13. September des Jahres 996 Kalif geworden, da ließ er die Bewohner des Nillandes wissen, ein neues Zeitalter werde beginnen, das Zeitalter der strikten Wahrheit. Es sei die Pflicht der Menschen, sich durch Gebete und durch Besinnung auf die anbrechende Epoche vorzubereiten. Seit der Erschaffung der

Menschen durch Allah habe es kein derart wichtiges Ereignis gegeben. Damals habe der Mensch noch unmittelbaren Kontakt zu Allah gehabt – in der neuen Zeit werde die Beziehung zwischen Allah und dem Menschen wieder so direkt sein wie einst. Wer sich vorbereitet habe, der werde Allah erkennen. Diese Gnade aber sei nur den Moslems vorbehalten.

Als die Prediger der Al-Azhar-Moschee den Grundsatz von der Bevorzugung der Moslems beim Freitagsgebet verkündeten, da schufen sie die Kluft zwischen den Gläubigen des Islam und den Mitgliedern der anderen Religionsgruppen. Gering war die Zahl der Juden in den Städten und Dörfern am Nil. Seit Mose die jüdischen Sippen fortgeführt hatte, wurde der Gott Jahwe kaum mehr angebetet in Ägypten. Beachtlich aber war noch immer die Zahl der Christen, der Kopten.

Als Amru Ibn Aass im Jahre 641 das Delta erobert hatte, da waren die Menschen, die hier wohnten, Christen gewesen. Seit 350 Jahren hörten sie Tag für Tag den Ruf »Allahu Akhbar« – Allah ist über allem. In diesem ganzen Zeitraum waren die Regierenden Moslems gewesen. Wer ehrgeizig war und sich eine Position am Kalifenhof verschaffen wollte, der war gut beraten, wenn er den Glauben wechselte. So war nach und nach die Gruppe derer gewachsen, die das Christentum aufgegeben und den Islam angenommen hatten. Trotzdem hatte sich noch kein Sog entwickelt, der die Moslemgemeinde hätte überaus stark anwachsen lassen. Weite Bevölkerungskreise fühlten sich nicht veranlaßt, ihrem bisherigen Glauben untreu zu werden. Dazu gehörte die Schicht der Kaufleute, die – wenn sie die Steuern pünktlich bezahlten – von religiösem Druck unbehelligt blieben. Die islamischen Herren waren bisher weniger am Religionswechsel der koptischen Kaufleute interessiert als an deren Abgaben, die Nichtmoslems nach dem Gesetz des Propheten zu entrichten hatten. Diese Haltung änderte sich jetzt. Al Hakim bi Amrillah säte Haß.

Im Jahre 1003 begann die Verfolgung der Andersgläubigen. Der äußere Anlaß war geringfügig. Ein Vorfall spielte sich ab, wie er sich hundertfach in der ägyptischen Geschichte wiederholen sollte. Die Kopten in Al Kahira besaßen zehn Kirchen. Aus Lehmziegeln bestanden diese Bauten. Eine der koptischen Kirchen war baufällig geworden; das Dach mußte erneuert werden. Daß Bauarbeiten an der Kirche ausgeführt wurden, ärgerte die islamischen Bewohner des Stadtviertels. Sie alle hatten die Worte der Moscheeprediger gehört, Allah werde seine Gnade nur Moslems zuteil werden lassen. Sie fragten sich, warum dann den von Allah selbst Ausgestoßenen erlaubt werde, ihre Kirche benutzbar zu machen, damit sie dort weiterhin ihren Irrglauben verkünden konnten.

Einige der Verärgerten begaben sich zum Kalifen Al Hakim bi Amrillah und fragten den Erleuchteten, was zu tun sei. Sie erhielten die Antwort, die ungläubigen Christen hätten kein Recht, ihre Betstätte weiterhin geöffnet zu halten. Die Männer aus dem Stadtviertel bei der umstrittenen Kirche verließen den Kalifen – und waren sicher, der Herrscher habe ihnen freie Hand gegeben, den Bau niederzureißen. Sie zögerten nicht: Am selben Tag noch lag die Kirche in Trümmern. Die Kopten hatten sich zu wehren versucht, doch die Ordnungskräfte des Kalifen halfen den Moslems. Tote und Verwundete waren zu beklagen. Vorbei war die Zeit, in der die beiden Religionen nebeneinander hatten bestehen können. In den folgenden Monaten wurden Gesetze erlassen, die den Kopten das Leben erschweren sollten: Alle Kirchengüter wurden beschlagnahmt; Christen hatten schwarze Gürtel und schwarze Turbane als Kennzeichen zu tragen; auf Pferden zu reiten wurde Christen untersagt; die Prozession am Palmsonntag wurde verboten.

Der Anstoß, den der Kalif gegeben hatte, löste eine Welle der Feindschaft gegen die Christen aus. Die Neigung der Moslems, den Frieden der Kopten zu stören, war jedoch nicht plötzlich entstanden. Sie hatte sich langsam entwickelt. Unbegründet war sie nicht. Da hatte es nämlich außer den Kaufleuten noch eine christliche Schicht gegeben, die fast unbehelligt geblieben war: die unteren und mittleren Beamten. Schon Amru Ibn Aass war darauf angewiesen gewesen, daß ihm Kopten, die rechnen konnten, bei der Verwaltung der Dörfer und Städte halfen. Was Amru begonnen hatte, war fortgeführt worden: Die koptische Intelligenz arbeitete mit den Moslemherren zusammen.

Viele der ärmeren Moslems – meist Bauern und Handwerker – hatten in der Zeit um die Jahrtausendwende das Gefühl, diese koptische Beamtenschaft helfe vor allem den eigenen Glaubensgenossen und vernachlässige die Gläubigen des Islam. Der konkrete Vorwurf lautete, die Moslems würden mit viel härteren Mitteln zur Steuerzahlung gezwungen als die Kopten. Dieser Vorwurf führte dazu, daß der Chef der Finanzverwaltung, der als Christ ausnahmsweise dieses hohe Amt erreicht hatte, auf Befehl des Kalifen hingerichtet wurde.

Die Unterdrückung der Kopten war jedoch nur Teil einer kulturellen

Revolution, der Al Hakim bi Amrillah das ganze Nilland unterwarf. Das Leben der Menschen sollte auf das Jenseits ausgerichtet sein; aus dieser Welt war das Vergnügen zu verbannen. Der Kalif untersagte Gesang und Spiel auf Musikinstrumenten. Wer Alkohol trank, wurde streng bestraft. Niemand durfte Schmuck anlegen. Mahlzeiten hatten aus einfachen Speisen zu bestehen. Der Besitz von Hunden war verboten. Alle Schachspiele waren abzuliefern, damit sie im Hof des Kalifenpalastes verbrannt werden konnten.

Frauen hatten auch in den Frauenbädern Hemden zu tragen. Wenig später ließ der Kalif verkünden, daß Frauen sich nicht mehr auf der Straße zeigen dürften, wenn kein ganz dringender Grund für das Verlassen des Hauses vorhanden sei. Präzise gesagt war einer Frau nur der Weg vom Haus des Vaters in den Harem des Mannes erlaubt – und dies nur einmal im Leben, nach der Hochzeit. Damit diese Vorschrift auch befolgt wurde, erhielten die Schuhmacher die Anweisung, keine Schuhe für Frauen mehr herzustellen.

Doch auch die Bewegungsfreiheit der Männer wurde eingeschränkt. Die Ordnungskräfte des Kalifen hatten jeden zu vertreiben, der am Ufer des Nil Kühlung suchen und spazierengehen wollte. Dies galt als Vergnügen und war deshalb verboten. Überhaupt durfte sich nach Einbruch der Dämmerung niemand mehr auf der Straße sehen lassen.

Der Kalif ließ die Bewohner von Al Kahira wissen, daß alle diese Vorschriften zur Läuterung von Leib und Seele und damit zur Vorübung auf das neue Zeitalter notwendig seien. Doch mit der Verkündung des Anbruchs der Epoche der Wahrheit zögerte Al Hakim bi Amrillah. Erst 21 Jahre nach der Übernahme des Kalifenamts gab ein Edikt den Menschen am Nil bekannt, das langersehnte Ereignis trete jetzt ein. Das Edikt wurde, nach christlichem Kalender, am 30. Mai des Jahres 1017 erlassen. Der Text lautet:

»Moslems! Nehmt von euch alle Furcht. Entfernt von euch die Verderbnis der Täuschung. Der Beherrscher der Gläubigen hat euch den freien Willen der Entscheidung gegeben. Er fordert euch auf, den Glauben offen zu bekennen. Allahs Weisheit wird herrschen an allen Tagen, die vor uns liegen.«

Der revolutionäre Gedanke dieses Aufrufs liegt in der Feststellung, den Menschen sei die Freiheit der Entscheidung gegeben. Bisher war ihnen gesagt worden, Allah habe das Leben jedes einzelnen vorherbestimmt. Nun hatten sie zu akzeptieren, daß nur derjenige das göttliche

Gesetz verstanden habe, das die Welt und den Himmel regiere, der von sich aus zwischen Gut und Böse unterscheiden könne. Am Tag des Jüngsten Gerichts werde der Beweis der Urteilsfähigkeit verlangt. Der Kalif proklamierte, diesen Beweis könne jeder schon jetzt abgeben. Wer die Trennung zwischen Gut und Böse vollziehen könne und sich damit zum Islam bekenne, der habe dies schriftlich zu bestätigen. Das unterzeichnete Papier besitze Gültigkeit auch am Tag des Jüngsten Gerichts.

Die Vorstellung von Allah, die Kalif Al Hakim bi Amrillah entwickelt hatte, beruft sich kaum mehr auf den Propheten Mohammed. Er sieht Allah als eine Idee, die in der Welt existiert, und nicht als körperliches Wesen, das über der Erde thront. Allah ist nicht direkt ansprechbar durch die Gläubigen – doch in der Person des Kalifen ist er auf der Erde verkörpert.

Mit Lethargie reagierten die Menschen am Nil auf diese Verkündung vom Wesen Gottes. Die wenigsten der Männer und Frauen, die in Bauern- oder Handwerkerfamilien lebten, hatten jemals schreiben gelernt. Sie konnten auch gar nicht verstehen, was von ihnen verlangt wurde. Doch aus Gewohnheit gehorchten sie. Zeigten sie sich bereit, der Aufforderung des Kalifen zu folgen, halfen ihnen die Prediger in den Moscheen: Sie führten den schreibunkundigen Gläubigen die Hand. Die Geistlichen, die besonders viele Unterschriften einsammeln konnten, wurden vom Kalifen durch Geschenke und Ämter belohnt.

Der Geistliche, der dem Kalifen die meisten Verpflichtungsscheine aushändigte, hieß Nashtaki Ad Darazi. Er hatte sich zuvor schon dem Kalifen empfohlen durch eine Schrift, in der dargestellt wurde, wie der göttliche Gedanke der universellen Intelligenz zuerst Adam zuteil geworden war, dann auf die Propheten des einen und allmächtigen Gott übersprang und schließlich von den Kalifen der Fatimidendynastie verkörpert wird.

Im Auftrag des Kalifen war Darazi von Dorf zu Dorf gezogen und hatte die Bewohner überzeugt, daß sie ihr Heil nur dann absichern könnten, wenn sie sich schriftlich zum Islam bekannten. Die Bauern und Handwerker gaben dem Papier, das ihnen zur Unterschrift vorgehalten wurde, schließlich eine Bezeichnung, die abgeleitet war vom Namen des Mannes, der sie so wortreich zur Pflichterfüllung anhielt: Sie nannten das Papier ganz einfach »duruz«. Das Wort ist durch eine in der arabischen Sprache übliche Lautverschiebung der Vokale entstanden. So wurde Darazi zu »duruz«.

Bald hießen nicht nur die Verpflichtungsscheine »duruz«, sondern auch die Menschen, die sie unterzeichnet hatten. So entstand der Name einer religiösen Gruppe, die noch heute Bedeutung besitzt im Nahen Osten – der »Drusen«. Unabhängig von Nashtaki Ad Darazi entwickelten sich in der Folgezeit religiöse Ideen, die auch nichts mehr mit der Glaubensrevolution des Kalifen Al Hakim bi Amrillah gemeinsam hatten. Geblieben ist diesen Erneuerern der Vorstellung von Gott die Bezeichnung »Drusen«.

Einer der Konkurrenten des Nashtaki Ad Darazi im Wettbewerb um die Gunst des Kalifen war Hamza Ibn Ali, ein noch junger Mann, der aus Persien an den Nil gewandert war. Ihn hatte Al Hakim bi Amrillah zum Imam, zum geistlichen Führer, ernannt auf dem Weg der Gläubigen zur Revolution des Islam. Er fand die Formulierungen für die Vision von Allah, die Al Hakim bi Amrillah selbst nur undeutlich zum Ausdruck gebracht hatte. Hamza Ibn Ali schrieb:
»Allah lebt nicht an einem bestimmten Ort. Seine Existenz läßt sich nicht auf einen Platz konzentrieren, sonst müßte es andere Plätze geben, wo Allah nicht zu finden ist. Allah hat keinen Anfang und kein Ende. Er ist weder innen noch außen. Er hat keine Seele und keinen Geist, sonst würde er den erschaffenen Wesen gleichen. Er besteht nicht aus Körper und nicht aus einer Substanz. Wenn er einen Körper besäße, wäre er den sechs Beschränkungen unterworfen: Seine Grenzen lägen oben und unten, rechts und links, vorn und hinten. Allah, der Allmächtige, ist zu groß, als daß er mit irgendeiner Beschränkung behaftet sein könnte. Er hat nichts an sich, was andere Wesen haben, sonst würde er, wie sie, vergänglich sein. Allah sitzt nicht und steht nicht. Er schläft weder, noch wacht er. Er geht nicht, er kommt nicht, er schreitet nicht vorüber. Unser Herr, er sei gepriesen über alles, hat durch sein Licht alle Dinge geschaffen. Allah bereitet hellstrahlendes Licht zu einer vollkommenen Form, die man als seinen Willen bezeichnen kann. Aus dieser Materie sind alle Dinge gemacht. Aus purem Licht hat Allah diese Materie geschaffen, ohne Vorbild und ohne Hilfsmittel. Diese Materie umfaßt alle Dinge gleichzeitig. Allahs helles Licht führt uns. Es ist die Quelle jeder wahren Erkenntnis.«
Den Moslems am Nil blieb diese Vorstellung von Allah fremd. Nur ganz wenige folgten diesen intellektuell verschlungenen Pfaden. Wer jedoch protestierte, weil ihm die traditionelle Art der Vorstellung von

Allah eher behagte, der bekam den Zorn des Kalifen zu spüren. Im Frühjahr 1020 mußten sich die Bewohner der alten Siedlung Fostat, die längst Teil der Stadt Al Kahira war, nackt auf einem Platz versammeln. Dann erhielt die Elitetruppe des Kalifen, die aus Schwarzen bestand, den Befehl, Fostat anzuzünden. Während die Häuser niederbrannten, wurden die Frauen von den Schwarzen vergewaltigt. Die Männer aber wurden schließlich bestialisch verstümmelt. Der Kalif selbst stachelte die Soldaten an: Er hatte sich geärgert, weil er erfahren hatte, daß Zettel in Fostat von Hand zu Hand weitergegeben worden waren, auf denen die neue Vorstellung von Allah verspottet wurde.

Fast genau ein Jahr nach dem Bluttag von Fostat, in der Nacht vom 12. zum 13. Februar 1021, verließ der Kalif, was häufig geschah, seinen Palast. Er ritt bis zum Fuß des Hügels Mokattam im Südosten der Stadt, ließ sein Pferd dort zurück und stieg – ohne Begleitung – auf die Hochfläche des Hügels. In mondhellen Nächten genoß er von hier oben aus den Blick auf die glitzernde Wasserfläche des Nil, der eine weite Strecke lang zu überblicken ist. Gewöhnlich war der Kalif meist um Mitternacht zu seinen Wachen und zu seinem Pferd am Fuß des Hügels zurückgekehrt. Diesmal aber blieb er aus. Noch vor Sonnenaufgang kletterten die Begleiter über Felsen auf das Mokattamplateau hinauf. Sie fanden Kleider, die dem Kalifen gehört hatten; sie waren blutig und wiesen Löcher auf, die wohl durch Dolchstiche entstanden waren. Der Körper des Kalifen Al Hakim bi Amrillah aber war nirgends zu sehen. Für immer blieb er verschwunden.

Seinen Kronprinzen hatte der Kalif immer wieder Eide schwören lassen, er werde die spirituelle Vision von Allah auch weiterhin anbeten, wenn der Kalif nicht mehr lebe. Insgesamt vierzig Eide hatte der Kronprinz zu leisten. Doch vierzig Tage nach dem Verschwinden des Vaters sagte der neue Herrscher, in vierzig Nächten sei er durch Allah von den vierzig Eiden entbunden worden. Allah habe ihn beauftragt, dem Irrglauben ein Ende zu machen.

Wer sich dem Willen des Kalifen Al Hakim bi Amrillah gebeugt hatte, der wurde jetzt zum Tode verurteilt. Zu Hunderten wurden Männer, die den Verpflichtungsschein unterschrieben hatten, in den Nil getrieben. In den Moscheen hörten die Gläubigen mit Zufriedenheit wieder, Allah wache im Himmel. Er sei keine geistige, unpersönliche Vision, sondern ein strenger, aber gütiger Vater.

# Saladdin

In Ägypten gerieten die harten Maßnahmen, die Kalif Al Hakim bi Amrillah gegen die Christen verhängt hatte, bald in Vergessenheit. In Jerusalem, im Heiligen Land überhaupt, blieben die antichristlichen Gesetze gültig. In diese Provinz des Fatimidenreiches gelangte die Nachricht vom Ende der neuen Epoche des Islam nur langsam. Al Hakim selbst hatte die Grabeskirche zerstören und den Hügel Golgatha einebnen lassen. An eine Wiederherstellung der Kirche und eine erneute Aufschüttung des Hügels durfte nicht gedacht werden. Aus der Hauptstadt am Nil erhielt die regionale Verwaltung in Jerusalem Bescheid, daß der Erlaß über die hohen Zölle für christliche Pilger, die zu den Heiligen Stätten reisen wollten, noch immer gültig sei. Die Situation änderte sich auch nicht, als Palästina dem Herrscher am Nil verlorenging und wieder vom Heer des Kalifen von Baghdad besetzt wurde. Im Gegenteil: Der Kalif am Tigris gab Befehl, das Gebiet des christlichen Byzanz durch Eroberung zu verkleinern, seine Grenze nach Westen abzudrängen, um Ostrom weit von Jerusalem abzutrennen. Die Heilige Stadt sollte nicht mehr im Bereich der christlichen Einflußsphäre liegen.

Die Würdenträger der christlichen Welt reagierten nur langsam. 24 Jahre nach der entscheidenden Niederlage der byzantinischen Truppen antwortete Papst Urban II. – am 27. November 1095 – auf die Herausforderung, die schon mehr als drei Generationen andauerte: Er rief die christlichen Ritter zum Kreuzzug auf. Die Heiligen Stätten des Christentums sollten den Moslems entrissen werden. Genau zwei Jahre später erreichten christliche Ritter das Gebiet an der Ostküste des Mittelmeers. Vor ihnen lag das Heilige Land.

Im Sommer 1099 eroberte das Kreuzritterheer die Stadt, in der Jesus gestorben war. Am Weihnachtstag des Jahres 1100 wurde das Christliche Königreich Jerusalem proklamiert – in unmittelbarer Nachbarschaft des Fatimidenreichs. Doch die Mächtigen in Al Kahira wehrten sich jahrzehntelang nicht. Sie wurden erst um das Jahr 1160 wachsam, als einige der Grafen, Barone und Ritter, die nicht mehr zufrieden waren mit den Gütern, die sie sich in Palästina angeeignet hatten, ins Nildelta ziehen wollten, um auch dieses fruchtbare Land zu unterwerfen – dabei dachten sie kaum an die Verbreitung des Christentums; die Mehrung des eigenen Vermögens war ihnen wichtiger. Zwar versuchte Balduin III., der König von Jerusalem, seinen Adligen das Abenteuer des Eroberungszugs an den Nil auszureden, doch sie hielten ihm vor, es sei ihre Pflicht, die christlichen Brüder in Ägypten, die Kopten, aus der Unterdrückung durch die Moslems zu befreien. Diesem Argument mußte sich der christliche König beugen.

In Damaskus regierte in jener Zeit Mahmud Nureddin. Mit Geschick und Glück hatte er sich vom Regenten des Kleinstaats Aleppo zum Herrscher über Syrien und über einige Provinzen des Zweistromlands hochgedient. Er hatte, nach seinen Erfolgen, den Gedanken entwickelt, wieder ein bedeutendes islamisches Reich zu schaffen, um der stetigen Aufspaltung des Kalifenreichs ein Ende zu machen. Den Einzug in Baghdad hatte er sich zum Ziel gesetzt; Ägypten wollte er später unterwerfen. Die Absichten der Kreuzritter aber störten seinen Zeitplan. Er mußte verhindern, daß sich das christliche Königreich bis zum Nil ausdehnte.

In weitem Bogen umging das Heer des Nureddin den Staat der Kreuzritter und zog zum Nil. Freundlich wurden die Soldaten aufgenommen, auch von den Kopten. Die Christen Ägyptens waren empört, daß die Ritter ohne Grund alle jüngeren Frauen und Männer aus der ägyptischen Stadt Bilbeis zusammengetrieben und fortgeführt hatten, um sie an die Sklavenmärkte Arabiens zu verkaufen. Häufig verscherzten sich die Adligen aus Europa mögliche Sympathien durch derartige Taten.

Mit dem Heer des Mahmud Nureddin kam der junge Kurde Saladdin an den Nil. Der Name ist aus den Wörtern »Salah ed-Din« entstanden – »das Heil der Religion«. Er war Nureddins Sekretär gewesen und wurde nun dessen Statthalter in Ägypten. In dieser Funktion war er formell auch dem Fatimidenkalifen unterstellt. Doch Saladdin sorgte dafür, daß der Nachfahre des Al Hakim bi Amrillah starb. Mit dem Kalifen wurden auch die Kommandeure seiner Leibgarde, die aus Schwarzen bestand, ermordet. Saladdin besaß nun einen eigenen Herrschaftsbereich. Auch von Mahmud Nureddin ließ er sich keine Befehle mehr geben.

Wieder einmal war das Land am Nil unabhängig geworden. Rasch entschlossen eignete sich Saladdin alle Gebiete an, die von Nureddin zusammengefügt worden waren. Doch er wollte nicht, wie sein Vorbild, in Damaskus leben. Al Kahira gefiel ihm besser. Den Nil zog er dem kümmerlichen Baradafluß vor, der durch die Oase Damaskus fließt.

Als Retter vor den Kreuzrittern wurde Saladdin in Al Kahira gefeiert. Der Dichter Usama fand damals diese Worte: »Saladdin hat Ägypten durch seine Schönheit und durch seinen Glanz beglückt. Viele unwürdige Freier mußte Ägypten ablehnen, bis es gefreit wurde von dem einen Bewerber, der als Mitgift sein Schwert anbot. Er hat Ägypten verteidigt, wie ein Löwe seine Höhle verteidigt. Er hat Ägypten bewahrt, wie das Augenlid den Augapfel schützt gegen die Verletzung durch ein Staubkorn.«

Daß sich Saladdin trotz dieses Lobs eines Dichters und trotz vieler Beweise der Dankbarkeit nicht sicher fühlte im Land am Nil, beweist die Wahl seiner Residenz. Im Palast der Fatimidenkalifen hielt er sich nicht lange auf. Er ließ die Zitadelle bauen, die Al Kahira heute noch überragt. Sie sollte das Gegenstück bilden zu den Pyramiden der Pharaonen, die sich genau gegenüber, auf der anderen Seite des Nil erheben. Saladdin hoffte, die Zitadelle werde, wie die Pyramiden, mächtig und gewaltig wirken. Die Pyramiden sah er als Symbol der stolzen Vergangenheit – die Zitadelle sollte seine Macht repräsentieren.

Den Bauplatz am Abhang des Mokattamhügels hatte er gewählt, weil von hier aus die Stadt in ihrer ganzen Ausdehnung zu überblicken ist. Nichts bleibt dem Auge verborgen, was drunten am Nil geschieht. Die Zitadelle wurde allerdings auch schon zur Zeit Saladdins Verwahrungsort für Gefangene. Anwar As Sadat hat von diesem Gefängnis noch Gebrauch gemacht, als er im Herbst 1981 eineinhalbtausend Menschen verhaften ließ.

Der Stadt Al Kahira war zu Beginn von Saladdins Regierungszeit noch immer anzusehen, daß sie sich aus einem Militärlager entwickelt hatte. Die Bescheidenheit, die Fostat vor mehr als vierhundert Jahren geprägt hatte, wirkte sich noch aus: Die Häuser waren niedrig, die Wege unbefestigt. Saladdin sorgte dafür, daß Straßen angelegt wurden, daß Gasthäuser, Bäder und Polizeistationen entstanden. Die Märkte erweiterten sich. Die Gewölbe der Suks entstanden.

Chroniken aus jener Zeit nennen die Waren, die von den Händlern angeboten wurden: Waffen, Pelze, Werkzeuge aus Metall, Holz, Eisen, Pech, Getreide, Honig, Zucker, Flachs, Wachs, Seidenstoffe, Duftessenzen, wertvolle fremde Hölzer sowie Sklaven und Sklavinnen. Der Handel konnte gedeihen, weil der Staat des Saladdin sichere Transportwege anbot. Dies war keine Selbstverständlichkeit in jener Region. Durch die fortdauernden Kriege um das christliche Königreich Jerusalem war die Ostküste des Mittelmeers für den Warenverkehr zu einer gefährlichen Zone geworden. Zwar waren die Häfen in Syrien und Palästina noch benützbar, doch auf den Straßen, die nach Osten führten, warteten Wegelagerer. Die Kreuzritter selbst waren auf Beute aus. Da gab es keine Autorität mehr, deren Schutzbrief anerkannt worden wäre. Die Händler wichen deshalb aus auf den ägyptischen Hafen Alexandria. Sie luden ihre Waren um auf Nilschiffe. Al Kahira wurde zum Umschlagplatz im Handel zwischen Ost und West, zum Zentrum des großen Geschäfts mit Indien, mit Südostasien, mit China. In der Stadt entstanden Kontore, vergleichbar den Handelshäusern an Venedigs Canale Grande. Unternehmer aus vielen Ländern, die Angehörige unterschiedlicher Religionen waren, arbeiteten ohne Streit zusammen. Bei den Händlern, die aus Cairo stammten, waren die Christen bald in der Mehrzahl. Sie erwiesen sich als außerordentlich geschäftstüchtig.

Die Güter aus dem Ausland wurden hoch besteuert von der Staatsverwaltung. Zölle und Gebühren für Entladung, Lagerung und Registrierung ergaben zusammen einen Betrag in Höhe von 30 Prozent des Warenwerts. Weniger zu bezahlen hatten allein Importeure von Holz, das in Al Kahira für den Bau von Schiffen und Häusern benötigt wurde. Der Zollsatz für Holz betrug nur 10 Prozent. Zum erstenmal seit dem Ende der Pharaonenzeit flossen Golddinare und Silberdirhams ins Land am Nil – in über tausend Jahren war das Geld immer nur außer Landes gebracht worden. Noch nie in seiner Geschichte hatte Ägypten über derartige Goldreserven verfügt. Die Bewohner von Al Kahira lernten den Luxus kennen.

Mit dem Heer des Nureddin war eine raffiniertere Lebensweise nach Ägypten gelangt. Seit dem Beginn der islamischen Herrschaft waren die Sitten der Moslems am Nil von den Bräuchen der Beduinen geprägt gewesen, die unter Amru Ibn Aass ins Land gekommen waren. Nur der Kalifenhof hatte, wenigstens zeitweise, Raffinesse gekannt. Nun wandelte sich erst der Geschmack der Beamten, dann der christlichen Händler. Sie fanden Gefallen an größeren Wohnungen; sie ergänzten ihre Kleidung durch Schmuck. Die erotischen Bräuche wurden schließlich freier. War die Kochkunst seit Jahrhunderten völlig vernachlässigt worden, so gelangten jetzt Rezepte aus dem Osten Arabiens in die Küchen am Nil. Saladin selbst bevorzugte eine Speise, die so zubereitet wurde:

»30 Pfund Mehl werden mit fünfeinhalb Pfund Sesamöl zu einem Teig geknetet. Ist der Teig formbar wie feuchter Lehm, teilt man ihn in zwei gleiche Mengen. Die eine Hälfte wird dünngewalzt und auf Kupferbleche gelegt, die mit Fett bestrichen sind. Auf diese Teigfladen schichtet man das bereits angebratene und von den Knochen abgelöste Fleisch von zehn Lämmern. Zwischen das Fleisch werden Pfeffer, Ingwer, Zimt, Koriander, Anis und Salz in kräftigen Mengen gestreut. Muskat, in Rosenwasser aufgelöst, dient als zusätzliche Würze. Hühnerfleisch, das in Wein oder Zitronensaft gekocht wurde, ist als Garnierung über das Gericht zu breiten, ebenso kleine Fleischpasteten und überbackener Käse. Je nach Geschmack mit Rosenöl und Aloe benetzen. Die zweite Hälfte des Teigs wird nun ebenfalls dünn ausgewalzt und zur Abdeckung über die Masse gelegt. Das Kupferblech wird nun so lange in den Herd gestellt, bis die Speise durchgebacken ist.«

Doch Saladin gab den Menschen im Land am Nil nicht nur ein Gespür für Wohlleben, für Raffinesse und Luxus – er wollte vor allen Dingen ein Beispiel setzen für gerechte Herrschaft. Gerechtigkeit hatten Generationen von Menschen am Nil vermissen müssen. Die Fatimidenkalifen hatten die Praxis des Unrechts auf die Spitze getrieben. Da sie – wie einst die Pharaonen – mit Gott eng verwandt zu sein meinten, hatten sie keine Fragen nach Sinn und Recht ihrer Befehle geduldet. Saladin aber war vom guten Willen geleitet, Gerechtigkeit zu üben.

Abu Nadjib Surwedi hieß der Rechtsgelehrte, von dem sich Saladin selbst in die Gedankenwelt der Rechtslehre einführen ließ. Das Buch, das der Jurist verfaßt hatte, versuchte dem Herrscher durch die Methode der Darstellung von Präzedenzfällen deutlich zu machen, wie sich ein kluger und erfolgreicher Monarch zu verhalten habe. Bei der Aufzählung gerechter Herrscher ließ Abu Nadjib Surwedi auch Saladdins Vorbild Nureddin nicht aus. Keiner der vorbildlichen Herrscher hatte jemals am Nil regiert.

Teile des Buches von Abu Nadjib Surwedi sind in türkischen Archiven erhalten geblieben. Von der Gerechtigkeit handelt das zehnte Kapitel:

»Daß große Könige in Streitfällen ihrer Untertanen ein Gericht einsetzen, ein Amt für Gerechtigkeit, ist ein Zeichen ihrer Bedeutung. Das Gericht stellt die Ursachen der Beschwerden von Großen und Kleinen, von Vornehmen und Geringen ab. Das Reich und seine Bestandteile, die Länder, erhalten ihre Stärke nur durch die Gerechtigkeit. Schon die frühen persischen Könige hatten einen bestimmten Tag für die Anhörung von Beschwerden der Unterdrückten bestimmt. Unter allen Regeln des Reichs galt dieser Punkt als der wichtigste. Der Kalif Abdel Malik Ibn Merwan übernahm die Einrichtung des Gerichtstags. Zu schweren Prozeßfällen zog er den besten Rechtsgelehrten seines Hofes – er hieß Idris Al Edwi – hinzu. Dieser Mann sorgte dafür, daß die Gesetze zur korrekten Anwendung kamen. Mit der Zeit aber mehrten sich die Ungerechtigkeiten und Grausamkeiten der Statthalter trotzdem wieder. Da kam der gerechte Kalif Omar Abdel Aziz. Er hat selbst ein Beispiel gegeben für den Mut zur Gerechtigkeit, als er der Omajjadenfamilie alles Eigentum zurückgab, das sie bei der Übernahme des Kalifats durch die Familie Abbas verloren hatte. Als ihm damals einige der Höflinge sagten: ›Oh, Beherrscher der Gläubigen, wir fürchten, daß dieses Beispiel üble Folgen haben wird‹, da gab er zur Antwort: ›Ich fürchte mich nur vor dem Jüngsten Tag.‹ Sobald Syriens Herrschaft dem gerechten König Nureddin übertragen wurde, ließ er in Damaskus einen großen Bau errichten. Diesen Bau nannte Nureddin den Palast der Gerechtigkeit. An bestimmten Tagen hörte er sich dort Klagen an. Dann sprach er mit seinen Rechtsgelehrten und entschied schließlich.

Eines Tages kontrollierte er im Palast der Gerechtigkeit die Bücher der Grundsteuer für Syrien. Er sagte: ›Ich habe mir vorgenommen, den Bewohnern von Maret-Noman die Äcker wegzunehmen, da mir versichert wurde, daß die Leute von Maret-Noman nur durch Betrug Landbesitzer geworden sind!‹ Da antwortete dem Herrscher Nureddin der Oberste Richter: ›Oh, Beherrscher der Gläubigen. Allah hat dir die Gerechtigkeit gegen deine Untertanen zur Pflicht gemacht. Untersuche du selbst, was dir vorgetragen wird, und urteile nicht auf bloße Worte hin. Die Bevölkerung von Maret-Noman besteht aus vielen Menschen. Sollten wirklich alle Betrüger sein? Es ist nicht erlaubt, ihnen auf eine einzelne Anzeige hin ihre Güter zu entreißen.‹ Und Nureddin folgte dem Rat.«

Der Feldherr und Staatsmann Saladdin war ein überaus religiöser Mann. Als Sekretär Nureddins hatte er einst in Baalbek, das östlich des Libanongebirges liegt, die Gedanken der strengen islamischen Richtung des Sufismus kennengelernt. Die Sufis beriefen sich darauf, daß der Islam die Religion der Wüste sei, die in karger Landschaft offenbart worden ist. Der Ort der Offenbarung habe den Glauben geprägt: Fremd sei ihm der Ausbruch der Gefühle; die Exaltation verleite den Gläubigen dazu, sich selbst zu wichtig zu nehmen. So lautet das Prinzip des Sufismus: »Löse dich von den Eigenschaften des Ichs, dann fließt du ein in die Existenz Allahs.« Solche Gedanken waren neu für die Gläubigen in Al Kahira. Ähnlich Revolutionäres war zuletzt zur Zeit des Kalifen Al Hakim bi Amrillah in den Moscheen zu hören gewesen.

Abu Nadjib Surwedi muß die religiösen Neigungen Saladdins geteilt haben, denn er gab sich Mühe, die Existenz des Herrschers einzuordnen in ein harmonisches Weltsystem, dem Natur und Mensch angehören. Abu Nadjib Surwedi schrieb:

»Acht Symbole kennzeichnen den Herrscher: Flut, Sonne, Mond, Wind, Feuer, Wasser, Erde, Tod. Die Flutzeit dauert vier Monate. In diesen vier Monaten erhält die Erde alle Feuchtigkeit, die sie benötigt. So gibt der gute Herrscher den Soldaten die Löhnung in vier Raten für das ganze Jahr. Wie die Sonne acht Monate des Jahres die Feuchtigkeit der Erde aufsaugt, so erheben die Herrscher durch ihre Verwalter über acht Monate des Jahres die Steuern und Abgaben des Landes. Wie der Mond mit seinem Licht die ganze Erde beleuchtet, so beschränken gerechte Herrscher das Licht ihrer Gegenwart nicht nur auf die Menschen in ihrem Palast, sondern sie beglücken durch ihre Anwesenheit im Amt der Gerechtigkeit viele Menschen des Reiches. Wie der Wind die ganze Erde durchweht, so durchweht der Atem des Herrschers ein Reich durch seine Kundschafter. Wie das Feuer abgestorbenes Gebüsch und dürres Reisig verzehrt, so vertilgt das Schwert des Herrschers die

Schlechten im Land und die Rebellen. Das Wasser fließt ruhig und klar, und es kann doch in kurzer Zeit zum reißenden Strom werden. So regieren große Herrscher in Güte – die Widerspenstigen aber unterwerfen sie im Zorn. Wie die Erde ihre Schätze verbirgt, so verbergen gute Herrscher tief in ihrem Innern die Geheimnisse des Staates. Der Tod aber bricht unversehens herein und fordert Leben ohne Unterschied. So kennt die Strenge der Herrscher gegen ihre Feinde keine Nachsicht.«

Nicht immer hielt sich Saladdin an diese Ratschläge. So war er lange Zeit nachsichtig zu den Kreuzrittern. Zwar betrachtete er sie als Gegner, doch er wollte nichts gegen sie unternehmen, solange sie dem reichen Nildelta fernblieben. Er kannte die Stärke des Feindes. Gefechte, die aus Streit um einzelne Städte im Norden Syriens entstanden waren, hatten nicht immer mit Saladdins Sieg geendet. Die Ritter waren klug in ihrer Taktik und wandten oft unkonventionelle Finten an. Auch war bekannt, daß die islamischen Bewohner des Königreichs Jerusalem durchaus in guter Gemeinschaft mit den Rittern lebten. Saladdin konnte bei einem Angriff gegen Jerusalem, gegen Tyrus oder Askalon kaum mit Unterstützung durch die Moslems rechnen. Getreu seinem Lebensgrundsatz: »Die Hand, die du nicht abhacken kannst, mußt du schütteln«, hätte sich Saladdin mit den christlichen Herren gern vertraglich geeinigt, doch da war einer, der störte alle Bemühungen um Frieden: Rainald von Châtillon.

Dieser gebürtige Franzose hatte laut verkündet, er werde nach Mekka ziehen, um den Schwarzen Stein aus der Mauer der Kaaba zu brechen; diesen Stein, der den Moslems heilig ist, wolle er ins Meer werfen. Wie wenig die islamische Religion wert sei, werde er dadurch beweisen, daß er die Gebeine des Propheten Mohammed ungestraft aus der Gruft reißen, nach Jerusalem schleppen und dort auf den Misthaufen werfen werde. Kein Allah könne ihn hindern, diese Absicht auszuführen. Dem überaus religiösen Saladdin mußten solche Worte als Herausforderung in den Ohren klingen. Er wollte Rainald von Châtillon in dessen Burg Kerak, die ostwärts vom Toten Meer lag, im Handstreich überfallen. Als er vor der Burg ankam, erfuhr er, daß der Stiefsohn des Rainald eben Hochzeit feierte mit der Tochter des Königs von Jerusalem. Saladdin gab Befehl, den Gebäudeteil, in dem die Jungvermählten ihre Hochzeitsnacht verbrachten, nicht zu beschießen.

Aus Rücksicht auf die Hochzeitsfeierlichkeiten – und weil von Jerusalem her ein Entsatzheer anrückte – hob Saladdin die Belagerung auf und ließ sich auf einen Waffenstillstand ein.

Die Nachsicht des Herrschers am Nil fand jedoch ein Ende, als er erfuhr, daß Rainald von Châtillon jegliche Ritterlichkeit abgelegt hatte daß er sich in seiner Raublust über sein Versprechen zum Waffenstillstand hinwegsetzte. Ein Chronist aus dem christlichen Königreich berichtet: »Ein Spion sagte dem Fürsten Rainald, eine reiche Karawane sei unterwegs vom Nil nach Damaskus. Sie passiere demnächst das Gebiet der Burg Kerak. Rainald rief soviele Männer zusammen, wie er konnte. Er nahm die Karawane gefangen. Zu den Reisenden gehörte die Schwester Saladdins. Die Gefangennahme seiner Schwester ärgerte Saladdin. Er schickte sofort einen seiner Emire zum König von Jerusalem und verlangte die Freigabe der Karawane und seiner Schwester. Ausdrücklich sagte Saladdin, er wolle den Waffenstillstand nicht brechen, den er geschlossen habe. König Guido befahl dem Fürsten Rainald von Châtillon, die Karawane wieder freizugeben. Rainald aber antwortete, er sei der Herr in seinem Gebiet und nicht der König.«

Da der König sich nicht durchsetzen konnte, hatten die Christenritter keine Schonung mehr zu erwarten. Am 4. Juli 1187 nahm Saladdin Rache für die Gefangennahme seiner Schwester: Am See Genezareth gelang ihm ein Sieg über das Christenheer. Rainald von Châtillon wurde geköpft. Ein Vierteljahr später mußte sich Jerusalem, die Hauptstadt des christlichen Königreichs, den Kämpfern des Islam ergeben. In seinem Zorn hatte Saladdin erreicht, was er eigentlich gar nicht wollte: die völlige Zerstörung des christlichen Brückenkopfes in Palästina. Der 2. Oktober des Jahres 1187 ist das Datum, an dem die christliche Welt Jerusalem verlor.

An den Nil zurück kam Saladdin nach diesem Feldzug nicht mehr. Er wollte jetzt endgültig Schluß machen mit dem Staat der Christen. Doch selbst als kein zusammenhängendes Staatsgebiet mehr existierte, verteidigte jeder einzelne Ritter seine Stadt und seine Burg mit Geschick und Ausdauer. Immer wieder erhielten die Europäer Verstärkung. Der Engländer Richard Löwenherz, der schon bald nach seiner Ankunft im Heiligen Land erkannte, daß hier für das Christentum keine Chance mehr bestand, machte schließlich aus Kriegsmüdigkeit dem islamischen Herrscher, der ebenfalls Wege zum Frieden suchte, einen diplomatischen Vorschlag: Richard Löwenherz bot seine Schwester dem Bruder des Saladdin zur Ehe an. Saladdin und sein Bruder Malik Al Adil waren bereit, diesen Vorschlag zu überdenken. Die Christin und der Moslem, so meinte Richard Löwenherz, könnten dann gemeinsam über das regieren, was vom christlichen Königreich noch übriggeblieben war.

Für einige Tage blieb die Option offen, daß sich ein Mächtiger des Islam mit einer Christin verband – zum Nutzen der Gläubigen beider Religionen. Malik Al Adil wäre mit einer christlichen Frau eingeritten in ihre Hauptstadt Al Kahira. Sie hätten gemeinsam ein Symbol sein können für das Zusammenleben der beiden Religionen am Nil.

Die junge Dame aber weigerte sich, einen Moslem zu heiraten; mit einem derartigen Teufel könne sie nicht das Bett teilen. Richard Löwenherz fand schnell einen Ersatz: seine Nichte Eleonore von der Bretagne. Doch Saladdin und sein Bruder sahen diesen Kompromiß als wenig ehrenhaft an. Sie verzichteten.

Da die große Lösung der Aussöhnung nicht möglich war, wurde ein bescheidener Schritt der Annäherung beschlossen: Am 4. September 1192 trat ein Waffenstillstand in Kraft, der auf drei Jahre, drei Monate, drei Wochen und drei Tage Gültigkeit haben sollte. Saladdin erlebte das Ende dieser Frist nicht mehr. Am 4. März 1193 starb er.

Malik Al Adil legte dem Bruder das Schwert, das dieser dreißig Jahre lang getragen hatte, ins Grab. Es wird berichtet, der Bruder habe geweint, als er diese Worte sprach: »Auf das Schwert wird sich Saladdin stützen, wenn er einziehen wird, zusammen mit dem Propheten Mohammed, ins Paradies.« In Damaskus liegt der Mann begraben, der die Basis geschaffen hat für die Bedeutung der Stadt Cairo.

Der Bruder übernahm die Herrschaft; er sorgte dafür, daß die Gebiete an der Ostküste des Mittelmeers fest mit dem Staat am Nil verbunden wurden. Adils Sohn Al Kamil besaß im Jahre 1229 die Großzügigkeit, Jerusalem an Kaiser Friedrich II. abzutreten – eine Geste, die im Sinne Saladdins war, die jedoch bei Christen und Moslems gleichermaßen verfemt war. Nur in Al Kahira wurde die Maßnahme für vernünftig angesehen. Die Abtretung Jerusalems, der keine Dauer beschieden blieb, lenkte den Haß der geistlichen Herren Europas gegen die Stadt am Nil: Dort wurden die Teufel vermutet, die mit besonders heimtückkischen und raffinierten Mitteln Könige zu umgarnen verstanden, um schließlich dem Christentum doch zu schaden. Der nächste Kreuzzug richtete sich deshalb gegen Ägypten.

Am 5. Juni des Jahres 1250 erschien die Flotte des Königs Ludwig von Frankreich, der den Beinamen »der Heilige« trug, vor der Küste des Nildeltas. Aus 2800 Rittern und 5000 Bogenschützen bestand seine Streitmacht. Er wollte erst Al Kahira erobern, ehe er sich nach Jerusalem wandte. Die Stadt Damiette, an der Mündung des rechten der zwei Hauptarme des Nil im Delta gelegen, ergab sich und wurde von Ludwig dem Heiligen besetzt. Dreißig Jahre zuvor war Damiette schon einmal von einem Kreuzfahrerheer eingenommen worden – seither war die Stadt nahezu menschenleer.

Ludwig der Heilige hielt sich genau ein halbes Jahr mit seinem Heer in den verlassenen Mauern auf. Der Grund für das Zögern: Die Franzosen wurden vom Nilhochwasser überrascht; sie hatten keine Ahnung von den Gesetzmäßigkeiten des Stromes. In den Monaten Juli, August, September und Oktober war das Land für die Truppe nicht begehbar. Erst im November konnte Ludwig Vorbereitungen treffen für die Fortsetzung des Feldzugs. Am 6. Dezember 1250 verließen Fußvolk und Reiter Damiette – noch immer war der Boden sumpfig. Vor der Stadt Mansura stießen sie auf den Aschmunkanal, der jetzt gerade als Wasserreservoir künstlich angestaut wurde. Erst als das Wasser des Kanals abgeflossen war, wagte das Heer den Angriff auf Mansura. Die Attacke endete mit der Vernichtung der Kreuzfahrertruppe. König Ludwig der Heilige wurde gefangengenommen. Sein Gefängnis kann heute noch besichtigt werden: Ein kleines Haus neben der Muwafik-Moschee in Mansura.

Ein Wunder sei geschehen, meinten die Bewohner der Hauptstadt. Sie hatten schon im Juni, sofort nach Ludwigs Landung, mit dem Angriff gerechnet; damals stand der Nil noch niedrig. Inzwischen hatte die ägyptische Heeresverwaltung Zeit gehabt, die Verblüffung über die Ankunft der Franzosen zu überwinden und Hilfe aus anderen Provinzen zu holen.

# Die Mamluken regieren am Nil

Ob durch Zufall oder durch Absicht – der Zeitpunkt für den Kreuzzug war gut gewählt. Ein Umbruch bahnte sich in Ägypten an. Im halben Jahrhundert seit Saladdins Tod war die Kraft seines Clans erloschen. Der Staatschef besaß zwar wohlklingende Titel – er nannte sich Sultan und zuletzt sogar Schah –, doch zu sagen hatte er immer weniger. Am Nil gab die Kaste der Offiziere die Befehle, auch für die Kaufleute, die Beamten, die Handwerker. Selbst die Geistlichen der Al-Azhar-Moschee hatten auf die Offiziere zu hören. Diese Kaste aber war nicht aus der Bevölkerung Ägyptens entstanden; sie war überhaupt nicht verwandt mit den Menschen am Nil. Ihre Mitglieder stammten aus der Gegend nördlich des Kaukasus.

Der zweitletzte der Nachkommen Saladdins hatte die Männer durch Agenten auf den Sklavenmärkten in Anatolien und Nordsyrien aufkaufen lassen. Diese Region war allerdings auch nicht ihre Heimat. Die Sklavenhändler hatten ihre Ware aus den Gebieten weiter nördlich bezogen, aus dem Bergland des Kaukasus. Christliche Bauernfamilien, die ihre Kinder nicht ernähren konnten, boten ihre Söhne und Töchter meist billig an. Teuer wurden die Jungen und Mädchen erst auf den Märkten von Jerewan und Aleppo. Die Agenten aus Al Kahira waren nur an Männern interessiert. Für den Kauf dieser Sklaven waren die Goldreserven ausgegeben worden, die in der Zeit Saladdins gehortet worden waren.

Kamen die jungen Männer in die Hauptstadt am Nil, wurden sie in den Haushalt des Herrschers aufgenommen. Sie lernten reiten und kämpfen. Ihre Ausbildung hatte zunächst das Ziel, sie zu Soldaten der Leibwache heranzuziehen. War ihr Training beendet, wurde ihnen die Freiheit gegeben, doch blieben sie kaserniert.

Mit der Gründung der Leibgarde hatte der zweitletzte aus Saladdins Sippe die Praxis des Kalifen Ma'mun nachgeahmt, der fast vierhundert Jahre zuvor in Baghdad seine Beschützer aus derselben Gegend zwischen Kaspischem Meer, Aralsee und der Hungersteppe hatte holen lassen. Damals war der Vater des Ahmed Ibn Tulun, des späteren Herrschers am Nil, zu Amt und Würden gekommen.

Am Nil wurden die Mitglieder der Kaste der Militärsklaven »mamlukun« genannt. Das Wort läßt sich übersetzen mit »Sklaven, die ihrem Herrn gehören«. Das Wort war schon lange im Gebrauch; selbst der Prophet Mohammed hatte es im genannten Sinn verwendet. In den letzten Regierungsjahren der Saladdinsippe ist die Bedeutung des Wortes »mamlukun« präziser geworden: Gemeint waren fortan die weißen, männlichen Sklaven – im Gegensatz zu den schwarzen Sklaven, die in Nubien erworben wurden und die als Hausdiener nur einen geringen sozialen Rang besaßen.

Daß Sklaven gekauft, ausgebildet und schließlich freigelassen wurden, blieb kein singulärer Vorgang. Er wiederholte sich von Generation zu Generation; er wurde Tradition. Christliche Familien kannten einen sicheren Abnehmer für ihre Söhne. Die Agenten der Herren vom Nil wußten Bescheid über die Händler und über die Qualität der Ware. Den Händlern waren die Wünsche der Kunden vertraut. Sie sortierten schon aus, was für die Abnehmer in Al Kahira passend erschien.

Die Kaste der Mamluken wuchs an Mitgliederzahl und an Selbstbewußtsein. Als im Jahre 1249 – also kurz vor Beginn des Kreuzzugs, den Ludwig der Heilige kommandierte – ein Nachfahre des Saladdin gestorben war, da entschlossen sich die höheren der Mamlukenoffiziere, die auf der Nilinsel Ruda bei Al Kahira in der Kaserne lebten, die Regierung am Nil selbst zu übernehmen. Der Verstorbene hinterließ zwar einen Sohn, Turan Schah, doch dessen Ansprüche wurden nicht beachtet. Als Turan Schah hartnäckig blieb und auf sein Recht pochte, am Nil regieren zu dürfen, schickten die Offiziere einen Trupp Soldaten in seinen Palast, um ihn zu töten.

Die Mamlukenchefs, die jetzt die Herren in Al Kahira waren, wollten weiterhin gemeinsam in der Kaserne leben. Sie suchten eine Person, die im Sultanspalast residieren sollte. Sie wählten die schöne Witwe des Mannes, der als letzter der Saladdinsippe die Macht in der Hand hatte. Die offizielle Herrscherin am Nil hieß nun Schagarat Ad Durr. Die Geistlichen der Al-Azhar-Moschee waren empört über die Entscheidung der Mamlukenoffiziere, eine Frau an die Spitze des Staates zu stellen. Seit Aischa, die Lieblingsfrau des Propheten Mohammed, versucht hatte, nach dem Tod ihres Mannes Einfluß auf die Politik im islamischen Staat zu gewinnen, war den Frauen jeder Zugang zu Staatsämtern verwehrt. Die Geistlichen wollten den Skandal nicht dulden. Sie protestierten so lange, bis die Mamlukenoffiziere, die sich sonst von den religiösen Männern wenig sagen ließen, einen Kompromiß fanden: Schagarat Ad Durr heiratete den angesehensten dieser Offiziere – sein Name war Aybak – und übergab ihm Repräsentationspflichten. Die eigentliche Macht aber hielt auch weiterhin das Offizierskollegium in der Hand. Es gelang der Gesamtheit, den Mann und die Frau an der Staatsspitze gegeneinander auszuspielen. Schagarat Ad Durr und Aybak gerieten in Streit wegen Äußerlichkeiten – sie konnte ihren Ehrgeiz nicht zügeln, und er wollte ihr den Glanz öffentlicher Auftritte nicht gönnen. Schagarat Ad Durr fand schließlich Helfer, die Aybak ermordeten. Doch sie überlebte ihren Mann nur um drei Tage, die Offiziere rächten den Tod ihres Kameraden.

Sie ließen zu, daß noch einmal ein nomineller Nachfolger für Schagarat Ad Durr den Palast des Herrschers am Nil bezog. Doch sie machten bald Schluß mit der Erbfolge innerhalb der traditionellen Familien. Sie vergaben die Herrschaftsbefugnis künftig unter sich. Ägypten geriet völlig unter die Herrschaft der Mamluken – nicht zum Nachteil seiner Bevölkerung.

Kaum war der wenig ernstzunehmende Kreuzzug des Heiligen Königs aus Frankreich abgeschlagen, da drangen von Osten her alarmierende Nachrichten an den Nil. Über die Grenzprovinzen des arabischen Reiches brachen Mongolenstämme herein. Dieser Angriff war Teil einer Wanderbewegung mongolischer Stämme. Sie durchzogen chinesische und persische Gebiete, erreichten Ostanatolien und bedrohten sogar Osteuropa. Sie überboten die Leistung Alexanders des Großen an Geschwindigkeit und an Umfang der Eroberungen. Im Jahre 1258 erreichten sie Baghdad, die Hauptstadt des islamischen Kalifen. Al Mustasim Billahi, der letzte der Nachfolger des Propheten Mohammed, mußte zusehen, wie Frauen und Männer getötet, wie die Häuser der großen Stadt am Tigris verbrannt, wie die Gräber seiner Vorgänger aufgerissen wurden. Der Kalif verriet – im Versuch, sein Leben zu retten – das Versteck des Staatsschatzes. Einen Tag später wurde seine nackte und zerschundene Leiche im Tigris gesehen. Sie trieb flußabwärts. Niemand wagte, sie zu bergen.

Die Mongolen waren nicht aufgebrochen, um alte und absterbende Staatsformen zu zerschlagen und durch neue zu ersetzen. Sie wollten plündern, wollten Gold und Frauen erbeuten. Al Kahira mußte ihnen als lohnendes Ziel erscheinen. Ein Jahr nachdem sie Baghdad ausgeraubt hatten, erreichten sie Syrien; ihre weitere Stoßrichtung war zu erkennen. Schnell reagierten die Mamlukenkommandeure. Sie vereinbarten Waffenstillstand mit den Kreuzrittern, die den Mongoleneinbruch ebenfalls fürchteten. Unter Führung des Mamlukensultans Qutuz gelang es dem Heer aus Ägypten im Jahre 1260, den Reitersturm aus dem Osten abzuwehren. Der Sultan und seine Nachfolger entwickkelten sogar Pläne für die Rückeroberung von Baghdad. Sie fanden jedoch nie Zeit, die Absicht auszuführen.

Als diese Mongolengefahr gebannt war, begannen die Auseinandersetzungen der islamischen Heere mit den christlichen Grafen, Baronen und Rittern erneut. Die letzten Bastionen des Kreuzritterstaates fielen bis zum Ende des 13. Jahrhunderts. Sultan Al Malik Al Ashraf Khalil vertrieb die Ritter aus Akko; diese Stadt, nördlich des heutigen Haifa gelegen, war zuletzt die Hauptstadt eines christlichen Rumpfstaates gewesen.

Das Regime der Mamluken gab dem Land am Nil ein hohes Maß an Stabilität. Die mamlukische Oberschicht, die sich den Nachwuchs weiterhin im Kaukasus kaufen ließ, war Besitzer des Bodens. Dem einzelnen Mamluken war jedoch sein Landstück nur zur persönlichen Nutzung übergeben. Hatte er Kinder, was selten geschah, dann waren sie nicht erbberechtigt. Ein zentrales Armeebüro sorgte dafür, daß Grundbesitz, der frei wurde, an einen jungen Mamluken weitergegeben wurde, der seine Ausbildung abgeschlossen hatte. Er mußte dann aus den Einnahmen, wie es Sitte war, seinen Lebensunterhalt und die Kosten für Mamluken, die ausgebildet wurden, bezahlen.

Unter dieser Eliteschicht lebte die Gesellschaftsordnung weiter, die sich in der Zeit des Saladdinclans gebildet hatte. Die Klasse der wohlhabenden Kaufleute war erhalten geblieben. Die Mamluken hüteten sich, Veränderungen zu erzwingen, die den Staatseinnahmen geschadet hätten. Im allgemeinen hatten die koptischen Händler keinen Grund, sich zu beklagen – sie konnten ungestört arbeiten und durften ihrem Gott dienen. Die militärischen Erfolge der Mamluken sorgten dafür, daß die Handelswege nach Ost und West offen blieben. Nie war die Route zum Roten Meer gefährdet; immer konnten Waren aus Indien, Persien und China nach Al Kahira und nach Alexandria gelangen.

Auch die Geistlichkeit gewann im Lauf der Jahre ihren Einfluß als Interessenvertreter der städtischen Bevölkerung zurück. Sie verstand das Denken der Mamluken *und* der Kaufleute; sie konnte ausgleichen, wenn Spannungen entstanden. Ihre Bereitschaft zur Kooperation war in den ersten Jahren der Mamlukenherrschaft durch eine geschickte Geste erworben worden: In Baghdad war ein Mann der Kalifenfamilie, die Anspruch erhoben hatte, vom Propheten abzustammen, den Mongolen entkommen – die Mamluken hatten ihn nach Al Kahira geholt, damit er ihrem Regime den Anstrich der Legitimität gab. In den Augen der Herren der Al-Azhar-Moschee galten die Mamlukenoffiziere fortan als Beschützer der Prophetenfamilie.

Der Geistlichkeit gleichgestellt waren zeitweise die wenigen Nachkommen der Mamluken. Da sie nicht zur militärischen Elite gehören durften, suchten sie Betätigung auf geistigem Gebiet. Drei der führenden Historiker Ägyptens gehörten zur Schicht der Mamlukennachkommen.

Für die Bestellung eines Mamluken zum Staatschef, der den Titel Sultan trug, hatte sich schon bald nach der Ablösung des Saladinclans ein Ritual entwickelt, das streng beachtet, aber nie in einer Verfassung festgeschrieben wurde: Die höchsten Offiziere, die sich Emire nannten, wählten aus den eigenen Reihen den Mann, der ihnen geeignet erschien, die Eliteschicht und den Staat zu führen. Parteienbildung innerhalb des Wahlgremiums war selbstverständlich. Nur solange sich der Gewählte darauf verlassen konnte, daß seine Partei zu ihm stand und auch die Mehrheit im Gesamtgremium behielt, war seine Position als oberster Heerführer und als der erste Mann der Zivilverwaltung abgesichert.

In Schwierigkeiten geriet der Mamlukenstaat nicht durch Mißwirtschaft der Verantwortlichen, sondern durch Hungersnot und Pestepidemien. Erreichte die sommerliche Nilflut nicht die Höhe, die notwendig war, um den größten Teil des Ackerlandes mit fruchtbarfeuchtem Schlamm zu bedecken, dann genügten die Ernten nicht, um alle Menschen zu ernähren. War der Nilstand zu hoch, blieb das

Wasser zu lange stehen in den Gassen der Dörfer und in den Höfen der Bauernhütten, dann verbreiteten sich Krankheitserreger – die Pest brach aus.

Die Seuche befiel in den Jahren 1348 und 1492 besonders die Schicht der Bauern und Landarbeiter. Die Folge war, daß die Erträge sanken. Davon wiederum waren die Mamluken betroffen, die von den Einkünften ihres Bodens lebten. Die Führungsschicht versuchte die Finanzlücken durch Eingriffe in die bisher freie Wirtschaftsstruktur zu schließen: Die gesamte Zuckerindustrie wurde im Jahre 1423 einer staatlichen Organisation übertragen. Die Mamlukenschicht wollte schließlich auch über die Gewinne aus dem umfangreichen Gewürzhandel verfügen.

Die staatlichen Eingriffe störten den Markt: Der Gewürzhandel ging zurück. Doch trifft die Schuld daran nicht nur die Mamluken: Einige Jahrzehnte nach Einrichtung des Staatsmonopols für Zucker und Gewürze begann die Verlagerung der Handelswege. Als die Portugiesen erfolgreich waren in ihren Versuchen, Afrika zu umfahren, da wurden die Händler in Al Kahira arm.

In die Zeit des Niedergangs fiel der Verlust der Unabhängigkeit: Im Jahre 1517 brauchte das Heer des Osmanischen Reiches nur geringe Anstrengung, um das Nildelta und Al Kahira zu erobern. Von nun an war Ägypten wieder tributpflichtig. Vierhundert Jahre lang hatte das Land von seinem Reichtum leben können; es hatte fremde Gelder an den Nil geholt. Jetzt sorgte eine Janitscharengarnison dafür, daß Steuern pünktlich dem Beauftragten des Sultans von Istanbul ausgehändigt wurden.

Entscheidungen, die das Nilland betrafen, wurden künftig drüben über dem Mittelmeer, am Bosporus, gefällt. Mitspracherecht vergab der Sultan nicht. Ägypten erhielt in der Gesamtheit des Osmanischen Reiches eine dienende Funktion zugewiesen: Es hatte Geld und Getreide zu liefern; es mußte Soldaten stellen. Für mehr als zweieinhalb Jahrhunderte verfiel Ägypten der Bedeutungslosigkeit. In dieser Zeit versank das Volk am Nil in Lethargie. Sein Wille war nicht mehr gefragt. Energieleistungen lohnten sich nicht. Die Tage waren dazu geschaffen, sie verstreichen zu lassen. Nur die Kaufleute gaben sich auch weiterhin Mühe. Sie verloren die Lust zur Initiative nicht. Sie entdeckten das Kaffeegeschäft mit dem Jemen: Die Händler von Al Kahira verkauften jemenitischen Kaffee in alle Provinzen des Osmanischen Reiches. Ihr wichtigstes Problem war die Inflation – eine Wirtschaftskrankheit, von der die Nilregion bisher nicht befallen war, die jedoch in Istanbul seit langem spürbar war. Jetzt wurde die Inflation aus der osmanischen Hauptstadt nach Al Kahira importiert.

Trotz des Einzugs der Janitscharengarnison blieben die Mamluken die regionalen Machthaber am Nil. Zwar waren sie ärmer geworden, weil sie den fremden Herren beachtliche Teile ihres Einkommens abtreten mußten. Ihre Sitten aber hatten sie nicht verändert. Sie behielten nach zweieinhalb Jahrhunderten der Zugehörigkeit zur Ordnung des Osmanenreiches ihr spezifisches System der Rekrutierung bei: Sie holten sich ihren Nachwuchs auch weiterhin aus den Gegenden des Kaukasus.

Die Mamluken waren zwar Krieger, doch sie hatten sich seit vielen Generationen nicht mehr mit anderen Kriegern messen müssen: Sie übten täglich – die Praxis des Krieges der Vergangenheit. Sie verhielten sich wie europäische Ritter nach der Erfindung der Artillerie und wollten die Veränderungen gar nicht zur Kenntnis nehmen. Entsprechend war ihre Kleidung: Ein mächtiger Turban in den Farben Gelb und Grün schmückte den Kopf; ein langer Mantel, verziert mit Kordeln und Schnüren, umhüllte den Leib; weit ausladend waren die Hosen; die Schuhe, rot gefärbt, besaßen eine längliche Spitze. Die Bewaffnung bestand aus mehreren Pistolen, einem langen Krummschwert und einem Gewehr. Jede der Waffen wog durch die Schmuckbeschläge aus Metall mehr als einfacheres, aber zweckdienliches Kriegsmaterial von gleicher Wirkung. Solange die Mamluken zu Pferde saßen, waren sie trotz der hinderlichen Kleidung und trotz der schweren Waffen von großer Beweglichkeit. An Reiterspielen konnten sie sich begeistern. Die Kraft ihrer Pferde gab ihnen Selbstbewußtsein.

Eine makabre Erinnerung an die Kaste der Mamluken ist im Cairo von heute zu betrachten. Wer die Straße benützt, die von der Zitadelle nach Nordosten führt – in weiterer Verlängerung trifft sie den Flughafen –, der bemerkt auf der rechten Seite im ebenen Gelände vor dem Mokattamhügel ein riesiges Stadtviertel niederer Häuser, auf denen Kuppeln und Minarette sitzen. Zwischen den Gebäuden befinden sich sandige Straßen, in geraden Linien, die meist im rechten Winkel aufeinander zulaufen. Einen Eindruck der Ordnung macht dieses Stadtviertel. Die Häuser aber werden nicht von Lebenden bewohnt, sondern von Toten.

Die Mamlukenkaste hat ihren verstorbenen Mitgliedern keine schlichten Gräber geschaufelt, wie dies sonst in der islamischen Welt üblich ist – sie hat ihnen Wohnungen gebaut mit Räumen, die für Familien passend gewesen wären. So knüpften die Mamluken an Gebräuche an, die zur Zeit der Pharaonen üblich waren. Damals hatten die Mächtigen ihr Grabhaus besessen, *mastab* genannt; die Mamluken ließen sich nach dem Tode aus dem Stadthaus in das vorbereitete Totenhaus tragen. Die Moscheen, die sich mächtige Mamluken in der Totenstadt haben bauen lassen, gehören zu den auffälligsten Werken arabischer Architektur des 15. Jahrhunderts. In fünf der Moscheen sind Sultane der Mamlukenzeit beerdigt.

Ganz so still, wie die Totenstadt einst war, ist sie heute allerdings nicht mehr. Obgleich die Häuser nicht an das Wassernetz der Stadt Cairo angeschlossen sind und keine Verbindung zu Abwasserkanälen besitzen, sind sie von Familien bezogen worden. Die Nähe zum Tod ist ihnen gleichgültig, wenn sie nur ein Dach über dem Kopf haben. Menschen, die der Not im Cairo der Lebenden entfliehen wollen, suchen Platz im Cairo der Toten.

# Bonapartes Schwert öffnet den Nil dem Westen

Napoleon Bonaparte beschreibt die Nilflut des Jahres 1798 – und ihre Folgen.

»Der Nil versprach eine viel stärkere Überschwemmung als in den vorhergehenden Jahren. Die Stadt Cairo war deshalb illuminiert und befand sich die ganze Nacht und noch acht weitere Nächte in einem Freudentaumel. Bald wurden die öffentlichen Plätze von Cairo zu Seen, manche Straßen zu Kanälen; Gärten und Wiesen waren mit Wasser bedeckt, aus dem die Bäume herausragten. Im September bot ganz Ägypten, von der Höhe der Pyramiden oder vom Saladdinpalast aus gesehen, den Anblick eines Meeres. Dies war ein herrliches Schauspiel. Städte, Dörfer, Bäume, Heiligengräber, Minaretts, Grabkuppeln schwammen auf dieser glatten Wasserfläche, die nach allen Richtungen hin von Tausenden von Booten mit großen und kleinen weißen Segeln befahren wurde.

Im Dezember trat der Nil wieder in sein Bett und in die Kanäle zurück. Ganz allmählich erschien das Land wieder. Tausende von Bauern begannen ihre Arbeit. Sie brachen die Schollen auf und warfen Samen in den Boden. Sie säten alle Arten von Korn und Gemüse. Einige Wochen darauf fanden schon die ersten Ernten statt. Der Anblick dieser lachenden Ebenen, die mit reichen Früchten bedeckt waren, wurde als zauberhaft empfunden. Die Soldaten glaubten sich in das schöne Italien zurückversetzt. Welch ein Gegensatz zu dem Anblick, den die dürren, verbrannten Flächen vor kaum einem halben Jahr, in den Monaten Juni und Juli, geboten hatten!«

Der Flut vorausgegangen war, wie in jedem Jahr, die Sorge, ob die Höhe der Flutwelle ausreichen würde, um das Land im Delta mit Wasser zu bedecken. Zwar gab es seit dem Altertum eine Reihe von

Wasserstandsmessern – das wichtigste und älteste dieser »Nilometer« war auf der Insel Elephantine beim Ersten Katarakt eingerichtet –, doch das Meldesystem war nicht mehr funktionsfähig. So erfuhren die Verantwortlichen in Cairo nicht mehr, mit welcher Macht das Nilwasser die südlichen Provinzen Ägyptens durchströmte. Sie waren an Ort und Stelle, in Cairo selbst, auf die eigenen Beobachtungen angewiesen.

Napoleon Bonaparte berichtet, am 18. August 1798 sei der Nil bei der Insel Ruda, die zu Cairo gehört, auf den Pegelstand von 7 Metern angestiegen. Damit war eine Marke erreicht, die genügend Wasser für alle Felder und damit eine gute Chance für reiche Ernte versprach. Bonaparte, der sich in Ägypten Sultan Al Kabir, der Große Sultan, nennen ließ, gab das Zeichen für den Beginn der Festlichkeiten, durch die eine üppige Nilflut begrüßt wurde.

Fünf Wochen zuvor waren Bonaparte und sein Expeditionskorps nach Ägypten gekommen, zur Zeit des tiefsten Nilwasserstandes. Feldherr, Offiziere und Soldaten kannten vielversprechende Erzählungen vom wunderbaren Fluß, und sie hatten sich zunächst auch durchaus bei der ersten Begegnung mit ihm zur Begeisterung hinreißen lassen. Bonaparte notiert am 10. Juli 1798: »Um 9 Uhr morgens erreichte das Heer den Nil und begrüßte mit Freudengeschrei den Anblick. Generale und Soldaten stürzten sich in voller Uniform in das Wasser, um sich zu erfrischen.«

Doch schon bald darauf bemerkten die Franzosen zu ihrem Erstaunen, daß dieser Nil eigentlich ein seichtes, schlammiges Rinnsal war und keineswegs würdig, als Wunderstrom bezeichnet zu werden. Die Soldaten fragten sich, warum sie von der Regierung in Paris an dieses dürftige Bassin schmutziger Brühe befohlen worden waren, das keinen Vergleich aushielt zu den Tälern von Seine und Tiber. In ihrer Unzufriedenheit sprachen viele aus, was nahezu die Wahrheit war: »Wir mußten an den Wüstenfluß, weil einige in Paris Bonaparte los sein wollten!«

Als Sieger des Italienfeldzugs war Bonaparte im Dezember 1797 nach Paris zurückgekehrt. Dem Direktorium, das in dieser nachrevolutionären Zeit Frankreich regierte, gefielen Ruhm und Popularität des jungen Generals nicht. Die Politiker fürchteten, er könnte versucht sein, ihr farbloses und korruptes Regime durch einen Putsch zu beseitigen. Ihnen war jeder Plan recht, der vorsah, Bonaparte im Ausland zu beschäftigen. Als wichtig für das französische Vaterland empfand das

Direktorium das Vorhaben eines Feldzugs zum Nil, der wiederum den Anfang einer Militärexpedition nach Indien sein konnte. Am Nil – und besser noch am Indus –, so glaubten die Direktoren, werde der junge und brillante Mann keine Gefahr für die bequem gewordenen Politiker, die eine blutige Revolution durchlebt hatten, darstellen. Bonaparte hätte zwar gerne Krieg mit England geführt, das damals seinen Neid auf die Kontinentalmacht Frankreich nicht verbergen konnte, doch er fand wenig Unterstützung: Der Angriff auf die Insel England wurde – mit Recht – als außerordentliches Wagnis betrachtet. War die direkte Attacke risikoreich, so konnte vielleicht ein Schlag gegen Englands Interessen in Übersee weniger gefährlich und trotzdem erfolgversprechend sein. Die Herren der britischen Insel hatten ihren Blick in Richtung Indien gerichtet. Ihre Macht konnte untergraben und schließlich zum Einsturz gebracht werden, wenn Indien ihrem Einfluß entzogen wurde. Das Direktorium befand, Bonaparte sei der richtige Befehlshaber für den Marsch der Franzosen nach Indien. In Ägypten habe dieser Marsch zu beginnen.

Klarsichtig erkannte der General, daß Frankreichs Position in Europa keineswegs gefestigt war. Selbst im eigenen Land waren Unruhen ausgebrochen. Auf seine Bemerkung, die Regierung werde ihn wohl auch im europäischen Konfliktherd benötigen, ließ das Direktorium die Vorbereitung zum Feldzug am Nil nur beschleunigen. Bonaparte wurde außer Landes geschickt.

Der ehrgeizige Mann durchschaute die Intrige genau, doch er wehrte sich nicht gegen die Behandlung durch das Direktorium. Die Expedition zum Nil brachte ihn auf den Weg, den Alexander der Große einst beschritten hatte. Bonapartes Vorbild war vom Nil ins Zweistromland von Tigris und Euphrat und von dort aus bis zum Indus geritten. Diese ruhmreiche Tat wollte Napoleon wiederholen. Er war noch keine dreißig Jahre alt – doch nach seiner Meinung war die Zeit gekommen, sich im Buch der Weltgeschichte an die Seite des legendären Feldherrn zu stellen.

Seine Zeitrechnung für den Feldzug sah so aus: »Ein berittenes Heer von sechzigtausend Mann mit fünfzigtausend Kamelen und zehntausend Pferden, das für fünfzig Tage Lebensmittel und für sechs Tage Wasser bei sich führt, kann in vierzig Tagen vom Nil aus den Euphrat erreicht haben. Vier Monate später wird es am Indus kampieren.«

Um einen politischen Grund, um eine halbwegs stichfeste rechtliche Begründung für die Besetzung des Nillandes kümmerte sich weder das Direktorium noch Bonaparte selbst. Bei der Landung des Expeditionskorps in Alexandria wurde dem Volk von Ägypten in einer Proklamation dieser Grund für die Besetzung genannt: »Seit recht langer Zeit schon beschimpfen die Herren Ägyptens das Ansehen Frankreichs. Die Stunde ist gekommen, sie zu züchtigen. Allah, von dem alles abhängt, hat gesagt: Die Herrschaft der Mamluken ist zu Ende!«

Seit nahezu einem halben Jahrtausend waren die Mamluken mächtig in Ägypten – wenn sie sich auch ihre Souveränität von Herrschern bedeutenderer Mächte bestätigen lassen mußten. Vom persischen Schah waren sie zu Beginn des 16. Jahrhunderts abhängig gewesen, doch schon im Jahre 1516 hatte die Eroberung des Nillandes durch den Sultan der Osmanen begonnen, der in Konstantinopel regierte. So war Ägypten zur Provinz des türkischen Reiches geworden, ausgeliefert den Eroberern – und den Mamluken, die mit Genehmigung des Sultans weiterhin die regionalen Herrscher in Cairo blieben.

In Politik und Wirtschaft der damaligen Welt hatte Ägypten jede Bedeutung verloren. Die Erschließung des Handelswegs rings um Afrika nahm dem Nilland den Wert einer Transitstation im Netz der wichtigen Verkehrsrouten: Waren aus Indien brauchten Ägypten nicht mehr zu passieren. Die Handelsgesellschaften profitierten davon, daß sie ihre Güter aus Indien mit einem einzigen Transportmittel, mit dem Schiff, befördern konnten. Der Wechsel zwischen Seeweg und Landweg war entfallen. So wurde Ägypten im Welthandel nicht mehr gebraucht.

Je weniger Ägypten beachtet wurde, desto eher konnte der Clan der Mamluken am Nil herrschen, wie er wollte. Da die Angehörigen des Clans aus Prinzip keine Ägypterinnen heirateten, besaßen sie keinerlei Blutsbindung an die Bevölkerung. Seit Jahrhunderten war der Kreis der Mamluken allein durch Kauf junger christlicher Männer aus verarmten Familien im Gebiet des Kaukasus aufgefrischt worden. Diese Männer, zu islamischen Kriegern ausgebildet, lebten im Bewußtsein, Frauen und Liebe seien zu verachten, da sie den Mann von der Aufgabe abhalten könnten, Krieg zu führen. Nur wenige aus der Kriegerkaste besaßen einen Harem – und wenn sie Frauen zu ihrem Haushalt zählten, dann meist aus Prestigegründen und nicht, um das eigene Blut fortzupflanzen. Beim Verzicht auf eigene Kinder war auch das Wissen treibendes Motiv, daß innerhalb der Kaste keiner eine bedeutende Stellung einnehmen konnte, der in Ägypten geboren war. Wer befehlen wollte, der mußte aus dem Kaukasus stammen.

So waren die Mamluken eine sterile Kaste geworden, befangen in der Vorstellung, ihre Mitglieder seien als Krieger die höchstmögliche Vollendung des Mannes. Daß ihre Art, Krieg zu führen, veraltet war, dieser Gedanke kam ihnen gar nicht.

Das Volk der Ägypter hatte die lange Zeit der Mamlukenherrschaft als gottgewollt ertragen. Es hatte von der außenpolitischen Stabilität profitiert. Die Erfahrung war ihm dazuhin vertraut, daß jede fremde Regierung das Nilland ausbeuten wollte. Von den Franzosen erwartete das Volk dieselbe Absicht, sogar in stärkerem Maße.

Den Ägyptern konnte deshalb der von Bonaparte genannte Grund zur Eroberung des Landes nicht einleuchten – er war selbst den französischen Soldaten unverständlich. Der Feldherr hält in seinen Erinnerungen als bemerkenswert fest, daß sich einige der Soldaten in den Nil gestürzt hätten, um einen schnellen Tod zu finden. Ein Motiv für die Selbstmorde wußte Bonaparte nicht zu nennen. Ein »Spleen«, so meinte er, sei schuld daran: In den Wochen vor der Ankunft der Flut habe sich in der Armee ein eigentümlicher Haß auf den Fluß entwickelt. Die Männer hätten zwar bei jeder Marschpause die Gelegenheit zu einem Bad benützt, seien aber meist sofort wütend auf den Nil und auf die militärische Führung geworden, die für die Expedition verantwortlich war.

Bonaparte erinnert sich später, daß er häufig mit folgenden Argumenten zu den Soldaten gesprochen habe: »Dieser Nil, dessen Anblick so wenig seinem Ruhm entspricht, beginnt bald zu steigen. Dann wird er alles rechtfertigen, was uns von ihm erzählt worden ist. Bald wächst Getreide, und ihr werdet euere Handmühlen in Betrieb nehmen und Brot backen können. Dieses nackte, traurige und eintönige Land, in dem das Marschieren so beschwerlich fällt, wird bald von Pflanzen bedeckt sein. Der Nil wird aussehen wie der Po.«

Am 19. Juli fanden die Tage der Enttäuschung ein Ende: Die Armee erreichte die Spitze des Nildeltas und war damit nur noch 12 Kilometer von Cairo entfernt. Durch das Fernglas konnte Bonaparte die Pyramiden erblicken. Zwischen ihnen und dem Nil hatte der Feind, die Mamlukentruppe, Stellung bezogen. Bonaparte wußte, daß Murad

Bey, der Kommandeur der Mamluken, geschworen hatte: »Am Fuße der Pyramiden, die von unseren Vorfahren erbaut worden sind, werden die Franzosen ihr Grab finden.« Zwei Tage später aber blieb dem Mamlukenheer, dessen Kämpfer zwar prächtig gekleidet, aber altertümlich und unzureichend bewaffnet waren, keine Chance für einen Sieg.

Bonaparte schildert die Situation des Feindes aus späterer Sicht so: »Als die Soldaten aus der Ferne die vierhundert Minaretts von Cairo sahen, da stießen sie ein tausendfältiges Freudengeschrei aus. Endlich sahen sie den Beweis, daß am Nil wirklich eine große Stadt vorhanden war, die sich mit den Siedlungen, die sie seit ihrer Landung gesehen hatten, nicht vergleichen ließ. Um 9 Uhr war die Schlachtlinie des feindlichen Heeres zu sehen. Der rechte Flügel, bestehend aus zwanzigtausend Mann, befand sich am linken Ufer des Nil in einem verschanzten Lager, das mit vierzig Geschützen bestückt war. Zentrum und linken Flügel bildete eine Reitertruppe, die zwölftausend Mann stark war. Jeder dieser zwölftausend war ein Mamluke, ein Sheikh oder ein anderer Ägypter von Bedeutung. Sie saßen alle prächtig zu Pferde und hatten jeweils drei bis vier Männer zu ihrer Bedienung bei sich. Den äußersten linken Flügel bildeten achttausend Beduinen zu Pferde. Ihr Stützpunkt an der Flanke waren die Pyramiden. Die ganze Schlachtlinie vom Nil bis zu den Pyramiden hatte eine Ausdehnung von mehr als 13 Kilometern. Der Nil vermochte kaum ihre Schiffe zu fassen. Die Masten glichen einem Wald. Das rechte Ufer war von der ganzen Bevölkerung Cairos bedeckt: Männer, Weiber und Kinder waren hinausgeeilt, um diese Schlacht zu sehen.«

Murad Bey, der Befehlshaber der ägyptischen Schlachtlinie, war offenbar der Meinung, die Franzosen würden sich blind auf das verschanzte Lager am Nil werfen. Doch Bonapartes Generalstabsoffiziere gaben den Rat, die eigene Truppe müsse außerhalb der Reichweite der vierzig Geschütze bleiben, die in diesem Lager feuerbereit standen. Die Generalstäbler empfahlen den Angriff in der Mitte der feindlichen Linie. Als Bonaparte der Empfehlung folgte, ordnete Murad Bey den Gegenangriff an. Die französische Infanterie aber bildete sofort ihre bevorzugten viereckigen Verteidigungsformationen, Karrees genannt, die rundum zur Abwehr fähig waren. Solche Vierecke, in denen Hunderte von Männern mit Gewehren im Anschlag dicht gedrängt standen, entwickelten eine gewaltige Feuerkraft gegen anstürmende

Infanterie – vor allem aber auch gegen Kavallerie, da die Pferde leicht zu treffende Ziele waren. Verwundbar aber wurden die Karrees, wenn sie in die Reichweite feindlicher Artillerie gerieten. Allein schon der Aufprall der Geschosse riß viele Männer um und ließ so in den Seiten der Vierecke Breschen entstehen. Dieser Gefahr entging Bonapartes Infanterie; sie hielt sich von den Geschützen der Ägypter fern. Der Angriff der feindlichen Reiterei aber wurde durch das konzentrierte Abwehrfeuer der Karrees gebrochen. Die Ägypter waren bereits durch den Blick auf die sich präzise formierenden Vierecke verwirrt und um den Angriffsschwung gebracht. In ihrem Repertoire der Kriegskunst waren solche taktischen Finessen nicht vorgesehen.

Als der Erfolg des eigenen Angriffs ausblieb, wandte sich die ägyptische Reiterei zur Flucht. Bonaparte beobachtete: »Die Reiter versuchten ihr Glück an unterschiedlichen Stellen. Sie schwankten hin und her. Dorthin, wo sie den geringsten Widerstand fanden, flohen schließlich Reiter und Pferde: Sie warfen sich in den Nil. In seinem Wasser versanken mehrere tausend Reiter. Ich sah keinen, der das andere Ufer erreichen konnte. Das verschanzte Lager leistete nach der Flucht der Kavallerie keinen Widerstand mehr. Das Fußvolk versuchte sich in Kähnen über den Nil zu retten, andere schwammen. Die meisten ertranken.«

Das Zeichen zum Rückzug gab der Kommandeur der Mamluken auf eigentümliche Weise: Er ließ die vielen Schiffe seiner Flottille auf dem Nil anzünden. Bonaparte amüsierte sich zunächst über das Feuerschauspiel, doch endete das Amüsement des Feldherrn rasch, als ihm mitgeteilt wurde, daß sich auf diesen Schiffen der Staatsschatz Ägyptens und das bewegliche Privateigentum der Mamluken befand. Aus den berstenden Schiffsrümpfen versank das Gold in den Nil. Wenige der Goldbarren und der silbernen Gegenstände konnten jemals geborgen werden. Ungehoben liegt bis heute der Besitz der Mamluken im Schlamm des Nilbetts.

Ein Teil der ägyptischen Armee war am Ostufer des Nil postiert gewesen, um im Falle einer kritischen Situation für Murad Bey die Hauptstadt zu sichern. Als die Soldaten sahen, wie Tausende sich vom anderen Ufer in den Nil stürzten, da flohen sie ohne Besinnung. Die Offiziere zerrten noch Teile ihres Mobiliars aus den Häusern und luden es auf Wagen, dann ritten auch sie davon in Richtung der Halbinsel Sinai.

Bonaparte bezog Quartier in einem Landhaus des Murad Bey an den Pyramiden. Er konnte sehen, wie im nächtlichen Cairo ein Brand nach dem anderen aufflammte. Die Masse der Armen plünderte die Stadtviertel der Reichen, deren Häuser jetzt leerstanden. Auch die Kasernen der Mamluken brannten in dieser Nacht nieder. Der Reichtum einer Kaste wurde vernichtet. Zu plündern blieb den Franzosen nur das Gepäck des Beys und der Offiziere, die sich aus dem verschanzten Lager davongemacht hatten; hinter den Gräben und Wällen am Fluß fanden die Sieger Teppiche, Porzellan und Silbergegenstände. Bald aber sprach es sich in den Lagern der Franzosen herum, daß die Mamluken während der Schlacht meist beachtliche Geldbeträge in den Brusttaschen aufbewahrt hatten. Das Gelände zwischen Nil und Pyramiden wurde nach toten Mamluken abgesucht. Die Leichenfledderer fanden häufig zweihundert oder auch dreihundert Goldstücke bei den Toten. Als an Land kein Mameluk mehr zu finden war, begann die Suche im Nil: Treibende Leichen wurden aufgefischt; die Schilfränder des Flusses wurden durchstöbert. Einige der Franzosen fanden reiche Entschädigung für die Strapazen der Schiffsreise und des Marsches in der Sonnenhitze des Nildeltas.

Kaum hatte sich die Besatzungsmacht in der Hauptstadt eingerichtet, da traf die französische Ägyptenarmee ein harter Schlag: Dem englischen Admiral Nelson gelang es, die Flotte der Franzosen vor der Küste des Nildeltas zu vernichten.

Sobald die englische Regierung erfahren hatte, daß ein französischer Schiffsverband unterwegs war, um in den Vorderen Orient zu segeln, war von London aus das Mittelmeergeschwader alarmiert worden. Admiral Nelsons Schlachtschiffe und Fregatten hatten sich auf die Suche gemacht nach Bonapartes Flotte. Überall in den Häfen, in denen sie sich erkundigten, wurde den Kapitänen mitgeteilt, die Gesuchten seien zwar gesichtet worden, sie hätten jedoch ihren Kurs nach Osten weiterverfolgt. Nur in Alexandria war Nelson vor Bonaparte eingetroffen. Als der britische Admiral von den Hafenbeamten Auskunft verlangte über den Verbleib des Franzosen, da konnte ihm keine Antwort gegeben werden. Niemand wußte, daß sich Bonapartes Schiffe noch 130 Kilometer westlich von Alexandria befanden. Nelson war bei der Ausfahrt von Alexandria der Meinung, er sei getäuscht worden; Bonaparte habe gar nicht Ägypten zum Ziel gehabt, sondern England.

Zur Vorsicht überprüfte Nelson noch die Dardanellen und ankerte dann vor dem sizilianischen Hafen Syracus, um Wasser für den Rückweg an Bord zu nehmen. Von der Besatzung eines griechischen Schiffes, das aus Alexandria kam, erfuhr Nelson schließlich, daß Bonaparte bereits dort gelandet war.

Bonaparte hatte dem für die französische Flotte verantwortlichen Admiral Brueys Befehl gegeben, in den Hafen von Alexandria einzulaufen, um sicher zu sein vor britischen Überfällen. Der Admiral war jedoch der Meinung, die Hafeneinfahrt sei nicht tief genug – er beließ die Schiffe auf ihrem Ankerplatz. Er verweigerte Bonapartes Befehl auch aus triftigem Grund: Er hatte noch keine Nachricht empfangen, ob die französische Armee vor Cairo einen Sieg errungen oder eine Niederlage erlitten hatte. Der Admiral bereitete sich darauf vor, eine geschlagene Truppe an Bord nehmen zu müssen.

Am Abend des 1. August traf Nelsons Flotte wieder vor Alexandria ein. Der französische Admiral glaubte nicht an ein Gefecht während der Nachtstunden, doch Nelson handelte ohne Rücksicht auf die Tradition von Seeschlachten: Er ließ die Attacke beginnen. Als um 10 Uhr das französische Schlachtschiff »Orient« explodierte, da wußten Bonapartes Seeleute, daß sie verloren hatten. Admiral Brueys wurde auf seiner Kommandobrücke tödlich getroffen.

Als in Cairo die Nachricht eintraf von der nahezu vollständigen Vernichtung der Schiffe, auf denen Bonapartes Heer nach Ägypten gekommen war, wurden viele Soldaten – mit gutem Grund – von Verzweiflung gepackt. Sie waren abgeschnitten von der Heimat; da gab es kein Transportmittel mehr für die Fahrt nach Hause. Bonaparte berichtet, er habe Offiziere und Soldaten mit diesen Worten aufgemuntert: »Nun sind wir eben genötigt, große Dinge zu unternehmen. Wir werden sie vollbringen. Wir haben vor, ein großes Reich zu gründen, und wir werden diese Absicht in die Tat umsetzen. Es ist wahr, ein Meer, das wir nicht beherrschen, trennt uns vom Vaterland. Aber kein Meer trennt uns von Afrika und von Asien. Wir sind viele – und viele werden zu uns stoßen. Wir haben ausreichende Munitionsvorräte. Gehen sie zu Ende, werden wir uns eben neue Munition herstellen!«

Der Marsch vom Nil zum Indus sollte die Gründung des »großen Reiches« möglich machen. Die Chancen dazu kalkulierte Bonaparte so: »Die Engländer unterhalten ein Heer in Indien von hundertfünfundzwanzigtausend Mann. Davon sind dreißigtausend Europäer. Diese Truppen verteilen sich allerdings über ein sehr weites Land. In Indien leben auch kriegerische Völker, die Mahratten und die Sikhs zum Beispiel, die noch nicht von den Engländern unterworfen sind. Sie bilden eine Masse von Streitkräften, die jederzeit bereit sind, sich einem französischen Heer anzuschließen. Um aber mit Aussicht auf Erfolg einen Krieg in einem derart entlegenen Gebiet führen zu können, ist der Besitz Ägyptens als Sammelplatz für Menschen und Material Voraussetzung. Ägypten ist von Toulon 2700 Kilometer und von Malabar 6600 Kilometer entfernt. Besitzt Frankreich Ägypten als festes Eigentum, dann bringt es ganz von selbst früher oder später auch Indien unter seine Herrschaft. Der reiche Handel mit dem Morgenland muß dann wieder den alten Weg durch das Mittelmeer und durch das Rote Meer einschlagen.«

Bonaparte zog Folgerungen aus dem Ablauf des Feldzugs, den sein Vorbild Alexander durchgeführt hatte: »Alexander drang in Indien ein, nachdem er den Indus an seinem Oberlauf überschritten hatte. Auf dem Rückzug nach Babylon erlitt sein Heer große Verluste. Die Erklärung liegt darin, daß die Truppe nicht für den Wüstenmarsch ausgerüstet war. Wenn man Schiffe hat, kann man über den Ozean segeln; wenn man Kamele hat, ist die Wüste kein Hindernis mehr. Ein Heer, das auf Kamelen reitet, kann in 30 bis 45 Tagen von Ägypten nach Babylon gelangen. Auf dem weiteren Weg wird es große und schöne Städte finden, wo sich die Soldaten mit Lebensmitteln für den Zug bis zum Indus versorgen können. Wenn die Armee im Oktober aus Ägypten abreist, kann sie im März ihren Bestimmungsort erreicht haben.«

Bonaparte überlegte, wie die Armee auf den für den Feldzug notwendigen Personalstand zu bringen sei: »Die Truppe besteht nur aus dreißigtausend Mann. Der Organisationsrahmen ist aber so ausgelegt, daß er auch für sechzigtausend Mann hinreicht. Die Armee kann also dreißigtausend eingeborene Rekruten in ihre Reihen aufnehmen.«

Den Gedanken, diese Rekruten in Cairo und in den Städten des Nildeltas anzuwerben, verlor Bonaparte rasch wieder aus dem Kopf. Seit vielen Generationen war den Männern Ägyptens die Last des Militärdiensts durch die Mamluken abgenommen worden; ihre Mentalität hatte sich weit entfernt von kriegerischem Geist, von notwendiger Disziplin. Dem Versuch, die Fellachensöhne zu Soldaten auszubilden, gab Bonaparte keine Chance. Die Männer, die am Oberlauf des Nil lebten, hielt er für kriegerischer. In jener noch wenig erforschten Gegend wollte Bonaparte fünfzehntausend schwarze Sklaven kaufen lassen. Weitere fünfzehntausend Männer sollten in Nubien angeworben werden sowie unter den Griechen, Kopten und Syrern, die in Ägypten und an Ägyptens Rändern lebten. Reittiere für die sechzigtausend Mann und für die Beförderung der Lasten waren im Nildelta zu beschaffen. Bonaparte notierte: »In Ägypten ist alles zu bekommen: Wir benötigen zwanzigtausend Pferde, fünfzehntausend Maultiere – vor allem aber fünfzigtausend Kamele. An Wasserschläuchen, an Reis, Mehl und an allem, was das Heer braucht, besteht kein Mangel.«

In Cairo paßte Bonaparte den Zeitplan, den er bereits in Frankreich ausgearbeitet hatte, der Wirklichkeit an: »Bis zum Oktober 1799 muß das Nilland erobert sein. Bis dahin sind Rekruten gekauft, angeworben und ausgerüstet. Pferde und Kamele sind besorgt. Im Herbst 1799 hat der Marsch zu beginnen.« Bereits vor seiner Abreise aus Paris hatte Bonaparte mit der Marinebehörde verabredet, daß bedeutende Teile der französischen Flotte im Frühjahr 1799 zur Küste Indiens segeln sollten, um vom Meer aus Bonapartes Vormarsch zu unterstützen.

Bonaparte wußte von der Sinnlosigkeit aller Pläne, vom Nil zum Indus zu reiten, wenn es nicht gelang, Ägypten fest in die Hand zu bekommen. Er versuchte mit Einfühlungsvermögen, die Menschen für sich zu gewinnen. Die Geistlichkeit hatte zunächst argwöhnisch auf Anzeichen gewartet, ob der Feldherr aus dem christlichen Lande Frankreich die Absicht habe, der islamischen Religion zu schaden und das Christentum am Nil zu fördern. Die Geistlichen fürchteten, jetzt breche die Zeit der Kopten an, die bisher hinter den Prioritätsansprüchen der Moslems hatten zurückstehen müssen. Doch die Herren der Moscheen bemerkten zu ihrer Überraschung, daß die Fremden keine Kirchen bauten, ja, nicht einmal Gottesdienste abhielten. Die islamischen Geistlichen sahen darin ein günstiges Zeichen: Zwar waren die Eroberer keine Moslems – doch »Götzendiener« waren sie offenbar auch nicht. Die Herren der Al-Azhar-Moschee, die als Autoritäten auf dem Glaubensgebiet galten, nahmen zur Kenntnis, daß die französische Armee seit der Zeit der Revolution die Verehrung des christlichen Gottes abgeschafft hatte.

Bei Empfängen, die Männern aus Cairo galten, legte der Feldherr der

Franzosen weite Umhänge und Pluderhosen an; er setzte sich auch einen Turban auf. So glich er sich seinen Gästen an. Wenn sie mit ihm sprachen, nannten sie ihn Sultan Al Kabir. Bei solcher Gelegenheit fand Bonaparte Worte, die sowohl den Geistlichen wie den bürgerlichen Honoratioren gefielen: »Wie kommt es, daß Ägypten, das Land am heiligen Nil, von Leuten beherrscht wird, die aus dem Kaukasus stammen? Wenn Mohammed heute vom Himmel auf die Erde herabstiege, wohin würde er sich wenden? Etwa nach Mekka? Dort befände er sich nicht im Mittelpunkt der islamischen Herrschaft. Etwa nach Konstantinopel? Das ist keine heilige Stadt. Dort wohnen mehr Ungläubige als Gläubige. Er wäre dort mitten unter seinen Feinden. Nein, er würde das heilige Wasser des Nil vorziehen. Er würde in der Moschee Al Azhar wohnen, denn sie besitzt den geistigen Schlüssel zur heiligen Kaaba.«

Bonaparte bemerkte voll Genugtuung, daß die Geistlichen ihre Oberkörper nach vorne neigten und mit gekreuzten Armen »Taijib! Taijib!« riefen — »gut! gut!«. Sheikh As Sherkawi, der Oberste der Gelehrten, die zur Moschee Al Azhar gehörten, machte schließlich den Vorschlag, Bonaparte, der ohnedies zeitweise schon die Kleider der Moslems trage, solle sich vollends zum Islam bekennen. Wenn dies geschehe, würden hunderttausend Ägypter und nochmals hunderttausend Araber aus Mekka und Medina zu ihm stoßen, um mit ihm, in gewaltigem Zug, nach Osten zu marschieren.

Bonaparte — der immer überzeugt war, ein Mensch solle bei der Religion bleiben, in der er geboren worden ist — antwortete dem Sheikh: »Zwei große Schwierigkeiten stellen sich dem Übertritt meiner Person und meines Heeres zum Islam in den Weg. Die erste Schwierigkeit ist die Beschneidung. Die zweite ist das Verbot des Weintrinkens. Von Kindheit an sind meine Soldaten an den Wein gewöhnt. Ich werde sie niemals dazu überreden können, darauf zu verzichten.«

Diese Worte lösten einen Disput unter den sechzig Geistlichen der Al-Azhar-Moschee aus. Nach tagelangem Abwägen der Äußerungen des Propheten und der religiösen Grundsätze der Überlieferung machte eine Delegation aus den Reihen der Sechzig Bonaparte mit dem Ergebnis der Beratungen bekannt. Er berichtet selbst: »In ihrem Dokument hieß es, die Beschneidung sei eine Auszeichnung. Der Prophet habe sie nur empfohlen. Ein Mann könne also auch ohne Beschneidung Moslem sein. Was das zweite Problem angeht, so könne man wohl Wein trinken und trotzdem Moslem sein. Aber in diesem Falle befinde man sich im Zustand der Sünde und habe keine Hoffnung, die Belohnungen zu erlangen, die den Auserwählten versprochen seien.«

Bonaparte schreibt in seinen Erinnerungen, er habe seine Freude zum Ausdruck gebracht, daß die Beschneidung für ihn und das Heer nicht Vorbedingung sei, um in den Kreis der Moslems aufgenommen zu werden. Dann aber habe er vom tiefen Schmerz gesprochen, wenn er daran denke, daß er zwar Moslem werde, aber sich gleichzeitig als Sünder gegen die Gebote des Himmels wende. Die Geistlichen, so meint Bonaparte, seien von unterschiedlicher Standhaftigkeit gewesen. Nicht alle hätten die Gewohnheit, Wein zu trinken, verurteilt.

Die Uneinigkeit führte zu neuen Beratungen, an deren Ende die Geistlichen dieses Urteil abgaben: »Neubekehrte können Wein trinken und trotzdem gute Moslems sein. Sie müssen jedoch die Sünde durch gute Werke und wohltätige Handlungen ausgleichen. Der Koran befehle, daß jeder mindestens den zehnten Teil seines Einkommens als Almosen zu geben habe. Moslems, die Wein trinken wollen, sollen verpflichtet sein, diese Almosen auf den fünften Teil ihres Einkommens zu erhöhen.«

Bonaparte sagte den Geistlichen, dieses Urteil befriedige ihn. Er werde jedoch ein Jahr benötigen, um seinen Soldaten die Notwendigkeit des Übertritts zum Islam deutlich zu machen. Dazuhin ließ er bekanntgeben, es werde bereits an Plänen gearbeitet für eine Moschee, die so groß angelegt sei, daß sie die ganze Armee am Tag des Übertritts aufnehmen könne.

Doch kein Vierteljahr verging, da spürten die Geistlichen und die Bewohner von Cairo, daß Bonaparte, der Sultan Al Kabir, mit ihren religiösen Empfindungen und Hoffnungen gespielt hatte. Der Sheikh der Moschee Al Azhar zahlte den Franzosen die Täuschung durch die Mitteilung heim, ihm sei ein Mann gezeigt worden, der beim Freitagsgebet offen zum Attentat gegen Napoleon aufgefordert habe – um kein Aufsehen zu erregen, sei der Mann daraufhin aus der Stadt geschickt worden. Der Sheikh fügte hinzu, es könne aber wohl möglich sein, daß sich noch andere Männer derselben Gesinnung in der Hauptstadt aufhalten.

Daß der Sheikh recht hatte, erwies sich wenige Tage später: General Dupuy, der französische Stadtkommandant von Cairo, wurde durch einen Lanzenstich getötet, als er und die Soldaten einer Dragonereinheit eine Demonstration auseinandertreiben wollten. Sofort verbreitete sich in der Stadt das Gerücht, der Sultan Al Kabir selbst sei ermordet worden und die Franzosen rächten sich jetzt durch Grausamkeit gegenüber den Bewohnern von Cairo. Die Muezzin riefen Verwünschungen gegen die Franzosen von den Minaretts der Moscheen. Sie forderten die Gläubigen auf, die Moscheen zu verteidigen. Die Händler schlossen die Läden in den Suks, in den Bazars; dies gilt heute noch als untrügliches Zeichen, daß Unheil droht.

Sechs Franzosen, die sich allein in der Stadt befanden, wurden erschlagen. Auf Stangen trug die Meute die Köpfe der Toten zur Al-Azhar-Moschee. Die Geistlichkeit ließ zu, daß die blutigen Trophäen am Haupteingang befestigt wurden. In der Moschee bildete sich ein Verteidigungsausschuß, der den Kampf gegen die Franzosen leiten sollte. Vorsitzender wurde Sheikh As Sadat.

Die Artillerie der Franzosen bekam Befehl, auf die Stadtviertel der Aufständischen zu schießen. In kurzen Abständen schlugen ihre Granaten in den Hof und in das Dach der Moschee Al Azhar ein. Aufgeteilt in vier Angriffskolonnen, rückte Infanterie aus den Lagern aus, um die Stadt zu stürmen. Die Kolonnen trafen schließlich bei der Moschee zusammen. Da aus Toren und Fenstern geschossen wurde, mußte das heilige Gebäude gewaltsam eingenommen werden. Mit Einbruch der Dunkelheit war der Aufstand niedergeschlagen. Bonaparte bemerkt in seinen Erinnerungen: »Die Nacht war still und düster.« Hundert Franzosen hatten während des Aufstands ihr Leben verloren; zwanzig der Toten waren Offiziere. Die Zahl der toten Ägypter war ungleich höher, doch sie wurde nie registriert. Die Sieger erschossen achtzig der Aufrührer ohne Gerichtsverfahren an der Mauer der Zitadelle.

Vorüber war der Traum, die Ägypter würden in großer Zahl dem Feldherrn Bonaparte, dem Sultan Al Kabir, auf dem Weg nach Indien folgen. Das Nilland war keine sichere Basis für ein derart ehrgeiziges Unternehmen. Die Bewohner der Hauptstadt mußten künftig durch Festungswerke in Schach gehalten werden. Zum Ärger der Gläubigen wurde eine bedeutende Moschee, die von hohen Mauern geschützt war, in ein Fort umgewandelt. Bedrängt von der Feindschaft der Bewohner Ägyptens verflogen die Pläne des jungen Feldherrn, Alexander dem Großen nachzueifern.

Bescheiden wurden die Ziele, die Bonaparte sich noch setzte. Er ließ die Stadt Suez einnehmen; er befehligte selbst noch eine Expedition nach Palästina. Vor allem aber schickte er eine starke Einheit nach Oberägypten, mit dem Auftrag, die Reste des Mamlukenheeres, die den Nil hinaufgeflohen waren, zu vernichten. Bonaparte gab dem Feldzug allerdings noch einen höheren Sinn: Die Truppe habe, so meinte er, »die Wiege von Wissenschaft und Kunst der ganzen Menschheit« zu erobern; diese Wiege sei am Nil zu finden. Sie aufzuspüren war Aufgabe einer ganz unmilitärischen Gruppe von Feldzugsteilnehmern. Die Männer, die dazugehörten, wurden von Offizieren und Soldaten schlicht und grundlos »die Esel« genannt.

Bonaparte hatte die Idee gehabt, die Fahrt nach Ägypten dürfe nicht nur militärisch und politisch zu Erfolgen führen – sie müsse auch dem geistigen Fortschritt dienen. Den führenden Gelehrten der französischen Republik hatte er vor Beginn der Expedition die Bedeutung des Nillandes für die Zivilisation der Menschheit vor Augen geführt. Verschlossen sei Ägypten für die wissenschaftliche Forschung seit dem Beginn der Mamlukenherrschaft. Mit dem Schwert werde Frankreich die Ufer des Nil der Wissenschaft wieder öffnen. Das Resultat des flammenden Aufrufs war, daß 167 Gelehrte dem jungen General folgten. Die meisten waren wesentlich älter als Napoleon Bonaparte. Dem Mathematiker und Chemiker Gaspard Monge hatte seine Frau beim Abschied nachgerufen: »Du alter Narr! In deinen Jahren weißt du nicht, wo du hingehörst!«

Führende Vertreter der Wissenschaftssparten Orientalistik, Zoologie, Biologie, Geographie, Mineralogie, Mathematik, Astronomie, Chemie, Physik und angewandte Technik, Sprachwissenschaft und Kunstgeschichte wollten am Nil Forschungen betreiben, um die frühe Geschichte der Menschheit aufzuhellen. Der Dichter Parséval de Grandmaison ließ sich dazu gewinnen, die Expedition in geistreichen Worten zu beschreiben. Der letzte Hofmaler der Königin Marie Antoinette sollte die Ergebnisse der Forschung im Bild festhalten. Zusammengeschlossen waren sie alle in der »Kommission für Wissenschaft und Kunst«.

Mitglied der Kommission war auch ein Mann von 51 Jahren, dessen starke Lebenslust sich noch in den Abbildungen spiegelt, die wir von ihm besitzen: Hellwache Augen blicken aus einem rundlichen Gesicht; Grübchen umgeben einen Mund, der gerne lächelt. Dieser Mann hieß

Dominique-Vivant Denon. Die Schreibweise des Hauptnamens war ursprünglich de Non; doch da während der Französischen Revolution auch Angehörige des kleinen Landadels – dazu gehörte er – nicht verschont worden waren, hatte er es für klug gehalten, das Adelsprädikat »de« im Namen aufgehen und damit verschwinden zu lassen.

Seine Karriere hatte er noch als Dominique-Vivant de Non begonnen, zur Regierungszeit von Ludwig XV. Der König gab dem 22jährigen, der Graveur werden wollte, den Auftrag, eine Sammlung seltener Steine, die Madame Pompadour hinterlassen hatte, zu sichten und vernünftig zu ordnen. Seine enge Bindung an den Hof von Versailles machte es möglich, daß die Comédie Française ein Theaterstück von ihm annahm, das nur geringe Qualität besaß. Dieses Stück, es trug den Titel »Julie«, wurde ausgepfiffen.

Der gescheiterte Literat konzentrierte sich fortan auf bildliche Darstellung: Er hatte Erfolg als Porträtist, und er zeichnete erotische Szenen, die zu seiner Zeit nicht veröffentlicht werden konnten; sie zirkulierten als Einzelstücke bei Liebhabern galanter Darstellung.

Als de Non eines Tages in kleinem Kreis ein Liebesabenteuer erzählte, wurde er gedrängt, das Erlebnis aufzuschreiben. Er folgte dem Rat der Freunde, und so entstand die Novelle »Point de Lendemain« – ein pikantes und geistvolles Werk, Musterbeispiel einer Rokokonovelle.

Da de Non ein gewandtes Auftreten besaß, beauftragte ihn das Außenministerium mit diplomatischen Missionen in St. Petersburg, in Bern und in Neapel. Über ein Jahrzehnt lang vertrat er den König von Frankreich am Hofe der Bourbonen im Königreich Beider Sizilien. Dieser diplomatische Posten ließ ihm viel Zeit zum Zeichnen und zu Abenteuern mit den Frauen des Hofs.

Der Ausbruch der Französischen Revolution berührte ihn zunächst nicht, blieb doch sein Auftraggeber, der König, formal Staatsoberhaupt Frankreichs. Doch als er aus Paris hörte, daß er, da er im Ausland lebte, auf der Liste der Emigranten stand, deren Eigentum beschlagnahmt war, kehrte er heim in das nun revolutionäre Frankreich. Er nannte sich fortan Bürger Denon.

Der von den Revolutionären geachtete Maler Jacques Louis David wurde zum Protektor des Zeichners Denon. Mit seiner Unterstützung fand er Freunde im Wohlfahrtsausschuß, der viele Adlige auf den Weg zum Schafott geschickt hatte und von jedem gefürchtet war, der vor den Ausschußmitgliedern erscheinen mußte. Denon verteidigte sich so geschickt, daß er von der Emigrantenliste gestrichen wurde. Er erhielt den Auftrag, die Uniformen der Soldaten der Revolution zu entwerfen. Robespierre gab ihm den Titel »Graveur National«. Zur Aufgabe des Staatlichen Kupferstechers gehörte die Bildberichterstattung aus dem Gerichtssaal der Revolution.

Als die Schreckenszeit zu Ende ging, regierte das Direktorium – doch eigentlich wurden Geschicke in den Salons entschieden. Josephine Bonaparte fand Dominique-Vivant Denon gefällig und galant. Sie empfahl schließlich den Zeichner ihrem Mann: So wurde Denon Mitglied der »Kommission für Wissenschaft und Kunst«, mit Sitz in Cairo.

Die Kommission war Träger des von Napoleon bald nach der Ankunft in der Hauptstadt Ägyptens begründeten »Institut d'Egypte«, das in einem Palast mit hohen Säulen eine Heimat gefunden hatte. Das »Institut d'Egypte« kümmerte sich um die Zeugen des Altertums in Ägypten, sorgte sich aber auch um die Gegenwart. Die Mitglieder gaben Ratschläge in Verwaltungsfragen, bemühten sich um Verständnis des islamischen Rechts, berieten über spezifische Probleme der Heilkunde für die Menschen des Nillandes und erarbeiteten die Grundlage für die erste präzise Landkarte Ägyptens.

Dominique-Vivant Denon hatte ganz von selbst die Aufgabe übernommen, die Denkmäler der frühen Zeit zu beschreiben. Er wollte mit der Darstellung der Pyramiden beginnen – und mußte vom Kommandierenden General für die Region Giseh erfahren, daß der Weg hinaus zu den Steinkolossen so gefährlich sei, daß er überhaupt nur unter Begleitung von zweihundert Bewaffneten sicher zurückgelegt werden konnte. Ein Detachement von Infanteristen brachte ihn hinaus zu den Pyramiden, doch Denon fand wenig Gelegenheit zum Zeichnen, da der Offizier der Truppe zur Heimkehr drängte.

Denon schreibt in seinen Erinnerungen: »Ich hatte nur wenig Zeit, die Sphinx zu betrachten. Ihre Größenverhältnisse sind zwar monumental, aber die Umrisse, die sich erhalten haben, sind zart und rein. Der Ausdruck des Kopfes ist Sanftheit, Grazie und Ruhe. Der Charakter ist komisch, aber der Mund hat, ungeachtet seiner dicken Lippen, eine Weichheit in der Bewegung, die man bewundern muß. Das ist warmes Fleisch und wahres Leben. Die Kunst mußte eine hohe Stufe der Vollkommenheit erreicht haben, als die Menschen ein solches Monument anfertigen konnten.«

Denon nahm die Chance wahr, mit General Desaix nach Oberägypten ziehen zu können. Er ritt mit der Vorhut, um Zeit zu haben, interessante Funde zu zeichnen. Er ließ das Armeekorps an sich vorüberziehen; die Nachhut hatte dann Mühe, ihn zu überreden, die Zeichensachen einzupacken. Zurückbleiben durfte er nicht. Die Beduinen hätten ihn ausgeplündert und erschlagen. Die Soldaten und Offiziere bewunderten seinen Mut, seine Kaltblütigkeit. Denon konnte mit dem Gewehr umgehen. Wurde die Einheit angegriffen, dann feuerte auch der Zeichner auf den Feind.

Besessen war dieser Mann von seiner Aufgabe. Er wußte, daß der Zweck des Feldzugs nach Oberägypten nicht die Anfertigung von Bildskizzen der Altertümer sein konnte. Denon war nur ein Anhängsel der Armee – doch er gewann Respekt. Die Soldaten gingen manchmal ein Risiko ein, um Denon die Fertigstellung eines Blattes zu ermöglichen.

An den Ruinen der alten Hauptstadt Theben marschierte die Armee im Eiltempo vorbei. Denon wollte trotzdem Eindrücke festhalten: »Ich entwarf eine erste Ansicht, so flüchtig, als sollte Theben mir entlaufen. Ich fand unter den Soldaten niemand, der mir zur Stütze des Reißbretts dienen wollte. Ich fand auch niemand, der die brennenden Sonnenstrahlen von mir abhielt.«

Denon empfand Grauen vor der Wüste. An einem Abend saß er, müde vom Zeichnen, in melancholischer Stimmung vor dem Lager. Da bemerkte er General Desaix, der offensichtlich von einem ähnlichen Gefühl bestimmt war. Denon erinnert sich, daß der General zu ihm sagte: »Ist das Land hier nicht ein Mißgriff der Natur? Nichts lebt hier. Alles scheint nur deshalb zu existieren, um traurig zu machen und um zu schrecken. Man möchte glauben, daß die Vorsehung, nachdem sie die übrigen drei Erdteile im Überfluß beschenkt hat, an Urstoffen Mangel hatte, als sie diesen Teil der Erde bilden wollte. Die Vorsehung verließ wohl diese Weltgegend, ohne sie zu vollenden, weil sie nicht wußte, was sie machen sollte.«

Denons Antwort an General Desaix nimmt Argumente vorweg, die in unserer Zeit vertraut klingen: »Ist es nicht vielleicht der Mißbrauch durch die Menschen, der diesen Weltteil in einen solchen Zustand versetzt hat? Es finden sich Täler, es findet sich versteinertes Holz in dieser Wüste. Es hat also Flüsse, es hat Wälder gegeben. Diese sind von den Menschen zerstört worden. Seitdem verschwanden der Tau, die

Nebel, der Regen, die Flüsse, schließlich verschwand das Leben überhaupt. Mit einem Wort: Es blieb das Nichts.«

Während des Marsches durch die Wüste freute sich Denon auf ein Bad im Nil, »um die ausgetrocknete Haut zu erfrischen«. Doch er mußte feststellen, daß sich dieser rätselhafte Fluß verändert hatte: »Er hatte seine gewohnte Reinheit verloren, seine Klarheit. Seine Fluten waren jetzt grün und führten schwarzen Schlamm mit sich, der unerträglich faul stank. Das war nicht mehr der Nil, der Schöpfer und Erhalter Ägyptens. Der Nil kränkelt jetzt selbst.« Denon erfuhr von Ägyptern, daß die Veränderung des Nilwassers ein Anzeichen dafür sei, daß er bald gewaltig anschwelle, daß sich die jährliche Flut ankündige. Warum der Nil bald ansteigt und woher das Wasser kommt, konnte ihm niemand sagen.

Das damalige, noch unvollkommene Wissen um die Herkunft des Nilwassers faßte Bonaparte, als Chef der Expedition zum Nil, so zusammen: »Der Nil wird durch die Vereinigung des Blauen und des Weißen Flusses gebildet. Der erstere entspringt dem See Dembea. Unter dem 11. Breitengrad durchbricht er eine Bergkette und stürzt in Tälern dieser Berge über sechs Katarakte, deren Fallhöhe jeweils 10 bis 12 Meter beträgt. Unter dem 14. Breitengrad empfängt er den Fluß Dender, der Nubien von Abessinien trennt. Der Weiße Nil entspringt unter dem 8. Breitengrad, östlich vom Blauen Nil. Er durchbricht dieselbe Bergkette. Die Anzahl seiner Wasserfälle ist jedoch unbekannt. Die beiden Flüsse vereinigen sich unter dem 16. Breitengrad.«

Korrekt ist der Lauf des Blauen Nil beschrieben, der im äthiopischen Bergland entspringt. Nichts mit der Realität haben dagegen die Angaben über den Weißen Nil gemein: Er entspringt nicht am 8. Breitengrad, sondern am Äquator – und keineswegs östlich vom Blauen Nil. Der Weiße Nil berührt auch nie das Bergland Äthiopiens.

Denon, der mit den Kolonnen des Generals Desaix bis Asswan gelangte, konnte nichts in Erfahrung bringen, was dazu beigetragen hätte, das Wissen um die Geheimnisse des Nil zu erweitern. Sein Forscherdrang war auch kaum in diese Richtung gelenkt. Aber selbst die Institutskollegen, die sich mit Geographie befaßten, bemühten sich nicht um eine Lösung des großen Rätsels, das eigentlich jeden Wissenschaftler hätte faszinieren müssen. Die Geographie profitierte wenig von Bonapartes Feldzug in Ägypten. Überhaupt blieben die Arbeiten der Sparten, die sich mit der Gegenwart des Nillandes befaßten,

eigenartig farblos, ohne griffiges Resultat. Alle Ergebnisse der Bemühungen des »Institut d'Egypte« wurden schließlich überlagert von der
Blüte des archäologischen Interesses, das Dominique-Vivant Denon
auslöste.

Überraschendes ging dieser Entwicklung voraus: Der Befehlshaber
floh. Am 24. August 1799 verließ Bonaparte Ägypten. Sein letzter
Tagesbefehl an die Soldaten der Armee am Nil lautete: »Die Nachrichten aus Europa bestimmen mich zur Abreise nach Frankreich. Ich lasse
den Oberbefehl über die Armee dem General Kléber. Bald werdet ihr
von mir hören. Es ist mir schmerzlich, Soldaten zu verlassen, die ich
liebe, doch meine Abwesenheit wird nur vorübergehend sein.« Bonaparte dachte gar nicht daran zurückzukehren. Da der Marsch vom Nil
zum Indus eine Vision blieb, die nicht zu realisieren war, verblaßte das
Vorbild Alexander der Große. Eine andere Person aus der Geschichte
nahm seinen Platz ein – eine Person, die einst auch mit dem Nil
verbunden war: Julius Cäsar. Nicht nach Indien war künftig der Blick
des ehrgeizigen Dreißigjährigen gerichtet; in Europa sollte das Reich
entstehen, das er sich erträumte. Es war Napoleon gleichgültig, daß die
Umstände der Abreise wenig ehrenvoll erschienen. Er wußte, für die
Realisierung der neuen Idee war jetzt die Zeit günstig.

Am 9. Oktober 1799 kam Bonaparte in der Heimat an. Mit ihm
verließ Dominique-Vivant Denon das Schiff. Er war selbst erstaunt
gewesen, daß er zu den wenigen Privilegierten gehört hatte, die
Bonaparte von der bevorstehenden Flucht informiert hatte und die
aufgefordert worden waren, mit aufs Schiff zu kommen. Umfangreich
war sein Gepäck bei der Ankunft in Südfrankreich: Er hatte viele
hundert Blätter mit Zeichnungen und Skizzen in großen Mappen bei
sich; in Bündeln waren die Notizblöcke verschnürt. Denon brachte
Material mit für Veröffentlichungen, die Aufsehen erregen sollten.

Denon wartete nicht lange. Im Jahre 1801 gab es nur eine Sensation
auf dem Pariser Buchmarkt: den Band »Voyages dans le Basse et la
Haute Egypte«. Der Erlebnisbericht wurde mehrfach nachgedruckt.
Übersetzungen erschienen in England, Italien, Holland und Deutschland. Die Wirkung des Buches bestand darin, daß es zum erstenmal in
modernerer Zeit Wissen über die Altertümer Ägyptens vermittelte.
Der Interessierte war künftig nicht mehr angewiesen auf Beschreibungen, die Autoren einer längst vergangenen Epoche hinterlassen hatten.

Bisher hatten noch immer Strabo und Herodot den Wissensdurst derer gestillt, die etwas über die Pyramiden am Nil erfahren wollten.

Die geistig regen Köpfe in Europa begannen sich mit ägyptischer Kultur zu befassen. Eine Interessenströmung entwickelte sich. So blieb der rasche Bucherfolg der »Voyages« kein Einzelfall. Das wichtigste Werk in der Nachfolge des Buches von Denon ist die »Description de l'Egypte«, die in den Jahren 1809 bis 1813 in 24 Einzelbänden erfolgte. Diese gründliche Beschreibung Ägyptens ist aufgebaut auf den Materialien der Wissenschaftler, die der »Kommission für Wissenschaft und Kunst« in Cairo angehört hatten; die Unterlagen von Denon waren für diese Arbeit besonders aufschlußreich gewesen. Die Bände vermitteln nicht trockene Beschreibung – die zahlreichen Illustrationen zeigen Pyramiden, Statuen, Tempel, Paläste, Gärten, Bewässerungsanlagen. Zu sehen sind die Städte am Nil, die Aspekte der Landschaft. Detailgetreu wiedergegeben sind die Reliefs bedeutender Tempel.

So eindrucksvoll die Bände der »Descriptions« auch sind, sie konnten nur schildern, was von den Bauwerken der ägyptischen Hochkultur übriggeblieben war. Sie konnten nicht weitergeben, was die Menschen jener Zeit dachten. Eine Ebene des menschlichen Geistes war den Autoren der »Descriptions« bei der Beschreibung der frühen Kulturleistung am Nil verschlossen geblieben: Sie hatten keinen Zugang zur Sprache und Schrift der Pharaonenzeit. Dabei waren die Tempel mit Schriftzeichen übersät. Doch der Schlüssel zur Entzifferung war noch nicht erkannt worden, obgleich er bereits im Besitz der Wissenschaftler war – der französische Hauptmann Pierre Bouchard hatte ihn entdeckt.

Der Hauptmann war zuständig gewesen für Reparaturarbeiten am Fort St. Julien, das 3 Kilometer nördlich der Stadt Raschid am westlichen Nilarm liegt. Der europäische Name der Stadt heißt Rosette. Bouchard hatte bemerkt, wie einer seiner Pioniere einen bearbeiteten Basaltblock mit der Schaufel freilegte. Die französischen Offiziere waren durch die Mitglieder des »Institut d'Egypte« auf die Bedeutung der ägyptischen Altertümer hingewiesen worden; von den Offizieren wurde erwartet, daß sie wichtige Funde dem Institut meldeten. Hauptmann Bouchard erkannte auf dem Block drei Arten von Schriften. Der obere Textteil bestand aus Hieroglyphen, der mittlere aus Zeichen, die als spätägyptische Kursivschreibweise identifiziert wurden; der untere

Textteil war in Griechisch abgefaßt. Bouchard hielt den Stein für ein bedeutendes Relikt einer vergangenen Epoche und informierte pflichtgemäß die zuständigen Wissenschaftler. Besaßen die Ägyptologen bisher überhaupt keinen Anhaltspunkt vom Inhalt der Hieroglyphentexte – sie waren auf Vermutungen angewiesen –, so wußten sie jetzt wenigstens, was die Zeichen auf dem »Stein von Rosette« insgesamt aussagten. Der Stein hatte im Jahr 196 v. Chr. der Bekanntgabe eines Dekrets des Königs Ptolemaios V. gedient. Ein erster Ansatz für die Entzifferung der Hieroglyphen war gegeben.

Das »Institut d'Egypte« in Cairo hatte Wachsabdrücke der Schriftseite des Steins herstellen lassen. Die Wachsplatten waren schon bald in den Händen der Ägyptologen in Europa. Die Hoffnung, daß der »Stein von Rosette« ihre Aufgabe erleichtere, verflog bald. Beim Vergleich der Texte konnten sie in den Hieroglyphenzeichen keine sinnvolle Ordnung entdecken. Der Grund für das Scheitern war, daß die Wissenschaftler glaubten, eine Bilderschrift ergründen zu müssen. Der Franzose Jean-François Champollion – er besaß geniale Begabung in Sprachen und in Mathematik – entwickelte während des Studiums der Inschriften auf dem Rosette-Stein die Theorie, es könne sich um eine Buchstabenschrift handeln, deren Symbole Laute repräsentieren. Es gelang Champollion, in einem Text, der von der Wand des Tempels in Abu Simbel kopiert war, den Namen des Pharao Ramses zu identifizieren. Damit war eine Basis gelegt für den Beweis der Theorie, daß die Hieroglyphen Lautwert besitzen.

Champollion hatte die wichtigste Entdeckung der Wissenschaft von der Frühzeit Ägyptens vollbracht, ohne das Land am Nil je besucht zu haben. Erst als Konservator der ägyptischen Abteilung des Louvre war es ihm möglich, die Schrift, die er entziffert hatte, an Ort und Stelle zu lesen. Zu Schiff fuhr Champollion im Jahre 1828 500 Kilometer flußaufwärts. Er erreichte Dendera beim großen Nilbogen von Qana. Er sah die Tempel, in denen Hathor, die Göttermutter, regiert hatte; er sah den Ort, an dem ein Körperteil des zerstückelten Osiris beerdigt lag. Er betrachtete die merkwürdigen Wandbilder, die das Auferstehungsfest des Osiris und das Mysterium der Gottgeburt zeigen. Die Stimmung, in der Champollion die Begegnung mit der vergangenen Welt erlebte, beschreibt er selbst: »Lieder hatte ich gesungen auf dem Weg, um die Ungeduld zu unterdrücken. Aber dann, welch ein Erlebnis! Von himmlischem Licht umflutet. Vollkommener Friede und geheimnisvoller Zauber herrschten unter dem Portikus mit seinen gigantischen Säulen. Draußen der blendende Mondschein. Wunderbarer und eigenartiger Kontrast.«

Jean-François Champollion erkannte, wieviel die Ägyptologie der Expedition Napoleons verdankte. Er veranlaßte Mehmed Ali, den Herrscher Ägyptens, den Franzosen zum Dank und zur Erinnerung an Napoleons intellektuellen Feldzug am Nil einen Obelisken aus Luxor zu schenken. Der Obelisk steht seit dem 25. Oktober 1836 auf der Place de la Concorde in Paris.

Einen beachtlichen Teil der wissenschaftlichen Ausbeute hatte Frankreich allerdings an die Engländer verloren. Nach der Abreise ihres Feldherrn war den französischen Soldaten und Offizieren der Aufenthalt am Nil völlig sinnlos erschienen. Die Vision vom großen Reich, das zu gründen war, hatte sich nicht verwirklichen lassen; auf Ruhm oder Beute konnte niemand mehr hoffen. Die Franzosen hatten, wie ihr Kommandeur, nur den Wunsch, nach Hause zurückzukehren. General Menon, der Befehlshaber in der Endphase der Expedition, war 1801 gezwungen, vor den Engländern zu kapitulieren. Zu den Bedingungen gehörte die Übergabe aller Sammlungen an den britischen General Hutchinson. So war der Stein von Rosette ins Britische Museum gekommen.

# Die Plünderung der Altertümer beginnt

Zu den imposantesten Stücken der Londoner Sammlung zählt der gigantische Kopf des Memnon. Er war einst Teil einer Kolossalstatue gewesen, die am linken Nilufer bei Theben aufgerichtet war. Mit großer Wahrscheinlichkeit ist die Bezeichnung »Memnonskopf« falsch. Die Statue hatte wohl Ramses II. dargestellt und war eine der unzähligen Riesenfiguren, die der Pharao überall an den Nilufern hatte aufstellen lassen.

Die Wissenschaftler des »Institut d'Egypte« hatten die Absicht gehabt, den Kopf wegzuschaffen, um ihn für die französischen Sammlungen zu sichern, doch am technischen Problem des Transports der gewichtigen Gesteinsmasse waren die Armeeingenieure Napoleons gescheitert. Einem Italiener aber gelang schließlich die Fortbewegung des Memnonkopfes. Er war fortan als Zauberer berühmt am Nil.

In Padua war er geboren worden, jener Zauberer. Sein Name: Giovanni Battista Belzoni. Als Hausierer hatte er seinen Berufsweg begonnen. Seine Spezialität waren Rosenkränze und Heiligenbilder. Im Jahre 1803 trat er im Sadler's Wells Theatre in London auf, das damals durch Artistikprogramme berühmt war. Belzonis Nummer bestand darin, eine »menschliche Pyramide« zu präsentieren: Elf Menschen klammerten sich, in Pyramidenform geordnet, an ein Eisengestell, das der Artist auf der Schulter trug. Niemals zuvor hatten die Londoner so etwas gesehen. Belzoni konnte ordentlich leben als Artist.

Größere Einnahmen aber lockten in Konstantinopel, das damals das Unterhaltungszentrum des Orients war. Auf dem Weg dorthin traf Belzoni im Hafen der Insel Malta einen Kapitän, der im Auftrag des ägyptischen Herrschers Talente auf technischem Gebiet suchte. Verlangt waren Einfälle, die Anstöße geben konnten, um Ägypten vom

Zustand der Lethargie und Rückständigkeit zu befreien. Der Kapitän hatte den Auftrag, vor allem Landwirtschaftsexperten an den Nil mitzubringen.

Belzoni behauptete von sich, er wisse, wie eine Pumpe konstruiert werden könne, die mit wesentlich geringerem Kraftaufwand als bisherige Maschinen dieser Art Nilwasser auf die Felder leite: Seien bisher vier Ochsen nötig gewesen zum Antrieb, so werde seine Pumpe mit einem einzigen Ochsen auskommen. Der Kapitän war der Meinung, eine derartige Erfindung könne der Landwirtschaft Ägyptens neuen Auftrieb geben. In Cairo wurde Belzoni in der Zitadelle vom Herrscher Mehmed Ali empfangen. Der zeigte sich beeindruckt von der Idee, daß Tausende von Ochsen für andere Aufgaben eingesetzt werden könnten, für den Transport von Gütern auf der Straße etwa. Belzoni erhielt den Auftrag, ein Exemplar seiner Pumpe zu bauen.

Im Sommer des Jahres 1816 führte Belzoni seine Pumpe vor. Er hatte nicht zuviel versprochen: Sie wurde von einem Ochsen angetrieben und ließ mehr Wasser strömen als die bisherigen Geräte. Trotzdem verlief die Vorführung unglücklich. Die für Landwirtschaft verantwortlichen Beamten waren stille Teilhaber der Pumpenfabrikanten in Ägypten. Wollten sie ihre Profite behalten, mußten sie verhindern, daß ihren Partnern Konkurrenz erwuchs. Sie fragten den Erfinder interessiert, ob die Maschine auch mit Menschenkraft betrieben werden könne. Überzeugt, daß die Pumpe auch dieses Wunder vollbringe, bat Belzoni seinen Diener, er möge versuchen, die Anlage ohne Ochsen in Gang zu halten. Doch der junge Mann konnte die Kräfte nicht bändigen: Er wurde aus dem Antriebsrad geschleudert und brach sich dabei ein Bein. Die Landwirtschaftsberater des Herrschers lamentierten, die neue Maschine sei nur dazu geeignet, alle Landarbeiter Ägyptens ins Krankenhaus zu bringen. Mehmed Ali wollte nichts mehr mit dieser Pumpe zu schaffen haben. Die ägyptische Landwirtschaft blieb bei ihren veralteten Systemen der Wasserförderung aus dem Nil.

Nach diesem unglücklichen Ausgang der Vorführung sah Belzoni für sich zunächst keine andere Möglichkeit, als Cairo wieder zu verlassen. Er verzögerte den Abreisetermin aber, weil er während der Monate, die er mit der Konstruktion der Pumpe zugebracht hatte, ein Liebhaber ägyptischer Altertümer geworden war. Sein Interesse traf sich mit den Absichten des britischen Generalkonsuls in Cairo, der vom Foreign Office in London die schriftliche Aufforderung erhalten hatte, er habe soviele »Altertümer« zu sammeln und nach England zu schicken, als eben möglich sei. Geld stehe zur Verfügung, da Regierung und private Spender eine Erweiterung der Ägyptenabteilung des Museums wünschten. Belzoni sah vor sich eine Möglichkeit, den Lebensunterhalt verdienen zu können – er brauchte nur dem Generalkonsul, der selbst Cairo nur selten verlassen konnte, die gewünschten »Altertümer« zu besorgen. Nilaufwärts waren viele zu finden.

Er schlug dem Vertreter der britischen Krone vor, seinen Auftraggebern mit einem schönen Stück altägyptischer Kunst zu imponieren; ein solches Stück sei ohne Zweifel der Memnonskopf, der in Theben einfach so herumliege. Dem Generalkonsul gefiel der Gedanke. Von Mehmed Ali ließ er sich eine Bestätigung geben, daß er berechtigt sei, diesen Teil einer Statue außer Landes zu bringen. Der Herrscher hatte nichts einzuwenden. Er fragte nur, ob irgend jemand in Europa tatsächlich das Bedürfnis haben könne, sich einen derartigen Brocken Stein anzuschauen.

Als Belzoni nach Theben kam, war er überrascht: Er hatte sich den Memnonskopf – den er selbst nie zuvor gesehen hatte – weit kleiner vorgestellt. Nun lag vor ihm ein Ungetüm, neben dem er das Gefühl hatte, ein Zwerg zu sein. Belzoni war der Meinung gewesen, er hätte genügend Material zum Transport des Steins bei sich – doch angesichts der Gesteinsmasse wußte er, daß er Glück und Geschick brauchte, um mit Hilfe von vier Palmfasertauen, neun Balken und vier Rollen den Memnonskopf vom Fleck bewegen zu können. Das Gewicht wagte Belzoni gar nicht abzuschätzen. Heute wissen wir, daß der Memnonskopf 7 Tonnen wiegt.

Belzoni hatte die Absicht, die Masse durch eine primitive Form des Wagens fortzubewegen. Die Balken ergaben eine Art Plattform, die im Sand unter den Kopf geschoben werden konnte. Die Rollen blieben beweglich; über sie glitten die Balken hinweg. Die Rolle, die am Ende der Plattform jeweils zum Vorschein kam, wurde vorne wieder unter die Balken gelegt. Belzoni berichtete selbst: »Die Arbeiter waren zunächst überzeugt, daß der Kopf sich nie bewegen würde. Als er dann doch dahinglitt, da schrien sie, der Teufel habe dieses Werk vollbracht. Als sie bemerkten, daß ich mir Notizen machte, da schlossen sie daraus, dies sei Zauberei gewesen.«

Belzoni profitierte davon, daß er früher, als Artist, seine Kräfte geübt hatte. Wenn er zugriff, konnten die ägyptischen Arbeiter abseitsstehen und zusehen. Meuterten sie einmal, dann hielt Belzoni den Anführer so lange umklammert, bis die übrigen schworen, künftig ohne Murren ihre Arbeit zu verrichten. Keiner der Arbeiter hatte jemals einen derart starken Mann gesehen.

Doch auch durch Stärke war nichts zu erreichen, als die Fahrt des Memnonkopfes am Nil endete: Es stand kein Schiff zur Verfügung, das ihn hätte stromabwärts transportieren können. In der Hoffnung, der britische Generalkonsul werde für den weiteren Weg der Statue sorgen, fuhr Belzoni auf einem kleineren Boot nach Süden. Er sah den Tempel von Philae und die Köpfe der gigantischen Figuren von Abu Simbel. Ihre wahre Größe konnte er nicht abschätzen, da sie von Sand bedeckt waren. Er wurde von den Bewohnern der Dörfer bedroht und betrogen. Er schrieb auf, was er bemerkte; er zeichnete ab, was er als erinnerungswürdig empfand. Sorgfältig prüfte er, ob ein aufgefundener Überrest aus alter Zeit beweglich und damit transportfähig war. Auf der Insel Philae notierte er: »Mir fiel ein kleiner Obelisk auf, der in London auf einem freien Platz sehr gut zur Wirkung käme.« Eine Götterstatue ließ er vorsorglich zersägen, um sie für den späteren Transport vorzubereiten. Manches Objekt, das Belzoni vorgemerkt hatte, befindet sich heute in der britischen Hauptstadt.

Wie Giovanni Battista Belzoni in jener Zeit aussah, zeigt ein Porträt, das erhalten ist: Ein mächtiger schwarzer Bart umgibt den Mund. Trotzdem ist das weit vorstehende Kinn zu bemerken. Kontrast zum dunklen Barthaar bildet der weiße, kunstvoll geschlungene Turban. Das Porträt erweckt den Eindruck, Belzoni gehöre zum Schlag der Menschen am Nil. Seine Größe aber hat ihn als Europäer ausgewiesen. Belzoni überragte jeden seiner ägyptischen Gesprächspartner.

Bei der Rückkehr nach Theben mußte er feststellen, daß sein Auftraggeber kein Schiff geschickt hatte. Der Stammessheikh, der zuständig war für jene Gegend, ließ schließlich einen Segler beschlagnahmen, der mit Datteln beladen von Asswan nach Cairo unterwegs war. Der Sheikh fand den Europäer, dem ägyptische Steine so wichtig waren, einfach wunderlich. Er freute sich wohl auch über die Schmeichelei, daß gerade die Steine von Theben ganz besonders ansehnlich seien.

Über einen Erddamm und über eine Balkenbrücke ließ Belzoni den Memnonskopf im Gefälle von 6 auf 30 Meter Weg von der Uferböschung auf das Schiff niedergleiten. Belzoni steuerte die Gleitbewegung des Kopfes mit Hilfe der Hanfseile so, daß der Stein schließlich genau in der Mitte des Schiffsdecks lag. Nur an diesem Platz bildete die Masse keine Gefahr für die Stabilität des Seglers. Die Eigentümer hatten Angst, ihr Schiff könnte kentern. Ohne Zwischenfall verlief jedoch die Fahrt nilabwärts. Im Frühjahr 1817 erreichte der Memnonskopf den Hafen von Alexandria. Hier nahm ihn der britische Generalkonsul im Namen der Londoner Sammlung in Empfang.

Belzoni bekam den vereinbarten Lohn und eine Prämie. Den Verdienst gab er sofort wieder aus für die Vorbereitung der nächsten Fahrt nilaufwärts. Er hatte sich vorgenommen, in Theben nach weiteren Altertümern zu suchen. Er öffnete Grabkammern aus der Pharaonenzeit und wagte sich in Höhlen hinein. Über seine Erlebnisse berichtet Belzoni: »Häufig werden in den unterirdischen Räumen dichte Staubwolken aufgewirbelt. Der Staub ist derart fein, daß er in Hals und Rachenräume eindringt. Schlimm ist das Würgen, das er erzeugt. Diese Wirkung wird noch verstärkt durch die widerliche Ausdünstung der Mumien. Manchmal sind die Öffnungen so schmal, daß man sich wie eine Schlange hindurchwinden muß. In den Kammern bin ich umgeben von Toten, von Haufen von Mumien. Die Wände sind schwarz. Wegen des Sauerstoffmangels brennen Kerzen und Fackeln nur schwach. Die Araber, die mir leuchten, sind nackt und staubbedeckt und sehen aus wie lebende Mumien. Ich finde einen Ruheplatz und will mich setzen. Auf einer Mumie versuche ich Atem zu schöpfen. Doch mein Gewicht drückt sie ein wie eine Hutschachtel. Natürlich hätte ich mein Gewicht mit den Händen abstützen können, aber auch sie fanden keinen besseren Halt. So versank ich unter dem Knirschen von Knochen in den zerbrochenen Mumien, und es erhob sich ein derartiger Staub, daß ich eine Viertelstunde still liegenbleiben mußte, bis er sich wieder gelegt hatte.«

Ganz ohne von einer störenden Konkurrenz behelligt zu werden, konnte Belzoni seine Suche nach Altertümern nicht durchführen. Genauso wie der britische Generalkonsul war auch der Vertreter Frankreichs darauf bedacht, Statuen und Obelisken zu finden, die geeignet waren, zu Hause in der Hauptstadt aufgestellt zu werden. Nach dem unglücklichen Feldzug Napoleons wurde die französische Regierung von Bernardino Drovetti am Nil vertreten. Als Oberst hatte er im Heer des Kaisers gedient, dann übernahm ihn der diplomatische

Dienst. Die Repräsentation der Interessen Frankreichs in Ägypten ließ ihm viel Zeit, um sich den Altertümern zu widmen. Auch er bekam von seiner Regierung ausreichende Geldmittel für den Abtransport wertvoller Relikte der Pharaonenzeit. Seinem britischen Amtsbruder war Drovetti unterlegen, weil er keinen Mitarbeiter fand, der so tüchtig war wie Belzoni. Drovetti konnte zwar den Herrscher am Nil gegen die britische Aktivität aufhetzen, doch an den Fundstellen selbst war sein Einfluß gering. Belzoni fand Zugang bei den Sheiks und bei den örtlichen Statthaltern des mächtigen Mehmed Ali. Den Agenten des Franzosen blieb häufig nur übrig, was Belzoni nicht mitnehmen wollte. Oft wurde ihm gedroht, sein Hals sei in Gefahr, durchschnitten zu werden.

Rücksichtslos waren Belzonis Methoden, wenn er sich nahe vor dem Ziel sah, eine Entdeckung zu machen. Mit primitiven Rammböcken ließ er im Tal der Könige Mauern zertrümmern, hinter denen er Mumien vermutete. Er brach in Grabstätten ein, ohne feststellen zu können, wessen Ruhe er störte. Systematisch ging er nicht vor. Durch Zufall fand Belzoni den Alabastersarkophag von Sethos I. Die Mumie des Pharao hatten allerdings Priester schon vor Jahrtausenden in Sicherheit gebracht, als sie fürchten mußten, daß Grabräuber die Kammer gewaltsam öffnen würden.

Belzonis Gewalttat löste Aufregung unter den politisch Verantwortlichen der Region von Theben aus. Sie kümmerten sich plötzlich um die Relikte aus längst vergangener Zeit. Kaum war ringsum bekanntgeworden, daß Belzoni die Grabkammer eines Mächtigen von einst geöffnet habe, da kam ein Mächtiger der Neuzeit angeritten. Er wollte den Schatz haben, den Belzoni gefunden haben mußte. Der Mächtige hatte bereits gehört, daß sich ein großer goldener Hahn in der Grabkammer befunden habe; dieser Hahn sei gefüllt gewesen mit Goldstücken und Diamanten. Belzoni wies auf die Wandbilder; sie seien der einzige Schatz, der hier zu finden sei. Der Mann, der den goldenen Hahn hatte abholen wollen, blickte auf die Reliefs und Malereien. Sie stellten den Pharao dar, der von Gottheiten umarmt wird; sie zeigten das Sternengewölbe und die Sonnenbarke. Als er das Grab verließ, meinte der Mächtige, es biete ideale Räumlichkeiten für einen Harem; es würde den Frauen bestimmt nicht langweilig werden bei der Betrachtung der Bilder.

Innerhalb kurzer Zeit entdeckte Belzoni vier der versteckten Pharaonengräber. Die Funde im Tal der Könige machten seinen Namen vor allem in Europa bekannt. Zeitschriften berichteten über den wunderbaren Sarkophag des Pharao Sethos. Streit entbrannte, ob die Darstellung, die Belzoni von der Pracht der Alabasterarbeit gegeben habe, korrekt oder übertrieben sei. Niemand mochte jedoch leugnen, daß es ihm gelungen war, Relikte einer längst vergangenen Zeit zu finden, daß, dank seiner Leistung, die Vorstellung von der Kultur der Pharaonen etwas deutlicher werden konnte. In London und Paris setzte sich die Überzeugung durch, Belzoni sei ein Archäologe von hohem Rang. Er selbst war froh, daß sich niemand mehr an die Auftritte in Sadler's Wells Theatre erinnerte.

Belzoni selbst bezeichnete seine Begabung als »pyramidalen Verstand«. Er zeichne sich dadurch aus, daß er ein Gespür dafür habe, wie und wo die Menschen der Pharaonenzeit Geheimnisse zu bewahren versucht hatten. An der Chephrenpyramide konnte Belzoni diesen »pyramidalen Verstand« erproben.

Diese Pyramide galt am Beginn des 19. Jahrhunderts als noch ungeöffnet. Immer wieder wurden Vermutungen laut, das steinerne Ungetüm berge ungeheuere Schätze. Doch bisher hatte niemand die Energie aufgebracht, Grabungen durchzuführen. Einfach erschien die Aufgabe nicht. Allein die Vorarbeiten schreckten ab: Rings um die Basis der Pyramide hatte sich im Laufe von Jahrhunderten Sand angesammelt. Belzoni vermutete, daß sich der Eingang unter diesem Sand befinden mußte. Die gesamte Basis freizulegen war unmöglich; deshalb strengte Belzoni seine Kombinationsgabe an, um herauszufinden, wo sich die Pyramide öffnen lasse.

Mit Sprengstoff den Sand wegzublasen und zugleich eine Bresche in die Auftürmung der Blöcke zu schlagen erschien als bequemste Methode, doch war sie für Belzoni nicht anwendbar, weil sie seinen Konkurrenten, den Franzosen Drovetti, aufmerksam gemacht hätte. Daß Drovetti ein Verbot jeglicher Aktivität an der Chephrenpyramide bewirkt hätte – durch Intervention bei Mehmed Ali –, war anzunehmen. Belzoni vertuschte deshalb sein Vorhaben: Er ließ seine Freunde und Bekannten wissen, er werde die Hügel Mokattam südwestlich von Cairo auf Altertümer untersuchen – in Wahrheit aber schlug er ein kleines Zelt nahe der Pyramiden auf. Er suchte und fand arbeitswillige Männer. Dann bezeichnete er an der Ostseite der Chephrenpyramide die Stelle, an der, nach seiner Meinung, die Grabung erfolgreich sein müßte. Nach 16 Arbeitstagen stießen die Arbeiter auf die Steinplatten der Basisebene. Belzoni prüfte sorgfältig die Fugen der untersten Blöcke im Mauerwerk der Pyramide. Daß an einer Stelle die Blöcke nicht ganz dicht aneinandergefügt waren, nahm er als Hinweis, dahinter verberge sich der Eingang. In der Tat ließ sich ein Stein herausbrechen – doch die Öffnung führte nur in einen blinden Gang. Die Architekten der Chephrenpyramide hatten solche Fallen im Verlauf des Pyramidenbaus ausgedacht und ausführen lassen.

Nach diesem Fehlschlag vermaß Belzoni noch einmal die Seiten rechts und links des Eingangs der benachbarten Cheopspyramide. Er stellte fest, daß sich der Beginn des Ganges, der in die Pyramide führte, keineswegs in der Mitte der Basis befand, sondern ostwärts davon. Belzoni übertrug das Maß der seitlichen Verschiebung von der Cheopspyramide auf die Chephrenpyramide – und fand in der Tat drei Blöcke, die den Eingang verschlossen. Mühsam war die Arbeit, um den Gang von Schutt zu befreien. Als Belzoni auf einen überaus schweren Steinblock stieß, der den Zugang abriegelte, war er sicher, daß niemand zuvor die Chephrenpyramide betreten habe. Doch nach der Beseitigung des Steinriegels war die Enttäuschung groß: Araber hatten schon vor langer Zeit auf die Wände Zeichen gekritzelt. Ein Kopte, eigens aus Cairo geholt, konnte die Schriften entziffern. Sie verkündeten nichts anderes als: »Wir waren schon hier.«

Die Wissenschaft verdankt Belzoni die Kenntnis vom Verlauf der Gänge in der Pyramide des Chephren. Als Belzoni selbst seine Leistung begriff, da begann er sich zu verwandeln vom Jäger nach Altertümern und vom Antiquitätenhändler zum bewußten Forscher. Er wollte eine bedeutende Persönlichkeit der Zeitgeschichte werden. Berühmt wollte er werden als Ergründer vergangener Epochen. Belzoni suchte sich ein Objekt aus, das ihm Ruhm garantierte, allein schon durch die Verbindung mit einer berühmten Persönlichkeit des Altertums. Er entschied sich dafür, den Tempel des Amon in der Oase Siwa zu untersuchen, wo Alexander der Große einst das Orakel befragt hatte. Die Wahl der Oase Siwa als Ort seiner weiteren Tätigkeit hatte auch mit Belzonis Situation in Ägypten zu tun: Inzwischen war der Einfluß der Franzosen im Palast des Mehmed Ali mächtiger geworden. Drovetti sah die Gelegenheit, eine Intrige zu spinnen. Seine Agenten klagten Belzoni an, seine Erfolge mit verbrecherischen Methoden errungen zu haben. Die Vorwürfe gegen den Mitarbeiter des britischen Generalkonsuls lauteten, er habe sich wie ein Räuber benommen; er habe mit der Pistole in der Hand die Wächter der Ruinenfelder bedroht. Belzoni hatte guten Grund, den Franzosen aus dem Weg zu gehen. Er wollte das Niltal meiden.

Allerdings wußte er nicht, daß die Oase weit im Westen liegt, in der Nähe der libyschen Grenze. Nach seiner Meinung mußte sie noch im Bereich des großen Flusses zu finden sein. Die riesige Oase Fajum, so dachte er, könnte die Region sein, in deren Bereich Siwa eben eine Teiloase darstellte. Auffallend schnell gab er sich mit zweifelhaften Beweisen für seine Theorie zufrieden. Als er eine Quelle fand, deren Wassertemperatur im Verlauf eines Tages auffällig schwankte, war Belzoni überzeugt, er habe den »Sonnenteich« gefunden, von dem antike Autoren berichtet hatten. War der »Sonnenteich« entdeckt, konnte auch der Amontempel nicht weit sein. Belzoni erklärte eine Ruine in der Nähe zum Überrest des Gebäudes, in dem Alexander der Große einst bedeutende Nachricht empfangen hatte.

Ende März des Jahres 1820, nach fünf Jahren Aufenthalt in Ägypten, kam Giovanni Battista Belzoni nach England zurück. Im Britischen Museum hatte längst der »Memnonskopf« Platz gefunden – viel bestaunt von einem Publikum, das mehr und mehr Interesse gewann an den Altertümern des Nillandes. Belzoni besaß noch immer das Talent des Schaustellers: Im Zentrum von London richtete er in einem zweistöckigen Haus, das außen im pharaonischen Stil dekoriert wurde, die »Egyptian Hall« ein zur Ausstellung bemerkenswerter Stücke seiner Sammlung. Den Mittelpunkt bildeten Wachsabdrücke der Reliefs aus der Grabkammer des Pharao Sethos I.

Belzoni blieb nur zwei Jahre in England, dann reiste er nach Marokko, um von hier aus ins Innere des Kontinents vorzudringen. Das Abenteuer der Erforschung des innerafrikanischen Flußsystems lockte den Vierundvierzigjährigen. Er wollte den Ursprung des Niger erkunden und zugleich feststellen, ob Niger und Nil gemeinsame Quellen besitzen. Der Erforscher der Altertümer wollte auch ein bedeutender Kundschafter der geographischen Wissenschaft werden. Der Herrscher von Marokko verweigerte ihm jedoch das Durchreiserecht in Richtung Sahara. Belzoni suchte den Weg ins Innere Afrikas von der Mündung des Flusses Benin in Westafrika. Weit kam er nicht, dann erkrankte er an Ruhr und starb.

Die Ausstellung in der »Egyptian Hall« war aufgelöst worden. Reiche Engländer hatten die Einzelstücke gekauft. Durch die Käufe war ihre Sammlerleidenschaft jedoch nicht gestillt, sondern geweckt worden. Hohe Beträge wurden angeboten für originale Antiquitäten aus Ägypten. Männer ohne Sachkenntnis fuhren an den Nil, um dort, weit rücksichtsloser als Belzoni, die Tempel zu plündern. Sie nahmen Statuenköpfe mit, die leicht abzuschlagen waren; sie brachen Inschriften aus den Wänden; sie versuchten, Reliefs abzulösen und Ornamente loszumeißeln.

Mehmed Ali ließ den britischen und den französischen Generalkonsul in ihrem Wettbewerb der Ausplünderung zunächst gewähren. Sein Land hatte keinen Verwendungszweck für die Antiquitäten. In Cairo war kein Museum vorhanden, das die Stücke hätte aufnehmen können. Auf Drängen ernsthafter Wissenschaftler – zu ihnen gehörte Jean-François Champollion – erließ Mehmed Ali am 15. August 1835 jedoch ein Ausfuhrverbot für Altertümer. Im Einleitungstext des Verbots wird die Notwendigkeit des Schutzes der ehrwürdigen Tempel und Begräbnisstätten vor skrupellosen Plünderern erwähnt. Die Ausländer werden beschuldigt, sie fielen über die Nilregion her, um die antiken Denkmäler zu zerstören, um die eigenen Museen zu bereichern. Mehmed Ali verlangte, in Cairo müsse ein Ägyptisches Museum gebaut werden.

# »Als ich an den Nil kam,
war das Land barbarisch«

Das Zitat, das die Kapitelüberschrift bildet, hat eine Fortsetzung. Sie
lautet: »Das Land war wirklich vollkommen barbarisch. Und es ist bis
heute barbarisch geblieben.« Mehmed Ali, der Herrscher von Ägypten,
hatte diese Worte ausgesprochen.

Nach Ägypten war er im Jahre 1799 gekommen, im Alter von
dreißig Jahren, als Offizier in einem türkischen Truppenverband, der
geschickt worden war, um Napoleon aus Ägypten zu vertreiben. Eine
schlimme Niederlage hatte das Landunternehmen der Türken beendet. Mehmed Ali überlebte Niederlage und anschließende Suche der
Franzosen nach Türkensoldaten. Beim Abzug des französischen Expeditionskorps rückte er mit einer albanischen Einheit im Auftrag des
Sultans von Istanbul in Cairo ein. Der Mann, der als Türke in Kavala,
im heutigen Griechenland, im Jahre 1769 geboren worden war, hatte
die Heimat für den langen Rest seines Lebens gefunden.

Die Engländer hatten den Abzug der Franzosen erzwungen, doch sie
verfügten über keinerlei politisches Programm für das Land am Nil.
General Hutchinson, der Chef des britischen Expeditionskorps, hatte
nur den Auftrag, zu verhindern, daß eine französische Besatzungstruppe von Cairo aus die Verbindung zwischen England und Indien störte.
Um innerägyptische Verhältnisse hatte sich Hutchinson nicht zu kümmern. Die Politik in Cairo zu lenken war Angelegenheit des Sultans in
Istanbul. Völkerrechtlich galt Ägypten als Teil des Osmanischen Reiches. Solange die Interessen Englands nicht berührt wurden, war der
Regierung in London die politische Entwicklung in Cairo gleichgültig.
Die Position des britischen Generalkonsuls am Nil spiegelt diese Einstellung wider: Er hatte sich hauptsächlich um den Erwerb von Relik-
ten aus der Pharaonenzeit zu kümmern.

Napoleon Bonaparte war nach Ägypten gekommen mit der proklamierten Absicht, die Herrschaft der Mamluken zu vernichten. Um diese Absicht zu verwirklichen, hatte er Schlachten geschlagen und einen starken Truppenverband nilaufwärts geschickt. Die Mamluken waren geschlagen worden, hatten schlimme Verluste hinnehmen müssen, doch es war ihnen gelungen, Reiterverbände und Führungsspitze zu retten. Als die Franzosen das Land verlassen hatten – und die Engländer eine Politik der Nichteinmischung praktizierten –, da war für die Mamlukenherren die Chance groß, wieder zum mächtigsten politischen Faktor am Nil zu werden. Dagegen wehrten sich allerdings die türkischen Oberherren: Sie wollten keine starke und unabhängige Regionalregierung am Nil dulden.

Mehmed Ali, der Kommandeur des albanischen Kontingents innerhalb des osmanischen Heeres, war zur Treue gegenüber der Regierung am Bosporus verpflichtet. Er hatte die Mamluken zu bekämpfen, um die Macht des Sultans zu festigen – doch er sah sich schon bald nicht mehr als Diener der Osmanen. Er verfügte über zehntausend Kämpfer, die er als Potential im gefährlichen Pokerspiel um den Besitz der Gewalt in Cairo ansah. Gegen die Mamluken unternahm er gerade so viel, daß ihm die türkische Regierung keinen Vorwurf wegen Unfähigkeit oder gar Verrats machen konnte. In der offenen Konfrontation mit Mamlukenbanden ließ er anderen Einheiten der türkischen Armee den Vortritt. Er schürte jedoch die Auseinandersetzung durch geschickt verdeckte Provokation, durch Gerüchte und Parolen, die Angst erzeugten. So verhinderte Mehmed Ali, daß Sicherheit und Stabilität in Cairo einkehrten. Die Krise entwickelte sich schließlich zum Bürgerkrieg. Türken und Mamluken bekämpften sich und zogen ihre ägyptischen Anhänger in den Streit hinein.

Der Sultan, der aus der Provinz nur geringe Steuerbeträge holen konnte, in der sich die Bewohner im Haß töteten, war letztlich ganz zufrieden, als ihm Mehmed Ali mitteilte, er habe vor, dem Bürgerkrieg ein Ende zu machen; zu diesem Zweck habe er selbst die Regionalregierung am Nil übernommen. Den bisherigen Gouverneur, der ein überaus korrupter Mann sei, habe er festnehmen lassen. Mehmed Ali war vorsichtig genug, dem Sultan zu schreiben, er betrachte sich nur als vorübergehenden Statthalter des Souveräns; er werde die Macht wieder abtreten, wenn der Sultan dies wünsche – er sei selbstverständlich der demütige Sklave des Beherrschers aller Gläubigen.

Im Jahre 1807 fiel Mehmed Ali das Glück zu, daß er die Trümpfe in der Hand hielt, um sowohl seine Treue zum Sultan zu beweisen, als auch die eigene Herrschaft zu festigen. Der Sultan hatte beschlossen, im europäischen Konflikt Front zu beziehen: Er wollte künftig die Franzosen gegen die Engländer unterstützen. Der Beitritt der Türkei zum französisch geführten Staatenblock löste eine rasche Reaktion der englischen Regierung aus. Sie schickte wieder einmal Truppen an den Nil mit der Order, die Kommunikationswege, die Ägypten durchqueren, für England zu sichern. In der Annahme, Mehmed Ali und seine Kämpfer seien keine ernstzunehmenden Gegner, hatte sich die Truppenverwaltung in London damit begnügt, Söldner zu schicken, die ungenügend ausgebildet und bewaffnet waren, die dazuhin gar nicht wußten, warum sie am Nil, im heißen Klima, leiden und vielleicht sterben sollten. An Ruhm und Beute war bei diesem Feldzug nicht zu denken.

Die Politiker in London waren der Überzeugung, die Mamluken würden sich mit dem englischen Verband unmittelbar nach dessen Ankunft auf ägyptischem Boden verbünden. Sie glaubten auch fest daran, die Mamluken seien noch immer eine den Tod verachtende Kriegerkaste. Diesen Eindruck hatten die Engländer zu Recht gehabt, als sie im Jahre 1803 in die Heimat abgezogen waren. Doch war die Kraft der Mamluken im Bürgerkrieg der folgenden vier Jahre zermürbt worden. Dazuhin hatten die Türken nach dem Ende der französischen und englischen Besatzungszeit die Einfuhr von Sklaven unterbunden. So hatte die Kaste keinen Nachwuchs mehr bekommen. Die Sorge, auszusterben, lähmte ihre Energie. Die Mamlukenkommandeure verfügten zwar über Reserven am Oberlauf des Nil – dazu gehörten vor allem die Reiterverbände, die vor den Franzosen einst nach Süden ausgewichen waren –, doch sie wagten den hohen Einsatz eines Angriffs gegen die Türken nicht.

Diese völlig falsche Einschätzung der Situation in Ägypten hatte katastrophale Folgen: Alleingelassen kämpften die fünftausend Söldner Englands am Strand von Alexandria gegen einen übermächtigen Gegner. Fünf Tage nach seinem Sieg konnte Mehmed Ali auf dem Esbekiehplatz in Cairo den eindrucksvollen Stapel von fünfhundert abgeschlagenen Köpfen bewundern.

Der Sultan bedankte sich bei Mehmed Ali für die heldenhafte Errettung der ägyptischen Provinz. Da konnte nie mehr die Rede davon sein, daß er nur vorübergehend »Pascha von Ägypten« sei. Niemand besaß seine Fähigkeiten und seine politische Intelligenz. Der Sultan war auf Mehmed Ali angewiesen – er mußte ihm deshalb freie Hand geben, die Ordnung zu schaffen, die dem Pascha behagte.

Die Chefs der Mamluken, sie nannten sich Bey, waren der Meinung, Mehmed Ali habe Grund, ihnen dankbar zu sein, waren sie ihm doch während der Tage der britischen Invasion nicht in den Rücken gefallen. Der Pascha hatte auch nie versäumt, ihre Haltung zu loben. Sie hatten deshalb gar keine Ursache, ängstlich oder argwöhnisch zu sein, als sie von Mehmed Ali für den Abend des 1. März 1811 eingeladen wurden, mit ihm zusammen ein Festmahl einzunehmen. Sie kleideten sich in ihre traditionellen Gewänder, gürteten Dolche und schmückten sich mit dem Kopfputz. Prächtig waren auch die Pferde anzusehen, auf denen die fünfhundert Würdenträger der Mamlukenkaste hinaufritten zur Zitadelle von Cairo.

Die nationale Einigung Ägyptens sollte durch das Festmahl gefeiert werden. Mehmed Ali beschwor die Treue zum Land am Nil. Der Fluß verbinde alle Menschen, die an seinen Ufern leben; er sei der gemeinsame Vater. Die Mamlukenbeys, die seit Jahren nicht mehr daran denken konnten, jemals wieder politisch bestimmende Kraft in Cairo zu werden, jubelten Mehmed Ali zu. In den Worten des Paschas hörten sie den Willen, die Mamluken am Reichtum des Landes teilhaben zu lassen.

Mit allen Gesten der Freundschaft verabschiedete Mehmed Ali die Mamlukenbeys. Fackelträger und Bewaffnete geleiteten den Zug der Fünfhundert auf den schmalen Weg, der die Zitadelle direkt mit der Stadt verbindet. Er führt heute noch herunter von der Festung auf den Saladdinsplatz. Erhalten sind Mauern und Türme, die den Weg beherrschen. Die Enge veranlaßte die Beys, hintereinander zu reiten. Plötzlich hielten die vordersten Pferde an, sie waren auf ein festes hölzernes Tor gestoßen, das ihnen den Weg versperrte. In diesem Augenblick wurde von den Mauern aus, die den Pfad begrenzten, auf die Beys geschossen. Unfähig zu wenden oder seitlich zu entfliehen, waren sie eingesperrt und den Schüssen der albanischen Soldaten des Pascha ausgeliefert. Nur einer der Beys, so wird erzählt, sei den Kugeln entkommen.

Mehmed Ali hatte bewiesen, daß er allein der absolute Herrscher am Nil war. Ohne auf das Recht zu achten, das im islamischen Reich des

Osmanensultans Gültigkeit besaß, hatte er mögliche Gegner vernichtet. Künftig brauchte er nicht mehr zu fürchten, irgend jemand werde Rechenschaft von ihm fordern.

Daß er keine Rücksicht nahm auf Recht und Menschlichkeit, war ihm bewußt. Mehmed Ali hat später erklärt, er habe nicht anders handeln können. Seine Aufgabe sei es gewesen, Ägypten aus dem Schlaf aufzurütteln, der schon Jahrhunderte gedauert habe. Hätte er mit dem Blick auf Recht und Menschlichkeit gehandelt, wäre ihm die Macht, die das Land verändern sollte, schon bald aus der Hand geglitten.

Voll Verehrung sprach der Pascha von Napoleon. Er hatte dabei weniger den Feldherrn im Auge als den Revolutionär, der den Franzosen in Justiz und Administration die Instrumente in die Hand gab, die notwendig waren, um sich dem Wandel der Zeit anzupassen. Mehmed Ali war überzeugt, er werde für die Ägypter dasselbe Ergebnis erreichen, das Napoleon für Frankreich errungen habe. In der Methode der Durchsetzung aber könne er dem Kaiser der Franzosen nicht nacheifern, da die Kunst der Überzeugung am Nil wenig bewirke. Die Furcht nur treibe hier den Menschen an, sich und seine Welt zu verändern.

Zu Mehmed Alis Bewunderern gehörte Fürst Hermann von Pückler-Muskau, der sich mit Person und Leistung des Pascha befaßt hatte. Im dreibändigen Werk »Aus Mehmed Alis Reich« schrieb er: »Seine unbestreitbaren speziellen Verdienste, wie sie als Fakten vor aller Augen stehen, sind folgende: Er hat mit bewunderungswürdigem Organisationstalent in einem der verwahrlosesten und verwildertsten Länder der Welt Ordnung und Sicherheit, die ersten Bedürfnisse eines zivilisierten Staates, herzustellen gewußt. Er hat in der Ausübung der Justiz und in der Verwaltung innerhalb seines Gebiets mehr Gerechtigkeit und feste Norm eingeführt, als in irgendeinem anderen orientalischen Staate noch existiert. Er hat den Fanatismus gebändigt, eine größere Toleranz in religiösen Dingen geübt, als in manchen christlichen Staaten stattfindet, und die Christen in seinen Ländern in einer Art bevorzugt, die fast zur Härte für die Muselmänner wurde. Er hat den Handel mit Europa nicht nur belebt, er hat ihn größtenteils neu geschaffen und durch die großartigsten Anlagen aller Art den in Ägypten gänzlich untergegangenen Sinn für Industrie wohltätig wiedererweckt. Er hat für die Bildung der künftigen Generation ein

Erziehungs- und Schulwesen gegründet, von dem man vor ihm im Orient seit Jahrhunderten gar keinen Begriff mehr hatte. Er hat ungeheure Summen diesem edlen Zweck geopfert. Er hat mehr gebaut und mehr gemeinnützige Anstalten ins Leben gerufen als irgendein Beherrscher Ägyptens seit Saladdins Zeiten.«

Der brutale Mörder und der Herrscher, der seine Untertanen in eine bessere Zukunft führt – das sind die zwei Gesichter des Mehmed Ali. Fürst Pückler-Muskau, der Beobachter aus jener Zeit, urteilte aus der Sicht eines Mannes, der die Leistung des Pascha überblicken konnte. Als bewundernswert empfand der Fürst, daß Mehmed Ali sich nicht auf den natürlichen Reichtum des Nillandes verließ, auf seine Ernten. Der Pascha hatte aus Büchern und Berichten gelernt, wie einzelne europäische Staaten, die sich nicht um Industrialisierung bemühten, deren Wirtschaftsbasis also der Ackerbau blieb, gegenüber anderen zurückfielen auf dem Weg des Fortschritts. Aus den Lehren zog Mehmed Ali die Konsequenz: Die Ägypter mußten mit Arbeit in Fabriken vertraut gemacht werden. Auf Weisung des Pascha entstanden Produktionsstätten für Papier und Glas, für Werkzeuge und Maschinen. Mehmed Ali ließ die erste Druckerei Ägyptens installieren; er sorgte dafür, daß in den Dörfern Ölmühlen gebaut wurden. Er befahl die Errichtung der Werft von Alexandria.

Trotz der positiven Wertung seiner Leistung muß gesagt werden, daß Mehmed Ali Ägypten nicht auf Anhieb von der Rückständigkeit befreien konnte. Er konnte nur die Wurzel legen für den allmählichen Anschluß Ägyptens an das Industriezeitalter. Wenige seiner Projekte waren tatsächlich von unmittelbar sichtbarem Erfolg gesegnet. Die meisten der technischen Anlagen verrotteten schnell, da die Arbeiter nicht mit Werkzeug und Geräten umgehen konnten. Diese Arbeiter waren bisher Bauern gewesen, waren an ein gewisses Maß der freien Arbeitseinteilung gewöhnt. Sie empfanden ihre Tätigkeit als langweilig und verfluchten schließlich den Zwang, täglich in der Fabrik anwesend sein zu müssen. Da der Pascha von seinen Statthaltern über die Fortschritte der Industrialisierung Rechenschaft forderte, blieb ihnen – wenn sie nicht für Versäumnisse zur Verantwortung gezogen werden wollten – gar nichts anderes übrig, als die Arbeiter durch Bewaffnete zur Pflichterfüllung anzuhalten. Soldaten mit Bajonetten trieben in manchen Fällen die Männer zusammen, die sich weigerten, zur Arbeit zu erscheinen.

Während der Regierungszeit Mehmed Alis reifte der Gedanke, das Wasser der jährlichen Nilflut zurückzustauen, um es während aller Monate des Jahres gleichmäßig ins Delta fließen zu lassen. Die Bändigung der Flut durch einen Staudamm sollte den Bauern Vorteile bringen: Erreicht werden sollte die Chance für mehrfache Aussaat und für mehrfache Ernte. Trotz der Proteste wichtiger islamischer Geistlicher, die darauf hinwiesen, daß die Zerstörung des natürlichen Wechsels von Flut und Trockenperiode einen frevelhaften Eingriff in die Ordnung Allahs bedeute, unterschrieb Mehmed Ali im Frühling 1835 das Dokument, das den Dammbau anordnete. Er hatte sich überzeugen lassen, nur durch das Stauwehr sei der Plan zu verwirklichen, im Delta großflächige Baumwollplantagen anzulegen. Durch solche Plantagen aber wollte Mehmed Ali Reichtum nach Ägypten holen.

Genau dort, wo sich nördlich von Cairo der Nil teilt in den westlichen Arm, der nach Rosette fließt, und den östlichen Arm, der sich Damiette zuwendet, wurde die »Barrage« gebaut. Sie galt in der Zeit der Entstehung als das größte Wasserbauwerk der Welt, als eine Leistung, die den Pyramiden würdig zur Seite gestellt werden konnte. Daß europäische Architekten den Damm gestaltet haben, ist noch heute an den Verzierungen der mit dem Wehr verbundenen Bauten der Türme und Schleusenstellwerke zu erkennen: Sie sind mit Zinnen geschmückt und erinnern an Ritterburgen in Frankreich und Deutschland.

Der eigentümliche Anblick gefiel dem Pascha – und doch gehörte die »Barrage« zu den schlimmen Enttäuschungen, die Mehmed Ali erlebte: Schon in den Wochen der ersten Flut, die der Damm zu stauen hatte, traten gefährliche Mängel auf. Die Fundamente waren zu schwach und hielten dem Wasserdruck nicht stand: Risse zeigten sich – und schließlich sogar Unterspülungen. So konnte die Kapazität des Wehrs nicht voll ausgelastet werden. Erst aufwendige und teuere Ausbesserungsarbeiten machten die »Barrage« wirklich zum Regler für die Wasserversorgung der Landwirtschaft im Delta.

Mehmed Ali war darauf angewiesen, daß ihm Fremde – wie Giovanni Battista Belzoni, der sich als Pumpenspezialist ausgegeben hatte – bei der Veränderung von Land und Menschen halfen. Seine Agenten warben Franzosen, Engländer, Albaner, Griechen und Armenier an. Er wurde betrogen von Männern, die meist keinerlei Kenntnisse in den

Gebieten besaßen, in denen sie als Spezialisten gelten wollten. Scharlatane und Abenteurer drängten nach Ägypten. Fürst Pückler-Muskau fragte den Pascha, ob er nicht das Gefühl habe, übel hintergangen zu werden. Mehmed Ali gab ihm diese Antwort: »Ich weiß, daß unter fünfzig Menschen, die aus Europa kommen, um mir ihre Dienste anzubieten, 49 den unechten Edelsteinen gleichen. Ohne sie alle zu erproben, kann ich aber den einen echten Brillanten, den wirklichen Spezialisten, nicht herausfinden, der vielleicht darunter sein mag. Ich kaufe sie also vorläufig alle. Habe ich dann den einen entdeckt, so ersetzt er allein oft den Schaden, den mir die anderen zugefügt haben.«

Daß er nur über eine dünne Schicht technisch ausgebildeter Männer verfügte, daß Persönlichkeiten von geistigem Format in seinem Land fast gar nicht zu finden waren, mußte Mehmed Ali als hinderlich ansehen für sein Bestreben, Ägypten moderner zu gestalten. Die Basis zu verbreitern war seine Absicht: Die Intelligenz des palästinensischen und des syrischen Volkes wollte Mehmed Ali für seine Zwecke gewinnen. Syrien sollte deshalb an Ägypten angegliedert werden. Dieses Ziel aber konnte nur durch Eroberung erreicht werden. Napoleons Niederlagen vor Moskau, bei Leipzig und bei Waterloo zähmten lange Jahre den Ehrgeiz des Pascha, das Vorbild auch als Eroberer imitieren zu wollen. Ein ganz praktischer Grund sprach dagegen, die Albanergarde nach Syrien zu schicken: Auch dieses Land unterstand der Souveränität des Sultans in Istanbul. Hatte er vor, Syrien zu erobern, dann war der Zusammenstoß zwischen seinen Soldaten und türkischen Verbänden in Palästina nicht zu vermeiden. So selbständig er auch handelte, nie hatte der Pascha bisher die Absicht geäußert, sich ganz aus dem Osmanischen Reich zu lösen. Er war lange Zeit auf Offiziere und Beamte angewiesen, die dem Sultan den Treueid geschworen hatten. Sie zur Untreue zu verleiten hätte gefährlich sein können. Mit sechzig Jahren aber entschloß sich Mehmed Ali, auf alle Rücksichten zu verzichten: Sein Heer vertrieb die Türken aus Palästina und aus Syrien – es war stark genug, bei Homs und in Anatolien derart eindrucksvolle Siege zu erringen, daß der Sultan um seine Hauptstadt und um sein Reich zu fürchten begann. Er hielt es im Jahre 1833 für klug, Syrien abzutreten, und Mehmed Ali gab sich zufrieden. Er hatte der Welt bewiesen, daß er nicht mehr der Untertan des Sultans war.

Mit Begeisterung wurde der ägyptische Statthalter in Damaskus begrüßt. Die Bewohner waren damit einverstanden, daß ihr Land und

Ägypten zu einem Staat verschmolzen wurden. Doch der Jubel erstarb bald. Der Statthalter brachte die Gesetze zur Anwendung, die am Nil Gültigkeit hatten: Er verlangte pünktliche Zahlung von Steuern und Einhaltung hoher Steuersätze. Er verpflichtete junge Männer zum Militärdienst; derartige Zwangsrekrutierung war im Osmanischen Reich nicht üblich gewesen. Die Begeisterung der Leute von Damaskus schlug um in Ablehnung und schließlich in Haß. Sie wehrten sich gegen die Ägypter.

Mehmed Ali mußte erleben, was mehr als hundert Jahre später Gamal Abdel Nasser nicht erspart blieb: Die Syrer ließen sich nicht in die Union mit den Nachbarn am Nil zwingen. Mehmed Ali mußte 1841 auf Syrien verzichten; Nassers Unionsstaat, der sich Vereinigte Arabische Republik nannte, scheiterte 1961. Und es gibt noch eine weitere Parallele zwischen den beiden Staatsmännern: Mehmed Ali und Nasser machten dieselbe Erfahrung mit Staaten, die imperialistische Interessen verfolgten.

Hatte Ägypten durch die Benützung der Schiffsroute rings um Afrika – sie begann mit der Einrichtung einer Versorgungsstation der Holländischen Ostindiengesellschaft am südafrikanischen Kap im Jahre 1652 – seine Bedeutung als Bindeglied des Handels zwischen Europa und dem Fernen Osten verloren, so wurde diese Entwicklung während der Regierungsjahre des Mehmed Ali innerhalb kurzer Zeit wieder rückgängig gemacht. Von einer britischen Gesellschaft war die Bahnlinie Alexandria–Cairo–Suez gebaut worden. Sie verband zwei wichtige Hafenstädte. Die Brücke vom Mittelmeer zum Roten Meer war geschlagen. Die Fahrzeit von England nach Indien hatte bisher auf dem Seeweg fünf Monate gedauert. Jetzt konnte ein Reisender von London bis Alexandria das Schiff benützen, den Landweg auf der Eisenbahn zurücklegen und in Suez wieder das Schiff besteigen. In vierzig Tagen war die Strecke bequem zurückzulegen. Für England war Ägypten damit noch wichtiger geworden als bisher. Das Land am Nil wurde zum Mittelpunkt der Nachrichtenverbindung zwischen der britischen Hauptstadt und den Besitzungen der Krone in Indien.

Wenn sich die Eisenbahnverbindung von Meer zu Meer, die über eine weite Strecke parallel zum Nil verlief, als derart nützlich erwies, lag der Gedanke nahe zu prüfen, ob der Fluß nicht als Teilstück einer Schiffahrtsstraße dienen konnte. Doch diese Idee wurde rasch verworfen zugunsten eines Projekts, das den direkten Durchstich vom Mittelmeer zum Roten Meer an der engsten Stelle der Landbrücke zwischen Vorderasien und Afrika vorsah.

Das Land, auf dem die Wasserstraße entstehen sollte, wurde von Mehmed Ali beherrscht. Er hatte den Bau der Eisenbahn genehmigt, doch die Konzession zur Ausschachtung des Kanals vom Mittelmeer nach Suez vergab er nicht. Er war ein Anfänger gewesen in der internationalen Politik, als er die Paschawürde übernommen hatte – jetzt aber wußte er, von welchen Gesetzen und Konstellationen sich die Weltmächte leiten ließen. Er hatte begriffen, daß er nicht mehr Herr sein würde in Ägypten, wenn erst einmal der Kanal in Betrieb genommen wäre. England würde die Garantie für den Seeweg übernehmen wollen, da seine vitalen Interessen davon betroffen waren, ob die störungsfreie Passage möglich war oder nicht. Eine solche Garantie bedeutete, daß die Londoner Regierung mit Argwohn auf jede Entwicklung in Cairo blickte. Mit Einspruch gegen Maßnahmen des Paschas war zu rechnen, wenn sie in London auf Mißfallen stießen. Mehmed Ali fürchtete die Konflikte mit England, deshalb verweigerte er die Zustimmung zum Kanalbau.

Diese Haltung wiederum gefiel den europäischen Staaten nicht. Der Sultan in Istanbul war ihnen ein bequemer Partner gewesen. Er hatte, da ihm und seinem Regime die Kraft fehlte, sich zu wehren, die meisten Wünsche der Europäer bereitwillig erfüllt. Von ihm waren keine Eigenwilligkeiten zu erwarten, keine unberechenbaren Handlungen, die etwa den Weg nach Indien versperren konnten. Den Sultan wollten die europäischen Regierungen als Souverän am Nil sehen. Mehmed Ali mußte wieder dem osmanischen Herrscher unterworfen werden.

Ein Vorwand zum militärischen Eingreifen war rasch gefunden. Dem Herrn über Ägypten und Syrien wurde vorgeworfen, er unterdrücke die Bewohner von Damaskus, die Union zwischen beiden Staaten sei nicht rechtens. Frankreich hetzte die Christen des Libanongebiets auf: Sie sollten sich gegen die islamischen Ägypter wehren. Um die Menschen in Syrien und in Palästina vor dem barbarischen Mehmed Ali »zu retten«, traf eine englische Landungstruppe, die von einem österreichischen Kontingent unterstützt wurde, bei Beirut ein. Sie eroberte die Stadt und vertrieb die Ägypter aus dem heute libanesischen Gebiet. Wenige Wochen später bedrohte die englische Flotte

Alexandria. Wenn sich Mehmed Ali nicht dem Sultan unterwerfe – so lautete die Aufforderung des Flottenadmirals –, werde die Stadt durch Granaten zerstört. Da blieb kein Ausweg: Der Herrscher am Nil verlor seine Souveränität. Er unterwarf sich wieder dem Sultan des Osmanischen Reiches. Ägypten wurde zur Tributzahlung verpflichtet. Die Union zwischen Syrien und dem Land am Nil war beendet. Gescheitert war die Expansion über Gebiete hinaus, die nicht unmittelbar mit dem Nil verbunden waren.

Gelungen war, zwanzig Jahre zuvor, die Eroberung weiter Bereiche des Niltals. Diese Ausdehnung der Macht des Pascha blieb viele Jahre lang nahezu unbemerkt, denn sie hatte Gebiete unter seine Kontrolle gebracht, für die kein europäischer Staat zuständig war, die niemand interessierten.

Mehmed Ali hatte sich durch Spione informieren lassen, daß sich weit südlich von Asswan ein Land befinde, in dem man überaus leicht zu Gold kommen könne. Reich sei dies Land auch an schwarzen Menschen, die allerdings wenig zivilisiert, aber doch als Sklaven zu gebrauchen seien. Mehr war nicht zu erfahren. Seit Menschengedenken war kein Ägypter weiter südlich als bis zur Insel Philae vorgedrungen; auch die Spione des Pascha wagten sich nur bis hierher. Seit genau dreihundert Jahren hatten sich ägyptische Heere gehütet, in das Reich der kriegerischen Stämme am Oberen Nil einzubrechen.

Neugierige Europäer waren schon bis Abu Simbel gelangt. Sie hatten aber nichts vom Reichtum der Gegend oberhalb von Asswan und Philae berichten können. Tempel hatten sie gesehen – doch daran war Mehmed Ali nicht interessiert. Vor allem aber waren sie von Krankheiten geplagt worden, an denen das heiße Klima schuld sein mußte. Ermutigend waren die Berichte der Europäer nicht gewesen: Da war nirgends ein Anreiz zu finden, auf dem Nil über Philae hinaus nach Süden zu fahren.

Doch da trafen aus jener Gegend regelmäßig Karawanen in Asswan ein, die Gummiarabicum, Elfenbein, Kamele, Pferde, Baumwollstoffe und Kupfer auf die ägyptischen Märkte transportierten. Sie kamen aus der Gegend der großen Nilschleife um den Dritten, Vierten und Fünften Katarakt. Viele der Waren stammten allerdings aus weiter entfernten Ländern, von einem weit entlegenen Markt, der Schendi hieß und am Nil lag, aus der Randzone des Roten Meeres sowie aus den

Bergen Abessiniens. Aus dem Warenangebot war wiederum abzulesen, daß sich derjenige glücklich schätzen konnte, der Herrscher war in jenen Gebieten.

Die Karawanenführer waren die Quelle der Information für Mehmed Alis Agenten. Die Weitgereisten konnten Auskunft geben über Verteilung des Landes und Machtverhältnisse am Oberen Nil. Zwischen dem Dritten und dem Vierten Katarakt lebten Nomadenstämme, die lose in einer Föderation miteinander verbunden waren. In der Stadt Dongola hatten sich Mamlukenführer samt ihren Anhängern niedergelassen, die von Napoleons Truppen aus der Region unterhalb von Asswan vertrieben worden waren. Sie hatten versucht, einen Staat zu organisieren, waren mit solchen Absichten jedoch gescheitert. Die Mamluken lebten als isolierte Gruppe, unfähig, die seit langem am Oberen Nil ansässigen Stämme um sich zu gruppieren – doch sie waren ihnen durch ihre Waffen überlegen. An ihr Gebiet schloß sich ein Königreich an, das von der Erinnerung an die Vergangenheit der mächtigen Fungherrscher lebte. Sein Herrschaftsbereich wurde nicht mehr von fest definierten Grenzen umschlossen. Wichtiges Zentrum des Königreichs war die Stadt Schendi, nicht ganz 200 Kilometer nördlich des Zusammenflusses von Weißem und Blauem Nil gelegen.

Die meisten der Bewohner, die heute in Schendi leben, gehören zum Stamm der Fung und sind Nachfahren der Krieger, die das Fungkönigreich mächtig gemacht hatten. So groß war ihr Staat gewesen, daß sie mehr als 1500 Kilometer weit auf dem Nil hatten reisen können, ohne die Grenzen ihres Gebiets zu erreichen. Für unbesiegbar hatten sie sich gehalten; sie waren der Meinung gewesen, ihr Reich am Nil sei für die Ewigkeit geschaffen. Die Krieger spürten nicht die Gefahr, die mit den Mamluken den Fluß heraufzog. Die Reiter aus dem Norden trugen Gewehre. Die Fungkämpfer aber übten noch immer den Schwertkampf. Sie fühlten sich geschützt durch Kettenhemden und Helme mit Nasenschutz.

Unbemerkt von den Kriegern war Schendi zu einem wichtigen Handelszentrum geworden – wobei die Richtung des Warenverkehrs kaum parallel zum Nil verlief. Die Transportwege waren von Ost nach West und umgekehrt ausgerichtet. Vom Roten Meer her erreichten Karawanen, die mit Handelsgütern aus dem Fernen Osten beladen waren, den Markt von Schendi; sie reisten weiter, quer durch Afrika, bis nach Timbuktu. Moslems, die in Zentralafrika zur Pilgerfahrt nach

Mekka aufgebrochen waren, erholten sich in Schendi, ehe sie weiterzogen zum Roten Meer.

Die Spezialität des Markts von Schendi war das große Angebot an Sklaven: Etwa fünftausend Männer und Frauen wurden hier jährlich verkauft. Meist waren sie zusammengetrieben worden in den Siedlungen am Rande der Sümpfe des Weißen Nil. Besonders schöne Frauen aber stammten häufig aus Äthiopien. Abnehmer für diese menschliche Ware trafen mit den Karawanen vom Roten Meer her ein. Sie brachten Gewürze, Stoffe und edle Hölzer aus Fernost und tauschten sie gegen Sklaven ein.

Ungenaues hatte Mehmed Ali von diesem Menschenmarkt gehört. Doch was er wußte, reichte aus, um sein Interesse zu wecken, diesen Markt in die Hand zu bekommen. Längst hatte der Pascha begriffen, daß die Bauern seines Landes nicht bereit waren, in den Fabriken, die er aufbauen wollte, zu arbeiten. Die Ägypter ließen sich nicht für die Industrialisierung gewinnen. Aus der Enttäuschung über diese Erkenntnis wuchs die Idee, die Arbeiter zu importieren, sie in den Stammesgebieten weit im Süden einzufangen. »Sklaven herbeizuholen ist das Ziel des geplanten Feldzugs in die Gebiete des Oberen Nil. Wir benötigen mindestens vierzigtausend Sklaven.« – So lautete Mehmed Alis Weisung an seinen Sohn Ismaïl, den Oberkommandierenden der Armee.

Im Sommer des Jahres 1820 fuhren achttausend ägyptische, albanische und vor allem auch türkische Soldaten auf dem Nil nach Süden. Sie führten Geschütze mit sich, deren Bedienungssoldaten unter dem Kommando eines amerikanischen Artillerieoffiziers standen, der sich zum Dienst beim Pascha verpflichtet hatte. Seine Kanonen öffneten den Ägyptern den Weg nach Schendi. Bei Korti, südlich von Dongola, dort, wo der Nil für etwa 200 Kilometer nach Südwesten fließt, fand der entscheidende Kampf statt. Die Stammeskrieger, die sich nicht unterwerfen wollten, wehrten sich mit Speeren und Schwertern. Sie waren der Meinung, sie verteidigten den echten Glauben gegen türkische Teufel. Ein Geistlicher hatte den Kämpfern gesagt, Allah verhüte, daß sie von Kugeln getroffen werden. Doch sie mußten erleben, wie einer nach dem anderen niedersank. Achthundert Menschen starben; die meisten von ihnen waren Bauern.

Die Soldaten des Mehmed Ali schnitten allen toten und gefangenen

Gegnern die Ohren ab – selbst die Bewohner der Stadt Korti, die nicht an Widerstand gedacht hatten, erlitten diese Verstümmelung. Der Pascha in Cairo erhielt von seinem Feldherrn zum Zeichen des Sieges nahezu viertausend Ohren zugeschickt. Durch derartige Grausamkeit schüchterte Ismaïl, Mehmed Alis Sohn, die möglichen Gegner ein. Er signalisierte ihnen aber auch, daß er verständigungsbereit und gnädig sein könne. Einem unterlegenen Stammessheikh schickte er nach gewonnenem Kampf die Tochter, die in die Hand der ägyptischen Soldaten gefallen war, mit Geschenken und einem höflichen Brief zurück. Als der Stammessheikh erfahren hatte, daß seine Tochter als Jungfrau aus dem feindlichen Lager zurückkam, verzichtete er auf weiteren Widerstand. Er hielt fortan den Kommandeur der Gegner aus dem Norden nicht mehr für den Teufel in Person, sondern für einen Mann, der Mohammeds Gesetze achtete. Die Meinung des Stammessheikhs wurde in weiten Gebieten des Sudan respektiert.

Der Vormarsch über Berber nach Schendi gelang – die Beute war allerdings gering; der Markt für Waren und Sklaven war verlassen. Besonders ärgerlich war für Ismaïl die Auflösung des Sklavenmarktes. Da Mehmed Ali die rasche Zusendung von Sklaven verlangt hatte, war Ismaïl gezwungen, seine Soldaten in die Dörfer zu schicken, damit sie selbst zur Arbeit fähige Männer zusammenholten. Im Frühjahr 1821 verließ die erste Sklavenkolonne – sie umfaßte fünfhundert Männer – die Stadt Schendi in Richtung Norden. Mit der Anzahl der Sklaven aber war Mehmed Ali keineswegs zufrieden. Er schrieb an seinen Sohn, die ägyptischen Fabriken warteten auf weitere Arbeitskräfte.

Am 24. Mai erreichte die ägyptische Armee den Zusammenfluß von Weißem und Blauem Nil. Sie folgte dem Blauen Nil, der von Südosten strömt, bis zur Stadt Sennar. Obgleich der letzte der Fungkönige dem Eroberer die Kapitulation anbot und ihm Kaffee servieren ließ, gab Ismaïl den Befehl zur Plünderung von Sennar. Das Ende der selbständigen sudanesischen Königreiche war gekommen.

Ismaïl blieb die Erfahrung nicht erspart, die alle Fremden machen mußten, die in den Sudan kamen: Er und seine Soldaten wurden von Malaria und Ruhr geplagt. Die Seuchen brachen aus mit dem Ansteigen des Nil. Medikamente und Ärzte mitzunehmen, daran hatte die Armeeführung nicht gedacht. Zwei Wochen nachdem die ersten schweren Krankheitsfälle festgestellt worden waren, lebte ein Zehntel der Soldaten nicht mehr.

Menschen konnten zu Sklaven gemacht werden – doch Gold war im Sudan keines zu finden. Der Kriegszug lohnte sich nicht für Mehmed Ali. Er war letztlich der Verlierer, denn sein Sohn Ismaïl starb am oberen Nil.

Ismaïl hatte oft um seine Ablösung als Kommandeur der Sudanarmee gebeten. Statt einer Antwort erhielt er vom Vater stets die Aufforderung, er möge mehr Sklaven und vor allem endlich auch Gold nach Cairo schicken. Schließlich, im Oktober 1822, erhielt Ismaïl die Erlaubnis, den Sudan zu verlassen. Um dem Vater zu imponieren, wollte er auf dem Rückweg soviel an Sklaven und Gold mitnehmen, wie er unterwegs eintreiben konnte. Dem Sheikh der Marktstadt Schendi stellte er die Forderung, innerhalb von 48 Stunden sechstausend Männer und dreißigtausend Goldstücke auszuliefern. Als der Sheikh protestierte, in derart kurzer Zeit könne er nicht soviele Männer aus den Dörfern holen, und über Gold verfüge er gar nicht, da erhielt er von Ismaïl einen Schlag ins Gesicht.

Der Zwischenfall schien ohne Folgen zu bleiben. Für den Abend war ein Festessen vereinbart, das nicht abgesagt wurde. Doch nach dem Ende des Mahls, als der Sheikh das Haus verlassen hatte, in dem Ismaïl wohnte, da brach ein Feuer aus. Die Wachen der Oberkommandierenden, die löschen wollten, wurden erschlagen. Ismaïl verbrannte mit vielen seiner Offiziere.

Die Menschen in Korti, Berber und Schendi glaubten, sie könnten sich wehren gegen die Sklavenjäger aus dem Norden. Wo sie eine Chance sahen, ägyptische, türkische oder albanische Soldaten zu töten, da mordeten sie gnadenlos. Mehmed Ali aber rächte sich für den Tod des Sohnes und seiner Soldaten. Er schickte frische Truppen zur Verstärkung in den Sudan. Offiziere und Soldaten bekamen Befehl, die Städte und Dörfer niederzubrennen, junge Männer und Frauen gefangenzunehmen, die älteren aber zu verstümmeln oder zu töten. Mehr als fünfzigtausend Sudanesen verloren ihr Leben.

So wurde zum erstenmal in der neueren Geschichte die »Einheit des Niltals« erreicht – durch Gewalt. Bis in unsere Gegenwart belasten die Ereignisse der drei Jahre von 1821 bis 1824 die Beziehungen zwischen den Menschen, die im Sudan, und denen, die in Ägypten leben.

Die Militärexpedition des Jahres 1821 war ein Wagnis gewesen, da niemand in der Armee des Mehmed Ali wirklich Bescheid gewußt hatte, wie der Nil südlich von Asswan verläuft, wie viele Katarakte den Flußlauf blockieren, welche Gefahren drohen. Um für künftige Feldzüge besser gerüstet zu sein, erhielt die Sudanarmee im Frühjahr 1839 den Auftrag, den Weißen Nil zu erforschen, nach seinen Quellen zu suchen. Am 16. November jenes Jahres fuhren zehn Boote unter dem Befehl eines türkischen Fregattenkapitäns vom Zusammenfluß des Weißen und des Blauen Nil nach Süden ab. Auf dem Weißen Nil segelten sie durch Sümpfe, in denen kein Flußlauf mehr zu erkennen war. 1500 Kilometer weit gelangten der Fregattenkapitän und seine Soldaten. Sie mußten beim fünften Grad nördlicher Breite, in der Nähe der heutigen Stadt Juba aus Erschöpfung die Suchaktion abbrechen. Die Quellen des Weißen Nil hatten sie nicht gefunden.

# Das Geheimnis der Nilquellen

Der erste, von dem wir wissen, daß er das Geheimnis der Herkunft des Nilwassers persönlich ergründen wollte, lebte vor zweieinhalb Jahrtausenden. Herodot, der griechische Geograph und Historiker, fuhr in der Mitte des 5. Jahrhunderts vor Beginn unserer Zeitrechnung auf den Schiffen der Einheimischen mit, nilaufwärts, von Siedlung zu Siedlung, von einem trostlosen Landstrich zum anderen.

Er wollte erfahren, ob irgend jemand am Fluß jemals den Anfang des Stromes gesehen hatte, ob irgend jemand eine Erklärung dafür kannte, warum das Nilwasser alljährlich zur gewaltigen Flut anschwillt. Nach vielen Monaten erreichte Herodot die Gegend der heutigen Stadt Asswan. Da sah er die Stromschnellen des Ersten Katarakts, und sie erschienen ihm als Beginn der Höllenregion. Rasende Wasserwirbel und sengende Hitzestürme schreckten den Neugierigen. Fürchterliches wußten die Uferbewohner zu erzählen, von Booten, die im Strudel zerschellten, von Menschen, die im heißen Wind wahnsinnig wurden. Wasser und Wind, bisher Elemente, die sich günstig erwiesen für die Fortbewegung, wurden hier zum Feind des Menschen. Herodot fuhr nach Norden zurück. Was er erfahren wollte und was er auf der langen Reise erzählt bekam, faßte er später selbst zusammen:

»Weder von den Priestern noch von sonst irgend jemand wurde mir etwas zur Erklärung der Eigentümlichkeiten dieses Flusses gesagt. Ich fragte, warum der Nil zur Zeit der Sommersonnwende ansteige, warum er sein Hochwasser für hundert Tage behalte und warum er, nach diesen hundert Tagen, wieder in sein normales Flußbett zurückfalle und niedrig bleibe bis zur nächsten Sommersonnwende. Ich fragte, warum dieser Fluß eine solche Eigenschaft aufweise, die ihn von anderen unterscheidet. Hing diese Erscheinung mit der Ausschüttung der Nilquellen zusammen? Die Ägypter konnten mir darüber gar nichts sagen. Mir fiel auch auf, daß von seiner Wasseroberfläche überhaupt keine Brise aufsteigt, nicht der Hauch eines kühlen Windes. Auch die Ursache dieses Phänomens interessierte mich, doch meine Fragen stellte ich umsonst.«

In alten Schriften fand Herodot nach der Rückkehr vom Nil drei Erklärungen für die Besonderheit dieses Stroms. Zwei der Erklärungen, so meint er, seien derart lächerlich, daß sie der Leser sofort vergessen müsse. Offensichtlich hätten sich die Geographen bisher gescheut, selbst die klimatischen Bedingungen des Niltals an Ort und Stelle zu untersuchen. Sogar die gründlichsten griechischen Denker, die durch Suche nach Wahrheit glänzen wollten, seien durch Märchen und Legenden getäuscht worden, die sich, fernab von der Wirklichkeit des Nil, ohne Skrupel erzählen ließen.

Die nach Herodots Ansicht wohl vernünftigste der drei Erklärungen für das jährliche Nilhochwasser lautet so: »Der Nil wird durch Winde gehindert, sein Wasser ins Meer zu ergießen. Das Wasser werde zurückgehalten und staue sich deshalb an.« Obgleich Herodot diese Erklärung nicht als lächerlich verwirft, nennt er selbst ein Gegenargument: »Auch andere Flüsse werden von landeinwärts gerichteten Winden überblasen, und sie stauen dennoch ihr Wasser nicht an.«

Die zweite Erklärung, so schreibt Herodot um das Jahr 460 v. Chr., grenze ans Wunderbare, sei aber wohl nicht als möglich zu bezeichnen. Diese Theorie besagt, der Nil fließe aus dem Ozean, der die ganze Erde umspüle. Einmal im Jahr sei die Konstellation so, daß sich viel Wasser aus dem Ozean in das Bett des Nil ergießen könne.

Die dritte Erklärung des jährlichen Nilhochwassers aber verdiene überhaupt keine Beachtung; sie sei, so meint Herodot, deutlicher als die zwei anderen von Ignoranz geprägt – doch in unserer heutigen Sicht kommt die dritte Erklärung der Wahrheit nahe: »Sie behauptet, der Nil fließe aus schmelzendem Schnee heraus.«

Herodot argumentiert gegen diese Theorie: »Sie kann einfach nicht stimmen, denn der Nil strömt zuerst durch heiße Gebiete, um dann erst kühlere Gegenden zu erreichen. Wer kann bei diesem unbestreitbaren Sachverhalt annehmen, der Nil fließe aus schmelzendem Schnee heraus? Den wichtigsten Gegenbeweis, der dieser Theorie ein Ende bereitet, liefern die Winde. Sie blasen überall am Nil mit großer Hitze. Ein zweiter Gegenbeweis ist in der Tatsache zu finden, daß in jenen

Gegenden kein Regen fällt, folglich kann es kein Eis geben. Einen dritten Gegenbeweis führe ich an: Dort, wo der Nil fließt, da bekommen die Menschen durch die außerordentliche Hitze eine schwarze Hautfarbe. Die Kraniche ziehen dorthin, wenn sie vor der Kälte anderer Weltgegenden fliehen. Sie verbringen die Winterzeit am Nil. Sie würden sich hüten, an den Nil zu fliegen, wenn dort Schnee fiele.«

Die Gegenbeweise des Herodot sind nicht stichhaltig. Er nimmt an, daß es in der Mitte Afrikas kein Eis geben könne, weil dort kein Regen falle – die logische Anschlußfrage, woher das Wasser des Nil wohl komme, wenn nicht aus dem normalen Flüssigkeitskreislauf von Wolken und Regen, unterläßt Herodot, weil ihm eine derartig naturwissenschaftlich orientierte Fragestellung fremd ist. So ist es nicht verwunderlich, daß die phantastische Geschichte von den Schneebergen im heißen Afrika die Vorstellungskraft der Geographen auch weiterhin entzündet. Die Geschichte lebt durch den als unvereinbar geltenden Kontrast von extremer Hitze und Eis. Unter alltäglichen physikalischen Umständen existieren sie nicht nebeneinander, ohne sich gegenseitig zu zerstören – Eis kann Hitze mildern, schmilzt aber während dieses Prozesses. Nur in der Welt der Wunder, der Märchen und Mythologien vernichten sich die extreme Hitze und Eis nicht.

Daß der Nilursprung in jener Welt der Wunder zu finden sei, glaubte der griechische Schreiber Diodor, der im 1. Jahrhundert v. Chr. lebte. Von ihm ist zu erfahren, die Bewohner des Nilufers hätten dem Strom die Bezeichnung »Wasser aus der Finsternis« gegeben.

Zwei Jahrhunderte später bemühte sich Claudius Ptolemäus, das damals bekannte Detailwissen um geographische Verhältnisse in eine Gesamtdarstellung der Gestalt der Welt, präsentiert in flächiger, Landkarten gemäßer Art, einzugliedern. Das Mittelmeer ist korrekt wiedergegeben, ebenso die afrikanische Ostküste bis zum 5. Grad südlicher Breite. Auch die Zeichnung vom Verlauf des Nil gibt ein präzises Bild des Wasserwegs zumindest für die Hälfte seiner Ausdehnung, für die Strecke von der Mündung bis zur heutigen Stadt Khartum. Daß sich der Nil dort aufspaltet, ist richtig erkannt. Doch weiter im Süden, beim 6. Grad nördlicher Breite vereinigen sich, in der Darstellung des Ptolemäus, die Nilarme wieder; sie umschließen so eine Insel, die »Meröe« genannt wird. Die Kenntnis von dieser Insel, die es in Wirklichkeit nicht gibt, hat Ptolemäus von Diodor übernommen.

Neues aber bietet Ptolemäus in der Zeichnung des Nilwegs südlich jener Insel: Da teilt sich der Fluß wieder auf, ein Arm fließt aus Südosten auf die Insel zu, ein anderer direkt von Süden. Dieser Arm aus dem Süden entspringt aus zwei mächtigen Seen, die wiederum gespeist werden vom weitverzweigten Gewässersystem einer langgestreckten Gebirgskette, die den Namen »Mondberge« trägt. Diese Mondberge schildert Ptolemäus als schneebedeckt.

Er hat sie selbst nicht gesehen. Auch die zwei Hundertschaften des römischen Heeres, die Kaiser Nero nilaufwärts geschickt hatte, um die Quellen des Nil zu erkunden, hatten die Mondberge nie zu Gesicht bekommen – die Hundertschaften waren umgekehrt, weil sie die Sümpfe des Nil im Süden des heutigen Sudan nicht überwinden konnten. Überliefert ist, daß ein griechischer Kaufmann erzählt habe, er sei an den Schneebergen vorbeigewandert, als er, auf dem Rückweg von Indien, den Händlerpfaden gefolgt sei, die von der ostafrikanischen Wüste ins Landesinnere und dann nach Norden führten. 25 Tage sei er unterwegs gewesen von der Küste aus nach Westen, dann habe er die glitzernden Schneeflächen gesehen.

Daß Ptolemäus die Erzählung jenes griechischen Kaufmanns, der Diogenes geheißen haben soll, übernommen hatte, gab ihr Gewicht. Ptolemäus galt als Autorität. Da niemand über authentischere Kenntnisse verfügte vom Verlauf des Nil, beriefen sich fast alle künftigen Geographen auf den Meister der Antike – sie konnten, ohne Spott auf ihr Haupt zu ziehen, vom Wunder berichten, daß Hitze und Eis an einem weit entfernten und nahezu unauffindbaren Punkt der Erde gemeinsam zu finden seien.

Wer während des europäischen Mittelalters den Glauben an dieses Wunder zerstören wollte, der mußte durch einen Bericht über ein anderes Nilwunder aufzutrumpfen versuchen. Diesem Rezept folgte im 6. Jahrhundert unserer Zeitrechnung der Mönch Gregor von Tours. Er schrieb: »Der Nil entspringt im äußersten Osten der Erde, im irdischen Paradies. Er fließt unter dem Roten Meer hindurch und bricht in Afrika aus der Erde.«

Diese Theorie überlebte die Generationen des Mittelalters, die besonders wundergläubig waren, und hielt sich bis in die Neuzeit. Noch im Jahr 1856 verteidigte der deutsche Wissenschaftler G. A. von Kloeden die Ansichten des Gregor von Tours. In seiner Dissertation

»Das Stromsystem des oberen Nil nach den neusten Erkenntnissen mit Bezug auf ältere Nachrichten« beschrieb von Kloeden die Insel Meroë, deren Existenz er für selbstverständlich hielt. Vom Ursprung des Nil im Paradies schreibt der Autor des 19. Jahrhunderts nichts. Bemerkenswert aber ist sein Festhalten an der anderen Eigenschaft des Flusses, für die es keine Parallele gab: Daß sich der Nil unter dem Bett des Roten Meeres seinen Weg geschaffen hat, war für den Wissenschaftler des Jahres 1856 kein absurder Gedanke.

Doch wer sich im 19. Jahrhundert ernsthaft – und vielleicht sogar persönlich – um die Herkunft des Nilwassers kümmern wollte, der suchte Anhaltspunkte für eine Lösung des geographischen Problems bei Ptolemäus.

Zwei württembergische Theologen kannten die Vorstellung des griechischen Denkers von afrikanischer Topographie und vom Verlauf des Nil, als sie sich für die Missionsarbeit anwerben ließen. Johann Ludwig Krapf und Johann Rebmann wurden um das Jahr 1840 von einer englischen Missionsgesellschaft nach Ostafrika geschickt; sie sollten dort das Evangelium Christi verbreiten.

Krapf wollte zunächst in Äthiopien missionieren, doch der herrschende Clan war bereits christlich, wenn auch auf recht eigenbrötlerische Weise. Die Mächtigen im äthiopischen Bergland waren nicht gewillt, ihren Glauben nach englisch-evangelisch-pietistisch ausgerichteten Grundsätzen zu reformieren. Sie wiesen Krapf einfach aus. In Mombasa, der ostafrikanischen Küstenstadt, auf vier Grad südlicher Breite gelegen, baute Krapf schließlich eine Missionsstation auf. Johann Rebmann wurde ihm von der englischen Missionsgesellschaft als Helfer beigegeben.

Herrscher im Gebiet um Mombasa in der Mitte des 19. Jahrhunderts ist der Imam von Maskat, dessen eigentliches Reich auf dem Südostzipfel der Arabischen Halbinsel liegt. Sein Statthalter für Ostafrika hat seinen Sitz auf der Insel Sansibar, vor der Küste des heutigen Staates Tanzania. Der Imam und sein Statthalter sind äußerst fromme Moslems, doch als kluge Monarchen gestatten sie den Missionaren Krapf und Rebmann die Arbeit in ihrem Gebiet. Daß die Menschen ihres Landes Nutzen ziehen aus der Anwesenheit der frommen Männer, das haben Imam und Statthalter gelernt. Die Missionare überzeugten selten einen Moslem, daß es für sein Heil besser sei, vom Islam zum

Christentum überzutreten, doch sie lehrten den Bewohnern der Dörfer häufig Umgang mit Werkzeugen und bessere Technik im Hüttenbau; sie sorgten für Kranke und waren Vorbild in der Pflege der Haustiere. Die Missionare waren häufig Entwicklungshelfer im modernen Sinn. Deshalb hatten kluge Monarchen nichts gegen ihre Arbeit einzuwenden.

Krapf und Rebmann halten sich an die Grenzen der Aktivität, die sie aus eigener Erfahrung gesteckt haben. Als Christen müßten sie mit erhobenem Kreuz den Sklavenjägern und Sklavenhändlern entgegentreten, die aus der Mitte Afrikas gefangene Frauen und Männer zur Küste bringen. Krapf und Rebmann wissen, daß sie nichts ausrichten können gegen die Praktiken des Sklavenhandels. Dieses Gewerbe gehört in jener Zeit zu den wichtigsten Wirtschaftsfaktoren Ostafrikas. Der Sklavenhandel genießt höchste Protektion, denn die Herren der Paläste auf Sansibar und in Maskat leben von seinem Ertrag.

Einen sinnlosen Märtyrertod zu sterben, der niemand nützt und von niemand beachtet wird, wird weder von Krapf noch von Rebmann angestrebt. Sie unterlassen deshalb den christlichen Kampf gegen die Sklavenhändler. Eher versuchen sie, mit diesen Männern ins Gespräch zu kommen, die das Gebiet tief im Innern des Erdteils aus eigener Ansicht kennen. Erstaunliches erfahren die beiden Missionare schließlich. Die Sklavenhändler erzählen von mächtigen Seen und von hohen Gebirgen. Die Bergkuppen seien »von weißem Zeug bedeckt«, das zeitweise vom Himmel falle wie sonst der Regen. Krapf und Rebmann sind überzeugt, daß die Sklavenhändler von den »Mondbergen« berichten, die Ptolemäus vor siebzehnhundert Jahren in seiner Darstellung der Welt eingefügt hatte. Wenn die Mondberge wirklich vorhanden sind, schneebedeckt im heißen Afrika, so meinen die beiden, dann können die Quellen des Nil nicht weit entfernt sein. Seltsam erscheint den beiden Zuhörern, daß Sklavenhändler, die in ganz unterschiedlicher Richtung nach Afrika eingedrungen sind, bei der Rückkehr von ausgedehnten Wasserflächen berichten, die ihnen den Weg versperrt haben. Händler, die von Mombasa aus die südwestliche Richtung gewählt haben, stießen schließlich ebenso auf Wasser wie Händler, die direkt nach Westen oder nach Nordwesten geritten waren. Krapf und Rebmann ziehen die Konsequenz: Im Herzen Afrikas müsse ein riesiger See oder ein Netz von mittleren Binnengewässern existieren, eine Art gigantischer Seenplatte.

Johann Rebmann entschließt sich im Frühjahr 1848, von Mombasa aus selbst nach Westen vorzudringen. Er folgt einer Gruppe von Sklavenjägern. Die Skrupel, die ihn hindern wollen, als christlicher Missionar gemeinsame Sache zu machen mit Menschenhändlern, überwindet er. Nach 300 Kilometern Weg durch sumpfiges Gelände und Steppengebiete sieht Rebmann den weiß blinkenden Gipfel des Kilimandscharo vor sich. Von hier aus schlagen die Sklavenjäger nördliche Richtung ein und ziehen bis zum Mount Kenia. Er macht einen noch gewaltigeren Eindruck als der Kilimandscharo. Unwirklich erscheint er in der afrikanischen Landschaft. 5200 Meter hoch ist dieser Berg. Schnee bedeckt den Fels und läßt das Massiv weithin erstrahlen. Rebmann wird zum Augenzeugen, daß es Schneeberge gibt in der Hitze Afrikas. Kein Europäer hatte sie gesehen seit dem legendären griechischen Kaufmann.

Die Missionsgesellschaft in London sorgt dafür, daß die Reiseberichte des Johann Rebmann und die geographischen Erkenntnisse, die er mit Johann Ludwig Krapf zusammen erarbeitet hat, veröffentlicht werden. Findige Köpfe entdecken rasch, daß die beiden Missionare keine Antwort geben können auf die Frage, ob sich die von ihnen beschriebenen Schneeberge nahe beim Ursprung des Nil erheben. Mit der Entdeckung der Eishänge von Kilimandscharo und Mount Kenia wird das Interesse der Forscher erneut auf das Geheimnis der Nilquellen gelenkt. Krapf und Rebmann wecken Fragen auf nach dem Ursprung des gewaltigen Stroms.

Der Bericht der beiden Theologen findet Beachtung bei den Beamten des Foreign Office. Der Gedanke wächst, daß die Erforschung des afrikanischen Flußsystems nicht der zufälligen Präsenz von Missionaren überlassen bleiben darf; mit Methode soll vorgegangen werden. Das Foreign Office sucht Wissenschaftler, die Zeit, Energie und sogar ihr Leben opfern wollen, um die weißen Flecke auf der afrikanischen Landkarte zu tilgen.

Die Verantwortlichen des Foreign Office stehen jedoch nicht im Dienst der geographischen Wissenschaft; sie vertreten britische Interessen, die rein ökonomisch ausgerichtet sind. Daß Afrika Rohstofflieferant und beachtlicher Markt zugleich sein kann, daran gibt es für die Herren der britischen Handelskammern keinen Zweifel – daß England die Rohstoffe und den Markt in den Griff bekommen muß, ist ihnen selbstverständlich. Den Herren der Handelskammern haben die Forscher zu dienen: Sie sollen den Markt erkunden und den Schiffsweg, der zum Markt führt. Der gewaltige Strom Nil wird als wichtigste Handelsstraße erkannt.

Obgleich enormer Gewinn winkt, sind weder die Regierung noch die Handelskammern bereit, in das Unternehmen »Nil« zu investieren. Als das Foreign Office im Herbst des Jahres 1849 eine Expedition aussenden will zur Erkundung der Mondberge, der Nilquellen und der geheimnisvollen Seen in Zentralafrika, da muß jeder Bewerber nachweisen, daß er 200 Pfund Sterling besitzt, die er für die eigenen Reisekosten aufbringen kann. Foreign Office und Handelskammern können nur den einen Anreiz bieten: Ruhm für denjenigen, der die Nilquellen entdeckt.

Die Anweisungen für die Expedition sind eindeutig: Art und Menge der Waren sind festzustellen, die im Innern Afrikas gebraucht werden – festzustellen ist auch, was man für diese Waren erhalten kann. Der Expeditionsleiter soll im Auftrag Englands Handelsverträge mit den regionalen Herrschern in Afrika abschließen. Der Weg der Expedition ist auf den Ursprung des Nil auszurichten, wenn möglich sogar auf die Stadt Mombasa an der Ostküste Afrikas – auf den Ausgangspunkt der Wanderungen des Missionars Rebmann.

Dieser Expedition will sich im Jahr 1853 der 24jährige Deutsche Eduard Vogel anschließen. Von London aus schreibt er an seine Schwester, er gedenke, die Quellen des Nil zu erforschen, das Mondgebirge zu besuchen, um schließlich nach dem Indischen Ozean durchzudringen. In der libyschen Stadt Tripolis beginnt Eduard Vogel sein Abenteuer. Er muß zunächst Überlebende der britischen Expedition suchen. Vogel weiß, daß am 1. März 1851 der von der britischen Regierung bestimmte Leiter der Forschungsgruppe in der Nähe des Tschadsees an Erschöpfung gestorben ist. Die Expedition besteht zur Zeit von Vogels Aufbruch nur noch aus den zwei Deutschen Heinrich Barth und Adolf Overweg.

Die deutsche Beteiligung an der Suche nach den Nilquellen im Dienste Englands hat der preußische Gesandte in London, Ritter von Bunsen, organisiert. Das in Einzelstaaten gespaltene Deutschland, geplagt durch die Nachwirkungen der Revolution von 1848, besitzt nicht die Kraft, eine eigene Afrikaexpedition zu entsenden. Ritter von

Bunsen will wenigstens durch eindrucksvolle deutsche Beteiligung an einer Expedition den Anspruch deutscher Handelsrechte auf dem afrikanischen Kontinent sichern. Ende November 1854 trifft Eduard Vogel auf Heinrich Barth. Die Begegnung geschieht rein zufällig in der Waldwildnis zwischen Niger und Tschad. Barth berichtet: »Ich hatte in der Tat nicht die entfernteste Ahnung, daß ich ihm begegnen könnte. Er seinerseits hatte erst kurz zuvor die Kunde erfahren, daß ich noch am Leben sei.« Heinrich Barth ist zu diesem Zeitpunkt allein unterwegs. Adolf Overweg war inzwischen auch gestorben.

Barth bereitet sich auf den mühsamen Heimweg vor. Ihn drängt das Gefühl, daß auch er nicht mehr lange zu leben habe. Vogel möchte zusammen mit Barth die Nilquellen entdecken, doch er muß allein weiterziehen. Beim Abschied hat Barth eine Vorahnung, daß Eduard Vogels Wanderung zu den Nilquellen nicht mit glücklicher Heimkehr enden wird: »Es waren zweierlei Umstände, welche mir einige Unruhe verursachten. Zuerst der Mangel an Erfahrung, wie man es bei einem frisch aus Europa gekommenen 25jährigen Manne, der noch nie etwas Ähnliches unternommen hatte, gar nicht anders erwarten konnte – und zweitens wegen der Schwäche seines Magens. Schon der Anblick eines Fleischgerichts machte ihn krank, und er lief davon.«

In einem der wenigen Briefe aus Afrika, die erhalten sind, schreibt Vogel an die Familie: »Meine Konstitution hat einen starken Stoß erhalten. Eine tüchtige Mahlzeit von Fleisch hat unfehlbar heftiges Erbrechen und Fieber mit furchtbarer Hitze zur Folge.« Doch Eduard Vogel geht nicht an Krankheit der Verdauungsorgane zugrunde, Vogel wird erschlagen, wahrscheinlich aus Neid. Er hat vom Herrscher in Murzuq, das südostwärts des Tschadsees liegt, ein Pferd geschenkt bekommen. Er berichtet noch nach Hause, mancher der Herrscher, denen er begnet sei, hätte gerne dieses Pferd besessen. Der Brief mit der stolzen Beschreibung seines Pferdes ist das letzte Lebenszeichen.

Eduard Vogel ist auf dem Weg zwischen Tschadsee und den Nilquellen zunächst verschollen. Spätere Nachforschungen ergeben, daß Vogel umgebracht worden war, weil einer der Herrscher in den Regenwäldern Afrikas das Pferd besitzen wollte.

Die Deutschen Krapf, Rebmann, Barth, Overweg und Vogel sind keineswegs die ersten Europäer, die das Rätsel der Nilquellen lösen wollen. Doch sie gehören zu den allerersten Forschern, deren Mühsal überhaupt von der Öffentlichkeit zur Kenntnis genommen wird. In der Mitte des 19. Jahrhunderts wollen die Zeitungsleser täglich mehr erfahren über Männer, die Abenteuer bestehen, die ihr Leben aufs Spiel setzen. In die Lektüre der Berichte über prickelnde Gefahren mischt sich das Bewußtsein, daß diese Gefahren von den Forschern im Interesse der menschlichen Zivilisation bestanden werden. Der Leser glaubt teilzunehmen am mühsamen Prozeß, den heidnisch-wilden Negern am Oberlauf des Nil Moral, gesittetes Betragen und christliche Gesinnung beizubringen. Das europäische Bürgertum des 19. Jahrhunderts, das sich auf einem hohen Gipfel der Zivilisation fühlt, ist ganz selbstverständlich der Meinung, es sei Vorbild für alle Gesellschaftsordnungen dieser Welt. Die Bürger lesen gerne Reportagen über die Wilden, die weit unter ihnen stehen – und über die Helden, die diesen Wilden Arbeit und Gebet beibringen. Die Bürger Englands, die sich als Elite des Christentums und der Zivilisation fühlen, zeigen Mitgefühl für die Helden und sind in der zweiten Hälfte des 19. Jahrhunderts sogar bereit, Geld für sie auszugeben.

# James Bruce entdeckt den Ursprung des Blauen Nil

Nur etwa sieben Jahrzehnte zuvor wurde ein Mann, der seine Zeit damit zubrachte, die Nilquellen zu suchen, von der guten Gesellschaft Londons als Kuriosum betrachtet. Er war zwar gern gesehener Gast in den Salons, doch man wies ihm den Platz zu, auf dem sonst reisende Klaviervirtuosen und Poeten saßen. Man war höflich zu ihm – aber hauptsächlich deshalb, weil er zum Adel gehörte und mit den ältesten Königen Schottlands verwandt war. Sein Name: James Bruce of Kinnaird.

Daß er zu einer alten Familie gehörte, nützte ihm sonst wenig im Leben. Der Vater war arm. Seine Mutter starb früh. Eine andere Frau kam ins Haus und brachte neun Kinder zur Welt. Die Stiefmutter und ihr Nachwuchs waren gegen den Erben, der aus erster Ehe stammte. James Bruce of Kinnaird heiratete als ganz junger Mann – die Tochter eines Londoner Weinhändlers. Er führte dem Schwiegervater das Geschäft und war zufrieden. Der Tod seiner Frau, nach nur neun Monaten Ehe, veränderte die Lebensauffassung des Adligen, der Wein verkaufte. James Bruce of Kinnaird wollte nicht länger zur Londoner Gesellschaft gehören. Er bewarb sich um den Posten des britischen Konsuls beim Bey von Algier.

Die britische Regierung befand, daß der junge James Bruce als Adliger mit Geschäftserfahrung der richtige Mann sei für die Aufgabe in Algier. Der Bey wollte mit Geschick behandelt sein; Konsuln, die ihm zu widersprechen wagten, ließ er in Verliese werfen.

Die Position des britischen Konsuls in Algier war deshalb schwierig, weil die Regierung in London die Seeräuber im Mittelmeer bekämpfte – der Bey von Algier aber war Besitzer von Piratenschiffen. Er nahm es persönlich übel, daß die britische Kriegsflotte seine Segler nicht schonte. So konnte es dem Konsul nicht gelingen, verständnisvolle Beziehungen zwischen Algier und London zu knüpfen. Als James Bruce zusehen mußte, wie der französische Konsul aus nichtigem Anlaß in Ketten gelegt und in den Kerker abgeführt wurde, da wollte der Brite auch nicht länger Diplomat am Hofe des Bey sein; er bat um seine Ablösung.

Beim Studium der Schriften des Ptolemäus, der als Geograph im 18. Jahrhundert durchaus nicht überholt war, begann Bruce für sich selbst zu spekulieren, wie wohl die geheimnisvollen Mondberge beschaffen seien, die offensichtlich in der Vorstellung des antiken Schriftstellers mit den Nilquellen eine topographische Einheit bildeten. Bruce entschloß sich, Mondberge und Nilquellen selbst zu suchen. Er reiste allerdings auf dem Umweg über Jerusalem an den Nil.

In Cairo angekommen, wunderte sich James Bruce, daß sich niemand dafür interessierte, aus welchen Quellen das breite Gewässer des Nil gespeist wird. Er verbarg dann seine Absicht, den Anfang des Stromes kennenlernen zu wollen – aus Sorge, es könnte ein anderer noch auf den Gedanken kommen, die Nilreise zu wagen. In sein Tagebuch notierte Bruce: »Hier in Cairo kann man nur mit größtem Geschick verschleiern, was man vorhat. Jeder spioniert hinter dem anderen her. Türken, Araber, Juden, Kopten und Europäer – sie sind alle unablässig damit beschäftigt, die Absichten des anderen zu erforschen.« Er sei auf dem Weg nach Indien, sagte James Bruce jedem, der sich nach seinen Plänen erkundigte. Er mietete aber dann doch ein Segelboot an und reiste am 12. Dezember 1768 von Cairo ab.

Um die Quellen des Nil zu entdecken, so glaubte James Bruce, brauchte er nur dem Wasserweg bis zu seinem Anfang zu folgen. Mit Schwierigkeiten rechnete er, doch unerschütterlich war seine Meinung, daß ein Fluß auf seiner ganzen Länge auch immer, und sei es für primitivste Boote, eine benützbare Wasserstraße sei.

Mit harmlosen Problemen begann die Nilreise des James Bruce of Kinnaird. In jenen Dezembertagen wehte kein Wind, das Boot mußte vom Ufer aus gezogen werden. Bruce wunderte sich, warum sich die Besatzung nur mit geringer Kraft in die Seile legte. Das Schiff bewegte sich zwar, doch wenn Bruce zur Orientierung auf die Pyramiden im Westen blickte, dann konnte er erkennen, daß das Schiff nur geringe Entfernung nach Süden zurücklegte. Am zweiten Tag der Reise kam der Kapitän zu Fuß aus Cairo an – er hatte mit seiner Familie noch

Abschied gefeiert. Die Bootsleute hatten langsam ziehen müssen, bis der Kapitän an Bord eingetroffen war.

Zwei weitere Tage lang sah Bruce noch die Pyramiden. Dann glitt das Boot, angetrieben durch die Segel, an zahllosen Dörfern und Siedlungen vorbei. Während der ersten Woche notierte Bruce noch die Ortsnamen, die ihm genannt wurden; dann merkte er, daß der Kapitän die Namen willkürlich erfand, um die Fragenden zu befriedigen.

Nach einem Monat war Asswan erreicht. Diese Stadt liegt in der Luftlinie 650 Kilometer südlich von Cairo; der Nil, der weite Bögen zieht, braucht für die Strecke 900 Kilometer.

Hier in Asswan hatte Herodot einst umkehren müssen: vor mehr als zweitausend Jahren. Er hatte sich überzeugen lassen, daß die Schrecken der Hölle am Ersten Katarakt ihren Anfang nehmen. Herodot hatte fürchterliche Geschichten erfahren. Mit eigenen Augen hatte er die Teufelswirbel gesehen; mit eigener Haut hatte er die Hitze gespürt.

Nichts hatte sich geändert während der mehr als zweitausend Jahre. Noch immer hatten die Schiffsleute Angst vor den Wasserwirbeln; noch immer fürchteten sie, von der Hitze getötet zu werden. Der Kapitän, den James Bruce in Cairo samt Mannschaft angeheuert hatte, weigerte sich, weiter nach Süden zu fahren. Nicht nur die Schrecken der Natur, so sagte der Kapitän, würden ihn abhalten, nilaufwärts zu segeln; er wußte von Kriegen zwischen Stämmen zu berichten, in die er nicht verwickelt sein wollte.

James Bruce mußte sich fügen. In Asswan fand er keinen Schiffsführer, der bereit war, die Fahrt nach Süden zu wagen. Der Schotte entschloß sich zu einem Umweg. Er wich nach Osten aus, ans Rote Meer. Schon auf der Landkarte des Ptolemäus – die den Kartenzeichnern bis in die Neuzeit als Vorbild diente – war zu erkennen, daß der Nil und die Westküste des Roten Meeres parallel verliefen. War der Weg auf dem Fluß versperrt, blieb immer noch die Möglichkeit, über Land nach Osten, zum Roten Meer, zu reiten, der Küste entlang nach Süden zu fahren, um sich dann, wieder über Land in Richtung Westen, in Richtung Nil zu wenden.

Die Lösung, die anfangs so simpel und logisch erschien – einfach dem Flußverlauf zu folgen –, gab James Bruce auf. Er schloß sich einer Karawane an, die von Asswan aus zum Roten Meer zog. Er setzte an die Ostküste über und besuchte die Hafenstadt Jeddah, die im heutigen

Königreich Saudi-Arabien liegt. Hier kaufte Bruce Proviant für die Wanderung ins äthiopische Bergland zu den Nilquellen.

In Jeddah versorgte er sich auch mit dem Zahlungsmittel, das in jener Gegend gelten sollte: Er kaufte bunte Glaskugeln, Murmeln. Allerdings notierte er später sarkastisch in seinem Tagebuch: »Zu meiner großen Enttäuschung muß der Händler, den ich in Jeddah mit dem Kauf der Glasmurmeln beauftragt hatte, nicht über die letzte Mode in diesem Land informiert gewesen sein. Er hat mir eine ganze Menge rot und grün gefleckter Murmeln gekauft in der Größe ausgewachsener Erbsen. Auch von ovalen Kugeln, grün und gelb gefärbt, besitze ich einen ganzen Sack voll. Der Händler hat nicht gewußt, daß derzeit in den abessinischen Bergen nur himmelblaue Glaskugeln gefragt sind, die nicht größer als Schrotkugeln sein dürfen.«

Den Schrecken, denen Bruce bei Asswan ausweichen mußte, begegnete er nun auf dem langen Weg zwischen Massawa und Gondar. Er wanderte durch die Gegend der heutigen Städte Asmara und Adua; diese Region wurde später als italienische Kolonie Eritrea bekannt. Tiefe Schluchten und steile Hänge hatte er zu überwinden. Daß die Berge südwestlich von Massawa bis zu 4000 Meter hoch sind, hatte Bruce nicht gewußt. Die Menschen an der Küste des Roten Meers waren nie auf den Gedanken gekommen, sich in die Berge zu wagen. So hatten sie ihm auch nicht raten können, mit geringen Traglasten den Weg anzutreten. Bruce durchquerte mit schwerem Gepäck das unwegsame, abweisende Land.

James Bruce hatte sich astronomisches Gerät gekauft zur Bestimmung von Positionen auf der Erde mit Hilfe der Gestirne. Er wollte präzise die Lage der Nilquellen festlegen können. Zwanzig Träger brauchte Bruce zum Transport von Gerät und Proviant. Mehr als 5 Kilometer Weg legten sie am Tag selten zurück. Heute führt eine gut ausgebaute Autostraße über Asmara nach Gondar – sie ist Teil der Hauptstraße von der Küste zur Hauptstadt Addis Abeba. In der zweiten Hälfte des 18. Jahrhunderts aber war der Pfad nicht einmal für Maulesel begehbar. Die Träger mußten häufig Notbrücken bauen über reißende Bäche; sie mußten Stufen in den Fels schlagen. In der Luftlinie beträgt die Distanz zwischen der Hafenstadt Massawa und Gondar nur 200 Kilometer; als reale Strecke ist das Doppelte anzusetzen. Nach 95 Tagen erreichten Bruce und seine Träger die damalige Hauptstadt des äthiopischen Reichs.

Der schottische Adlige lernte in diesen 95 Tagen die Barbarei kennen. Er wurde Zeuge von Kämpfen zwischen den Bewohnern von Nachbardörfern. Der Lohn der Sieger bestand darin, daß sie die jungen Mädchen aus dem Dorf der Verlierer unter sich verteilen konnten. In seinem Tagebuch hielt Bruce seine Erlebnisse fest: Er notierte Vergewaltigungen, Folterungen, Steinigungen, Blendungen. Er wunderte sich darüber, daß Brutalität und Christentum offensichtlich vereinbar waren. Er wanderte durch ein christliches Land, daran gab es keinen Zweifel. Im Tagebuch steht: »Auf der ganzen Welt existieren nirgends so viele Kirchen wie in Abessinien. An welchem Platz ich mich auch aufhalte, überall sehe ich fünf bis sechs Kirchen gleichzeitig. Wo auch immer ein Sieg errungen wurde, da entsteht sofort eine Kirche. Die verfaulenden, stinkenden Körper der Erschlagenen aber bleiben liegen.«

Aus niederen Lehmhäusern bestand die Hauptstadt Gondar; die Kirchen aber waren hochaufgemauert, aus festem Stein. Rund fünfzigtausend Menschen wohnten in der Stadt. Die Männer waren als Höflinge, Beamte und vor allem als Soldaten bei König Tecla Haimanout beschäftigt.

Der christliche König des barbarischen Landes fragte seinen Gast aus Schottland bei der ersten Audienz: »Wie sieht Jerusalem aus?« Tecla Haimanout wunderte sich, daß ein Mensch wie Bruce, der schon einmal in Jerusalem war, nicht gleich dortgeblieben ist, daß er sich statt dessen auf die Suche machte nach der – wie er sagte – unwichtigen Quelle irgendeines Stroms. Die Mutter des Königs fand das Verhalten des Schotten völlig widernatürlich. Sie sagte: »Du kommst aus Jerusalem. Du bist hierhergereist durch das verderbte Ägypten, durch Gebiete mit heißem, ungesundem Klima, nur deshalb, weil du einen Fluß und einen Sumpf suchen willst. Du kannst keines von beiden, weder den Fluß noch den Sumpf, mit dir nehmen. Du willst das auch gar nicht, denn in deinem eigenen Land hast du sicher tausend solcher Flüsse, und sie sind bestimmt sauberer als dieser.«

James Bruce of Kinnaird war überzeugt, die Nilquellen seien ganz in der Nähe der Hauptstadt. Vom Palast in Gondar aus war in etwa 40 Kilometern Entfernung der Tanasee zu erkennen. Bruce glaubte daran, daß diese blinkende Wasserfläche eng verbunden sei mit den gesuchten Quellen. Er sah sich nahe vor dem Erfolg, doch Tecla Haimanout gab ihm die Erlaubnis nicht, zum Tanasee hinauszureiten:

Die Ungeduld zu zähmen fiel dem Schotten schwer, der den weiten Weg von Cairo bis Gondar nicht deshalb zurückgelegt hatte, um mit dem König in Äthiopien theologische Fragen zu diskutieren – doch eben dies war die Absicht des Monarchen.

Tecla Haimanout rief an einem Nachmittag den fremden Gast eilig in den Palast. Der König war mit seinem ersten Minister eben damit beschäftigt, einem Dutzend nackter Gefangener die Augen auszustechen und die Hoden abzuschneiden. Ohne sein Messer auch nur aus der Hand zu legen, sagte der König: »Ich will von dir wissen, ob Nebukadnezar ein Heiliger war.« James Bruce fand die Antwort, die Tecla Haimanout imponierte: »Nebukadnezar sah sich als Geisel in der Hand Gottes zur Bestrafung der Hoffärtigen.« Da sich der König in derselben Funktion als Werkzeug Gottes empfand, gefielen ihm die Worte – er übergab Bruce das Kommando über die Reitertruppe und machte ihn schließlich sogar zum Gouverneur über die Provinz Ras el Fil.

Bruce zeigte zuerst geringe Neigung, diese Aufgabe anzupacken. Doch als ihm deutlich wurde, daß sich die Nilquellen in jener Provinz befinden mußten, da drängte er zum Aufbruch.

Der Tanasee besitzt eine nahezu kreisrunde Wasserfläche von etwa 50 Kilometer Durchmesser. Im Süden drückt sich eine Ausbuchtung des Wasserkreises weit ins Land hinein; aus der Spitze dieser Ausbuchtung fließt ein Strom. Daß sich das Wasser nach Süden ergießt, störte James Bruce nicht. Seine Annahme, der Fluß schlage einen mächtigen Bogen nach Westen, um dann nach Norden zu strömen, erwies sich schließlich als korrekt. Für Bruce gab es keinen Zweifel – er sah den Nil vor sich. Doch die Quelle hatte er damit noch immer nicht gefunden.

Im Oktober 1770 suchte Bruce vergeblich im Norden des Tanasees nach einem Zufluß. Er fuhr mit einem Schiff das Westufer ab, ohne ein Gewässer zu finden, das dem See eine auch nur halbwegs beachtenswerte Wassermenge zuführte. Bruce wollte schon glauben, daß der Nil aus Quellen gespeist werde, die am Grund des Tanasees entspringen, da entdeckte er nur wenige Kilometer vom Ausfluß des Sees entfernt einen Wasserlauf, etwa 40 Meter breit, der sich, braungefärbt, aus der tiefgrünen Landschaft in den See ergoß. Dies mußte der Nil sein. Um seine Quelle zu entdecken, brauchte Bruce nur dem Fluß zu folgen.

Ein Mann aus jener Gegend, er nannte sich Woldo, war bereit, James

Bruce zu führen. Woldo folgte nicht dem Flußufer; er ritt mit Bruce querfeldein. Kaum sah er eine Quelle auf einer Wiese, gab er Bruce zu erkennen, daß dies die Nilquelle sei. Dieser Vorgang wiederholte sich mehrmals. Als Bruce jeweils skeptisch auf das Rinnsal blickte und seinen Unwillen zeigte, ritt Woldo weiter. Er schüttelte seinen Kopf über das seltsame Gebaren des Fremden, der unbedingt ein ganz bestimmtes Wasserloch suchte. Am 4. November des Jahres 1770, um vier Uhr nachmittags, kamen Bruce und sein Begleiter zu einer sumpfigen Wiese bei der einsamen Kirche Sankt-Michael-Gish. Woldo zeigte auf die Mitte des Sumpfs und sagte: »Hier ist das, was ihr sucht. Seid vorsichtig, wenn ihr zu den Quellen geht, zieht vor allem die Schuhe aus. Die Menschen der Gegend hier sind alle Heiden. Sie beten den Nil an. Jeden Tag rufen sie seinen Namen. Er ist ihr Gott! – Und der deine ist er wahrscheinlich auch!«

James Bruce of Kinnaird schildert selbst die Verzückung, in die er geriet: »Ich riß mir die Schuhe von den Füßen und rannte den Hügel hinunter auf ein Stück Rasen zu, das etwa 200 Meter entfernt lag. Der Abhang war mit Blumenbüschen bewachsen. Überall ragten Wurzeln aus dem Boden. Wenn ich auf diese Wurzeln in der Eile trat, riß die Rinde ab, und die Oberfläche wurde glitschig. Einigemale stürzte ich schwer. Mühsam watete ich durch den Sumpf und erreichte den Rasenfleck. Da stand ich in äußerster Begeisterung. Ich hatte den Platz erreicht, der dreitausend Jahre lang die Phantasie der berühmtesten Männer beschäftigt hatte. Im Altertum und in der Neuzeit hatten sie Genius, Fleiß und Forschergeist eingesetzt, um hierher zu kommen. Könige hatten ihre Armeen losgeschickt, vergeblich. Niemand konnte den Ehrgeiz der mächtigen Herrscher befriedigen. Ruhm und Reichtum sind seit Jahrhunderten dem Mann versprochen, der bis zur Nilquelle vordringt. Ich, ein britischer Privatmann, habe über Könige und über Armeen triumphiert.«

Unter Gebüsch verborgen liegt die Quelle. Stachelige Gewächse verwehren den Zutritt. Eine Wasserfläche, nicht eingefaßt, ist sichtbar, 3 Meter lang ist sie und 2 Meter breit. Die Tiefe des Wasserbeckens beträgt etwa 30 Zentimeter. Nichts hat sich verändert bis heute in den zwei Jahrhunderten, seit James Bruce die Umgebung der Nilquelle beschrieb: »Nirgends ist es schöner. Die kleinen Hügel ringsherum sind dicht mit grünen Pflanzen bedeckt. So kräftigen Klee habe ich noch nie gesehen. Auf den Gipfeln der Hügel wachsen Bäume von wunderbarer Größe. Das Wasser ist klar und sauber wie der edelste Kristall. Büsche stehen am Rand des Wassers, mit dichtem Gewirr von Blättern und jungen Zweigen. Zwischen ihnen wachsen wunderbare gelbe Blumen. Sie sehen aus wie Rosen, doch sie besitzen keine Dornen.«

Etwa 50 Meter westlich von diesem Teich entspringen drei kleinere Quellen mit schwacher Schüttung. Ihr Wasser wird, wie das der Hauptquelle, vom Sumpf aufgesogen und schließlich in einen strömenden Bach freigegeben. Aus anderen Sümpfen, von anderen Wiesen wird der Bach kraftvoll mit Wasser gespeist. Er entwickelt sich langsam zum Fluß, der sich zunächst nach Nordwesten orientiert, um im Bogen auf den Tanasee zu treffen. 130 Kilometer lang ist der Weg von der Quelle bis zur Mündung.

James Bruce of Kinnaird blieb nicht lange im Zustand der Euphorie. Der Stolz auf die Leistung wurde nach und nach gestört durch die Erkenntnis, daß er doch nicht der erste aus der zivilisierten Welt war, der den Nilursprung gesehen hatte. Bruce kannte die Beschreibung des Tals der Nilquellen, die der Portugiese Pedro Paez 152 Jahre zuvor aufgeschrieben hatte: »Am 21. April des Jahres 1618 komme ich hierher, zusammen mit dem König und seiner Armee. Ich beobachte alles sehr aufmerksam. Ich sehe zuerst zwei kleine Quellen, jede etwa so groß im Umfang wie zwei Handspannen. Was weder Cyrus, der König der Perser, noch Cambyses, noch Alexander der Große, noch der bedeutende Julius Cäsar je entdecken konnte, das sehe ich jetzt. Die zweite Quelle liegt einen Steinwurf von der ersten entfernt. Die Quellen des Nil sind im oberen Teil eines von Bergen umgebenen Tals zu finden. Ich versuchte, die Tiefe der ersten Quelle mit der Lanze zu sondieren. Wegen der dicken Baumwurzeln im Wasserloch gelang es mir nur, zwölf Handspannen tief einzudringen. Bei der zweiten Quelle kam ich mit zwei zusammengebundenen Lanzen auf eine Tiefe von zwanzig Handspannen.«

Pedro Paez war Priester gewesen, vor allen Dingen aber Berater des Herrschers und königlich-abessinischer Architekt. In Gondar steht noch immer das zweistöckige Gebäude aus Stein, das Paez dem Herrscher als Palast errichtet hatte.

Der Schatten des Pedro Paez legt sich auf den Erfolg, den Bruce unter Mühen errungen hatte. Der Schotte wehrt sich gegen das nagende

Bewußtsein, doch eben nur der zweite an den Nilquellen zu sein. Er will dem Portugiesen Fehler nachweisen, will ihn als Schwindler entlarven. Pedro Paez hatte bei seinem Ritt zu den Nilquellen im Jahre 1618 keine astronomischen Geräte dabei, um Längen- und Breitengrade der sumpfigen Wiese festzulegen. Das Fehlen der genauen Positionsbestimmung im Bericht von Paez ist für Bruce der Beweis, daß der Priester die Nilquellen nie gesehen hat, daß Paez die Schilderung der Entdeckung aus seiner Phantasie gesogen hat. James Bruce, der die Priester nicht leiden kann, wettert gegen den – wie er meint – Lügenbericht eines klerikalen Gewohnheitsschwindlers. Doch seine Angriffe bewirken das Gegenteil einer Entlarvung: Sie machen deutlich, daß sich die Beobachtungen von Paez und Bruce nur unwesentlich voneinander unterscheiden.

James Bruce of Kinnaird wehrt sich gegen den Anspruch eines Toten, Entdecker der Nilquellen zu sein. Kaum hat er sich mit diesem Schatten auseinandergesetzt, wird ihm bewußt, daß ein zweiter Toter ihm den Ruhm streitig macht. Dieser zweite Tote ist ebenfalls Priester – und stammt ebenfalls aus Portugal. Sein Name: Jerome Lobo. Auch er hat eine Beschreibung einer ersten Begegnung mit den Nilquellen hinterlassen: »An einem Hang, dessen Abstieg sehr leicht fällt, so daß dieser Hang beinahe als wunderbare Ebene bezeichnet werden kann, liegt die Quelle des Nil. Für ihre Entdeckung ist in vergangenen Jahrhunderten viel Mühe aufgewendet worden, doch alle Anstrengungen waren vergebens. Diese Quelle – es sind eigentlich zwei getrennte Quellen – besteht aus zwei Löchern, von denen jedes einen Durchmesser von etwa 60 Zentimeter besitzt, die zwei Quellen sind einen Steinwurf voneinander entfernt. Messungen haben ergeben, daß die eine Quelle etwas mehr als 15 Meter tief ist. Das Bleilot wurde in dieser Tiefe von dicken Baumwurzeln aufgehalten. Die andere Quelle ist etwas weniger tief. Gish heißt das Dorf, das in der Nähe liegt.«

James Bruce urteilt so über diese Sätze: »Jerome Lobo hat die erhabensten Anblicke der Schöpfung Gottes in den Dreck gezogen, durch Lügen entwürdigt. Er ist eben ein fanatischer Priester.«

Der Portugiese war im Jahre 1622 von seinen Ordensoberen nach Äthiopien geschickt worden. Die Christen dieses Berglands sollten daran erinnert werden, daß der Papst in Rom das Oberhaupt aller christlichen Gläubigen ist. Der Auftrag an den jungen Pater war genau definiert: Er mußte den äthiopischen Klerus dazu überreden, seine

Eigenständigkeit aufzugeben. Jerome Lobo war beauftragt, die Geistlichen Äthiopiens anzuhalten, in den Gottesdiensten die Rituale der katholischen Kirche zu beachten.

Ein portugiesisches Segelschiff hatte Jerome Lobo an die ostafrikanische Küste gebracht. Im Gebiet des heutigen Staates Somalia war er in Äquatornähe abgesetzt worden. Der Pater hatte keine Ahnung, in welcher Himmelsrichtung der christliche Staat Äthiopien lag. Von seinen Ordensoberen war er auch nicht informiert worden, daß er Land zu durchqueren hatte, das von Heiden, von »Barbaren«, bewohnt wurde. Ohne die geringste Möglichkeit der Orientierung folgte Jerome Lobo dem Verlauf des Flusses Juba, der von Nordwesten aus dem Gebirge herunterströmt. Er überwand ein Gebirgsmassiv, 4000 Meter hoch, an dessen Abhängen der Juba entspringt. Nach einem Jahr mühseliger Wanderung erreichte Lobo sein Ziel.

Eifrig versuchte der Pater, den Geistlichen die wahren christlichen Gebräuche beizubringen. Er scheiterte, als er verlangte, daß der Sonntag geheiligt werde. Die Menschen des Berglandes waren gewohnt, den Sabbat als Feiertag zu heiligen; sie wollten auf diese Sitte nicht verzichten. Trotz des Protestes von Jerome Lobo beschnitten sie ihre Kinder weiterhin. Hätte der Pater nicht das Gefühl gehabt, mit der Entdeckung der Nilquellen eine Leistung für die Menschheit erbracht zu haben, er würde die Reise nach Äthiopien als verlorene Mühe betrachtet haben.

James Bruce will sich einreden, Jerome Lobo habe die Nilentdeckung nur gefaselt, um vor sich selbst nicht das Scheitern seiner Mission eingestehen zu müssen. Er findet in den Erinnerungen des Paters handfeste und offensichtliche Übertreibungen – er benützt sie als Argumente gegen die Glaubwürdigkeit des Missionars. Da ist zu lesen, daß in Äthiopien eine Schlange lebe – er habe sie gesehen –, die Luft in ihren Körper einsauge; diese Luft stoße sie dann mit so großer Gewalt wieder aus, daß ein Mensch, der in 4 Metern Abstand stehe, davon getötet werde. Mit Recht sagt James Bruce, niemand habe jemals eine solche Schlange gesehen. Wer derartige Lügen verbreite, dem sei auch in anderer Hinsicht nicht zu glauben. Das Gefühl, Schatten würden ihm den Ruhm streitig machen, hat James Bruce mühsam besiegt, als er im Herbst 1772 Äthiopien verläßt.

Auf dem Rückweg unterdrückt er noch einen anderen Zweifel. Er sieht beim Dorf Halfaia, daß der Nil, dessen Quelle er gefunden hat, einen mächtigen Zustrom erhält. Er notiert: »Der Fluß Abiad strömt hier in den Nil. Es ist breit und soll sehr tief sein. Trotzdem behält der Nil auch weiterhin seinen Namen Bahr Al Azrak, der Blaue Nil.«

»Abiad« aber heißt »weiß«. Beim damaligen Ort Halfaia, bei der heutigen Stadt Khartum, vereinigen sich »Abiad« und »Azrak«. Dem Weißen Nil mißt James Bruce keinerlei Bedeutung zu – er kann ja nicht den Wert seiner Entdeckung schmälern. Er glaubt zu wissen, woher dieser »Abiad« kommt: »Er entspringt in einem Gebirge des christlichen Königreiches Caffa.« Wo dieses Königreich liegt, weiß er nicht. Daß dieser »Abiad« weit länger ist als der »Blaue Nil«, das glaubt er nicht. Er kann auch nicht ahnen, daß dieser »Weiße Nil« die Phantasie der Afrikaforscher während des nächsten Jahrhunderts faszinieren wird.

Seine Entdeckerleistung ist bald vergessen. Der Grund liegt darin, daß sein Bericht von der Entdeckung der Nilquellen einen entscheidenden Mangel aufweist: James Bruce hat nirgends das schneebedeckte Mondgebirge in der Nähe des Nilursprungs gesehen. Seit Ptolemäus aber wissen die Interessierten, daß beides zusammengehört: die Nilquellen und ewiges Eis.

# John Hanning Speke findet das »Große Wasser«

Im Garten vor einem Haus der Missionsstation Mombasa zitiert ein Engländer an einem Herbsttag im Jahre 1857 den antiken Autor Ptolemäus. Das Zitat spricht von den Mondbergen und von den Seen, »aus denen der Nil fließt«. Der Engländer heißt Richard Francis Burton. Er ist Berufsoffizier in der britischen Indienarmee gewesen. In Indien hat er durch einen von ihm organisierten Bordellbetrieb ein Vermögen verdient. Schwierigkeiten mit seinen Vorgesetzten erhielt er aber erst, als er eine junge Nonne aus einem Kloster entführen wollte und dabei entdeckt wurde. Da die Armee sich von ihm trennen wollte, suchte Richard Francis Burton Abenteuer als privater Forscher. Er überzeugte die Vorstandsmitglieder der ehrwürdigen Royal Geographical Society, daß er der richtige Mann sei, um endlich die Frage zu beantworten, aus welchen Quellen der Nil gespeist werde. Die Royal Geographical Society borgte sich bei der britischen Regierung 1000 Pfund Sterling aus. Mit diesem Kapital reiste Richard Francis Burton nach Ostafrika.

Im Garten der Missionsstation von Mombasa macht Burton den Missionar Rebmann – dessen Partner Krapf ist nicht anwesend – durch das Ptolemäuszitat auf den geographischen Zusammenhang von Eis auf den Mondbergen, vom großen See und vom Ursprung des Nil aufmerksam. Rebmann glaubt nicht an diese Kombination. Er weiß zwar von den Schneebergen, er hat auch davon gehört, daß weit drinnen im Land, in Äquatornähe, eine bedeutende Wasserfläche existieren muß, doch seine Informanten berichteten nur von Zuflüssen dieses Sees, nicht jedoch von einem nennenswerten Abfluß. Burton will den Beweis antreten, daß Ptolemäus recht hatte, und er fordert Rebmann auf, mit ihm zu kommen, um den Ursprung des Nil zu entdecken. Doch der

Missionar denkt daran, Afrika zu verlassen – das Geheimnis der Nilquelle, so meint Rebmann, solle Burton ruhig allein lüften.

Burton will jedoch nicht allein durch Afrika ziehen. Der britische Offizier John Hanning Speke, ein noch junger Mann, ist bereit, das Abenteuer mit Burton zu wagen. Die beiden kaufen folgende Ausrüstungsgegenstände ein: drei Kompasse, zwei Uhren, zwei Sextanten, zwei Barometer, drei Thermometer, einen Regenmesser, ein Maßband, ein Teleskop, einen Schrittzähler und den nautischen Almanach für das Jahr 1857. Weiterhin erwerben sie Schmiedewerkzeug und Hobel verschiedener Art sowie Zeichenmaterial, Tinte, Papier, Siegellack, vier Regenschirme, zwei Laternen, zweitausend Angelhaken und Hunderte von Metern Angelschnur. Mit Stoffen, Messingdraht und Glasmurmeln will Burton die Häuptlinge unterwegs beschenken. An Lebensmitteln besorgt Burton drei Säcke Reis, einen Sack Maismehl, einen Sack Datteln, einen halben Zentner Zucker, je einen Sack Salz, Pfeffer und Zwiebeln sowie ein Faß ausgelassener Butter. An Getränken versorgt sich Burton mit fünf Dutzend Flaschen Branntwein, drei Dutzend Flaschen Champagner und ebenfalls drei Dutzend Flaschen Portwein. Als notwendige Luxusartikel sind auf der Einkaufsliste vermerkt: ein Dutzend Kistchen Zigarren, 20 Kilogramm Tee, eine Kiste Seife und eine Menge unterschiedlicher Gewürzpäckchen.

Auf der Insel Sansibar, vor der ostafrikanischen Küste.am 6. Grad südlicher Breite gelegen, findet Burton alle diese Waren in den Gewölben der Händler, bei Niederlassungen europäischer Handelshäuser. Im Hausflur des britischen Konsulats in Sansibar stapelt er zunächst die Kisten und Säcke auf. Das Gewicht summiert sich auf über 30 Zentner. Etwa hundert Männer sollen diese Last schleppen.

Burton glaubt allen Gefahren auf dem Weg zu den Nilquellen gewachsen zu sein. An die Royal Geographical Society schreibt er: »Furchtbare Geschichten erzählen die Sklavenhändler von den Gefahren und Schwierigkeiten einer Reise ins Innere von Afrika. Ich glaube kein Wort davon.«

Nach vier Wochen Fußwanderung durch das ostafrikanische Küstenland ist Burton allerdings überzeugt, daß die Sklavenhändler mit ihren Erzählungen eher untertrieben haben. In seinem Tagebuch notiert er ein Erlebnis, das er zuvor, ehe er die afrikanische Wirklichkeit kennengelernt hatte, unter die »furchtbaren Geschichten der Sklavenhändler«

eingeordnet hätte: »Die ganze Truppe bückt sich gerade zum Trinken an einem Fluß, da springen plötzlich alle auf und tanzen und schreien wie die Verrückten. Alle greifen sich an die Beingabelung. Wir machen die erste Begegnung mit der Bulldogameise. Sie ist schwarz und mehr als einen Zentimeter lang. Sie sucht sich für ihren Biß immer die empfindlichste Stelle des menschlichen Körpers aus, beim Mann das Geschlechtsglied. Der Biß sticht, wie wenn eine glühende Nadel in den Penis gestoßen wird. Wenn man die Ameise wegreißt, bleibt immer das giftspritzende Körperteil in der Haut zurück. Die Araber sagen: Die Ameise ist der König und handelt wie ein Tyrann.«

Nach acht Monaten erreichen Burton und sein Partner Speke das »Große Wasser« in Afrika. Sie haben ihre Zeitplanung nicht einhalten können, da sie Schwierigkeiten mit den Trägern bekommen hatten: Viele der Träger waren in den Nächten einfach desertiert. Die Lasten hatten umverteilt werden müssen. Die jeweilige Neuorganisation der Trägerkarawane hatte die Energie der Expeditionsleiter Burton und Speke aufgefressen. Beide litten bei der Ankunft am »Großen Wasser« unter Malariaanfällen.

Von Enttäuschung im ersten Augenblick berichten Burtons Aufzeichnungen – und von Freude beim zweiten Augenschein: »Als wir gerade in eine Ebene voll Steppengras kommen, da sehe ich, wie die Träger die Richtung ändern. Einer sagt: ›Vor uns liegt das Wasser, das wir suchen.‹ Mit Enttäuschung blicke ich auf den See. Voreilig beginne ich zu lamentieren über die Narrheit, die mich hierher geführt hat, zu einem Nichts an Wasser. Ich schimpfe auf die Araber, die mir den gewaltigen Umfang des Sees geschildert hatten. Ich überlege mir schon, ob wir uns nicht schnell ein anderes Ziel suchen müssen – vielleicht gibt es irgendwo weiter nördlich doch noch ein größeres Wasser –, da schaue ich mir, im Voranreiten, den See doch noch genauer an, und plötzlich erfüllt mich Bewunderung. Da liegt der See im Schoß der Hügel und glitzert im wunderbaren tropischen Sonnenlicht. Die Oberfläche ist sanft blau gefärbt, im Ostwind kräuseln sich Wellen, auf denen schneeweiße Kämme reiten. Die Berge sind stahlfarben; ihre Spitzen tragen Nebelkappen. Ich vergesse alle Mühen und alle Gefahren der letzten Monate. Ich denke nicht daran, daß die Rückkehr zur Küste höchst zweifelhaft ist.«

Burtons Partner in der Expedition, John Hanning Speke, sieht fast nichts von dem riesigen See, denn er ist schon seit Tagen nahezu blind.

Schwache Augen hatte Speke schon seit der Geburt; durch den Verfall der körperlichen Kräfte während der Wanderung in Dschungel, Steppe und Sumpf ist das Sehvermögen noch schwächer geworden. Nach drei Tagen absoluter Ruhe erholen sich die Augen wieder.

Burton und Speke haben zwar einen See gefunden, doch rings um diesen See sind Hügel, aber keine Mondberge zu sehen. Dazuhin können die beiden überhaupt nicht sagen, ob das »Große Wasser« mit dem Nil tatsächlich in Verbindung steht. Als sie während einer Bootsfahrt zum nördlichen Ende des Sees einen Fluß entdecken, glauben sie Grund zu haben zum Triumph. Doch bitter ist das Gefühl, als sie bemerken, daß der Fluß nicht vom See wegströmt, sondern daß er Wasser in den See ausschüttet. In der Sprache der Eingeborenen hieß dieser Fluß Rusisi.

Burton und Speke waren auf dem Weg von Ost nach West, der etwa dem 5. Grad südlicher Breite entlangführte, zum Tanganjikasee gekommen. Sie hatten das Seeufer dort erreicht, wo heute die Staaten Burundi und Tanzania zusammenstoßen. Der Tanganjikasee gehört nicht zum afrikanischen Gewässersystem, das den Nil speist.

Daß sie das Rätsel der Nilquellen nicht gelöst haben, ruft bei Burton und Speke jeweils unterschiedliche Reaktionen hervor. Burton ist schließlich zufrieden, mit der Entdeckung eines großen Sees eine Leistung für die Geographie erbracht zu haben. Nach seiner Ansicht ist nun nicht irgendeiner der Seen Zentralafrikas bekannt geworden, sondern der eine und einzige. Unter seiner Leitung hat die Expedition diesen See entdeckt; er hat Anspruch auf Ruhm. Burton glaubt, genug geleistet zu haben. Speke aber, obgleich leidend, gibt sich nicht zufrieden. Er ist überzeugt, der Ursprung des Nil müsse doch irgendwo in dieser Region zu finden sein.

Mehr als ein Drittel der Strecke vom Tanganjikasee zur Ostküste Afrikas ist zurückgelegt, als Burton und Speke in der Siedlung Kazé ankommen. Sie nennt sich heute, zur Stadt geworden, Tabora und liegt in tanzanischem Gebiet präzise auf dem 5. Grad südlicher Breite. Hier hört Speke aus den Erzählungen der Sklavenhändler, daß sich genau in nördlicher Richtung ein weiteres »Großes Wasser« ausbreite. Burton hält diese Erzählung für dummes Gerede. Er glaubt nicht an die Existenz eines zweiten Sees von großem Ausmaß im Innern Afrikas – den einen, den es nach seiner Meinung gibt, hat er eben entdeckt. John Hanning Speke traut den Erzählungen jedoch. Er will sich dieses

»Große Wasser« ansehen. Speke bricht nach Norden auf. Sieben Wochen lang ist er unterwegs, dann trifft er wieder in der Siedlung Kazé ein. Zu Burton sagt er, den See im Norden habe er gefunden. Über das Ausmaß des Sees berichtet Speke: »Ich fragte am See einen Mann, von dem ich hörte, daß er die Gegend kennt, nach der Länge der Wasserfläche. Er drehte sein Gesicht nach Norden und nickte dazu heftig mit dem Kopf. Gleichzeitig warf er immer seine rechte Hand ruckartig nach vorn und schnalzte mit dem Finger. Er wollte damit anzeigen, daß der See unermeßlich groß sei.«

Für diese Erzählung hat Burton nur Spott übrig: Aus der Unterhaltung mit einem Neger, die sich auf die Zeichensprache beschränkte, will Speke die Behauptung ableiten, aus jenem See fließe der Nil. Burton notiert: »Die Behauptung steht auf schwachen Füßen. Kein Geograph wird sich die Mühe machen, sie zu widerlegen.«

Auf Tragbahren aus Stangen und Zweigen werden Burton und Speke geschleppt, als sie im Februar 1859, nach 21 Monaten qualvollen Weges durch Afrika, wieder an die Ostküste des Kontinents kommen. Getrennt beginnen sie die Schiffsreise, die sie nach Hause führen soll. Speke erspart sich lange Aufenthalte – Burton aber bleibt 14 Tage in Aden. Er erreicht schließlich drei Wochen nach Speke London – und erlebt eine Überraschung.

Die Zeitungsverkäufer der Victoria Station preisen am 21. Mai 1859 Blätter an, die in großen Schlagzeilen verkünden, John Hanning Speke habe den Ursprung des Nil entdeckt. Die Autoren der Artikel waren Zuhörer gewesen bei Spekes Vortrag im Rahmen der Sonderveranstaltungen der Royal Geographical Society. Der Vortragende hatte ehrlich zugegeben, daß er überhaupt keinen Beweis anführen könne für seine Theorie, der von ihm entdeckte große See bilde das Wasserreservoir für den Nil. Wirkungsvoll aber war die Begeisterung gewesen, mit der Speke seine Theorie erläuterte. Daß er das »Große Wasser« in Zentralafrika »Victoriasee« nannte, nach dem Namen der regierenden Königin, trug zur Popularität Spekes bei.

Am Tag von Burtons Ankunft in London hatte sich Speke bereits einverstanden erklärt, noch einmal nach Afrika zu reisen, um in unwegsamen und gefährlichen Gegenden den Ausfluß des Victoriasees zu suchen, der den Anfang des Nil darstellen muß. Diesmal aber reise er zum Ruhm Englands und seiner Königin Victoria.

Die Begeisterung dieses John Hanning Speke und vor allem seine Fähigkeit, Begeisterung auf eine Masse zu übertragen, paßten den Herren der Royal Geographical Society ins Konzept. Sie brauchten die Unterstützung aller Bevölkerungsschichten, um ihre wahren Ziele zu erreichen. Sie waren weit weniger an geographischer Wissenschaft interessiert als am Aufbau vielversprechender Absatzmärkte in bisher unbekannten Gebieten. Sie hatten dabei nicht nur den Profit der Industrie im Sinn, sondern auch die Substanz des britischen Volkes. Immer stärker war die Auswanderungsbewegung arbeitsfähiger Menschen nach Australien und Kanada geworden – zum Mißvergnügen der Industrieverbände und Handelskammern. Wer diese Bewegung bremsen wollte, der mußte Arbeitsplätze anbieten. Möglichkeiten dazu gab es nur, wenn Märkte außerhalb Englands verstärkt britische Waren abnahmen. Als sichere Abnehmer für viele kommende Jahrzehnte galten die Bewohner des völlig unterentwickelten afrikanischen Kontinents. Auch wurde vermutet, daß im Boden Afrikas wertvolle und seltene Mineralien verborgen lägen. Wer Afrika besaß, der verfügte über Rohstofflager und Märkte – zu dieser Erkenntnis gelangten die maßgeblichen Mitglieder der Royal Geographical Society. Sie beschlossen, England müsse der Besitzer Afrikas werden.

Und Speke sollte der Mann sein, der durch Erkundung des Nilwasserwegs den Zugang ins Innere Afrikas öffnete. Von einer Beteiligung Burtons an der Expedition war nicht die Rede – seine Entdeckung des »Großen Wassers« in Afrika fand keine Resonanz. Burton schimpfte auf Speke: »So macht dieser Mensch Geographie! So wird die wahre Entdeckung in den Dreck gezogen!«

Bereit zur sofortigen Abreise, drängt Speke darauf, daß ihm von der Royal Geographical Society ein Betrag zur Verfügung gestellt wird, der die Kosten der Expedition deckt. Seine Forderung beläuft sich auf eine Summe in Pfund Sterling, die rund einer Million Mark heutiger Währung entspricht. Die Royal Geographical Society will nur eine halbe Million zahlen für das Unternehmen zur Entdeckung des Nilursprungs. Speke reduziert seine Ausrüstung auf die absolut notwendigen Gegenstände. Doch er kann auch diese Einkäufe zunächst nicht bezahlen, da die Royal Geographical Society neun Monate lang zögert, den vereinbarten Scheck auszustellen.

Wieder ist die Insel Sansibar Ausgangspunkt der Expedition. Hier trifft

John Hanning Speke am 17. August 1860 ein. Als Partner hat er sich noch in London den Offizierskollegen James Augustus Grant ausgewählt. Grant besitzt wenig Ehrgeiz; er wird Speke nicht den Ruhm streitig machen, ein Entdecker zu sein, der Außergewöhnliches zu leisten vermag.

Bis zur Siedlung Kazé wählt Speke die Route, die er drei Jahre zuvor unter Burtons Führung eingeschlagen hat. Im weiteren Verlauf seines Weges aber weicht Speke ab von der direkten Nordrichtung seines ersten Vorstoßes zum Victoriasee. Er erreicht das Wasser am Westufer – allerdings erst nach 18 Monaten der Irrwanderung durch Kleinreiche unberechenbarer Könige, deren Staaten sich im Gebiet zwischen Kazé und dem Victoriasee drängen.

König Mtesa ist der Herrscher eines solchen Staates; unglücklicherweise erstreckt sich sein Gebiet über den Teil des Seeufers, den Speke erkunden will. Mtesa hat seine Residenz dort, wo sich heute Kampala, die Hauptstadt von Uganda, befindet. Erst verweigert der König die Genehmigung zum Betreten seines Staates, dann behält er Speke und Grant so lange als Gefangene, bis ihnen nahezu kein Gegenstand mehr gehört, den der König als wertvoll betrachtet.

Vier Monate nach seiner Ankunft bei König Mtesa darf Speke zum erstenmal den See erblicken. Er beschreibt selbst die Situation: »Am 23. April 1862 um die Mittagszeit kommen Diener in meine Hütte, die mir sagen, der König begebe sich zum N'yanza und wolle, daß ich mit ihm komme. Das Wort N'yanza bedeutet allgemein nur Wasser, gleichgültig, ob ein Fluß, ein Teich oder ein See gemeint ist. Da keiner von den Dienern weiß, zu welchem N'yanza sich der König begebe, eile ich sofort los. Ich finde den König, ganz in Rot gekleidet, mit einer Herde von Frauen um sich. Er hatte gerade eine Frau, die ihm gefesselt vorgeführt worden war – sie hatte irgend jemand beleidigt –, selbst mit dem Gewehr erschossen, wobei der erste Schuß schon tödlich war. Mtesa sagt mir, daß er drei Tage am N'yanza bleiben wolle. Der Einfall ist ihm spontan gekommen. Keiner der Diener konnte irgendwelche Vorbereitungen treffen. Jeder folgt dem Herrscher so rasch als möglich, um ihn ja nicht zu enttäuschen. Auch die Musikkapelle rennt mit Harfen und Trommeln hinter Mtesa her.«

Speke sieht den See, aber nicht den Fluß. Von Bewohnern der Küstendörfer erfährt er, daß irgendwo ein breites Gewässer aus dem See herausfließe. Doch diesmal hat er keine Chance, diesen Ausfluß zu sehen. Ein hohes Maß an Geduld wird ihm abverlangt. Ein Vierteljahr später erst erhält Speke von Mtesa die Erlaubnis weiterzuziehen.

Ende Juli 1862 steht Speke endlich am Ausfluß des Nil aus dem Victoriasee. Das ist kein ruhiges Gewässer, das da nach Norden zieht. Mit Getöse beginnt der Nil seine Existenz. Als Wasserfall stürzt er herunter vom Spiegel des Sees. Nach dem Sturz aus 10 Meter Höhe fängt sich das Wasser im neuen Bett. »Stundenlang kann man dem Fall des Wassers zusehen«, bemerkt Speke.

John Hanning Speke kann der Royal Geographical Society den erfolgreichen Abschluß der Expedition mitteilen. Seine Theorie hat sich als richtig erwiesen: Aus dem Victoriasee entspringt ein Fluß, der in nördlicher Richtung zieht und der, aller Wahrscheinlichkeit nach, der Nil sein muß, da kein zweites fließendes Gewässer ähnlichen Ausmaßes in den erforschten Regionen nördlich des großen Sees beobachtet wird. Richard Francis Burton aber schürt Zweifel an Spekes Entdeckung: »Seit den Tagen des Ptolemäus hat es kein derart aufgeblasenes Märchen in der Geographie gegeben. Nie ist so extrem leichtfertig in der Wissenschaft gehandelt worden. Speke hat einen Fluß gesehen, der aus einem See austritt. Wer sagt ihm denn, daß es sich um den Nil handelt? Hat er den Fluß nach Norden weiterverfolgt? Ist Speke sicher, daß südlich vom See kein Fluß existiert, der in den See hineinläuft und der dann rechtmäßig zum Oberlauf des Nil erklärt werden müßte?«

Dr. David Livingstone, als seriöse Autorität unter den Afrikaforschern anerkannt, unterstützt Burton mit der Bemerkung: »Speke ist zu bedauern. Den wahren Quellen des Nil hat er den Rücken zugekehrt. Sie sind südlich des Victoriasees zu finden.«

Innerhalb weniger Wochen ist in London ein Meinungsumschwung zu registrieren: Der heimkehrende Speke wird mit Begeisterung empfangen, doch dann wirken sich die Zweifel aus. In Tageszeitungen wird Speke attackiert, er habe sich sexuelle Freiheiten in den Harems der Negerkönige erlaubt – ein Vorwurf, der im viktorianisch-puritanischen England die Existenz eines Mannes im öffentlichen Leben vernichten kann. John Hanning Speke stirbt bald darauf an einer Verletzung durch einen Schuß aus der eigenen Jagdflinte. Ungeklärt bleiben die Umstände. Wahrscheinlich hat Speke Selbstmord begangen.

Solange Zweifel besteht, ob Speke den Nilursprung wirklich entdeckt hat, machen sich andere zu Abenteuern bereite Europäer Hoffnung, durch Lösung der Rätsel in der Topographie Afrikas Ruhm ernten zu können. Noch auf der Heimfahrt nilabwärts ist Speke einer Gruppe von Abenteuerlustigen begegnet, die auf einem damals neuartigen Motorschiff nach Süden reiste. Zum Erstaunen Spekes bestand die Gruppe fast nur aus Frauen.

Leiterin der Expedition war Alexandrina Petronella Francina Tinne, die ihre Vornamen selbst zu Alexine verkürzte. Wer sie sah, der schilderte sie als zartgebaute Frau mit langen Haaren, die auch im heißen Afrika stoffreiche, wallende Kleider im Schnitt der viktorianischen Zeit trug. Sie war Holländerin, 22 Jahre alt, Tochter einer reichen Familie.

Alexine Tinne glaubte, einen Vorteil zu besitzen gegenüber allen bisherigen Nilforschern: Sie fuhr auf einem Schiff, das von starken Motoren angetrieben wurde. Diesem Schiff traute sie die Fahrt durch die Sümpfe des Nil bis weit in die Gegend des Nilursprungs zu. Das Schiff sollte ihrer Gruppe vertraute und behagliche Heimat sein im höllischen Klima Afrikas. Doch die Frauen wurden durch die Hitze besiegt: Erst starb Alexines Mutter an Kreislaufschwäche, dann eine Zofe; bald darauf war der Tod der zweiten Zofe zu beweinen.

Das Motorschiff erwies sich schließlich als ungeeignet für die Fahrt auf dem Nil. Die Antriebsräder, an den Seiten des Schiffsrumpfes angebracht, verfingen sich in der üppigen Vegetation, in den Pflanzenbündeln, die freischwimmend auf dem Nil trieben. Die langen Schlingenwurzeln der Nilhyazinthen blockierten den Antrieb. Alexine Tinne mußte im Juli 1864 den Gedanken an die Fahrt zum Victoriasee aufgeben.

# Samuel White Baker und seine Sklavin

Die Holländerin ist in jenen Jahren nicht die einzige, die der Meinung ist, das Geheimnis des Nil sei am besten zu ergründen durch Erforschung seines Verlaufs von Norden nach Süden. Samuel White Baker, der als Verwaltungsfachmann europäischen Firmen und einheimischen Gesellschaften im Orient gedient hat, teilt im Herbst 1860 seiner Familie von der Türkei aus mit: »Ich reise nach Khartum und von dort aus weiter. Wohin, weiß Gott. Ich mache mich auf die Suche nach den Quellen des Nil.«

Als Baker diesen Brief schreibt, ist John Hanning Speke bereits von Sansibar aus unterwegs, das »Große Wasser« und den Nilursprung zu suchen. Die Royal Geographical Society, mit der sich Baker vor Antritt der Nilfahrt in Verbindung setzt, weist sofort auf Spekes Expedition hin, die von ihr finanziert worden ist. Baker wird aufgefordert, nicht mit Speke in den Wettbewerb um die Erforschung des Nilursprungs einzutreten. Er möge doch seine Aufgabe darin sehen, »die östlichen Zuflüsse des Nil, soweit es sie überhaupt gibt, zu erkunden«.

Am 15. April 1861, um sechs Uhr morgens, beginnt Samuel White Baker in Cairo seine Nilexpedition. Neben ihm, an Deck des Seglers, steht eine Frau, die fast noch ein Mädchen ist. Als Baker ihr, Tage zuvor, die Mitfahrt wegen der Gefährlichkeit des Vorhabens hatte verweigern wollen, da soll diese Frau mit einem Zitat aus der Bibel geantwortet haben: »Und Ruth sagte, bitte mich nicht, dich allein zu lassen, denn wenn du fortgehst, will auch ich fortgehen. Wo du wohnst, da will auch ich wohnen. Wo du stirbst, da will auch ich sterben. Ich will mit dir begraben werden.«

Dieses Wort, so meinen die Freunde und Bekannten Bakers, zeuge von heroischem und zugleich christlichem Geist – sie können nicht ahnen, daß der jungen Frau gar kein anderer Weg bleibt. Sie ist Eigentum von Samuel White Baker. Er hat sie im Frühjahr 1859 auf dem osmanischen Sklavenmarkt der Stadt Widdin an der Donau – sie liegt südlich des Eisernen Tors – gekauft, zum Preis von 12 Pfund Sterling. Ihre Herkunft ist nur zu ahnen, da sie als Kind schon von Sklavenhändlern eingefangen worden war. Baker selbst nimmt an, daß dieses Mädchen aus Siebenbürgen stammt. Den eigentümlichen Namen Finnian ändert Baker in Florence.

Sie muß ihrem Käufer und Besitzer folgen; sie ist ohne Familie und ohne Heimat. Der Erwerb der Sklavin bringt jedoch auch für Baker ernste Konsequenzen: Die englische Bürgerschicht der viktorianischen Zeit würde nicht verstehen können, daß ein Gentleman sich eine Frau kauft. Nach London darf Baker sein menschliches Eigentum nicht mitbringen. Es bleibt ihm nur übrig, mit Florence im Orient – oder in der Wildnis Afrikas – zu leben. Das Risiko, daß Florence schwanger wird und ein Kind im höllischen Klima Afrikas gebären muß, existiert für Baker nicht: Seit zwei Jahren ist er eng mit Florence verbunden – ohne Folgen. Er zieht daraus Schlüsse und behält recht.

Vierzehn Monate nach der Abreise aus Cairo erreichen Baker und seine Sklavin, die inzwischen zur intelligenten und hilfreichen Lebensgefährtin geworden ist, die Stadt Khartum am Zusammenfluß des Weißen und des Blauen Nil. Baker hat sich an die Abmachungen mit der Geographical Society gehalten und nach möglichen Zuflüssen des Nil aus östlichen Regionen gesucht. Jetzt glaubt er, die Freiheit zu besitzen, dem eigenen Willen zu folgen.

In der Mitte des Jahres 1862 befinden sich zwei Expeditionsgruppen in Khartum, die beabsichtigen, die Nilquellen zu suchen: Alexine Tinne mit Mutter und Zofen sowie Baker und das Mädchen Florence, das in der Stadt am Zusammenfluß der beiden Nile als Bakers Frau betrachtet wird. Die Mutter von Alexine Tinne schreibt in ihr Tagebuch: »Samuel und Florence Baker sind hier. Sie wollen nilaufwärts reisen, um Speke zu suchen. Sie haben bereits Äthiopien bereist, und ich höre, daß Florence einen Elefanten geschossen hat. Sie trägt Hosen, Gamaschen, einen Gürtel und eine Bluse. Sie geht hin, wo immer er hingeht.« Das Bibelzitat ist der Mutter von Alexine Tinne offensichtlich bekannt – wenn sie auch die Hintergründe nicht durchschauen kann.

Die Anwesenheit der Gruppe um Frau Tinne mißfällt Samuel White

Baker. Die Damen sind reich und bereit, jede Preisforderung zu erfüllen. Sie treiben die Kosten für Bootspersonal, für Lebensmittel und Ausrüstung in die Höhe. Baker, weit weniger wohlhabend, ist gezwungen, mit geringerer Zahl an einheimischen Hilfskräften als geplant nach Süden zu segeln. Er bricht auf im Glauben, er müsse John Hanning Speke erretten, den er in furchtbarer Notlage an den Quellen des Nil vermutet. Doch die Hoffnung zerplatzt am Morgen des 15. Februar 1863, als Speke und Grant auf dem Rückweg vom Victoriasee die Siedlung Gondokoro erreichen. In dieser Siedlung – sie liegt dort, wo auf heutigen Landkarten die Stadt Juba eingetragen ist – bereitet sich Baker eben für den Marsch in Richtung der Nilquellen vor. Zwei peinliche Augenblicke stören die Begegnung zwischen Baker und Speke. Baker meint, er hätte doch zu gerne dem Landmann Speke geholfen, ausweglose Situationen zu überwinden, um mit ihm dann die Nilquellen aufzusuchen. Genauso taktlos bemerkt Speke bei der Vorstellung der jungen Florence: »Ich bin der Meinung, Frau Baker ist tot.« Er spielt damit auf Bakers erste Frau an.

Speke reist nach Norden, seinem Triumph und seiner Enttäuschung entgegen. Von der ersten Telegrafenstation, zu der er gelangt, kabelt er nach London: »The Nile is settled«; der unpräzise Text ist zu übersetzen durch: »Nilproblem erledigt.« Zuvor aber pflanzt er noch Hoffnung in Bakers Gemüt ein, ihm bleibe trotz der Entdeckung des Nilausflusses am Victoriasee die Chance auf Forscherruhm. Da existiere noch irgendwo weiter westlich vom Victoriasee ein zweites mächtiges Gewässer – die Eingeborenen hätten davon erzählt, meint Speke, und er fügt hinzu, er glaube sogar, daß bei diesem Gewässer auch eine zweite Quelle des Nil zu finden sei.

Baker notiert an diesem Tag: »Als ich Spekes Worte hörte, war ich höchst befriedigt. Ich war schon ziemlich enttäuscht gewesen, weil es so aussah, als ob die ganze Arbeit schon getan sei und daß nichts mehr zur Erforschung übrigbleibe. Meine Expedition hatte mich viel Geld gekostet. Das Herz wäre mir gebrochen, wenn ich ohne Erfolg hätte zurückfahren müssen. Ich traf sofort alle Vorbereitungen für den Aufbruch nach Süden.«

Von der Stunde des Abmarsches an lebt Baker in Sorge, daß seine Träger desertieren könnten, daß er mit Florence in den Sümpfen des oberen Nillandes alleingelassen wird. Tag und Nacht werden sie das

Gefühl der Angst nicht los. Dazu leiden er und Florence an Hunger. Zwar hatten sie in Gondokoro viele Brotlaibe backen lassen, doch während eines nächtlichen Rittes waren die Laibe von dem kleinen Affen, den sich Florence als Schoßtier hielt, unbemerkt aus den Körben geworfen worden. Nach wenigen Wochen werden beide von Malariaanfällen geschüttelt. Um die Jahreswende 1863/64 schreibt Baker täglich fast nur das eine Wort in sein Tagebuch: »Fieber«.

Den Verlauf der quälenden Anfälle beschreibt Baker so: »Zwei Tage vor der Fieberattacke empfinde ich starke Müdigkeit, verbunden mit dem Wunsch nach Schlaf. Rheumatische Schmerzen treten auf in den Lenden, im Rücken, in den Gelenken. Ich fühle mich schwach. Der Körper wird kalt. Der Magen revoltiert. Ich übergebe mich. Die Augen schmerzen. Der Kopf wird heiß. Der Puls verlangsamt sich auf 56 Schläge in der Minute. Der Herzschlag ist schwach. Dann beginnt das heiße Stadium des Anfalls. Große Unruhe plagt mich eineinhalb Stunden lang. Wenn das Chinin Wirkung zeigt, dann schwitze ich nach diesen eineinhalb Stunden außerordentlich stark. Das ist die Endphase des Anfalls. Wir besitzen aber kaum noch ein paar Körnchen Chinin, und der ganze Weg liegt noch vor mir.«

Auch Baker stößt, wie viele Nilforscher zuvor, auf kein Verständnis der Stammeskönige für die Qualen, die er auf sich nimmt; sie halten die Suche nach Flußquellen für sinnloses Tun. Der Häuptling des Latukastammes sagt ihm: »Angenommen, du erreichst das große Wasser, was machst du dann damit? Was für einen Nutzen hast du von diesem Fund? Wenn du siehst, daß der breite Fluß aus dem See herausströmt, warum freust du dich dann? Zu was ist das alles gut?« Baker versucht, dem Häuptling verständlich zu machen, daß der breite Fluß als Wasserweg für Handelsschiffe benützt werden kann: »Der Fluß macht enge Handelsbeziehungen möglich. Ihr kauft Waren aus England, und wir werden euch dafür Elfenbein und andere Landesprodukte abkaufen.«

Baker sieht sich selbst als wichtigen Faktor auf dem Weg der Menschheit zum Fortschritt: »Der Forscher ist der Vorläufer des Kolonisators. Und der Kolonisator ist das menschliche Instrument zur Vollendung des großen Werkes der Zivilisierung der Welt. Kein größeres und kein schwierigeres Ziel ist je gesteckt worden. England, der Anführer unter den Staaten, die sich mit Handel befassen, hat die Kraft, eine schwere Verantwortung auf sich zu nehmen. England hat den Schwung, andere zu zivilisieren. England ist der natürliche Koloni-sator der Welt. Im kurzen Geschichtsabschnitt von dreihundert Jahren hat England den amerikanischen Staaten Geburtshilfe geleistet. Ameri-ka ist ein gigantischer Zögling Englands geworden. Später, aber in größerer Schnelligkeit, gelang die Entwicklung von Australien. Sie ist ein triumphaler Beweis der Kraft Englands, wilde Landschaften aus der Unfruchtbarkeit zu befreien. England ist in der Lage, die Teile der Welt, die seit der Schöpfung unbenutzt lagen, mit Leben zu füllen. England bringt durch die Kolonisation Licht in eine dunkle Welt. Der Menschenfreund und der Missionar arbeiten Hand in Hand in der Zivilisierung wilder Horden. Die Eingeborenen müssen lernen, mehr zu sein als Tiere, die nur essen und trinken. Sie sammeln Erfahrungen durch den Umgang mit zivilisierten Wesen. Der Anblick von bekleide-ten Menschen wird auch den Wilden schließlich dazu bringen, sich anzuziehen. So wird nach und nach Bedarf an Waren geweckt. Diesen Bedarf decken dann die zivilisierten Menschen. So wird der erste kleine Schritt auf dem Weg zu Handelsbeziehungen getan.«

Der Nilforscher will als Werkzeug der göttlichen Ordnung gelten, die dann erfüllt ist, wenn sich auch der afrikanische Kontinent der englischen Herrschaft geöffnet hat. Aus heutiger Sicht ist zu sagen, daß Bakers Auffassung von der zivilisatorischen Mission des Nilfor-schers durch beachtliche Naivität geprägt ist. Die Häuptlinge, mit denen er zu verhandeln hat, weil er ihr Land passieren muß, sehen manchmal deutlicher, was die Folge der »Nilerforschung« sein wird. Sie halten Baker für einen englischen Spion, der die Wege erkunden soll für die Eroberungstruppen, die auf Befehl der Regierung in London das Land am Nil besetzen werden. Die Häuptlinge werden schließlich mit ihrer Voraussage recht behalten.

Ein Jahr nach dem Aufbruch von Gondokoro zweifelt Baker nach bitteren Erfahrungen am glücklichen Ausgang der Expedition. Er schildert das schlimmste Ereignis in seinem Tagebuch: »Mit Entsetzen sehe ich, wie Florence mitten in einem seichten Gewässer auf einer winzigen Insel stehenbleibt und langsam durch den grünen Bewuchs einsinkt. Ihr Gesicht ist entstellt und ganz rot. Ich gehe auf sie zu, da fällt sie um wie von einem Schuß getroffen. Mit Hilfe von acht Trägern ziehe ich ihren Körper über die Pflanzenpolster. Wir stehen schließlich bis zu den Hüften im Fluß. Mit aller Kraft halten wir ihren Kopf über

Wasser. Am Ufer lege ich Florence unter einen Baum und kühle ihr Gesicht mit Wasser. Ich glaube zunächst, sie sei nur kurz ohnmächtig, dann merke ich jedoch, daß sie überhaupt nichts empfindet. Die Zähne sind fest aufeinandergepreßt, die Fäuste hält sie geballt. Die Augen stehen offen, doch der Blick ist starr. Ich zähle nur fünf Atemzüge in der Minute.«

Baker wird in der Nacht, als seine Frau noch bewußtlos im Zelt liegt, vom Fieber gepeinigt. Er nimmt wahr, daß die Träger draußen ein Grab schaufeln. Er beschließt für sich, daß es besser sei, in Afrika verschollen zu sein, als ohne Ruhm nach London zurückzukehren.

Am 4. März 1864 trägt Baker diesen Satz in sein Tagebuch ein: »Florence erwacht aus dem Delirium.« Er notiert auch, daß sie sich vier Stunden und vierzig Minuten lang fortbewegt hätten, in westlicher Richtung. Baker geht zu Fuß. Florence wird getragen.

Im Westen sind Berge zu sehen. Blau schimmern sie aus der Ferne. Der Blick auf die Berge stimmt Baker zuversichtlich: Das Gebirgsmassiv könnte die legendäre Erhebung der Mondberge sein, die einst schon Ptolemäus erwähnt hatte, an die zu glauben jedoch so schwerfällt. Gibt es diese Mondberge aber wirklich, dann können auch die Quellen des Nil nicht fern sein.

In einem Dorf, dessen Namen Baker mit »Parkani« notiert, erfährt er, daß ein »Großes Wasser« vor diesen Bergen liege; es sei nur wenige Stunden Fußmarsch entfernt. Am 14. März 1864 schreibt Baker: »Wunderbar klar bricht der Tag an. Ein tief eingeschnittenes Tal durchqueren wir, dann quälen wir uns einen Hang hoch. Ich renne zum Gipfel. Da liegt die große Wasserfläche wie ein See von Quecksilber vor mir, endlos zum Horizont hingestreckt. Im Westen, in vielleicht 80 Kilometer Entfernung, steigen blaue Berge etwa 2000 Meter hoch. Ich stürze mich in den See und trinke, durstig von der Hitze und vor Erschöpfung mit dankbarem Herzen in tiefen Zügen aus den Quellen des Nil.«

Samuel White Baker zweifelt keinen Augenblick daran, daß ihm allein der Ruhm zusteht, den Ursprung des größten Stroms der Erde entdeckt zu haben. Ein Engländer zu sein und diese Leistung vollbracht zu haben erfüllt Baker mit besonderem Stolz: »Großbritannien hat die Quellen des Nil erobert!« Dem Gewässer, das vor ihm liegt, gibt Baker den Namen Albertsee – er will damit den verstorbenen Mann der Königin Victoria ehren.

Daß John Hanning Speke, der Absender des saloppen Telegramms »The Nile is settled«, nur ein Nebengewässer des Nil-Hauptstroms entdeckt habe, davon ist Samuel White Baker ohne eine Spur von Zweifel überzeugt. Die Karte des Nil-Bassins, die er entwirft, reduziert den Victoriasee auf ein Drittel seiner wirklichen Größe; den von ihm selbst entdeckten Albertsee aber läßt er zwanzigmal so groß erscheinen, als er wirklich ist. Den südlichen Teil des Albertsees skizziert Baker nicht aus und erweckt so den Eindruck, als ob er noch weit nach Afrika hineinreiche. So vergrößert Bakers Karte die Wegstrecke, die das Wasser »seines« Nil zurückzulegen hat, beträchtlich. Da nach Übereinkunft der Geographen der Punkt eines Flusses als Ursprung gilt, an dem das Wasser zum erstenmal erkennbar auftritt und der am weitesten von der Mündung des Flusses entfernt ist, so konnte nach Bakers Karte nur Samuel White Baker als Sieger im Wettkampf um die Erforschung der Nilquellen gelten. Die wahre geographische Struktur des Nilursprungs hat Baker verkannt. Daß der Victoriasee die Ausmaße eines Binnenmeers besitzt und an Bedeutung den Albertsee überragt, kann er nicht erkennen. An dieser Fehleinschätzung ist zum wenigsten sein Ehrgeiz schuld. Er war körperlich zu schwach gewesen bei der Ankunft am »Großen Wasser«; an eine wirkliche Erforschung der Größenverhältnisse von Victoriasee und Albertsee hatte er nicht denken können.

Im Gegensatz zu anderen Nilforschern, die möglichst rasch nach London strebten, um ihre Ergebnisse zu verkünden und Ruhm zu ernten, bleibt Baker zwei Monate lang in Khartum. Er zögert, weil er nicht weiß, wie er sich gegenüber seiner »Sklavin« verhalten soll, die ihm außerordentlich ans Herz gewachsen ist. Baker entschließt sich, Florence so schnell wie möglich zu heiraten. Er schreibt: »War ich wirklich von den Quellen des Nil zurückgekehrt? Es war kein Traum. Vor mir saß ein Zeuge. Ein noch junges Gesicht, das tief gebräunt war von langen Jahren Aufenthalt an der Sonne und aussah wie das Gesicht eines Arabers. Es war von Mühen und Leiden gezeichnet, von Sorgen geprägt. Die hingebungsvolle Gefährtin, der ich den Erfolg und das Leben verdanke – meine Frau.«

Samuel White Baker und Florence heiraten, noch ehe sie sich der Londoner Gesellschaft als die Forscher präsentieren, die wirklich die letzten Nilrätsel gelöst haben. An Königin Victoria schreibt Baker:

»Den See habe ich Albertsee genannt, als einen Gefährten für den Victoriasee. Ich dachte daran, wie sehr die von jenen königlichen Händen gespendeten Segnungen der Fruchtbarkeit glichen, welche der Nil durch fremde Wüsten verbreitet.« Trotz dieser feinsinnigen Anspielung auf den »Gefährten« nimmt Königin Victoria die Existenz von Bakers Frau nicht zur Kenntnis. Für Victoria bleibt Florence eine Person von unbestimmter Herkunft. Daß Florence keine Eltern vorweisen kann, kreidet ihr die Königin als Makel an. Florence Baker wird nie bei Hof empfangen. Baker empfand diese Haltung der Königin als ungerecht und beleidigend.

Zwar gibt sich Baker alle Mühe, den Geographen und den Laien einzureden, er habe die Geheimnisse um den Nilursprung wirklich gelüftet, doch auch ihm wird bald ein gehöriges Maß an Skepsis entgegengebracht. Baker kann erzählen, wie er sich das Gewässersystem der afrikanischen Seen und Flüsse vorstellt, doch er kann keine präzisen kartographischen Messungen vorweisen. Er bekommt zwar von der Royal Geographical Society eine Goldmedaille verliehen; doch er muß sich gefallen lassen, daß Sir Roderick Murchison, der Präsident der Gesellschaft, nicht ihn, sondern John Hanning Speke als den Entdecker der Nilquellen preist.

In Wahrheit ist Murchison in der Beurteilung der Leistungen beider Forscher recht unsicher. Sowohl Speke als auch Baker haben nicht vermocht, zwingende Beweise für ihre jeweiligen Theorien vom Nilursprung vorzulegen. Die Entscheidung im Streit zwischen Speke und Baker kann nur in Afrika gefällt werden. Jemand muß gefunden werden, der die Angaben der beiden überprüft.

# Livingstone soll Gewißheit schaffen

Das höchste Ansehen als Afrikaforscher genießt in jener Zeit David Livingstone, ein schottischer Arzt und Missionar. Er hatte im Auftrag einer britischen Missionsgesellschaft in Südafrika gearbeitet mit dem Ziel, Neger zum Christentum zu bekehren – vor allem aber, um den britischen Einfluß auf die Bevölkerung des Burenstaates zu verstärken. Als Livingstone am Widerstand der Buren scheiterte, machte er sich selbständig auf die Suche nach geheimnisvollen Seen, von denen ihm Eingeborene so oft und anschaulich erzählt hatten. Er stieß bei seiner Wanderung nach Norden auf den Sambesifluß; er nannte ihn einen »imposanten Strom«, der als Verkehrsweg dienen konnte für den Transport englischer Waren zu künftigen Kunden im Zentrum Afrikas. Die Entdeckung des Sambesi und Livingstones Vision von der kommerziellen Nutzung des Stroms gefielen den Handelsherren in London und Manchester, die den Markt Afrika für England sichern wollten. Sie spendeten die Beträge, die nötig waren, damit die Royal Geographical Society die Schirmherrschaft über eine gut ausgerüstete Sambesi-Expedition übernehmen konnte.

Im März 1858 begann Livingstone von der Mündung her den Sambesi zu befahren. Die Royal Geographical Society hatte ihm ein Dampfboot zur Verfügung gestellt, das in Einzelteile zerlegt und so, an unpassierbaren Flußstrecken vorbei, über Land transportiert werden konnte. Daß es zu zerlegen war, erwies sich bald als der einzige Vorteil des Dampfboots: Unzählige Katarakte behinderten die Flußfahrt. Livingstone mußte seine ursprüngliche Meinung revidieren. Die Vision vom Sambesi als Handelsweg zerplatzte – es konnte kaum einen für die Schiffahrt ungeeigneteren Fluß geben.

Dieses Resultat der Expedition enttäuschte die britischen Handelsherren bitter. An der geographischen Erkenntnis, daß der Sambesi zeitweise den Charakter eines Wildwassers hat, waren die Männer, die britische Waren in Afrika verkaufen wollten, keineswegs interessiert. Sie zahlten keine Zuschüsse mehr und zwangen damit die Sambesi-Expedition zum vorzeitigen und unrühmlichen Abbruch. Für Livingstone selbst endete das Vorhaben mit finanziellen Verlusten. Er war deshalb bereit, jedes vernünftige Angebot zu akzeptieren, das ihm die Royal Geographical Society unterbreiten würde.

David Livingstone fühlt sich geschmeichelt, als Sir Roderick Murchison brieflich anfragt, ob er bereit sei, auch weiterhin an der Erforschung der Nilquellen zu arbeiten, »denn das Problem des Weißen Nil ist noch immer ungeklärt«. Von Livingstone erwartet die geographische Wissenschaft Klarheit in der Frage einer Wasserscheide zwischen den Bassins der Flüsse Nil und Kongo. Der Schlußsatz des Schreibens von Murchison gefällt dem Empfänger besonders gut: »Sie, Dr. Livingstone, können jetzt alle noch schwelenden Streitfragen entscheiden. Sie werden mit einem Namen zurückkehren, mit dem sich keiner messen kann.«

Von Sansibar aus beginnt Livingstone im Januar 1866 seine Expedition zur Erkundung des Nilursprungs. Aus der Richtung, die er wählt, ist abzulesen, daß er sowohl Speke als auch Baker mißtraut. Keiner von beiden, so meint er, hat den Anfang des Nil wirklich gesehen. Livingstone ist überzeugt, die Nilquellen seien weiter im Süden zu suchen, etwa in der Region südwestlich des Tanganjikasees.

Nach mehr als einem Jahr mühseliger Ritte und Fußmärsche erreicht Livingstone einen Fluß, den Eingeborene Lualaba nennen; er fließt westlich des Tanganjikasees nach Norden. Aus der Flußrichtung schließt Livingstone, dieser Lualaba müsse der Oberlauf des Nil sein. Skepsis, die Livingstone zunächst noch vorsichtig macht in seinen Tagebucheintragungen, weicht bald der absoluten und halsstarrigen Überzeugung, er habe wirklich den Anfang des Riesenflusses gefunden. Spätere Forscher entdecken dann jedoch, daß der Lualaba zum Flußsystem des Kongo gehört.

Livingstone muß den Lualaba bald verlassen, da ihn die Bewohner der Siedlungen als unerwünschten Fremden behandeln. Er besitzt keine Lebensmittelvorräte mehr, keine Medikamente, keine Zahlungsmittel. Ihm bleibt keine Chance, mit eigener Kraft an die Ostküste Afrikas und von da nach England zurückzukehren. Jegliche Energie hat ihn verlassen. 56 Jahre alt ist Livingstone. Er fühlt sein Scheitern als Forscher; er fragt sich, ob er recht gehandelt hat, als er die Berufung zum Missionar vernachlässigte. Von Tropenkrankheiten gepeinigt, wartet Livingstone im Dorf Ujiji am Tanganjikasee auf den Tod – oder auf das Wunder der Errettung.

Auch die Herren der Royal Geographical Society warten. Sie haben sich zunächst, in angemessener Zeit nach Beginn der Expedition, Livingstones Erfolgsmeldung erhofft. Im Verlauf der Monate und Jahre sind die Auftraggeber bescheidener geworden. Drei Jahre nach Livingstones Abreise aus Sansibar wollen sie sich schon mit einem schlichten Lebenszeichen begnügen. Von der ostafrikanischen Küste dringt jedoch die Nachricht nach London, Livingstone sei gestorben. Zwar glaubt niemand der Meldung, doch es gibt für die finanzschwache Royal Geographical Society keine Möglichkeit zu prüfen, ob sie wahr oder unwahr ist. Eine Hilfsexpedition will keiner der Geldgeber aus London oder Manchester finanzieren.

Ein Amerikaner ist bereit, die Suche nach Livingstone zu bezahlen. James Gordon Bennett, Besitzer und Chefredakteur des »New York Herald«, hat ein Gespür für Stories, die den Leser faszinieren. Er ist überzeugt, daß die Suche nach Livingstone, ob erfolgreich oder nicht, Material für lesenswerte Artikel geben würde. Dem Reporter Henry Morton Stanley traut er zu, die Suche nach Livingstone zu leiten und den Zeitungslesern spannende Geschichten zu erzählen. Zum erstenmal in der neueren Historie der Nilforschung soll ein Expeditionsleiter über genügend Geld verfügen können. James Gordon Bennet zeigt sich schon in der Vorbereitungsphase des Unternehmens großzügig. Stanleys Frage nach der Finanzierung des Vorstoßes nach Zentralafrika beantwortet sein Chef so: »Ich will Ihnen sagen, wie wir vorgehen. Sie holen sich jetzt an der Kasse 1000 Pfund Sterling ab. Wenn das Geld verbraucht ist, holen Sie weitere 1000 Pfund. Wenn Sie dann kein Geld mehr haben, gehen Sie erneut zur Kasse und holen 1000 Pfund. Bei diesem Verfahren bleiben wir.«

Aus dem Armenhaus stammte der Mann, dem so reichlich Geldmittel zur Verfügung gestellt wurden. Als John Rowlands war er 1841 in Wales geboren worden. Das Armenhaus war zur Heimat geworden, weil die Eltern sich nicht um ihn kümmerten. Handlanger bei einem

Schäfer war er, dann Lehrling bei einem Metzger, schließlich Schiffs-
junge. Von Liverpool aus hatte sein Schiff den Atlantik überquert und
war in New Orleans gelandet. Hier blieb John Rowlands – und
verwandelte seinen Namen in Henry Morton Stanley. Die Adoption
durch einen Kolonialwarenhändler, dem der Junge gefiel, machte die
Namensänderung möglich. Er wurde Soldat im amerikanischen Bürgerkrieg. Er entdeckte sein Talent als Verfasser von Artikeln und
berichtete schließlich aus Syrien, vom Krieg der Engländer in Äthiopien. Stanley hatte sich in gefährlichen Situationen bewährt. Sein
Chefredakteur wußte, wen er nach Zentralafrika schickte.

Daß mit dem Einsatz von Geld der Zugang zu Afrika und zu den
Nilquellen sich nicht erkaufen ließ, mußte Stanley gleich in Sansibar
erfahren. Er hatte genügend Geld abgehoben an der Kasse des »New
York Herald« – wie vom Chefredakteur angeordnet, waren ihm Pfund-
noten ausbezahlt worden. Dieses Papiergeld aber wurde von den
Händlern auf Sansibar nicht angenommen, sie wollten sich in Gold-
münzen bezahlen lassen. Weit unter ihrem Wert konnte Stanley die
Scheine schließlich einhandeln.

Seit der Expedition von Burton und Speke ist die ungefähre Distanz
bekannt zwischen der Ostküste Afrikas bei der Insel Sansibar und dem
Tanganjikasee: Sie beläuft sich auf rund 1200 Kilometer. Um diesen
Weg – und die Strecke zurück – bewältigen zu können, hat Stanley
sechs Tonnen Versorgungsgüter eingekauft: Lebensmittel, Getränke,
Kleidung, Waffen, astronomische Geräte, Medikamente, vielfältige
Geschenke für Stammesfürsten und hellglänzenden Messingdraht, der,
in kurze Stücke zerschnitten, ein Zahlungsmittel von hoher Kaufkraft
ist. Stanley wundert sich: »Wie wird das möglich sein, eine solche
Masse durch die Wildnis Afrikas zu schleppen? Es bleibt mir nur übrig,
alle Zweifel sofort zu vergessen.« 157 Träger mühen sich ab, die sechs
Tonnen Material über Landstriche zu schleppen, die nicht einmal von
einfachen Pfaden durchquert werden.

Zwei Engländer, die Stanley zur Seite stehen sollen, erweisen sich als
herbe Enttäuschung: Der eine steckt sich bei einer Negerin mit Syphilis
an, der andere bricht in Weinkrämpfen zusammen. Stanley will sich
von beiden trennen, doch beide sterben, noch ehe sie wirklich den
Rückweg beginnen können. Auf sich allein gestellt, kann Stanley den
Respekt seiner Träger nur durch Peitsche und Gewehr aufrechterhal-
ten. Wenig mehr als fünf Kilometer beträgt die tägliche Marschlei-

stung der Trägerkarawane. Ist das Pensum noch vor Beginn der schlimmsten Mittagshitze erfüllt, werden Schattendächer und Zelte aufgeschlagen, wird Essen gekocht. Stanley versucht in diesen Pausen, amerikanisch-europäischen Lebensstil zu bewahren. Für die Mahlzeiten kleidet er sich nach damaliger Mode korrekt an; er läßt sich servieren, als ob er in einem Londoner Club dem Mittagstisch beiwohne. Zigarre und Cognac beschließen die Hauptmahlzeit.

Nach sieben Monaten erreichen Stanley und seine Träger den Tanganjikasee. Am selben Tag noch, es ist der 10. November 1871, begegnet Stanley dem gesuchten David Livingstone. Stanley beschreibt das Treffen: »Mein Diener Selim sagte mir: ›Ich sehe den Doktor. Oh, was ist das für ein alter Mann! Er hat einen weißen Bart.‹ Und ich – was hätte ich nicht gegeben für ein Versteck, in dem ich meine Freude ganz ungesehen hätte austoben können; dort hätte ich ganz idiotisch auf meine Hand beißen, einen Purzelbaum schlagen oder Äste vom Baum reißen können, um meine unkontrollierbaren Gefühle abzureagieren. Mein Herz schlug ganz schnell, doch ich wollte meine Gefühle nicht im Gesicht zeigen, die Würde des weißen Mannes hätte darunter gelitten. So machte ich das, was ich unter den außergewöhnlichen Umständen für das Würdigste hielt. Ich schob die Menge beiseite und ging durch Menschen wie durch eine lebendige Allee. Ich kam in einen Halbkreis von Arabern, vor dem der weiße Mann mit dem grauen Bart stand. Als ich langsam auf ihn zutrat, da sah ich, daß er bleich war. Er blickte niedergeschlagen. Auf dem Kopf trug er eine bläuliche Mütze mit goldener Borte. Seine Jacke besaß rote Ärmel. Ich wäre gerne rasch zu ihm getreten, ich war aber zu feige dazu in Gegenwart der ganzen Menge. Ich hätte ihn gerne umarmt, doch ich hielt mich zurück, da ich nicht wußte, wie dieser Engländer die Geste aufnehmen würde. So tat ich, was Feigheit und falscher Stolz mir vorschrieben. Ich ging mit Bedacht auf ihn zu und sagte: ›Dr. Livingstone, I presume?... – Dr. Livingstone, wie ich annehmen darf?‹ Mit freundlichem Lächeln sagte er ›Ja‹ und hob ganz leicht seine Mütze. Da sagte ich laut: ›Ich danke Gott, Doktor, daß er es mir möglich gemacht, Sie zu sehen.‹ Er antwortete: ›Ich bin dankbar, daß ich Sie willkommen heißen kann!‹«

In den Aufzeichnungen von David Livingstone wird das Ereignis so geschildert: »Eines Morgens kam mein Diener in höchster Eile angerannt. Außer Atem sagte er: ›Ein Engländer! Ich habe ihn gesehen!‹

Und wie ein Pfeil schoß er wieder davon. Die amerikanische Flagge informierte mich über die wahre Nationalität des Fremden. Seine Träger schleppten ganze Bündel von Waren, Badezuber aus Zinn, riesige Kessel, Kochtöpfe, Zelte. Als ich das sah, da dachte ich bei mir, dieser Mann reist im Luxus, der ist noch nicht restlos am Ende wie ich.«

Mehr als fünf Jahre ist Livingstone schon in Afrika unterwegs auf der Suche nach den Nilquellen. Er weiß nichts von den Veränderungen in Europa, von den politischen Gewichtsverschiebungen, die sich im Ergebnis des Deutsch-Französischen Krieges von 1870/71 spiegeln: Frankreich war unterlegen im Kampf um die Vormachtstellung auf dem europäischen Kontinent. In Deutschland hatte ein Prozeß der Einigung der Teilstaaten eingesetzt; aus Fürstentümern und Herrschaftsbereichen von Königen erstand das Deutsche Kaiserreich. Bismarck heißt der Politiker, dessen Wort jetzt gilt in Europa.

Der Glanz der französischen Kaiserära ist zu Ende. Zum letztenmal hat das kaiserliche Haus Napoleon bei der Einweihung des Suezkanals die eigene Bedeutung und das politische Gewicht Frankreichs demonstrieren können. Nach dem Bau dieser Wasserstraße ist Afrika ringsum von Wasser umflossen – Afrika ist zur Insel geworden. Der Suezkanal veränderte die Topographie der Welt.

Daß der Suezkanals gegraben werden konnte, gilt in jener Zeit als Beweis für die Kraft des Menschen, die Natur zu bezwingen. Mit diesem Erfolg steigt der Reiz, noch unbekannte Gebiete dem menschlichen Willen zu unterwerfen. Der Nil ist neben dem Suezkanal keineswegs uninteressanter geworden. David Livingstone spürt, daß die Europäer jetzt stärker denn je die endgültige Auflösung der Rätsel um den Ursprung des Nil erwarten. Livingstone will deshalb in Zentralafrika bleiben – zur Überraschung von Stanley, der eigentlich geplant hat, Livingstone nach London heimzubringen. Stanley hatte geglaubt, Livingstones Lebenskraft sei gebrochen. Er hatte Dankbarkeit erwartet für die Rettungsaktion, die zwei britische Menschenleben gekostet hatte. Doch Stanley traf auf einen Mann, der nur Lebensmittel, Medizin und eine Trägertruppe brauchte, um beharrlich die Suche nach dem Nilursprung fortzusetzen. Stanley bewunderte den Drang dieses Mannes, vom Nil die Schleier der Geheimnisse wegzureißen.

Livingstone nimmt Stanley mit, im Kanu, zur Bucht von Bujumbura am Nordende des Tanganjikasees. Sie liegt von der Siedlung Ujiji, in der sich Livingstone und Stanley getroffen haben, 180 Kilometer entfernt. Livingstone ist überzeugt, daß aus dem Tanganjikasee ein Fluß nach Norden strömt, auf den Albertsee zu. Von der Existenz eines Flusses bei der Bucht von Bujumbura weiß Livingstone durch Erzählungen der Bewohner des Seeufers; sie nennen den Fluß Rusisi. Die Frage ist nur, ob dieses Gewässer von Süd nach Nord oder umgekehrt fließt. Soll Livingstones Ansicht vom Gewässersystem Zentralafrikas stimmen, dann muß der Rusisi die Süd-Nord-Richtung einhalten. Doch der Augenschein zeigt: Der Rusisi strömt von Norden in den Tanganjikasee hinein – er kann damit kein Teil des Nil sein.

Obgleich diese Entdeckung ein Indiz dafür ist, daß Speke und Baker recht haben in ihrer Ansicht, allein der Victoriasee und der Albertsee seien mit dem Nil verbunden, besteht Livingstone darauf, daß beide Scharlatane sind, die aus dem eitlen Grund der Ruhmsucht voreilige Schlüsse ziehen. Er will gründlicher und systematischer vorgehen. Weiterhin sucht er die Lösung des Nilrätsels südlich vom Victoriasee und vom Albertsee. Zu entmutigen ist er nicht. Schnell paßt er seine Ansicht der neuen Erkenntnis an: Gehört der Tanganjikasee nicht zum Nilbassin, dann doch der kleine Bangweolosee, den Livingstone selbst südlich des Tanganjikasees entdeckt hat. Aus dem Bangweolosee fließt der Lualaba; ihn glaubt Livingstone bereits als den Nil oder wenigstens als bedeutenden Zufluß des Nil identifiziert zu haben.

Stanley gibt Livingstones Meinung so wieder: »Unter gar keinen Umständen kann der Lualaba zum Kongo gehören. Er ist einfach zu groß dafür. Sein Wasser fließt dazuhin ganz eindeutig nach Norden. Der Fluß strömt in einem Tal. Nach Westen und Osten ist das Tal von hohen Bergen abgeschlossen. Die Höhe des bisher von mir erforschten nördlichsten Punkts des Lualaba beträgt nicht ganz 700 Meter über dem Meeresspiegel. Baker aber ist überzeugt, sein See sei fast 900 Meter hoch. Der Bahr Al Ghazal, dieser wichtige Arm des Nil im Norden, ist – wie der Lualaba – etwa 700 Meter hoch. So ist es durchaus möglich, daß der Lualaba eben weiter im Norden Bahr Al Ghazal genannt wird.«

Mehr als vier Monate bleibt Stanley bei Livingstone. Bis kurz vor seinem Abschied ist er voll Hoffnung, der Ältere würde zur Einsicht kommen. Doch dieser schreibt am 18. Februar 1872 in sein Tagebuch: »Mr. Stanley redet mir mit starken Argumenten zu, ich solle nach

Hause fahren. Er meint, wenn ich wieder bei Kräften sei und künstliche Zähne besitze, könne ich zurückkehren, um meine Arbeit zu vollenden. Doch ich sage mir selbst: Alle meine Freunde verlangen, daß ich eine komplette Arbeit in der Erforschung der Nilquellen abliefere, ehe ich mich in den Ruhestand versetze.«

Ehe Stanley den Rückmarsch beginnt, verspricht er, Träger zu schicken; in Sansibar werde er sie anheuern. Erst im Juli 1872 treffen sie in Ujiji ein. Livingstone macht sich erneut auf den Weg, um den Ursprung des Nil zu suchen. Einer Karawane, die nach Sansibar abgeht, gibt er noch einen Brief mit an Lord Granville in London. Er nennt sein Ziel: »Ich habe vor, den Tanganjikasee im Süden beim 12. Grad südlicher Breite zu umgehen. Dort möchte ich die Quellen suchen, von denen ich Bericht habe.« In jener Gegend liegt der Bangweolosee.

Durch regennasse Wälder zieht die Karawane. Livingstone und seine Träger haben Tag und Nacht feuchte Kleider am Leib. Die Kräfte schwinden rasch. Livingstone will arbeiten, doch seine Notizen zeigen, daß er dazu nicht mehr fähig ist. Er zeichnet eine Karte des Gebiets südlich vom Tanganjikasee: Da umreißt er die Ausmaße eines mächtigen Sees, der über 300 Kilometer lang ist. So gewaltig stellt er sich den Bangweolosee vor, der in Wahrheit nur 60 Kilometer lang ist. Dieser See ist »sein« Nilursprung – er darf nicht kleiner sein als der Victoriasee. Im Fieberwahn sucht Livingstone nach Quellen. Er läßt in den Siedlungen ringsum die Frage stellen, ob jemand Quellen auf einem Hügel gesehen habe. In sein Tagebuch schreibt er von der Angst, der Fluß, den er für den Nil halte, könne doch zum Kongosystem gehören. In der Nacht zum 1. Mai des Jahres 1873 stirbt David Livingstone.

Seine zwei schwarzen Diener entfernen die Eingeweide aus dem Leichnam. Durch Einreiben mit rohem Salz verhindern sie den Verwesungsvorgang der Glieder, die sie an der Luft trocknen. In Tücher verpackt, schleppen sie den Leichnam zur ostafrikanischen Küste. Sechzig der Träger ziehen mit den Dienern. Sie sind mit Livingstones Tagebüchern und astronomischen Geräten beladen. Dank ihrer Treue kann Livingstone in der Westminster Abbey in London begraben werden – am 18. April 1874.

Während der Jahre, die Livingstone um den Tanganjikasee die Nilquellen suchte, bemühte sich auch ein Deutscher um die Lösung des Geheimnisses vom Ursprung des mächtigen Flusses. Sein Name war

Dr. Georg Schweinfurth. Er hielt sich im Auftrag der Berliner Königlichen Akademie der Wissenschaften in Afrika auf.

Die führenden Männer dieses Instituts hatten begriffen, daß England durch seine Forscher Fuß faßte in Afrika. Es war den Politikern, Industriellen und Bankiers des Deutschen Reiches deutlich geworden, welchen Vorteil England erzielte, denn schließlich zog nicht nur die geographische Wissenschaft Nutzen aus den Erkenntnissen, die Speke und Baker gewonnen hatten – die englische Industrie richtete sich darauf ein, am nach und nach erforschten und noch zu erforschenden Markt Afrika zu verdienen. Die deutsche Industrie wollte nicht stillschweigend zusehen. Die Forderung nach Kolonien wurde laut. Zwar nahm Bismarck diese Forderung ungnädig auf – er wies sie mit der Bemerkung ab »mein Afrika liegt hier in Europa« –, doch fand sie Widerhall im wirtschaftlich starken Bürgertum, das in den Herren der Industrie von London und Manchester Konkurrenten sah, denen Grenzen gesetzt werden müßten.

Der Verlauf des Deutsch-Französischen Krieges von 1870/71 hatte das erwachende Nationalgefühl der Deutschen und das Selbstbewußtsein der die Wirtschaft tragenden Bürgerschicht zum Ausdruck gebracht. In dieser Zeit gelang es den deutschen Bankiers, Kapitalkraft zu konzentrieren zum Aufbau der rheinisch-westfälischen Montanindustrie. Die Expansion der Produktion aber hatte nur Sinn, wenn auch der Markt größer wurde. Selbst wenn Bismarck nur auf Europa blicken wollte, die Industriellen und die Bankiers sahen auf die weißen Flecke der Landkarte Afrikas. Die »Wilden« dort sollten erfahren, daß es nicht nur Engländer, sondern auch Deutsche gab – daß nicht nur England Waren produzierte, sondern auch Deutschland.

Schon vor Ausbruch des Krieges von 1870/71 hatte die Berliner Akademie der Wissenschaften nach geeigneten Persönlichkeiten gesucht, die sich an der Erforschung der Nilquellen beteiligen konnten. Im Botaniker Dr. Georg Schweinfurth, etwas über dreißig Jahre alt, sah das Präsidium der Akademie den geeigneten Mann.

Im Frühjahr 1869 begann Schweinfurth, zu Fuß und im Schiff die meist sumpfige Landschaft des Weißen Nil zu durchstreifen. Besonders aufmerksam erforschte er den nach Westen ausgreifenden Nilarm, der Bahr Al Ghazal genannt wird und den Livingstone um diese Zeit für einen Ausläufer des Lualaba in den Nilsümpfen hielt.

Der Botaniker Schweinfurth entwickelte sich zum perfekten Geographen: Präzise zeichnete er den Verlauf des Bahr Al Ghazal und seiner Nebenflüsse auf. Er entdeckte schließlich sogar den Gebirgszug, der als Wasserscheide die Einzugsgebiete von Nil und Kongo trennt. Diese Wasserscheide bildet heute die Grenze zwischen Sudan, Zaire und der Zentralafrikanischen Republik.

Dank der Zähigkeit von Georg Schweinfurth, der die kleinen Flüsse Roah, Dogoru, Tondi, Nyenam, Jur, Ji, Biri, Kuru und Dembo im Gebiet des Bahr Al Ghazal untersuchte, wurde deutlich, wie eng beieinander die Einzugsgebiete der gewaltigen Ströme Nil und Kongo liegen. Damit wurde die Annahme der Geographen des Altertums verständlich, beide Ströme würden von einer gemeinsamen Quelle gespeist. Nebenflüsse des Bahr Al Ghazal, die zum Nilsystem gehören, und der Fluß Uele, der dem Ubangi und schließlich dem Kongo zufließt, entspringen an den zwei Flanken eines Bergmassivs. Den Verlauf der ersten Phase des Uele hat Schweinfurth korrekt festgehalten.

In Schweinfurths Karte ist auch der Lualaba zu finden. Den Flußnamen versah er zwar mit einem Fragezeichen, aber den Verlauf des Gewässers konnte er genau fixieren: Schweinfurths Informationen und Erkenntnisse ließen nur den Schluß zu, daß der Lualaba westlich der Wasserscheide fließe. Für Livingstones Theorie der Identität von Lualaba und Bahr Al Ghazal blieb keine Basis mehr.

Völlig im Irrtum befangen war Schweinfurth jedoch in seinem Wissen um das afrikanische Seensystem. Er glaubte nicht an die Existenz des Victoriasees und des Albertsees. Er hatte mit Eingeborenen gesprochen, die angaben, jene Region zu kennen; von allen sei zu erfahren gewesen, daß nirgends zusammenhängende große Seen, sondern eine Vielzahl kleiner Seen zu finden seien. So zeichnete er in seine Landkarte um die Äquatorlinie eine Kette von Seen ein. Georg Schweinfurth hielt die Engländer Speke und Baker für Lügner.

# Erst Stanley löst das Rätsel

Als sich Henry Morton Stanley im April 1874 in London aufhält, da wird ihm von Vorstandsmitgliedern der Royal Geographical Society neben anderem aktuellem Material zum noch immer nicht gelösten Problem des Nilursprungs auch Schweinfurths Landkarte gezeigt. Mehr als zwei Jahre sind vergangen seit der Begegnung mit Livingstone am Tanganjikasee, doch noch immer ist der Eindruck stark, den diese Persönlichkeit auf Stanley gemacht hat. Livingstone hatte fest geglaubt, der Lualaba gehöre zum Bassin des Nil. Vor Livingstones Überzeugungskraft war Stanleys Skepsis gewichen. Als er Schweinfurths Karte sieht, die den Lualaba dem Kongo zuweist, da ärgert er sich über die, wie er sagt, »geographischen Spinnereien eines gewissen Herrn Schweinfurth«.

Bemerkenswert ist, daß Stanley die Ablehnung der Meinungen von Speke und Baker durch Schweinfurth keineswegs zu diesen »geographischen Spinnereien« rechnet. Stanley stimmt mit Schweinfurth überein, daß Skepsis gegenüber Speke und Baker angebracht sei. Den Wissensstand des Jahres 1874 in der Frage der Nilquellen faßt Stanley in wenige Worte: »Wir wissen nicht, ob der Victoriasee aus einem oder aus mehreren Gewässern besteht. Solange diese Ungewißheit herrscht, wissen wir auch nichts über den Ursprung des Nil.«

Am 15. August 1874 verläßt Stanley London, entschlossen, das Rätsel der Nilquellen endgültig zu lösen. James Gordon Bennett, der Eigentümer und Chefredakteur des »New York Herald«, teilt sich die Finanzierung dieser Expedition mit dem Herausgeber des Londoner »Daily Telegraph«. Der Royal Geographical Society ist damit die Initiative zur Aussendung von Nilforschern aus der Hand genommen worden. Das Präsidium der Gesellschaft klagt öffentlich, die wissenschaftliche Ernsthaftigkeit der Nilforschung sei durch diese Unternehmung gefährdet, da Zeitungen das Geld beisteuern und ein Amerikaner die Expeditionsleitung übernehmen würde. Die Royal Geographical Society zeigt sich bekümmert über den Einbruch des kommerziellen Denkens in den Bereich der geographischen Wissenschaft – die Herren des Vorstands vergessen, daß sie für die von ihnen ausgesandten Expeditionen bereitwillig von den Handelskammern Geld angenommen hatten. Stanley holt die Sterlingpfunde nicht aus den Kassen der Verbände, die den einzelnen Spender ungenannt lassen, sondern direkt bei Industriellen und bei Fabrikbesitzern. Der Schiffsbauer James Messenger im Londoner Vorort Teddington ist ein Unternehmer mittlerer Größenordnung. Für das Versprechen, in Zeitungsartikeln als Stanleys Lieferant genannt zu werden, baut er ein zerlegbares Dampfboot von 13 Metern Länge zu einem Preis, der weit unter den Herstellungskosten liegt.

Von der ostafrikanischen Küstenstadt Bagamoyo aus zieht Stanleys Trägerkolonne am 17. November 1874 nach Afrika hinein. Noch nie hatte ein Expeditionsleiter über derart viele Helfer verfügen können: 270 Träger stehen in Stanleys Dienst; viele werden von ihren Frauen begleitet. Einer geht hinter dem anderen. Mehr als einen halben Kilometer lang ist die Kette der Träger. Das Gewicht der zu transportierenden Ausrüstung beträgt acht Tonnen. Zusätzlich sind die fünf schweren Eisenteile zu schleppen, die zusammengefügt das Dampfboot »Lady Alice« ergeben.

Beim Abmarsch in Bagamoyo ist Stanley der Meinung, ausreichende Vorräte mit sich zu führen. Doch schon sechs Wochen später, an Weihnachten des Jahres 1874, muß er feststellen, daß er sich verrechnet hat. Die Träger, auf deren große Zahl Stanley zuerst stolz ist, verbrauchen die Lebensmittel in kurzer Zeit. Die Bewohner der Siedlungen können ihm nicht die Getreidemengen verkaufen, die er für die nahezu 350 Menschen seiner Kolonne braucht, denn gerade jetzt, im Dezember, benötigen die Dorfbewohner das Getreide, das sie noch besitzen, zur Aussaat.

Stanley schreibt während der Feiertage in sein Tagebuch: »Meine Nahrung besteht aus gekochtem Reis. Wir werden bald alle wie Skelette aussehen. Wir werden alle sterben.«

Der Tod bedroht die Kolonne auch durch die Speere der Krieger des Wanyaturustammes. Sie töten 25 Träger. Diese Krieger – sie wollen

Stanleys Ausrüstung als Beute haben – sind hartnäckig. Um sie zu vertreiben, muß kostbare Munition abgefeuert werden. Am Ende der Gefechte sind vier Patronenkisten leer.

Viele kleine Flüsse, so bemerkt Stanley, strömen in Richtung des Victoriasees. Der Gedanke irritiert ihn, daß jedes dieser Gewässer der südlichste Zubringer des Nil sein könnte und damit tatsächlich auch Nil genannt werden müßte.

Den Victoriasee erreicht Stanley im April 1875. Er läßt sein Boot »Lady Alice« zu Wasser bringen und beginnt mit der Erkundung des Gewässers.

Nach 57 Tagen, die ausgefüllt sind mit präziser Vermessungsarbeit, stellt Stanley fest, daß John Hanning Speke recht gehabt hat: Der Victoriasee ist wirklich das »Große Wasser«, ist das größte Binnengewässer des afrikanischen Kontinents.

Stanley notiert: »Aus den wenigen Informationen, die Speke von den Eingeborenen erhalten hatte, war es ihm möglich gewesen, die Umrisse und Ausmaße des Sees einigermaßen korrekt anzugeben. Der Victoriasee hat in der Tat einen mächtigen Ausfluß, den Nil.« Stanley hat die Beweise geliefert für Spekes Theorie vom Nilursprung, die im wesentlichen auf Intuition beruhte.

Zu seiner Überraschung erfährt Stanley am Victoriasee, daß die Qualen, die er während der Durchquerung der Wildnis auf sich genommen hat, eigentlich unnötig waren.

Für die Erkundung der Geographie des Nil hatten andere inzwischen mühelosere Wege gefunden. Den Tag dieser Überraschung erlebt Stanley am Hofe des Königs Mtesa, den schon Speke kennengelernt hat. So nebenbei verkündet ihm der König, daß schon bald ein anderer Weißer an seinem Hofe eintreffe. Er komme aus Cairo. Stanley ist der Meinung, er selbst sei derzeit der einzige Weiße am Oberlauf des Nil.

Ein Franzose kommt an, frisch, nach anscheinend problemloser Reise. Sein Name ist Linaut de Bellefonds. Als Oberst steht er im Dienst der Engländer. General Gordon, der in Khartum residiert, hat ihn geschickt. Der Auftrag lautet zu erkunden, ob der Ursprung des Nil von einer Truppe unter englischem Kommando im Namen des Khediven von Ägypten gefahrlos annektiert werden könne. Der Oberst ist der Ansicht, die Besetzung des Gebiets am Victoriasee durch einen Vorstoß von Norden her stelle weder ein militärisches noch ein logistisches Problem dar. Stanley erfährt jetzt, daß bereits ein Jahr zuvor ein

Kundschafter, der amerikanische Offizier Chaillé-Long, ebenfalls im Dienste des Generals Gordon den Zugang zum Victoriasee erprobt und in einer Landkarte festgehalten hat. Der Ausgangspunkt des Erkundungsmarsches von Chaillé-Long und von Linaut de Bellefonds war Gondokoro, nahe der heutigen Stadt Juba. Stanley ist erstaunt, als ihm gesagt wird, Gondokoro sei von Khartum aus leicht mit dem Dampfer zu erreichen. Stanley unterdrückt das Gefühl, Menschenleben umsonst geopfert zu haben, umsonst Mühen und Entbehrung auf dem Weg von der afrikanischen Ostküste her auf sich genommen zu haben.

Beide Offiziere haben jeweils nur etwas mehr als 400 Kilometer zurücklegen müssen für ein Ziel, das Stanley erst nach fast 2000 Kilometern erreicht hat. Stanley ist nahezu verhungert auf dem Weg – der Koch des Obersten Linaut de Bellefonds aber verfügt über Lebensmittel im Überfluß. Stanley notiert: »Er ist ausreichend versehen mit Olivenöl, Büchsenfleisch verschiedener Pariser Marken, Pâtes de foie gras, italienischer Salami, Ölsardinen, Biskuits aus Marseille. Er hat weißen Zucker, Schokolade, Kaffee und Tee.« Stanley ist zufrieden mit der Versicherung des Franzosen, er werde kein Buch und keine Artikel schreiben über seine Expedition zum Nilursprung. So war der Ruhm für Stanley gesichert.

Stanley denkt nicht daran, zur Ostküste Afrikas zurückzukehren. Er folgt auch nicht dem Obersten auf dem einfacher gewordenen Weg nach Gondokoro im Norden. Er fühlt sich verpflichtet, im Andenken an David Livingstone, zu klären, welchen Lauf der Lualaba wirklich einschlägt. Stanley wird feststellen, daß sich Livingstone getäuscht hat: Die »Lady Alice« schwimmt mit dem Wasser des Lualaba in den gewaltigen Kongofluß. Am 12. August 1877 erreicht die Expedition, die fast drei Jahre zuvor Sansibar verlassen hat, den Atlantik.

Die Neugierde ist gestillt: Die Engländer, die übrigen Europäer und die Amerikaner erfahren, wo der Nil seinen Ursprung hat. Ein Teil der Legenden aus der Antike hat sich als wahr erwiesen: Der Nil entspringt aus einem großen See. Ein anderer Teil aber scheint widerlegt zu sein: Die schneebedeckten Mondberge hat keiner der Forscher entdecken können. Der Kilimandscharo, der eine Eiskappe besitzt, kam nicht in Betracht – er liegt zu weit entfernt vom »Großen Wasser«. Das Geheimnis der Mondberge bleibt noch für elf Jahre gewahrt. In diesen elf Jahren aber gerät die Region des oberen Nil in Aufruhr.

# Der Islam erwacht am Nil

Mit Aufruhr am Nil haben die Politiker an der Themse nicht gerechnet. Die in England herrschende Schicht war der Meinung, mit der allmählichen Erforschung des Nilverlaufs sei die Zeit gekommen, die Wildnis der Zivilisation und dem Handel zu öffnen. Als bequemste Lösung bot sich an, die Ägypter, die schon unter englischer Aufsicht standen, zu bewegen, Anspruch auf Khartum, auf Gondokoro und auf den Bereich des Victoriasees zu erheben. In London wurde die Parole von der »Einheit des Niltals« geboren – von der Einheit unter Aufsicht Englands.

Samuel White Baker, der Entdecker des Albertsees, erklärt der britischen Öffentlichkeit in Vorträgen und Schriften, es sei die heilige Pflicht Englands, den Menschen am Nil die Vorzüge der Zivilisation beizubringen. Der Prinz von Wales steht Baker zur Seite. Die königliche Hoheit gibt Baker Gelegenheit, aus Anlaß eines Besuchs in Cairo dem Khediven seine Aufwartung zu machen – und die Lust des Herrschers am unteren Nil auf den Besitz des oberen Nil zu wecken. Bakers Argument: Ägypten lebt vom Wasser, das aus den Quellen des Nil strömt. Seit der Epoche der Pharaonen könne es keinem Regierenden Ägyptens gleichgültig sein, wer den Ursprung des Flusses beherrscht.

Keinem war es gelungen, das Gebiet der Nilquellen zu erobern. Die Pharaonen besaßen die Quellen nicht. Auch die Eroberungspläne späterer Herrscher scheiterten. Geschickt legt Baker den Köder aus: Was keinem ägyptischen Herrscher bisher gelang, das könnte dem Khediven Ismaïl gelingen – dank der Hilfe der Engländer. Der Khedive ist bereit, die Dienste Bakers anzunehmen.

Dem Frieden, dem Handel, der Freiheit diene der Einsatz, den

Samuel White Baker in Afrika leiste – diesen Leitgedanken gibt die britische Regierung dem Entdecker des Albertsees mit auf den Weg zurück nach Afrika. Baker trägt den Titel »Generalmajor des Osmanischen Reiches«. Er dient eigentlich dem Herrn des Osmanischen Reiches, dem Sultan in Konstantinopel. Doch diese Unterordnung hat rein formalen Wert; längst hat sich der Khedive von Ägypten als selbständiger Herrscher erwiesen, der es allerdings als klug empfindet, im schützenden Gesamtrahmen des Osmanischen Reiches zu bleiben.

Baker trägt nicht nur den militärischen Titel, er darf dazuhin seinen Namen mit der ehrenträchtigen Bezeichnung »Pascha« schmücken. 10 000 Pfund Sterling beträgt sein Jahresgehalt. Die Aussicht ist gut, daß er durch Nebeneinkommen zum reichen Mann wird.

Am 8. Februar 1870 – eineinhalb Jahre ehe Stanley den verschollenen Livingstone entdeckt – fährt Baker Pascha, begleitet von Florence, als Kommandeur einer Truppe von 700 Soldaten, die auf dreißig Schiffen verteilt sind, in Khartum ab. Zwei Raddampfer bilden den Kern der Flotte, ihnen folgen, eng aufgeschlossen, Segler. Die Raddampfer sollen eine Fahrrinne aufbrechen in den Nilsümpfen. Doch als sie die Strecke überwinden wollen, die Bahr Al Jebel genannt wird, Fluß des Hügels, da bewegen sich auch die maschinengetriebenen Schiffe nicht mehr voran. In jenem Jahr 1870 haben sich besonders breitflächige Vegetationsinseln gebildet, die träge auf dem Nil dahintreiben. Dort, wo der Fluß auch nur geringfügig enger wird, verkeilen sich die grünen Inseln, schieben sich übereinander, verfilzen sich mit ihren Wurzeln und bedecken die ganze Wasseroberfläche. Menschenkraft erweist sich schließlich stärker als der Dampfdruck in den Kesseln. An langen Seilen ziehen Hunderte von Männern die Dampfer durch den Sumpf. Dem Hügel, von dem der Name »Bahr Al Jebel« stammt, kommen die Schiffe Bakers während eines ganzen Monats nur wenig näher.

Die Siedlung Gondokoro, die unmittelbar bei jenem Hügel liegt, tauft Baker Pascha zu Ehren des Khediven Ismaïl in Ismaïlia um. Als zweite Amtshandlung verbietet der Generalmajor des Osmanischen Reiches den Handel mit Sklaven am oberen Nil. Die Verpflichtung zu dieser Maßnahme ist ihm von der britischen Regierung auferlegt worden. Baker hat den Auftrag, den Menschen am Nil die Freiheit zu bringen. Er und Florence wundern sich jedoch, daß die freigelassenen

Sklaven zumeist gar keine Freude zeigen. Baker und seine Frau begreifen nicht die Situation des einzelnen Sklaven, der fern seines Heimatdorfes zusammen mit anderen, die das gleiche Schicksal erleiden, eine soziale Gemeinschaft bildet. Werden die Sklaven befreit, zerreißt diese soziale Gemeinschaft. Der einzelne geht zugrunde, weil er den Weg nach Hause nicht finden kann und auch nicht finden will, weil er als Fremder aber nicht aufgenommen wird von den Menschen, mit denen er nach der Freilassung zu leben hat. So macht sich Baker die Sklavenhändler, die bisher vom Sklavenhandel gelebt haben, zu Feinden – ohne die Sklaven als Freunde zu gewinnen.

Dem Frieden am oberen Nil soll Baker dienen – doch genau diesen Auftrag seiner Regierung kann er nicht erfüllen. Die Zerstörung der gewohnten Wirtschaftsordnung, deren Basis der Sklavenhandel ist, bringt Unfrieden mit sich und löst sogar Krieg aus. Die Welt am oberen Nil ist so geordnet, daß arabische Sklavenjäger von Gondokoro aus nach Süden vordringen, in das Siedlungsgebiet der Negerstämme. Sie fangen die jungen Frauen und Männer, bringen sie nach Khartum und verkaufen sie als Arbeitssklaven oder als Mädchen, die in den Harem eingewiesen werden. Niemand hat das Gefühl, unrecht zu tun. Den Negern erscheint das Schicksal, aus den Sumpfdörfern herauszukommen, um anderswo als Abhängige leben zu müssen, nur selten als furchtbar. Gepeinigt werden die Neger auch von den eigenen Herrschern.

Baker merkt nicht, daß »Menschenfreunde« nicht gern gesehen sind in der Gegend der Nilsümpfe. Unterstützung von den wenigen Behördenvertretern erhält er auch nicht. Die meisten der ägyptischen Beamten in Gondokoro und in anderen Siedlungen an den Ufern des Flusses sind am Sklavenhandel beteiligt; sie verdienen sich so das Geld, von dem sie später in der Heimat leben wollen. Sie sehen mit Vergnügen zu, wie Baker in Schwierigkeiten gerät. Täglich desertieren Soldaten; sie nehmen ihre Waffen mit und schließen sich den Sklavenhändlern an. Als der Stamm der Bari, der bei Gondokoro lebt, gegen Baker Pascha rebelliert, weil der Stammesfürst keinen Tribut nach Cairo zahlen will, da verfügt der Generalmajor des Osmanischen Reiches kaum mehr über genügend Truppen, um den Angriff abzuwehren.

Aus Cairo erhält Baker den vernünftigen Befehl, erst einmal die Gegend von Gondokoro abzusichern; der Vorstoß zu den Nilquellen müsse auf später verschoben werden. Baker aber ist eigentlich nur daran interessiert: Er will den Albertsee, seine Entdeckung, wieder sehen. Er will die Erforschung der Nilquellen weiterführen. Livingstone ist in jenem Jahr 1870 zwar schon seit vier Jahren unterwegs, um die Rätsel des Nilursprungs zu lösen, doch kein Lebenszeichen ist nach Europa gedrungen.

Nach einem Marsch von 200 Kilometern erreichen Baker, Florence und die Truppe den Nil etwa 50 Kilometer ostwärts seiner Einmündung in den Albertsee. Hier, an der Grenze zum Königreich Bunyoro, bitten sie den Monarchen Kabba Rega, sein Gebiet betreten zu dürfen. Nach einer gebührenden Wartefrist erhalten sie die Genehmigung, in die Hauptstadt Masindi zu reiten. Masindi liegt 40 Kilometer vom Albertsee entfernt.

Baker Pascha erfüllt seinen Auftrag: Er pflanzt die Fahne des Khediven auf und erklärt das Königreich Bunyoro zum Protektorat des Khediven von Ägypten. Auch Englands Interessen behält Baker im Auge: In der Hütte, die er für sich hat bauen lassen, werden englische Waren ausgestellt, die es künftig im Königreich Bunyoro zu kaufen geben wird, wenn der Monarch erst einen ordentlichen Handelsvertrag mit Baker abgeschlossen hat. In der Ausstellung sind Messer, Scheren, Spiegel, Rasierklingen, Taschenuhren, Geschirr und Stoffe zu sehen. Zwei Riesenspiegel in goldenen Rahmen und Stiche mit Jagdszenen aus England schmücken die Räume. Für die Frauen des Harems von König Kabba Rega sind Farbdrucke elegant gekleideter Damen bestimmt. Baker notiert: »Das alles ist gedacht, um die Bewunderung des Königs und seiner Häuptlinge zu erregen, die, wie ich hoffe, die Sitten und Gebräuche des zivilisieren Lebens nachahmen und so den Handel beleben werden.« Baker Pascha ist der Veranstalter der ersten Industrieausstellung überhaupt in Zentralafrika.

Vier Monate später steckt der Generalmajor die Ausstellung selbst in Brand. Er bereitet sich zur Flucht vor. König Kabba Rega hat mehrmals das Lager von Baker attackieren lassen. Er sieht nicht ein, daß er die arroganten Fremden dulden soll, die ihm, dem Souverän von Bunyoro, weismachen wollen, er sei der Untertan des Khediven im fernen Cairo. Die Bewohner der Dörfer im Sumpf ruft Kabba Rega zum Kampf auf gegen die Weißen. Der Feind, im Schilf verborgen, ist selbst unangreifbar. Florence schildert später die Umstände des Rückzugs aus Masindi: »Die ganze Bevölkerung lag im Hinterhalt. Wir hatten uns sieben Tage lang durch dieses schreckliche Land zu kämpfen, wo man den Gegner nirgends sieht. Wir sahen nur die Schauer von Speeren, die uns an den Gesichtern vorbeiflogen. Meine Füße waren wund vom Marschieren. Stundenlang mußten wir durch Sumpf gehen, der einen halben Meter tief war.«

Bakers Mission ist gescheitert – er gibt dieses Scheitern nur nicht zu. Nach Cairo und nach London berichtet er, der Sklavenhandel im Bereich des Nilursprungs sei am Ende, und Ägypten reiche bis an den Äquator heran. Nichts davon stimmt.

Als Baker Pascha dem Khediven in Cairo seine Reverenz erweist, da übergibt er dem Herrscher eine Landkarte, die das Gebiet um den Albertsee und um den Victoriasee als Herrschaftszone Ägyptens ausweist. Eine punktierte Linie im Herzen Afrikas trägt die Bezeichnung »Südliche Grenze des Gebietes, das Sir Samuel White Baker annektiert hat.«

Der Khedive handelt, als sei er von Bakers Berichten überzeugt: Er verleiht ihm zum Abschied den höchsten Orden, den er vergeben kann. Doch dem Nachfolger sagt der Herrscher in Cairo, er möge bitte das von Baker verursachte Unheil wiedergutzumachen versuchen.

Dieser Nachfolger, der dem Land um den Nilursprung Frieden bringen soll, heißt Charles George Gordon. Er ist Oberst der British Royal Engineers. Der 41jährige gilt als Held; im Krimkrieg und bei Feldzügen in China hat sich Gordon Respekt verdient. Er ist ein Asket und ein Anhänger strenger Disziplin. Manche Offizierskollegen sind der Meinung, sein Charakter sei belastet durch eine Neigung zu leicht geistesgestörten Handlungen – so recht beweisen können sie das allerdings nicht. Als seltsam empfinden sie, daß Gordon manchmal nachts in der Bibel liest und gleichzeitig eine ganze Flasche Whisky austrinkt. Finster sei in diesen Stunden seine Miene, so wird erzählt. Daß er gerne Brandy und Whisky trinkt, ist jedoch nichts Ungewöhnliches. Den Hang zum Trinken teilt Gordon mit fast allen Offizieren, die sich zum Dienst im Orient verpflichtet haben.

Durch Zufall erhält Gordon den Posten in Äquatorialafrika. Während eines Empfangs der Britischen Botschaft in Kontantinopel wird Gordon dem ägyptischen Ministerpräsidenten vorgestellt, der zur Konsultation mit dem Herrscher des Osmanischen Reiches eingetroffen ist. Der Ministerpräsident fragt den britischen Obersten so nebenbei, ob er jemand wisse, der Bakers Nachfolger in Gondokoro werden könne. Charles George Gordon antwortet, er selbst sei interessiert, den Khediven in Äquatorialafrika zu vertreten. Der Ägypter und der Engländer einigen sich. Auch die britische Armee stimmt zu, daß der Oberst in ägyptische Dienste tritt: Sie beurlaubt ihn.

Am 28. Januar 1874 reist Gordon aus London ab. Gerade an diesem Tag trifft dort die Nachricht ein, daß Livingstone tot ist, daß sein Leichnam von Ostafrika nach England gebracht wird.

Samuel White Baker hatte als »Generalmajor des Osmanischen Reiches« 10 000 Pfund Sterling im Jahr verdient. Gordon weist das Angebot derselben Summe zurück. Ein derartiges Gehalt, so meint er, sei übertrieben. Im Gegensatz zu Baker, der reich werden wollte in Äquatorialafrika, denkt Gordon nicht an sein Bankkonto. Er setzt sein jährliches Einkommen selbst auf 2000 Pfund Sterling fest. Der Khedive ist erstaunt.

Auch der ägyptische Generalgouverneur in Khartum bekommt Anlaß zu höchster Verwunderung. Zu Ehren des Neuankömmlings läßt er während des Empfangsbanketts ein Ballett völlig nackter Nubierinnen tanzen. Kaum sieht Gordon die Mädchen, da steht er auf und verläßt den Saal. Er bleibt nicht lange in Khartum.

In Gondokoro hat sich während des einen Jahres seit Bakers Weggang jeder Rest der Autorität des Khediven aufgelöst. Umgeben von feindlich gesinnten Stämmen hält sich eine schwache, demoralisierte Garnison. Gordon entdeckt, daß Bakers Aussage, die Gebiete um die großen Seen bis weit nach Zentralafrika hinein seien der Souveränität des Khediven unterworfen, pure Lüge ist. Bald begreift Gordon jedoch, wie gering Bakers Schuld am Scheitern der Pläne war, ganz Äquatorialafrika zu annektieren. Sowenig wie Baker hat Gordon Erfolg, denn die Stämme und ihre Herrscher sind entschlossen, ihre Unabhängigkeit zu verteidigen. Die wahren Könige aber bleiben die Sklavenhändler, deren Macht auch von Gordon und seiner gut trainierten Truppe nicht gebrochen werden kann.

Gordon ist aber auch deshalb nicht erfolgreich, weil in England Regierung, Missionsgesellschaften und Zeitungsherausgeber gegen eine wirkliche Ausdehnung der Macht des Khediven Widerstand leisten. Mit Recht werfen sie dem Herrscher am Nil vor, sein Regime sei korrupt und über alle erträglichen Maße ausbeuterisch. Daß er den Bau des Suezkanals zu Ende bringen ließ, versöhnt weder die britische

Regierung noch die Zeitungsherausgeber. Sie finden den Khediven Ismaïl auch nicht sympathischer, nachdem er seine eigenen Kanalaktien im Jahre 1874 an England verkauft hat. Die Klagen lauten, Ismaïl verschleudere die ägyptischen Staatseinnahmen an Feste und an Frauen. Niemand in England wünscht, daß dieser Mann auch noch für weite Bereiche Afrikas zuständig sein soll.

Statt die Ausdehnung seiner Macht zu unterstützen, fordert die britische Regierung im Gegenteil, dem Khediven müsse die Regierungsgewalt in seinem Stammland Ägypten aus der Hand genommen werden. Sie findet für diese Forderung die Unterstützung des französischen Ministerpräsidenten, der schließlich für einen gemeinsamen Kurs der beiden Großmächte gegenüber Ägypten eintritt. Der Khedive wird gezwungen, einen Ministerrat zu ernennen, der von London und Paris durch je einen britischen und einen französischen Delegierten ergänzt wird. Der Engländer und der Franzose haben vor allem darauf zu achten, daß die Rechte der Gläubiger aus beiden Ländern gewahrt bleiben. Um diese Aufgabe erfüllen zu können, wollen die Delegierten alle Entscheidungen über den ägyptischen Staatshaushalt bestimmen. Der Khedive versucht, seinen Einfluß zu bewahren. Mit Geschick spielt er den Engländer gegen den Franzosen aus. Als sie tatsächlich zu streiten beginnen, setzt er beide ab.

Dieses Aufbäumen des Willens gestatten die Regierungen in London und Paris dem Khediven nicht. Sie empfehlen dem Sultan des Osmanischen Reiches nachdrücklich, er solle seinen Vasallen am Nil absetzen. Im Juni 1879 unterschreibt der Monarch in Konstantinopel ein entsprechendes Dekret. Ismaïl, der sich längst unabhängig glaubte vom Sultan, muß begreifen, daß er gegen die gemeinsame Politik der Mächtigen in London, Paris und Konstantinopel nichts ausrichten kann. Er verläßt das Land und übergibt seine Rechte an den Kronprinzen Taufik, der zum neuen Khediven ausgerufen wird.

Daß der Herrscher nicht freiwillig den Abdinpalast in Cairo verlassen hat, ist Thema der Gespräche in den Bazaren, den Suks der Hauptstadt. Darüber reden auch die Bewohner der Dörfer im Nildelta. Sie alle, die Händler, Handwerker, Bauern, die Höflinge und Beamten sehen im Khediven ein Opfer der Fremden. Sie wollen nicht glauben, daß er Ägypten ausgebeutet hat. Sie sind der Meinung, die Franzosen und Engländer hätten die überaus hohen Steuern erhoben. Der Zorn über die

Not in Ägypten richtet sich nicht gegen das Herrscherhaus, sondern gegen die arroganten Herren aus Paris und London, die sich auf den Straßen Cairos benehmen, als gehöre das Nilland ihnen.

Besonders die Soldaten und Offiziere der ägyptischen Armee fühlen sich den Fremden ausgeliefert. Sie werden kommandiert von Oberbefehlshabern aus Europa. Da sie Männer sind von hohem Ehrbewußtsein, ist ihnen Unterordnung dann unerträglich, wenn die Vorgesetzten nicht dem eigenen Volk angehören.

In der innenpolitischen Entwicklung Ägyptens am Ende der siebziger Jahre des 19. Jahrhunderts zeichnet sich nicht nur die Ablehnung der Fremden unter völkischen Gesichtspunkten ab – immer stärker wächst das Bewußtsein, der Moslem habe sich gegen die Macht der Christen zu wehren, die in Ägypten begonnen hätten, den islamischen Charakter des Landes zu zerstören, die dazuhin verhindern wollen, daß sich der Islam in Afrika, im Gebiet der Nilquellen, ausbreite.

Einer der Offiziere, die sich ärgern über die Engländer und Franzosen, ist der Oberst Ahmed Arabi. Aus einem Fellachendorf stammt er, aus der ärmsten Gegend Ägyptens. Sein Vater gehörte dort allerdings zu den etwas wohlhabenderen Männern. Mit Glück und Geschick hatte Arabi die Aufnahme in die Armee erreicht. Schließlich war er dem Khediven als Soldat von Intelligenz aufgefallen, dem Untergebene anvertraut werden können. Der Oberst gilt als religiöser Mann, der überzeugt ist vom Anspruch des Islam, die allgemeingültige Religion der ganzen Menschheit zu sein.

Die meisten der Christen, die Ahmed Arabi in der Armee und in der Bürokratie Ägyptens trifft, lassen erkennen, daß sie im Islam nichts anderes als eine unverständliche Mischung von Glaubenselementen aus Christentum und Judentum sehen. Als ganz selbstverständlich ist im Bewußtsein der Europäer die Überlegenheit ihres Glaubens verankert, auch wenn sie insgesamt nicht einmal als besonders kirchenfreundlich gelten können. Über die Frage, ob der Koran eine 'Aussage Gottes enthalte, diskutieren sie erst gar nicht – den Propheten Mohammed halten sie für einen geschickten Schwindler, der damals im 7. Jahrhundert die Köpfe einfältiger Beduinen verdreht hatte. Seine Anhänger im aufgeklärten 19. Jahrhundert werden von den christlichen Offizieren und Beamten aus Europa als Narren betrachtet, die sich an einer veralteten Ideologie festklammern.

Dem Obersten Ahmed Arabi gelingt es im Jahre nach der schmählichen Absetzung des Khediven Ismaïl, mehr als zwei Dutzend seiner Offizierskollegen zu überzeugen, daß die Zeit der Fremdherrschaft vorüber sein müsse. »Ägypten den Ägyptern« lautet sein einfaches Schlagwort. Es wird aufgegriffen von den Soldaten, die fasziniert dem brillanten Redner Arabi zuhören. Sie erfahren von ihm, warum Elend das Land um den Nil überzogen habe. Die Schuldigen, so sagt Ahmed Arabi, sind nicht nur die Engländer und Franzosen, die Kontrolleure von Armee und Finanzverwaltung, sondern auch die albanischen Prinzen, die tscherkessischen Höflinge – Albaner und Tscherkessen waren mit Mehmed Ali an den Nil gekommen – und die jüdischen Bankiers.

Die Geistlichen in den Moscheen begreifen schnell, daß der Offizier Arabi das ausspricht, was sie denken. Längst sehen sie mit Argwohn den Bemühungen der christlichen Kirchen zu, in Cairo, in Alexandria und in Suez Gelände zu kaufen, um Kirchen darauf zu bauen. Die Ulema, die Gesamtheit der islamischen Geistlichen, ist bereit, mit Ahmed Arabi einen Pakt gegen den Khediven und gegen die Fremden abzuschließen.

Die englischen Beamten in Cairo – an den Nil versetzt, um für Ägypten eine funktionierende Staatsverwaltung aufzubauen – spüren die wachsende nationalistisch-islamische Strömung. Sie erkennen auch bald, daß die Quelle dieser Strömung in der Armee zu finden ist. Der Khedive Taufik, den nichts mit seinem Volk verbindet, erfährt erst von den Engländern über den Stimmungswechsel in den Kasernen und auf den Märkten des Nildeltas. Er ringt sich dazu durch, Ahmed Arabi und die Offiziere seines Kreises strafversetzen zu lassen – ihnen wird mitgeteilt, daß sie nach Khartum und nach Äquatorialafrika, also nach Gondokoro, verbannt werden.

Die Offiziere folgen diesem Befehl nicht. Am 8. September 1881 gibt Ahmed Arabi Order, den Abdinpalast, die Residenz des Khediven, zu umstellen. Fünftausend Mann folgen seinem Kommando. Damit befindet sich fast die ganze Garnison von Cairo im Aufstand.

Da er keine Hoffnung haben kann, daß ihm die Truppenverbände von Alexandria zu Hilfe kommen, läßt sich der Khedive auf Verhandlungen mit den meuternden Offizieren ein. Nach wenigen Stunden schon nimmt er alle Bedingungen an: Nationalistisch orientierte Männer sollen die bisherigen Minister ablösen. Auch Ahmed Arabi selbst wird in die Regierung aufgenommen. Er ist zuständig für das Ressort des Militärwesens.

Die englischen Berater sind entsetzt über die Nachgiebigkeit des Khediven. Sie verlangen die Auflösung des nationalistisch gesinnten Ministerrats. Als die englischen Forderungen in Cairo bekannt werden, da bricht die Wut der Bevölkerung auf. Europäer werden beschimpft und angespuckt. Sprechchöre schreien: »Ägypten den Ägyptern!« Die von den Europäern geordnete Struktur des Staatswesens beginnt zu zerbrechen.

Der Khedive steht zwischen zwei politischen Polen: Seine Bevölkerung verlangt nach Auflösung der Bindung an fremde Großmächte. Die Vertreter Englands aber drängen darauf, diese Bindung zu verstärken. Nur so sei die Rettung des in Ägypten investierten ausländischen Kapitals gesichert. Da von der Regierung der Freunde des Ahmed Arabi keine geregelte Fortführung der Schuldentilgung und der Zinszahlung zu erwarten ist, drängen die Regierungen in London und Paris auf Entmachtung des Nationalisten. Da der Khedive den Volkszorn jedoch mehr fürchtet als die Drohungen der Engländer, setzt er Ahmed Arabi schließlich sogar zum Ministerpräsidenten ein.

Diese Ernennung wird von den Europäern in Cairo als Zeichen des Sieges der Nationalisten verstanden. Die meisten packen ihre bewegliche Habe zusammen und fahren nach Alexandria, in die Hafenstadt, die von rettenden Schiffen angelaufen werden kann. Die Londoner Regierung, die eine starke Mittelmeerflotte unterhält, beordert ihre Schiffe vor die ägyptische Küste.

Die Angst der Europäer ist berechtigt, denn in vielen Moscheen der Hauptstadt ist nach dem Freitagsgebet der Ruf zu hören: »Bringt die Christen um!« Diese Aufforderung bedroht jedoch nicht nur die Fremden, sondern auch die beachtliche koptisch-christliche Gemeinde in Ägypten. Ihre Mitglieder haben es immer verstanden, im Wirtschaftsleben am Nil Einfluß zu besitzen; sie sind an Zahl stark vertreten in der Staatsverwaltung. Die Kopten werden als Kollaborateure der Ausländer betrachtet, die nach dem Grundsatz handeln »Christen helfen Christen«.

Daß es den Kopten besser geht im allgemeinen Elend Ägyptens als den meisten der Moslems, erweckt Neid, der eigentlich unberechtigt ist. Der relative Reichtum der Minorität ist verdient – die Kopten sehen sich, als Minderheit, zu größerer Anstrengung, zu größerem Fleiß gezwungen. Doch Überlegungen der Vernunft gelten nicht in diesen Tagen des Zorns der Moslems. Am 11. Juni 1882 entzünden die islamischen Parolen die Gemüter derart, daß die Massen nicht mehr vor blutigen Taten zurückschrecken. In Alexandria, dort, wo die Europäer Zuflucht suchen, beginnt das Morden. Am Abend des 11. Juni liegen mehrere hundert Kopten ermordet auf Gassen und Straßen. Die Gemeinde der Europäer hat fünfzig Tote zu beklagen. Charles Cookson, der britische Konsul in Alexandria, ist schwer verwundet.

Die britische Regierung begreift, daß die Revolte der islamischen Nationalisten nicht als Ereignis zu bewerten ist, das nur Bedeutung für das Nildelta besitzt. England ist direkt betroffen, denn die wichtigste Verbindungsader des britischen Reiches verläuft durch Ägypten: der Suezkanal. Dieser Wasserweg ist für Englands Handel unentbehrlich geworden; er macht die Beherrschung des indischen Subkontinents möglich. Der Gedanke ist der britischen Regierung unerträglich, ein arabisch-islamischer Nationalist werde den Suezkanal kontrollieren, werde darüber bestimmen, welche Schiffe die Fahrrinne benützen dürfen.

Um den Anhängern des Ahmed Arabi zu zeigen, daß England die Ermordung britischer Bürger und die Verwundung seines Konsuls nicht hinnehmen wird, beschießen die Kriegsschiffe der britischen Mittelmeerflotte am 11. Juli 1882, also genau einen Monat nach dem Tag des blutigen Aufruhrs, die Stadt Alexandria. Die ägyptischen Hafenbatterien erwidern das Feuer, erzielen auch vereinzelte Treffer auf den britischen Schiffen, doch sie können nicht verhindern, daß schwere Geschosse in den Wohnvierteln detonieren.

Tausende von Menschen fliehen aus der Stadt. Vor allem aber beweist Ahmed Arabi nur geringe Standhaftigkeit. Er reitet mit seinen Truppen nach Cairo. Dort wolle er, so läßt er bekanntmachen, die Verteidigung Ägyptens organisieren. Der Khedive Taufik aber stellt sich unter den Schutz des britischen Admirals Seymour, der für die Beschießung von Alexandria verantwortlich ist. Taufik gibt damit der britischen Regierung einen wesentlichen Vorteil. Sie kann fortan immer behaupten: »Wir handeln im Einverständnis mit dem Staatsoberhaupt Ägyptens.«

Gladstone, der britische Premierminister, will England immer noch fernhalten von der direkten und unverhüllten Einmischung in Ägypten. Er hat bisher die Methode praktiziert, Ägypten auf stille und verschleierte Art zu regieren, durch Offiziere und Beamte, die an den Khediven auf der Basis privater Verträge ausgeliehen wurden und die ihm, dem ägyptischen Monarchen, formal verantwortlich waren. Die Bedrohung des Suezkanals durch Ahmed Arabi – der Oberst hatte angekündigt, er werde die Einfassungen und die technischen Anlagen der Wasserstraße sprengen lassen – ist aber nicht mehr mit der bisherigen Methode zu bekämpfen. Gladstone ist gegen seine Überzeugung gezwungen, Truppeneinheiten nach Ägypten zu schicken. Er sieht voraus, daß diese Maßnahme von der französischen Regierung als unfreundlicher Akt empfunden werde. Für lange Zeit, so meint Gladstone, werde die Beziehung zwischen Frankreich und England durch die Landung britischer Soldaten in Ägypten belastet sein.

Die Regierung in Paris war allerdings selbst bereit gewesen, ein Expeditionskorps an den Nil zu schicken. Sie hatte im Parlament den Antrag gestellt, für diese Aktion zur Sicherung französischer Interessen 9,5 Millionen Francs ausgeben zu dürfen. Die Opposition, geführt von Clemenceau, blieb siegreich bei der Abstimmung – es war ihr gelungen, auch Politiker der Regierungsparteien zur Stimmabgabe gegen den Antrag zu bewegen. So wurde die Initiative der französischen Regierung unterbunden. England aber handelte, obgleich Gladstone das Gefühl hatte, am Anfang eines langen Abenteuers zu stehen.

Am 19. August 1882 bringen Kriegsschiffe Truppen im Kanalhafen Port Said an Land. Das Kontingent von 20 000 Mann steht unter dem Befehl von General Sir Garnet Wolseley. Die Instruktionen lauten, er habe den Suezkanal zu besetzen, um seine Verfügbarkeit für den internationalen Seeverkehr zu sichern. Ahmed Arabi machte seine Drohung, den Kanal durch Sprengung zu beschädigen, so daß er unbenützbar wird, nicht wahr. Damit ist die britische Regierung jedoch nicht zufrieden. General Wolseley hat die Anweisung, die nationalistisch-islamische Revolte des Ahmed Arabi niederzuschlagen.

Der ägyptische Oberst läßt sich in die offene Feldschlacht mit den disziplinierten und exzellent vorbereiteten Engländern ein. Am 13. September 1882 werden seine Einheiten bei Tel El Kebir, rund 90 Kilometer ostwärts von Cairo, vernichtet. Der Oberst berichtet selbst später über die schmachvolle Niederlage:

»Das Unglück begann schon vorher. Als die Engländer eben heranrückten, planten wir, sie bei Kassassin anzugreifen. Eine Abteilung sollte an der rechten Flanke vorrücken, die Hauptmacht aber wurde zum Angriff von vorne herangeführt. Eine dritte Abteilung hatte den Befehl, durch die Wüste einen Bogen zu schlagen, um die Engländer im Rücken zu attackieren. Der Angriff wurde zwar begonnen und auch teilweise ausgeführt, doch er konnte keinen Erfolg haben, weil der Plan verraten worden war. Ali Bey Yusuf Khunfis hat die von mir angefertigte Originalskizze zum Angriffsplan an Lord Wolseley geschickt. Der Verräter war bestochen worden vom Khediven. Der Vormarsch auf der rechten Flanke stieß auf schwere Artillerie der Engländer. Dieser Vormarsch blieb stecken. So ging diese Schlacht verloren. Das zweite Mißgeschick folgte sogleich. Bei Tel El Kebir wurden wir überrascht. Auch daran war wieder Verrat schuld. Die Befehlshaber der Reiterei wurden alle durch Versprechungen aus dem Munde von Verbindungsmännern des Khediven verführt. Sie hatten ihre Stellung vor unseren Linien zu halten. Es war ihre Pflicht, uns sofort zu warnen, wenn die Engländer näherrückten. Doch sie wichen zur Seite aus und warnten uns nicht. Da wir keinen Geschützdonner und kein Gewehrfeuer hörten, fühlten wir uns ganz sicher. Wir erwarteten keinen Angriff. Ich lag noch im Schlaf, als ich plötzlich Schüsse ganz nahe bei unseren Linien hörte. Ich erhielt eine Meldung, daß ich die Aufstellung der Truppe ändern müsse, da der Feind uns an der Flanke packe. Ich sprach mein Gebet und ritt rasch dorthin, wo wir noch eine Reserve von Freiwilligen hatten. Ich rief ihnen zu, sie sollten mir folgen, um die Front zu verstärken. Doch diese Freiwilligen waren nur Bauern, keine ausgebildeten Soldaten. Als die Granaten zwischen ihnen einschlugen, liefen sie davon. Ich ritt allein vor, nur begleitet von meinem Diener Mohammed. Dieser sah, daß niemand mehr bei mir war und daß ich dem sicheren Tod entgegenritt. Er faßte mein Pferd beim Zügel und flehte mich an, zurückzugehen. Da sah ich ein, daß der Tag verloren war. Alles floh. Auch ich wandte mich um.«

Ahmed Arabi entflieht nach Cairo; doch er hat keine Truppen mehr, um die Hauptstadt zu verteidigen. Die Engländer rücken in Cairo ein und nehmen den Obersten gefangen. Sie bewahren ihn vor der Erschießung. Den Befehl dazu hatte der Khedive schon ausgefertigt. Den Rest seines Lebens verbringt Ahmed Arabi im Exil.

Der Name dieses Mannes bleibt für die arabisch-islamischen Nationalisten Ägyptens das Symbol für den Willen, den Fremden die Macht am Nil zu entreißen. Daß Ahmed Arabi ein miserabler Offizier war, der dem Gegner den Erfolg leicht machte, schadete seinem Ansehen nicht. Im Geschichtsbild der ägyptischen Offiziere – sie repräsentieren in den Jahrzehnten, die auf Arabis Revolte folgen, vor allem die nationalistische Strömung – ist Ahmed Arabi der Held, der durch Verrat gestürzt wurde. Für drei Generationen ist der Name des erfolglosen Obersten Mahnung zum Aufstand gegen die Fremden. Unvergessen bleiben für die Nationalisten Arabis Worte: »Für die Ägypter gibt es unter den Fremden keine Sicherheit des Lebens. Sie werden ins Gefängnis geworfen, verbannt, erwürgt. Niemand achtet darauf, ob sie im Nil ersäuft oder durch Hunger gequält werden. Die Dynastie, die von den Fremden abhängt, ist bedrückend für die arabische Bevölkerung.«

Drei Generationen werden den Namen Ahmed Arabi verehren, doch die Kraft, sich zu wehren, bringen diese Generationen nicht auf. Erst Gamal Abdel Nasser, der sich auch als Nachfolger Arabis fühlte, kann den übermächtigen britischen Einfluß in Ägypten tilgen – im Jahre 1956.

Am Ende des Jahres 1882, nach der Niederlage des Ahmed Arabi, werden Hunderte von Offizieren und Tausende von Soldaten strafversetzt in die Garnisonen nördlich und südlich der Stadt Khartum. Wer jemals Sympathien für Arabi gezeigt hat, der bekommt Befehl, sich sofort in den Sudan zu begeben. Der Khedive rechnet damit, daß die Mehrzahl der Strafversetzten im höllischen Klima von Faschoda und Gondokoro zugrunde geht. Taufik reinigt damit zwar die Armee im ägyptischen Stammland von Personen, die seiner Herrschaft gefährlich werden könnten, doch er schwächt dadurch die Verteidigungskraft der Garnisonen am oberen Nil zum falschen Zeitpunkt. Gerade im Winter 1882/83 hätte der Khedive im Sudan Männer gebraucht, auf die er sich verlassen kann. Ein Wanderprediger, bisher für harmlos gehalten, ruft die Bewohner der Siedlungen an den sudanesischen Nilufern zum Kampf für den Islam auf. Er nennt sich »Mahdi« – »der von Allah Geleitete«. Allah, so sagt dieser Mann, habe ihn gesandt, um den Unglauben auszurotten.

Als Gefahr erkannt wurde der Mahdi bereits am 9. Dezember 1881. Mit einer kleinen Anzahl von Kämpfern wehrte er an diesem Tag den Angriff der Garnison von Faschoda auf sein Lager ab. Kaum einer der

Angreifer konnte entkommen. Seit jenem 9. Dezember 1881 wird im Sudan erzählt, der Mahdi könne die fliegenden Kugeln aus feindlichen Gewehren in köstliche Wassertropfen verwandeln.

Der katholische Missionar Joseph Ohrwalder, der in die Gefangenschaft des Mahdi gerät, beschreibt diesen Mann so: »Wer ihn sieht, ist von ihm eingenommen. Er ist von kräftigem Knochenbau. Seine Haut ist schwarz. Auf seinem Gesicht liegt stets ein Lächeln, das er sich zur Gewohnheit gemacht hat. So war immer eine Reihe weißer Zähne sichtbar, von denen die beiden oberen Mittelzähne eine große Spalte bildeten. Eine solche Zahnstellung gilt im Sudan als glückverheißend. Seine Art und Weise zu reden ist erkünstelt und süß. Als Gesandter Gottes gibt er vor, im Verkehr mit der Gottheit zu stehen. Er erteilt seine Befehle stets nach höheren Offenbarungen. Daher darf ihm nicht widersprochen werden. Dies gilt als Widerstand gegen Gott und hat den Tod zur Folge.«

Mohammed Ahmed Ibn Al Sayyed Abdullah heißt dieser Mann. Er stammt aus einem Dorf in der Gegend der Stadt Dongola. Er ist dort aufgewachsen, wo der Nil in Nubien weit nach Westen ausschwingt, ehe er in ägyptisches Gebiet hineinströmt.

Die Menschen von Dongola haben einen schlechten Ruf am oberen Nil. »Die Männer aus Dongola sind Teufel in Menschenhaut«, so lautet ein sudanesisches Sprichwort. Frühzeitig hat sich Mohammed Ahmed Ibn Al Sayyed Abdullah deshalb seine besondere Art der Bewegungen, des Gehabes angeeignet – er will nicht als Teufel in Menschenhaut gelten.

Mit sieben Jahren, so wird erzählt, konnte der spätere Mahdi alle Suren des Koran aufsagen. Sein Vater hatte sie ihm beigebracht. Vom Vater erbte er die Überzeugung, in direkter Linie vom Propheten Mohammed abzustammen. Er war noch keine zehn Jahre alt, da sprach er schon mit klaren Worten aus, es sei ihm aufgetragen, das Werk des Propheten fortzusetzen. Die Angehörigen seines Stammes aber waren skeptisch. Als der Junge hartnäckig verlangte, daß bei einem Beschneidungsfest Gesänge und Tänze zu unterbleiben hätten, weil durch sie der Prophet Mohammed, der Musik überhaupt verboten habe, aufs empfindlichste beleidigt werde, da trieben ihn die Älteren aus dem Dorf. Er hatte fortan keine Bindung mehr an seinen Stamm. Es blieb ihm nur die eine Möglichkeit, als wandernder Prediger über Land zu ziehen.

Das Thema seiner Predigten hatte er bald gefunden: Er sprach davon, daß die Moslems verlernt hätten, so zu leben, wie Mohammed gelebt hatte. Verdorben sei der Glaube, beeinflußt von christlichen Ideen. Den Moslems in ihrer Gesamtheit warf er vor, sie seien von Feinden der Christen zu Freunden der Christen geworden.

In Cairo, so predigte der junge Mann, sei der Teufel eingezogen; er habe den Pakt zustande gebracht zwischen dem islamischen Herrscher dort und den blutsaugerischen Fremden, den Engländern. Er rief auf zum Widerstand gegen die Steuereinnehmer, die zweimal im Jahr im Namen des Khediven die Bauern mit Gewalt auspreßten: Das Geld, das sie eintrieben, fließe ins Land der Ungläubigen, nach England – mit dieser Parole stachelte er die Emotionen an gegen die Autorität des Khediven Taufik.

Sobald Mohammed Ahmed Ibn Al Sayyed Abdullah spürt, daß seine Predigten die Stimmung der Bevölkerung im Sudan genau treffen, da gibt er sich den Titel »Mahdi«, der Geleitete. Wer sich zu ihm bekennt, hat ihn so anzureden: »Sayyedna Al Mahdi« – »unser Herr, der Geleitete.«

Auf der Insel Abba, oberhalb von Khartum im Nil gelegen, sammelt der Mahdi Männer und Frauen um sich, die ihm Treue geloben. Er läßt ein Dorf aus Lehmhütten bauen; eine Moschee entsteht. Obgleich der Mahdi vorläufig nichts zu bieten hat als das Versprechen, Allah werde jeden belohnen, der sich zu der »Reinheit des islamischen Glaubens« bekenne, wächst die Gemeinde auf der Nilinsel.

Joseph Ohrwalder, der Augenzeuge, beschreibt, aus welchen Schichten der Mahdi seine Anhänger rekrutiert: »Alle mit der Regierung Unzufriedenen, existenzlose Individuen, Sklaven, die sich über ihre Herren beklagen, und andere, die von den Gerichten verfolgt werden, schließen sich ihm an. Viele sind von religiösem Fanatismus angetrieben, andere sind beutegierig. Dazu stoßen die berufsmäßigen Sklavenhändler, deren Existenz bedroht ist, seit ihnen der Khedive und die Engländer den Kampf angesagt haben. Seit die Sklavenhändler fürchten, aufgehängt zu werden, suchen sie beim Mahdi Zuflucht. Sie sind tüchtige Krieger, an Strapazen gewöhnt, geübt im Umgang mit Waffen. Diesen versprach der Mahdi Beute und Freiheit des Sklavenhandels.«

Der ägyptische Gouverneur von Khartum sieht sich gezwungen, Truppen zu schicken, um die Basis des Mahdi auf der Nilinsel auszulöschen. Er kann die Herausforderung durch den fanatischen Nachfolger des Propheten nicht länger dulden. In vielen Dörfern sind seine Steuereinnehmer schon vertrieben worden. Drohungen haben nichts genützt, da die Bewohner sich beschützt fühlten vom Mahdi und seinen bewaffneten Anhängern. Vereinzelt sind Steuereinnehmer, die sich nicht vertreiben lassen wollten, erschlagen worden. Der Gouverneur glaubt, eine Truppe von zweihundert Schwerbewaffneten würde genügen, um die Kämpfer des Mahdi niederzuringen. Doch die zweihundert Regierungssoldaten finden gar nicht die Zeit, die Überlegenheit ihrer Waffen zu entfalten. Noch ehe sie beim Anlegen auf der Insel Abba die Boote verlassen haben, werden sie von entschlossenen Mahdikriegern niedergemacht.

Die Person und die Taten des Mohammed Ahmed Ibn Al Sayyed Abdullah beginnen schon bald die Phantasie der Dichter und Sänger in den Stämmen zu entzünden. In zahllosen Liedern wird die Abwehr des Angriffs auf die Insel Abba gefeiert. Die Realität verwandelt sich mit dem zeitlichen Abstand in Stoff für Balladen: Da hat der Mahdi nicht zweihundert Mann besiegt, sondern ein Riesenheer; möglich sei dieser Erfolg gewesen, weil die Engel des Himmels mit furchtbaren Waffen für die Sache des Mahdi gefochten hätten.

Auf der Insel Abba verfaßt der Mahdi eine Grundsatzerklärung für die persönliche Lebensführung der Moslems, die in knapper Form die wichtigsten Regeln des Koran wiederholt. Diese Grundsatzerklärung bezeugt, daß der Mahdi keinen extremen Standpunkt vertritt, daß er kein radikaler Neurerer ist. Er will in Erinnerung rufen, was der Prophet Mohammed einst angeordnet hat. Das Dokument läßt er durch Boten an die Sheiks aller Stämme am oberen Nil übersenden. Der Text lautet:

»Im Namen Allahs, des gnädigen Allerbarmers.

Preis sei Allah, dem gütigen Herrscher. Gesegnet seien unser Herr Mohammed und seine Nachfolger.

Vom Diener seines Herrn, vom Mahdi, dem Sohn des Sayyed Abdullah, an alle Gläubigen, die Allah und dem Koran vertrauen.

Wir sind angehalten, Reue vor Allah zu zeigen. Gebt alle schlechten und verbotenen Sitten auf. Greift nicht nach Wein und Tabak. Unterlaßt das Lügen. Gebt kein falsches Zeugnis ab. Gehorcht eueren Eltern. Laßt ab von Raubzügen. Klatscht nicht in die Hände, tanzt nicht, gebt nicht unsittliche Zeichen mit den Augen. Verboten sind Tränen und Klagen am Lager eines Toten. Gebraucht keine obszönen Worte.

Verleumdet niemanden. Meidet die Gegenwart von unzüchtigen Frauen. Kleidet eure Frauen so, daß sie nicht Gelüste wecken. Untersagt ihnen, mit unbekannten Menschen zu sprechen.

Wer diese Grundsätze nicht befolgt, der mißachtet Allah und seinen Propheten. Der Übeltäter wird mit Peitsche und Schwert bestraft.

Sagt euere Gebete zu den Zeiten, zu denen Allah sie hören will.

Gebt den zehnten Teil euerer Ernten, euerer Einkünfte an meinen Vertreter, den ich über euch setzen will. Er gibt das Empfangene weiter an das Schatzhaus des Islam.

Verehrt Allah. Haßt euch nicht, sondern unterstützt einander.«

Joseph Ohrwalder beobachtet, wie rasch die Grundsätze des Mahdi bei den Stämmen Beachtung finden: »Er erklärt, die Türken, die in Ägypten herrschen, hätten den Islam verdorben. Er verbietet die geistigen Getränke, denen die Sudanesen sehr ergeben sind. Wer sie trinkt, der soll mit achtzig Peitschenhieben bis aufs Blut bestraft werden. Ganz neu für die Sudanesen ist das Verbot des Rauchens und des Kauens von Tabak. Den Tabakgenuß lieben die Sudanesen sogar leidenschaftlich. Streng wird der Genuß von Haschisch bestraft. Übertretungen der Mahdigebote werden ebenfalls mit achtzig Peitschenhieben bestraft. Hat jemand seine zugemessenen achtzig Streiche erhalten, so gilt er wieder als rein. Jedes auch noch so harmlose Schimpfwort, zum Beispiel ›Hund!‹, wird mit 27 Hieben bestraft. Der Mahdi verbietet den jungen Weibern, sich mit unbedecktem Antlitz auf der Straße zu zeigen. Ein Weib mit unbedecktem Gesicht gilt als nackt. Ist ihr Gesicht bedeckt, so gilt sie als bekleidet und anständig, auch wenn andere Körperteile bloßgestellt sind.«

Ein Staat formiert sich im Gebiet rings um die Insel Abba. Immer mehr der Stämme in den Provinzen Nubien, Kordofan, Sennar und Bahr Al Ghazal erkennen die Autorität des Mahdi an. Die Stammesherren beugen sich dem strengen Gesetz, weil sie hoffen, unter dem Schutz der Armee, die der Mahdi kommandiert, das korrupte Regime der Ägypter und die nicht korrupte, aber christlich orientierte Herrschaft der Engländer überwinden zu können.

Die Regierungen in Cairo und in London wollen schließlich härter auf die Herausforderung reagieren. Der Khedive schickt eine Armee von zehntausend Mann nilaufwärts. Oberbefehlshaber soll der britische Oberst William Hicks sein. Der Oberst hatte sich früher in Indien bewährt, doch er war jetzt eigentlich Pensionär. Daß sich London nicht entschließen kann, einen aktiven Offizier der britischen Armee für den Sudanfeldzug zur Verfügung zu stellen, zeigt den politischen Zwiespalt, in dem sich die britische Regierung befindet. Sie hat sich zwar entschlossen, in Ägypten mit eigenen Soldaten einzugreifen, will aber dem Sog der Verwicklungen am oberen Nil fernbleiben. Die Neigung war stark, die Expedition des Obersten Hicks als dessen Privatkrieg auszugeben. Daß das Niltal in seiner politisch-sozialen Struktur eine Einheit bildet, wollen die zuständigen britischen Politiker nicht begreifen. Sie sehen den Zusammenhang nicht zwischen Vorgängen im Sudan und in Ägypten. Die Gesetzmäßigkeit der Wechselwirkung zwischen Khartum und Cairo ist ihnen fremd. Erst langsam lernt die britische Regierung, daß Ereignisse in der sudanesischen Hauptstadt immer rasch Konsequenzen im ägyptischen Machtzentrum nach sich ziehen. Sudan und Ägypten nach unterschiedlichen Kriterien zu regieren ist nicht möglich. Solange London die Einheit des Niltals nicht deutlich erkennt, bleibt die Position des britischen Oberbefehlshabers im Feldzug gegen den Mahdi zweideutig.

In den Anweisungen des Außenministeriums an Sir Edward Baldwin Malet, den englischen Generalkonsul in Ägypten, wird die Zweideutigkeit sichtbar – der Text enthält ein hohes Maß an Zynismus. Lord Granville, der Außenminister, schreibt: »Ich brauche Sie nicht daran zu erinnern, daß Ihrer Majestät Regierung keine wie immer geartete Verantwortung in Hinsicht auf die Führung der Angelegenheiten im Sudan übernimmt. Es ist wünschenswert, dem Befehlshaber William Hicks zu verstehen zu geben, daß Ihrer Majestät Regierung zwar gern Nachrichten über den Fortgang des Feldzuges entgegennimmt, ihre Politik aber ist es, sich jeder Einmischung in die Handlungen der ägyptischen Regierung in dieser Hinsicht möglichst zu enthalten.« Lord Granville übersieht geflissentlich, daß die Regierung Ägyptens sich an den politischen Rahmen zu halten hat, der von London vorgeschrieben wird. Die Handlungen der ägyptischen Regierung entsprechen daher immer dem Willen der führenden Londoner Politiker.

Die Truppe, die den Mahdi besiegen soll, verfügt über moderne Waffen. Sie ist mit Maschinengewehren ausgerüstet. Von der raschen Schußfolge dieser Waffe verspricht sich der englische Kommandeur demoralisierende Wirkung auf die vermeintlichen »wilden Horden«. Doch noch ehe eine erste Begegnung zwischen den Gegnern möglich ist, zerbricht der Mut vieler Ägypter, in deren Seelen die Angst wächst vor dem Kampf gegen einen Feind, der offensichtlich in der Gnade Allahs steht und der die Kraft besitzt, Wunder zu wirken. Für die meisten der ägyptischen Soldaten in Hicks' Truppe ist es ein geringer Trost zu wissen, daß die Munitionsvorräte der Expedition weit über eine Million Schuß betragen – längst haben sie gehört, dem Mahdi habe Allah die Gewalt gegeben, diese Kugeln in Wassertropfen zu verwandeln.

Der Mahdi ist informiert über die geringe Moral der Angreifer; seinen Kundschaftern gelang es, Depeschen abzufangen, die Hicks durch Reiter nach Khartum bringen ließ. Die Texte der Depeschen verbargen nichts. Zwei Monate lang beobachtete der Mahdi den langsamen Marsch der ägyptischen Soldaten nach Süden. Er konnte sehen, daß einige hundert dieser Soldaten in Ketten auf den Weg zurück nach Khartum geschickt wurden. Daraus liest der Mahdi den geringen Grad der Kampfbereitschaft des Gegners ab. Anfang November 1883 umzingeln die Mahdikrieger in weitem Bogen die Marschkolonne, die aus Kräftemangel nur noch geringe Wegstücke vorankommt. Der Mahdi befiehlt, die Wasserträger der Ägypter abzufangen und zu verhindern, daß die gegnerische Truppe an Wasserstellen herankommt. Diese Taktik gelingt. Die ägyptischen Soldaten und ihre britischen Offiziere leiden Durst.

Über die Situation der Expeditionstruppe geben die Notizen Auskunft, die der österreichische Major Hertl in sein Tagebuch einträgt. Hertl hatte sich für das ägyptische Heer dienstverpflichtet. Er verliert im Kampf gegen die Mahditruppe sein Leben. Sein Tagebuch bleibt erhalten. Da ist zu lesen: »Das sind schlimme Tage. Wir sind alle schwermütig. Der Kommandeur befiehlt, daß die Musik spiele, um etwas heitere Stimmung in die betrübten Seelen zu bringen. Doch bald verstummt die Musik. Die Kugeln schlagen von allen Seiten ein. Kamele, Maultiere und vor allem Soldaten fallen. Unsere Menge ist zu dicht, als daß die Kugeln fehlgehen könnten. Wir wissen nicht, was wir tun sollen.« Die letzten Worte des Tagebuchs lauten: »Die Kugeln fallen immer dichter ein und«...

50 000 Krieger stehen schließlich bereit, um die noch 9000 Soldaten zählende Kolonne des Engländers Hicks zu überfallen. Am 5. November 1883 gibt der Mahdi den Befehl zum Angriff. Bei Einbruch der Nacht ist das ägyptisch-britische Expeditionskorps aufgerieben.

Missionar Joseph Ohrwalder, der Gefangene des Mahdi, ist Zeuge der Heimkehr des islamischen Heeres: »Zuerst waren die bunten Fahnen zu sehen. Dann folgten Tausende von Kriegern. Unter erschütterndem Gebrumme sangen sie das Lob Allahs und schwangen dabei die blutbefleckten Lanzen. Hierauf kam die Reiterei. Von Zeit zu Zeit wurde angehalten, einige der Reiter sprengten dann im Galopp vorwärts, die Lanze zum Stoß angelegt. Sie kehrten unter trillerndem Freudengeschrei in Reih und Glied zurück. Dann folgten die wenigen Gefangenen, die traurigen Reste der Armee des Hicks. Meist nackt und verwundet schleppten sich diese Armen unter Verhöhnungen dahin. Dahinter kamen die Kanonen, gezogen von Maultieren; fast jedes der Tiere war verwundet. Zuletzt ritt der Mahdi auf einem schönen Kamel. Seine Begleiter sangen den Preis Allahs in monotonem Getöse, das dem Krach eines Wildbachs glich. Wolken von Staub füllten die Luft. Beim Vorbeireiten des Mahdi warfen sich Tausende auf die Erde und küßten den Boden. Eine Menge Weiber jauchzten dem Mahdi zu und riefen: Al Mahdi illah! Der Geleitete Gottes! Einen solchen Triumph hatte man noch nicht gesehen. Man verehrte den Mahdi fast als Gott. Dieser Sieg trug viel dazu bei, seine Macht zu vergrößern. Sein Name wurde nun durch alle Gaue des Sudans getragen. Jeder Zweifel war geschwunden an der göttlichen Bevorzugung dieses Mannes. Viele hatten während der Schlacht beobachtet, wie die Engel auf der Seite des Mahdi gefochten hatten. Man zollte ihm übermenschliche Verehrung. Das Wasser, das er zu seinen Waschungen benutzt hatte, wurde von seinen Eunuchen den Gläubigen übergeben. Sie tranken dieses Wasser als Heilmittel gegen Krankheiten.«

Aus der Proklamation, die der Mahdi bald nach der Schlacht verfaßt, ist zum erstenmal sein Anspruch zu erkennen, von Allah über alle anderen Fürsten gesetzt zu sein: »Wisset, daß mich Allah berufen hat zur Nachfolge des Propheten und daß der Prophet, der Herr des Lebens – Allah segne ihn –, verkündet hat, daß ich der erwartete Mahdi sei. Er hat mich erhoben auf seinen Stuhl über die Herrscher, Fürsten und Edlen. Allah hat mich unterstützt mit seinen vertrautesten Engeln und mit dem Propheten und mit den Erwählten, die seit Adam überhaupt lebten.«

Das Ziel seines Kampfes ist nicht die Eroberung des Sudan. Herrscher über das Niltal will er werden – zunächst. Dann denkt er daran, sich die übrige islamische Welt zu unterwerfen. Der Gedanke reift schon, Allah habe ihn zum Herrscher über alle Menschen gemacht.

Wenn der Mahdi seinen Weg verfolgen will, muß er als erstes die Macht der Türken am Nil brechen. Er verkündet ohne Umschweife: »Wisset, daß Allah die Herrschaft der Türken abschaffen will!« Er wirft den Türken, und damit der Regierungsschicht in Cairo, vor, sie seien gottlos gesinnt und handelten gegen die Gebote des Propheten.

Der Khedive will den Vorwurf der Gottlosigkeit nicht unbeantwortet lassen. Er beauftragt die Geistlichen des Instituts Al Azhar, deren Lehrmeinung bestimmend ist im Land am Nil und weit darüber hinaus, ein Gutachten über Glaubwürdigkeit und Heiligkeit des Mahdi auszuarbeiten. Der Auftrag ist nicht so zu verstehen, daß die Gelehrten und weisen Herren unbeeinflußt urteilen sollen, ob Mohammed Ahmed Ibn Al Sayyed Abdullah aus der Gegend der sudanesischen Stadt Dongola der Mahdi, der Geleitete Allahs, sei. Von den Denkern des Instituts wird die Verdammung des Mahdi erwartet. Sie folgen dem Wunsch des Khediven. Lange Überlegungen brauchen sie nicht anzustellen. Sie proklamieren: »Es ist eine Beleidigung Allahs und des Propheten, wenn jemand sagt, der Khedive sei ein Ungläubiger.«

Im Sudan, im Herrschaftsbereich des Mahdi, kümmert sich niemand um dieses Urteil; wollen doch viele der Männer, die ihn beobachten konnten, gesehen haben, wie der Prophet und die Engel gegen die Türken gekämpft haben. Ein derart Bevorzugter mußte in der Gnade Allahs stehen; er konnte keiner sein, der Allah beleidigt hatte.

Mit Worten und mit Urteilen willfähriger Geistlicher ist die Herrschaft des Mahdi nicht zu brechen. Der britische Außenminister verändert in diesen Wochen seinen Standpunkt. Er versteht, daß der Mahdi nicht daran denkt, seinen Gottesstaat nur auf den Sudan zu beschränken, daß er längst beschlossen hat, Cairo in den Griff zu bekommen. Einflußreich im Außenministerium in London wird eine Gruppe von Politikern und Industriellen, die vor der Gefahr warnt, Ägypten könne für London verlorengehen. Längst ist der Suezkanal wichtigste Verbindungsader zwischen dem Kolonialreich und dem Mutterland. An einer Blockierung des Suezkanals wagt niemand zu denken. Doch eine vernünftige Lagebeurteilung muß einkalkulieren, daß der Mahdi, würde er erst in Cairo regieren, dieses »Teufelswerk der Fremden« kaum funktionsfähig erhalten würde. Der Standpunkt derer, die dem Mahdi das Niltal nicht überlassen wollen, heißt: Cairo wird in Khartum verteidigt.

Die jetzt einflußreiche Gruppe von Politikern und Industriellen sucht einen populären Sprecher, der die Gabe hat, dem Publikum deutlich zu machen, daß die britischen Interessen am Nil einen hohen Einsatz wert sind. Schließlich findet sich ein Mann mit Sachverstand, mit Autorität. Samuel White Baker überläßt der »Times« am Jahreswechsel 1883/84 ein Schreiben zum Abdruck, das die Meinung der Politiker, die einen aggressiven Kurs verfolgen wollen, wiedergibt.

Doch Bakers Text kann keineswegs als unverantwortlich bezeichnet werden. Baker gibt sich nicht dazu her, einfach einen Standpunkt zu wiederholen, der gedanklich vorgeprägt ist. Was er schreibt, hat Sinn: »Die Gefahr, die der Mahdi darstellt, beruht auf der Wirkung, die er auf Menschen ausübt, die wir unter Kontrolle halten wollen. Überall in Ägypten wird man sagen: Was der Mahdi fertiggebracht hat, können auch wir fertigbringen. Man wird sagen, der Mahdi habe die Fremden und Ungläubigen vertrieben – und er habe gut daran getan. Diese Gefahr berührt nicht nur England. Der Erfolg des Mahdi hat schon gefährliche Gärungen auf der Arabischen Halbinsel und in Syrien bewirkt. Wenn man dem Mahdi den östlichen Sudan überläßt, wird die arabische Welt zu beiden Seiten des Roten Meeres innerhalb von kurzer Zeit in Flammen stehen.«

Um diese Zeit wird bereits der Name eines Offiziers genannt, der für das Kommando einer Militäraktion im Sudan in Frage kommen könnte: Charles George Gordon. Obgleich zuvor wenig erfolgreich als Gouverneur von Äquatorialafrika, besitzt er den Ruf, erfahren zu sein in der Problematik jenes Gebiets. Da er die Londoner Salons gemieden hat und dazuhin als Schweiger gilt, kennt niemand so recht Gordons Ansichten. Vor allem ist ihm in jüngerer Zeit kein Irrtum in der Beurteilung arabisch-afrikanischer Politik nachzuweisen. In der Tat weiß Gordon Bescheid um die Verwicklungen, die mit einer verantwortungsträchtigen Aufgabe am oberen Nil verbunden sind: Ihm sind die Menschen vertraut und die geographischen Bedingungen. Doch wer ihn erlebt hat in Ägypten und im Sudan, der ist zumeist nicht der Meinung, daß Gordon wirklich der richtige Mann ist.

Erste Gespräche mit der ägyptischen Regierung lassen erkennen, daß der Khedive und seine politischen Berater Gordon – den Mann, der einst selbst sein Gehalt gekürzt hatte – nicht für geeignet halten,

Khartum vor dem Mahdi zu retten. Der Khedive hält ihn für unflexibel und stur, befangen in Denkkategorien, die zu sehr die Ehre betonen – und die von der Überlegenheit des Christentums ausgehen.

Evelyn Baring Cromer, seit kurzer Zeit einflußreicher Vertreter Englands in Cairo, gibt die Bedenken, die er teilt, telegrafisch an Außenminister Granville weiter: »Die ägyptische Regierung ist der Verwendung des General Gordon sehr abgeneigt. Der Aufstand im Sudan ist religiöser Natur. Gordon ist Christ. Die Ernennung eines Christen in eine hohe Befehlsstelle würde die bisher treugebliebenen Stämme entfremden. Ich halte es für klug, die Ägypter in dieser Sache nicht zu drängen.«

Doch die Londoner Zeitungen, eng verbunden mit den politischen Zirkeln, die eine aggressive Nahostpolitik empfehlen, sorgen dafür, daß der Name Gordon nicht aus der Diskussion um die Besetzung des Gouverneurspostens in Khartum verschwindet. Die Leser erfahren, Gordon sei bereit, an den oberen Nil zu fahren. Einen Tag später aber lesen sie, Gordon werde im Auftrag des belgischen Königs Leopold II. eine bedeutende Aufgabe in der Verwaltung des Kongogebiets übernehmen. Als nächstes drucken die Zeitungen Leserbriefe, in denen die Entrüstung zum Ausdruck kommt, daß ein britischer Offizier von hohen Verdiensten gezwungen sei, seine Erfahrungen den Belgiern am Kongo zu Verfügung zu stellen – nur weil England zu feige sei, Gordon an den Nil zu schicken. Es werde Zeit, daß die Schande der Niederlage des Generals Hicks im Sudan ausgelöscht werde durch brillante Taten, zu denen ein Mann wie Gordon wohl fähig wäre.

Auf die derart künstlich entfachte Aufregung der Öffentlichkeit reagiert Granville durch das Angebot an Gordon, er möge die Verhandlungen mit dem belgischen König abbrechen, um in London der Regierung Ratschläge zu geben, wie Khartum für die zivilisierte Welt zu retten sei.

Evelyn Baring Cromer, bisher strikt gegen die Verwendung Gordons im Sudan, ändert seine Meinung, als er die Tendenz der britischen Presse spürt, gerade diese Ernennung durchzusetzen. Er meint jetzt, Gordon könne nützlich sein, wenn er in Khartum die Evakuierung der Europäer und Ägypter leite. Die Stadt sei verloren und falle dem Mahdi früher oder später zu.

Außenminister Granville will den Fall von Khartum verhindern. Offen gibt er nicht zu, daß er an Verteidigung denkt. Er kennt jedoch

Gordon: Seine Entsendung bedeutet Widerstand und Kampf. Für feigen Abzug aus Khartum wird sich Gordon nicht einsetzen. So treibt die britische Regierung ein doppeltes Spiel – sowohl gegenüber der Öffentlichkeit als auch gegenüber Gordon. Da findet überhaupt keine Aussprache statt, die Klarheit schaffen könnte, in der Frage, die Gordon stellen will – die Frage, ob die Äußerung der britischen Regierung, sie denke an die Räumung Khartums, tatsächlich ernst gemeint sei.

Achtzehn Tage nachdem Samuel White Bakers Brief in der »Times« erschienen ist, steht fest, daß Gordon in den Sudan entsandt wird. Die Umstände seiner Ernennung, die einen Akt der Verlegenheit darstellt, schildert Gordon selbst:

»Um die Mittagszeit des 18. Januar 1884 holte mich mein Vorgesetzter, General Sir Garnet Wolseley, zu Hause ab und brachte mich zum Sitzungssaal der Minister. Er ging hinein. Ich wartete draußen. Nach einiger Zeit kam er zurück und sagte: ›Die Regierung Ihrer Majestät möchte eindeutig klarstellen, daß sie sich nicht dafür entschieden hat, den Sudan in Zukunft zu regieren. Die Regierung ist entschlossen, Khartum zu evakuieren. Sind Sie bereit, diesen Auftrag zu übernehmen?‹ Ich sagte zu. Vor den Ministern bestätigte ich noch einmal: ›Ich habe verstanden, daß die Regierung den Sudan nicht regieren will. Sie wünscht von mir, daß ich hinfahre und die Evakuierung durchführe.‹ Nun sagten die Minister ›ja‹, und die Sache war abgeschlossen. Am gleichen Tag noch, abends um 8 Uhr, fuhr ich vom Bahnhof Charing Cross nach Calais ab.«

Die Anweisung, die Gordon erhalten hat, sagt ganz eindeutig, daß er »den Verhaltensbefehlen von Ihrer Majestät Agenten und Generalkonsul in Cairo« unterstellt sei. Kaum ist Gordon jedoch am Nil angekommen, da fordert er vom Khediven die Ernennung zum Generalgouverneur des Sudan. Noch ehe Evelyn Baring Cromer, »Ihrer Majestät Agent und Generalkonsul in Cairo«, von der Forderung erfährt, ist diese Ernennung ausgesprochen. Sie steht nun allerdings im offenen Gegensatz zur Meinung der britischen Regierung von Gordons Aufgabe in Khartum. Einem Sonderbeauftragten ohne Titel hätte die Evakuierung von Khartum zugetraut werden können; von einem Generalgouverneur aber ist zu erwarten, daß er seine Provinz verteidigt.

Am 11. Februar 1884 ist Gordon bereits in der kleinen Stadt Berber angekommen, die oberhalb des Fünften Katarakts liegt. Die Garnison von Berber erfüllt wichtige Funktionen als Verbindungsglied in der Kommunikationskette zwischen Cairo und Khartum. Die Telegrafenleitung aus der ägyptischen Hauptstadt verläuft von Wadi Halfa her durch die Nubische Wüste bis Berber. Von hier an folgt sie dem Wasserweg. Berber ist auch ein Knotenpunkt der Verkehrswege: Die Routen zu Wasser und über Land verknüpfen sich hier.

Gleich bei der Ankunft in Berber beweist Gordon, daß er nicht das politisch-taktische Verständnis besitzt, das ein Mann braucht, der dem Mahdi gewachsen sein will. Gordon zeigt den Sheikhs der Region von Berber seine Dienstanweisung, die besagt, daß er beauftragt sei, den Sudan zu evakuieren. Wenn der Evakuierungsplan durchgeführt werde, habe er die Absicht, jedem regionalen Herrscher die volle Souveränität über sein Gebiet zu geben. Gordon ist der Meinung, diese Mitteilung habe Freude ausgelöst, weil sie Hoffnung wecke, die Zeit der ungeliebten ägyptischen Macht im Sudan gehe bald zu Ende. Doch Gordon täuscht sich: Die Freude der Sheikhs ist nur gespielt. Sie erschrecken darüber, daß der Khedive und die Engländer daran denken, den Sudan zu räumen. Zwar sind die Fremden wirklich verhaßt, doch ihr Abzug zu diesem Zeitpunkt paßt den Sheikhs nicht – alleingelassen bleibt ihnen nichts anderes übrig, als sich dem Mahdi zu ergeben.

An diesem 11. Februar 1884 denken die meisten der Kleinfürsten um Berber daran, sobald als möglich dem Haupt der islamischen Revolution im Sudan die Ergebenheit zu beteuern. Die Ägypter und die Engländer sind zum unzuverlässigen Partner geworden. Wer jetzt schnell handelt, der kann noch mit vorteilhaften Bedingungen und mit Lob aus dem Mund des Mahdi rechnen.

Die übertriebene Ehrlichkeit Gordons löst Reaktionen aus, die zum Scheitern seiner Mission führen. Der Emir von Ab Damir, Herrscher der nächsten Stadt nilaufwärts, erfährt wenige Tage später von Gordons Eingeständnis, daß er den Sudan evakuieren müsse. Gordon ist bereits in Khartum eingetroffen, da wird der Emir von Ab Damir, den Gordon zu den vertrauenswürdigen Männern am oberen Nil rechnet, zum Feind – unfreiwillig. Vom Emir ist dieser Ausspruch zur Situation überliefert: »Jeder dachte jetzt nur noch an sich. Gordon war darauf aus, seine Ägypter und sich selbst zu retten. Auch wir dachten an uns und wie wir uns vor der Rache des Mahdi retten konnten. Wir ritten nach Berber, vereinten uns mit anderen Stämmen, nahmen Berber ein und schnitten so Gordons Verbindung nach Ägypten ab.«

Der Emir übertreibt ein wenig. Zwar hat er für den Mahdi Berber eingenommen – und damit die Evakuierung von Khartum zumindest beträchtlich erschwert –, doch er und seine Männer wissen nichts von der Telegrafenleitung. Sie bleibt noch fünf Wochen lang bestehen und ermöglicht dem Generalgouverneur in Khartum ungehinderten Kontakt mit Cairo und London. So telegrafiert er schon bald nach der Ankunft in seiner Hauptstadt: »Evakuierung ist möglich, doch rate ich ab. Wenn Khartum erst gefallen ist, werden drastische Maßnahmen nötig sein zur Sicherung der britischen Präsenz am unteren Nil. Noch ist es einfach, die Macht des Mahdi zu brechen. 100 000 Pfund Sterling genügen und zweihundert britische Soldaten der Indienarmee.«

# Gordon Pascha harrt aus

In Erwartung von Nachschub und britischen Truppenkontingenten baut Gordon Khartum zur Festung aus. Innerhalb der Mauern aus Lehmziegeln leben 35 000 Menschen. 7000 der Bewohner sind ausgebildet im Umgang mit Waffen. Zwei Millionen Schuß Gewehrmunition sind im Arsenal verwahrt. Auch die Pulvermengen zur Herstellung von Artilleriegeschossen für die zwölf schweren Geschütze reichen nach Meinung Gordons für eine längere Belagerung aus. Die Lebensmittelversorgung betrachtet der Generalgouverneur, der seine Aufgabe auf die Funktion des Festungskommandanten von Khartum reduziert sieht, als gesichert. Innerhalb des Festungsbereichs am Zusammenfluß des Weißen und des Blauen Nil liegt Ackerland, auf dem mehrere Ernten im Jahr an Mais und Gemüse möglich sind. Der Gefahr des Wassermangels ist die Festung Khartum nicht ausgesetzt; sowohl der Weiße als auch der Blaue Nil führen das ganze Jahr hindurch genügend Wasser.

An Belagerung denkt der Mahdi noch nicht. Er hat die Hoffnung, er könne mit Gordon zu einer Übereinkunft gelangen. Gordon brauche nur zur Einsicht zu kommen, daß der religiöse Standpunkt des Mahdi eigentlich von jedem wahrhaft gläubigen Mann anerkannt werden müsse – auch von einem wahrhaft gläubigen Christen. Gordon erhält ein Schreiben, das die Unterschrift des Mahdi trägt; der Text will die Übereinstimmung zwischen islamischer und christlicher Lehre deutlich machen: »In einer Vision erschien mir der Prophet Mohammed. Er kam zu mir, und mit ihm war unser Bruder Jesus. Mohammed setzte sich zu mir und sagte zu unserem Bruder Jesus: ›Der Mahdi wacht über euch, er ist euer Hirte.‹ Und Bruder Jesus sagte: ›Ich glaube an ihn.‹ Der Prophet sagte dann wieder zu mir: ›Wenn irgend jemand nicht an den Mahdi glaubt, so glaubt dieser Mensch nicht an Allah.‹ Dreimal hat der Prophet diesen Satz wiederholt.«

Für den Christen Gordon, dem der Anspruch der christlichen Kirchen auf alleinigen Besitz der Heilslehre selbstverständlich ist, klingen solche Sätze nach Gotteslästerung. Gordon gibt keine Antwort.

Wenige Tage später informiert ihn ein zweites Schreiben über die göttliche Natur des Mahdi: »Der Mahdi wird als der wahre und echte Geleitete anerkannt von allen heiligen Männern. Schon bei seiner Geburt erkannten sie, daß Allah ihn geschickt hat. Als er vierzig Tage alt war, da kannten ihn alle Pflanzen, und alle Materie wußte von ihm. Alle Stoffe, ob organisch oder anorganisch, kannten ihn. Für sie war er der Beauftragte Allahs, der die sechs Tugenden zu verkünden hat. Diese sechs Tugenden heißen: Bescheidenheit, Stärke des Geistes, geringe Ansprüche an Nahrung, Unterdrückung des Durstes, Zähigkeit, Wille zum Besuch der Gräber heiliger Männer. Sechs weitere Tugenden liebt Allah: Furchtlosigkeit im Krieg, Entschlossenheit, Klugheit, Vertrauen in Allah, Demut vor Allah, Gemeinsamkeit des Denkens aller Männer. Allah befiehlt uns, drei Laster zu meiden: Neid, Stolz und Nachlässigkeit im Gebet.«

Die Ansicht des Mahdi über Laster und Tugend wird von Gordon geteilt – doch die Behauptung des Mohammed Ahmed Ibn Al Sayyed Abdullah, er sei Gott gleich, erregt in Gordons Gemüt Ekel und Abscheu. Er sieht im Mahdi einen Betrüger, der von blutgierigem Fanatismus getrieben wird. Immer stärker wird Gordons Überzeugung, ihm sei die historische und die religiöse Aufgabe zugewiesen, die Rebellion des Mahdi auszulöschen. Die Möglichkeit eines Abzugs vom oberen Nil ist aus den Plänen des Generalgouverneurs verschwunden – er bleibt in Khartum.

Mit Sorge bemerkt die britische Regierung, daß sie keinen Einfluß mehr besitzt auf Gordons Entscheidungen. Der Außenminister fragt bei Evelyn Baring Cromer an, der eigentlich die Funktion des Vorgesetzten für den Generalgouverneur des Sudan ausüben sollte, ob er Auskunft geben könne über die Situation in Khartum. Hilflos wirkt das Bemühen des Außenministers, seiner Autorität über den allzu selbständigen Gordon Geltung zu verschaffen. Cromer wird aufgefordert, Gordon Zügel anzulegen: »Wenn Gordon in Khartum bleiben will, muß er uns den Grund mitteilen!«

Als die Fragen aus London Gordon schließlich vorgelegt werden, da antwortet er: »Sie fragen mich, warum ich hierbleibe, obwohl ich weiß, daß die Regierung den Sudan aufgeben will. Die Antwort ist einfach: Ich bleibe in Khartum, weil uns die Araber eingeschlossen haben und uns nicht herauslassen.« Frage und Antwort finden ihre Adressaten, denn noch immer ist die Telegrafenleitung zwischen Khartum und Cairo nicht unterbrochen.

Am 15. März 1884 nähern sich die Truppen des Mahdi der Stadt. Zum erstenmal hört Gordon von seinem Gouverneurspalast aus die Trommeln des Feindes. Er ist keineswegs beunruhigt, denn nach seiner Schätzung zieht der Mahdi nicht mehr als sechstausend Mann vor Khartum zusammen. Diese Truppenstärke, so meint er, wird nicht ausreichen, um einen dichten Belagerungsring zu bilden. Noch immer erreichen Versorgungskarawanen ungehindert die Festung.

Im Winkel zwischen dem Weißen und dem Blauen Nil liegt die Stadt Khartum. Auf zwei Flanken ist sie gedeckt durch breite Wasserarme. Dort, wo sich die Ströme vereinigen, ragt die Insel Tuti aus dem Wasser, nur wenige hundert Quadratmeter groß. Sie ist unbewohnt. Am westlichen Ufer der bereits vereinigten Flüsse befindet sich die beachtliche Siedlung Omdurman – sie ist nahezu eine Zwillingsstadt zu Khartum. Omdurman besitzt einen Markt, auf dem mehr Handel getrieben wird als in Khartum. Beide Städte achten auf ihre Unabhängigkeit.

An der Flanke, die der Blaue Nil für Khartum bildet, liegt der Palast des Gouverneurs. Ein Bau, zwei Stockwerke hoch, aus gebrannten Lehmziegeln und Balken. Eine breite Straße führt nach Süden; an ihr befinden sich niedere Ziegelhäuser, graubraun in der Farbe. Querwege kreuzen diese Straße; sie sind als Zufahrt angelegt für Warenlager und Handwerksbetriebe. Geschäfte werden in den Häusern der breiten Straße am Blauen Nil abgewickelt, zur Rechten und zur Linken des Gouverneurspalastes.

Bei seiner Ankunft ist Gordon begeistert von den Bewohnern der Stadt empfangen worden. Doch im Verlauf der Wochen muß er feststellen, daß die Zahl der Menschen abnimmt. Nach seiner Schätzung ist innerhalb von einem Vierteljahr nahezu die Hälfte der Bewohner aus Khartum verschwunden und ins Lager des Mahdi übergewechselt. Gordon tröstet sich mit dem Argument, er sei mögliche Verräter und Nichtstuer losgeworden.

Acht Monate nachdem Gordon sein Amt übernommen hat, trifft der Mahdi selbst bei Khartum ein. Für Gordon ist die Ankunft das Zeichen für den Beginn des ernsten Kampfes um Khartum. Er schreibt am 12. Oktober 1884 in sein Tagebuch: »Es heißt, der Mahdi kommt heute abend nach Omdurman. Anscheinend erwartet er, daß ich ihn sofort bei seinem Eintreffen bitte, die Stadt zu übernehmen. Der Mahdi soll gesagt haben, er werde mir drei Briefe schreiben. Dann wolle er noch fünf Tage warten. Schließlich werde er quer durch den Fluß gegen mich vorgehen. Der Mahdi kündigt an, daß der Nil sich dabei teilen werde.«

Seit dem Frühjahr 1884 ist der »Verteidiger von Khartum« zum beherrschenden Thema der britischen Zeitungen geworden. Immer deutlicher drücken die Leitartikel die Sorge aus, nach General Hicks werde nun bald der zweite britische General am oberen Nil sein Leben lassen. Dieser Gedanke schreckt auch Königin Victoria. Sie teilt dem Ministerpräsidenten mit, daß sie sehr beunruhigt sei: »General Gordon ist in Gefahr. Sie sind verpflichtet, ihn zu retten. Sie haben eine schreckliche Verantwortung übernommen.«

Monarchin und Kabinett der Minister werden nicht nur durch die Zeitungen bedrängt, endlich an Maßnahmen zu denken, die dem Sudan wieder den Zustand der gewohnten kontrollierbaren Ruhe zurückgeben, sondern auch von einflußreichen Zirkeln der britischen Industrie. Die Männer der Industrie denken an ihre Märkte. Den Verlust des Sudan, in dem bisher nur wenig Kaufkraft zu finden ist, könnten sie hinnehmen, wenn nicht die Gefahr bestünde, daß sich die französische Konkurrenz dort einnistet. Erkennbar ist in den achtziger Jahren des 19. Jahrhunderts die nach Zentralafrika orientierte Expansionspolitik der Industriekammer von Paris. In deren Büros ist durchaus die Meinung zu hören, der Besitz des Nil im Sudan sei einen hohen Einsatz wert. Wenn England verzichte, müsse Frankreich bereit sein, militärisch einzugreifen.

Die Industrieherren in London, Birmingham und Manchester leben vor allem in der Angst, dem Mahdi könne es tatsächlich gelingen, Ägypten zu erobern. Darin sind sie sich einig: Dieser Markt darf nicht verlorengehen. Ägypten ist jedoch nicht nur Absatzgebiet, es ist auch Lieferant von Rohstoffen. Im Niltal wird Baumwolle angepflanzt und geerntet. Englische Spinnereien sind auf dieses Material angewiesen; sie haben sich darauf eingerichtet, ihren Rohstoff nur aus Ägypten zu beziehen. Nirgends sonst auf den fünf Kontinenten könnten die englischen Baumwollverarbeiter ihren Bedarf decken. Die Verantwortlichen dieser Industrie sind besonders darauf bedacht, daß Ägypten nicht verlorengeht. Sie drängen darauf, Ägypten im Sudan zu verteidigen.

Schon im August 1884 begann sich die Regierung in London auf die Meinungsströmung einzustellen, die eine entschlossene Aktion erwartete. Der Khedive wurde veranlaßt, die Bereitstellung einer Armee von 14 000 Mann zu befehlen. Lord Garnet Wolseley, der Sieger im Kampf gegen den Rebellen Ahmed Arabi, erhielt am 26. August ein Dekret ausgehändigt, das ihn zum Oberbefehlshaber der 14 000 Mann ernannte. Allerdings blieben auch die Anweisungen an Lord Wolseley zweideutig: Er sollte Gordon retten – doch möglichst ohne Vorstoß bis Khartum. Lord Hartington, der Staatssekretär im Kriegsministerium, erklärte ausdrücklich: »Ihrer Majestät Regierung wünscht Sie daran zu erinnern, daß bisher noch nichts darüber bestimmt worden ist, ob ein Teil der unter Ihrem Befehl stehenden Truppen südlich von Dongola eingesetzt werden darf.« Dongola ist die letzte Garnisonsstadt nilaufwärts, die dem Khediven treu geblieben ist. Die Truppen dort werden von einem Engländer kommandiert.

Hin und wieder treffen bei diesem Engländer Boten ein mit Briefen von Gordon, mit Telegrammtexten, die nach Cairo und London weiterzugeben sind. Die Boten haben auf der Strecke Khartum–Dongola nahezu 600 Kilometer zurückzulegen. Sie benützen Umwege, bevorzugen Wüstenpfade, um den Aufpassern zu entkommen, die im Auftrag des Mahdi den Nil und die Karawanenrouten kontrollieren. Seit dem Frühsommer ist Gordon darauf angewiesen, daß ihm mutige Männer Post transportieren. Die Kämpfer des Mahdi in Berber haben schließlich doch die Telegrafenleitung entdeckt und unterbrochen.

Mehr als einen Monat lang muß Gordon jeweils warten, bis Antwort auf seine Depeschen Khartum erreicht. Häufig werden die Reiter trotz aller Vorsicht unterwegs abgefangen, so geraten viele Mitteilungen Gordons und manche Anweisungen der Londoner Regierung in die Hand des Mahdi. Er ist früher informiert über die Aufstellung einer ägyptisch-englischen Armee für den Sudan als der Generalgouverneur dieses Landes. Nur Gerüchte dringen bis nach Khartum. Am 17. September wollen Händler in der Stadt erfahren haben, das Entsatzheer sei schon in Dongola angekommen. Gordon weiß, daß diese Gerüchte nicht stimmen. Er notiert bittere Worte in sein Tagebuch: »Ich werde den Verdacht nicht los, daß diese Geschichten nur Geschwätz sind. Ich bin der Meinung, wenn man Ihrer Majestät Soldaten suchen würde, man würde sie im Shepheard's Hotel in Cairo finden.«

Vier Tage später aber schreibt der Konsul von Österreich-Ungarn in einem Bericht an seinen Vorgesetzten in Cairo: »Heute war ein Sonntag der Freude! Die Begeisterung war groß, als die Geschütze der Außenforts die Ankunft der Befreiungsarmee ankündigten. Endlich Rettung! Lange lebe England! Nun wird doch noch das Leben von so vielen Tausenden gerettet, wenn sie auch ihr Hab und Gut zurücklassen müssen. Es ist zu hoffen, daß wir bald nach der Ankunft der Engländer aus der Stadt abziehen können.«

Die Freudenschüsse sind umsonst abgefeuert. Wiederum haben Gerüchte die Gefühle der Begeisterung ausgelöst. Kein ägyptischer und kein englischer Soldat hat bisher das vom Mahdi beherrschte Gebiet betreten. Westlich von Berber, im Nildorf Debbeh, hat sich eine Vorausabteilung eingenistet. Sie wird kommandiert von Major Horatio Herbert Kitchener, der vierzehn Jahre später im Sudan Ruhm ernten wird.

Kitchener versucht Kontakt mit Gordon aufzunehmen. Er kann nur schlimme Nachrichten melden. Am 14. Oktober 1884 ist ein Beduine bereit, nach Khartum zu reiten. Am Körper versteckt, trägt er dieses Schreiben:

»Mein lieber General Gordon,

bitte informieren Sie mich durch diesen Boten, der schon für den Rückweg bezahlt ist, wer sich an Bord des Dampfschiffs befand, das von Khartum den Fluß herunterkam. Es tut mir leid, sagen zu müssen, daß sie – wer sie auch waren – getötet worden sind.«

Fünf Wochen zuvor hatte sich Gordon entschlossen, einen der drei kleinen Raddampfer, die seit Bakers Zeiten in Khartum stationiert waren, mit wichtigen Papieren – dazu zählte der Telegrammcode – in Richtung Dongola zu schicken. Dem Kapitän waren Briefe an die britische Regierung und an den Papst anvertraut. Die Briefe enthielten die dringende Bitte, der Besatzung von Khartum Hilfe zu schicken. Die britischen Offiziere Power und Stewart hatten sich auch an Bord des Dampfers – er hieß »Abbas« – begeben. Gordon war der Meinung gewesen, ihr möglicher Tod in Khartum bedeute ein unnützes Opfer. Er hatte den beiden eine Bestätigung mitgegeben, daß ihr Weggang keineswegs als Desertion, als eigenmächtiges und feiges Verlassen der Festung, betrachtet werden dürfe.

Der Raddampfer »Abbas« war nur noch rund hundert Kilometer vom Dorf Debbeh entfernt, in dem sich Major Kitchener einquartiert hatte, da konnte der Steuermann den Zusammenstoß mit einem Felsen nicht verhindern. Das Ruder riß weg. Damit war der Dampfer manövrierunfähig. Der Kapitän sah keine Möglichkeit zur Reparatur der Steueranlage. Das Schiff mußte verlassen werden.

Die Schiffsleute und die britischen Offiziere wurden zunächst friedlich und freundlich empfangen. Am Nilufer standen winkende Menschen, die von einem nahen Dorf herübergeeilt waren. Einige der älteren Männer versprachen, den Verunglückten Kamele zu leihen, damit sie ihren Weg über Land fortsetzen können. Da sie glaubten, außerhalb des vom Mahdi beherrschten Gebiets zu sein, ließen sich Matrosen und Offiziere von einem Sheikh dazu überreden, ihre Waffen abzulegen, »um zu vermeiden, daß Frauen erschreckt werden«. Kaum waren die Gestrandeten waffenlos, da fielen die Dorfbewohner mit Gewehren, Speeren und Messern über sie her. Entrinnen konnte kaum jemand. Wer ins Wasser sprang, fiel der Strömung oder den Gewehrschüssen zum Opfer. Von den Europäern – auch der französische Konsul in Khartum hatte sich an Bord befunden – blieb keiner am Leben. Ein ägyptisches Besatzungsmitglied schlug sich nach Norden durch und konnte von der Katastrophe berichten.

Die erste Nachricht vom Unglück der »Abbas« erhält Gordon vom Mahdi. Ein mit üppigen Kalligraphien verziertes Schreiben trifft in Khartum ein. Es enthält folgenden Wortlaut:

»An Gordon Pascha von Khartum.

Möge ihm Allah den Weg der Tugend zeigen!

Wisse, daß dein kleiner Dampfer, Abbas genannt, durch den Willen Allahs in meine Hand gefallen ist. Das Boot war unterwegs nach Dongola mit Nachrichten für Cairo an Bord. Dein Stellvertreter Stewart Pascha war an Bord sowie der französische Konsul.

Diejenigen auf dem Schiff, die an uns, den Mahdi glaubten, haben wir am Leben gelassen. Wer nicht an uns glaubte, den haben wir getötet. Dazu gehören dein Stellvertreter und der Konsul. Ihre Seelen hat Allah zum Feuer und zum ewigem Elend verdammt.

Um dir zu zeigen, wie wahr ich spreche, sage ich dir, was wir an Bord des Schiffes Abbas erbeutet haben. Wir fanden den Telegraphencode, das Tagebuch deines Stellvertreters, die Liste der Munitionsvorräte in Khartum, die Soldliste der Soldaten. Wir fanden auch deine Briefe, die um Hilfe flehen.

Du, als verständiger Mann, mußt einsehen, daß Allah auf meiner Seite ist. Laß dich von Allah leiten und ergib dich unserer Gnade. Wenn die Stunde der Schlacht angebrochen ist, dann endet unsere Gnade, denn dann ergibst du dich aus Angst und nicht freiwillig. Eine solche Kapitulation aber wird nicht angenommen.«

Der Inhalt des Mahdibriefes ist den Bewohnern von Khartum rasch bekannt. Sie leben zwar in der Hoffnung, das britische Entsatzheer tauche bald an der Biegung des Nil bei der Insel Tuti auf; zugleich ist ihnen aber bewußt, daß die Überlebenschance – wenn die Hoffnung auf Entsatz trügt – nur in der rechtzeitigen Öffnung der Stadttore vor dem Mahdi zu finden ist. Gordon kennt die Ängste der ihm anvertrauten Menschen. Um diese Ängste zu zerstreuen, um Hoffnung zu wecken, lügt er. Auf seinen Befehl hin werden Plakate gedruckt, die bekannt-machen, das Entsatzheer nähere sich in drei Marschsäulen und befinde sich nur noch wenige Tagesmärsche entfernt. Mit der Aufhebung der Belagerung sei in allernächster Zeit zu rechnen.

Die Information über die drei Marschsäulen ist ein Märchen. Noch immer befindet sich Major Kitchener mit dem südlichsten ägyptisch-englischen Truppenverband nördlich von Berber, 400 Kilometer entfernt. Der Mahdi läßt sich die Gelegenheit nicht entgehen, seinen Feind hohnvoll auf die Kluft zwischen Realität und Gordons Lüge hinzuweisen. Er schreibt diesmal nicht selbst. Der Brief trägt die Unterschrift seines Stellvertreters.

»Im Namen Allahs, des Gnädigen und Mitleidvollen.

Die Güte Allahs sei gepriesen. Segen unserem Herrn Mohammed und seiner Familie.

Auf Rat und vernünftigen Zuspruch hast du, Gordon Pascha in Khartum, nicht gehört. Du handelst sogar noch närrischer als zuvor. Unsere zahlreichen freundlichen Ermahnungen haben dich nur hoch-mütiger und eigensinniger gemacht. Die Wahrheit füllt die Brust der Gläubigen. Dein Aufruf ist in unsere Hände gelangt. Du belügst die Bevölkerung. Du sagst, daß die britische Verstärkung in drei Marsch-säulen unterwegs ist, daß sie bald Khartum erreicht und daß sie dir den Sieg bringt. Dein Aufruf zeigt, wie groß deine Angst ist, wie sehr du in

Panik bist. In deiner Tücke greifst du nach dem Seil der Hoffnung, das so dünn ist wie der Faden eines Spinnennetzes. Du hast einfach Angst, durch unsere Hände umgebracht zu werden. Unweigerlich wirst du sterben. Du Ungläubiger! Wisse denn, du Feind Allahs, daß wir die wahren Nachrichten kennen, und sie enthalten nichts, was deinem Auge gefallen könnte. Im Gegenteil. Für dich gibt es kein Entkommen. Du stirbst. Glaubst du, wir werden beeindruckt durch deine falschen Proklamationen? Bei Allah, wirklich nicht. Selbst wenn ein ganzer Schwarm von Engländern über uns herfiele, so könnte unser Glaube nur gestärkt werden. Standfest werden wir euch belagern, bis Allah euch spüren läßt, wie der Tod schmeckt.

Wenn du dich nicht ändern willst, dann bereite dich vor auf das, was kommt. Doch wenn du an die Tür der Reue klopfst, wird sie dir vielleicht aufgetan.«

Gordons Hoffnung auf Entsatz beginnt zu steigen, obgleich er keine Nachricht aus dem Norden erhält. Die Hoffnung wird genährt durch die Härte der Angriffe, die der Mahdi durchführen läßt. Gordon glaubt, daß sich der Gegner deshalb anstrenge, weil er noch vor der Ankunft der Engländer und Ägypter die Einnahme von Khartum durchsetzen wolle.

Oft dauern die Kämpfe bis in die Nacht hinein. Den Zustand, in dem sich der Befehlshaber dann befindet, schildert Gordon selbst in seinem Tagebuch: »Um drei Uhr morgens falle ich in wirren Schlaf. Irgendwo schlägt eine Trommel: Tam! tam! tam! Der Schlag dringt in den Traum ein. So langsam erlöscht er. Ich erwache. Doch dem Gehirn ist noch nicht deutlich, daß ich mich in Khartum befinde. Ich frage mich, aus welcher Richtung das ›tam! tam‹ kommt. Da ist noch die schwache Hoffnung, daß der Trommelschlag aufhöre. Aber er wird immer stärker. Der Gedanke peinigt mich: Haben die eigenen Linien genügend Munition? Mit Mangel an Munition entschuldigen sich immer die schlechten Soldaten. Ich gebe mir Mühe zu schlafen. Doch diese Mühe ist sinnlos. Schließlich steige ich aufs Dach des Palastes. Die nächsten Stunden befehle, schimpfe, fluche ich.«

Vom Dach des Palastes aus sieht Gordon im Süden – dort, wo weder der Weiße noch der Blau Nil die Stadt beschützt – das Lager des Mahdi. Im Teleskopglas erkennt er die einzelnen Zelte, deren Haut aus dunklen Tierfellen besteht. Gordon bemerkt, daß die Mahdikämpfer von morgens bis in die späten Abendstunden hinein auf ihren Pferden durch die Lagergassen zwischen den Zelten jagen. Er wundert sich, denn zur Kriegführung gehören die Bewegungsspiele nicht.

Blickt Gordon nach Westen, über den Zusammenfluß des Blauen und des Weißen Nil hin, dann erkennt er das Fort von Omdurman; es ist gedacht als weit vorgezogenes Außenbollwerk von Khartum. Hundert ägyptische Soldaten verteidigen die aus Lehmziegeln gemauerten Schanzen. Die Ägypter werden von einem Engländer befehligt. In den ersten Monaten der Belagerung verband eine Telegrafenleitung den Kommandanten von Omdurman mit dem Gouverneurspalast von Khartum. Die Leitung ist jetzt zerschnitten. Vereinbarte Trompetensignale sind das einzige Verständigungsmittel zwischen dem britischen Offizier und Gordons Stab.

Am 3. Januar 1885 meldet das Signal, daß die Lebensmittelvorräte des Außenforts Omdurman restlos aufgebraucht sind. Gordon läßt seinen Trompeter die verabredete Tonfolge blasen, die von den Verteidigern in Omdurman als Zeichen zum Ausbruch verstanden werden soll. Zum Hohn wiederholt der Trompeter des Mahdi die Töne. Der britische Offizier weiß nun, daß der Gegner die Signale kennt. Er gibt den Befehl zum Ausbruch nicht. Am 5. Januar kapituliert das Außenfort Omdurman.

Jetzt kann der Mahdi Strategie und Truppenstärke ganz auf Khartum konzentrieren. Gordon spürt, wie die Furcht in der Stadt steigt. Er bemerkt Blicke, aus denen Haß spricht. Die Schuld an der ihm feindlichen Stimmung gibt er den Propagandaschriften des Mahdi, die unter der Hand verteilt werden. Gordon kann nicht verhindern, daß Flugblätter und sogar ausführliche Druckschriften über die Frontlinien nach Khartum hereinkommen. Einem dieser Aufrufe mißt Gordon besondere Bedeutung zu. Der Text lautet:

»Von Mohammed, dem Diener Allahs, der Mahdi ist und Sohn des Sayyed Abdullah, an alle, die Allah und dem Koran gläubig zugetan sind. Daß die Zeiten sich ändern, bleibt vor euch nicht verborgen. Wer die Zeichen lesen kann, der verläßt sein Haus zur Verteidigung des Glaubens. Mohammed, der Herr – mit ihm sei Segen und Frieden –, hat mich mehrmals wissen lassen, daß ich der Mahdi bin, der Eine, der seit langem erwartet wird. Mohammed hat mich zu seinem Nachfolger bestimmt. Er hat mir befohlen, seinen Thron zu besteigen. Allah hat mir Helfer an die Seite gestellt. Die Engel, die Cherubim und die Heiligen, von Adam an gezählt bis in unsere Zeit. Auch diejenigen unter den Dämonen helfen mir, die an Allah glauben. In der Stunde der Schlacht werden sie alle, und Allah mit ihnen, vor mir her in den Kampf ziehen. Allah gab mir das Schwert des Sieges, das Mohammed einst in der Hand hielt. Zugleich verkündete Allah, daß niemand besiegt werden kann, der dieses Schwert im Kampf führt.

Mohammed sagte mir: ›Allah hat dir ein Zeichen gegeben, daß du der Mahdi bist. Das Mal auf deiner rechten Backe ist dieses Zeichen. Ein weiteres Zeichen hat Allah gesetzt: Wenn die Schlacht beginnt, wird eine Fahne aus Licht vor dir hergetragen. Azraïl, der Engel des Todes, hält sie hoch, sichtbar für alle. Ihr Anblick läßt das Herz der Feinde erschrecken.‹ Dann sagte der, mit dem Segen und Frieden ist, zu mir: ›Du bist geschaffen aus dem Glanz des Innersten meines Herzens.‹ Das alles wurde mir gesagt, als ich wach war, nicht im Traum. Ich war bei vollkommener Gesundheit. Keine Halluzinationen täuschten mich. Ich war nicht betrunken und nicht verrückt.

Allah befahl mir: ›Erschlage die Ungläubigen, denen du begegnest. Wenn du für Allah kämpfst, wird Allah für dich kämpfen.‹ Ihr sollt wissen, daß ich zur Familie des Propheten gehöre – mit ihm sei Segen und Frieden. Wenn ihr versteht, was geschieht und was gesagt wird, dann kommt zu uns. Fürchtet Allah und verbindet euch mit den aufrechten Männern. Wisset, daß alles in der Hand Allahs ruht.

Friede sei mit euch!«

Diesem Appell an die schlichte Gläubigkeit hat Gordon nichts an emotional Gleichwertigem entgegenzusetzen. Er ist Christ – er kann den Moslems von Khartum nicht von Gott erzählen. Ihr Gott und sein Gott unterscheiden sich. Die Wirklichkeit, die jeder in der Stadt Tag für Tag zu erleben hat, spricht dafür, daß der Gott der Moslems in dieser Auseinandersetzung siegt. Gordon kann auf keine Erfolge verweisen, um sie mit der Gnade seines Gottes in Verbindung zu bringen. Der christliche Gott und Christus werden zum Zeichen für Hunger, Resignation, Niederlage und Tod. Schon drei Wochen vor der Wende des Jahres 1884/85 erweist sich der Islam psychologisch als Sieger in Khartum – der Islam in der Prägung des Mahdi. Zuletzt ist Gordon allein noch das Hindernis, das einer vernünftigen und lebensrettenden Kapitulation im Wege steht. Gordon kennt seine Isolierung. In das Tagebuch schreibt er: »Da gibt es keinen mehr, auf den ich mich verlassen kann.«

Zu seiner Überraschung erhält der christliche Kommandeur von

Khartum in jenen finsteren Tagen der Hoffnungslosigkeit einen persönlichen Brief des Mahdi, der Menschlichkeit, wenn nicht sogar Sympathie für Gordon erkennen läßt. Das Bild vom Mahdi, als dem blutrünstigen Teufel, zerfällt nach der Lektüre der Anrede dieses Briefs: »An Gordon Pascha, möge Allah ihn schützen.« Der Mahdi will offensichtlich nicht, daß Gordon sein Leben verliert. Er denkt an Gnade: »Ich wiederhole nur die Worte Allahs: Zerstört euch nicht selbst. Allah hat doch Gnade und Erbarmen für euch.« Der Brief enthält eine Kapitulationsformel, die Gordon den Weg in die Freiheit ebnen könnte: »Wenn du bereit bist, dich uns anzuschließen, wird es zu deinem Segen sein. Wenn du jedoch nach England zurückkehren willst, so sollst du dorthin ziehen, ohne daß wir einen Piaster verlangen.«

Dieser Brief des Mahdi ist deshalb erhalten geblieben, weil Gordon ihn dem Kapitän des Dampfbootes »Bordein« mitgibt, der vor Jahresende 1884 versucht, in gefährlicher Fahrt die ersten britischen Positionen nilabwärts zu erreichen. Der Kapitän hat den Auftrag Gordons, sämtliche Aufzeichnungen sicher durch das vom Mahdi besetzte Gebiet zu bringen. Auf einen kleinen Zettel schrieb der Befehlshaber von Khartum eine letzte Aufforderung an die britischen Offizierskollegen, sich mit ihrem Vormarsch zu beeilen. Major Kitchener soll der Empfänger dieses Zettels sein, dessen Text so lautet: »Nehmen Sie zur Kenntnis, daß die Stadt fallen kann, wenn die Expeditionstruppe nicht in zehn Tagen eintrifft. Ich verlange ja nicht mehr als 200 Mann. Ich habe mein Bestes geleistet für die Ehre unseres Landes. C. G. Gordon.«

Der Nachsatz enthält einen Vorwurf, den Major Kitchener nie vergessen wird: »Sie schicken mir keine Informationen, obgleich Ihnen viel Geld zur Verfügung steht, um Boten zu bezahlen.«

In der Nacht fährt der Dampfer »Bordein« ohne Licht mit geringer Maschinenkraft an den Stellungen des Mahdi in Omdurman vorüber. Unbemerkt bleibt die Abfahrt nicht. Doch der Schiffskörper ist mit eisernen Platten umkleidet, die Gewehrkugeln abweisen. Der Steuermann bemüht sich, in der Mitte des Stroms zu fahren, im größten Abstand von den Schützen rechts und links des Flusses. Ein möglichst weiter Flugweg soll die Aufprallkraft der Geschosse verringern. Das Dampfboot hat ein niedriges Profil, es kann sich hinter Felsen verbergen. Flußstrecken mit geringem Risiko der Kollision mit Steinblöcken in geringer Tiefe werden bei Nacht gefahren. Vier Wochen nach der Abfahrt aus Khartum trifft das Boot »Bordein« endlich auf Engländer.

Zu dieser Zeit, um den 20. Januar 1885, ist Khartum noch immer nicht in der Hand des Mahdi. Gordon hofft weiter auf Entsatz. Von ihm sind aus jenen Tagen keine Aufzeichnungen mehr erhalten. Männer, die bei ihm geblieben sind, erzählen später von Gordons letzten Tagen. Der Händler Bordeini Bey berichtet über die Situation in der Stadt:

»Alles war aufgebraucht, was wir im Proviantamt gesammelt hatten. Bewohner und Soldaten mußten Hunde und Esel essen. Sie verzehrten Tierhäute und Gummi. Viele verhungerten. Leichen lagen auf den Straßen, doch niemand besaß noch die Kraft, sie wegzubringen. Gordon Pascha ordnete schließlich an, daß jeder, der eine Leiche beerdige, dafür Silbergeld erhalte. Selbst dieser Befehl erwies sich als nutzlos.« Gordon bot Geld an, für das es nichts mehr zu kaufen gab.

Der Händler Bordeini Bey – er ist Gordons Vertrauensmann im Proviantamt – versucht, als Gordons Mittler den Kontakt zu halten mit Bürgern, Beamten und Offizieren während der Januartage 1885. Gordon redet kaum mehr mit den Männern im Palast. Er geht ihnen aus dem Weg, weil er den Vorwurf fürchtet, er habe durch falsche Versprechungen, durch Lügen, die ihm treuen Männer samt deren Familien in Todesgefahr gebracht. Niemand spricht den Vorwurf wirklich aus, doch Gordon glaubt, er drücke sich auch in Blicken aus.

Da sich der Befehlshaber nicht mehr ansprechen läßt – er bleibt den täglichen Lagebesprechungen fern –, muß Bordeini Bey, dem Gordon Zutritt in sein Zimmer gestattet, Vorschläge und Bitten der Offiziere und der Honoratioren aus Khartum übermitteln. Daß diese Aufgabe schwierig ist, kann dem Bericht von Bordeini Bey entnommen werden:

»In einer Nacht kamen einige wichtige Männer der Festung zu mir und baten mich dringend, Gordon Pascha darauf hinzuweisen, daß es klug sei, die Fenster seines Zimmers nachts abzudunkeln, da sie für den Feind eine gute Zielscheibe abgeben. Ich ging zu ihm und teilte ihm den Ratschlag mit. Er reagierte mit einem Wutanfall. Er schrie mich an: ›Wer sagt, daß Gordon jemals Angst hatte?‹ Einige Abende später, als wieder Geschosse gegen die Hauswand prasselten, schlug ich vor, Gordon Pascha möge Sandsäcke in die Fenster legen lassen. Da wurde er noch wütender als beim vorigen Gespräch über dieses Thema. Er rief seine Wache herein und gab ihr den Befehl, auf mich zu schießen, wenn ich mich auch nur bewege. Dann holte er einen Leuchter mit 24 Kerzen. Die Kerzen zündete er an. Darauf trug er den Leuchter selbst auf die Fensterbank. Ich mußte mich mit ihm an den Tisch setzen. Nach langem Schweigen sagte der Pascha: Als Gott die Angst austeilte an die Menschen, da kam er schließlich auch zu mir, aber da war keine Angst mehr übrig; er hatte sie schon an die anderen verteilt. Sage den Leuten in Khartum, daß Gordon keine Angst hat, weil Gott ihn geschaffen hat, ohne ihm Angst mitzugeben.«

Es ist zu spät, um mit einer Nachahmung der Methoden des Mahdi in diesem Krieg Erfolg zu erzielen. In der Propaganda wirkt sich das religiöse Element nur noch zugunsten der Moslems aus – obgleich der Mahdi selbst zu zweifeln beginnt, ob seine Truppen die Belagerung erfolgreich durchstehen werden. Er weiß, daß die Engländer im Anmarsch sind, daß er sie nicht aufhalten kann. Ihre Überlegenheit haben sie schon bei einem ersten Gefecht bewiesen.

Der Gegner, der den Nil heraufrückt, besteht nicht aus undisziplinierten Ägyptern und aus unerfahrenen englischen Abenteurern. In seinen Reihen befinden sich britische Offiziere und Unteroffiziere mit Erfahrung aus Feldzügen in Indien. Major Horatio Herbert Kitchener ist das Muster dieses Typs von Kommandeuren. Er bereitet jeden Vorstoß generalstabsmäßig vor und läßt dennoch der Improvisation eine Chance.

Gordon, der das Lager des Mahdi täglich durch sein Teleskopglas beobachtet, stellt eine eigentümliche Veränderung der Stimmung fest: Er bemerkt viele junge Frauen, die trauern. Er schließt daraus, daß viele Männer innerhalb kurzer Zeit ihr Leben verloren haben – dies aber kann nur in einem Gefecht geschehen sein. Da nur Trauernde zu sehen sind und keine Kämpfer, die triumphieren und jubeln, hat das Gefecht wohl als Niederlage für den Mahdi geendet.

Diese Erkenntnis läßt Gordon sofort in der Stadt verbreiten. Die Musikkapelle der Garnison erhält Befehl, am Abend vor dem Portal des Gouverneurspalasts zu spielen. Als Programm werden Opernmelodien von Rossini und Donizetti ausgewählt. Die Bevölkerung ist eingeladen – doch nur wenige haben Lust, sich ein Konzert anzuhören.

Gordons Beobachtung der Trauer im feindlichen Lager und der logische Schluß, den er daraus zieht, erweisen sich als korrekt. Eine

Schlacht hat stattgefunden, am 17. Januar 1885, ungefähr auf halbem Wege zwischen Berber und Khartum. Die Verluste der Engländer und Ägypter wurden mit 200 Toten angegeben – die Truppe des Mahdi aber läßt 1100 Gefallene zurück. Um sie haben die Frauen im Lager von Khartum geweint.

Auch den Mahdi bedrückt die Niederlage. Er fürchtet um seine Glaubwürdigkeit, hat er doch seinen Getreuen gesagt, Allah kämpfe in den Reihen der Moslems mit. Jetzt läßt er verbreiten, Allah sei nur dann ein sicherer Mitstreiter, wenn er, der Mahdi, selbst in der Kampflinie stehe.

Der langsame, aber stetige Fortschritt der Engländer macht ihm Angst. Er denkt daran, die Belagerung von Khartum abzubrechen, um alle Verbände, die ihm zur Verfügung stehen, gegen diesen Feind zu lenken. Da er weiß, daß seine Kommandeure diesen Plan für unglücklich halten – sie wollen die Beute, die in Khartum lockt, nicht verlieren –, behauptet er, ihm sei die erhabene Gestalt des Propheten Mohammed erschienen; aus Mohammeds Mund habe er die Anweisung erhalten, die Stellung vor der Festung Khartum zu räumen.

Gordon kennt die Auswirkung der ersten Niederlage auf das Gemüt des Mahdi nicht. Der Händler Bordeini Bey erzählt von seltsamen Vorbereitungen des Befehlshabers, die darauf schließen lassen, daß er doch noch an Flucht denkt. Gordon verfügt noch über ein ganz kleines Dampfboot, das von zwei Männern, von einem Steuermann und von einem Maschinisten gefahren werden kann. Dieses Boot läßt Gordon unter Gebüsch direkt vor seinem Palast festmachen. Sein Diener verstaut mehrere Pakete Zwieback und andere unverderbliche Lebensmittel im Bootsrumpf. Bordeini Bey meint: »Soweit ich weiß, beabsichtigte Gordon, sich in Khartum zu verteidigen, bis alle Hoffnung auf Rettung der Stadt erloschen ist, und dann mit ein paar ausgewählten Männern zu flüchten.«

Die Freunde Gordons – und dazu zählen die britischen Historiker bis auf wenige Ausnahmen – halten es für unwahrscheinlich, daß Gordon in jenen Januartagen eine feige Flucht plante. Nach ihrer Meinung wollte Gordon nur für alle Möglichkeiten der Entscheidung in der Auseinandersetzung mit dem Mahdi gerüstet sein.

Er weiß, jeder Tag kann diese Entscheidung bringen. Mit jedem Tag kamen die Engländer näher. Wie sehr er jeden einzelnen Tag schätzt, ist daraus abzusehen, daß er den Soldaten verspricht, ihnen für jeden

Kalendertag, an dem die Festung Khartum noch aushält, Sold für ein ganzes Jahr auszuzahlen.

Der Mahdi denkt an Rückzug, dessen Kommandeure aber wollen rasch den Sieg erzwingen. Am Sonntag, dem 25. Januar, beobachtet Gordon die Ankunft von Reiterei und Kämpfern zu Fuß im Lager des Mahdi. Er wertet diese Verstärkung als Anzeichen für den baldigen Angriff. Die Männer, auf die er sich verlassen kann, werden benachrichtigt und in den Gouverneurspalast gerufen. Gordon empfängt sie jedoch nicht. Vom Verwaltungsbeamten Giriagis, einem Griechen, erfahren sie, Gordon Pascha ordne die Mobilisierung aller männlichen Einwohner zwischen acht und achtzig Jahren an; sie hätten die Befestigungsanlagen zu besetzen.

Bordeini Bey, der Händler, gehört zu denen, die Gordon hat rufen lassen. Er berichtet: »Giriagis fügte hinzu, Gordon Pascha appelliere hiermit das letzte Mal an uns, Standhaftigkeit zu zeigen. Er habe keinen Zweifel, daß die Engländer innerhalb der nächsten vierundzwanzig Stunden eintreffen müßten.« Bordeini ist der Meinung, Gordons Verhalten sei ungehörig; der Befehlshaber könne sich nicht gerade an diesem Tag in seinem Zimmer einschließen. Er verlangt, daß er zu Gordon gebracht werde.

Bordeini wird vorgelassen. Über den Verlauf des Gesprächs mit Gordon erzählt er: »Der Pascha saß auf einem Diwan. Als ich hereinkam, riß er seinen Fez vom Kopf und warf ihn in die Ecke. Dabei sagte er: ›Was wollt ihr denn von mir hören? Ich weiß nichts mehr. Was ich auch sage, niemand wird mir glauben. Ich habe euch wieder und wieder gesagt, die Hilfe werde rechtzeitig kommen. Aber sie ist nicht gekommen. Jeder denkt, ich habe die ganze Zeit gelogen. Wenn mein letztes Versprechen nicht erfüllt wird, kann ich nichts mehr tun.‹«

Befehle gibt Gordon keine mehr. Müde zeigt er auf zwei volle Päckchen Zigaretten und sagt: »Laß mich allein. Ich möchte die Zigaretten hier rauchen.« Bordeini verläßt das Zimmer. Er beobachtet, daß Gordon in dieser Nacht sein Licht nicht löscht.

Nach Mitternacht beginnt das Kriegsgeschrei vor den Wällen. Die Kommandeure des Mahdi lassen dort angreifen, wo die Ziegelmauern der Befestigungen zusammengebrochen sind. Niemand hatte die Kraft gehabt, die Breschen auszubessern. Tausende drängen durch die Lükken, überwinden Gräben, die mit Schlamm gefüllt sind. Hunderte fallen durch die Kugeln der Verteidiger. Doch der Strom der Angreifer bricht nicht ab. Die Abschnitte der Verteidigungswerke, die noch standhalten, werden bald von rückwärts angegriffen. In der Dunkelheit sind Freund und Feind nicht zu unterscheiden. Den Soldaten und Offizieren fehlt die Kraft, um Entschlüsse zu fassen, um rasch auf die unübersichtliche, turbulente Situation zu reagieren. Innerhalb von wenigen Minuten bricht der Widerstand zusammen.

Der Händler Bordeini ist Augenzeuge der Ereignisse im Governeurs- palast. Er sieht, wie Gordon im ersten Morgenlicht – ohne den Schlafrock abgelegt und die Uniform angezogen zu haben – auf das Dach des Gouverneurspalastes tritt. Eine Stunde lang hört Bordeini Gewehrfeuer vom Dach und schließlich Gordons Befehl, der Maschi- nist habe das Dampfboot zur Abfahrt zu rüsten. Dieser Befehl wird nach Bordeinis Beobachtung nicht befolgt, da der Maschinist sich weigert, seine Wohnung zu verlassen. Als Gordon beim Aufgang der Sonne sieht, daß die Stadt von den Mahditruppen eingenommen ist, verläßt er das Dach. Wenig später steht er auf auf der Treppe, die in den Hof herunterführt. Jetzt trägt er eine weiße Uniform.

So entschlossen und blutgierig die Kämpfer auch sind, die auf den Palast zustürmen, durch das Tor treten sie nur zögernd ein. Sie zeigen zunächst Respekt vor Gordon Pascha – bis einer schreit: »Du Verfluch- ter, deine Zeit ist gekommen!« Tor und Gitter brechen nieder. Schrei- end dringen die Kämpfer ein, eng aneinandergepreßt. Die meisten haben ihre Waffe über den Kopf erhoben.

Gordon will wissen, wer der Anführer sei. Die Frage ist nicht zu hören im Geschrei; so gibt niemand Antwort. Einer wirft seinen Speer und trifft Gordon in die Seite. Die nächste Waffe durchbohrt den Rücken. Gordon stürzt auf der Treppe nieder. Sein Körper wird in den Hof hinuntergeworfen. Hunderte stechen mit ihren Speeren in den Körper, der bald nur noch blutige Masse ist. Jemand schlägt dem Toten den Kopf ab.

Die Sonne steht nur wenig höher am Himmel, da liegt Gordons Kopf im Sand vor dem Zelt des Mahdi. Der deutsche Kaufmann Karl Neufeld, der längere Zeit schon Gefangener des Mahdi ist, sieht die Siegestrophäe: »Das Antlitz ist fahl; die Augen halb geöffnet. Der Mund hat seine natürliche Form behalten. Das Gesicht ist nicht verzerrt. Das Kopfhaar und der kleine Backenbart sind unverändert.« Bordeini, der mit anderen Gefangenen nackt aus der Stadt und vor den

Mahdi getrieben wird, sieht Tage später Gordons Kopf in die Äste eines Baumes gesteckt.

Khartum wird niedergebrannt. Die Bewohner, die in den Häusern warten wollen, bis die Blutgier der Eroberer erloschen ist, werden von Feuer und Rauch auf die Straße getrieben. Dort fallen sie den Speeren und Schwertern der Mahdikämpfer zum Opfer. Tausende der männlichen Bewohner sterben am Morgen des Eroberungstages. Um die Mittagszeit werden die Frauen zusammengetrieben. Nackt haben sich die Gefangenen auf den Weg zu machen, hinüber nach Omdurman. Dort werden die jungen Frauen aussortiert. Sie sind für den Mahdi und für die Kommandeure bestimmt.

Zwei Tage nach der Einnahme von Khartum biegt das Dampfboot »Bordein«, das Gordon zuletzt mit Tagebüchern und Briefen nilabwärts geschickt hatte, bei der Insel Tuti in den Blauen Nil ein. Es war schon wenige Stunden nach seinem Eintreffen in den Stellungen der britischen Voraustruppe wieder auf den Weg nilaufwärts geschickt worden. Die Tragfähigkeit des Bootes ist voll ausgelastet; es transportiert fast einhundert Soldaten. Langsam gleitet das Schiff am Palast des Gouverneurs vorbei. Charles Wilson, der kommandierende Offizier an Bord, sieht, daß das Gebäude verlassen ist. Die hohe Nilböschung verbirgt die Stadt, die niedriger liegt. Er kann nicht feststellen, was dort geschieht und in welchem Zustand sich Khartum befindet. Aus der Stille schließt er, daß der Kampf vorüber ist. Als sich Charles Wilson noch überlegt, ob er am Ufer anlegen oder wenden lassen soll, tauchen schwarze Köpfe auf der Krone der Böschung auf. Sie rufen: »Ihr kommt zu spät. Das verfluchte Haupt der Ungläubigen ist in die Hölle gefahren!« Charles Wilson gibt Befehl zur Rückfahrt.

Wilsons Bericht löst in London politische Konsequenzen aus. Die Regierung beschließt, den Feldzug gegen den Mahdi sofort abzubrechen und alle Truppen aus dem Sudan abzuziehen. Vierhundert Männer haben beim Versuch, Gordon zu retten, ihr Leben verloren. Die Kosten der Expedition summieren sich auf eine Million Pfund Sterling. Die Verluste an Menschen und die Geldausgabe blieben unbelohnt, weil die Retter zwei Tage zu spät kamen.

Als Königin Victoria vom schmählichen Ende der Expedition erfährt, schreibt sie an die Schwester des Generals Gordon: »Wie soll ich versuchen, Ihnen gegenüber auszudrücken, was ich empfinde. Es ist schmerzhaft, daran zu denken, daß Ihr edler und heroischer Bruder, der so aufrichtig seinem Land und seiner Königin gedient hat, nicht gerettet werden konnte. Sein Opfer ist erhebend für die Welt. Daß die Versprechungen des Entsatzes nicht eingehalten werden konnten, stimmt mich unaussprechlich traurig. Oft und hartnäckig habe ich diejenigen zum Handeln gedrängt, die für die Entsendung Ihres Bruders verantwortlich sind. Ein Fleck bleibt an England haften durch den grausamen und doch heroischen Tod Ihres Bruders.«

# »Der Nil gehört dem Islam!«

Die Islamische Revolution hat einen Sieg errungen, der in der christlichen Welt Beachtung findet. Die Erscheinung des Mahdi fasziniert die Engländer, die Europäer; selbst die Amerikaner lesen in ihren Zeitungen von der religiösen Kraft und von der Grausamkeit dieses Mannes. Erwartet wird, daß von Khartum aus ein Sturm losbricht, der die Bindungen der arabischen Staaten an den Bereich der Welt, der als »zivilisiert« bezeichnet wird, zerstört oder zumindest gefährdet. Mit dem Vorstoß des Mahdi nach Ägypten wird gerechnet. Cairo, so ist zu befürchten, sei bereit, sich ihm zu öffnen. Die Position des Khediven und der Engländer ist geschwächt seit dem Fall von Khartum. Die ägyptischen Nationalisten können aus diesem Ereignis Ermutigung ziehen.

Seit dem mißglückten Aufstand des Ahmed Arabi ist die islamisch-nationalistische Strömung am unteren Nil verborgen geblieben. Sie ist keineswegs ausgetilgt – doch niemand bekennt sich dazu, daß er die Lebensordnung der Menschen am Nil nach traditionell islamischen Prinzipien geregelt haben will. Das revolutionäre Potential ist vorhanden. Zehntausende von überzeugten Moslems warten in Cairo darauf, daß sich der Mahdi nach Norden wendet. Oft genug hat er verkündet, der Nil gehöre dem Islam.

Wochen und Monate der Spannung vergehen. Jeden Tag wird mit dem Alarmsignal gerechnet, der Mahdi sei mit seinem Reiterheer und den in Khartum eroberten Kanonen nördlich von Berber gesichtet worden. Schließlich sagen Gerüchte, das siegreiche Heer des Islam habe sich auf den Weg gemacht in Richtung Süden; die Reiter hätten begonnen, die Quellen des Nil in Besitz zu nehmen.

Das Gerücht übertreibt. Die Mahdikämpfer waren durch die Nilsümpfe vorgedrungen bis Gondokoro; sie hatten den islamischen Staat nach Süden erweitert. Doch von den Nilquellen blieb der Mahdi weit entfernt. Keiner der ehrgeizigen Parolen folgen Taten. Auch nicht der Ankündigung, der Kampf werde nach Ägypten heineingetragen und dann in die heiligen Städte Mekka und Jerusalem. Den Grund für die Apathie des Mahdiheeres sieht der Gefangene Pater Ohrwalder in Veränderungen der Person des Anführers:

»Er, der stets wollte, daß man weltliche Dinge verachte, daß man Bequemlichkeit ablehne, lebte nun selbst in der größten Bequemlichkeit, und zwar unter dem Vorwand, daß sein kostbares Leben möglichst lange erhalten bleiben müsse. Seinen Anhängern schrieb er Mäßigung vor, doch er fütterte seinen Leib mit allen möglichen Leckerbissen. Er kleidete sich in feine Hemden, die von seinen Weibern mit Weihrauch parfümiert und mit teueren Wohlgerüchen übergossen wurden. Die Weiber wechselten in der Bedienung der Reihe nach ab. Es hing von den Launen des Mahdi ab, bald diese und bald jene Frau zu sich zu rufen. Jede rieb ihn mit kostbaren Salben ein, mit Duftstoff aus Sandelholz und Öl. Bei seinem Erscheinen erfüllte er die Luft mit Wohlgerüchen. In seinem Hofe wimmelte es von Frauen, von den weißen Türkinnen bis zur pechschwarzen Dinka-Negerin; rotbraune Ägypterinnen und alle Rassen des Sudan waren vertreten. Unter diesen waren vier die gesetzlichen Frauen, während die übrigen als Beute, als Sklavinnen behandelt wurden. Die Wohnung des Mahdi war größtenteils aus erbeutetem Material gebaut. Aus Brettern, welche einst den Pferdestall des General Hicks gebildet hatten, waren drei Hütten gezimmert worden. Daneben befand sich eine Lehmhütte mit einem kleinen Magazin. Früher hatte der Mahdi kaum eine Strohmatte benützt. Jetzt legte er sich in feine Betten und auf persische Teppiche, die in Khartum erbeutet worden waren. Der Mahdi führte im Innern seiner Wohnung ein weichliches und ausschweifendes Leben, während seine Kämpfer ihn weiterhin als göttlichen Gesandten verehrten.«

Ohrwalder beschreibt die tiefe Kluft, die zwischen dem Mahdi und seinen Gläubigen klafft. Unbemerkt von den Gläubigen hat sie sich aufgetan. Viele wollen auch gar nicht zur Kenntnis nehmen, daß sich der heilige Mann verändert hat. Diese überdeckte Kluft zwischen Mahdi und Anhängern ist die Ursache der Tatenlosigkeit des Heeres. Ohrwalder erinnert sich:

»Es war im Fastenmonat Ramadan. Während dieses Monats wird die

Übertretung des Fastengebots mit dem Tode bestraft. Von Mittag bis gegen Mitternacht wimmelte es in der Moschee von Menschen. Sie bestand nur aus einem großen, mit Dornen umzäunten Raum. Man sah einen Wald von Lanzen. Sie wurden aneinandergeschlagen und erzeugten ein furchterregendes Geklirre. Alle erwarteten heißgierig den Mahdi, der zum Mittagsgebet erscheinen mußte. Doch dieser lag in seinem Haus auf einem schönen Teppich ausgestreckt. Er war bekleidet mit einem Leinenhemd und blendendweißen Pluderhosen. Um ihn lagen etwa dreißig Frauen. Einige fächelten ihm mit Straußenfedern geräuschlos Wind zu, während andere ihm auf eine im Sudan eigene und sehr beliebte Art die Füße drückten und massierten, ohne ihn aus einem Halbschlummer zu stören. Indessen schrien und tobten draußen die Menschen, die seinen Segen erflehten und nur seine Stimme zu hören wünschten, wenn sie ihn auch nicht sehen konnten. Die am Eingang wohnenden Eunuchen trieben die Menge mit der Peitsche fort, doch sie bewegte sich nicht von der Stelle, bis ein Eunuch zum Mahdi ging, um den so heiß ersehnten Segen zu erbitten. Ohne den Mahdi in seiner süßen Ruhe zu stören, erteilte die Lieblingsfrau des Mahdi, die ›Mutter der Gläubigen‹ genannt wurde, den erbetenen Segen. Der Eunuch kehrte zurück und versicherte der Menge, daß der Mahdi gerade in tiefster Betrachtung versunken sei und daß er ihnen gnädigst seinen Segen erteilt habe. Endlich wurde dem Mahdi ein Zeichen gegeben, daß es Zeit zu den Waschungen sei, da die Stunde des Mittagsgebets bereits verflossen ist. Von allen Seiten unterstützten ihn nun die Frauen, damit er sich erheben konnte. Man brachte ihm die roten Schuhe und dann zog er sich zu den Waschungen zurück. Vier Frauen begleiteten ihn und trugen ihm das Wassergefäß nach. Als er in sein Haus zurückkehrte, fielen die Frauen wie von Sinnen über die Stellen her, die sein Fuß berührt hatte, und sammelten die von ihm betretene Erde. Dieser durch den Fuß des Mahdi geheiligten Erde wurden heilsame Wirkungen zugeschrieben, besonders zur Erlangung einer raschen und schmerzlosen Geburt. Man verteilte die Erde daher unter die frommen Frauen.«

Der Augenzeuge Ohrwalder, der nicht zur Übertreibung neigt, schildert die Situation im Haus des Mahdi korrekt. Hinzugefügt werden muß allerdings, daß der Führer der Islamischen Revolution krank ist. Schon seit dem Beginn des Fastenmonats Ramadan fühlt er sich elend. Innerhalb kurzer Zeit schwemmt sich sein Körper auf; die

Gestalt nimmt groteske Formen an. Der Mahdi klagt über Herzschmerzen, über Schwierigkeiten beim Atmen. Am 8. Tag des Ramadan stirbt der Mahdi – nach christlicher Zeitrechnung am 21. Juni 1885. Nicht ganz fünf Monate sind vergangen seit der Einnahme von Khartum.

Der Mahdi hat selbst noch vorgesorgt, daß der islamische Staat Sudan erhalten bleibt. Der neue Herrscher nennt sich Khalifa, dieses Wort bedeutet einfach »Nachfolger«.

Der Khalifa kann nicht von sich sagen, er stamme auch vom Propheten ab und sei von Allah dazu ausersehen, auf Mohammeds Thron zu sitzen. Er muß seine Autorität vom Mahdi ableiten. Der heilige Mann, so sagt er, sei eigentlich nicht tot. Er lebe im Paradies und habe weiterhin die Geschicke der Gläubigen in der Hand. Jede Nacht, so erzählt der Khalifa, erscheine ihm der Mahdi und bespreche mit ihm die Situation im islamischen Staat. Keine Entscheidung werde gefällt, die nicht vom Mahdi gebilligt sei.

Der Khalifa hat die Absicht, den Befehl zu geben für den lange geplanten Stoß nilabwärts in Richtung Ägypten. Doch er sagt, der Mahdi rate davon ab. Erst müsse das christliche Königreich Äthiopien zerstört werden, dann habe der islamische Staat den Rücken frei, um die Fremden aus dem Niltal zu vertreiben. Kein Widerspruch ist möglich gegen die Befehle, die der Khalifa vom toten Mahdi empfängt. Das Reiterheer folgt dem Blauen Nil nach Südosten. Die Kämpfer gewinnen Schlachten, werden aber aufgerieben in einer Kette blutiger Auseinandersetzungen. Sie schicken Beute nach Hause, doch sie können den Ausfall der Ernten nicht ersetzen, den ihre Abwesenheit von den Äckern des Sudan bewirkt. Die Männer tragen den Namen des Mahdi und des Khalifa ins äthiopische Bergland, doch die Kriegszüge hindern sie daran, dafür zu sorgen, daß die Familien zu Hause nicht Hunger leiden.

Augenblicke des wahren Triumphes sind für den Khalifa selten. Ende März 1889 wird ihm der Kopf des christlichen Königs Johann von Äthiopien vorgelegt. Der Khalifa glaubt, nun den Oberlauf des Blauen Nil zu beherrschen, doch in Wahrheit gewinnt er kaum Einfluß auf die Menschen in Äthiopien, denn ihm fehlen Männer, die wissen, wie ein besetztes Gebiet verwaltet werden muß. Der Sieg über ein Heer, über einen König, bedeutet nicht, daß der Khalifa das Land, das nun wehrlos offen liegt, wirklich besitzt.

Zusammen mit dem Kopf des Königs Johann wird eine Bibel nach Omdurman gebracht. Sie war dem Herrscher von Äthiopien aus London geschickt worden, mit einer persönlichen Widmung der Königin Victoria. Ein Zeichen Allahs sei ihm gegeben, meint der Khalifa – ein Zeichen für den Beginn der Herrschaft des Islam in den christlichen Gebieten der Erde.

Die Bibel der mächtigen Königin Victoria in der Hand zu halten gibt dem Khalifa Kraft zu weiteren Plänen. Er schreibt der Königin von England, sie möge doch endlich einsehen, daß dem Islam die Welt gehöre und nicht dem falschen Glauben der Christen.

Der Sieg über König Johann veranlaßt den Khalifa, nun doch ähnliche Erfolge im Norden zu suchen. Ein Heer von siebentausend Kämpfern soll in Ägypten einbrechen. Doch der Truppenverband bewegt sich nur schwerfällig, denn ihm folgen siebentausend Frauen und Kinder. Am 3. August 1889 findet das entscheidende Gefecht statt zwischen ägyptisch-englischen Einheiten und den Reitern des Khalifa. Die Männer aus dem Sudan verlieren fast alle ihr Leben; die Frauen und Kinder werden als Gefangene nach Ägypten gebracht.

Der Glaube an den Khalifa und an den toten Mahdi, von dem behauptet wird, er sitze neben Mohammed und regiere weiterhin den islamischen Staat im Sudan, leidet unter dieser Niederlage nicht. Dem Herrscher und seinem überirdischen Lenker wird auch nicht die furchtbare Hungersnot angelastet, die den Sudan heimsucht. Der Augenzeuge Ohrwalder berichtet: »Der Hungertod raffte viele Menschen hin. Nachdem die männlichen Tiere der Rinder und Kamele selten geworden waren, wurden erbarmungslos die weiblichen Tiere geschlachtet, die zumeist trächtig waren. Die kaum bis zur Kenntlichkeit ausgebildete Tierfrucht wurde von den darum Streitenden zerrissen. Glücklich war, wer ein Stück erbeuten konnte. Jahre alte Tierknochen wurden zu Mehl zerstoßen und dann gegessen. Halbverweste, aufgeblähte Eselkadaver dienten als Mahlzeit. Ich habe viele solche Kadaver gesehen, denen die Hinterbeine fehlten. Sie waren von den Hungernden abgeschnitten und verzehrt worden. Eines Tages erschien ein Mädchen vor dem Richter und erzählte, seine Mutter habe seinen kleinen Bruder gebraten und gegessen. Der Richter schickte Soldaten mit dem Mädchen, um den Fall zu prüfen. Sie fanden ein halbverhungertes Weib, bei ihr lagen ein Ohr und ein Stück Knochen. Die Frau war von Sinnen und starb schon wenige Tage später.«

# Ein Deutscher versperrt
# den Moslems die Nilquellen

Ist der Weg nach Ägypten, zur Mündung des Nil, nicht zu öffnen, so lockt desto stärker der Besitz der Nilquellen. Berater geben dem Khalifa Hoffnung, aus den fruchtbaren Gebieten um die Nilquellen könnten große Mengen Lebensmittel für die hungernde Bevölkerung von Omdurman beschlagnahmt werden. Der Khalifa ordnet schließlich den energischen Vorstoß in Richtung Süden an.

Dort aber übt ein Mann von Tatkraft die lokale Regierung aus: Eduard Carl Oscar Theodor Schnitzer. Dieser Deutsche, im Jahr 1840 in Oppeln geboren als Sohn eines Gemischtwarenhändlers, war als Mitarbeiter von Gordon nach Äquatorialafrika gekommen. Seinem Chef fiel er auf durch sein Geschick in Verhandlungen mit schwarzen Königen und Häuptlingen. Gordon sorgte dafür, daß Schnitzer den Gouverneursposten im Gebiet südlich der Nilsümpfe erhielt.

Als Gouverneur gibt Schnitzer seinen deutschen Namen auf und nennt sich Emin Bey. »Emin« heißt »der Getreue«; mit »Bey« zeigte er an, daß er ein hoher Würdenträger sei. Später erhöht er sich durch den Titel »Pascha«.

Schon am 27. Mai 1884 erhält Emin Bey, der in Gondokoro regiert, die Aufforderung, sich der islamischen Sache zu ergeben. Der Mahdi teilt mit, Emin könne dem Beispiel der anderen Gouverneure der Sudanprovinzen folgen, die alle die Weisheit besessen hätten, dem Nachfolger des Propheten Mohammed nicht länger Widerstand zu leisten. Doch Emin rechnet sich eine Chance aus, in den Wäldern der Seengebiete standhalten zu können. Langsam weicht er nach Süden aus. Am 5. Juli 1885 erreicht er Wadelai, am Nil gelegen, in unmittelbarer Nähe des Albertsees.

Seine Situation ist schwierig, da er sich auf Mannschaften und

Offiziere seiner Truppe nicht verlassen kann. Die meisten der Männer sind aus Unterägypten in die mörderische Klimazone versetzt worden, weil sie strafwürdige Vergehen begangen haben. Ständig muß Emin mit Meuterei rechnen; häufig droht ihm Gefahr, umgebracht zu werden. Da er ein energischer Mann ist, läßt sich Emin nicht einschüchtern. Er regiert sein Gebiet und sorgt dafür, daß die vom Khediven erlassenen Gesetze einigermaßen eingehalten werden.

Er weiß nichts von den Vorgängen in Khartum. Der Kontakt zur ägyptischen Regierung ist jahrelang unterbrochen. Er lebt mit wenigen europäischen Beamten und mit seiner Frau in einem zunächst armseligen Hüttendorf, das er aber in eine saubere Siedlung verwandelt.

Am 6. Februar 1887 trägt Emin diese Worte in sein Tagebuch ein: »Nach achttägiger Krankheit ist meine Frau am Fieber gestorben und hat mich mit einem kleinen Mädchen alleingelassen. Ich habe getan, was in meinen Kräften stand, leider vergeblich.«

Der Afrikaforscher Wilhelm Junker, der ebenfalls auf der Flucht vor dem Mahdi Emins kleinen Staat am Albertsee durchwanderte, beschreibt den Gouverneur so: »Sein Gesicht ist dünn, bekommt aber Gewicht durch den dunklen Bart über Backen und Kinn. Seine Augen liegen sehr tief. Seine Kurzsichtigkeit zwingt ihn, seine Augen sehr anzustrengen. Er konzentriert seinen Blick ganz scharf auf eine Person, die vor ihm steht. Sein Gesicht bekommt durch diesen Blick einen sehr harten Ausdruck.«

Zunächst laufen die Flüchtlinge Gefahr zu verhungern. Die Ledersohlen ägyptischer Soldatenstiefel, weichgekocht, dämpfen einen Monat lang die schlimmsten Hungergefühle. Emin Pascha schickt findige Einkäufer den Nil hinauf; sie sind beauftragt, unter allen Umständen Lebensmittel aufzuspüren und zu erwerben. An Zahlungsmittel leidet der Gouverneur keinen Mangel.

Alle Zeichen deuten darauf hin, daß die Rückkehr nach Norden so rasch nicht möglich sein wird. Der Hunger muß auch für die Zukunft bekämpft werden. Emin Pascha läßt Kornfelder anlegen und Gemüsegärten. Bewohner von Wadelai werden zu Bauern und Handwerkern ausgebildet. Der Gouverneur selbst kümmert sich darum, daß einige Männer die Fertigkeit erlernen, Seife und Kerzen herzustellen. Die Bemühung, einen Pflanzenrohstoff für Zucker zu finden, mißlingt. Emin Pascha und die Bewohner behelfen sich mit Honig.

Wadelai, bisher ein unbedeutendes Dorf, entwickelt sich zum Marktort. In den Siedlungen ringsum erfahren die Bauern bald, daß die Handwerker in Wadelai Gebrauchsgegenstände anbieten, die in jener Gegend noch nie erzeugt worden sind. Den Eindruck, eine Stadt zu sein, die von Flüchtlingen bewohnt wird, machte Wadelai nicht. Emin Pascha zieht zweimal täglich seine weiße Uniform an, um sich die ägyptische Hymne anzuhören, die zum Flaggenzeremoniell von der kleinen Blaskapelle der Garnison gespielt wird. Der Gouverneur verlangt strikte Einhaltung der Grußordnung, der disziplinarischen Vorschriften. Er weiß, daß Nachgiebigkeit Offiziere und Mannschaften zur Meuterei ermutigt.

Für die britische Regierung gilt Emin Pascha als verschollen. Sie fühlt sich ihm gegenüber verantwortlich, steht er doch in ägyptischem Dienst und damit unter englischer Kontrolle. Das schlechte Gewissen, Gordon im Stich gelassen zu haben, veranlaßt den Premierminister, an eine Rettungsaktion für Emin Pascha zu denken. Mit der Ausführung aber zögern die Herren in London. Schließlich ist Eduard Carl Oscar Theodor Schnitzer kein Engländer, sondern Deutscher. Da sind Stimmen zu hören, das Deutsche Kaiserreich möge sich doch um den Schutz seines Untertanen kümmern.

Ein zweites Argument aber stärkt den Rücken derer, die eine Rettungsexpedition ablehnen, in noch höherem Maße: Emin Pascha ist offensichtlich Moslem geworden. Zwar ist unbekannt, wo er sich aufhält, doch hin und wieder dringen Gerüchte nach London. Da ist zu hören, Emin Pascha sei an jedem Freitag irgendwo im Herzen Afrikas in einer Moschee zu sehen. Er bete mit seinen ägyptischen Offizieren die Texte der Koransuren. Ohne Kenntnis der wahren Situation wird die Frage gestellt, ob dieser Mann überhaupt würdig sei, gerettet zu werden. General Gordon war ein Muster des christlichen Helden gewesen – Emin Pascha gilt als Verräter am Christentum.

Gewichtiger als nationale und religiöse Argumente aber sind ökonomische Motive. Zusammen mit den ersten, noch unbestätigten Meldungen, daß die Garnison am Oberlauf des Nil noch immer gegen die Truppen des Mahdinachfolgers ausharre, gelangen Nachrichten nach London, Emin Pascha habe in den Jahren der Isolierung riesige Vorräte an Elfenbein angehäuft. Dieses edle Material ist in jener Zeit sehr begehrt. Der Krieg im Sudan hat die Lieferung unterbrochen und damit den Preis in die Höhe getrieben. Das Elfenbeinlager des Emin Pascha muß ein beachtliches Vermögen wert sein.

Der schottische Schiffseigentümer Sir William Mackinnon erkennt die Chance. Er ist der Begründer der British India Steam Navigation Company, deren Schiffe – auf der Route nach Indien – Sansibar anlaufen. Das Geschäft mit der Insel ist allerdings in jenen Jahren unbedeutend, da die Märkte auf dem Festland noch nicht erschlossen sind, da der Bedarf der Menschen an der afrikanischen Ostküste noch nicht geweckt ist – sie kennen die Waren aus Europa kaum. Eine Expedition zur Rettung von Emin Pascha kann, wenn sie gelingt, die Märkte erkunden und durch Handelsverträge an die British India Steam Navigation Company binden. Ein derartiger Erfolg aber mag vorteilhaft ergänzt werden durch den gewinnbringenden Abtransport des Elfenbeins.

Sir William Mackinnon trägt seine Absichten den Herren der Handelskammer von Manchester vor, die schließlich bereit sind, Geld vorzustrecken, damit wagemutige Männer den Bewohnern Afrikas zwischen Sansibar und der Seenregion wieder einmal zeigen können, daß England, und besonders die Stadt Manchester, Waren produziert, die begehrenswert sind. Als der Schiffseigner seine Idee in Zeitungen veröffentlichen läßt, da schweigt er über die ökonomischen Hintergründe. Publiziert wird nur die Absicht, den Europäer Eduard Carl Oscar Theodor Schnitzer vor Gordons Schicksal zu bewahren.

Auf die ersten Veröffentlichungen melden sich zwei Männer, die sich für geeignet halten, eine Expedition quer durch Afrika zu leiten. Jede nötige Qualifikation besitzt der Schotte Joseph Thomson. Im Auftrag des »African Exploration Fund Committee« hatte er sich schon in Ostafrika aufgehalten, um erste geologische Untersuchungen der geographisch erforschten Gebiete zu beginnen. Sir William Mackinnon traut dem Schotten zu, daß er die Aufgabe meistert, Hunderte von heimischen Trägern durch Dschungel, Steppe und Sümpfe zu leiten, doch ihm mißfällt, daß Joseph Thomson zu sehr die Tugend der Bescheidenheit pflegt. Wenn er und die Herren der Handelskammer von Manchester schon bereit sind, Geld auszugeben, dann muß dies auch die Öffentlichkeit erfahren. Sie soll Anteil nehmen am Schicksal des Mannes, der Gefahren auf sich nimmt, um Emin Pascha zu retten. Ein bescheidener Expeditionsleiter aber bietet wenig Anreiz für die Phantasie.

Der zweite Bewerber aber paßt in Mackinnons Konzept. Sein Name ist Henry Morton Stanley. Er hatte sechzehn Jahre zuvor Livingstone am Tanganjikasee aufgespürt. Daß er in der Lage ist, einen Erfolg publizistisch auszubeuten, war damals bewiesen worden. Von Stanley ist eine Wiederholung des Erfolgs und der wirkungsvollen Darstellungen in Zeitungen und Büchern zu erwarten. Steigt aber Stanleys Ruhm, dann fällt auch ein gebührender Anteil auf Mackinnon und auf die Industriellen von Manchester.

Stanley aber ist beruflich derzeit kein freier Mann; er ist durch Vertrag an den König von Belgien gebunden. Stanley verwaltet die belgische Kolonie am Kongo, die dem König direkt unterstellt ist.

Stanley muß um Urlaub bitten, der ihm auch schließlich gewährt wird – allerdings nicht ohne Hintergedanken des Monarchen, der eigene Ziele verfolgt. König Leopold II. hat die Absicht, aus Stanleys Expedition Profit zu ziehen. Deshalb versucht der Monarch, Einfluß zu bekommen auf die Wahl der Route.

Der König kalkuliert so: Wenn Stanley sich dafür entscheidet, vom Kongo aus in Richtung Albertsee vorzustoßen, dann kann behauptet werden, die Region des oberen Nil sei vom Kongobecken aus zu erschließen und bilde sogar mit dem Kongobecken zusammen eine geographische Einheit. Als vernünftig, so meint der König, müsse dann der Gedanke angesehen werden, die Nilgebiete südlich der Sümpfe der Kongokolonie anzugliedern.

Stanley wird von Leopold II. darauf hingewiesen, daß er königlicher Angestellter sei und seine Zeit und seine Energie der Kongokolonie zu widmen habe. Die zwei Aufgaben, den Kongo zu verwalten und Emin Pascha zu suchen, könne Stanley jedoch gleichzeitig erfüllen, wenn er den Weg seiner Expedition durch die Kongogebiete wähle.

Sir William Mackinnon und die Geldgeber aus Manchester aber denken nicht daran, eine Expedition zu finanzieren, die letztlich dem König der Belgier Vorteile bringt. Sie sind der Meinung, der Monarch wolle nur die Geldausgabe vermeiden – denn eigentlich wäre es seine moralische Pflicht, Emin Pascha zu suchen, der sich am Albertsee, und somit ganz in der Nähe des Kongostaats, befinde. Leopold II. aber besitzt derzeit die Beträge nicht, die zur Bezahlung der Expeditionskosten aufzuwenden sind. Die Verwaltung des Kongostaats kann nur Transportmittel, Schiffe unterschiedlicher Größe zur Verfügung stellen. Obgleich Stanley persönlich die Expedition gern im Auftrag des Reeders Mackinnon unternehmen und dabei die Route von Sansibar nach Westen benützen will, setzt sich zuletzt der Standpunkt des

Königs Leopold durch. Politische Umstände zwingen zur Wahl des Weges von West nach Ost, zur Durchquerung des Kongogebiets.

Ist in den vergangenen Jahren die ostafrikanische Küste zwar von England mit Interesse betrachtet, aber doch nicht in Besitz genommen worden, so tritt jetzt ein anderes europäisches Land auf und beansprucht Eigentumsrechte: das Deutsche Kaiserreich. Leopold läßt Stanley sofort auf diese neue Situation hinweisen: »Sie werden bemerkt haben, daß die in Berlin während dieser Wochen veröffentlichten Schriften das Gebiet von Sansibar am ostafrikanischen Festland auf einen schmalen Streifen beschränken. Bis auf diesen Streifen gehört das Gebiet dem Deutschen Reich. Sollten die Deutschen der Expedition gestatten, ihr Gebiet zu durchziehen, werden sich die Träger aus Sansibar auf fremdem Gebiet befinden.«

Ohne in Berlin überhaupt nachzufragen, ob die deutsche Kolonialverwaltung die Suche nach dem deutschen Staatsbürger Schnitzer unterstütze, entscheidet sich Stanley für die Kongoroute, um zum Albertsee zu gelangen. Der Reeder Mackinnon erhält ein Handschreiben des belgischen Königs, in dem die Bitte um Verständnis für die Änderung des Ausgangspunkts der Expedition geäußert wird. Die Herren der Handelskammer von Manchester sehen ein, daß ihnen nach Stanleys Entscheidung zugunsten der Kongoroute keine Chance mehr bleibt, durch diese Expedition Ruhm oder Handelsvorteile zu ernten.

Auf der Insel Sansibar aber sind die Vorbereitungen für den Abmarsch schon sehr weit gediehen: Die Vorräte lagern dort, die Stanley vorsorglich hat einkaufen lassen – Lebensmittel, Medikamente, astronomische Instrumente. Auf Sansibar sind vor allem bereits 446 Träger angeworben worden: einheimische Männer, die meist schon mit den Wegen in Ostafrika vertraut sind. Stanley glaubt, auf diese Träger nicht verzichten zu können, auch wenn seine Expedition nun gar nicht mehr ostafrikanisches Gebiet berührt. Am Kongo, so meint Stanley, werde er derart erfahrene und zähe Männer nicht finden. Er scheut die hohen Kosten nicht und läßt die 446 Träger auf Linienschiffen rings um Afrika herum zur Kongomündung fahren.

Im April 1887 wollen Stanley und die Träger die Schiffsreise kongoaufwärts beginnen. Für den Expeditionsleiter folgen Monate der Enttäuschung. Bald schon bereut er den Entschluß, dem Willen des belgischen Königs zu folgen. Die Versprechungen der Verwaltung des

Kongostaats, sie stelle Transportmittel, können nicht eingehalten werden, da die Schiffe christlichen Missionsgesellschaften gehören, die kein Interesse zeigen, bei der Suche nach dem »Moslem« Emin Pascha behilflich zu sein. Stanley ist gezwungen, Schiffe zu mieten.

Anfang Juni 1887 erreicht die Expedition die Mündung des Flusses Aruwimi, der von Osten her dem Kongo zuströmt. Die Träger aus Sansibar müssen von diesem Platz zu Fuß dem Albertsee entgegenziehen. Stanley bemerkt nach wenigen Tagen, daß es ein Fehler war, auf dem Einsatz dieser Männer zu bestehen. Die meisten werden krank, viele desertieren, obgleich sie weit von ihrer Heimat entfernt sind, manche sterben. Mit der Hälfte der ursprünglichen Trägerzahl erreicht Stanley am 13. Dezember 1887 den Albertsee. Emin Pascha trifft er jedoch erst am 29. April des folgenden Jahres.

Die Begegnung schildert Stanley so: »Von meinem Zelteingang aus sah ich nachmittags um 4½ Uhr am nördlichen Horizont des Sees ein dunkles Objekt auftauchen, das ich erst für ein Kanu der Eingebornen hielt. Mit Hilfe des Feldstechers aber sah ich, daß dieses Objekt sehr viel größer sein mußte. Da stieg auch schon eine dunkle Rauchwolke auf. Ein Dampfer fuhr auf uns zu. Eine Stunde später konnten wir sehen, daß dieser Dampfer Boote im Schlepptau hinter sich herzog. Um 6½ Uhr ließ der Dampfer in einer kleinen Bucht den Anker fallen. Dutzende unserer Leute waren am Strand. Sie schossen Gewehre ab und gaben Winkzeichen, doch niemand bemerkte sie. Ich schickte einige tüchtige Männer den Strand entlang. Sie benahmen sich aber übereifrig und schossen in die Luft, um sich bemerkbar zu machen. Sie wurden vom Schiff aus unter Feuer genommen, weil sie für gefährlich gehalten wurden. Es gab indes keine Opfer. Die Schiffsmannschaft erkannte bald, daß die Männer am Strand Freunde sind. Um 8 Uhr schritt Emin Pascha unter Freudenschreien der Unsrigen ins Lager. Er wurde von den Offizieren seiner Truppe begleitet. Zuerst erkannte ich ihn nicht. Ich schüttelte ihnen allen die Hand und fragte, wer Emin Pascha sei. Dann bemerkte ich eine etwas kleine, zarte Gestalt, die eine Brille trug. Dieser Mann sagte in vorzüglichem Englisch: ›Ich bin ihnen viel tausendmal Dank schuldig, Herr Stanley, und weiß wirklich nicht, wie ich Ihnen diesen Dank aussprechen soll.‹«

Stanley muß bald feststellen, daß Emin Pascha diese Dankesworte keineswegs ernst gemeint hat. Der Gouverneur betrachtet sich nicht als gerettet; er hat nie um Hilfe gebeten und braucht auch jetzt keine

Unterstützung. Schon der Vergleich im Erscheinungsbild der beiden Männer zeigt, daß Stanley den weiten Weg eigentlich umsonst zurückgelegt hat: Emin Pascha trägt eine sorgfältig gebügelte, blendendweiße Uniform – sein »Retter« aber besitzt nur noch aufgetragene Kleidungsstücke. Emin Pascha läßt aus dem Dampfer Lebensmittel ausladen, über die Stanleys Expedition schon lange nicht mehr verfügt. Der Gouverneur wird bei Landbesuchen von einer Militärkapelle begleitet und von diensteifrigen Offizieren und Mannschaften. Stanley meint, Emin Pascha werde auf baldige gemeinsame Abreise drängen, und ist überrascht, daß er keine derartige Bemerkung zu hören bekommt. Auf die ganz direkte Frage, was der Gouverneur zu unternehmen gedenke, antwortet Emin Pascha: »Wir werden sehen – wir werden sehen!«

Stanleys Enttäuschung steigert sich, als er bemerkt, daß die Vorräte an Elfenbein, von denen ihm Mackinnon in England erzählt hatte, nicht vorhanden sind. Emin Pascha hatte – in der Not – das Elfenbein gegen Waffen, Stoffe, Nahrungsmittel und innerafrikanische Zahlungsmittel eingetauscht. Die so begehrte Ware befand sich längst in der Hand arabischer Kaufleute.

Stanley hat dem Gouverneur der Region des oberen Nil drei Vorschläge zu unterbreiten, die nicht miteinander in Einklang zu bringen sind. Diese drei Vorschläge stammen von drei verschiedenen Auftraggebern; daß sie in keiner Weise vereinbar sind, wirft ein Licht auf Stanleys Fähigkeit, seine Dienste an unterschiedliche Herren zu vermieten.

Der erste Vorschlag stammt vom Khediven in Cairo. Er lautet, Emin Pascha möge sich mit Stanley zur ostafrikanischen Küste durchschlagen, um von dort aus Cairo zu erreichen. Dort werde dem Gouverneur der Gesamtbetrag der Gehälter ausbezahlt, die sich in den Jahren der Isolierung angesammelt haben. Selbstverständlich könne er auch weiterhin in ägyptisch-englischen Diensten bleiben.

Emin Pascha lehnt diesen Vorschlag sofort ab: »Der Khedive wird mich sicher auf die Seite schieben. Schöne Worte werde ich zu hören bekommen, aber mehr auch nicht. Sie werden mich in Cairo freundlich hinauskomplimentieren.«

Urheber des zweiten Vorschlags ist der belgische König. Leopold II. fordert Emin Pascha auf, das Gebiet um die Nilquellen und um den Oberlauf des Nil an den Kongostaat anzugliedern, der Privateigentum des Monarchen ist. Stanley ist mit Argumenten versehen, um Emin

Pascha für die Kongolösung zu gewinnen: »Der Kongostaat hat die einzig richtige Form der Verwaltung der Negergebiete gefunden. Die Häuptlinge haben sich freiwillig unter der blauen Flagge mit dem goldenen Stern vereinigt. Keine Gewalttat befleckt das Gewissen der Kongoverwaltung. Kein Schuß ist gefallen bei der Gründung des Staats. Die Neger haben nur Vorteile. Völlig ohne Steuerbelastung können sie ihr Elfenbein verkaufen, ihr Palmöl. Der Staat mischt sich nicht in ihre Belange ein. Sie, Emin Pascha, bleiben in Ihrer Stellung. Wer, wenn nicht der König der Belgier, kann ihnen derzeit die Position eines Gouverneurs anbieten?«

Obgleich Leopold II. als Gehalt den dreifachen Betrag der bisherigen Gouverneursbezüge anbietet, zeigt Emin Pascha keine Spur von Zufriedenheit. Er meint, es sei ihm nur schwer möglich, nach so vielen Jahren guter Zusammenarbeit, den Khediven und die Engländer zu hintergehen. Schließlich sei eine Übergabe der Provinz an den König der Belgier doch nichts anderes als Verrat. Die Nilquellen an die Belgier zu übereignen, sei ihm nicht möglich.

Stanley wird durch diese Ablehnung nicht in Verlegenheit gebracht. Er hat einen dritten Vorschlag bereit: »Wenn Sie nicht mit dem König der Belgier zusammenarbeiten können, dann begleiten Sie mich mit den Offizieren und Soldaten, die zu Ihnen stehen wollen, an die Nordostküste des Victoriasees. Dort werden Sie im Namen der East African Association eingesetzt zur Verwaltung. Sie stehen dann in englischem Dienst. Die Verwaltung der oberen Nilgebiete durch Ägypten hat sich als falsch erwiesen. Die Ägypter haben nur Stumpfsinn und Gewalt ins Innere Afrikas gebracht. Nie mehr soll Ihre Provinz von Cairo aus regiert werden.«

Sir William Mackinnon, der Reeder und Freund der Industriellen von Manchester, hat Stanley diesen dritten Auftrag mitgegeben. Die Absicht ist, der Handelskammer von Manchester eine Privatkolonie zu sichern; Mackinnon hat dabei als Vorbild den Kongostaat vor Augen, der Privatbesitz des belgischen Königs und einer Gruppe von Geldgebern ist.

Die Gründung eines unabhängigen Staates an den Nilquellen hält Emin Pascha für möglich. In sein Tagebuch notiert er, daß er »mit voller Seele« auf diesen Vorschlag eingehe, doch eine Entscheidung fällt er nicht; er müsse erst erfahren, was seine Offiziere beabsichtigen und wohin die Mannschaften abziehen wollen.

# Durch Zufall entdeckt Stanley das Mondgebirge

Entdeckerruhm zu ernten war nicht Stanleys Absicht bei dieser Expedition. Vor dreißig Jahren hatte Speke den Victoriasee entdeckt; ein Vierteljahrhundert war vergangen, seit Samuel White Baker den Albertsee erkundet hatte; vor rund einem Dutzend Jahren war es Stanley selbst gelungen, die letzten Zweifel der Skeptiker über die Geographie des Nilquellgebiets auszuräumen. Lust zum Abenteuer hatte Stanley diesmal nach Äquatorialafrika gelockt – und die Absicht, so viel zu erleben, daß Material vorlag für ein neues Buch, mit dem Stanley anknüpfen konnte an frühere Erfolge. Neben dieser persönlichen Motivation hatten kommerzielle Interessen Stanley angetrieben, der im Kongostaat begriffen hatte, wie leicht in afrikanischen Kolonien ein Vermögen zu verdienen war. Unter dem Vorwand, die Zivilisation in die Länder um den Nil zu bringen, hatten Geschäftsleute die Beziehung zu den Bewohnern Afrikas zu organisieren begonnen. Sir William Mackinnon war ein solcher Geschäftsmann – und König Leopold II. von Belgien auch.

Nicht ganz einen Monat nach dem Zusammentreffen mit Emin Pascha klettert Stanley auf einen Hügel, der sich in der Nähe seines Lagers am Albertsee befindet. Stanley will sich durch solche Wanderungen die Wartezeit verkürzen, bis der Gouverneur endlich sagt, was er zu tun gedenkt. Diesen Tag hält Stanley schon für vergeudet, da zeigt ihm sein Diener eine Erscheinung am Horizont. Stanley sieht in ihr zunächst eine Wolkenformation von grauer Färbung, die nach oben weiß abgetönt ist. Sein einheimischer Begleiter sagt ihm, dort liege ein Gebirge, das »mit Salz bedeckt« sei. Ungläubig, aber geduldig blickt Stanley auf diese Erscheinung. Er bemerkt, daß sie sich nicht verändert. Die Wolkenbänke ringsum verschieben sich, ihr Bild wechselt in den Formen. Das Gebirge, das »mit Salz bedeckt« ist, aber steht fest, wie ein Massiv der europäischen Alpen. Wenig später ziehen Regenschleier vor die Erscheinung, verdecken Wolken das ferne Gebirge.

Nur selten ist vom Albertsee aus der Berg zu sehen, den Stanley am 24. Mai 1888 bemerkt hat. Dunst, Nebel und Regenwolken umhüllen ihn während der meisten Tage des Jahres. Eine Regenzone erstreckt sich in Äquatornähe, die westlich von Kampala eine besonders starke Ausschüttung aufweist. Die Luft ist außerordentlich dicht mit Feuchtigkeit gesättigt. Nur hundert Kilometer ist der Berg vom Albertsee entfernt, doch hat er sich bisher weder Baker noch Emin Pascha gezeigt.

Ruwenzori nennen die Einheimischen das Bergmassiv; das Wort läßt sich übersetzen mit »der Regenspender«. 5109 Meter hoch ist der Ruwenzori. Er steigt hoch aus dem Tal des Semlikiflusses, das sich in 800 Meter Höhe über dem Meeresspiegel erstreckt. Der Abhang des Ruwenzori gehört heute zum Grenzgebiet der Staaten Buganda und Zaïre.

Für Stanley gibt es keinen Zweifel: Er hat das legendäre Mondgebirge entdeckt. In Vergessenheit geraten war während der Jahrzehnte intensiver Suche nach den Nilquellen, daß einst die Autoren der Antike über die geographische Konstellation von Quellen und schneebedeckten Bergen berichtet hatten. Kaum einer hatte sich an die Erzählung des griechischen Kaufmanns Diogenes erinnert, der auf dem Rückweg von Indien den Händlerpfaden gefolgt war, die von der ostafrikanischen Küste ins Landesinnere und dann nach Norden führten. Diogenes hatte die schneebedeckten »Mondberge« bei den Nilquellen gesehen. Von Ptolemäus war das Wissen des griechischen Händlers aufgezeichnet worden.

Zum Zeitpunkt der Entdeckung des Ruwenzori durch Stanley spottet längst niemand mehr über die Behauptung, in Afrika seien schneebedeckte Gebirge zu finden. Auf den Landkarten ist der Kilimandscharo eingetragen, der mit 5895 Metern Höhe noch eindrucksvoller wirkt als der Ruwenzori. Seit mehr als drei Jahrzehnten ist auch der Mount Kenia bekannt. Er gehört ebenfalls zu den Schneebergen Afrikas. Doch weder der Kilimandscharo noch der Mount Kenia könnten als die Mondberge in Betracht gezogen werden – beide liegen zu weit von den Quellen des Nil entfernt. Der Ruwenzori aber befindet sich im Wassereinzugsgebiet des Albertsees – und damit des Nil.

Stanley gibt dem Berg sofort seinen Namen; als Entdecker glaubt er dieses Recht zu besitzen. Er selbst hat nicht die Zeit für den Versuch der Besteigung, doch er entwickelt den Plan für einen Wettbewerb: Er will die Bergsteiger der Welt auffordern, den Mount Stanley zu erforschen.

Diesen Wettbewerb kann er allerdings erst nach der Rückkehr in die Welt der Presse und der Nachrichtenverbindungen publizieren. Vorerst ist er festgehalten in Zentralfrika.

An der Mündung des Kongonebenflusses Aruwimi hat er eine Nachhut zurückgelassen. Da er ohne Nachricht von ihr bleibt, entschließt sich Stanley, die Strecke von mehr als 500 Kilometer zurückzugehen, um seine Männer zu suchen. Er schreibt in sein Tagebuch, niemals zuvor seien ihm die Schrecknisse des Marschierens im Urwald so fühlbar gewesen wie diesmal. Er beschreibt den Zustand seiner Träger: »Ihre schwarze Hautfarbe hat sich in aschgraue Färbung verwandelt, und alle Knochen stehen ihnen dermaßen aus dem Körper hervor, daß man sich wundern muß, wie solche Gerippe überhaupt noch die Kraft haben, sich fortzubewegen. Fast jeder einzelne von ihnen ist das Opfer irgendeiner abscheulichen Krankheit. Beulen, ausgetrocknetes Rückenmark, übelriechende Geschwüre sind allgemeines Übel. Andere leiden an chronischem Durchfall. Schon der Anblick dieser Menschen, in Verbindung mit dem üblen Geruch, verursacht mir Magenkrampf und Brechreiz.«

Nach fast zehn Wochen qualvollen Marsches erreicht Stanley das Lager der Nachhut. Auch dort begegnen ihm Krankheit und Tod. Der Kommandeur der zurückgebliebenen Träger und ihrer bewaffneten Beschützer war von Sklavenhändlern erschossen worden. Mit ihm hatten Männer aus Sansibar und Europäer ihr Leben gelassen. Bei der Ankunft im Lager sieht Stanley sechs Leichen, die noch nicht beerdigt sind.

Stanley muß die Überlebenden zum Albertsee mitnehmen. Noch einmal rafft er sich auf, den Urwald zu durchqueren. Seit einem Vierteljahr hat er nichts von Emin Pascha gehört. Er weiß nichts davon, daß sich die Truppe des Khalifa, des Mahdinachfolgers, inzwischen auf dem Vormarsch nach Süden befindet, daß sie dem Albertsee bedrohlich nahe gekommen ist. Der Kommandeur dieser Truppe schreibt am 15. Oktober 1888 an den Khalifa, der in Omdurman regiert:

»Im Namen Allahs, des Allergnädigsten, des Allerbarmers, mit den Soldaten und mit dem Dampfer kamen wir gut voran und erreichten die Stadt Lado, die Residenz des Oberhaupts der Provinz an den Nilquellen. Wir müssen den Offizieren und Mannschaften danken, denn sie haben die Eroberung ihrer Stadt leicht gemacht. Sie konnten selbst Emin gefangennehmen und in Ketten legen. Der Khedive Taufik hat an Emin einen Boten geschickt, sein Name ist Mr. Stanley. Dieser Mr. Stanley brachte einen Brief mit von Taufik an Emin. Darin ist geschrieben, Emin möge mit Mr. Stanley die Provinz verlassen. Den Soldaten sollte die Wahl gelassen werden, entweder mit Emin abzuziehen oder zu bleiben. Die Soldaten kümmerten sich nicht um den Befehl des Khediven und haben uns mit freudigen Gefühlen empfangen. Wir fanden eine große Menge an Elfenbein. Ich sende Dir, meinem Herrn – Allah schenke dir ein langes Leben –, eine Abschrift des Briefes von Taufik an Emin, zusammen mit den Fahnen, die wir erobert haben. Alle Häuptlinge der Provinz zeigen Freude, daß wir gekommen sind. Ich habe alle Waffen und alle Munition beschlagnahmt.«

Der Kommandeur schildert einen wahren Vorgang, der die politische Machtsituation in der Provinz um die Nilquellen verändert. Emins Verzögerung der Entscheidung über die eigene Zukunft hatte die ägyptischen Soldaten unsicher gemacht. Die wenigsten hatten die Absicht, mit Stanley nach Sansibar abzurücken. Die Sprecher der Ägypter sagten deutlich: »Wir kennen nur einen Weg nach Cairo, der führt über Khartum. Ist dieser Weg blockiert, dann wollen wir warten bis er wieder frei ist, oder wir wollen hier sterben.«

Emin erkannte in diesen Worten ein Aufflackern des Ungehorsams. Er gab Befehl, den Sprecher zu verhaften. Doch keiner der Soldaten folgte der Order – um Haaresbreite entging Emin diesmal selbst der Verhaftung. Er selbst sah die Ursache von Unruhe und Meuterei nicht im eigenen unentschlossenen Verhalten, sondern in Stanleys Äußerungen, die Emin für unklug hielt: – mit Recht. Stanley hatte vor seinem Marsch zur Mündung des Aruwimi zu den Soldaten gesagt, England werde ihre Haltung honorieren, wenn sie treu zu Emin Pascha stehen. Die Unzufriedenen unter den Soldaten wiesen darauf hin, daß Stanley nicht vom Khediven und nicht von Ägypten gesprochen habe, sondern von England, das Treue belohne. Sie besannen sich darauf, Ägypter zu sein, dem Khediven ergeben. Die Person Stanley, auf der Suche nach der Nachhut, wurde zur Belastung für Emin Pascha.

Viele, die jetzt bereit waren zu meutern, hatten sich zuvor gewundert, daß Stanley und seine Träger in derart verwahrlostem Zustand an den Albertsee gekommen waren. Sie zweifelten an Stanleys Auftrag. Ihr Argument: Jemand, der vom Khediven komme oder der im Namen Englands spreche, müsse mehr auf sein Äußeres bedacht sein; weder England noch der Khedive könnten sich durch zerlumpte Gestalten vertreten lassen. Hinter Stanley stehe wohl kaum die Autorität der Regierungen in London und Cairo. Daß nur ein Mann wie Stanley den Weg zum Albertsee gesucht habe, sei ein Zeichen dafür, daß niemand von politischem Gewicht in England und in Ägypten zu Emin Pascha halte.

Am 18. August 1888 konnte der Gouverneur die Meuterei nicht mehr eindämmen. Seine Offiziere verhafteten ihn beim Einreiten in die Siedlung Dufile. Sie berieten sogar darüber, ob sie ihn erschießen lassen sollten. Ein zweites Thema beschäftigte ihre Überlegungen: die Frage, wie sie Stanley berauben könnten, wenn er und die Träger mit den Versorgungsgütern ankämen, die bisher bei der Nachhut an der Aruwimimündung gelagert hatten.

Die Beratungen wurden gestört durch Nachrichten, die Reiter des Khalifa hätten mit dem Ansturm von Norden her begonnen.

Am Bericht des Kommandeurs der Khalifatruppe war korrekt, daß die eigenen Offiziere Emin Pascha verhaftet hatten. Ihr Motiv war, dem Gouverneur die Macht zu nehmen, um selbst über die Zukunft entscheiden zu können. Falsch aber war die Behauptung, die Offiziere und Soldaten hätten kapituliert. Im Gegenteil: Keiner wollte in die Hand des Mahdinachfolgers fallen. Die Nachrichten vom Angriff ließen die Offiziere zur Erkenntnis kommen, jetzt, in der Stunde der Gefahr werde ein Oberbefehlshaber mit Erfahrung gebraucht. Emin Pascha wurde nach drei Monaten Haft aus dem Gefängnis geholt und wieder als Gouverneur eingesetzt. Als erste Amtshandlung organisierte er den geordneten Rückzug nach Süden.

Im Dorf Tunguru am Albertsee verbrachte Emin Pascha die Wochen des Wartens, bis Stanley vom Aruwimi zurückkehrte. Er nützte die Zeit, um jenen seltsamen Berg zu erforschen, den Stanley im Süden gesehen hatte. Er wollte den Mount Stanley besteigen. Sein Name sollte für immer mit der Lösung des Geheimnisses der Mondberge verbunden sein. Doch der Versuch scheiterte. Begonnen hatte er auf der Hochebene am Südende des Albertsees, dort war von den Soldaten des Gouverneurs ein Lager aufgeschlagen worden. In der Höhe von 1600 Metern – nur etwa 500 Meter über dem Ausgangspunkt – mußte Emin Pascha aufgeben. Geschwächt durch jahrelangen Aufenthalt im teuflischen Klima von Äquatorialafrika besaß er zwar die seelische Energie, den Berg bezwingen zu wollen, doch die körperliche Kraft fehlte, um Schluchten zu überwinden, um über Felswände zu klettern. Noch ehe er die Eisregion erreichte, brach Emin Pascha den Aufstieg ab. Der Entschluß war klug, denn mit der Kleidung, die er besaß, wäre er in den kalten Stürmen am Berg erfroren.

Als Stanley zurückkehrte vom Aruwimifluß, da hoffte er, eine stabile Basis zu finden, um sich von der Qual des Urwaldmarsches erholen zu können. Er hatte Emin Pascha acht Monate zuvor als Beherrscher des Niloberlaufs verlassen. Nun traf er auf einen Mann, dessen Persönlichkeit unter zwölf Wochen Haft gelitten hatte und der kaum noch Ansehen bei den Soldaten besaß, weil er sich von seinen Offizieren hatte einsperren lassen. Stanley erkannte, daß Emin Pascha weder dem König der Belgier noch der Handelskammer von Manchester nützlich sein könne. Er befahl aus eigener Autorität den Abzug aller Ägypter und aller Europäer aus dem Gebiet südlich der Nilsümpfe. Doch war er nicht bereit zu warten, bis sich alle Verwaltungsbeamten, Offiziere und Soldaten der Provinz samt Familienanhang am Albertsee versammelt hatten. Am 10. April 1889, frühmorgens, gab Stanley das Zeichen zum Aufbruch.

Tausendsechshundert Menschen gehen in langauseinandergezogener Kolonne durch Urwald und Steppe nach Osten, geplagt von Wunden an den Füßen, Fieberschauern und Schwäche, demoralisiert durch den Streit zwischen Stanley und Emin Pascha. Der Gouverneur ohne Provinz ist inzwischen überzeugt, daß er, wenn Stanley nicht an den Albertsee gekommen wäre, noch immer unumschränkter Herrscher in Äquatorialafrika sein könnte. Stanley habe, so denkt Emin Pascha, durch seine Art und durch seine Reden Zwietracht und Aufruhr ausgelöst; er habe den Respekt der Offiziere vor der Person und dem Amt des Gouverneurs untergraben.

Mit Abscheu bemerkt Emin Pascha, daß Stanley die Methoden der Sklavenhändler anwendet. Braucht die Kolonne neue Träger, weil die bisherigen erkrankt oder gestorben sind, so befiehlt Stanley, daß ein Dorf überfallen werde, damit die Männer eingefangen werden können.

Die Gefangenen haben dann die Kisten zu tragen, die gefüllt sind mit dem Eigentum der Beamten und Offiziere.

Stanley kritisiert, Emin Pascha sei zwar nicht einverstanden mit der Art, wie Träger aus den Dörfern geholt würden, doch er selbst würde seine Habe, die geschleppt werden müsse, täglich vermehren. Stanley notiert: »Ich wußte, daß er Vögel, Reptilien und Insekten sammelte, doch ich hatte keine Ahnung, daß dies zur Manie ausartete. Er wollte jeden Vogel in Afrika töten, jedes abscheuliche Reptil und Insekt sammeln, um ihre Schädel und Skelette mitzunehmen. Wenn wir genügend Träger gehabt hätten, wären wir zum wandernden Museum, wenn nicht zum wandernden Friedhof geworden.«

Am 4. Dezember 1889 erreicht die Kolonne die Stadt Bagamoyo an der ostafrikanischen Küste. Die Rettung des Emin Pascha hat mehr als 350 Menschen das Leben gekostet. Doch der Gouverneur, der sich wieder Schnitzer nennt, zeigt kein Gefühl der Dankbarkeit. Er feiert seine Ankunft in Ostafrika und die baldige Heimkehr nach Europa im Kreis deutscher Offiziere, die zur kaiserlichen Garnison gehören, die mit unfreiwillig erteilter Genehmigung des Herrschers von Sansibar in Bagamoyo eingerichtet worden ist – Deutschland hatte den Herrscher durch die Entsendung von Kriegsschiffen unter Druck gesetzt. Während der Feier mit den Deutschen fällt der angetrunkene Schnitzer vom Balkon im ersten Stock des Offizierskasinos. Er zieht sich einen gefährlichen Schädelbruch zu.

# England erobert die Nilquellen

Kaum ist Schnitzer wieder gesund, beginnt er darüber nachzudenken, wie er seine Provinz am oberen Nil erneut in die Hand bekommen könnte. Er will sich nicht an den Gedanken gewöhnen, künftig ein Leben als Privatmann und Memoirenautor zu führen. Er hat erfahren, was Macht bedeutet. Nun setzt er die ihm nach Strapazen und Unfall verbliebene Energie dafür ein, wieder weißer Herrscher in Zentralafrika zu werden. Auf den Namen Schnitzer verzichtet er gern, wenn er sich nur wieder Emin Pascha nennen darf.

Er findet in Bagamoyo Briefe vor, die an ihn adressiert sind. Geschrieben worden sind sie während der letzten Monate seiner Gouverneurszeit am Albertsee. Absender ist ein befreundeter Missionar und Afrikakenner. Von ihm erfährt Schnitzer, daß Sir William Mackinnon daran denke, Geldmittel und politische Rückendeckung zu mobilisieren für die Befreiung des Südsudan von der Herrschaft des Mahdinachfolgers. Schmeichelhaft klingt in Schnitzers Ohren die Mitteilung, der Geschäftsmann halte einen solchen Gedanken aber nur dann für realistisch, wenn Schnitzer seinen Namen und seine Erfahrung in die zu gründende Gesellschaft zur Kolonisierung der südlich der Nilsümpfe gelegenen Gebiete einbringe.

Schnitzers Informant steht zwar im Dienst des Engländers, doch er ist ein fairer Berichterstatter, der korrekt die politische Entwicklung in Afrika registriert. In einem zweiten Brief teilt er Schnitzer mit, auch die deutschen Befürworter der kolonialen Beherrschung Afrikas hätten die Absicht geäußert, Schnitzer für ihre Ziele zu gewinnen. Zu diesen Befürwortern gehört Bismarck; er ist noch immer der Politiker mit dem entscheidenden Einfluß im Deutschen Reich. Der Reichskanzler, ein Jahrzehnt zuvor äußerst skeptisch gegenüber allen Plänen,

Deutschland an der kolonialen Aufteilung Afrikas zu beteiligen, ist nun der Meinung, das Kaiserreich müsse zumindest den Eindruck erwekken, ehrgeizige Programme zum Erwerb von Kolonien zu entwickeln. Bismarck ermutigt zur Gründung der »Gesellschaft für deutsche Kolonisation«. Sie setzt sich das Ziel, Bankiers und Industrielle mit dem Gedanken vertraut zu machen, daß der wirtschaftlich rasch wachsende deutsche Staat nicht auf Kolonien verzichten könne. Der Historiker und Geograph Dr. Karl Peters ist das Gründungsmitglied, das den Honoratioren der Gesellschaft keine träge Selbstgefälligkeit gestattet. Er verlangt von ihnen Unterstützung einer dynamischen Kolonialpolitik. Seine Meinung ist, Deutschland müsse sich in Afrika rasch Gebiete sichern, solange einige Landstriche noch nicht von anderen Industriestaaten beansprucht werden. Der schnelle Zugriff könne noch ein politisches Übergewicht Englands in Afrika verhindern.

Sobald Bankiers, Industrielle und Reeder die »Gesellschaft für deutsche Kolonisation« mit einem ausreichenden finanziellen Grundstock versehen haben, fährt Dr. Karl Peters nach Ostafrika, um in der Gegend zwischen Bagamoyo und dem Victoriasee Häuptlinge zu überzeugen, daß es klug für sie sei, Schutzbriefe des deutschen Kaiserreichs anzunehmen. Bei der Rückkehr nach Berlin legt Peters Dokumente vor, aus denen zu entnehmen ist, daß einige Häuptlinge ihr Territorium der »Gesellschaft für deutsche Kolonisation« übertragen haben. Später sind diese Papiere allerdings wertlos, da die Häuptlinge die Landübertragung nur als höfliche, aber unverbindliche Geste betrachten.

Peters kommt mit übertriebenen Vorstellungen von den Chancen deutscher Koloniengründung in Afrika zurück. Er legt einen Plan vor, der den deutschen Kaiser zum Herrn über die Nilquellen machen will. Das kaiserliche Kolonialreich, so meint Peters, müsse das zentrale Gewässersystem Afrikas umfassen – den Victoriasee, den Albertsee und die Flüsse, die von der Wasserscheide zwischen den Bassins von Nil und Kongo nach Westen in Richtung Kongo fließen. Daß Bismarck diesen Plan unterstützt, wird offensichtlich, als der Reichskanzler der »Gesellschaft für deutsche Kolonisation« einen Schutzbrief ausstellt, der nicht nur hohe Protektion, sondern auch Steuervorteile zur Folge hat.

Der 13. August 1885 gilt als der Gründungstag der deutschen Kolonie Ostafrika, die etwa das Gebiet des heutigen Staates Tanzania umfaßt. Einfach ist es für die deutsche Truppe nicht, die Kolonialverwaltung zu organisieren. Sie hat gegen Aufstände zu kämpfen, die meist durch das harte Auftreten der deutschen Offiziere und Beamten ausgelöst werden.

Vier Jahre lang besteht die Kolonie schon, als Schnitzer in Bagamoyo darüber nachdenkt, ob er seinen deutschen Landsleuten helfen soll, die Kolonie zu erweitern. Er sieht, daß sich das Deutsche Reich durch Militärbasen in Ostafrika verankert hat. Er vergleicht damit den erheblich weniger eindeutigen Einsatz englischer Truppen am oberen Nil: England hat sich bisher immer gehütet, dort direkte Macht auszuüben – der ägyptische Khedive wird als angeblicher Souverän vorgeschoben; englische Offiziere und Soldaten, die im Sudan dienten, bekommen ihren Sold nicht aus London, sondern aus Cairo. Daß die Deutschen gar nicht erst die Idee haben, solche Winkelzüge anzuwenden, gefällt Schnitzer. Er bemerkt: »Wäre ich im Sudan in deutschen Diensten gestanden, hätte es nicht des Privatmannes Stanley bedurft, um zu mir nach Wadelai durchzudringen.«

Schnitzer arbeitet an der Planung für einen als Expedition getarnten Vormarsch, der Deutsch-Ostafrika, also den heutigen Staat Tanzania, zum Ausgangspunkt hat und auf die Eroberung von Uganda zielt. Die deutsche Reichsregierung läßt Schnitzer wissen, sie stimme der Absicht, das Gebiet der Nilquellen für Deutschland zu annektieren, zu. Der deutsche Reichskommissar für Ostafrika, Hermann Wissmann – ein Offizier, der das Gewässersystem im Inneren Afrikas aus eigener Anschauung kennt –, ist angewiesen, zur Vorbereitung der militärischen Expedition siebenhundert einheimische Kämpfer anzuwerben, drei Leutnants abzukommandieren, Gewehre und Munition zu stellen. Die Instruktion, die aus Berlin eintrifft, ist präzise:

»Die Expedition macht der Bevölkerung am Victoriasee und am Albertsee bekannt, daß sie unter deutschem Schutz und unter deutscher Oberhoheit steht. Um dieses Ziel zu erreichen, ist der arabische Einfluß in diesem Gebiet zu unterminieren und zu brechen.« Der Befehl lautet, der islamische Staat des Mahdinachfolgers sei zu vernichten.

Im Frühjahr 1890 beginnt Schnitzer von Ostafrika aus den Marsch zum oberen Nil. Die siebenhundert Kämpfer folgen ihm auf den Pfaden der Sklavenhändler. Schnitzer will seine Truppe verstärken durch Soldaten, die er mehr als ein Jahr zuvor beim überstürzten Abzug, der auf Stanleys Drängen rasch erfolgt war, in seiner Provinz zurückgelassen hat. Doch ein Aufruf, den er an die Bewohner der Region von Victoriasee und Albertsee vorausschickt, bleibt ohne Echo. Für Schnitzer, der sich wieder Emin Pascha nennt, bleibt nur ein Fazit zu ziehen: Die Untergebenen von einst wollen nichts mehr mit ihrem früheren Gouverneur zu tun haben.

Schlimmer als diese Erfahrung aber ist die Erkenntnis, daß die kaiserliche Regierung von ihrer aggressiven Afrikapolitik abrückt. Sie verzichtet auf alle Absichten der Kolonialisierung der Region um den Victoriasee. Sie mindert ihren Ehrgeiz in Ostafrika. England bedankt sich durch Überlassung der Insel Helgoland an das Deutsche Reich. In Berlin hatte sich der Standpunkt durchgesetzt, daß die Lösung naheliegender Probleme wichtiger ist als der noch so verheißungsvolle Griff nach Afrika. Deutschland scheidet aus dem Wettbewerb um den Besitz der Nilquellen aus.

Emin Pascha erfährt im Dschungel von der Meinungsänderung der deutschen Reichsregierung; er zieht trotzdem weiter. Seine Sehnsucht, die frühere Provinz am oberen Nil zu erreichen, erfüllt sich. Doch kein Auftraggeber bittet ihn, das Gebiet wieder zu verwalten. Vom Deutschen Reich fühlt er sich verraten – an Sir William Mackinnon kann er sich nicht mehr wenden. Ziellos nimmt er den Marsch wieder auf. Am 23. Oktober 1892 wird Schnitzer im Kongogebiet von arabischen Sklavenhändlern ermordet. Sie dringen nachts in sein Zelt ein und schneiden ihm die Kehle durch.

In diesem Jahr 1892 übernimmt Horatio Herbert Kitchener das Kommando über die ägyptische Armee. Er, der sieben Jahre zuvor den mißglückten Versuch der Rettung Gordons mitgemacht hatte, wird vom brennenden Wunsch getrieben, Gordon zu rächen und Khartum dem Mahdinachfolger zu entreißen. Mitten in der langwierigen Vorbereitungszeit der Offensive, die Englands Schmach am Oberlauf des Nil tilgen soll, stößt eine französische Kampfexpedition von Westen her aus weiter Entfernung gemächlich in Richtung auf den Fluß durch. Sie wird allerdings lange Zeit gar nicht bemerkt.

»Sie sind beauftragt, nach und nach die Gebiete in Besitz zu nehmen, durch die der Zugang zum Nil möglich ist. Diese Gebiete sollen französisches Gebiet werden.« Diese Order hatte der Gründer der französischen Kongokolonie im Jahre 1891 seinem Statthalter am

Kongonebenfluß Ubangi gegeben. Savorgnan de Brazza ist der Name des Koloniegründers – nach ihm ist Brazzaville benannt worden.

Seit 1844 bemühte sich Frankreich, von Westafrika aus ein Kolonialreich aufzubauen. Mit der Niederlassung von Missionaren bildeten die Franzosen einen ersten Brückenkopf in der Nähe der Äquatorlinie. Den Missionaren folgten die Kolonisatoren und die Militärs. Die Kolonien Französisch-Kongo und Gabun formierten sich; schließlich geriet auch der Tschad unter französischen Einfluß.

Im Jahr 1892 faßt Frankreich dazuhin Fuß im Osten Afrikas – an einem strategisch außerordentlich wichtigen Punkt. Die Stadt Djibuti an der schmalen Einfahrt ins Rote Meer wird von französischen Truppen besetzt. Von hier aus kann der Schiffsverkehr kontrolliert werden, der am Nordende des Roten Meers den Suezkanal passiert.

Die französische Regierung benützt ihren Stützpunkt Djibuti, um Einfluß zu nehmen auf den König von Äthiopien. Der Herrscher ist dankbar für die Lieferung von neuartigen Schnellfeuergewehren französischer Produktion. Die Kolonialarmee Italiens, die Eritrea erobern soll, bekommt die Wirkung zu spüren. Die Italiener erleiden bei Adowa eine schlimme Niederlage gegen äthiopische Truppen. Mit stiller Duldung durch König Menelik von Äthiopien – der so seine Dankbarkeit zeigt – organisiert die Regierung in Paris das Protektorat Französisch-Somalia.

Der Gedanke liegt nahe, zwischen den französischen Besitzungen im Osten und im Westen Afrikas einen Bogen zu spannen. Noch sind die Eigentumsverhältnisse im Innern Afrikas nicht geregelt. Wer sich stark genug fühlt, Ansprüche auf das Gebiet der Nilquellen zu erheben, kann mit Chancen rechnen. Die französische Regierung glaubt, England am Nil entgegentreten zu können.

Der Befehl, den Savorgnan de Brazza im Jahr 1891 seinem Statthalter gegeben hat, ist von geringer Auswirkung geblieben. Der Zugang zum Nil ist bis 1896 noch immer nicht in französischer Hand. Da gibt die Regierung in Paris Befehl, unter militärischem Schutz die Fahne Frankreichs am oberen Nil aufzupflanzen.

Zwölf französische Offiziere und einhundert aus senegalesischen Stämmen rekrutierte Soldaten kommandiert Hauptmann Jean-Baptiste Marchand, als er im Juli 1896 auf dem alten Dampfboot »Faidherbe« Brazzaville verläßt. Die Truppeneinheit fährt kongoaufwärts. Ein Weg von 4500 Kilometern Länge liegt vor ihr.

Marchand und seine Männer überwinden Stromschnellen und Fels-
barrieren im Fluß. Sie verlassen den Kongo und folgen dem Nebenfluß
Ubangi. Als das Dampfboot wegen ungenügender Wassertiefe des
Ubangi nicht mehr benützt werden kann, befiehlt Marchand seine
Zerlegung. Die Einzelteile werden über die Berge der Wasserscheide
zwischen Kongo und Nil geschleppt. Sobald ein Zweig des Bahr Al
Ghazal erreicht ist, der genügend Wasser führt, läßt Marchand die
Schiffsreise fortsetzen. Unbehindert schwimmt die »Faidherbe« zum
Weißen Nil. Im Juli 1898 biegt sie in den großen Fluß ein. Dort, wo
sich der Weiße Nil aus der West-Ost-Richtung, in der er zeitweise
fließt, nach Norden wendet, binden die Senegalesen das Dampfboot am
Ufer fest. Hier liegt die triste und staubige Siedlung Faschoda. Sie ist
kein Ort von irgendeiner Bedeutung. Weder besitzt Faschoda einen
attraktiven Markt, noch war hier jemals eine Garnison untergebracht.
Für Marchand ist nur ein Umstand wichtig: Die Trikolore muß hier
besonders auffallen.

Von Brazzaville bis Faschoda ist die französische Einheit genau zwei
Jahre unterwegs gewesen. Keine Meldung über ihren Standpunkt hat
die europäischen Hauptstädte erreicht. Selbst in Faschoda am Nil bleibt
sie verborgen – ungewollt. Die Engländer, deren Aufmerksamkeit
Marchand durchaus erregen will, richten ihr Augenmerk auf Ereignisse, die weiter im Norden geschehen, bei Omdurman.

Zwei Jahre zuvor, kurz vor der Abfahrt der Franzosen in Brazzaville,
hatte England beschlossen, den Sudan wirklich wieder zu erobern. Die
Vorbereitungsphase für die Offensive hatte längst begonnen – schon
bei der Betrauung des Generals Horatio Herbert Kitchener mit dem
Oberbefehl über die ägyptisch-englische Armee. Doch bislang hatte die
wahre Entschlossenheit gefehlt. Kaum hatte London die Eröffnung des
Sudankriegs genehmigt, da schlug Kitchener zu, südlich von Wadi
Halfa, dort, wo heute der Staat Sudan am Nilverlauf beginnt, erlitt die
Reiterei des Mahdinachfolgers eine erste Niederlage. Ende August
1897 erreichte die ägyptische Armee die Stadt Berber. General Kitchener ließ in den Wochen danach eine Bahnlinie von Wadi Halfa über
Abu Hamed bis zum Nilnebenfluß Atbara südlich von Berber legen –
die Bahntrasse umgeht den Nilbogen von Dongola und gefährliche Nil-
katarakte.

Zu den ersten Benutzern der Wüstenbahn gehört der Leutnant

Winston Churchill, der zur britischen Reitereinheit 21$^{rst}$ Lancers zählt. Churchill beschreibt den Verlauf der Reise durch das Niltal: Am 2. August 1898 besteigen er und mehr als tausend englische Soldaten und Offiziere zunächst Güterwagen und Personenwagen der schon länger bestehenden Bahnlinie, die von Cairo aus parallel zum Nil nach Süden verläuft. Auf halbem Weg zwischen Cairo und Asswan endet der Schienenstrang; die Truppe wird auf einen Dampfer und auf zwei Barken verladen, die am Schlepptau gezogen werden. Der Leutnant Churchill findet unterwegs Zeit, um die Tempel von Luxor zu besuchen. Wegen der Stromschnellen des Ersten Katarakts kann der Schiffsverband nicht weiter als bis Asswan fahren. Der Landweg am Katarakt vorbei wird zu Fuß und auf dem Pferderücken zurückgelegt; die kurze Strecke Asswan–Schellal ist in sechs Stunden bewältigt.

In Schellal besteigt die Truppe wieder Dampfschiffe. Sie haben gegen starke Strömung anzukämpfen. Winston Churchill berichtet wenig über diesen Abschnitt der Nilstrecke bis zum Anfang der neuen Bahnlinie in Wadi Halfa. Die Tempel von Abu Simbel erwähnt er nicht.

Am 12. August beginnt die Fahrt durch die Wüste. Churchill schreibt: »Der Zug sieht wenig einladend aus, aber er ist nicht unbequem, auch wenn seine Wagen keine Polster besitzen. Ein langer Pferdewagen wurde für die Offiziere bereitgestellt, andere Wagen für die Mannschaft. Ein Dach aus Brettern schützt vor der Sonne. Der Staub wird, zum Teil wenigstens, durch eine Plane abgehalten, die wie ein Vorhang um den Wagen herumhängt. In der Mitte des Wagens steht ein großer Krug aus Ton. Das Wasser darin wird durch Verdunstung der geringen Flüssigkeit, die aus den Poren des Tonkrugs dringt, angenehm gekühlt. Der Zug quält sich mühsam vorwärts. Er benötigt für die mehr als 600 Kilometer sechsunddreißig Stunden. Die Landschaft bietet kein schönes Bild. Sie ist so weit wie das Meer, aber weniger einladend. Sie besitzt die ganze Öde des Meeres, aber nicht seine Schönheit. Nichts bringt in die Eintönigkeit dieser Szene auch nur die geringste Abwechslung. Die Telegrafenmasten sind noch das belebendste Element. Stunde um Stunde verrinnt – und alle sind sie heiß. In gewissen Abständen halten wir an Stationen, die sich nur durch ihre Nummern unterscheiden und aus einer Holzhütte und aus einer Signalstation bestehen. So fahren wir ohne Zwischenfall durch diese unfreundliche Gegend, die in jedes Inferno gepaßt hätte. Die

Bahn geht bis zum Ende einer Landzunge, die zwischen der Nordseite des Atbara und dem Ostufer des Nil liegt. Am Ende der Bahnlinie befindet sich ein mächtiges Depot. Berge von Kisten mit Zwieback, Munition und anderen Vorräten lagern hier. Für alle Truppen südlich dieses Punktes ist die Versorgung durch dieses Lager für drei Monate gesichert.«

8200 britische Soldaten und 17 000 Ägypter waren beim Sechsten Nilkatarakt konzentriert, um den Großangriff auf das Heer des Mahdinachfolgers zu beginnen. Das Angriffsziel liegt noch 200 Kilometer entfernt: die Doppelstadt Khartum-Omdurman.

Der Deutsche Karl Neufeld, der Gefangene des Khalifa, berichtet über die Situation in der Stadt während der letzten Woche der erlöschenden islamischen Revolution: »Der Khalifa hielt sich acht Tage lang in der Moschee auf. Er sprach mit dem Propheten und mit dem Mahdi. Im Zwiegespräch mit den beiden hohen Helfern faßte der Khalifa den Entschluß, einen Ausfall aus Omdurman zu wagen. Eine große Heerschau wurde abgehalten. In diesen Stunden trafen alarmierende Meldungen ein. Doch der Khalifa vertraute auf seine 75 000 Kämpfer. In der Nacht sind ihm erneut der Prophet und der Mahdi erschienen und hatten ihm den guten Ausgang der Schlacht angekündigt. Die Seelen aller Gläubigen, die fallen, sollten ins Paradies kommen, während die Legionen der Hölle die Seelen der Ungläubigen in Fetzen reißen werden.«

Die Schlacht nimmt nicht den Verlauf, den die Vision des Khalifa prophezeit hat. Der Journalist G. W. Steevens, der als Kriegskorrespondent den englischen Aufmarsch begleitet, zieht das Fazit: »Das ist keine Schlacht, das ist eine Hinrichtung.«

Von Winston Churchill sind Details der Vorbereitungsphase vor dem Kampf zu erfahren. Er bemüht sich um malerisch-farbige Darstellung der Vorgänge: »So eine Schlacht wie die von Omdurman wird man nie wieder erleben. Zum letzten Mal wohl findet eines jener Schauspiele statt, die so großartig und so farbenprächtig sind, daß sie dem Krieg einen glanzvollen Zauber verleihen. Die Heere bewegen sich auf der flachen Wüste, die der Nil in breiten Windungen durchzieht, die bald stahlblau, bald kupferfarben glänzen. Kavallerie attackiert im gestreckten Galopp in geschlossener Formation. Die Infanterie ist in Linien geordnet. Dichte Massen von Kriegern, die mit Speeren bewaffnet sind, stellen sich der Infanterie entgegen. Von den felsigen Hügeln aus, die auf beiden Seiten des Nil zu finden sind, ist das ganze Schauspiel zu überblicken; häufig ist es verwischt durch Luftspiegelungen, die Gewässer vortäuschen. Langgezogene Streifen schimmernden Wassers scheinen die Hüften oder die Knie marschierender Truppen zu überlagern, während wir Betrachter doch wissen, daß es dort nur Wüste gibt. Batterien der Artillerie oder lange Kavalleriekolonnen tauchen aus einer Welt auf, die aus mattem Kristall zu bestehen scheint, und ziehen in das harte Ockergelb des Sandes. Sie gehen in Stellung inmitten von zackig geschlagenen schwarzen und roten Felsen, die violette Schatten werfen. Über dem allem breitet sich der riesige Dom des Himmels in Tönungen von Rostrot zu Türkis und zum tiefsten Blau. Dieser Dom wird durchstoßen von der flammenden Sonne.«

Am 2. September 1898, morgens um sechs Uhr, gibt der Khalifa den Befehl zum Angriff. Hätte er Stunden zuvor, in der Dunkelheit, angreifen lassen, vielleicht wäre ihm eine Überraschung gelungen – die Engländer sind nicht daran gewöhnt, bei Nacht rasch eine Schlachtordnung aufzubauen. Sie können überrumpelt werden, wenn ihnen die Initiative entwunden ist. Doch diese Chance hat der Khalifa verstreichen lassen.

Auf dem Rücken des Hügels Kereri nördlich von Omdurman tauchen im Sonnenlicht die Kämpfer des Mahdinachfolgers auf. Sie sind alle in weiße Gewänder gehüllt, zum Zeichen, daß sie bereit sind, den Märtyrertod zu sterben. Sie schwingen Speere und Schwerter. Ihre Emire reiten voran; manche sind in Kettenhemden gehüllt, andere haben einen Harnisch übergestreift, nach Art der europäischen Ritterrüstung des Mittelalters. Mit dem Ruf »Allahu Akhbar!« »Allah ist über allem!« ziehen sie gegen die Engländer.

Die englische Streitmacht wehrt sich mit modernen Waffen. Sie besitzt Geschütze mit einer Reichweite von 3000 Metern. Zum erstenmal werden in einem Gefecht Maschinengewehre verwendet. Die Entwicklung dieser Waffe befindet sich noch im Anfangsstadium, und doch feuert das Maschinengewehr schon dreihundert Geschosse in der Minute aus einem Lauf. Gegen die aufrecht marschierenden Khalifakrieger und gegen Reiterei erweist sich die Schnellfeuerwaffe von verheerender Wirkung. Den Gegenangriff hat die Reitereinheit der 21rst Lancers durchzuführen. Winston Churchill, einer der Unterführer dieser Einheit, nimmt an der Attacke teil:

»Unmittelbar vor mir liegen blaue Gestalten, die in weiße Rauchwolken eingehüllt sind, die aus Gewehrschlössern und aus Gewehrläufen dringen. Unmittelbar hinter mir tanzen die Spitzen einer langen Reihe von Lanzen, von unseren Reitern zur Attacke bereitgehalten. Das Pfeifen von Kugeln ist nicht zu hören. Es wird übertönt vom Gestampfe der Pferde. Plötzlich verwandelt sich das Bild vor mir. Die blauen Schützen feuern noch; hinter ihnen aber wird ein Hohlweg sichtbar, der in einem Einschnitt des Hügels verläuft. Der Hohlweg ist gedrängt voll. Männer richten sich dort auf; sie stehen in zehn, zwölf Gliedern hintereinander gestaffelt. Bunte Fahnen werden sichtbar. Emire zu Pferde reiten heran. Der Zusammenprall muß jetzt erfolgen. Ich reite zwischen zwei blauen Schützen hindurch. Ich dringe durch den Rauch, unverletzt, wie ich feststelle. Der Mann hinter mir wird in diesem Augenblick getötet. Gleich darauf sehe ich mich mitten unter Gegnern, da haben wir uns anscheinend den Weg gebahnt. Direkt vor mir wirft sich einer zu Boden. Meine Ausbilder bei der Kavallerie hatten mir beigebracht, daß die Infanterie, wenn die Kavalleristen erst einmal die Linie durchbrochen haben, vollständig den Berittenen ausgeliefert ist. Ich denke daher, dieser eine Mann sei vor Schreck umgefallen. Im selben Augenblick aber sehe ich das Aufblitzen eines Krummsäbels, mit dem er die Fesseln meines Pferdes durchschlagen will. Ich drücke mein Pferd aus der Reichweite seiner Waffe. Dann lehne ich mich weit aus dem Sattel und feuere aus knapp drei Metern Entfernung zwei Schüsse auf ihn. Als ich mich wieder aufrichte, sehe ich vor mir einen anderen Mann mit gezogenem Schwert. Ich hebe meine Pistole hoch und schieße. So dicht sind wir beieinander, daß ich ihn mit der Pistolenmündung berühre. Vierzig Meter links von mir entfernt sehe ich eine Menge Gegner. Sie drängen sich eng aneinander. Sie tanzen hin und her auf ihren Füßen und fuchteln mit den Speeren. Auf hundert Metern ringsum kann ich keinen eigenen Offizier oder Soldaten sehen. Ich beuge mich tief über den Sattel, sporne mein Pferd und galoppiere aus der Menge.«

Um 11.30 Uhr an jenem 2. September 1898 wendet Horatio Herbert Kitchener den Blick vom Kampfplatz und sagt: »Wir haben den Feind sauber abgestaubt!« Die Schlacht am Hügel Kereri ist entschieden. Die Engländer haben nur vierzig Tote zu beklagen, die gemeinsam mit ihnen kämpfenden Ägypter einhundert. Die Armee des Mahdinachfolgers aber hat über zehntausend Kämpfer verloren. Der Khalifa selbst flieht aus der Hauptstadt Omdurman. Das Reich des Mahdi ist zerbrochen.

Seit fast vierzehn Jahren ist der Mahdi tot. In diesen Jahren war sein Grab in Omdurman für die Sudanesen der heiligste Ort überhaupt. Nach der Schlacht ist die silbrig angestrichene Kuppel von Granaten durchlöchert. Auf dem Grab selbst liegen Mauertrümmer. Kitchener, der Sieger von Omdurman, läßt die zerborstenen Lehmziegel beseitigen und die Grabplatte anheben. Die Gebeine des Mahdi, von denen längst das verfaulte Fleisch gefallen ist, werden auf Kitcheners Befehl in den Nil geworfen. Der Schädel aber wird, auch nach dem Willen des Befehlshabers, zuvor abgetrennt und in eine extra angefertigte Kiste gelegt. Mit dem nächsten Schiff soll der Schädel nach Cairo geschickt werden; Kitchener hat die Absicht, die Höhlung des Schädels durch Silber verkleiden zu lassen, um ihn dann als Trinkgefäß benützen zu können. Als Königin Victoria, informiert von Kitcheners Absicht, Unmut zeigt, teilt ihr der General mit, er wolle den Schädel des Mahdi eigentlich der medizinischen Fakultät einer Universität übergeben lassen. Kitchener kann weder die eine noch die andere Absicht ausführen. Evelyn Baring Cromer, der Vertreter der britischen Krone in Ägypten, sorgt dafür, daß die Kiste samt Inhalt vor der Ankunft in Cairo im Nil verschwindet. Gebeine und Schädel des Mahdi ruhen seither getrennt in diesem Strom.

»Die Zerstörung des armen Körpers eines Mannes, der doch von einiger Bedeutung war, erinnert mich an das Mittelalter.« Mit dieser Bemerkung schließt Königin Victoria die Affäre ab. Vielleicht erinnert sich die Monarchin von England daran, daß sie vor fünf Jahren diesen Brief aus Omdurman erhalten hat: »Du mußt wissen, daß Allah stark und allmächtig ist. Du hast Dich vielfach geirrt. Keine Zuflucht gibt es für Dich außer in Allah, dem König. Komm zu uns, zum Volk des Islam, zu den Nachfolgern des Mahdi. Wenn Du zu uns kommst und Dich ganz uns überläßt, dann wirst Du das Ziel der Glückseligkeit und der wahren Ruhe erreichen. Der Weg dahin liegt in der Rettung durch Allah. Wenn Du Dich aber nicht abwendest von Deiner Blindheit, wenn Du hartnäckig Deinen eigenen Willen verfolgst, wirst Du zermalmt werden durch den Willen Allahs.«

»Ein dreifaches Hoch auf die Königin!« Mit diesem Ruf gibt Horatio Herbert Kitchener am Sonntag, dem 4. September 1898, im Hof des Gouverneurspalastes von Khartum das Zeichen zum Beginn der Trauerfeier für General Gordon, der, an gleicher Stelle, am 25. Januar 1885 sein Leben verloren hat. Trotz der Trauermärsche aus Oratorien von Georg Friedrich Händel, gespielt von englischen und ägyptischen Militärkapellen, werden die Gefühle der Anwesenden nicht wehmütig – die Stimmung bleibt durch den Sieg geprägt, der erst zwei Tage zurückliegt. Kitchener selbst ist mehr bewegt durch die Gewißheit, endlich erreicht zu haben, was sein Leben vierzehn Jahre lang beherrscht hatte – die Eroberung von Khartum.

Zeit zum Feiern bleibt ihm nur noch an den nächsten zwei Tagen. Schon seit der ersten Augustwoche trägt Kitchener ein Dokument bei sich, das ihm befiehlt, sofort nach der Einnahme von Khartum in Richtung Norden zu fahren, um die Nilufer in Besitz zu nehmen. Kitchener soll alle Truppen vom Nil vertreiben, die nicht unter englischem Kommando stehen. Absender des Dokuments ist die britische Regierung, die einen französischen Vorstoß zum Nil befürchtet. Verschlossen ist Kitchener die Order ausgehändigt worden – er hat den Umschlag erst nach dem Sieg von Khartum öffnen dürfen.

Wo er die fremden Soldaten zu suchen hat, erfährt Kitchener zwei Tage nach der Trauerfeier. Zwei Dampfboote kehren nach Khartum zurück, die der Khalifa lange vor dem Anrücken der Engländer nilabwärts geschickt hatte, um Getreidevorräte für das islamische Heer einzusammeln. Jetzt kommen die Boote wieder am Ausgangspunkt an, beladen mit Lebensmitteln.

Die Besatzungen der Dampfboote erzählen den englischen Offizieren, sie seien von Faschoda aus beschossen worden. Männer mit heller Haut hätten die Schüsse abgegeben. Über die Nationalität der Schützen können sie nichts sagen; sie haben nur gesehen, daß die Flagge leuchtende Farben besitze. Doch sie zeigen zum Beweis ihrer Aussage über den Kugelregen die Geschosse vor, die in den Holzteilen der Bordwand stecken. Die Engländer stellen fest, daß es sich um Geschosse französischer Fabrikation handelt.

Horatio Herbert Kitchener weiß jetzt, daß er nach Faschoda fahren muß. Daß seine Mission schwierig sein wird, ist ihm bewußt. Das Foreign Office in London hat ihm mitgeteilt, Anzeichen würden auf französisches Interesse an Territorialbesitz im Gebiet des oberen Nil hinweisen. Immer wieder seien Gerüchte registriert worden, die allerdings nie Bestätigung fanden, Franzosen seien in Zentralafrika, im

Bereich des Gewässersystems von Kongo und Nil gesehen worden. General Kitchener erhält von seiner Regierung den Hinweis, noch immer seien die Grundsätze englischer Afrikapolitik gültig, die Unterstaatssekretär Sir Edward Grey schon in seiner Rede vom 28. März 1885 den Abgeordneten des britischen Unterhauses mitgeteilt habe.

Der Kernsatz der Rede des Unterstaatssekretärs lautet: »Wir gehen davon aus, daß die gesamte Länge des Niltals zur britischen Einflußsphäre gehört.« Mehr als ein Jahr vor Marchands Aufbruch von Brazzaville in Richtung Nil hatte Sir Edward Grey die französische Regierung davor gewarnt, eine Expedition in Gebiete zu schicken, die England schon lange beanspruche. Wenn Frankreich eine derartige Expedition unternehmen wolle, müsse es mit »Reaktionen« der britischen Regierung rechnen.

Hundert Mann der Cameron Highlanders begleiten Kitchener von Khartum aus nach Süden. Diese Elitetruppe bildet den Kern von Kitcheners Verband, der nahezu zweitausend Männer umfaßt. Mit diesen Soldaten will Kitchener dem Franzosen Marchand deutlich machen, daß England nach der Eroberung von Khartum den Nil als sein Eigentum betrachte – schließlich hat die englische Regierung in die Militäraktion zur Vernichtung des islamischen Staates beachtliche Summen investiert.

Die Geschütze von fünf kleinen Kanonenbooten sollen dem britischen Anspruch Respekt verschaffen. Kitchener ist durchaus darauf eingestellt, mit dem Hauptmann Jean-Baptiste Marchand und seinen Soldaten Krieg zu führen – die friedliche Lösung des britisch-französischen Konflikts am Nil aber zieht der General vor.

Kitchener beschreibt seine erste Begegnung mit Marchand so: »Als wir in Faschoda ankommen, steigt Hauptmann Marchand an Bord. Ich erkläre in der ersten Minute, daß die Anwesenheit einer französischen Truppeneinheit in Faschoda und im Niltal als unmittelbare Verletzung der Rechte der ägyptischen und der britischen Regierung zu betrachten sei. Ich erhebe in den schärfsten Ausdrücken Einspruch gegen die französische Besetzung von Faschoda und gegen das Hissen der französischen Flagge in den Gebieten seiner Hoheit des Khediven. Hauptmann Marchand entgegnet, er habe den ausdrücklichen Befehl, das Gebiet zu besetzen. Er könne unmöglich Faschoda verlassen, ohne von seiner Regierung dazu angewiesen zu sein.«

Kitchener erkennt, daß allein schon seine einhundert Cameron

Highlanders den Franzosen überlegen sind, doch er sieht jetzt, daß dieser Konflikt einer politischen Lösung bedarf. Marchand sagt, er sei entschlossen, einen möglichen britischen Angriff auf seine Garnison mit allen Mitteln, die er besitze, abzuwehren – er, seine Offiziere und seine Soldaten seien bereit, in Erfüllung ihres Auftrags zu sterben. Damit ist der Konflikt nicht mehr zwischen Mann und Mann zu regeln. Kitchener erfaßt die Situation: Verlieren diese Franzosen tatsächlich im Dienst für ihre Regierung das Leben, wird Frankreich von den Verantwortlichen in London Rechenschaft verlangen. Kitchener stellt sich die Frage, ob die Konfrontation von Faschoda nicht zum Krieg in Europa führt.

Marchand schreibt in seiner Darstellung der Vorgänge in der einsamen Siedlung am Nil, er sei von Kitchener direkt gefragt worden: »Wissen Sie, daß aus dieser Sache ein Krieg zwischen Frankreich und England entstehen kann?« Marchand teilt mit, er habe keine Antwort gegeben; Kitchener aber sei sehr blaß gewesen.

Der britische General vermeidet in jenen Tagen jede Provokation. Er zeigt sich in Faschoda nicht als britischer Offizier; er zieht die Generalsuniform der ägyptischen Armee an. Er verlangt nicht die Einholung der französischen Flagge. Als ihm Marchand das Hissen der Khedivenfahne über dem kleinen Fort verbietet, da begnügt sich Kitchener mit dem Aufziehen an einem Mast, der abseits in der Siedlung Faschoda steht. Am Abend treffen sich die Kommandierenden zu Gesprächen. Kitchener bringt Whisky und Sodawasser mit; Marchand verfügt noch über Champagnervorräte.

Kitchener entschließt sich, nicht nach Khartum zurückzukehren, sondern nilabwärts zu reisen, um über Cairo nach London zu gelangen. Er will der Regierung die Situation am oberen Nil darlegen, damit sie prüfen kann, ob eine politische Lösung möglich sei.

Er begegnet zu Hause Politikern, die der Meinung sind, den Franzosen müsse eine Lektion erteilt werden. Ungestraft dürfe die Regierung in Paris nicht Truppen an den Nil schicken; schließlich seien genügend Warnungen ausgesprochen worden. Bei Kitcheners Ankunft sind die Pläne zur Invasion der französischen Kanalküste ausgearbeitet. Krieg droht in Europa – wegen der Eigentumsrechte am oberen Nil.

Marchand bleibt ohne Nachricht von seiner Regierung. Untätig warten die französischen Soldaten in ihrer winzigen Lehmfestung am Nil. Geplagt vom heißen und feuchten Klima werden die Männer

ungeduldig und reizbar. Sie ärgern sich darüber, daß die Häuptlinge
der Stämme Schilluk und Dinga, die vor der Ankunft von Kitcheners
Soldaten in Faschoda durchaus geneigt waren, die Souveränität Frankreichs über ihr Gebiet anzuerkennen, nun nicht einmal Lebensmittel an
die französische Garnison liefern wollen. Die Häuptlinge leugnen,
jemals den Franzosen Papiere unterschrieben zu haben, in denen Treue
zu Frankreich beschworen wird. Manche der Stammeschefs erklären
jetzt, sie würden selbst dafür sorgen, daß die französische Fahne vom
Nil verschwinde.

Als ein Dampfboot Depeschen für Marchand aus Khartum bringt, da
glauben die Offiziere, die Zeit des Wartens sei endlich vorüber. Doch
der Kommandeur muß ihnen mitteilen, daß der Depeschentext unge-
nau und widersprüchlich sei. Die Nachrichten seien dazuhin schon vor
einem Monat in Paris abgeschickt worden, aus ihnen könne kaum die
derzeitige Haltung der Pariser Regierung abgelesen werden. Marchand
aber will endlich gültige Befehle erhalten. Er fährt deshalb mit dem
Dampfboot den Nil hinunter, zur Telegrafenstation der englischen
Armee in Khartum. Der Schiffsweg dorthin mißt 500 Kilometer.

Bei seiner Rückkehr nach Faschoda – ein Monat ist vergangen seit
der Abfahrt – bringt Marchand bittere Neuigkeiten mit: Die französische
Regierung hat beschlossen, dem britischen Druck nachzugeben und auf
alle Ansprüche zu verzichten, die das Ziel haben, eine eigene Kolonie
am Nil aufzubauen. Außenminister Delcassé hält den Verzicht deshalb
für klug, weil er nicht in England den gefährlichen Feind Frankreichs
sieht, sondern im Deutschen Kaiserreich. Rache für die Niederlage von
1871 hat für Delcassé Vorrang; sie darf nicht durch Krieg mit England
gefährdet werden.

Am 11. Dezember 1898 wird die Trikolore vom Mast des kleinen
Forts Faschoda geholt. Ein Unteroffizier wirft sie zu Boden und tritt sie
mit seinen Stiefeln. Daß der Weg von Brazzaville nach Faschoda mit
seinen Mühen und Qualen umsonst zurückgelegt sein soll, können die
Soldaten insgesamt nicht verstehen. Sie glauben für Frankreich ein
Anrecht auf die eigene Kolonie am Nil errungen zu haben.

# Das Mondgebirge bei den Nilquellen
wird bezwungen

Ungern hatte einst Stanley, der eifrigste der Nilforscher, anderen die
Möglichkeit zu Entdeckungen gelassen. Jede topographische Erscheinung, die mit dem Fluß zusammenhing, beschäftigte ihn und trieb ihn
an, Geheimnisse zu enträtseln. Die Besteigung des 5109 Meter hohen
Ruwenzori im heutigen Staat Uganda aber mußte er anderen überlassen – ein Alpinist von Format war Stanley nicht.

Als er das Massiv des Ruwenzori aus Zufall in der Ferne gesehen
hatte, da entschloß er sich, einen Anreiz zu schaffen für außergewöhnliche Bergsteiger, den Weg zum Gipfel des Ruwenzori zu suchen. Er
teilte den Zeitungen in Europa mit, daß er einen Geldpreis aussetzen
werde für den ersten Bergsteiger, der glaubwürdig versichern kann,
daß er den höchsten Punkt des Berges erreicht hat. Stanley brauchte die
versprochene Summe nie auszuzahlen. Niemand behauptete, Sieger
am Ruwenzori zu sein.

Noch ohne diesen Anreiz versuchte Emin Pascha den Berg zu
bezwingen. Er besaß jedoch nicht die Kraft und nicht die Ausrüstung.
Andere mutige Männer wagten nach ihm das Abenteuer des Wegs zu
den Nilquellen und weiter zum Mondgebirge, um den ausgesetzten
Preis zu erobern. Keiner dieser Bergsteiger konnte den Gipfel auch nur
einmal sehen, obgleich viele ihm schon nahegekommen waren: Immer
verhüllten dichte Nebelzonen die Gletscher und Schneefelder der obersten Region des Ruwenzori. Mancher zweifelte, ob das Gebirge überhaupt vorhanden sei. Stanley konnte sich getäuscht haben. Vielleicht
hatte er doch nur eine Wolkenformation gesehen, die einem riesigen
Berg ähnlich war. Die meisten der Bergsteiger kamen aus England. Sie
hatten Erfahrungen in den Schweizer Alpen gesammelt. Sie urteilten
nach den dort erworbenen Erfahrungen. In den Alpen konnte es nicht

geschehen, daß ein Berg sich immer vor den Blicken verbarg – dieses Phänomen wurde deshalb auch in Afrika nicht für möglich gehalten.

Die Bergsteiger hatten dichtes und regennasses Gestrüpp zu überwinden. Sie blieben im Morast stecken oder verbrauchten ihre Kräfte im feuchten Schnee, in den sie tief einsanken. Unüberwindbar schienen diese Schneewände zu sein, die nie hartgefroren, nie begehbar waren. Unerträglich war die Nässe, die in geringer Höhe als Regen aus den Wolken strömte und weiter oben am Berg als schwere Flocken niederfiel.

Die entmutigenden Berichte der Expeditionsgruppen, die nach Europa zurückkehrten, hielten schließlich andere davon ab, mit Seil und Pickel nach Zentralafrika zu reisen. Das ungelöste Problem des Ruwenzori geriet in Vergessenheit – bis zum Jahre 1906.

Da nimmt ein Italiener die Herausforderung an, ein Adliger, Mitglied einer ruhmreichen Familie: Prinz Ludwig Amadeus von Savoyen. Ihn treibt nicht das Verlangen, Aufmerksamkeit zu erregen, Ruhm zu ernten – darin unterscheidet er sich von allen anderen Erforschern der Nilregion. Der Glanz seines Namens genügt ihm schon vollauf. Er gehört zu einer Generation, die bereits von sportlichem Ehrgeiz angestachelt wird; es gilt als modern, sich hohe Ziele zu stecken und dann Befriedigung darin zu finden, sie mit Aufwand von Kraft und Geschicklichkeit zu erreichen.

Der Prinz ist zwar Mitglied einer reichen Familie, doch auch er kann die Finanzmittel nicht aufbringen, die für die Expedition zum Berg südlich des Albertsees benötigt werden. Der italienische Staat hilft ihm, weil sein ehrgeiziges Vorhaben ins Konzept der römischen Regierung paßt. Das Königreich Italien baut sich in jenen Jahren sein koloniales Imperium in Afrika auf; es hat die Hand auf Eritrea und Somalia gelegt.

Ende des Jahres 1906 gelang es der Regierung in Rom, ihre Ansprüche auf Kolonien in Afrika durch ein internationales Dokument bekräftigen zu lassen: Die »Dreiseitige Übereinkunft« betraf zwar im Kern das Problem Äthiopien, legte jedoch auch prinzipiell die Einflußgebiete der Kolonialmächte England, Frankreich und Italien fest. In dieser entscheidenden Phase des europäischens Griffs nach Afrika setzte die Tat, den Ruwenzorigipfel zu erkunden, ein wichtiges Signal für die Absichten der römischen Regierung.

Der italienische Prinz kommt nicht als abenteuerlustiger Einzelgänger an die Quellen des Nil. Ludwig Amadeus von Savoyen hat Spezialisten mitgebracht. Zu seiner Expedition gehört ein Geograph, der für die Erfassung des Gebirgszuges in Landkartenblättern zuständig ist, ein Naturwissenschaftler, der sich mit den besonderen Phänomen des Ruwenzori zu befassen hat, und ein Fotograf, der die Berglandschaft auf Bildplatten bannen soll. Der Prinz ist der erste der ernsthaften Forscher im Gebiet der Nilquellen, der auf einen Koch von hohem Können nicht verzichten will. Der Koch ist Italiener aus der engeren Heimat des Prinzen. Aus dem Aostatal sind vier Bergführer nach Zentralafrika gekommen. Sie haben den Auftrag, den Weg zum Gipfel zu sichern. Einhundert Träger, einheimische Männer, haben Versorgungsgüter, Instrumente und Küchengeräte auf den Gipfel zu schleppen.

Der Prinz schildert die Vegetation der Landschaft an der Basis des Massivs: »Dicht beieinander stehen Farnkräuter, Bananenstauden, Blumenbüsche. Tiefgrün ist die Farbe der Pflanzen. Die Blüten aber schillern in allen Tönen des Regenbogens. Hochgewachsen sind die Farne, Stauden und Büsche; manche messen acht Meter. Die Stämme der Laubbäume, die ein Dach über das Leben am Boden breiten, sind vierzig Meter hoch.«

Mehrmals am Tag fallen tropische Regenschauer auf den üppigen Pflanzenwuchs. Da die Luft sehr warm ist, verdunstet ein Teil des Wassers sofort. Nebelschwaden stehen zwischen den Bäumen. Die feuchte Luft erschwert das Atmen.

Bäche sind zu überqueren. Das Wasser stürzt über Felsbrocken und staut sich zu Teichen. Aus Baumstämmen bauen die Träger einfache Brücken, die schwer zu begehen sind, weil ihre glitschigen Oberflächen den Füßen keinen Halt geben.

Farne, Bananenstauden und Blütenbüsche werden im Ansteigen abgelöst von einem Wald, der nur aus Bambus besteht. Auf diesen Wald folgt ein gespenstiger Friedhof toter Bäume. Wurzeln und abgestorbene Stämme bilden ein dichtes Geflecht, das überzogen ist von schwammartigem Moos, mit Wasser vollgesogen. Die Bäume faulen seit Jahrhunderten und bilden den Nährboden für Flechten und Lianen. Vom toten Holz hängen Schlingpflanzen herab, die das Gewirr von Baumstümpfen fast undurchdringlich machen.

Zwischen den toten Stämmen stehen lebendige Bäume, deren Blätterkronen so gewaltig sind, daß wenig Licht zum Boden dringt. Der Ort der Fäulnis und der Verwesung liegt im Halbdunkel. Der Prinz berichtet von der geisterhaften Stimmung, die auch in ihm das Gefühl erzeugt hat, daß allein die Flucht auf eine Lichtung ein Entkommen aus dem Reich der Fäulnis möglich mache – nirgends aber zeichne sich der Ausweg in eine Lichtung ab. Über Tage hin bleiben er, die Wissenschaftler und die Träger Gefangene des toten Waldes. Erschwert wird diese Gefangenschaft durch den intensiven Modergeruch, der Übelkeit erzeugt.

Langsam kriecht die Kolonne voran – häufig tatsächlich auf allen vieren. Das Geflecht von Stämmen und Wurzeln ist klebrig und schwammig zugleich. Es hält fest, was sich auf ihm bewegen will. Der Prinz hat die Empfindung, er sei in einen Zauberwald geraten, der die Burg eines Magiers vor Eindringlingen schütze.

Auf den Zauberwald folgt ein Tal der Blütenwunder in weißer, gelber und roter Farbe. Die Blüten sind das Produkt von Feuchtigkeit und mäßiger Wärme. Der Prinz und seine Begleiter bahnen sich den Weg durch das Tal, steigen durch eine felsige Schlucht und schlagen in 3798 Metern Höhe das Basislager auf. So weit waren auch schon andere Bergsteiger gekommen; so weit war der Weg bekannt.

Der Prinz von Savoyen wartet darauf, daß sich der Vorhang aus Nebelschwaden und Regenwolken endlich auflöst. Er muß den Berg vor Augen haben, um zu erkennen, welche Richtung zum Gipfel führt. Doch die Luft ist derart mit Feuchtigkeit gesättigt, daß die Kraft der Sonne nur selten ausreicht, die Nebel zu vertreiben. Manchmal ist zur Mittagszeit die Sicht klar, doch wenn sich der Expeditionsleiter dann rasch aufmacht zur nächsten Bergspitze, um das Panorama zu erkunden, muß er zu seiner Enttäuschung sehen, wie sich die Wolken innerhalb von Minuten wieder bilden.

Hat der Koch die besten Absichten, die Laune der italienischen Expeditionsmitglieder durch gute Speisen aufzuheitern, so kann er sie nicht verwirklichen, denn es gelingt ihm nur selten, ein Feuer zu entflammen. Das Brennmaterial für den Herd ist zu naß. Auf kaltes Essen aber ist der Koch nicht eingerichtet.

Die Regengüsse verwandeln den ursprünglich nahezu festen Boden rings um die Zelte des Basislagers in einen Morast. Der Schlamm ist vom Zeltinneren nicht fernzuhalten. Die Männer, die in nasser und schmutziger Kleidung leben müssen, leiden bald alle an Erkältungen.

Am 15. Juni 1906 hält der Prinz das Warten nicht mehr aus. Wenn überhaupt, dann sieht er jetzt die Chance zum Aufstieg, denn der Himmel ist sternenklar gewesen in der Nacht. Der Wetterfachmann der Expedition glaubt, darin ein gutes Zeichen sehen zu können.

Durch Schlamm kämpfen sich der Prinz, die vier Bergsteiger aus dem Aostatal und der Fotograf den Hang hinauf. Heimtückisch ist der Boden, auf dem sie sich fortbewegen. Stürze sind unvermeidbar; schon nach wenigen Minuten sind die Männer mit schmieriger, klebriger und stinkender Masse bedeckt.

Etwas mehr als 200 Meter Höhe werden am ersten Tag überwunden. Acht Stunden braucht die Gruppe dafür. Die Leistung ist auch am folgenden Tag nicht zu steigern, so gelangen die Männer erst am dritten Tag aus der Vegetationszone heraus. Sie erreichen den Gletscher, der in 4516 Metern Höhe beginnt und sich bis unter den Gipfel hinzieht. Ihre Vermessungen ergeben, daß sie noch etwa 600 Meter Höhe erklimmen müssen. Bisher ist das Wetter klar geblieben. Mit dem Fernglas hat der Prinz die Route über den Gletscher erkundet. Trotz des überraschend günstigen Wetters ist die Entscheidung zu fällen, ob nicht die Rückkehr ins Basislager zwingend notwendig ist – die Expedition verfügt nur noch über Lebensmittel und Getränke für vierundzwanzig Stunden.

Der Prinz weiß, daß bei Abbruch des Angriffs auf den Gipfel das Vorhaben der Erkundung des Ruwenzori gescheitert ist. Weder er noch die Bergsteiger werden die Energie aufbringen, ein weiteres Mal den Weg durch den Schlamm zu wagen. Er beschließt deshalb, trotz des Risikos, ohne Nahrung in Schnee und Eis zu erlahmen, den Aufstieg fortzusetzen.

Am Morgen des 18. Juni 1906 liegt Nebel um das enge Zelt, in dem die Männer die Nacht verbracht haben. Der Prinz bleibt bei seinem Entschluß; zurück will er nicht. Jeder der Gruppe ist durch das Seil mit den anderen verbunden. Der Vorderste schlägt Stufen ins Eis und treibt Haken in die Wand, damit die Seilschaft gesichert werden kann.

Das Eis ist hart und der Schnee begehbar. Gefahrt droht vom Nebel. Mit Sicherheit können weder der Prinz noch seine erfahrenen Begleiter sagen, ob sie in Richtung Gipfel steigen. Die Zweifel sind stark, auf den Irrweg geraten zu sein. Jeder hat sich zwar den Verlauf von Schluchten im Eis, von Gletscherplatten und Steilhängen eingeprägt, Täuschung aber ist immer möglich. Doch fast genau zur Mittagszeit geschieht das

Erstaunliche: Die Männer lassen den Nebel hinter sich und erkennen, daß sie unmittelbar unter dem Gipfel stehen. Sie haben den Ruwenzori bestiegen. Der Prinz von Savoyen tauft in dieser Stunde die höchste Erhebung des Massivs auf den Namen Margherita – zu Ehren der Margherita von Savoyen. Den zweithöchsten Gipfel nennt er Alexandra – so heißt die Königin von Italien. Das letzte der Geheimnisse um die Nilquellen ist gelöst.

Die rätselhaften Mondberge hatten sich am längsten der Erschließung durch Forscher widersetzt. Stanley, der als erster nach eigener Beobachtung hatte verkünden können, daß die Mondberge tatsächlich existieren, hatte schon die enge Verbindung von Schneeberg und Nilquellen, die seit dem Altertum vermutet wurde, in nahezu hymnischen Worten bestätigt: »Da liegt er, der wohltätige Riese. Aus seinen Schneemassen tränkt er die durstenden Völker am Nil. Oft habt ihr, oh Ägypter, die Wohltaten des Nilwassers gepriesen. Die mächtigen Schneefelder des Mondgebirges, des Ruwenzori, schenken euch dieses Wasser.«

Stanley widerspricht damit den eigenen Erkenntnissen. Er scheint vergessen zu haben, daß er selbst der geographischen Wissenschaft den Beweis für Spekes Theorie erbracht hatte, der Nil fließe aus dem Victoriasee. Er selbst hatte festgestellt, daß der Albertsee, dessen Wasser vom Ruwenzorimassiv stammt, zum Entstehen des gewaltigen afrikanischen Stromes weniger beiträgt als der Victoriasee.

# Gestalt und Naturgesetze des Nilbassins

Der letzte weiße Fleck auf der topographischen Karte des Nillandes war farbig geworden. Eine endgültige Bestandsaufnahme von Verlauf und Eigenheiten des längsten Flusses der Welt wurde möglich. Sie umfaßte auch die hydrologischen Untersuchungen. Erst jetzt, nach Abschluß der geographischen Erforschung, konnte wirklich festgestellt werden, warum die Nilflut mit einer Regelmäßigkeit, die an die Präzision des Wandels der Gestirne erinnerte, in jedem Jahr zur gleichen Zeit einsetzte und wieder ausklang. Abgeschlossen werden konnte die Bestandsaufnahme allerdings erst in neuester Zeit, in den sechziger Jahren unseres Jahrhunderts. Die Vermessungsarbeiten, ohnehin unterbrochen während der zwei Weltkriege, waren mühsam und zeitraubend. Die Geographen einigten sich darauf, daß die Länge des Nil auf seinem Weg vom Zentrum Afrikas zur Küste des Mittelmeers 6648 Kilometer betrage. Die Einigung auf diese Zahl war möglich, weil der leidige Streit, ob der Nil am Victoriasee oder im System der Seen und Flüsse südlich des Albertsees entspringe, schließlich von selbst erlosch.

Als Zubringerfluß, der am weitesten von der Mündung des Nil entfernt seinen Ursprung hat, wurde der Kagera erkannt, dessen Quelle im Hochland von Burundi liegt – keine 200 Kilometer ostwärts des Tanganjikasees. Die Forscher, die sich darauf versteift hatten, der Tanganjikasee bilde den Anfang des Nil, waren gar keinem so gewaltigen Irrtum verfallen, wie die Geographen um die Jahrhundertwende auf Grund ihrer Kenntnis vom zentralafrikanischen Gewässersystem annehmen mußten.

Der Kagera trägt auf dem Gebiet von Burundi die Bezeichnung Ruvuvu; seinen eigentlichen Namen erhält er erst als Grenzfluß zwischen den Staaten Rwanda und Tanzania. Dort, wo beide Staaten mit Uganda ein Dreiländereck bilden, wendet sich der Kagera aus der Nordrichtung scharf nach Osten; er strömt durch sumpfiges Gebiet und mündet in den Victoriasee. Gewaltig ist die Ausdehnung dieses drittgrößten Binnengewässers der Welt, doch sein Wasserstand ist niedrig. In diesem flachen See mischen sich die Wasser des Kagera mit anderen, die vom Ostafrikanischen Plateau nach Westen strömen.

Alle Zuflüsse zusammen tragen jedoch nur wenig zur Wassermasse des Victoriasees bei, 86 Prozent seiner Füllung stammen von tropischen Regengüssen, die auf seine Oberfläche prasseln. Diese Regengüsse wechseln an Intensität mit der Jahreszeit; sie sind stark in den Frühjahrsmonaten. Nahezu die gleiche Wassermenge, die dem Victoriasee direkt vom Himmel zuteil wird, verdunstet wieder, verdampft in der Hitze, um sich dann erneut in Regen zu verwandeln. Nicht einmal ein Fünftel der Flüssigkeitsmenge des Sees verläßt ihn wirklich als Nilwasser.

Der Ausfluß des Victoriasees befindet sich an seinem Nordufer. Er liegt ostwärts der ugandischen Hauptstadt Kampala. Der Ausbruch des Wassers aus dem See wird als Ursprung des Nil angesehen – selbst wenn die geographische Wissenschaft dem Kagerafluß die Bedeutung zuweist, mit ihm beginne der Nil. Vom Austritt aus dem Victoriasee an trägt der Fluß seinen richtigen Namen. Breit und ruhig strömt er zunächst und läßt sich dann einfangen in ein immer schmäler werdendes Bett. Tief hat er sich in den lehmigen Boden eingegraben.

Die mächtigen Wasserfälle, die John Hanning Speke im Jahr 1862 beeindruckt haben, sind heute nicht mehr zu sehen. Seit 1954 staut ein Damm den Fluß an; unter seinem Wasserspiegel sind die Felsen verschwunden, über die der Nil einst toste. Dieser Owen-Falls-Damm bei der Stadt Jinja in Uganda gleicht einen Teil der jahreszeitlichen Schwankungen in der Wasserschüttung des Victoriasees aus.

Tropischer Wald steht an den Ufern: Bäume und Gebüsch ragen weit über das Wasser. Der seichte Kyogasee im Mittelpunkt einer Sumpflandschaft mit üppiger Vegetation nimmt den Nil auf und entläßt ihn wieder in westlicher Richtung. Nach der Strecke von 100 Kilometern stürzt er sich über die Murchison Falls – die von einem nur wenige Meter breiten Felsentor begrenzt sind – hinunter in den »Ostafrikanischen Graben«. Diese geologische Formation, eine Furche, durchzieht den afrikanischen Kontinent in Süd-Nord-Richtung.

An seinem nördlichen Ende empfängt der Albertsee den Nil. Von Gebirgen ist dieser See eingerahmt; im Gegensatz zum Victoriasee ist er tief. Geringe Ausdehnung und große Tiefe verhindern starke Verdunstung. Der Albertsee bewahrt das Wasser, das der Nil ihm zuführt. Es wird ergänzt durch den Zustrom des Semliki, der in den Albertsee fließt. Über Stromschnellen schießt der Nil nach Norden. Zeitweise ist er in ein enges Tal gezwungen, das er in Wirbeln durchquert. Unterhalb der Stadt Juba wird er Bahr Al Jebel genannt; der Fluß, der vom Berge kommt. Eine fruchtbare Lehmlandschaft hat ihn aufgenommen, die allmählich immer ebener wird. In den Sümpfen, die nach rund 200 Kilometern beginnen, verliert er seine Fließgeschwindigkeit. Das dichtverwirkte Wurzelwerk und die Blätter einer üppigen Vegetation bilden eine riesige, dicke Matte aus schwammähnlichem Material, die das Wasser aufsaugt.

Als undurchdringbar galten die Nilsümpfe bis in die zweite Hälfte des vergangenen Jahrhunderts. »Sudd« nannten die Menschen am oberen Nil die Gegend, in der das Nilwasser nicht mehr als Verkehrsweg benutzbar war. Das Wort Sudd bedeutet »Barriere«. Es ist auch in unserer Zeit gebräuchlich.

Die Fahrrinne, die heute beschränkte Schiffahrt zuläßt, ist kein natürlich entstandener Flußlauf. Sie folgt nur einer Andeutung von Strömung, die den Pflanzenwuchs etwas geringer hielt als an anderen Stellen des riesigen Sumpfes. Diese günstigeren Strecken mußten erst erkundet und durch Dampfboote aufgebrochen werden. Bis heute ist die Fahrt durch die Sümpfe nur möglich, wenn Kapitän und Steuermann reiche Erfahrung besitzen. In Schleifen gewunden ist die Fahrrinne. Eng sind die Kurven. Häufig kann der Steuermann nicht verhindern, daß sein Boot »aus dem Ruder läuft« und sich in die sumpfige Böschung schiebt; schwierig ist dann das Manöver der behutsamen Rückwärtsfahrt, bis der Schiffsrumpf wieder vollständig im Wasser liegt.

Ganz frei von Vegetation bleibt die Fahrrinne nie. Büsche von Nilhyazinthen treiben auf dem Wasser, zu schwimmenden Inseln verflochten. Die Nilhyazinthe ist eine nahe Verwandte der Südamerikanischen Wasserhyazinthe. Sie ist erst seit dem Ende der fünfziger Jahre im Sudd anzutreffen, hat sich in kurzer Zeit über das Sumpfgebiet ausgebreitet und behindert seit 1960 den Verkehr in der Fahrrinne.

Ihre langen Wurzeln verwickeln sich in den Schiffsschrauben und heben die Wirkung des Antriebs auf. Die Schraube muß rückwärts laufen, bis die Wurzeln wieder abgewickelt sind.

Zwischen dem Süden und dem Norden der Sümpfe ist kaum ein Gefälle festzustellen. Der Strom fließt deshalb mit geringer Kraft, er sickert eher durch den Riesenschwamm. Unter der enormen Sonneneinstrahlung erwärmt er sich und läßt Wasser verdunsten. Nur die Hälfte der Flüssigkeitsmenge, die sich von Süden her über den Sudd verteilt, fließt bei Malakal wieder in das normale Flußbett.

Um diese Verdunstung zu verringern, wird derzeit durch den Nilsumpf der Jongleikanal gegraben. Von der Stadt Bor bis zur Einmündung des Sobat soll der Nil in nahezu gerader Linie 350 Kilometer weit nach Norden geführt werden. Der Kanal soll ein künstliches Flußbett bilden, in dem das Wasser, trotz des geringen Gefälles, ungehindert fließen kann. Ist der Kanal fertig – die Planer sehen das Jahr 1985 als Zeitpunkt dafür vor –, dann werden die Sümpfe, im Verlauf von Jahrzehnten, trockener und verwandeln sich schließlich sogar in festes Land. Nicht kalkulierbar sind die Veränderungen des Klimas des Südsudan und vor allem in Äthiopien, die durch den Bau des Jongleikanals ausgelöst werden. Im Sudd verdampfen im Jahr etwa 100 Millionen Kubikmeter Wasser. Der Dampf läßt Wolken entstehen, aus denen in Äthiopien und Uganda Regen strömt. Der Sudd wird trocken werden – aber andere Gebiete der Region vielleicht auch.

Selbst wenn, durch die Jahreszeit bedingt, in den Monaten um den April mehr Wasser in den gigantischen Schwamm hineinfließt, ändert sich die Menge, die bei Malakal zusammensickert, kaum.

Der Sumpf reguliert den Flußlauf. Am Ende des Sudd wird die Wasserführung durch Flüsse verstärkt: Aus Westen, vom Gebiet der Wasserscheide zwischen den Bassins von Kongo und Nil, windet sich der Bahr Al Ghazal. Er hat auf seinem Weg so viel Wasser durch Verdunstung verloren, daß sein Beitrag ohne Bedeutung bleibt. Der Bahr Al Ghazal sieht auf der Landkarte mächtiger aus als in Realität. Wichtig aber ist der Fluß Sobat, der von Südosten strömt und auf kurzem Weg das äthiopische Bergland hinter sich gelassen hat. Gewaltig wirkt seine Flut, wenn die Regenzeit in Äthiopien ihren Höhepunkt erreicht hat. Der Sobat verursacht Schwankungen in der Wasserführung des Stroms, der vom Punkt der Einmündung dieses Zubringers »Weißer Nil« genannt wird.

Bis zur Vereinigung mit dem »Blauen Nil« hat der »Weiße Nil« noch 700 Kilometer zurückzulegen. Wiederum ist das Gefälle gering. Langsam nur bewegt sich das Wasser. Beachtlich sind die Verluste durch Verdunstung und vor allem auch durch Versickerung in Ritzen und Spalten des Flußbetts.

Am Ende des Weges im Alleingang hat der Fluß aus Äthiopien eine Strecke von 1563 Kilometer, der Fluß aus Uganda aber von 2586 Kilometer durchflossen. Der Weiße und der Blaue Nil mischen sich bei der sudanesischen Hauptstadt Khartum. Doch der Mischvorgang verläuft meist langsam. Noch mehrere Kilometer nach der Vereinigung sind die Gewässerarten mit dem Auge zu unterscheiden. Das Wasser des Weißen Nil ist tatsächlich heller als das des Blauen Nil.

Ganz anders ist die Situation in den Wochen zwischen Juni und September, wenn die dunkle Flut des Blauen Nil die helle Strömung rasch aufschluckt. Wochenlang ist der Druck der Flut so stark, daß sich der Weiße Nil anstaut zu einem umfangreichen See, weil sein Wasser nicht abfließen kann. In dieser Zeit wird deutlich, wie sehr die Eigenschaften des Nil von seinem Arm abhängen, der in Äthiopien entspringt: Zwei Drittel der Gesamtwassermenge des Nil stammen aus den Bergen jenes Landes.

In 2900 Metern Höhe befindet sich die Quelle des Abbai, die als Ursprung des Blauen Nil angesehen wird. Übereinkunft der Geographen gibt dem Abbai diese Ehre; der kleine Fluß rechtfertigt sie nicht. Den Tanasee durchquert der Abbai fast unberührt. Deutlich unterscheidet sich sein Wasser in der Färbung vom übrigen Seewasser. Es zieht seine Bahn im Bogen parallel zum Südwestufer. Selbst der Ausfluß aus dem Tanasee wirkt unbedeutend im Verhältnis zur Breite, die der Blaue Nil später im Sudan aufweist – die mächtig schäumenden und donnernden Tissisatfälle, 40 Kilometer von jenem Ausfluß entfernt, täuschen durch Schaum und Gischt beachtliche Wassermassen vor. Der Name der Wasserfälle läßt sich übersetzen mit »Rauch ohne Feuer«. Die Äthiopier nennen auch nach den Tissisatfällen den Fluß noch immer nicht Nil; sie geben ihm den Namen »der Große Abbai«.

Nur ein Vierzehntel der Wassermenge des Blauen Nil wird aus dem Tanasee gespeist. Beim raschen Lauf durch die Täler und Schluchten des Berglandes sammelt der Fluß Wasser ein. Die Menge ist unterschiedlich je nach der Jahreszeit. Während des zweiten Quartals jedes

Jahres löst eine besondere meteorologische Konstellation Regen aus: Passatwinde tragen in beachtlicher Höhe Feuchtigkeit vom Atlantik her bis nach Äthiopien. Diese Passatwinde treffen mit kälteren Luftströmungen zusammen, die ihren Ursprung über dem Indischen Ozean haben. Der Zusammenstoß der Luftmassen bewirkt, daß sich die wärmeren Winde abkühlen. Das verdunstete Wasser, das sie mit sich tragen, verliert in der Kühle seine Dampfform. Wassertropfen bilden sich; sie fallen als Regen zur Erde.

Dieser einfache meteorologische Vorgang wirkt sich allerdings über weiten Gebieten Äthiopiens als gewalttätiges Naturereignis aus: Als ob die Sintflut anbräche, stürzt Wasser aus den Wolken. Verbunden ist der Dauerregen mit elektrischen Entladungen der Wolken. Blitze schlagen in die Wälder ein. Vielfach bricht sich der Knall des Donners an den Bergwänden.

Hunderte von Nebenflüssen und Tausende von Sturzbächen ergießen ihr Wasser in den Blauen Nil. Es ist gesättigt mit Partikeln vulkanischen Gesteins, die der Regen von den Felsen gewaschen hat. Sie sind entstanden durch Absplitterung aus Gneis- und Granitformationen. Von der Gewalt des Wassers werden sie in den Nil gerissen. Sie bilden den Schlamm, der die Besonderheit des Blauen Nil ausmacht. Jährlich werden etwa 100 Millionen Tonnen Schwebstoffe flußabwärts getragen.

Zwei Gesichter besitzt das äthiopische Bergland: Fruchtbar sind die Hochflächen. Weizen, Hirse und Gerste wachsen auf den Feldern. Tief eingeschnitten aber ist die Schlucht, die der Fluß sich geschaffen hat. Am Ufer ist kein Boden zu finden, der genützt werden könnte. Niemand wohnt in dieser Gegend der Trostlosigkeit. Der Nil ist hier der Feind der Menschen. Sie halten sich fern, weil sie die bösen Geister fürchten, die sich mit dem Dunst verschleiern, der aus Wasserfällen und Stromschnellen aufsteigt. Diese Geister sind darauf aus, die Menschen zu fangen, sie in den Nil zu ziehen – davon sind die Bewohner der Hochflächen überzeugt. In die enge Schlucht dringt das Licht manchmal nur gebrochen ein, als Reflexion der von der Sonne bestrahlten, hellen Felswände, die Hunderte von Metern hochragen.

Als riesige Schleife umschlingt der Blaue Nil die Gebirgsprovinz Gojam. Die Kraft des Flusses ist groß, da sein Weg ein Gefälle von eineinhalb Metern pro Kilometer Strecke aufweist. Vom Tanasee bis zur sudanesischen Grenze legt das Wasser 800 Kilometer zurück und sinkt dabei um 1300 Meter tiefer. Einem Wildbach aus der Welt der Riesen gleicht der Blaue Nil in Äthiopien. Die hohe Fließgeschwindigkeit bewirkt, daß der Schlamm sich nicht absetzen kann. Er bleibt noch lange nach dem Verlassen des Berglands aufgewirbelt. So wirken sich die Turbulenzen 200 Kilometer weit aus.

Die Quelle des Blauen Nil war erforscht, als der Verlauf des Weißen Nil südlich der heutigen Stadt Juba noch im Dunkeln des Urwalds verborgen war – doch in mehr als eineinhalb Jahrhunderten hatte es niemand gewagt, dem »Großen Abbai« weiter als bis zum Wasserfall Tissisat zu folgen. Die steilen, unbegehbaren Ufer schreckten die Forscher ab. Den Fluß mit einem Boot zu befahren schien derart gefährlich zu sein, daß niemand den Mut dazu aufbrachte. Kurz nach Beginn dieses Jahrhunderts wollte der Amerikaner Macmillan, der ein erfahrener Fährtensucher und Jäger war, den Ritt auf den Wellen der Katarakte wagen. Seine Expedition hatte unglücklich begonnen. Macmillans Begleiter, ein Franzose, war von Kriegern eines Stammes, der sein Gebiet von Fremden freihalten wollte, entmannt und getötet worden. Niemand stand Macmillan fortan zur Seite. Erfahrene Männer in den Dörfern am Tanasee warnten vor dem Wagnis der Wildwasserfahrt in unbekanntes Gebiet. Trotzdem versuchte der Amerikaner sein Glück. Er mußte jedoch bereits nach wenigen Kilometern aufgeben: Mit rascher Fahrt war er auf einen Felsen geprallt. Er hatte sich keine Verletzung zugezogen, doch sein Boot konnte nicht mehr benützt werden.

Da der Blaue Nil an Ort und Stelle nicht zu vermessen war, hatten die Geographen der zwanziger und dreißiger Jahre den Ausweg benützt, ihre Landkarten nach Luftaufnahmen zu gestalten. Wissenschaftler aus zwei Generationen begnügten sich mit den Kenntnissen, die Bilder von oben vermitteln konnten. Die Fotos zeigen einen tiefen und engen Graben, an dessen Grund ein weißschäumendes Band zu sehen ist. Deutlich wird bei Betrachtung der Bilder, daß die Menschen in Äthiopien guten Grund haben, diesen Fluß nicht »Blauer« Nil zu nennen – »Milchfluß« wäre eine korrekt treffende Bezeichnung. Amateuren blieb die nähere Erkundung dieser Erscheinung überlassen.

1956 wollte Herbert Rittlinger mit Frau und Freunden den Fluß bezwingen. Faltboote hielt er für geeignete Wasserfahrzeuge, um sich über die Katarakte zu schlängeln. So abwegig war der Gedanke nicht:

Rittlinger hatte den Amazonas im Faltboot befahren; er kannte die Vorteile und Nachteile des leichten Schiffes. Nicht ahnen konnte er, was schon am dritten Tag der Nilfahrt geschah: Ein Krokodil schnappte nach dem Faltboot von Frau Rittlinger und riß, mit einem Biß, das Heck weg.

Sechs Jahre später waren drei Schweizer mit zwei Franzosen unterwegs auf dem Nil. Sie scheiterten nicht an Stromschnellen und Felsen und nicht an wilden Tieren. Sie wurden von Männern aus einem Dorf nahe der äthiopischen Grenze zum Sudan überfallen. Die Angreifer waren der Meinung, sie hätten Italiener abzuwehren, die Äthiopien – wie schon einmal in diesem Jahrhundert – erobern und besetzen wollten. Zwei der Expeditionsmitglieder starben durch die Kugeln der Angreifer.

Nach und nach gelang es einzelnen Gruppen, verschiedene Streckenabschnitte zu befahren. Die Berichte der Expeditionen ergeben zusammengenommen ein komplettes Bild von der Geographie der Nilschlucht. Die Erkundung ihres Gesamtverlaufs aber gelang erst 1968 durch äthiopische und britische Soldaten, die im Auftrag der Regierung von Addis Abeba das Wagnis der Bootsfahrt unternahmen. Erst jetzt konnte der Blaue Nil als erforscht gelten.

Nach der sudanesischen Grenze verliert der Fluß bald seinen schäumenden Charakter. Der Schlamm gibt dem ruhig fließenden Wasser eine dunkle Färbung. »Bahr Al Azrak« heißt der Blaue Nil in der arabischen Sprache. Das Wort »Azrak« braucht nicht unbedingt mit »blau« übersetzt zu werden; es kann auch »dunkel« bedeuten. Der Begriff »Dunkler Nil« würde besser den Sachverhalt treffen.

Sobald sein Wasser in die Ebene des Sudan strömt, kann es sich ausbreiten. Kein Tal beengt mehr die Flut. In behäbigem Strom erreicht der Blaue Nil Khartum. Der Name dieser Stadt bedeutet »Elefantenrüssel«. Mit einiger Phantasie ist am Landfortsatz an der Mündung der beiden Nile die Form eines Elefantenrüssels zu erkennen.

Im Normalfall erreicht die Flut des Blauen Nil die Stadt Khartum in den letzten Tagen des April. Ein Ansteigen des Wasserspiegels ist auch am Weißen Nil zu erkennen – allerdings fast einen Monat später. Die Flut des Weißen Nil, die gespeist wird von den Zubringern, die im Ostafrikanischen Plateau ihren Ursprung haben, trifft deshalb später ein, weil ihr Wasser eine erheblich weitere Distanz zurückzulegen hat.

Von Khartum an trägt der Nil keinen Beinamen mehr. Noch 1400 Kilometer liegen vor ihm. Für das Gefälle müssen 370 Meter ausreichen – so hoch liegt die Hauptstadt des Sudan über dem Meeresspiegel. Das Niltal senkt sich jedoch nicht gleichmäßig ab. Wenn das Wasser über die Katarakte fließt, verliert es rascher an Höhe.

Der Sechste Katarakt ist der erste, auf den der Nil trifft. Von Norden her werden die Katarakte gezählt. Für die Forscher und Reisenden, die immer von Norden kamen, waren die Stromschnellen, die 100 Kilometer vor Khartum liegen, das sechste schwierige Hindernis, das zu überwinden war. Es wird durch einen Riegel von braunen Basaltfelsen gebildet, die im Laufe von vielen Jahrtausenden umspült und durchbrochen worden sind. Aus den Lücken zwischen den Felsen, die manchmal über hundert Meter hoch sind, quillt der Strom in Wirbeln.

Nach zwei Dritteln des Wegs zwischen dem Sechsten und dem Fünften Katarakt erhält der Nil – wenigstens zeitweise im Jahr – einen letzten Zustrom von Wasser. Aus der Heimat des Blauen Nil, aus der Gegend das Tanasees, kommt der Fluß Atbara. Er ist gespeist vom Regen, der aus abkühlenden feuchten Luftschichten fällt. Den kurzen Weg nach Norden hat der Atbara genommen, so geschieht es, daß sein Hochwasser den Hauptstrom des Nil erreichen kann, noch ehe die Flut auf dem weiten Umweg über die gewaltige Schlucht in Äthiopien den Zusammenfluß der beiden Nilarme bei Khartum erreicht hat. Zwar kann der Atbara nur knapp die Hälfte der Wassermenge des Weißen Nil dem großen Strom zutragen, doch seine Flutwelle traf einst zuerst in Cairo ein – sie brachte die gute Nachricht, daß der fruchtbare nasse Schlamm nun einzutreffen begann. Der Bau des Dammes von Asswan zu Anfang der zweiten Hälfte des 20. Jahrhunderts hat das Land am Unterlauf des Nil der alljährlichen Spannung und der Freude, die Flut empfangen zu dürfen, beraubt.

Ist die Flutzeit abgeklungen, ist der Atbara überhaupt kein Fluß mehr, sondern ein Trockental, in dem sich standhaft einzelne Seen halten. Nur wenige Familien haben versucht, sich am Atbara anzusiedeln, doch der Wechsel zwischen reißender Flut und Trockenheit und der Mangel an fruchtbarem Boden vertreiben schließlich auch die Entbehrungswilligsten.

Mit dem Wort »Bahri« bezeichnen die Bewohner Nubiens den Norden. Das Wort ist abgeleitet von »Bahr«, Gewässer. Der Norden ist die Richtung, in die der Fluß strebt. Im nördlichen Sudan und in Nubien war sein Lauf seit Menschengedenken kein Geheimnis. Schon die frühesten Geographen hatten Bescheid gewußt über Katarakte und Inseln, über Tempel und Götter. Sie hatten auch das Nilometer gekannt, das Maß für die Flut. Auf der Insel Elephantine bei Asswan ist es zu sehen: neunzig Stufen, die in den Nil hineintauchen. Aus alten Schriften ist zu erfahren, daß einst an den Wänden Markierungen angebracht waren, an denen der Wasserstand abzulesen war. Die Regierenden konnten erkennen, ob der Nil dem Land eine reiche Flut und damit eine reiche Ernte bescherte – sie setzten den Steuersatz nach den Messungen am Nilometer fest.

Für die Ägypter der Pharaonenzeit trat der Nil bei der Insel Elephantine in ihr Land ein. Die Frage nach dem »Woher« wurde nicht gestellt. Der Fluß existierte wie der Himmel und die Gestirne, wie die Erde, der er angehörte. Chnum, der Gott, der sich von anderen durch seinen Widderkopf unterschied, wurde auf der Insel angebetet, weil er, nach der Überzeugung der Gläubigen, das Wunder dieses Flusses entstehen ließ. Er galt als Schöpfer des Lebens und damit auch als Schöpfer des Nil, der das Leben ermöglichte.

Vom Tempel des Chnum sind auf Elephantine eine gepflasterte Fläche und Reste von Säulen aus Sandstein übriggeblieben. Unmittelbar daneben war der Bau, in dem die Göttin Satis, die als Frau des widderköpfigen Chnum galt, angebetet wurde. Chnum und Satis – so glaubten die Menschen am Nil – lebten auf der Insel, die in früher Zeit »die Stadt inmitten der Fluten« hieß.

In Asswan begann das bewohnte Ägypten. Hier ließen die Pharaonen die Obelisken brechen, mit denen sie ihre Tempel schmückten. Im Süden der Stadt befinden sich die Granitfelsen, in die Steinmetzen nach den Angaben erfahrener Meister Löcher bohrten für Holzkeile, die – wenn sie mit Feuchtigkeit getränkt wurden – derart aufquollen, daß sie ein Felsstück lossprengen konnten. An den Vertiefungen im Granit ist die Präzision zu erkennen, mit der in den Steinbrüchen von Asswan gearbeitet wurde. Die Bruchstellen der Steinsäulen waren glatt; sie brauchten nur noch poliert zu werden. Daß diese Arbeit des Lossprengens trotz aller Erfahrung nicht immer glückte, davon zeugt ein Obelisk, der nicht ganz vom Muttergestein losgelöst worden ist. Ein Sprung durchzieht ihn. Wertlos war er geworden nach wohl monatelanger Arbeit. 42 Meter lang ist der »unvollendete Obelisk«. 1200 Tonnen hätte er gewogen.

Auf dem Nil waren einst die Steinblöcke nach Norden transportiert worden, in die Städte des Reiches – meistens wohl nach Theben, das kaum hundert Kilometer entfernt liegt, das mehr als tausend Jahre lang Hauptstadt des Reiches gewesen ist.

Eine Legende aus uralter Zeit erzählt, der Hügel von Theben sei als erstes bei der Erschaffung der Welt entstanden. Aus einer Flut sei der Hügel aufgetaucht, und lange nach ihm sei die übrige Welt hochgehoben worden. So wie die Ägypter Jahr für Jahr beim Abklingen der Flut die Anhöhen aufsteigen sehen aus dem fallenden Wasser des Nil, so stellten sie sich den Schöpfungsakt vor, der die Welt entstehen ließ. Hervorgegangen ist sie aus einem riesigen Gewässer, das sich bei Vollendung der Schöpfung in den Fluß verwandelte. Die Ägypter waren überzeugt, der Nil sei ein Konzentrat des Urwassers, in dem die Schöpfung hatte reifen können.

Als der Hügel von Theben aufgetaucht war aus dem Nil, als die Menschen erschaffen worden waren und vom Hügel Besitz ergriffen hatten, da wurde ihnen offenbar, daß sie Wohnort und Leben einem Gott verdanken. Sie nannten diesen Gott Amon – den Geheimnisvollen, den Verborgenen. Aus dem Baumaterial, das ihnen zur Verfügung stand, aus Schilfrohr, fügten sie ihm ein Haus zusammen. So wurde dem Gott der erste Tempel geweiht. Die Menschen von Theben feierten ihn schließlich als den mächtigsten aller Götter. Seine Bedeutung wuchs zusammen mit der Größe Thebens.

Das Leben der Bewohner richtete sich nach dem Fluß. Er bestimmte die Gesetze, denn die erste aller Rechtsnormen regelte die Verteilung des Wassers. Die Gerichtsbarkeit entstand, denn um des Wassers willen mußten Streitigkeiten unter Bauern und Landbesitzern jeweils vor der nächsten Nilflut beendet sein. Der Nil zwang die Ägypter, aus den Gestirnen den Verlauf der Jahreszeiten abzulesen, damit sie rechtzeitig gerüstet waren für die Ankunft des Wassers.

Von Flut zu Flut verlief das Jahr – es wurde eingeteilt in zwölf Monate, die jeweils dreißig Tage lang dauerten. Doch bei dieser Rechnung konnten Niljahr und Kalenderjahr nicht lange übereinstimmen. Als der Nil schließlich nicht mehr zu Neujahr, sondern immer später anstieg – weil das Kalenderjahr früher zu Ende war –, da machten sich Priester des Amon in Theben Gedanken, wie der Unterschied zu korrigieren sei. Sie fanden den noch heute gebräuchlichen Kompromiß, einigen Monaten zusätzliche Tage zu geben und Schalttage anzufügen.

War die Regelmäßigkeit des so wichtigen Ereignisses der Nilflut erkannt, ergab sich konsequent der nächste Schritt in der Entwicklung des sozialen Lebens: Die Tage, an denen sich die Ankunft des hohen Wassers ankündigte, wurden von anderen unterschieden, wurden zu Festtagen erklärt. Der Pharao ging der Flut entgegen und brachte ihr Opfer dar. Überliefert ist aus der Zeit des Neuen Reiches ein Lied, das die Ehrerbietung der Menschen von Theben vor der Flut ausdrückt:

»Sei gegrüßt, du Nil. Du bringst Ägypten das Leben. In Frieden kommst du, um die Erde zu tränken, um die Obstgärten zu bewässern. Du läßt das Getreide sprießen. Du bist der Herr der Fische. Jede Kreatur empfängt Nahrung von dir. Das Gras für das Vieh wächst nicht ohne dich. Ohne dich füllt sich kein Speicher. Du machst den Reichen satt und den Armen. Du sorgst dafür, daß die Erde voll Freude ist und voll Fröhlichkeit. Steige an, du Nil, daß sich die Stadt in deinen Fluten spiegeln kann! Steige an, daß du den Menschen Leben gibst.«

# Ägyptologen ziehen Bilanz

Die Verbundenheit von Fluß und Kultur liegt offen. So folgte ganz selbstverständlich im geschichtlichen Verlauf nach der Bestandsaufnahme von Verlauf und Eigenheiten des Nil die Bemühung, Inventur zu machen für die Schätze, die an seinen Ufern zu finden sind. War die Erforschung des Stromverlaufs zunächst Abenteurern überlassen, die später abgelöst wurden durch Männer, die methodischer vorgingen, so geschah das Aufspüren der Altertümer auf ähnliche Art: Den Abenteurern vom Schlage Belzonis folgten Männer, die sich mit Ernst und mit Systematik der frühen Geschichte annahmen – die Ägyptologie zur Wissenschaft entwickelten.

Auf diesem Gebiet wurde ein Deutscher erfolgreich. Alexander von Humboldt ebnete ihm den Weg: Seine Schilderungen der Kultur des Nillandes fanden das Interesse des preußischen Königs Friedrich Wilhelm IV. Der Monarch schickte den Berliner Professor Karl Richard Lepsius an den Nil mit dem Auftrag, die Bestandsaufnahme ägyptischer Altertümer zu beginnen. Lepsius hatte sich zuvor gründlich vorbereitet für diese Expedition: Er hatte zeichnen gelernt und die Kunst des Kupferstechens. Er war vertraut mit der Hieroglyphenschrift. Er wußte, was die Museen Europas an wertvollen Stücken aus dem alten Ägypten besaßen.

Als Lepsius vom Nil nach Berlin zurückkehrte, da brachte er 1500 Abgüsse von Reliefs und Statuen mit. Die Sammlung war derart umfangreich, daß der königliche Auftraggeber dem Professor die Geldmittel bewilligte zum Bau des Ägyptischen Museums in Berlin.

»Denkmäler aus Ägypten und Äthiopien« ist der Titel des zwölfbändigen Werkes, durch das Karl Richard Lepsius seine Erfahrungen und sein Wissen der Öffentlichkeit mitteilte. Das Besondere der Publikation waren die 894 ganzseitigen Kupferstiche, die, in sorgfältiger Arbeit, die Tempelruinen des Nillandes darstellten. Grundlagen der Kupferstiche waren die Zeichnungen, die Lepsius in Ägypten selbst gefertigt hatte. Der Professor starb im Jahre 1884. Zum Zeitpunkt seines Todes lagen die Manuskripte bereit für fünf Textbände, die ergänzende Informationen enthielten zum vorausgehenden Bildwerk. Die siebzehn Bände des Karl Richard Lepsius sind bis ins 20. Jahrhundert hinein die bedeutende Bestandsaufnahme der Altertümer am Nil geblieben.

Ausgräber und Kundschafter noch unbekannter Relikte der alten Zeit war Lepsius nicht. Er registrierte vorhandene und bekannte Funde. Die Suche nach Altertümern war noch lange Zeit den Grabräubern überlassen, die im geheimen gruben und in Eile. Sie suchten wertvolle Stücke, die sie verkaufen konnten. Gleichgültig waren ihnen die Grabstätten selbst; sie zerschlugen, was ihnen hinderlich war, was ihnen als unverkäuflich erschien. Fern lag ihnen der Gedanke an die Wissenschaft, an die Bewahrung überkommener Werte. Schuld an der Räuberei trugen nicht nur die privaten Käufer, die Sammlungen aufbauen wollten, sondern auch die Museumsdirektoren europäischer Hauptstädte, die ihren Ehrgeiz daransetzten, ihrem Publikum Großplastiken aus Ägypten zeigen zu können. Bei der Beurteilung dieses Ehrgeizes muß allerdings bedacht werden, daß in Cairo um diese Zeit noch immer kein Museum für ägyptische Altertümer existierte. Ägypten besaß keine Auffangstelle für Erinnerungsstücke an die eigene Vergangenheit.

Selten waren die Grabräuber Banditen, die im Nilland zu Hause waren. Die Abenteurer kamen aus Europa. Achille Constant Théodore Emile Prisse d'Avennes war einer von ihnen. Er beeindruckte durch das Gehabe eines ägyptischen Paschas. Tagsüber empfing er Gäste auf seinem Nilboot, das vor Karnak verankert war. Nachts aber ging er an Land, um im Tempel von Karnak ein besonders schönes Stück, die »Tafel der Könige« von der Wand zu lösen. Kunstvoll zersägte er die Blöcke und brachte sie, in achtzehn Kisten verpackt, an Bord seines Schiffes.

Als die Arbeit abgeschlossen war, mußte der Gouverneur der Region von Karnak, der schließlich doch von den Heimlichkeiten im Tempel erfahren hatte, bestochen werden. Der Gouverneur erklärte, alle Vorwürfe gegen den fremden Edelmann seien Verleumdung: Die Kisten, die er bei sich führe, enthielten keine Altertümer von Wert. Mit offiziellem Schutzbrief fuhr der Franzose nilabwärts. Er konnte sicher sein, daß ihm die Pariser staatlichen Sammlungen dankbar sein würden. Auf dem Weg nach Cairo begegnete ihm das Schiff, das Lepsius nach Karnak brachte. Der Tempelräuber empfing den Gelehrten zu Kaffee und einem Mahl. Er bat Lepsius Platz zu nehmen auf den großen Kisten, die an Deck des Bootes standen. Lepsius hat sich erst später Gedanken gemacht, daß er wohl auf einem verpackten Teil der »Tafel der Könige« gesessen sei.

Lepsius ist ein Einzelfall geblieben: Deutsche Forscher fanden selten den Weg zum Nil. Die Nachfolger des Mehmed Ali als Herrscher von Ägypten besaßen die Neigung, sich nach Paris zu orientieren; so geschah es, daß auch hauptsächlich Franzosen nach Ägypten reisten, um Altertümer zu bewundern – und manchmal auch, um sie vom Sand der Wüste zu befreien.

Auguste Mariette war vom Willen getrieben, in Memphis die Sphinxallee zu suchen, von der schon Strabo berichtet hatte. Er fand sie im Winter 1850/51. Nur wenig später entdeckte er die Gräber der Apisstiere, die in Form eines Labyrinths angeordnet waren. Über 300 Meter lang sind die Gänge. In Steinsarkophagen waren die heiligen Stiere als Inkarnation des Gottes Apis beigesetzt worden.

Die Grabungsgenehmigung, die Mariette besaß, schrieb vor, daß alle Funde grundsätzlich dem Herrscher in Cairo zu übergeben waren. Nur einzelne Antiquitäten durften im Besitz des Finders bleiben. Unvernünftig schien diese Regelung nicht, konnte doch so damit gerechnet werden, daß nach und nach eine ägyptologische Sammlung in Ägypten entstehen würde. Doch Mariette hatte unangenehme Erfahrungen gemacht: Fundstücke, die nach Cairo gebracht worden waren, hatte der Pascha nie pfleglich aufbewahren und sammeln lassen; sie waren meist schon nach kurzer Zeit an ausländische Staatsgäste verschenkt worden. So fürchtete Mariette, daß auch die einzelnen Stücke aus dem Grab der Apis an Unwissende und Undankbare verschleudert werden würden. Er wollte den Inhalt des Grabes für den Louvre retten. Mariette täuschte vor, er verpacke die Objekte aus einer anderen Grabung, die ihm zugesprochen worden seien, doch tatsächlich ließ er die Beigaben des Apisgrabes, die aus Gold und Schmuck bestanden, verschwinden. Den Beamten des Pascha zeigte Mariette dann das leere Grab, mit der Bemerkung, leider habe er gar nichts gefunden.

Gerade diesen Mann, den ungestraften Grabräuber, beauftragte Said, der Herrscher in Ägypten, mit dem Aufbau eines Museums für ägyptische Altertümer. Über die Gebäude, die ihm zugewiesen wurden, schrieb Mariette: »Sie bestehen aus einer verlassenen Moschee, aus einem winzigen Schuppen, der jedoch voll Dreck war, und aus einem Haus, in dem sich Ungeziefer eingenistet hatte.«

Der Khedive – so nannte sich der Herrscher am Nil, der formell noch immer dem Sultan in Istanbul unterstand – war eigentlich an den Altertümern überhaupt nicht interessiert, doch er wollte durch die Museumsgründung einem Mann einen Gefallen erweisen, der von Bedeutung war für Ägypten. Ferdinand Lesseps hieß dieser Mann. Er hatte die Idee propagiert, die Schiffahrt der Welt brauche jetzt den Kanal, der das Mittelmeer und das Rote Meer verbinde; er hatte ein Konsortium gegründet, das die für den Kanalbau nötigen Gelder aufbrachte; er hatte dazuhin die Oberleitung der Arbeiten übernommen. Dem Khediven gefiel die Tatkraft des Ferdinand Lesseps. Er nahm Ratschläge von ihm an. Lesseps wollte, daß Cairo endlich ein Museum für die Schätze seines Altertums bekomme – sein Wunsch wurde erfüllt.

Die Beziehungen zwischen Nil und Seine erreichten ihren Höhepunkt im Jahre 1867. Napoleon III. ließ eine prunkvolle Weltausstellung veranstalten. Den Khediven entzückte er durch den Einfall, auf dem Ausstellungsgelände in Paris müsse eine Kopie des Khedivenpalastes und eine Moschee aufgebaut werden. Der Herrscher am Nil entschloß sich, wertvolle Antiquitäten nach Paris bringen zu lassen, damit sie von Hunderttausenden bewundert werden konnten. Mariette wurde der Organisator dieser ägyptischen Exposition.

Mariette hatte die Ausstellungsstücke so gruppiert, daß im Mittelpunkt der Goldschmuck der Königin Ahhotep lag, der acht Jahre zuvor in deren Sarkophag gefunden worden war. Gleich nach der Eröffnung der Ausstellung sagte Kaiserin Eugénie zum Khediven, daß sie dieses Geschmeide überaus liebe. Der Khedive verstand sehr wohl den Hinweis, die Kaiserin sei bereit, das wertvolle Objekt als Geschenk anzunehmen, doch er sah nicht ein, warum er Eugénie den Schmuck überlassen sollte. Den Mut, »nein« zu sagen, brachte er jedoch nicht auf. Zur Kaiserin, die eine positive Antwort erwartete, bemerkte der Khedive, er selbst sei keineswegs der Herr der Altertümer am Nil – über den Schmuck könne nur Auguste Mariette verfügen. Die Kaiserin glaube, es genüge, diesem französischen Staatsbürger den allerhöchsten Wunsch mitzuteilen, Ihre Majestät wolle Eigentümerin des Schmuckes der Königin Ahhotep werden – Mariette, so meinte sie, werde sich fügen. Doch der Direktor des Museums für Ägyptische Altertümer in Cairo war entschlossen, sein wertvollstes Ausstellungsobjekt wieder an den Nil zurückzubringen. Er gab dem Wunsch der Kaiserin nicht nach. Sie zeigte Mariette noch zwei Jahre später ihren Zorn.

Kaiserin Eugénie eröffnete am 17. November 1869 den Suezkanal. Ihre Jacht »Aigle« war das erste Schiff, das die Wasserstraße durchfuhr. Daß die Oper »Aida« während der Eröffnungsfeierlichkeiten nicht aufgeführt werden konnte, weil der Komponist Verdi die Partitur noch nicht beendet hatte, befriedigte die Kaiserin sehr, war doch Auguste Mariette der Textdichter dieses Werks. Ungern hätte sie dem Mann Beifall gespendet, der sie um die Erfüllung eines sehnlichen Wunsches gebracht hatte.

Das Leben des Museumsgründers kannte nur kurze Zeiten persönlichen Glücks. Seine Frau starb durch die Pest; auch die Kinder nahm ihm der Tod fort. Den von Trauer und Alter geprägten Mann beschrieb ein Besucher so: »Sein dunkelhäutiges Gesicht hat einen träumerischen und vergrämten Ausdruck. Oft saß er am Nil und sprach mit empfindungsvollen Worten von Ägypten, seinem Fluß und seinem Nachthimmel.«

Im Januar 1881 starb Auguste Mariette in seinem Haus im Cairoer Museumskomplex. Er hatte noch erlebt, wie die Kontakte zwischen Paris und Cairo in den Jahren seit der Abdankung des Kaisers und der Kaiserin von Frankreich abstarben. Als England das Erbe Frankreichs antrat, war Mariette gerade achtzehn Monate tot. Ein britisches Expeditionskorps besiegte die Revolte des Ahmed Arabi. Sir Evelyn Baring übernahm im Auftrag der britischen Krone die politische Vormundschaft über den Khediven und damit über das Land am Nil.

Die Regierung der französischen Republik hatte wohl begriffen, daß sie ein gewisses Maß von Einfluß am Nil bewahren konnte, wenn ein Franzose die Leitung des Ägyptischen Museums in der Hand behielt. Als sich Mariettes Gesundheitszustand verschlechtert hatte, war der Hieroglyphenfachmann Gaston Maspero nach Ägypten geschickt worden. Zwei Wochen vor dem Tod des Museumsgründers übernahm

Maspero dessen Amt als Direktor der ägyptischen Sammlung. Der neue Chef sorgte dafür, daß die Museumsbestände systematisch geordnet und in chronologischer Abfolge ausgestellt wurden.

Gaston Maspero gelang vor allen Dingen durch behutsame Befragung von Grabräubern – und durch Glück – bei Luxor die Aufspürung des Schachtes, in dem einst Priester die von der Ausraubung bedrohten Mumien der Pharaonen Sethos I. und Ramses II. versteckt hatten.

Maspero war der zweite französische Chef der Altertümerverwaltung – er blieb bis in dieses Jahrhundert hinein Museumsdirektor und damit der mächtige Mann für jeden, der Tempel und Gräber erkunden wollte am Nil. Maspero erreichte ein hohes Lebensalter und vereitelte damit den Versuch von Sir Evelyn Baring durchzusetzen, daß England Einfluß erhielt auf das Cairoer Museum. Die »englische Schule der Ägyptologie« nahm zwar ihren Anfang, blieb jedoch immer mit Maspero und dessen Schülern konfrontiert.

Maspero wollte Ordnung schaffen an den Orten, die von Ausgräbern heimgesucht werden: Nur vertrauenswürdige Männer sollten Grabungslizenzen erhalten. Fachleute und Laien, Systematiker und Besessene wechselten einander ab. Alle hatten nur das eine Ziel, das unberührte Grab eines Pharao zu finden. Die Tatsache, daß keiner der Forscher Erfolg hatte mit der Suche, schreckte niemand ab. Jeder glaubte, Beharrlichkeit werde gerade ihn zum rechten Ort führen. Über die Region, wo sich dieser rechte Ort befinden mußte, waren sich alle einig: Wenn überhaupt, dann konnte nur noch im »Tal der Könige«, bei Karnak, ein Grab aufgespürt werden, dessen Mumie bisher nicht in ihrer ewigen Ruhe gestört worden war.

# Tut-ench-Amon und der Nationalismus am Nil

Im Tal der Könige hatte Belzoni im Jahr 1815 die zwar ausgeraubten, aber dennoch historisch wichtigen Ruhestätten von Sethos I. und Ramses I. gefunden. Nachdem er Glück gehabt hatte, war Belzoni der Meinung gewesen, daß nun in diesem Tal nichts mehr zu entdecken sei. Denselben Standpunkt hatte Karl Richard Lepsius vertreten. 1898 erschütterte jedoch ein Ereignis die Lehrmeinung dieses Forschers, der seit vierzehn Jahren tot war: Der Franzose Victor Loret stieß auf bisher unbekannte Gräber, die allerdings schon in der ägyptischen Frühzeit ausgeplündert worden waren. Trotz der Enttäuschung, daß nur leere Kammern gefunden wurden, ließ diese Entdeckung die Hoffnung aufleben, es könnte doch auch noch unberührte Gräber geben.

Zu denen, die diese Hoffnung pflegten, gehörte Georg Edward Stanhope Molineux Herbert, der Fünfte Lord of Carnarvon. Der schottische Edelmann besaß ausgedehnten Grundbesitz und das geräumige Schloß Highclere Castle, doch er verbrachte die Hälfte des Jahres in einem schlichten Bungalow am Nil. Bei Karnak befand sich dieser zweite Wohnsitz des Lords, auf einem Hügel am Eingang des Tals der Könige. Im Jahre 1914 hatte er den Bau erstellen lassen, als er im zehnten Jahr schon seine Zeit zwischen Schottland und Ägypten aufteilte. Ursprünglich war Carnarvon zur Genesung an den Nil geschickt worden. Bei einem Autounfall hatte er sich derart schwere Verletzungen zugezogen, daß er mehrfach operiert werden mußte. Zurück blieben Atembeschwerden, die in Ägypten gelindert werden konnten.

Als der Herbst des Jahres 1922 nahte, da stand die Entscheidung an, ob der Umzug von Highclere Castle in den Bungalow am Nil noch sinnvoll sei. Unfall und Operationen lagen zwanzig Jahre zurück; die

Atembeschwerden waren abgeklungen. Längst hatte sein Ägyptenauf-
enthalt einen anderen Sinn bekommen: Der Lord war Ausgräber von
Altertümern geworden. Er besaß zwar Leidenschaft zur Archäologie, er
besaß auch Phantasie, doch hatte ihm jegliche Sachkenntnis gefehlt.
Von Gaston Maspero war ihm in der Anfangszeit seiner Bemühungen
empfohlen worden, er möge doch den Engländer Howard Carter als
Mitarbeiter gewinnen. Maspero selbst hatte Carter aus dem Dienst der
Altertümerverwaltung entlassen müssen, weil er mit französischen
Besuchern einer Ausgrabungsstätte in Streit geraten war. Da Maspero
den jungen Engländer gegenüber den starken Pressionen der französischen Clique in Cairo nicht hatte halten können, wollte er wenigstens
für ihn eine einträgliche Position finden. Der reiche Adlige war Maspe-
ros Empfehlung gefolgt: Er hatte einen Vertrag mit dem mittellosen
Ausgräber abgeschlossen. Howard Carter erhielt seither pro Tag ein
Britisches Pfund. Carnarvons Standpunkt war, daß Archäologie eigentlich eher ein Hobby als ein Beruf sei; für Hobbys aber nehme ein
Gentleman kein Geld.

Doch die beiden verstanden sich. Eine halbe Generation lang arbeiteten sie schon zusammen, als sie im Herbst 1922 darüber berieten, ob
die Ausgrabungen im Tal der Könige überhaupt noch fortgesetzt
werden sollten. Seit achtzehn Jahren hatte der Lord Geld ausgegeben
für die Suche nach dem unberührten Pharaonengrab – auf 50 000
Britische Pfund summierten sich die Gesamtausgaben bisher. Carnarvon hatte nur geringe Lust, noch mehr für dieses Vorhaben zu opfern.
Ganz so reich wie zu Beginn seiner Ägyptenaufenthalte war der Lord
inzwischen nicht mehr. Der Erste Weltkrieg und die Rezession während der Jahre danach hatten an seinem Vermögen gezehrt. Howard
war trotz der Skepsis seines Partners entschlossen weiterzusuchen,
denn er verfolgte eine ganz bestimmte Spur. Carnarvon war nicht
überzeugt, daß diese Spur zum Ziel führen würde. Nur durch Appell an
die Ehre des Adligen gelang es Howard Carter, ihm die Zusage zur
Finanzierung einer weiteren Ausgrabungskampagne zu entlocken.

Am 28. Oktober 1922 kam Carter wieder im Tal der Könige an. Der
Geldgeber war auf Highclere Castle geblieben; er wollte nicht zusehen
müssen, wie sein Geld sinnlos ausgegeben wurde. Dem Lord mißfiel
auch, daß seine Tochter, die meist mit ihm in Ägypten lebte, den
besitzlosen, nun über vierzigjährigen Carter heiraten wollte – die

beiden liebten sich. Da Adel und Armut nicht zusammenpaßten, unterband der Lord die Beziehung.

Noch am Tag seiner Ankunft in Luxor ließ Carter die Arbeit beginnen. Die Grabungsmannschaft aus der vergangenen Saison hatte schon auf ihn gewartet. Den Männern aus den Dörfern am Nil war selten Arbeit – und Bezahlung – angeboten. Sie hofften sehnlichst, ein Reicher werde kommen, der Sand und Fels im Tal der Könige durchwühlen ließ.

Der Name »Tal der Könige« führt die Vorstellungskraft in die Irre. Die Phantasie gaukelt vor, es handle sich um ein Tal, das sich durch besondere Schönheit auszeichnet, eine Oase etwa, ein Ort, an dem der Aufenthalt Freude macht. In Wahrheit ist das Tal der Könige ein Platz des Todes. Es liegt nur drei Kilometer vom Nil entfernt, in den Ausläufern der westlichen Wüstenhügel, doch nie weht vom Fluß her ein kühlender Wind. An vielen Stunden des Tages herrscht quälende Hitze in der Vertiefung zwischen den rötlichbraunen Felsenbergen. In diesem Tal scheint nichts zu leben. Zu sehen sind nur Sand, Geröll, aufragende Felsen und geborstene Steinhütten. Carter, der jahrelang hier arbeitete, fand Füchse in den Spalten der Felshänge und Wüsteneulen. Aber auch er hielt das Tal für die verlassenste Stätte der Erde. Die Ägypter, so meinte er, sehen und hören Geisterspuk: Dschinnen, unzähmbare, nahezu durchsichtige Wesen, schweben aus Höhlen und umfliegen die Felsen. Wer vom Nil her das Tal der Könige betritt, der löst sich vom Fluß, der Leben bedeutet. Plötzlich vollzieht sich dieser Schritt. Von einem Meter zum anderen verwandelt sich das Land; die Vegetation bleibt zurück, und die Zone der Unfruchtbarkeit beginnt.

Howard Carter suchte in diesem Tal des Todes ein ganz bestimmtes Grab, das des Tut-ench-Amon. Dieser Pharao hatte um das Jahr 1330 v. Chr. regiert. Bedeutend war dieser Erbe des Echnaton keineswegs. Die Tempelwände künden von keinen Ruhmestaten. Trotzdem lebte Carter in der Überzeugung, daß im Grab des Tut-ench-Amon Schätze besonderer Art zu finden sein müßten.

Der Pharao lebte in einer Zeit des Umbruchs. Den Menschen wurden innerhalb kurzer Zeit gewaltige Glaubensreformen zugemutet. Echnaton hatte zwanzig Jahre zuvor eine religiöse Revolution ausgelöst, hatte dem Staatsgott Amon alle Bedeutung genommen: Amon war ersetzt worden durch Aton, den einzigen, allmächtigen und gütigen Gott, der für die Menschen sichtbar wurde in der Sonne. Sie wurde als Lebensspender angebetet, die das menschliche Leben erhalte, die Pflanzen und Tiere wachsen lasse, die den Jahreszeiten gebiete und die Finsternis der Nacht vertreibe.

Als Echnaton tot war, triumphierten die Amonpriester wieder. Sie verlangten, daß Amon wieder als oberste Gottheit angebetet werde, daß die Verehrung der Sonne als unerlaubte Ketzerei zu verurteilen sei. Der neue Herrscher, mit dem Namen Tut-ench-Aton aufgewachsen, hieß fortan Tut-ench-Amon. Er muß fast noch ein Kind gewesen sein, als er Herrscher des Pharaonenreichs wurde.

Mehr aus Intuition als aus sicherer Gewißheit nahm Howard Carter an, daß Tut-ench-Amons Grab, sollte es ungeöffnet gefunden werden, Aufschluß über Leben und Kultur während eines wichtigen Zeitabschnitts der frühen ägyptischen Geschichte geben müßte. Er war auch überzeugt, das gesuchte Grab sei nur im Tal der Könige zu finden. Keiner der Ausgräber mit Erfahrung war seiner Meinung. Sie wiesen Carter darauf hin, daß jeder Quadratmeter des Tals untersucht worden sei. Carter aber hatte sein Augenmerk auf einen ganz bestimmten Punkt gerichtet. Wenig unterhalb des Grabes von Ramses VI. befand sich eine Schuttablagerung. Sie konnte, so vermutete Carter, den Ruheplatz des Tut-ench-Amon bedecken. Ramses VI. war nicht ganz zweihundert Jahre nach dem Pharao der Umbruchzeit beigesetzt worden. Möglich war durchaus, daß beim Bau des Ramsesgrabes der Schutt direkt neben den Arbeitsplatz geworfen wurde; kurz war so der Weg zur Schutthalde. Daß damit das Grab eines Pharao aus vergangener Zeit zugedeckt wurde, kümmerte Aufseher und Arbeiter damals nicht.

Mit der Beseitigung des drei Jahrtausende alten Schutts begannen Carters Tagelöhner am 28. Oktober 1922. Sie stießen auf Fundamente von Bauhütten aus den Jahren, als die Gräber angelegt wurden. Am 2. November waren die Fundamente entfernt; sichtbar wurde eine Stufe im Fels. Am nächsten Tag lagen zwölf Stufen frei und ein Stück eines Portals. Ganz offensichtlich war dieser Eingang noch versiegelt – also im Zustand, wie er vom Bauherrn übernommen worden war. Carter ließ das zugemauerte Portal vollends freilegen und an einer Stelle aufbrechen. Er konnte durch das so entstandene Loch sehen. Daß der Gang dahinter mit Gesteinsbrocken angefüllt war, enttäuschte ihn nicht. Bekannt war der Brauch der Grabarchitekten einer bestimmten Epoche, die Gänge durch Schutt unpassierbar zu machen.

Es fiel dem Ausgräber schwer, sich zu bezähmen. In seiner Ungeduld, endlich zu erfahren, ob er wirklich ein unberührtes Grab von Bedeutung entdeckt hatte, wollte Carter eigentlich den Gang freiräumen lassen, um bis zur Hauptkammer vorzudringen. Doch ihm war bewußt, daß er nur der bezahlte Arbeiter des Lords war. Dem Geldgeber mußte der Ruhm gehören, als erster die Geheimnisse des Grabs zu erblicken. So befahl Carter den verblüfften Arbeitern, den Schutt auf die Stufen zurückzuschaufeln. Er wollte nicht erleben, daß ein anderer in den Wochen bis zur Ankunft von Carnarvon die Grabkammer öffnete.

Ein Telegramm informierte den Lord, daß den Grabungen Erfolg beschieden sei. Carter schrieb dieses Glück seinem Arbeitgeber zu: »Sie haben im Tal der Könige eine Entdeckung gemacht. Grab mit unversehrtem Siegel gefunden. Bis zu Ihrer Ankunft Grab wieder verschließen lassen. Herzliche Gratulation.« Durch diesen Telegrammtext gerufen, verließ Carnarvon England. Am 24. November kam er mit der Eisenbahn aus Cairo in Luxor an. Der Lord brachte seine Tochter mit.

Die nächsten Tage erlebten die Ausgräber den Wechsel von Triumph und Enttäuschung. Carnarvon und Carter entdeckten tatsächlich das Namenszeichen des Tut-ench-Amon. Sie mußten aber auch an der Färbung des Putzes am Mauerwerk erkennen, daß offensichtlich jemand in ganz früher Zeit nach der Fertigstellung des Grabs unbefugt eine Öffnung geschlagen hatte, die er dann wieder verschlossen hatte. Die Enttäuschung konnte Carter dämpfen durch die Bemerkung, daß es einem Grabräuber wohl nicht gelungen war, durch die recht enge Öffnung größere Gegenstände aus dem Grab wegzuschleppen.

Am Nachmittag des nächsten Tages war die Beseitigung des Schutts so weit fortgeschritten, daß ein zweites Portal sichtbar wurde. Die Gefühle wechselten diesmal von Enttäuschung zu Triumph: Carnarvon und Carter stellten fest, daß die Siegel dieser Tür nicht aufgebrochen waren. Zwar war wieder eine Verfärbung im Putz zu sehen; doch dieser Fleck war so klein, daß er nur ein Loch verdecken konnte, das keinem Menschen Möglichkeit zum Durchschlupf geboten hatte.

Carter schlug mit dem Meißel die andersgefärbte Stelle im Mauerwerk des Portals auf, dann hielt er am ausgestreckten Arm eine Kerze in den Raum dahinter. Was da zu sehen war, beschrieb Carnarvon in einem Brief an den Direktor der Ägyptischen Abteilung des Britischen

Museums in London: »Wir haben die ungewöhnlichste Entdeckung gemacht, die es je gab; vermutlich ist weder in Ägypten noch sonstwo in der Welt Ähnliches gefunden worden. Ich habe so viele Dinge gesehen, daß Sie damit die meisten Säle des Britischen Museums füllen könnten. Da gibt es noch eine versiegelte Tür, hinter der sich wohl weitere schöne Stücke befinden. Nicht nur die große Anzahl von Fundstücken macht diese Entdeckung so außergewöhnlich, sondern auch ihre einzigartige Schönheit, ihre Vollendung. Ich fand einen Thron, der schöner ist als alles, was bisher in Ägypten entdeckt wurde. Ich fand Alabastervasen von wunderbarster Arbeit. Da waren Betten und Stühle und vier Wagen mit wertvollen Steinen besetzt. Ich sah lebensgroße schwarze Figuren des Königs, an den Füßen Sandalen aus Gold. Da lagen Kleider, Zeremonienstäbe, Leuchter, Fayencen, Juwelen. Das alles befindet sich allein im Vorraum. Dann gibt es einen zweiten Raum, den ich nicht einmal betreten konnte, weil er mit Mobiliar vollgestellt ist. Ich sah nur Alabasterstatuen, die eineinhalb Meter hoch sind. Hinter der versiegelten Tür werden wir bestimmt den König finden.«

Carnarvon schrieb kein Wort darüber, daß die zwei Räume den Eindruck machten, es handle sich um Rumpelkammern. Einige Gegenstände lagen verstreut, andere aufeinandergetürmt. Vieles war zerbrochen. Goldene Verzierungen waren abgerissen; Truhen sahen so aus, als ob sie mit Gewalt geöffnet worden wären. Der Zustand des Putzes am Mauerwerk der Portale hatte schon den Hinweis auf Grabräuber gegeben. Der Zustand des Mobiliars in den Vorkammern bestätigte diesen Eindruck. Die Eindringlinge mußten allerdings gestört worden sein. Die für die Bewachung Verantwortlichen hatten dann die Löcher wieder zugemauert und neu verputzt. Bald darauf war das Grab in Vergessenheit geraten.

Das sorgfältige Ausräumen der Vorkammern benötigte viel Zeit – Howard Carter machte genaue Inventur aller Gegenstände. Erst am 17. Februar 1923 wurde das Siegel der dritten Kammer aufgebrochen. Der britische Ägyptologe Alan Gardiner erinnerte sich an die Stunde, als das Geheimnis gelöst wurde: »Carter entfernte den oberen Teil der Mauer, und wir erkannten dahinter eine Wand aus Gold. Als aber der Rest des Mauerwerks weggebrochen war, da sahen wir, daß wir eine Seite eines riesigen Schreins vor uns hatten. Solche Schreine kannten wir bisher nur von antiken Papyri. Hier aber hatten wir die Wirklichkeit vor uns. Da stand der Schrein strahlend in blauen und goldenen Farben. Wir konnten sehen, daß sich innerhalb des großen äußeren Schreins ein weiterer kleinerer Schrein befand.« Was die Augenzeugen nicht erkennen konnten: Insgesamt umhüllten vier Schreine den Sarkophag. Bis er ans Licht kam, verging noch ein Jahr.

Doch noch ehe dieses Jahr vorüber war, lag George Edward Stanhope Molyneux Herbert, der Fünfte Lord von Carnarvon, begraben bei seinem Schloß Highclere Castle. Gestorben war der Lord am Nil. In seinem Bungalow war er nachts von Träumen beunruhigt worden; bald nach der Öffnung des Grabs hatten ihn Fieberanfälle geplagt. Die Körpertemperatur war bis auf 40 Grad angestiegen. Da Carnarvon kein Vertrauen in ägyptische Mediziner besaß, war sein eigener langjähriger Hausarzt auf die Nachricht hin, der Lord sei erkrankt, nach Luxor gereist. Seine Diagnose blieb unbestimmt; eine eigentliche Erkrankung war nicht festzustellen. Der Hausarzt hatte zunächst den Verdacht geäußert, Carnarvon sei von Malaria befallen, doch die Vermutung war falsch. Dieser Befund veranlaßte den Lord, das Cairoer Krankenhaus, in das er vom Hausarzt eingewiesen worden war, wieder zu verlassen. Im Hotel aber verschlimmerte sich der Zustand sofort. Häufig hörten die Krankenpfleger diese Worte aus dem Mund des Lords: »Mein Gesicht wird von einem Vogel zerkratzt.« Ägyptologen haben später diesen Satz mit einem Fluch aus der Pharaonenzeit in Verbindung gebracht, der jedem, der die Ruhe eines Toten stört, androht, sein Gesicht werde von Krallen eines Vogels aufgerissen. Der Fluch spricht sogar von einem ganz besonderen Vogel, von der Göttin Nechbet, die in Geiergestalt in Oberägypten gewirkt haben soll.

Merkwürdiges war festgestellt worden in der Nacht, als Carnarvon starb. Ohne erkennbaren Grund war die Elektrizitätsversorgung der Stadt Cairo ausgefallen. Im Dunkel hatte der Tod den Lord erreicht.

Die seltsamen Umstände des Todes führten dazu, daß argwöhnisch beobachtet wurde, ob der Fluch sich auch bei anderen Personen auswirke, die an der Graböffnung beteiligt waren. Zur Verblüffung derer, die sich dafür interessierten, konnten bei einigen Personen Rätsel um ihren Tod festgestellt werden. Unter ähnlichen Umständen wie Carnarvon starb im Hotel Winter Palace in Luxor der Ägyptologe James H. Breasted, der unmittelbar an der Graböffnung beteiligt gewesen war. Der Arzt hatte auch nur Fieberanfälle diagnostizieren können. An ähnlichen Symptomen begann Carters Assistent Mace zu leiden; bis zu seinem Tode, fünf Jahre nach Carnarvons Sterben, konnte ihm niemand sagen, woran er erkrankt war. Manche, die das Grab nur besichtigt hatten, fielen dem seltsamen Fieber zum Opfer.

Einer, der den »Fluch des Pharao« auf naturwissenschaftliche Weise erklären wollte, der ägyptische Biologe Dr. Ezzedin Taha, verlor sein Leben bei einem mysteriösen Autounfall. Er hatte festgestellt, daß sich in den Grabkammern Krankheitserreger befanden, die Jahrtausende lang aktiv geblieben waren. Diese Krankheitserreger hätten, so folgerte Dr. Ezzedin Tahe, in den Atemwegen der Personen, die das Grab von Tut-ench-Amon betreten hätten, fiebrige Entzündungen ausgelöst. Kaum hatte Dr. Taha diese Erklärung rätselhafter Todesumstände der Öffentlichkeit bekannt gemacht, da kam er mit seinem Wagen auf der Straße von Cairo nach Suez von der Spur ab und prallte auf ein entgegenkommendes Fahrzeug. Die Obduktion ergab, daß der Biologe unmittelbar vor dem Unfall an Kreislaufversagen gestorben sein muß. Dieses Unglück hat sich im Spätherbst 1962 ereignet.

Howard Carter selbst ist am 2. März 1939 gestorben, im Alter von 65 Jahren. Ihn hatte offensichtlich der Fluch nicht erreicht – obgleich er die Ruhe des Pharao am meisten gestört hatte. Er hatte, als Carnarvon längst tot war, die Öffnung des Sarkophags überwacht.

Der Ägyptologe Breasted, an dessen späterem Tod auch der Fluch des Pharao schuld sein soll, schrieb seinem Sohn, was er und Carter am 12. Februar 1924 nach der Hebung des Sarkophagdeckels sehen konnten. »Wir erblickten plötzlich das strahlende Gold des Geierkopfes und der aufgerichteten Kobra auf der Stirn des Königs. Wir erblickten seine Augen, die uns entgegensahen, als seien sie lebendig. Bald lag die ganze Figur des Königs vor uns in all der Pracht des glänzenden Goldes. Seine goldenen Arme und Hände waren über der Brust gekreuzt. In seiner rechten Hand hielt er einen Krummstab aus Gold und farbigen Steinen. In seiner linken Hand befand sich eine Geißel. Auch sie war aus Gold.«

Carter und Breasted hatten die äußere Hülle des Leichnams vor sich, eine Maske, die über den ganzen Körper gelegt war. Sie zeigte den Pharao als Osiris, als Gott, in dem der Leichnam wiederauferstehen sollte. Die Hülle ist 2,25 Meter lang und 70 Zentimeter hoch. Sie besteht aus Gold, in das edle Steine und gefärbtes Glas eingelegt sind.

Einen Tag nach der Öffnung des Sarkophags hatte Carter die Absicht, den Frauen der Wissenschaftler, die an den Arbeiten beteiligt waren, die goldene Hülle des Leichnams zu zeigen. Die Einladung an die Frauen sollte eine freundliche Geste sein, ohne Bedeutung. Sie löste jedoch eine Reaktion des ägyptischen Staates aus: Carter erhielt ein Telegramm, das ihm die geplante Führung durch das Grab des Tutench-Amon verbot. Absender des Telegramms war der ägyptische Minister für Öffentliche Arbeiten. Damit das Verbot auch eingehalten wurde, übernahmen Polizisten die Kontrolle aller Personen, die das Grab des Pharao betreten wollten.

Das Verbot hat wenig mit religiös motivierten Bedenken zu tun, die lauten, den Frauen sei nicht jeder Schritt in die Öffentlichkeit erlaubt, und Frauen hätten nichts zu suchen direkt an der letzten Ruhestätte eines Mannes. Dem Verbot lag eine politische Absicht zugrunde: Es sollte demonstrieren, daß die Ägypter nicht länger gewillt waren, den Ausländern die nationalen historischen Stätten des Nillandes zur Ausbeutung zu überlassen. Der Minister für Öffentliche Arbeiten wollte zeigen, daß er, als Ägypter, am Grab des Tut-ench-Amon zu bestimmen habe.

Howard Carter reagierte verärgert. Von Politik verstand er nichts; er begriff die Empfindlichkeit der Ägypter nicht, deren Nationalstolz unter langer Bevormundung gelitten hatte. Carter sah nur den Aspekt der Archäologie, der historischen Bestandsaufnahme. Unvorstellbar war ihm, daß der Leichnam des Tut-ench-Amon Bedeutung haben könnte für die ägyptische Politik der Gegenwart.

Mit dieser Pressemitteilung trug er seinen Ärger an die Öffentlichkeit: »Aus Protest gegen die unmöglichen Einschränkungen und gegen die Unhöflichkeit des Ministeriums und der Altertümerverwaltung weigern sich alle meine Mitarbeiter, an der wissenschaftlichen Untersuchung des Grabes von Tut-ench-Amon weiterzuarbeiten. Das Grab ist wieder geschlossen worden.«

Tatsächlich hatte Carter das Tor der Grabkammer verriegeln lassen. Das Grab selbst aber war offen: Der schwere Deckel des Sarkophags – er wiegt eineinhalb Tonnen – hing in der Luft über dem Leichnam, festgehalten durch die Seile zweier Flaschenzüge. Wenn die Seile rissen, würde die goldene Körpermaske des Pharao zertrümmert werden. Die Gefahr, die durch den schwebenden Sarkophagdeckel drohte, so glaubte Carter, würde das Ministerium für Öffentliche Arbeiten

zum Einlenken zwingen. Im Hotel Winter Palace in Luxor wartete
Carter auf die Entscheidung des Ministers. Der Aufforderung des
Direktors der Altertümerverwaltung – er war Franzose und hieß Pierre
Lacau –, er möge den Schlüssel für das Eisengitter am Eingang des
Grabes aushändigen, folgte Carter nicht.

Lacau ließ neun Tage, nachdem Carter das Grab des Pharao verlassen
hatte, die Gitter durchsägen. Seine Sorge, die Seile der Flaschenzüge
hätten die Last nicht mehr halten können, bestätigte sich nicht; doch
sie hatten sich derart gedehnt, daß der Deckel beinahe wieder auf dem
Sarkophag auflag. Pierre Lacau nahm für den ägyptischen Staat das
Grab des Tut-ench-Amon in Besitz.

Die ägyptischen Zeitungen schrieben außerordentlich befriedigt über
die Entschlossenheit des Ministeriums, den Ausgräber aus England zu
entmachten. Da war zu lesen: »Genug hat Ägypten unter dem Ausländer Carter gelitten, der schamlos vor den Augen der Ägypter das Grab
des Pharao schändet. Wenn unsere Regierung wirklich national gesinnt
ist, dann muß sie standhaft bleiben. Der Tyrannei eines Mr. Carter und
ähnlicher Leute ist ein Ende zu setzen.«

Ministerpräsident Saad Zaghlul Pascha deckte die ihm unterstellte
Behörde: »Es ist die Aufgabe jeder Regierung – ob sie für Ägypten, für
England oder sonst für irgendein Land der Erde zuständig ist –, die
Rechte und die Ehre der Nation zu verteidigen. Nichts anderes haben
wir getan. Die Regierung Ägyptens kann sich nicht über die Meinung
des Volkes hinwegsetzen.«

Tut-ench-Amon, der unbedeutende Pharao, der vor mehr als dreitausend Jahren regiert hatte, wurde zum Symbol des nationalen Erwa-
chens der Menschen am Nil. Kurz nach der Wiedereröffnung des Grabs
stellten sich Tag für Tag mehr als zweitausend Männer in langer
Schlange vor dem Eingang auf; die meisten von ihnen waren Fellachen,
die nie zuvor die Geschichte Ägyptens, ob alt oder neu, zur Kenntnis
genommen, die selbst bisher die Tempel als Steinbrüche benützt
hatten. Sie wollten jetzt den »Goldenen König« sehen. Seine wertvolle
Hülle war auch dem einfachsten Gemüt Beweis dafür, daß Ägypten
einst reich gewesen war. Die Fellachen aber sahen, wie arm sie und die
Bewohner der anderen Dörfer jetzt waren. An dieser Armut konnten
wohl nur fremde Einflüsse schuld sein, hatte sich doch das Land nicht
verändert: Noch immer floß der Nil durch ein fruchtbares Tal. Die
Ausländer hatten also Ägypten ausgebeutet – dieses Fazit zogen die

Ägypter fast aller Schichten. Die Konsequenz war: Wollte das Land wieder reich werden, mußten die Fremden den Nil verlassen.

Der Aufstand des Ahmed Arabi lag vierzig Jahre zurück. Die Erinnerung an die revoltierenden Nationalisten Ägyptens war nicht erloschen. Doch seit der Niederlage der Unabhängigkeitsbewegung hatte England seine Besatzungsarmee am Nil unterhalten, die jedes Aufflackern des Nationalismus zu verhindern wußte. Bis zum Jahre 1907 war Sir Evelyn Baring, der den Adelstitel Lord Cromer getragen hatte, als Vertreter der britischen Krone der eigentlich verantwortliche Politiker in Cairo gewesen. Ein autoritärer Mann, der sich mit Pomp umgeben hatte, als ob er römischer Prokonsul der Nilprovinz gewesen wäre. Nach Lord Cromer hatte vier Jahre lang ein umgänglicher Mann dafür gesorgt, daß Ägypten nicht vom politischen Kurs der Londoner Regierung abkam. Doch im Jahre 1911 war Lord Kitchener als Aufsichtsperson nach Ägypten gekommen. Der Sieger von Khartum forderte absoluten Respekt für sich, doch er war großzügig genug, den Ägyptern 1913 eine Art Nationalversammlung zu gestatten.

Mit dem Ende des Ersten Weltkriegs zerbrach das Osmanische Reich; damit löste sich auch die völkerrechtliche Fiktion auf, Ägypten sei noch immer Teil dieses Reiches. Die Nationalisten erkannten eine Chance, für das Nilland die Autonomie zu fordern. Doch die Delegation der Nationalisten, die am Sitz des Völkerbunds in Genf mit Englands Vertreter sprechen wollte, wurde auf dessen Wunsch deportiert. Der Sprecher dieser Delegation war damals derselbe Saad Zaghlul gewesen, der vier Jahre später Ministerpräsident wurde und der Carter im Jahre 1923 aus dem Grab des Tut-ench-Amon verjagte.

Der Ministerpräsident regierte einen Staat, der seit dem 28. Februar 1922 formell unabhängig war – an diesem Tag hatte England das Protektorat aufgehoben. Die Regierung in London hatte jedoch bestimmt, daß der britischen Souveränität weiterhin jeder Bereich untersteht, der Auswirkung auf die Nachrichten- und Nachschubwege des Britischen Empire, die durch Ägypten laufen, und auf die Sicherheit der Suezkanalzone hat. Damit war die Anerkennung der Unabhängigkeit Ägyptens als sinnlose Geste entlarvt, denn ganz selbstverständlich betraf alles, was an politischen Ereignissen in Ägypten geschah, auch die Interessen der Engländer, die das Land am Nil als Verbindungsstation zwischen England und Indien benützten.

Für die Nationalisten war die Zeit des Kampfes damit nicht vorüber. Zaghlul Pascha, wie er sich 1923 nannte, war sicher, daß die nationale Strömung in Ägypten stärker werden würde. Hatte schon seine Petition um Gewährung der Autonomie im Winter 1918/19 die Bewohner von Cairo angetrieben, auf der Straße für Unabhängigkeit von London zu demonstrieren, so hoffte er jetzt, daß die britische Regierung aus Sorge vor weit heftigeren Demonstrationen auf direkte Einmischung nach dem Handstreich im Tal der Könige verzichten würde.

Lord Allenby, der britische Hohe Kommissar und zugleich Oberbefehlshaber der Besatzungsarmee in Ägypten, bekam die Stimmung des Volkes zu spüren, als er dem Grab des Pharao demonstrativ einen offiziellen Besuch abstattete. Bei den Bahnhöfen der Strecke Cairo–Luxor standen Zehntausende von Fellachen, die Lord Allenby und die Briten insgesamt verwünschten. Lord Allenby verdächtigte zwar Zaghlul Pascha, er habe die Demonstrationen angeordnet, aber ganz sicher konnte er nicht sein, ob nicht doch bei dieser Gelegenheit das politische Bewußtsein der ägyptischen Massen offenbar wurde.

In London machten sich die Politiker Gedanken, durch welche Maßnahmen die Spannungen am Nil abgebaut werden könnten, da geschah ein Attentat, das die britische Regierung zu einer harten Haltung zwang: Sir Lee Stack, der zweite Mann nach Lord Allenby, wurde am 19. November 1924 in Cairo auf der Straße erschossen. Die britischen Truppen am Suezkanal wurden mobilisiert, um bereit zu sein zum Angriff auf Cairo; Kanonenboote besetzten die Häfen Suez, Port Said und vor allem auch Alexandria, das, als Haupthafen Ägyptens, weitab vom Suezkanal lag.

Sehr schnell verlor die Masse des Volkes den nationalen Elan. Furcht machte sich breit in Cairo. Zaghlul Pascha mußte erkennen, daß er kaum noch Unterstützung besaß bei der Bevölkerung: Er trat zurück.

Der Nachfolger suchte nach einer Möglichkeit, um nach London Signale des Einlenkens zu schicken. Der Einfall lag nahe, den Mann zurückzuholen, der wegen der Nationalisten hatte gehen müssen: Howard Carter, der sich in Europa aufhielt, wurde aufgefordert, möglichst rasch – und möglichst leise – an den Nil zurückzukehren, um die wissenschaftlichen Arbeiten am Grab des Tut-ench-Amon fortzusetzen. Am 14. Januar 1925 war Carter wieder in Luxor, im Tal der Könige.

Zunächst wurden die Schätze der Vorkammern abtransportiert. Das Gelände im Tal ist uneben, und damals existierte noch kein so richtig befestigter Weg. Die wertvollen und empfindlichen Stücke im Lastwagen zu fahren war deshalb unmöglich; sie wären zu sehr geschüttelt worden. Howard Carter lieh sich die Reste einer Feldbahn: Mit drei Loren und fünf Schienen wollte er die Antiquitäten 8 Kilometer weit bis zum Nil bringen. Die fünf Schienen zusammen waren jedoch nur knapp 30 Meter lang. Sie wurden am Grab zusammengesteckt; dann rollten die Wagen das kurze Stück; die Schienen, die hinten nicht mehr gebraucht wurden, waren nach vorn zu schleppen und wurden dort anmontiert. Der Sommer hatte angefangen. Die Hitze wurde unerträglich. Zeitweise war es den Arbeitern nicht mehr möglich, die heißen Schienen anzupacken.

Nach dem Abtransport der beweglichen Objekte begann die komplizierte Arbeit des Abbaus der ineinander verschachtelten Särge. Das letzte der Gehäuse des Toten war aus Gold und wog 224 Kilogramm. Am 11. November 1925, drei Jahre nach der Entdeckung des Grabes, lag der Leichnam des Pharao Tut-ench-Amon nackt vor den Archäologen. Sie hatten bei der Abnahme der Mumienbinden den Leichnam zerrissen. Um ihn fotografieren zu können, legte Carter Kopf, Arme und Beine an den Rumpf. Die Aufnahme zeigt ein von Haut überspanntes Knochengerüst. Carter erwähnte in seinen Berichten das unschöne Grinsen der Mundpartie und den gespenstischen Anblick der Augenhöhlen; obgleich sie leer waren, hatte der Ausgräber das Gefühl, er werde von Tut-ench-Amon angestarrt. Dafür, daß er den Toten völlig entkleidete – und dabei feststellte, die Schamgegend sei ohne Haare –, fand Howard Carter wenig Verständnis in Europa und in den USA. König Georg schickte aus London eine Botschaft an die ägyptische Regierung, er wünsche, der Pharao möge nicht im Cairoer Ägyptischen Museum ausgestellt werden.

Bis zum Jahr 1932 arbeitete Carter im Tal der Könige an der Archivierung der Schätze, die in einer besonderen Kammer gefunden worden waren. Auf vielen tausend Karteikarten brachte er Material für eine wissenschaftliche Arbeit über die Ergebnisse der Forschung im Grab des Pharao nach London mit. Die Kraft, die Karteikarten auszuwerten, besaß er nicht mehr.

Schon vor Carters Abreise aus Luxor hatte die nationalistische Partei

Ägyptens das Grab wieder zum nationalen Eigentum erklärt. Da sie seit 1927 regierte, konnte sie durchsetzen, daß kein Objekt, das zum Grab des Tut-ench-Amon gehörte, aus Ägypten fortgebracht werden durfte. Die Ausfuhrsperre galt sogar für Duplikate. Der König, der in Cairo regierte, unterstützte die Anstrengungen der Nationalen, den Pharaonen einen Platz zu schaffen im Bewußtsein der Menschen am Nil. Er selbst hätte zu gern sich selbst den Pharaonen an die Seite gestellt.

Am Ende der langen Kampagne der Grabesöffnung, die selbst zu einem Stück ägyptischer Geschichte geworden war, regierten noch immer die Nachfahren des Mehmed Ali. Die meisten waren schwach gewesen – den Engländern oder den Nationalisten ausgeliefert. Im Jahr 1937 aber übernahm ein Mann den Thron von Ägypten, der viele Hoffnungen zu erfüllen schien. Faruk war der Name des jungen Königs, der sich vornahm, für das Land am Nil Bedeutendes zu leisten. Er verschloß die Augen nicht vor dem Elend der Massen; er wußte, daß die Menschen in den Siedlungen des Niltals wie die Tiere lebten. Schulen ließ Faruk bauen und Krankenhäuser. Mit gutem Grund verbot Anwar As Sadat später, daß über diesen König, zu dessen Sturz er beigetragen hat, gespottet und gehetzt werde.

Der gutwillige König scheiterte jedoch. Beschnitt er den Einfluß der Reichen im Parlament, so flüsterte seine Mutter Nazli ihm ein, er verfolge damit eine verderbliche Politik. Gebremst wurde Faruks Reformwille überdies durch den Beginn des Zweiten Weltkriegs. Die britische Verwaltung entmachtete den König auch innenpolitisch: Er hatte Sympathien gezeigt für die Achsenmächte Deutschland und Italien; daß diese Sympathie zur Auswirkung kam, konnte England nicht dulden, wenn es die Gefährdung seiner Suezkanalverbindung verhindern wollte. Faruk hatte nicht die Kraft, sich letztlich der Umarmung durch die Briten zu entziehen. Sie fanden Möglichkeiten, seine manchmal abwegigen Neigungen zu unterstützen. Seine Labilität wurde dominierend: Zu politischen Entscheidungen rang er sich nicht mehr durch.

Mit dem Krieg kam Geld ins Land. Um Rommels Angriff in Richtung Nil abzuwehren, verlegte England starke Truppenverbände nach Ägypten: Die Soldaten bezahlten für das, was sie verbrauchten. Die Händler profitierten davon. In den Jahren von 1940 bis 1945 stieg die Zahl der Personen, die über Vermögen von mehr als einer Million Pfund verfügten, von 40 auf 500 an.

Die Engländer zogen Ägypten in einen Krieg hinein, den die Politiker und die Bevölkerung des Nillandes nicht als einen Konflikt ansahen, der sie betraf. Der Sheikh von Al Azhar, die Autorität in Glaubensfragen, verkündete: »Wir haben mit diesem Krieg nichts zu tun!« Die ägyptische Armee verließ beim Anrücken der deutsch-italienischen Panzertruppe ihre Stellungen bei Marsa Matruh.

Auf Rommels Offensive setzten viele Politiker und Offiziere ihre Hoffnung. Als er sich bis auf hundert Kilometer der Stadt Alexandria näherte, da waren sie bereit, seiner Truppe zu helfen. Doch Rommels Siege verwandelten sich in Niederlagen. Die Engländer behielten das Land am Nil im Griff.

# Die Revolution bändigt den Nil

In der Nachkriegszeit hätte Ägypten einen König gebraucht, der die auseinanderstrebenden Kräfte hätte zusammenzwingen können. Die Armen rebellierten, die Reichen wollten auf nichts verzichten. Die Religiösen versprachen, daß allein die Rückkehr zu den Gesetzen Allahs dem Land am Nil Heilung von allen sozialen Gebrechen bringen könne. Die »Moslembruderschaft« formierte sich. Da hatten sich Männer zusammengefunden, die entschlossen waren, für ihre Überzeugung zu sterben – aber auch für ihre Überzeugung zu töten. Der Ministerpräsident, der im Jahre 1948 die Moslembruderschaft für aufgelöst erklärte, überlebte die Unterschrift dieses Dekrets nur um drei Tage. Die verschworenen Brüder rächten sich rasch.

»Die Moslembruderschaft war ohne Zweifel eine Macht, die man nicht ungestraft beleidigen durfte« – das war die Meinung von Anwar As Sadat, der schon zur Zeit des Zweiten Weltkriegs Beziehungen zu dieser Organisation pflegte. Wie die Kontakte geknüpft wurden, schilderte Sadat selbst: »Einige der Soldaten meiner Einheit in Maadi bei Cairo gehörten der Moslembruderschaft an. Am Geburtstag des Propheten, dem Maulid-Al-Nabi-Fest, im Jahre 1940 teilte mir ein Soldat mit, ein Mann, der bewundernswerte Kenntnisse im Islam besitze, wolle an diesem Tag zu den Soldaten sprechen. Ich war an jenem Tag Offizier vom Dienst. Als ich erfuhr, daß der Mann niemand anders war als Sheikh Hassan Al Banna, der Gründer und der oberste Führer der Moslembruderschaft, hieß ich ihn herzlich willkommen und bat ihn, den Vortrag zu halten. Er war in der Tat qualifiziert, ein religiöser Führer zu sein. Außerdem war er ein echter Ägypter: humorvoll, anständig und duldsam. Meine Bewunderung für ihn war grenzenlos. Er lud mich zu seinen allwöchentlichen Predigten ein. In seinem Büro führten wir lange Gespräche. Ich war von seiner Organisation sehr beeindruckt. Mir imponierte auch die Verehrung, die alle Mitglieder ihrem obersten Führer erwiesen. Sie behandelten ihn fast wie einen Heiligen. Sogar vor mir knieten sie beinahe nieder, nur weil der Sheikh mich in sein Büro eingeladen hatte.« Anwar As Sadat ging mit dem Führer der Moslembruderschaft eine Allianz ein. Ihr gemeinsames Ziel war die Vertreibung der Engländer.

Religiöse und Nationalisten waren gemeinsam der Meinung, alles Übel löse sich von selbst auf, wenn erst die Fremden das Land verlassen hätten. Der König und die politischen Parteien wurden als Werkzeug der Engländer angesehen, die wiederum nur das eine Ziel verfolgten, Ägypten auszubeuten. »Die Engländer machen uns zum Baumwoll-erzeuger für ihre Unterhosen« – klagte der junge Offizier Gamal Abdel Nasser. Er und Anwar As Sadat waren der Meinung, der Fortschritt werde beginnen, wenn die Engländer und deren korrupte Freunde den Nil verlassen hätten.

Die Anklage gegen die Engländer lautete präzise: »Um Baumwolle aus Ägypten billig aufkaufen zu können, sorgen die Administratoren der Kolonialmacht dafür, daß die Menschen am Nil keine hohen Ansprüche stellen. Ägypten wird ausgerichtet auf die Monokultur der Baumwolle; keine andere Pflanzung wird gefördert. Selbst der Bau des ersten Staudamms von Asswan im Jahre 1902 diente nur dem einen Zweck, der Baumwolle, die eigentlich eine Pflanze des subtropischen Regengebiets ist, zur rechten Zeit das nötige Wasser zu liefern.« So nützte der erste Asswandamm den Großgrundbesitzern, die sich auf Baumwollanbau spezialisiert hatten.

Der Eingriff in den Wasserhaushalt, den der erste Asswandamm bewirkte, war noch gering. Die britischen Wasserbauingenieure, die das Wehr 1902 fertigstellten, wollten die jährliche Hauptflut nicht anstauen, da sie mit Recht fürchteten, hinter dem 40 Meter hohen Wehr werde sich der Nilschlamm ablagern; schließlich sei mit einer völligen Verschlammung des Stauraums zu rechnen. Um diese Gefahr abzuwenden, wurden 180 Tore in den Damm eingefügt. Durch sie floß die schlammreiche Hauptwelle der Flut ab. Näherte sich diese Hauptwelle ihrem Ende, wurde nur noch das Hochwasser aus dem Weißen Nil erwartet, das bei Khartum zunächst durch die Gewalt des Blauen Nil an der Einmündung in den Hauptstrom gehindert worden war. Die Flut des Weißen Nil trägt viel weniger Schlamm mit sich. Sie konnte gefahrlos angestaut werden. War diese Flut angekündigt, wurden die Tore im Damm geschlossen.

Der Rhythmus des Flusses bestimmte weiterhin, wie seit Jahrtausenden, das Leben im Niltal. Gleichgeblieben war die Methode, das Wasser zu nutzen: Der fruchtbare Boden wurde durch niedere Dämme in einzelne Becken aufgeteilt, die bis zu hundert Quadratmeter Fläche besaßen. Dämme und Becken gaben dem Land das Aussehen eines Schachbretts. Vom Nil direkt oder aus den Kanälen des Nil wurde das schlammhaltige Wasser der Flut durch einfache Schöpfgeräte oder durch das Gewinde der Archimedischen Schraube hochgehoben auf die Höhe der Dämme und dann in die Becken geleitet. Etwas höher gelegenes Land brauchte für seine Bewässerung Schöpfwerke, die von Rindern oder Eseln angetrieben wurden.

Anwar As Sadat, der in einem Bauerndorf des Nildeltas aufgewachsen war, schilderte das Leben dort zur Zeit der Flut: »In meinem Dorf Mit Abu Al Kom machte mich alles glücklich. Es ist ein stilles Dorf, in dem ich als Kind lebte. Mich machte sogar das kalte Nilwasser glücklich, wenn wir am Morgen zum Bewässerungskanal gingen. Zwei Wochen lang war dieser Kanal in jedem Jahr bis zum Überfließen gefüllt. Solange war uns Nilwasser zugewiesen. In dieser Zeit mußte aller Boden, der für die Landwirtschaft genutzt wurde, mit Wasser versorgt werden. Die zwei Wochen waren kurz, so mußte alles rasch geschehen. Wir arbeiteten mit Hilfe der Tambur, der Archimedischen Schraube. Damit holten wir das Wasser aus dem Kanal auf die Äcker. Jede benützbare Tambur wurde gebraucht, ganz gleich, wem sie gehörte. Wichtig war allein, daß am Ende der zwei Wochen aller Boden des Dorfes bewässert war. Nach zwei Wochen waren andere Dörfer an der Reihe, daß ihre Kanäle gefüllt wurden.«

Der Junge aus dem Bauerndorf Mit Abu Al Kom hatte begriffen, wie wichtig das Nilwasser für die Menschen Ägyptens ist. In sein späteres politisches Leben hat Anwar As Sadat die Erfahrung mitgenommen, daß das meiste Wasser des Nil ungenützt ins Mittelmeer mündet. Hätte sein Dorf Mit Abu Al Kom zweimal im Jahr über einen gefüllten Nilkanal verfügen können, hätten die Bauern zweimal säen und ernten können. Es kam nur darauf an, die Wassermassen der Flut aufzusparen und über die Jahreszeiten verteilt wieder abfließen zu lassen.

Die so verhaßten Kolonialadministratoren, denen die Schuld an allen Übeln des Landes gegeben wurde, hatten durchaus daran gedacht, dafür zu sorgen, daß künftig nur wenig Nilwasser ungenützt ins Meer strömen könnte. Unter einem britischen Verantwortlichen arbeitete das Cairoer Ministerium für Öffentliche Arbeiten, das auch für die Erforschung des Tut-ench-Amon-Grabes zuständig war, zu Beginn der zwanziger Jahre das »Nile Control Project« aus. Es sah den Bau eines Dammes am Blauen Nil vor, der bei Sennar Wasser für die Landwirtschaftsgebiete südlich von Khartum anstauen sollte; ein Wehr am Weißen Nil war zur Regelung der Flut dieses Stroms vorgesehen. Obgleich in jenen Jahren sowohl Ägypten als auch der Sudan der britischen Verwaltung unterstanden, entwickelte sich Streit zwischen den beiden Ländern. Die nationalen Politiker in Khartum und Cairo waren von der Sorge befallen, sie würden übervorteilt werden: In Cairo war die Angst groß, der Sudan werde dem Fluß zuviel Wasser für seine landwirtschaftlichen Projekte entnehmen. In Khartum aber wurde befürchtet, die Ägypter würden mit Hilfe der Kolonialmacht den Sudan zwingen, fast alles Wasser ungenutzt die Grenze nach Norden passieren zu lassen. In der Tat sah das unter Englands Protektion ausgehandelte Nilwasserabkommen von 1929 vor, daß der Wasserbedarf des Sudan nicht Ägyptens »natürliche und historische Rechte am Nilwasser« verletzen dürfe. Der Abfluß des Nil sollte in den Monaten des niedrigen Wassers – präzise vom 19. Januar bis zum 15. Juli – ausschließlich Ägypten zugute kommen. Nur für die zweite Hälfte des Jahres erhielt der Sudan das Recht, dem Nil Wasser in genau festgelegtem Umfang zu entnehmen.

Die englischen Fachleute hatten sogar die Idee, einen umfassenden Rahmenplan für die Nutzung des Nilwassers aufzustellen, der die Ansprüche aller Anrainerstaaten ausgeglichen hätte. Das Vorhaben trug den Namen »Century Storage Plan«. Vorgesehen waren Abflußregulierungen an den ostafrikanischen Seen, Maßnahmen zur Verhinderung der Verdunstung in den Nilsümpfen und der Bau einer Reihe von Staudämmen. Ausgeführt wurde der »Century Storage Plan« nicht. Als England die Oberaufsicht über die afrikanisch-arabischen Staaten verlor, da fehlte die zentrale Gewalt, um die Egoismen der in die Unabhängigkeit aufbrechenden Länder zu zähmen. Die Nationalstaaten Afrikas, von Revolutionen geschüttelt, gerieten untereinander in Streit.

Die revolutionäre Bewegung in Ägypten wurde angestachelt durch die

Niederlage der Araber in der ersten Auseinandersetzung mit dem entstehenden Staat Israel. Die Schuld am blamablem Versagen der ägyptischen Soldaten im Krieg von 1948/49 wurde der korrupten Clique um den König zugeschoben – und den Engländern, die eine wirkliche Aufrüstung Ägyptens vereitelt hätten. Daß Israel gegründet und aufgebaut werden konnte, ohne von Ägypten behindert zu werden, brannte sich als Schande tief in die Gemüter der national denkenden Menschen ein.

Im Jahre 1950 proklamierte eine »Gemeinschaft der Freien Offiziere« ein Manifest, das zum Kampf aufrief gegen Fremdherrschaft und Verrat, das den Aufbau einer starken ägyptischen Armee forderte. Die Regierung gab schließlich dem Druck der Nationalisten nach: Im Oktober 1951 kündigte Ägypten die bindenden Verträge mit England; am 16. Oktober jenes Jahres wurde Faruk zum König des unabhängigen Unionsstaates von Ägypten und Sudan ausgerufen. Doch bald schon war zu spüren, daß er vom Volk nicht als Herrscher akzeptiert wurde. Die »Gemeinschaft der Freien Offiziere« übernahm schließlich in der Nacht vom 22. zum 23. Juli 1952 die Macht. Faruk verließ Ägypten, um für immer ins Exil zu gehen. Die Dynastie des Mehmed Ali nahm ein unrühmliches Ende.

Die Freien Offiziere hatten sich zunächst gar nicht als Revolutionäre, sondern eher als Reformer gesehen: Sie wollten den bestehenden Parteien die Chance geben, sich von Korruption zu befreien und Träger einer nationalen Idee zu werden. Weder Gamal Abdel Nasser noch Anwar As Sadat hatten zum Zeitpunkt der Vertreibung des Königs die Absicht, selbst Regierungsgewalt zu übernehmen. Sie hatten sich vorgenommen, nichts anderes als das Gewissen Ägyptens zu sein. Da der Reinigungsprozeß der Parteien jedoch nicht begann, da sich keinerlei politische Veränderung abzeichnete, übernahmen Gamal Abdel Nasser und Männer seines Vertrauens schließlich trotz aller Vorbehalte die Organe der Exekutive. Was sie vorhatten, offenbarten sie schnell: Eine Agrarreform schnitt im September 1952 in die Besitzrechte der reichen Familien ein – im Januar 1953 wurden die Parteien verboten. Ägypten verwandelte sich in ein Land mit sozialistischer Orientierung. Es wurde geführt von einer Offiziersjunta, die entschlossen war, Ägypten zu einem gefestigten und geachteten Land zu machen. Gamal Abdel Nasser gab die Parole aus: »Wir wollen nicht länger der Fußabstreifer für die anderen Staaten sein!«

Die Reformideen waren keineswegs neu. Schon im Jahr 1947 hatte sich der ägyptische Senat mit einer Gesetzesvorlage zu befassen gehabt, die Landbesitz einer staatlichen Kontrolle unterwerfen wollte. Die soziale Absicht hatte jedoch dieser Reform gefehlt. Damals war die sich entwickelnde Schicht der Industriellen die treibende Kraft gewesen: Sie hatte sich erhofft, daß Kapital, das bisher in Boden investiert worden war, künftig in Industrieaktien angelegt werden würde. Das Scheitern der Gesetzesvorlage löste für die Zukunft Rivalität aus zwischen Landbesitzern und Industriellen.

Dem Streit zwischen Schichten und Klassen ein Ende zu bereiten, und sei es mit Gewalt, dazu war Gamal Abdel Nasser entschlossen. Sein Regime sollte keine Fortsetzung der bürgerlichen Regierungen sein, befangen im Futterneid der Schichten. Die neuen Herren Ägyptens waren darauf bedacht, ein Programm für die Massen aufzustellen. Die Bauern und Landarbeiter für sich zu gewinnen war Nassers Ziel.

Die Fellachen jubelten. Zum erstenmal seit Jahrtausenden hatten sie das Gefühl, daß die Regierenden an die Menschen dachten, die auf den Feldern am Nil arbeiteten, die mit primitiven Hilfsmitteln Wasser auf die Felder schöpften. Hatten die Fellachen bisher meist auf fremdem Boden geackert, so wurde ihnen nun versprochen, daß die Felder ihr Eigentum werden. Drastisch reduziert wurden die Besitzansprüche der Grundherren. Das enteignete Land war den Bauern zu übergeben. Die bisherigen Grundbesitzer bekamen ziemlich wertlose Staatspapiere zur Entschädigung. Waren die Fellachen verschuldet, so durften sie die Tilgung auf dreißig Jahre ausdehnen. Eine soziale Revolution zeichnete sich ab, die eine Möglichkeit öffnete zur Korrektur der Ungerechtigkeiten, die sich seit den Pharaonen unverändert an die nächste Generation vererbt hatten.

Doch das Wunder, daß der Wohlstand anbrach für die Fellachen, blieb aus. Sie erhielten zwar Land; es bestand aber häufig aus zu kleinen Parzellen, die gerade die ausreichende Menge Lebensmittel für die Familie hervorbrachten, der jetzt das Land gehörte. Die Familie produzierte kaum mehr für den Markt, sondern nur noch für den Eigenverbrauch. Sie bekam kein bares Geld mehr in die Hand – sie verarmte. Hoffnung bestand für sie nur in der Vermehrung der Ernten. Solange jedoch die jährliche Flut die Gesetze der Landwirtschaft bestimmte, war daran nicht zu denken. Die revolutionäre Regierung entschloß sich, ihrem Umsturz aller Traditionen im Verhältnis von Eigentümern und Abhängigen ein Symbol zu errichten, das den Fellachen zugleich Basis für Wohlstand sein sollte: Ein Staudamm sollte gebaut werden, der mächtig genug ist, die Nilflut zu speichern, damit der Landwirtschaft Ägyptens das ganze Jahr über Wasser zur Verfügung steht.

Die Untersuchungen der Wasserspezialisten und der Geologen lagen bereits vor. 1949 hatte die königliche Regierung eine Studie ausarbeiten lassen für eine Lösung der Bewässerungsprobleme im ägyptischen Niltal. Diese Studie sollte untersuchen, welche Maßnahmen ergriffen werden müßten, wenn der »Century Storage Plan« auf Grund innerarabischer Streitigkeiten nicht ausgeführt werden könnte. Daß sich die Nilanrainer nicht einigen würden, war bereits abzusehen. Die ägyptische Regierung hatte damals schon beschlossen, eigene Wege zu gehen, ohne Rücksicht auf den Jahrhundertplan. Keiner der Regierungschefs besaß jedoch genügend Energie, sich um die Finanzierung des Projekts zu kümmern. Kaum an der Macht, wollte die revolutionäre Regierung Nassers das Problem anpacken.

Gamal Abdel Nasser suchte Geldgeber im zahlungskräftigen Westen. Obgleich er sozialistische Ideen in die Tat umsetzte, fühlte er sich nicht den sozialistischen Staaten verbunden. Sein Denken war westlich orientiert – auch wenn er die demokratische Regierungsform nicht für jede Gesellschaft als geeignet ansah. Die Zusage der USA und Englands, die Finanzierung des Asswandamms zu übernehmen, war für Nasser eine Selbstverständlichkeit, die nicht an Wohlverhalten gebunden war.

Vielleicht hatte der Revolutionär in der Anfangsphase seiner Regierung zu deutlich gezeigt, daß er bereit war, mit dem amerikanischen Botschafter in Cairo und mit dem Residenten des US-Geheimdiensts am Nil zusammenzuarbeiten; die Administration in Washington glaubte auf jeden Fall in einer Position zu sein, die es gestattete, nur wenig Rücksicht auf Zwänge und Empfindlichkeiten dieses Mannes zu nehmen. Als Nasser Waffen in den USA kaufen wollte, wurde ihm bedeutet, er habe zuvor die ägyptischen Staatsfinanzen durch ein internationales Expertengremium überprüfen zu lassen. Dieser Wunsch löste unangenehme Erinnerungen an die Zeit aus, als der Khedive gezwungen war, den Franzosen und Engländern seine Bilanzen vorzulegen. Gamal Abdel Nasser, darauf bedacht, innenpolitisches Prestige zu erlangen, mußte den ehrenrührigen Wunsch der USA ablehnen.

John Foster Dulles, damals verantwortlich für die amerikanische Außenpolitik, war offensichtlich der Ansicht, Nasser sei abhängig von den USA. Anders war die ständige Drängelei nicht zu verstehen, Ägypten möge westlichen Verteidigungsbündnissen beitreten. Nun befand sich Ägypten noch immer im Prozeß der Loslösung aus der Umklammerung durch eine Kolonialmacht. In diesem Stadium der Entwicklung nationaler Unabhängigkeit konnte es sich kein Staatschef leisten, in irgendeine neue Art der Abhängigkeit zu einer Großmacht – und sei es innerhalb eines Paktes – zu geraten. Ägypten gehöre keinem der Blöcke an, sei weder Teil der westlichen noch der östlichen Allianz, erklärte Gamal Abdel Nasser im April 1955 auf der ersten Konferenz der Staaten der Dritten Welt in Bandung. John Foster Dulles ärgerte sich über diese Erklärung.

Das Verhalten des ägyptischen Revolutionschefs ließ im Weißen Haus den Gedanken entstehen, Nasser sei ein Politiker, auf den kein Verlaß sei, der unverantwortlich handle. John Foster Dulles sprach häufig die Meinung aus, das revolutionäre Regime am Nil sei unstabil und werde wohl bald durch eine andere Revolutionsführung abgelöst werden. Für den US-Außenminister gab es nur eine Konsequenz aus dieser Erkenntnis: Er durfte nicht zulassen, daß Gamal Abdel Nasser den Kredit erhielt zum Bau des Asswandamms. Die USA zogen ihre Finanzierungszusage zurück.

Der ägyptische Botschafter mußte die Absage entgegennehmen. Er hörte aus den Worten des Außenministers nichts als Beleidigungen seines Staatschefs. Er berichtete nach Cairo, nicht nur Nasser sei beleidigt worden, sondern die Araber insgesamt, dazuhin der arabische Nationalismus. John Foster Dulles habe Verachtung ausgedrückt und Haß. Nasser halte der Außenminister offensichtlich für eine moralisch verkommene Existenz. Die Absicht der Kreditverweigerung war, das Ansehen Nassers bei der Schicht zu untergraben, auf die sich der Revolutionsführer stützen wollte. Den Fellachen war Wohlstand versprochen – wenn erst der Damm von Asswan gebaut war. Konnte Nasser sein Versprechen nicht einlösen, stand er vor den Fellachen als Lügner da. Der Asswandamm war längst zum Prestigeobjekt für das Regime geworden. Wurde er nicht in Angriff genommen, drohte der Militärjunta die Gefahr, ihre populäre Basis zu verlieren.

Gamal Abdel Nasser suchte eine Möglichkeit zur Finanzierung des Dammbaus – und er glaubte auch bald, sie gefunden zu haben: Am 26. Juli 1956 verkündete er in einer Rede, die Suezkanalgesellschaft sei künftig nicht mehr Eigentümer der Wasserstraße. Der Kanal gehe sofort in die Hand des ägyptischen Staates über. Damit sei der Suezkanal Besitz jedes einzelnen Ägypters geworden. Den englischen und französischen Aktionären versprach Nasser Entschädigung zum Börsenkurs des Vortages.

Nassers Rede, die mehrere Stunden lang dauern sollte, begann vor Geschäftsschluß der Pariser Börse. Seine Absicht war, den Sturz des Aktienkurses der Suezkanalgesellschaft an diesem Tag zu verhindern. So durfte die Beschlagnahme des Suezkanals erst nach Geschäftsschluß bekannt werden, wenn keine Aktien mehr abgestoßen werden konnten. Nasser wollte sich überhaupt bis zur letzten Minute Handlungsfreiheit bewahren, denn er hatte sich keinerlei Rückendeckung gesichert – weder Washington noch Moskau waren informiert. Der Befehl, die Kanalanlagen zu besetzen, war allerdings schon ergangen. Empfänger des Befehls war der Ingenieur Mahmud Junes gewesen. Ihm war aufgetragen, mit der Ausführung der Order so lange zu warten, bis er in seinem Autoradio deutlich aus Nassers Mund den Namen »Lesseps« gehört habe.

Ins Redemanuskript hatte der Präsident diesen Namen gegen Ende eingefügt – die entsprechende Stelle konnte jedoch jederzeit weggelassen werden. Um 19.40 Uhr bezeichnete Nasser Ferdinand de Lesseps als Mann mit großen Visionen, mit ihm habe jedoch auch der Imperialismus nach Ägypten gegriffen. Freunde des Präsidenten wunderten sich, warum Gamal Abdel Nasser gerade Lesseps zum Zielpunkt seiner Angriffe machte. Mehrmals wurde der Name genannt. Nasser wollte sicher sein, daß der Ingenieur Mahmud Junes das Stichwort hörte.

Gamal Abdel Nasser versprach an diesem Tag, daß der gewaltige Damm am Nil gebaut werde. Er werde den Ägyptern Brot, Arbeit und ein Leben in stolzer Würde bescheren. Durch die Beschlagnahme des Suezkanals sei der Grundstein für den Bau gelegt worden. Aus den Kanaleinnahmen werde Ägypten den Dammbau bezahlen. Die Ägypter seien damit auf keine fremde Hilfe mehr angewiesen.

Die private Suezkanalgesellschaft hatte im Jahr vor Nassers Zugriff 32,2 Millionen Ägyptische Pfund eingenommen – der Wechselkurs betrug damals nicht ganz drei Dollar für ein Ägyptisches Pfund. Von den 32,2 Millionen Pfund standen dem ägyptischen Staat laut Vereinbarung von 1939 gerade sieben Prozent zu. 93 Prozent aber gehörten der Gesellschaft, die für die Betriebskosten des Kanals aufkam, die Dividenden für Aktionäre zu bezahlen hatte. Erwähnenswert ist, daß der Staat, auf dessen Territorium sich der Kanal befand, von 1880 bis 1937 überhaupt keinen Anteil an den Kanalgebühren erhalten hatte.

Nassers Ratgeber waren überzeugt, daß die Nettoeinnahmen des Finanzministeriums aus den Transitgebühren in den kommenden Jahren jeweils 25 Millionen Ägyptische Pfund betragen würden. Eine Steigerung der Schiffspassage war vorauszusehen: 1955 hatten 14 666 Schiffe den Suezkanal benützt; für 1965 war mit rund 20 000 Schiffen zu rechnen. Die zu erwartenden Einnahmen konnten tatsächlich ausreichen für die Deckung der Baukosten des Asswanprojekts.

»Über hunderttausend ägyptische Männer sind gestorben, als sie am Suezkanal arbeiteten. Dieser Kanal ist allein deshalb schon ägyptisches Eigentum!« sagte Gamal Abdel Nasser.

Die Anteilseigner der Kanalgesellschaft und die Regierungen in London und Paris waren keineswegs seiner Meinung. Zwölf Jahre später erst, 1968, würde die Konzession erlöschen. Dann allerdings hatte Ägypten das Recht, den Kanal und alle mit ihm zusammenhängenden Anlagen ohne Entschädigung der Aktionäre in Besitz zu nehmen.

Die ehemaligen Kolonialmächte England und Frankreich glaubten, als Beschützer der Aktionäre in ihren Ländern handeln zu müssen. Am 31. Oktober 1956 sprangen englische und französische Fallschirmjäger über der Suezkanalzone ab. Ohne Kriegserklärung wurde Ägypten überfallen. Vorausgegangen war der Vorstoß israelischer Panzerverbände in Richtung Suezkanal. Ben Gurion hatte die Idee gehabt, durch diese militärische Aktion dem britischen und dem französischen Premierminister den Vorwand zu geben für die Besetzung der Suezkanalzone. Die Engländer und die Franzosen sollten als die Beschützer der internationalen Wasserstraße gelten können. Der Welt wurde vorgetäuscht, die Truppen der beiden Länder seien an den Kanal gekommen, um die Kämpfe dort zu beenden. Doch die Wahrheit ließ sich nicht lange verbergen.

Die israelische Führung hatte geglaubt, eine Chance zu haben, den arabischen Nationalisten Gamal Abdel Nasser zu demütigen – und ihn zu stürzen. Ohne daß Ägypten Anlaß zum Krieg gegeben hatte, besetzten israelische Panzertruppen die Sinaihalbinsel. Der Davidstern wehte auf dem Mitlapaß – fast in Sichtweite des Suezkanals.

Die Regierungen der drei Angreiferstaaten hatten übersehen, daß die Epoche kolonialistischer Strafaktionen längst vorüber war. Dazuhin war den Verantwortlichen in London und Paris noch nicht deutlich geworden, wie gering ihre Macht innerhalb des internationalen Kräftespiels geworden war. Die zwei einzigen Großmächte, die noch zählten, waren die USA und die Sowjetunion. Beide verlangten Einstellung der Angriffe gegen Ägypten und schließlich sogar den Rückzug aller Aggressionsstreitkräfte aus der Suezkanalzone und von der Halbinsel Sinai. Die französischen, englischen und israelischen Soldaten mußten Ägypten verlassen.

Die Fellachen am Nil jubelten wieder. Für sie hatte Gamal Abdel Nasser viel gewagt – und viel gewonnen. Er hatte es auf sich genom-, men, zwei Kolonialmächte herauszufordern, mit dem einzigen Ziel im Auge, den Asswandamm, der den Fellachen Nutzen bringen soll, bauen zu können.

Die Regierung Eisenhower hatte zwar im Konflikt zugunsten Gamal Abdel Nassers eingegriffen, zur Finanzierung der Baukosten für die Nilsperre waren die USA aber auch weiterhin nicht bereit. Diese Weigerung brachte jedoch den starken Mann Ägyptens keineswegs in Verlegenheit. Die Sowjetunion war willens, 400 Millionen Rubel zur Bezahlung der ersten Bauphase vorzustrecken; sie hatte auch zu erkennen gegeben, daß Nasser mit der Hilfe sowjetischer Ingenieure und Facharbeiter rechnen könne. Der Bau des Asswandamms bot der Sowjetunion die Möglichkeit, Fuß zu fassen in Ägypten, in der Arabischen Welt.

# Der Asswandamm und die Folgen

Gamal Abdel Nasser war zunächst darauf bedacht, den Einfluß der Sowjets unter Kontrolle zu halten. Als der Vertrag über den Bau des Nildammes unterzeichnet wurde, sagte der ägyptische Präsident: »Wir geben damit keineswegs unsere Unabhängigkeit auf. Wir sind bereit zur Zusammenarbeit mit der Sowjetunion, doch wir werden unsere Freiheit weder gegen Rubel noch gegen Dollars verkaufen.«

Nikita Chruschtschow muß das Aufbäumen des Ägypters, dem der Schritt nach Moskau nicht leicht fiel, gespürt haben, denn er entgegnete: »Ich möchte daran erinnern, daß wir unsere Hilfe Ihnen nicht gerade aufgedrängt haben.«

Die sowjetischen Experten setzten sich schnell darüber hinweg, daß Nasser ihnen eine helfende Funktion zugedacht hatte. Sie gebrauchten ihre Ellbogen, um die Basis der Sowjetunion am Nil zu verbreitern. Solange die Finanzierung durch den Westen als sicher gegolten hatte, war ein Konsortium unter Beteiligung von Firmen aus der Bundesrepublik damit beschäftigt gewesen, die Studie des Jahres 1949 in handfeste Baupläne zu verwandeln. Als die Sowjets Geldgeber wurden, blieb das westliche Konsortium nicht mehr lange im Geschäft. Sowjetische Ingenieure und ägyptische Arbeiter begannen mit der Vorbereitung des Bauplatzes. Ohne lange zu fragen, übernahmen die Konstrukteure aus der Sowjetunion die Pläne der Deutschen.

Oberhalb des Ersten Katarakts und 6,5 Kilometer vom ersten Asswandamm entfernt sollte das neue Wehr entstehen. An dieser Stelle verengte sich das Niltal zwischen Granitfelsen, die eine solide seitliche Verankerung des Bauwerks garantierten. In keiner Phase der Planung war daran gedacht, das Stauwehr als gekrümmte Betonmauer zu bauen, wie sie in europäischen Bergtälern üblich ist. Die Entwürfe sahen von

Anfang an vor, daß nur der Kern des Wehrs aus Beton besteht. Der Betonkern soll an der Basis, also dort, wo sich der Kern mit dem gewachsenen Felsen verbindet – 70 Meter breit sein. Über diesen Kern war eine Mischung aus Gestein und Sand zu schütten. Beides war an Ort und Stelle zu finden. Damit die Aufschüttung dem ungeheuren Wasserdruck standhält, mußte ihre Sohlenbreite 1 Kilometer betragen; ihre Höhe war mit 111 Metern berechnet. Die deutschen Planer hatten schon festgelegt, daß der Damm mit einer Länge von über 4 Kilometern quer zum Flußlauf liegen sollte.

Die sowjetischen Ingenieure nahmen allerdings eine ganz entscheidende Veränderung vor: Ursprünglich war vorgesehen, einen Teil des schlammhaltigen Wassers durch besondere Tore talabwärts fließen zu lassen. Diese Vorrichtung hätte der ägyptischen Landwirtschaft den fruchtbaren Nilschlamm nicht ganz entzogen. Die Sowjets aber strichen den Schlammdurchlaß, der in die westliche Hälfte der Aufschüttung eingeplant war, weil sein Bau zu kostspielig und seine Wartung zu kompliziert gewesen wäre. Sie verwiesen darauf, daß der Verlust des fruchtbaren Schlamms durch Kunstdünger leicht ausgeglichen werden könne. Mit einem Bruchteil der Energie aus dem Kraftwerk des Dammes sei eine Kunstdüngerfabrik zu betreiben, die praktischerweise gleich bei Asswan gebaut werden müsse.

Wenig hatten die Sowjets von der Eigenheit des Nil begriffen – und die ägyptischen Partner hatten sich nur wenig Mühe gegeben, den Charakter des Flusses zu erklären. Die sowjetischen Ingenieure, die in den fünfziger Jahren von der Idee besessen waren, die Kraft eines Landes lasse sich messen an der produzierten Menge von Stahl und Energie, sahen im Wasser des Nil vor allem ein Mittel, um stromerzeugende Turbinen anzutreiben. Sie wollten keine Wasserverluste für das Elektrizitätswerk hinnehmen, nur damit der Schlamm den Bauern erhalten bleibe.

Da die Planer auch fürchteten, das schlammhaltige Wasser werde die Antriebsräder der Turbinen zu rasch verschließen, sorgten sie dafür, daß die empfindlichen Maschinen überhaupt nicht mit den jetzt unerwünschten Sedimenten aus dem äthiopischen Bergland in Berührung kommen. Vorauszusehen war, daß sich der Schlamm auf dem 500 Kilometer langen Weg des Wassers durch den Stausee, der gemächlich und ohne Turbulenzen verläuft, langsam absetzen würde. Mit der Zeit muß dieser Schlamm auch den Fuß des Wehrs erreichen. Damit er nicht hineingesogen werde in die Turbinenkammern, wurden die Zubringerrohre außerordentlich hoch angesetzt. Weit unter ihnen sammelt sich die einst Fruchtbarkeit bringende Masse an. Erst wenn 30 Milliarden Kubikmeter Schlamm am Boden des Stausees lagern, besteht Gefahr für die Turbinen. Die Ingenieure aus der Sowjetunion haben ihre ägyptischen Kollegen wissen lassen, bis dahin würden mindestens dreihundert Jahre vergehen.

Als Denkmal der sowjetisch-ägyptischen Freundschaft sollte der Asswandamm für alle Zeiten gelten. Nasser und Chruschtschow beschworen später diese Freundschaft auf der Baustelle – das herzliche Verständnis zwischen ägyptischen und sowjetischen Staatschefs hat die erste Bauphase des Damms jedoch nicht lange überlebt. Schon während der Bauzeit sollte die Freundschaft einen Sprung bekommen. Die Sowjets spielten sich nicht als Helfer, sondern als Herrscher auf. Gegenüber ägyptischen Arbeitern zeigten sie sich selten nachsichtig. Unangenehm aufgefallen waren sie, weil sie bei der Ankunft auf dem Bahnhof in Asswan ihre Koffer selbst trugen, weil sie sich weigerten, die Tradition des »Bachschisch« zu beachten. Kaum war die Baustelle bezogen, schrien sich die Kinder von Asswan »Russe!« zu, wenn sie einander beleidigen wollten.

Nach und nach verschwanden von den Wänden an Häusern und Baracken die Aufschriften, die »ewige Freundschaft zwischen Ägypten und der Sowjetunion« verkündeten. Geblieben ist die Erinnerung der Menschen von Asswan, die sowjetischen Baugeräte seien der Belastung im heißen Klima überhaupt nicht gewachsen gewesen; die Arbeit sei erst vorangeschritten, als die Baufirma Arab Contractors von Gamal Abdel Nasser die Genehmigung erhalten habe, britische Bedford-Lastwagen einzukaufen. Ihre Bereifung und ihre Motoren hielten stand.

Unscheinbar sieht der fertige Hochdamm von Asswan aus – ein »liegender Riese«. Gedrungen, langgestreckt und leicht geschwungen ist sein Körper. Ihm ist nicht anzusehen, daß er 170mal das Volumen der Cheopspyramide einschließt. Im östlichsten Teil befindet sich das Kraftwerk mit zwölf Turbinenkammern. An ihrem Wasserauslaß donnern mächtige Fontänen in Richtung Norden. Aus dem Schaum der Fontänen entsteht der Nil aufs neue. Keinem Tropfen des Flusses wird der Weg durch die Generatoren des Elektrizitätswerks erspart.

Der »Sadd al-Ali« – der Hochdamm – ist 1970 fertiggeworden. Doch schon sechs Jahre zuvor hatte sich der steinerne Riegel geschlossen. Vom Jahr 1964 an gilt der Nil als gezähmt. Nur noch soviel Wasser fließt seither talwärts, wie die für den Wasserhaushalt Ägyptens Verantwortlichen zulassen. Der Mensch bestimmt die Wassermenge des Nil. Er kann sie gebrauchen, um das Land nach seinem Gutdünken zu bewässern, um neuen Boden für die Landwirtschaft zu gewinnen. Der Wasserdruck des Sees gegen das Stauwehr wird für die Stromgewinnung genützt. Zu den Vorteilen des Asswandamms gehört auch, daß Ägypten Hochwasserschäden nicht mehr zu fürchten braucht.

Mit Nachteilen und negativen Auswirkungen des Dammbaus mußte gerechnet werden, doch sie schienen kalkulierbar zu sein. Obgleich Gamal Abdel Nasser zur Festigung seines Ansehens im eigenen Land den Asswandamm dringend gebaut haben wollte, sind doch die Für und Wider sorgfältig geprüft worden. Das Außergewöhnliche des Vorhabens war erkannt. Niemals zuvor waren derartige Erdmassen aufgeschüttet worden – das Gewicht der Pyramiden ist gering im Verhältnis zum Druck, den der Damm auf die Erdkruste ausübt. Niemals zuvor war ein See von 500 Kilometern Länge künstlich aufgestaut worden; wobei die Belastung des Bodens entlang einer recht schmalen Linie verläuft. Der Damm hat ein Gewicht von 90 Millionen Tonnen; die Wassermasse wird auf etwa 150 Milliarden Tonnen berechnet. Die Geologen, die sich mit dem Gewichtsproblem zu befassen hatten, waren der Meinung, die Gefahr, daß der Damm örtliche Erdbeben auslöse, sei gering, da Bauwerk und See im Bereich des festgefügten, in sich soliden Kontinentalrumpfes des Erdteils Afrika liegen, der solchen Belastungen eher gewachsen ist als geologisch jüngere, noch ungefestigte Regionen. Trotzdem wurde mit Bedacht die Bauweise der Aufschüttung gewählt. Da Steine und Sand keinen in sich starren Körper bilden, sondern gegeneinander beweglich bleiben, kann der Damm flexibel auf Erschütterungen des Untergrunds reagieren. Je mehr der Baukörper durchgeschüttelt würde, desto stärker fügten sich Steine und Sand aneinander.

Obgleich die Geologen sicher sind, daß der Damm allen Belastungen gewachsen ist, reagierten sie im Frühjahr 1982 rasch, als eine Kette von schwächeren Beben den Boden Oberägyptens erzittern ließ. Die Erdbewegungen waren offensichtlich durch den starken Druck des Wassers ausgelöst worden. Um Überraschungen zu vermeiden, wurden in

Nubien Beobachtungsstationen eingerichtet. Sie sollten mögliche Strukturveränderungen der Erdschichten registrieren. Über ein Mittel gegen die Beben verfügen die Geologen allerdings nicht.

Naheliegende schädliche Auswirkungen, ein Bruch des Asswandamms etwa, ist nach dem Ermessen der Fachleute auszuschließen. Schleichende Erkrankung des Bodens im Niltal nördlich des Sees aber war lange Zeit nicht in die Abwägung von Vorteilen und Nachteilen einbezogen worden. Die Wucht der jährlichen Flut hatte bewirkt, daß das Flußbett ausgespült wurde. Morastige Ablagerungen trug der Nil mit sich fort bis zur Mündung. Das Nilwasser, das ja auch zur Trinkwasserversorgung dient, glitt im Herbst und Winter durch ein gereinigtes Flußbett.

Dieser Reinigungsprozeß wäre heute notwendiger denn je. Entlang des Nilverlaufs haben sich Industriebetriebe angesiedelt, die ganz selbstverständlich ihre Abwässer dem Fluß überlassen. Chemikalien setzen sich tonnenweise in lagunenartigen Seitenarmen fest. Mit Ufer und Flußboden gehen sie chemische Verbindungen ein, die den natürlichen Zustand der Landschaft bedrohen. Die Flut würde die Seitenarme reinigen, würde dafür sorgen, daß der Nil weniger durch die Auswirkungen der Industrialisierung beeinträchtigt wird.

Kaum bedacht worden war während der Konzeption des Damms die Möglichkeit einer widrigen Auswirkung auf das Grundwasser im Nildelta. Früher war dieses Grundwasser zur Flutzeit gewaltig angestiegen, im Frühsommer aber, wenn der Fluß weit ins Bett zurückgesunken war, ging auch der Grundwasserspiegel zurück. Sein Auf und Ab sorgte dafür, daß der Boden ausgewaschen wurde. Starke Anreicherung des Salzgehalts war nicht möglich. Das Ausbleiben der Flut machte dem Reinigungsprozeß für den Boden ein Ende. In vielen Gegenden des Nildeltas ist das Ergebnis zu sehen: Gräulich gefärbte Krusten haben sich auf der Erde gebildet. Das im Wasser mitgeführte Salz hat sich auskristallisiert und ist sichtbar geworden. In der Nähe der Küste sind die Salzschäden am deutlichsten zu sehen. Sie können entstehen, weil der durch den Damm geschwächte Nil dem salzhaltigen Meerwasser keinen Druck mehr entgegensetzen kann. Im Grundwasserbereich dringt das Meer ins Land hinein.

Nicht kalkulierbar waren Wasserverluste, die von der Veränderung der Gestalt des Flusses ausgelöst werden. Ein See war entstanden, mit einer riesigen Oberfläche in einer Zone überaus intensiver Sonneneinstrahlung. Die unterschiedliche Aufheizung von Seeoberfläche und Wüstensand erzeugt Luftbewegung. Sie streicht vom kühleren zum heißeren Gebiet. Spürbar ist, daß über dem See ständig ein Wind weht. Er trägt verdampfte Wasserpartikel mit sich fort. Früher war Wolkenbildung über Nubien eine seltene meteorologische Erscheinung. Nach dem Bau des Asswandamms gehört Bewölkung zum alltäglichen Wetter. In den Wolken sammelt sich das verdampfte Wasser wieder. Fast unbeweglich stehen sie in der heißen Luft. Manchmal regnen sich die Wolken über der Stadt Asswan wieder aus. Beachtlich sind die Statistikzahlen dieses Wasserkreislaufs: Die Verdunstungsverluste werden mit 10 Milliarden Kubikmeter Wasser pro Jahr errechnet.

Ungeklärt ist noch das Phänomen der Versickerung. Daß der Wüstenboden Nubiens Spalten und Risse aufweist, ist den Geologen bekannt. Anzunehmen ist die Möglichkeit der überaus starken Versikkerung, der Bildung unterirdischer Rinnsale und Wasserbecken. Nirgends ist bisher jedoch in Afrika nachweisbar Wasser, das aus dem Nil stammen könnte, wieder an die Oberfläche gedrungen. Der Wasserhaushalt des ostafrikanischen Küstengebiets hat sich nicht verändert. Feststellbar aber ist, daß der See hinter dem Staudamm von Asswan lange gebraucht hat, bis sein volles Volumen erreicht war. Der Seespiegel steht erst seit dem Beginn der achtziger Jahre an der vorgesehenen Markierung am Dammkörper.

Sorge vor einem weit schnelleren Ansteigen des Sees hat die Archäologen bewegt, die sich damit zu befassen hatten, welche der Tempelruinen im angestauten Wasser für immer versinken würden. Als die für Altertümer zuständigen Behörden im Jahr 1955 begriffen, daß der Dammbau Auswirkungen auf ihr ureigenstes Gebiet haben mußte, da riefen sie die Staaten, deren Interesse an der Kultur Ägyptens bekannt war, zu rascher Hilfe auf. Doch die Reaktion war gering. Nur die Gremien der UNESCO fühlten sich veranlaßt, die überforderten ägyptischen Archäologen zu unterstützen. Schon wenige Wochen nach dem Notruf aus Cairo entstand dort ein Documentation Center, das zunächst eine Liste der Altertümer aufzustellen hatte, die gerettet werden sollten. Sämtliche Relikte aus früher Zeit, die zwischen Asswan und dem Sudan zu finden waren, wurden besucht, fotografiert und vermessen.

Der UNESCO fehlte aber das Geld, um der Bestandsaufnahme Taten der Rettung folgen zu lassen. Doch die Beamten wußten, wie Hilfsbereitschaft zu aktivieren war. Sie wandten sich an 81 Staaten mit der Bitte um finanzielle Zuwendungen, um praktische Unterstützung durch Entsendung von Technikern vieler Bereiche. Über die Hälfte der angesprochenen Regierungen sagten zu, daß sie Ägypten beistehen wollten.

Als erstes Projekt wurde die Rettung des Tempels von Kalabscha begonnen. Er lag auf der Westseite des Nil, jedoch nicht erhaben an der Oberkante des Plateaus, sondern sehr viel tiefer. Über die Hälfte des langgezogenen Baus wurde bereits vor dem Dammbau bei normaler Nilflut vom Wasser umspült. Das Dorf Kalabscha, das dem Tempel in unserer Zeit den Namen gegeben hat, war höher am Hang angesiedelt.

Erreichte die Nilflut schon den Tempel, dann war er unbedingt vom Steigen des Wasserspiegels nach der Anstauung bedroht. Deshalb wurde schon im Jahr 1961 mit der Verlegung des Monuments begonnen. Die für die Arbeiten nötige Ausrüstung war beachtlich: Zwei Verladeschiffe mit geringem Tiefgang und drei Schleppboote waren bereitzustellen. Zwei Schwimmkräne mußten am Nilufer montiert werden; an Feldbahngerät wurden 60 Loren, 4 Kilometer Schienen und 800 Stahlschwellen benötigt.

In Einzelteile zerlegt wurde das Bauwerk, das 70 Meter lang und 35 Meter breit ist. Der Transport der Mauerblöcke geschah auf dem Nil, flußabwärts. Der neue Standort des Tempels sollte 30 Kilometer weiter nördlich liegen, direkt in der Nähe des Hochdamms; der Tempel war einzubeziehen in die Gesamtheit der Landschaftsplanung von Asswan. Die Planer wollten, daß künftige Besucher des Damms auf einem Hügel in südwestlicher Richtung das wiedererrichtete Heiligtum sehen können.

Das Feldbahngerät wurde verwendet, um 1600 Blöcke vom Nil aus – da war unmittelbar vor der Dammbaustelle ein Hafen entstanden – den Hügel hinaufzufahren. Einige der einzelnen Mauerblöcke aus Sandstein wogen 20 Tonnen. Ägypter leisteten die Schwerstarbeit, um die beladenen Loren zu ziehen. Deutsche Archäologen und Ingenieure beaufsichtigten die Umsetzung des Tempels.

Als die Abbrucharbeiten die Fundamente erreicht hatten, da stellten die Archäologen fest, daß der Tempel auf Blöcken ruhte, die zu einem Heiligtum gehört hatten, das älter war als der Kalabschatempel; der frühere Bau war abgerissen worden, als der heute noch erhaltene während der Regierungsjahre des römischen Kaisers Augustus errichtet wurde. Die aufgefundenen Blöcke paßten zueinander in Größe, Gestalt, Bearbeitung und Färbung. Die Archäologen erkannten bald, daß ein Teil dieser Blöcke zusammengefügt ein Tor ergaben von 7 Metern Höhe. Die Inschriften wiesen auf die Entstehungszeit hin: Das Tor mußte zur Zeit der Ptolemäer entstanden sein, wohl in der Mitte des 2. vorchristlichen Jahrhunderts.

Die ägyptische Regierung hatte den Staaten, die mithalfen, die kostbaren Erinnerungen an frühere Kulturen in Nubien zu retten, versprochen, daß ihre Museen wertvolle Stücke aus den Objekten, denen ihre Hilfe galt, erhalten würden. Die Bundesrepublik hatte das Glück, daß ihr das Tor aus der Ptolemäerzeit zugesprochen wurde. Seit dem Jahr 1973 ist es im Ägyptischen Museum in Berlin-Charlottenburg zu sehen.

In Madrid kann in einem öffentlichen Park der Tempel von Debod besichtigt werden, dessen ursprünglicher Standort in der Nähe der Stelle im Wasser des Stausees versunken ist, wo heute der Tempel von Kalabscha steht. Gamal Abdel Nasser hat das Monument schon 1968 dem spanischen Staat geschenkt. Die Konservatoren in Madrid haben genau darauf geachtet, daß beim Wiederaufbau die Ost-West-Ausrichtung des Heiligtums beibehalten wurde. Die Architekten gestalteten sogar eine Rampe, die hinunterführt zum »Nil« – sie endet im Trockenen.

Die Bestandsaufnahme der alten Heiligtümer Nubiens lenkte das Interesse des kulturbewußten Teils der westlichen Öffentlichkeit auf einen Tempel, der schon seit mehr als einem halben Jahrhundert unter Folgen der Nilanstauung zu leiden hatte: Der Isis-Tempel auf der Insel Philae. Er war nicht vom neuen Stausee bedroht, denn er lag nördlich des Wehrs – er war ein Opfer des alten Damms, aus dem Jahr 1902. Die Insel Philae war bereits damals überflutet worden, als die Engländer begonnen hatten, den Nil zu zähmen. Seither stand das Bauwerk alljährlich neun Monate lang metertief im Wasser.

Lautstark waren die Proteste derer gewesen, die in der Flutung der Insel einen barbarischen Akt kulturloser Techniker gesehen hatten. Einflußreiche Männer in England kannten die Insel, denn sie war in der zweiten Hälfte des 19. Jahrhunderts in Wintermonaten das bevorzugte

Reiseziel reicher Londoner, die sich auf ausgefallenen Geschmack beriefen; viele von ihnen hatten wochenlang in Hausbooten vor der Insel geankert. Freude an Archäologie führte sie allerdings keineswegs nach Philae; Ägyptologen hatten dafür gesorgt, daß die Monumente von Philae in schlechtem Ruf standen. Die Fachleute warnten die Enthusiasten, der Isis-Tempel sei nichts als eine üble Kopie älterer Vorbilder, er sei zur Zeit der Ptolemäer und der Römer entstanden. Die weiche Eleganz der Ruine weckte bei ihrem Anblick romantische Gefühle.

Stahlstiche und Fotografien vermitteln den Eindruck, Philae habe ausgesehen wie eine leicht kitschige Dekoration zur Oper Aida. Die Engländerin Amelia Edwards, Autorin populärer Romane, die sich beachtliche Kenntnisse in praktischer Ägyptologie aneignen konnte, beschrieb im Jahre 1874 die Insel so: »Die Ankunft zu Schiff ist wunderschön. Vom Boot aus betrachtet, scheint die Insel mit ihren Palmen, Säulengängen und Pylonen wie eine Fata Morgana aus dem Fluß zu steigen. Aufeinandergetürmte Felsen rahmen sie zu beiden Seiten ein, und purpurne Gebirge begrenzen den Hintergrund. Während das Boot zwischen schimmernden Felsen hindurch näher gleitet, steigen die behauenen Türme höher und höher in den Himmel. Sie zeigen nichts von Zerstörung und Alter. Alles steht fest gegründet, erhaben und vollkommen. Man vergißt einen Augenblick den Wandel der Zeiten. Wenn der Klang alter Gesänge herüberdränge – wenn eine Prozession von Priestern in weißen Gewändern, den Schrein der Gottheit tragend, plötzlich zwischen den Palmen und Pylonen erschiene – ich würde es nicht seltsam finden.«

Alte Steine, Palmen und Mondlicht hatten in manchem Herzen bleibende Empfindungen ausgelöst, die besonders heftig aufbrachen, als bekannt wurde, Insel und Tempel seien künftig nicht mehr zugänglich. Diese Proteste hatten immerhin erreicht, daß 1902 der erste Damm nicht bis zur geplanten Höhe hochgezogen wurde. Der Politiker Winston Churchill hatte damals seinen Ärger deutlich ausgesprochen: »Der Verzicht auf die volle Anstauung des Nilwassers ist ein irrsinniges Opfer. Die Bevölkerung Ägyptens wird Hunger leiden, nur damit die Touristen weiterhin ihre Namen in den Tempel einritzen können.«

Ein Kuriosum war verschwunden im Jahre 1902: Wer einst von der Insel aus in den Fluß blickte, der konnte den Eindruck haben, der Nil fließe wohl nach Norden, aber auch nach Süden. Der Grund dafür lag in den eigenartigen Strömungsverhältnissen im Ersten Katarakt, zu dessen Granitfelsen die Insel gehörte: Wirbel erzeugten Gegenströmungen, die das Wasser nilaufwärts trieben – wenigstens einige hundert Meter weit. Die Priester des Isis-Tempels hatten einst im Glauben gelebt, unter ihrer Insel befinde sich die Quelle des Nil, die zwei Flüsse speise: einen, der nach Norden, und einen, der nach Süden fließe.

Die Wirbel von Philae sind Legende geworden, festgehalten in Beschreibungen aus früherer Zeit. Wer auch immer daran dachte, den Isis-Tempel vor dem Nilwasser zu retten, seine Pläne blieben unvollkommen, denn das Kuriosum der Gegenströmung war auch durch raffinierte technische Kniffe nicht mehr zu erzeugen. Der Traum von der Romantik der Philaeinsel aber wird noch einmal Wirklichkeit auf dem nahen Granitfelsen Agilkia, den keine Flut und keine Anstauung erreichen kann.

Ehe daran zu denken war, den Tempel abzubauen, mußte Philae trockengelegt werden. Eine Spundwand wurde mit Hilfe von Rammen in den Untergrund getrieben. Sie dichtete den Inselbereich gegen den Nil ab; hinter dieser Spundwand konnte das Wasser abgepumpt werden. So standen die Arbeiter wieder auf trockenem Land – drei Meter unter dem Spiegel des ersten Stausees von Asswan.

Gamal Abdel Nassers Ehrgeiz, durch die Stauung des Nil die Lebensbedingungen seines Volkes zu verbessern – verbunden mit dem Willen, seiner Revolution ein Denkmal zu setzen –, löste eine Veränderung der Einschätzung der Bedeutung des oberen Nillandes aus. Den Fachleuten und den Amateuren der Ägyptologie waren die Altertümer der Nilregion südlich der Insel Philae nahezu unbekannt. Nur wenige hatten sich weiter nilaufwärts gewagt. Selbst den Ägyptern war Nubien, die Region von Stein, Sand und Hitze, eine ferne und fremde Provinz, in die sich niemand freiwillig begab. Beamte, die in Asswan oder noch weiter südlich zum Dienst befohlen waren, fühlten sich meist wie Häftlinge in einer Strafkolonie – eingesperrt im engen Tal des oberen Nil, dessen fruchtbarer Landstreifen oft nur wenige hundert Meter breit ist. Jeder Versuch, das Tal zu verlassen, endete mit Hitzschlag und Tod. Die Ägypter konnten kaum Gefallen finden an den Dörfern, die aus getrocknetem Nilschlamm und Palmholz gebaut waren. Die Menschen von schwarzer Hautfarbe waren ihnen fremd. Deren Bräuche, afrikanischen Sitten verbunden, blieben den Ägyptern unverständlich. Sie sahen in den Frauen und Männern, die südlich der Nilinsel Philae lebten, exotische Wesen.

Schon der Pharao Pepi II., der um das Jahr 2300 v. Chr. am Nil regierte, verlangte von seinem General, der als »Wächter des Tores zum Süden« eingesetzt war – mit dem Begriff »Tor des Südens« wurde damals die Insel Elephantine bezeichnet –, er möge Absonderliches aus Nubien mitbringen. Der Offizier Harchuf war ein solcher »Wächter des Tores zum Süden«. Als er seinem Herrscher aus Nubien über einen tanzenden Zwerg berichtet hatte, da erhielt er diese Antwort von Pepi: »Du teilst mir mit, du habest einen Zwerg gefunden, der tanzen kann. Du schreibst, nichts gleiche diesem Zwerg. Ich werde dir viele Ehren erweisen, wenn du mir diesen Zwerg mitbringst. Auf ewig sollst du eine leuchtende Zierde sein für die Söhne deiner Söhne. Komme also sofort an meinen Hof und bringe den Zwerg mit. Wenn der Zwerg mit dir aufs Schiff geht, achte darauf, daß er nicht ins Wasser fällt.« Dieses Schreiben des Pharao hat der »Wächter des Tores zum Süden« an die Wand seines Grabes meißeln lassen.

Das Land, das der General von der Insel Elephantine aus einst zu regieren hatte, versank im Wasser hinter Nassers Staudamm. Der See sollte in sudanesisches Gebiet hineinreichen, bis zur Mitte zwischen dem Zweiten und dem Dritten Katarakt, bis zu den Ruinen der Pharaonenfestung Semna. Sie hatte einst den südlichsten Punkt des Reiches markiert. Hier hatte es keinen fruchtbaren Boden mehr gegeben an beiden Nilufern. Der Fluß war eingezwängt in ein steinernes Bett, das häufig nur 35 Meter breit war. Das Wasser schoß vorbei an hohen Wänden aus Granit. An diesem Engpaß, der 135 Kilometer lang war, konnte jeder Einfall nach Ägypten abgewehrt werden.

Im Jahre 1840 hatte der deutsche Professor Richard Lepsius diesen Engpaß aufgesucht. Zwei Stelen waren ihm als historisch bedeutsam erschienen. Die eine war in fast vier Jahrtausenden unversehrt erhalten geblieben; die andere aber war in der Mitte zerbrochen. Die unbeschädigte Stele und die zwei Teile der zerbrochenen wurden von Lepsius in getrennte Kisten verpackt. Aus unbekannten Gründen nahm er nur eine Kiste mit nach Berlin; die beiden anderen ließ er in Semna zurück. Erst ein halbes Jahrhundert später konnte das Berliner Ägyptische Museum den Inhalt der zurückgebliebenen Kisten kaufen – die wissenschaftliche Untersuchung der Stelen wurde möglich.

Die Entzifferung der Aufschriften ergab diesen Text: »Hier ist die Südgrenze des Reiches im Jahre acht der Herrschaft des Pharao Sesostris. Niemand aus dem Süden soll diese Grenze überschreiten. Die Ausnahme gilt nur für Männer, denen Handel erlaubt ist. Sie sollen jedoch nicht mit dem eigenen Schiff fahren dürfen. Bis in alle Ewigkeit wird kein Schiff der Südländer an der Festung Semna vorbei stromabwärts fahren.«

Den Soldaten der Festung war befohlen, nur Südländer durchzulassen, die weder lebendes Vieh noch Nahrungsmittel in größerer Menge noch Zahlungsmittel mit sich führten; erlaubt war den Händlern nur die Mitnahme von Zehrgeld. Durch diese Maßnahme sollte verhindert werden, daß sie nicht zu lange blieben im Gebiet nördlich der Grenzfestung. Die Überreste der Anlage aus der Pharaonenzeit stehen heute beim Museum in Khartum – an einem Gewässer, für diesen Zweck künstlich angelegt, das den Nil ersetzen soll. Die Niederlande hatten dem sudanesischen Staat das Geld gegeben für die Rettung der Altertümer von Semna. Deutsche Ingenieure fanden die beste Methode, um in dieser abgelegenen Gegend mit geringstem Aufwand Mauern abtragen zu können. Der Transport von Baumaschinen und Hebekränen zu den Ruinen von Semna war ausgeschlossen. Wer hier arbeiten wollte, mußte sich mit primitivsten Hilfsmitteln begnügen.

Die Methode der Deutschen war die Umkehrung der Arbeitsweise, die von Baumeistern der Pharaonenzeit angewandt worden war. Die Meister des Altertums hatten einst, nachdem die ersten Blöcke aufeinandergefügt waren, an der entstehenden Außenmauer des Baus eine Rampe aus Geröll und Sand aufschütten lassen, über die Steinquader hochgeschoben werden konnten. Wurde die Mauer höher, stieg auch die Rampe an. Waren die Blöcke des Dachs aufgesetzt, konnte schließlich die Aufschüttung wieder abgetragen werden. Die Umkehrung dieser Arbeitsweise bedeutete, daß die Rampe bis zum Dach hochgezogen wurde. Mit jeder Stufe der Blöcke, die aus dem Bauwerk entfernt wurde, mußte die Schräge aus Sand und Geröll verringert werden. Die letzte Stufe war zu ebener Erde abzubrechen.

Die meisten der Ingenieure und Archäologen, die sich um die Rettung der Altertümer Nubiens kümmerten, konnten nur über geringe Geldbeträge verfügen. Auf 90 Millionen Dollar aber war das Projekt zur Bergung der Felsentempel von Abu Simbel veranschlagt. In dieser Bergung sahen alle Beteiligten, vor allem auch die ägyptische Regierung, das schwierigste, aber auch das ehrgeizigste Unternehmen. Alle anderen Vorhaben in Nubien verblaßten gegenüber Abbruch und Rekonstruktion der vier aus Sandstein gehauenen Kolosse, die Ramses II. darstellten.

Der erste Europäer, der sie zu sehen bekommen hatte, war Johann Ludwig Burckhardt, ein gebürtiger Schweizer. Als ganz junger Mann war er Zeuge vom finanziellen Ruin seines Vaters gewesen – Napoleons Kriege hatten den Handelsherrn arm gemacht. Das Geld, das Burckhardt vom Vater erbte, ermöglichte bei bescheidener Lebensführung gerade noch ein Studium in Cambridge. Burckhardt wählte ein seltenes Studienfach aus: Er befaßte sich mit der arabischen Sprache. Die Afrikanische Gesellschaft, eine der Organisationen, die Englands Handelskontakte auf bisher unbekannte Regionen ausdehen wollten, schickte ihn mit einer geringen Summe nach Afrika; er sollte sich an der Erforschung des zentralafrikanischen Gewässersystems von Nil und Niger beteiligen. Um diese Aufgabe leichter erfüllen zu können, kleidete er sich arabisch und nannte sich Sheikh Ibrahim Ibn Abdullah. In Cairo begann er sein arabisch-afrikanisches Abenteuer – im Frühjahr 1812. Soweit es nur ging, wollte er dem Verlauf des Nil folgen.

In der Gegend von Asswan erzählte ihm ein Dorfbewohner, weit im Süden, doch direkt am Fluß seien im Sand die Köpfe gewaltiger Figuren zu sehen. Burckhardt merkte sich den Namen des Orts, wo derart Merkwürdiges auf Entdeckung wartete. Der Platz dort heiße Ebsambal, hatte der Dorfbewohner gesagt.

Burckhardt erreichte Ebsambal am 22. März 1813. Er sah am linken Nilufer eine Felswand, die durch Menschenhand bearbeitet war – offenbar ein Monument, in den Sandstein gehauen und durch Figuren geschmückt. Ein einziger der Kolossalköpfe stand frei; von drei anderen waren unter dem Sand nur Umrisse zu erkennen. Burckhardt vermutete sofort, daß sich hinter den Figuren, im Fels, die Räume eines Tempels befinden mußten. Die Wahrheit seiner Vermutung zu ergründen gelang ihm nicht. Nur wenige der Männer, die in der Nähe wohnten, waren bereit, ihm bei der Entfernung des Sands zu helfen. So blieben die Figuren bedeckt und der Tempeleingang verborgen.

Giovanni Battista Belzoni – er war fünf Jahre nach Burckhardt im heißen Nubien unterwegs – ließ sich nicht abhalten, selbst Sand wegzuschaufeln. Zunächst hatten fast hundert Männer aus dem nächsten Dorf versprochen, ihm zu helfen. Sie fanden sich aber ohne Schaufeln vor dem Sandhaufen ein. So war Belzoni gezwungen, allein mit der Arbeit zu beginnen; drei Europäer, die ihn aus Neugier und Abenteuerlust nilaufwärts begleitet hatten, halfen ihm zaghaft. Schließlich kamen einige der Männer aus den Dörfern und zeigten sich bereit, gegen Geld ernsthaft zu schaufeln. Nach drei Wochen harter Arbeit in der Sommerhitze wurde der Eingang sichtbar. Belzoni war, zumindest in neuerer Zeit, der erste aus fremder Weltgegend, der wenigstens ein Stück weit in die Tempelhalle spähen konnte. Den Eingang so weit freizulegen, daß für Belzoni der Einstieg möglich gewesen wäre, blieb ein Wunsch. Dem wagemutigen Mann fehlten Geld und Lebensmittel für den weiteren Aufenthalt in Nubien.

Als Belzoni Abu Simbel – dieser Name hatte sich hinter »Ebsambal« verborgen – wieder verließ, da wußte er immer noch nicht, ob die Riesenfiguren vor dem Tempeleingang stehen oder sitzen; noch waren ihre Körper vom Sand bedeckt. Erst ein Jahr später, beim zweiten Besuch, konnte Belzoni feststellen, daß die Ramsesgestalten sitzen. Der Koloß links außen war freigeschaufelt worden.

Den ersten Kundschaftern, die wissen wollten, was sich unter dem Sand in Abu Simbel verbarg, folgte bald ein geschäftstüchtiger Reisender aus England, der Gipsabgüsse vom Kopf einer Figur herstellen und verkaufen wollte. Der Kopf der rechten Kolossalgestalt, die noch bis zum Hals im Sand steckte, war erreichbar. Der Mann aus England strich angerührte Gipsmasse über das Gesicht der Ramsesfigur. Zu seinem eigenen Entsetzen mußte er feststellen, daß der poröse Sandstein Teile der Masse in sich aufsog. Der vierte Koloß, bräunlich getönt wie die anderen, bekam weiße Flecken im Gesicht.

Ein halbes Jahrhundert später ärgerte sich Amelia Edwards, die Romanschriftstellerin und Ägyptologin aus Neigung, über die Verunstaltung des Kopfes. Sie wollte die weißen Flecke braun färben. Da sie keine geeignete Farbe auf ihrem Boot nach Abu Simbel mitgebracht hatte, kam sie auf die Idee, die natürliche Färbung durch schwarzen Kaffee wiederherzustellen. Erst nachdem mehrere Eimer Kaffee über das Gesicht der Gestalt aus Sandstein geschüttet worden waren, verschwanden die störenden Flecken.

Sich von Abu Simbel zu trennen fiel Amelia Edwards schwer. Tag für Tag erwartete sie den Augenblick des ersten Lichtstrahls auf den Kolossen: »Jeden Morgen sah ich, wie diese erhabenen Brüder durch die Sonne vom Tod zum Leben verwandelt wurden. Beinahe hatte ich mir eingeredet, daß die Riesen beim Sonnenaufgang sich erheben, daß sie zu sprechen beginnen.«

Nach Abenteurern, Geschäftsmännern und Amateuren kümmerte sich endlich die Wissenschaft um die Monumente von Abu Simbel. Festgestellt wurde, daß die Arbeiten wohl im zweiten Regierungsjahr von Ramses II. begonnen worden sind. Sein dritter Sohn, der in jenem Jahr gestorben ist, wurde auf einigen Reliefs ohne Hinweis darauf dargestellt, daß er nicht mehr lebe – ein solcher Hinweis war üblich. Die Arbeit am Tempel hat sich über drei Jahrzehnte hingezogen. Aus dem 34. Regierungsjahr muß die Erwähnung der Hochzeit des Pharao mit der hethitischen Prinzessin stammen, die in jenem Jahr stattgefunden hat; die Hochzeit ist im Hieroglyphentext auf einer Stele erwähnt.

Wirklich gründlich war keine der Untersuchungen gewesen – bis Gamal Abdel Nasser die Wissenschaftler zum Handeln zwang. Erst als der Tempel durch den steigenden Wasserspiegel des Asswandamms bedroht war, wurde der Zustand des Monuments mit modernen Mitteln überprüft. Irgendwann zur Bauzeit muß ein Erdbeben den Fels erschüttert haben, in den die Tempelkammern hineingeschlagen sind. Die mächtigen Risse, die damals entstanden waren und durch zusätzliches Mauerwerk verborgen worden sind, wurden jetzt erkannt. Spekuliert wurde, ob der Kopf des zweiten Kolosses von links, der direkt zu Füßen der Figur liegt, bei diesem Erdbeben der Ramsesgestalt von der Schulter geglitten ist. Was niemand zuvor hatte erkennen können, wurde jetzt, bei gründlicher Untersuchung der Bausubstanz, offenbar: Der große Tempel von Abu Simbel war vom Einsturz bedroht – eine Spätfolge der Erdbebenkatastrophe von einst.

Ehe der Felsentempel vor dem Wasser gerettet werden konnte, mußte der Sandstein in sich gefestigt werden: Die poröse Masse wurde mit chemischen Mitteln bearbeitet. Der Erfolg dieser Maßnahme befriedigte allerdings nicht ganz. Die Folge war, daß einige Monate lang Unsicherheit herrschte über die Methode, den Tempel zu retten. Da die Gefahr erkannt war, die Figuren, Wände und Decken könnten wegen der Weichheit des Materials bei Zerlegung und Transport zerfallen, suchten die Ingenieure europäischer Nationen im Wettbewerb nach einer Lösung, um das Gestein möglichst zu schonen. In Frankreich entstand der Plan, das Wasser des Sees durch einen mächtigen Damm vom Tempel, der an seinem Platz bleiben würde, fernzuhalten. Dieses Wehr im angestauten See hätte eine Höhe von mehr als 70 Meter erreichen müssen. Der französische Entwurf wäre einfach zu verwirklichen gewesen, zu erschwinglichen Kosten – doch ästhetische Argumente verhinderten die Ausführung. Letztlich konnte sich doch niemand mit dem Gedanken anfreunden, die Kolossalfiguren auf dem Boden eines traurig-tristen Betonschachts von mehr als 70 Meter Tiefe stehen zu sehen.

Italienische Ingenieure schlugen vor, die Tempelanlage aus dem Fels herauszusägen, durch ein hydraulisches System hochzuheben und schließlich auf Betonstelzen in der richtigen Höhe über der Seeoberfläche wieder abzustellen. Die Monumente von Abu Simbel wären dann rings von Wasser umgeben gewesen. Besucher hätten zu Schiff kommen müssen; über eine Betonplattform wäre ihr Weg zu den Kolossen möglich gewesen.

Diese Lösung imponierte, denn sie wirkte im Modell eindrucksvoll. Alle Verantwortlichen stimmten überein, daß dieser Vorschlag ausgeführt werden sollte. Doch als die Kalkulationen vorgelegt wurden, da war zu erkennen, daß die Gelder nicht ausreichen würden, die aus internationalen Sammlungen zu fließen begannen. Auf die Lösung, das Monument auf Stelzen zu stellen, wurde verzichtet.

Da die Diskussion Monate gedauert hatte, war viel wertvolle Zeit verstrichen. Das Jahr 1963 war angebrochen; voraussehbar war, daß der Nil schon ein Jahr später merklich ansteigen würde. Als kaum mehr guter Rat zu erhoffen war, da traf im Koordinierungsbüro für die Rettung nubischer Altertümer in Cairo der Vorschlag der schwedischen Consulting-Firma Vattenbyggnadsbyran ein, der rasch und billig auszuführen war: Standbilder und Mauern sollten aus dem umgebenden Fels herausgelöst, in transportfähige Blöcke zersägt und außerhalb der vom Seewasser bedrohten Zone wieder zusammengefügt werden. Anklang fand die schwedische Idee, weil sie vorsah, die Ramseskolosse in eine Umgebung zu stellen, die im Aussehen dem früheren Standort gleicht.

Die Wirkung der Figuren hatte darin bestanden, daß sie in ihrer gewaltigen Größe aus einer fast senkrecht abfallenden Sandsteinformation herausgemeißelt waren. Diese Wirkung wollten die Schweden wieder erreichen. Da jedoch am neuen Standort keine Felswand vorhanden war, mußte aus Beton und Felsbrocken eine Nachbildung geschaffen werden. Die Pläne sahen vor, den künstlichen Berg als Betonkuppel mit einem Durchmesser von 140 Metern anzulegen, die mit Platten aus originalem Sandstein belegt werden sollte.

Die deutsche Baufirma Hochtief übernahm die Ausführung. Die Vertragsunterzeichnung fand am 16. November 1963 statt. Schon wenige Wochen später fraßen sich die feinen, aber harten Sägen der Spezialisten aus den Marmorbrüchen von Carrara durch den Sandstein. Die Italiener hatten sich vorgenommen, so zu arbeiten, daß nach der Rekonstruktion von Figuren und Tempelwänden kaum Fugen zu erkennen sind.

Die Rettung der nubischen Altertümer besaß nicht nur Bedeutung für Wissenschaftler und Amateure der Archäologie – sie war auch außenpolitisch wichtig, obgleich dieser Faktor nicht in die Augen sprang. Notwendig war die Rettungsaktion geworden, weil Gamal Abdel Nasser sich hatte überzeugen lassen, eine Anstauung des Nil bringe dem ägyptischen Volk und ihm selbst Vorteile. Der Bau des Staudamms wurde von der Sowjetunion finanziert. Die Vereinigten Staaten hatten ihren Willen durchgesetzt, Gamal Abdel Nasser, den angeblichen Lakaien der Sowjets, vom Westen zu isolieren. Nur noch wenige Staaten, die mit den USA verbündet waren, hielten volle diplomatische Beziehungen zu Cairo aufrecht. Daß Nasser eine strikt antikommunistische Innenpolitik beibehielt, war für die US-Regierung und für ihre Verbündeten kein Grund, ihre Haltung zu überdenken.

In dieser ungünstigen Situation, die ihn vom Westen trennte und dem Block des Ostens zuordnete, hatte sich Nasser befunden, als seine Altertümerverwaltung darauf hinwies, daß der Damm von Asswan Auswirkungen habe, die als Barbarei gegen nicht ersetzbare Kulturwerte ausgelegt werden könne. Die Bitten um Hilfe waren an die Industrienationen des Westens gerichtet – und wurden von ihnen auch positiv aufgenommen. Sie stellten Geld zur Verfügung und beauftragten ihre diplomatischen Vertretungen, die manchmal – nach Abbruch der offiziellen Beziehungen – nur noch aus nicht akkreditierten Geschäftsträgern bestand, die Ingenieure und Archäologen zu betreuen und zu ägyptischen Behörden Kontakt zu halten.

Als Gamal Abdel Nasser im Winter 1964/65 mit Überraschung und Bestürzung erfahren mußte, daß die Bundesrepublik, wenn auch unter dem Druck der USA, Israel in großem Maße mit Waffen beliefert hatte, da regierte er demonstrativ: Er lud den starken Mann der östlichen Hälfte Deutschlands ein, dem Land am Nil einen Besuch abzustatten. Die Bundesregierung – verantwortlich war damals Ludwig Erhard – wollte verhindern, daß Walter Ulbricht in Cairo von den immer zum Jubel bereiten Massen begrüßt wird. Ludwig Erhard versuchte, bei Nasser Verständnis für die besondere Situation der Bundesrepublik zu wecken. Doch Nasser, wieder einmal in seinem Stolz getroffen, gab nicht nach. Er konnte die Einladung an Ulbricht wohl auch nicht ohne Gesichtsverlust rückgängig machen. Dafür fand er jedoch kein Verständnis in Bonn. Erhard strich die Finanzhilfe für Ägypten und bewarb sich um diplomatische Beziehungen zu Israel. Erst auf diese gewaltige Mißachtung ägyptischer Interessen hin vollzog Nasser den Abbruch der diplomatischen Beziehungen zur Regierung in Bonn. Er hütete sich jedoch bis 1969, Ulbricht zu erlauben, eine Botschaft in Cairo einzurichten.

Das Ende der politischen Kontakte bedeutete keineswegs Abbruch der bundesdeutschen Bemühungen um die nubischen Altertümer. Ungestört arbeitete die Baufirma Hochtief in Abu Simbel weiter. Die Firmenleitung hatte mit fast orientalischer Gelassenheit die Enttäuschung überwunden, den Damm in Asswan nicht bauen zu dürfen. Ihr Vertreter am Nil erwies sich zeitweise als wichtigster Träger der Beziehungen zwischen Ägypten und der Bundesrepublik. Dank der »Aktion Pharao« konnte dem Westen ein Brückenkopf in Ägypten offengehalten werden.

# Sowjetpräsenz am Nil

Gamal Abdel Nasser hatte korrekt kalkuliert: Der Bau des Damms – gegen den Willen der Regierung in Washington – und die Rettung der nubischen Tempel mit Unterstützung des Westens steigerten sein Prestige überall in der Welt. Schon früh war diese Wirkung zu erkennen, als die Aufschüttung am Nil noch gar nicht fertig war. Im Januar 1964 fand eine Gipfelkonferenz arabischer Staatschefs in Cairo statt; die Präsidenten und Könige äußerten schon vor Tagungsbeginn den Wunsch, die Baustelle besuchen zu dürfen. Dieselbe Bitte übermittelten die Oberhäupter afrikanischer Länder, die sich im Juli 1964 am Nil trafen, und die Delegierten der Blockfreien Staaten, die sich Cairo für Oktober als Tagungsort ausgesucht hatten. Fast alle Besucher zeigten Interesse an den geretteten Altertümern – mit Ausnahme des Kremlchefs.

Nikita Chruschtschow ließ Nasser wissen, er wäre nicht abgeneigt, Feierlichkeiten zum Abschluß einer ersten Bauphase beizuwohnen. Nasser nahm den Wink auf. Er gab Order, in Asswan sei ein Fest mit großem Prunk vorzubereiten – und er schickte eine überaus höfliche Einladung nach Moskau. Im Mai 1964 besuchte Chruschtschow den Nil. Er war Zeuge, als der Fluß oberhalb des Ersten Katarakts in ein neues, von Menschen geschaffenes Bett umgeleitet wurde – vier Arbeiter wurden dabei von der Flut fortgerissen. Nasser bekam den Leninorden. Doch Chruschtschow nahm mit bitterer Miene zur Kenntnis, daß Nasser zu seiner Begleitung Männer ausgewählt hatte, die Verantwortung trugen für die Verhaftung von Kommunisten in Ägypten.

Für die Bergung der Altertümer in Nubien interessierte sich Chruschtschow nicht, obgleich er in Cairo den Wunsch geäußert hatte, die frühe Geschichte des Nillandes kennenzulernen. Der Besuch im

Ägyptischen Museum genügte ihm dann. Den Vorschlag, einen Ausflug nach Abu Simbel zu unternehmen, lehnte er ab. Die Hitze sei für ihn zu gewaltig, ließ er mitteilen. Er wollte wohl den Bauplatz nicht besichtigen, der in den Augen der westlichen Welt eine gleichgewichtige Kulturleistung zur Konstruktion des Damms darstellte – und dies ohne Beteiligung der Sowjetunion.

Für Chruschtschow war die Feier in Asswan ein letzter Glanzpunkt seines politischen Lebens. Ein halbes Jahr später verlor Chruschtschow durch Breschnjews Winkelzüge seine Macht. Auch für Gamal Abdel Nasser blieb keine Chance mehr zu gewaltigen Triumphen. Die Fertigstellung des Damms erlebte er nicht. Die bitteren Jahre, die vor ihm lagen, bewirkten seinen frühen Tod.

Die Baustellen bei Asswan und Abu Simbel bewahrten Kontinuität in einem sich rasch verändernden politischen Klima am Nil. In Nubien war wenig zu spüren vom Junikrieg des Jahres 1967. Die deutschen Ingenieure und Arbeiter, die den Ramsestempel in angemessener Entfernung vom ansteigenden Nilwasser wieder aufbauten, dachten für kurze Zeit daran, sich in den Sudan evakuieren zu lassen. Dann aber setzte sich der vernünftige Gedanke durch, die israelische Luftwaffe werde wohl kaum die Kolossaldarstellungen des Pharao zerstören wollen, selbst wenn dieser Pharao nach falscher, aber gängiger Meinung einst die jüdischen Stämme unterdrückt hatte. In Asswan und Abu Simbel wurde auch zur Kriegszeit weitergebaut. Daß der Krieg mit Ägyptens Niederlage endete, blieb ohne Auswirkung auf die Arbeit.

Politisch zog Nasser Nutzen aus der militärischen Katastrophe. Er konnte den Beweis antreten, daß das Volk ihn liebte – ihn, der den Suezkanal verstaatlicht hatte, um den Asswandamm den Ägyptern schenken zu können. In der Nacht des 9. Juni 1967 zogen viele Tausende von Fellachen in Cairo über die Nilbrücke, vorbei am Sitz der Arabischen Liga, am Außenministerium. Ihr Ziel war der Befreiungsplatz. Zehntausende von Arbeitern und Arbeitslosen strömten aus den ärmeren Vierteln im Norden und Süden der Stadt. Die Männer und Frauen schrien: »Nasser! Nasser! Nasser! Verlaß uns nicht!« Sie hatten erfahren, daß Gamal Abdel Nasser zurückgetreten war, weil er sich schuldig fühlte an der Schmach. Er hatte die Verantwortung dafür übernommen, daß es den Israelis möglich war, ganz Arabien zu demütigen. Diese Geste, die das Scheitern der Politik zugab, wurde von den Männern und Frauen, die sich in der Masse stark und einig fühlten, nicht angenommen. Sie hatten in der Stunde der Niederlage das Gefühl, von ihrem Vater verlassen zu werden. Gamal Abdel Nasser war für sie nicht ein Berufspolitiker, der es zum Präsidenten gebracht hatte. Nasser war für sie der Mann, der an sie – und nicht an sich – dachte. Er war der Mann, dem es gelungen war, den Nil für sie zu bändigen. Der Gedanke, ihn zu verlieren, ließ ihre Emotionen aufbrennen. Wenig lag ihnen daran, ob ihre Stadt noch weiter bestand: Sie waren bereit, die eigenen Häuser anzuzünden, um ihrem Schmerz und ihrer Enttäuschung Ausdruck zu geben. Die Gefahr bestand, daß Cairos Zentrum in Flammen aufging.

Gamal Abdel Nasser ließ über die Radiostation Cairo verkünden, er bleibe der Führer der ägyptischen Revolution, er bleibe an der Spitze des Staates; er werde sein Volk nicht verlassen. Diese Meldung bannte die Gefahr. Die Hunderttausende gingen auseinander, in die Stadt zurück und über die Brücke. Erst gegen Morgen verhallten die Sprechchöre, die »Nasser! Nasser! Nasser!« riefen.

Am Morgen des 10. Juni 1967 zog Gamal Abdel Nasser Bilanz. Die Flucht aus dem Amt, die eine ernste Idee gewesen war, hatte er sich von seinen Beratern ausreden lassen. Der Emotionsausbruch der Massen war nur einer der Gründe für den Entschluß gewesen, Staatschef zu bleiben. Wichtiger für ihn war das Argument, mit seinem Rücktritt seien Sieg und Triumph der Israelis erst komplett, denn die israelische Regierung habe nichts anderes erreichen wollen, als Gamal Abdel Nasser aus dem Amt zu treiben.

Die Bilanz des Präsidenten umfaßte vor allem die Situation Ägyptens im politischen Spannungsfeld auf internationaler Ebene. Daß die Regierung der USA ihn ablehnte, war seit Jahren ein feststehender Faktor. Nicht ganz sicher war sich Nasser in der Einschätzung der sowjetischen Haltung. Die Sowjets hatten den Staudamm finanziert, hatten die Ausführung der Konstruktion in die Hand genommen. Seit Anfang Juni 1967 aber war ihre Ägyptenpolitik ins Zwielicht geraten. Der Sowjetbotschafter in Cairo hatte dringend geraten, keinen Präventivschlag gegen Israel auszuführen. Nasser war dem Rat gefolgt – und hatte damit den Israelis die Chance geboten, zuerst anzugreifen.

Als schwerwiegender empfand Nasser die Weigerung der Sowjetführung, sofort nach Konfliktbeginn Waffen zu ersetzen, die von der israelischen Luftwaffe zerstört worden waren. Dieses Verhalten erschien dem Ägypter als Rätsel. Auch hatte Breschnjew die Weigerung nicht offen ausgesprochen; er hatte Cairo wissen lassen, Jugoslawien zögere mit der Freigabe der Überflugrechte. Tito aber hatte mitgeteilt, der jugoslawische Luftraum stehe selbstverständlich jeder Hilfe für Ägypten offen. Was wirklich geschehen war, ließ sich nicht klären. In Nassers Gedanken fraß sich der Verdacht ein, er sei von Breschnjew hintergangen worden.

Offiziere, mit denen er sprach, gaben die Schuld an der Niederlage den sowjetischen Experten: Ihre Methoden der Ausbildung seien veraltet gewesen. Die Sowjets wehrten sich. Der für den Militärflughafen Cairo-West zuständige sowjetische General schrieb einen Bericht über die ersten Stunden des Krieges. Da konnte Nasser lesen, daß seine Piloten von diesem General aufgefordert worden waren, Kampfmaschinen, die einen israelischen Luftangriff unbeschädigt überstanden hatten, auf einen entfernten Platz in der Wüste wegzufliegen. Die ägyptischen Piloten wurden vom sowjetischen Experten angeklagt, feige und fahrlässig gehandelt zu haben. Die Kampfmaschinen seien in Cairo-West stehengeblieben und bald darauf von den Israelis zerstört worden.

Die Sowjetunion hielt mit ihrer Kritik nicht zurück. Einer Delegation aus Algerien und Irak, die Breschnjew zu stärkerer Hilfe für Ägypten aufforderte, erteilte der Generalsekretär eine Antwort, die für Nassers Ohren bestimmt war: »Wir haben die Verhältnisse realistisch zu betrachten. Israel hat eine Bevölkerung von zweieinhalb Millionen Menschen, doch seine Armee besteht aus 350 000 Mann. Das heißt, ein Sechstel aller Bewohner Israels ist bereit zu kämpfen. Ägypten hat eine Bevölkerung von dreißig Millionen, aber nur ein Prozent davon kann mit Waffen umgehen. Ich bin vor allem deshalb traurig über die Katastrophe, weil unser Ansehen in der Welt mit dem ägyptischen Ansehen verbunden ist. Wir gaben den Ägyptern die modernsten Waffen. Die Israelis haben sie erbeutet. Die Waffen werden jetzt in den USA und in Westdeutschland zerlegt und untersucht. Wir gaben unsere Flugzeuge her, doch die Ägypter hatten keine Piloten. Wir gaben unsere Panzer her, doch die Ägypter hatten keine Fahrer.«

Der Ausgang des Junikrieges von 1967 wurde im Kreml auch als Niederlage der Sowjetunion angesehen. Es blieb der sowjetischen Führung jedoch keine andere Wahl als Verstärkung der eigenen Präsenz am Nil. Drei Stunden lang redete Breschnjew auf die Mitglieder des Politbüros ein. Sie hatten ihm deutlich gesagt, seine Nahostpolitik liege in Scherben. Am Schluß der Rede waren sie seiner Meinung: Nasser mußte weiterhin gestützt werden.

Breschnjew schickte Marschall Sacharow an den Nil. Er sollte den Wiederaufbau der ägyptischen Armee beaufsichtigen. Schonungslos deckte er die Fehler auf, die im Junikrieg begangen worden waren. Sagte ihm ein ägyptischer General, seine Truppe benötige Waffen, erhielt er zur Antwort: »Wozu brauchen ihre Männer diese Waffen? Einzig zu dem Zweck, damit sie Panzer und Kanonen an die Israelis ausliefern können. Was ihre Leute brauchen ist Training. Über Waffen kann man später reden!«

Gamal Abdel Nasser nützte das Organisationstalent des Sowjetmarschalls aus. Er fand den Ton, der Sacharow gefiel. Als der hohe Offizier Urlaub nehmen wollte, um seine Familie in Moskau besuchen zu können, lehnte Nasser den Wunsch ab mit der Bemerkung: »Sie sind so lange mein Gefangener, bis keine Gefahr mehr besteht, daß die Israelis vom Suezkanal bis zum Nil vordringen können.« Sacharow blieb bis November 1967 in Ägypten. Zu diesem Zeitpunkt war die Armee wieder so stark, daß auf ihre Verteidigungslinie Verlaß war.

Der Krieg war jedoch keineswegs zu Ende. Israelische Artillerie und Luftwaffe schoß sich auf die Städte Port Said, Suez und Ismaïlia an der Kanalzone ein. Nasser entschloß sich, die Menschen aus diesen Städten zu evakuieren – obgleich diese Maßnahme als Eingeständnis gelten mußte, daß Nasser und seine Armee den Kern der Heimat nicht schützen konnten. Vierhunderttausend Flüchtlinge suchten eine neue Heimat in Cairo und in den großen und kleinen Orten im Nildelta. Die Städte am Kanal wurden erst von 1969 an sicherer, als aus der Sowjetunion Lieferungen der SAM-Raketen zur Abwehr von Flugzeugen eintrafen. Der Gegner versuchte, den Aufbau der sehr effektiven Abwehrwaffe zu verhindern. Fast hätte er dieses Ziel erreicht, denn Ägypten verlor viertausend Ingenieure und Facharbeiter, die verpflichtet worden waren, die Raketen zu betreuen.

Zu dieser Zeit begann sich Nassers Zuckerkrankheit auszuwirken: Die Beinarterien verhärteten sich; der Präsident litt zeitweise an unerträglichen Schmerzen. Dazuhin schwächte sich die Leistungskraft seines Herzens ab. Er wollte im eigenen Land die Krankheit verheimlichen und ließ sich in Moskau behandeln. Ein längerer Aufenthalt war dort freilich nicht möglich, weil Nasser den Eindruck vermeiden wollte, er binde sich völlig an die Kremlführung. So suchte er Linderung in einer der staatlichen Villen am Mittelmeer. Er blieb jedoch auch dort unter der Aufsicht seines Moskauer Arztes, Dr. Chazor.

Ein solcher Erholungsaufenthalt war im September 1970 in Marsa Matruh vorgesehen. Dr. Chazor hatte angeordnet, daß der Patient nicht gestört werden dürfe; Radio- und Fernsehapparate seien von Nasser fernzuhalten. Absolute Ruhe sollte in der Villa am Mittelmeer herrschen. Am 17. September aber schlug König Hussein von Jordanien gegen die Lager der Palästinensischen Befreiungsorganisation in seinem Lande zu. Offensichtlich hatte er die Absicht, Arafats militärischer und politischer Organisation das Rückgrat zu brechen. Dies war eine Entwicklung, die vor Gamal Abdel Nasser nicht verborgen werden durfte. Seine Berater rangen sich dazu durch, den Präsidenten zu stören. Er brach seinen Urlaub ab und bat die Staatschefs Arabiens, nach Cairo zu kommen, um über die Vorgänge in Jordanien zu beraten. Nasser war entschlossen, die PLO vor der Vernichtung durch König Hussein zu retten.

Das Hotel Nile Hilton war der Tagungsort. In den Konferenzzimmern trafen sich die Staatschefs zu Gesprächen. In den Suiten der oberen Stockwerke wohnten sie. Die Fenster geben den Blick frei auf den Nil, der Gezira umfließt, die Insel des Sportclubs und der von Bäumen beschatteten Straßen; beides hatte die Kolonialmacht England einst anlegen lassen. Weit drüben über dem Wasser im Westen stehen die Pyramiden, die an die Pharaonen, aber auch an Napoleon denken lassen. Wer sich in diesem Hotel zum Fahrstuhl begibt, der sieht hinüber zur Zitadelle, die Mehmed Ali hat bauen lassen. Die Geschichte des unteren Nillandes ist von diesem Platz aus überblickbar.

Mit der Kraft der Autorität, Chef des ältesten Kulturstaates zu sein, riß Gamal Abdel Nasser die Verhandlungsführung an sich. Er klagte den jordanischen König – der sich noch nicht in Cairo befand, da ihn die Kämpfe in Amman festhielten – an, er handle barbarisch am Volk der Palästinenser, das in seiner Mehrheit aus wehrlosen Menschen bestehe. Hassanein Heikal, damals der engste Vertraute von Gamal Abdel Nasser, erinnert sich, aus der Anklage des ägyptischen Präsidenten habe sich die folgende Diskussion zwischen Gamal Abdel Nasser, dem libyschen Staatschef Moammar Al Kathafi und König Feisal von Saudi-Arabien entwickelt.

König Feisal: Ich stimme mit Exzellenz Nasser überein, es sieht so aus, als existiere ein Plan, die Widerstandsbewegung zu liquidieren.

Moammar Al Kathafi: Wir müssen eingreifen und Truppen schikken. Truppen aus Syrien und aus dem Irak.

König Feisal: Wenn wir Truppen schicken, dann nur, um die Juden zu bekämpfen!

Moammar Al Kathafi: Was Hussein unternimmt, ist schlimmer als das, was die Juden getan haben.

Gamal Abdel Nasser: Ich glaube, ich muß Sie über den Inhalt eines Telegramms informieren, das ich heute früh aus Moskau erhalten habe. Darin werden wir aufgefordert, äußerste Zurückhaltung zu wahren. Die internationale Situation sei extrem delikat geworden. Auch die geringste Fehlkalkulation, so meint Moskau, könne der Sache der Araber insgesamt schlimmen Schaden zufügen.

Moammar Al Kathafi: Ich bin gegen Zurückhaltung, denn wir haben es da mit einem Verrückten zu tun. Hussein bringt die Menschen in seinem Staat um. Wir müssen ihm eine Zwangsjacke anlegen, und dann ab mit ihm ins Irrenhaus.

König Feisal: Es gehört sich nicht, daß sie einen arabischen Monarchen als Verrückten bezeichnen, als einen, der ins Irrenhaus gehört.

Moammar Al Kathafi: Bei Hussein ist doch die ganze Familie verrückt. Das ist doch bekannt, das ist sogar aktenkundig!

König Feisal: Wahrscheinlich sind wir alle verrückt.

Gamal Abdel Nasser: Wenn man sieht, was in der arabischen Welt vor sich geht, könnte man tatsächlich dieser Meinung sein. Ich schlage vor, daß einem Arzt, einem Spezialisten, die Aufgabe gestellt wird, uns regelmäßig auf unseren Geisteszustand zu untersuchen. Er soll dann entscheiden, wer von uns übergeschnappt ist.

König Feisal: Da könnte Ihr Doktor gleich bei mir beginnen, denn wenn ich höre, was hier geredet wird, habe ich äußerste Mühe, meinen Verstand beisammenzuhalten.

Gamal Abdel Nasser hatte eine Suite im elften Stock des Hotels am Nil bezogen. Überrascht war er, daß er hier dieselbe Kost erhielt, die ihm auch zu Hause vorgesetzt wurde. Er wußte nicht, daß aus Sicherheitsgründen, wo er sich auch immer aufhielt, nur sein eigenes Personal für ihn kochen durfte.

Mit Heikal unterhielt sich der Präsident während der Verhandlungspausen auf dem Balkon über dem Nil. Er wollte von Heikal wissen, ob die Vorstellung vom Tode, die von den Pharaonen ausgedacht worden ist, ein völliger Irrtum sei. Heikal meinte, es gebe überhaupt kein Leben nach dem Tode. Dieser Gedanke war für Gamal Abdel Nasser schrecklich: »Ermutigend ist das nicht, was Sie da sagen!« entgegnete er Heikal. Nasser gab zu, überzeugt zu sein, daß die Seele nach dem Sterben des Körpers fortlebe.

Zwei Tage nach diesem Gespräch erreichte Nasser, daß Hussein und Arafat eine Übereinkunft unterzeichneten, die einen sofortigen Waffenstillstand vorsah. Als die Unterschriften geleistet waren, verließ Nasser das Hotel. Er war müde. Am nächsten Tag starb Gamal Abdel Nasser.

Als das ägyptische Volk wirklich Abschied nehmen mußte von Nasser, da wiederholte sich in gesteigertem Maße, was im Juni des Jahres 1967 geschehen war: Hunderttausende wollten ihre Trauer zeigen. Unerträglich war der Masse das Bewußtsein, Nasser sei von ihnen gegangen. Die Menschen benahmen sich, als ob sie durch ihre Klage den Tod Nassers ungeschehen machen könnten.

Am 1. Oktober, am Tag des Begräbnisses, holte der Verteidigungsminister drei Divisionen in die Stadt. Die Soldaten sollten dem Trauerzug den Weg freihalten. Doch ihr Oberkommandierender bezweifelte, daß er mit Gewalt den Ausbruch der Emotionen verhindern könne. Es sei zu erwarten, daß jeder den Sarg berühren wolle. Im furchtbaren Gedränge, das dabei entstehe, müsse mit dem Schlimmsten gerechnet werden. Der Sarg könne zerbrechen, wenn zu viele daran zerren. Die Konsequenz, besser einen leeren Sarg im Trauerzug mitzuführen, als das Risiko einzugehen, daß Nassers Leiche ohne Sarghülle von Hand zu Hand weitergegeben werde, wollte niemand ziehen. Sadat wandte ein, wenn die Menge erst merke, daß der Sarg leer sei, werde nicht nur Cairo, sondern ganz Ägypten brennen.

Den bisherigen Vizepräsidenten Anwar As Sadat plagte überhaupt die Angst, der 1. Oktober 1970 könne zum »Tag des Brandes von Cairo« werden. Er überlegte sich, ob es nicht besser sei, den Trauerzug ganz ausfallen zu lassen. Das Argument von Hassanein Heikal, die enttäuschten Massen würden dann erst recht ihre Emotionen explodieren lassen, überzeugte. Der Trauerzug mußte stattfinden.

Vom Kubbepalast im Osten der Stadt wurde der Leichnam Nassers im Hubschrauber zum Gezira Sporting Club geflogen. Ganz in der

Nähe, beim Gebäude, in dem einst der Revolutionsrat getagt hatte, sollte der Marsch über die Nilbrücke beginnen. Schon Stunden vor Sonnenaufgang waren beide Brücken blockiert: Die Brücke, die vom westlichen Stadtteil Dokki nach Gezira, nach der Insel, führt, und ihre Fortsetzung, die Brücke Kasr El Nil, die auf Gezira beginnt und vor dem Befreiungsplatz endet. Alexei Kossygin, der die Sowjetunion bei den Feierlichkeiten vertrat, konnte von der Sowjetbotschaft aus, die in Dokki unweit des Nilufers liegt, das Gebäude des Revolutionsrats zunächst nicht erreichen. Sein Wagen war noch vor der Brücke im Menschengewühl steckengeblieben. Er mußte ein Boot nehmen, um hinüberzugelangen auf die Nilinsel. Unbegreiflich war dem sowjetischen Ministerpräsidenten, wie selbstverständlich die Massen Brücke und Nilufer für sich beanspruchten. Jedem ägyptischen Politiker, dem er begegnete, hielt Kossygin vor: »Sie müssen die Dinge in den Griff bekommen! Ihr könnt nicht zulassen, daß Gefühle derart wichtig werden. Das ganze Regime könnte zusammenbrechen! Bei Nasser wäre so etwas nicht vorgekommen!«

Der Trauerzug endete im Chaos. Der Sarg wurde schließlich auf Befehl beherzter Offiziere von der Lafette genommen, auf der er offen transportiert werden sollte. In einem gepanzerten Fahrzeug erreichte er den Begräbnisplatz. Anwar As Sadat, nach Nassers Tod als Vizepräsident verfassungsmäßiger Regierungschef, war schon bei Beginn des Marsches durch Kreislaufversagen ohnmächtig zusammengebrochen. Er hat die Stunden des Chaos in ärztlicher Betreuung verbracht.

Ein Vierteljahr nach diesem Ereignis wurde die Einweihung des Asswandammes gefeiert. Der sowjetische Staatspräsident Podgorny drückte auf einen Knopf – und in mächtigem Bogen brachen die Fontänen des Nilwassers aus den Turbinenkanälen. Die Feierlichkeiten am Nil wurden von Anwar As Sadat und von der Sowjetführung benützt, um zu testen, wie tragfähig das Einvernehmen zwischen der Sowjetunion und Ägypten noch sei, das Breschnjew und Nasser begründet hatten. Podgorny versprach die Lieferung von Waffen – jedoch ohne einen Termin zu nennen.

Ungetrübt verlief der Besuch des sowjetischen Staatspräsidenten allerdings nicht. Er hatte seinen Botschafter Winowgradow gebeten, Damm und Nil für ein Fotoalbum mit der Kamera aufzunehmen. Diese harmlose Absicht fiel einem Polizisten auf, der Winowgradow hinderte, den Auslöser zu drücken. Als Erklärung seiner Handlung sagte der Polizist: »Der Damm ist geheim. Fotografieren nicht gestattet.«

Anwar As Sadat hatte sich geärgert, daß Podgorny an den Nil gekommen war und nicht der Mann, der eigentlich in der Sowjetunion zu bestimmen hatte – mit Breschnjew hätte Sadat gerne geredet. Der Ärger wurde in Moskau registriert. Anwar As Sadat erhielt schon kurze Zeit später eine Einladung, die Kremlführung zu besuchen.

Für Sadat stand die Taktik schon fest, die er für die nächsten Jahre verfolgen wollte. Seinem Land konnte nur durch eine Veränderung seiner internationalen Beziehungen geholfen werden, darüber war er sich klar. Die Bindung an die Sowjetunion hatte nicht einmal den Ansatz einer Besserung der wirtschaftlichen Lage bewirken können. Investitionshilfe konnte Moskau nicht anbieten. Die Hinwendung zu den Vereinigten Staaten war für Sadat beschlossene Sache.

In Moskau aber, in der Gegenwart von Breschnjew, sprach Anwar As Sadat Worte, die völlig anders klangen: »Ich versichere, daß ich unsere Zukunft mit der Zukunft der Sowjetunion eng verbunden sehe. Ich bin hier, um jede Art von Vertrag zu unterschreiben, den die Sowjetführung gerne unterschrieben haben möchte. Ich weiß, daß die Vereinigten Staaten und der ganze imperialistische Block meine wirklichen Feinde sind. Wenn es den Amerikanern gelingt, tatsächlich Fuß zu fassen in unserem Gebiet, dann wird es heißen, die Sowjetunion habe eine Niederlage erlitten – und ich mit ihr.«

Breschnjew ließ sich von diesen Worten keineswegs überzeugen. In Moskau war eine Äußerung des ägyptischen Präsidenten bekanntgeworden, die seine Treue ins Zwielicht rückte. Zum Berater des saudiarabischen Königs hatte Sadat gesagt, er werde die sowjetischen Offiziere und Spezialisten aus dem Land schicken, sobald eine erste Phase des israelischen Rückzugs vom Suezkanal abgeschlossen sei. Diese Bemerkung war über Washington nach Moskau gelangt.

Der Argwohn der Sowjetführung wurde bestätigt, als Sadat Mitte Mai 1971 seine wichtigsten Minister und Berater verhaften ließ und unter Anklage stellte. Der Vorwurf lautete, sie hätten »Machtzentren« gebildet, um letztlich den verfassungsmäßigen Präsidenten abzusetzen. Mittelpunkt der Gruppe waren Vizepräsident Ali Sabri, Innenminister Sharawy Gomaa, Verteidigungsminister General Mohammed Fausi und Sami Sharaf, einer der Sekretäre Sadats. Die ersten beiden galten als ausgesprochene Vertraute der führenden Köpfe im Kreml. Die Verantwortlichen in Moskau mußten den Eindruck haben, Sadat habe ihre Basis am Nil gezielt zerstört.

Dies war jedoch nicht in erster Linie die Absicht Sadats gewesen. So seltsam es klingt: Sadat wollte mit der Verhaftungsaktion Nasser endgültig zum Schweigen bringen – in ganz wörtlichem Sinne. Sami Sharaf hatte beim Tod Nassers einen solchen Schock erlitten, daß seine Persönlichkeit zu zerbrechen drohte; mehrmals hatte er bereits die Absicht geäußert, sich in den Nil zu stürzen und zu ertränken.

Überdies trafen sich Sami Sharaf, Innenminister Sharawy Gomaa und Verteidigungsminister Fausi häufig mit einem männlichen spirituellen Medium, das von sich behauptete, aus ihm spreche der Geist Nassers. Über dieses Medium holten sich Verteidigungsminister und Innenminister Entscheidungen in wichtigen politischen Fragen ein. Sie hielten sich an die Befehle, die Nasser ihnen durch das Medium gab. Sadats Anordnungen erschienen ihnen unwesentlich.

Innenminister Sharawy Gomaa war ein Freund technischer Neuerungen. Aus Japan hatte er ein winziges Tonaufzeichnungsgerät kommen lassen, mit dessen Hilfe er seine täglichen politischen Gespräche aufzeichnete. Auch bei den Sitzungen mit dem Medium trug Gomaa das Gerät bei sich. Er hielt Nassers Geisterstimme auf Band fest.

Eine der Aufzeichnungen aber war Anwar As Sadat zugespielt worden. Der Präsident erkannte die Gefahr. Wollte er sich Respekt verschaffen, mußte er Nassers Gemeinde in der Regierung entmachten. Wollte er sich selbst vor den Umsturzplänen des Verteidigungsministers und des Innenministers, die Armee und Polizei kontrollierten, retten, mußte er sie verhaften lassen. So verlor Breschnjew seine Freunde am Nil.

Genau zehn Tage nach den Verhaftungen kam Staatspräsident Podgorny nach Cairo. Er brachte einen unterschriftsreifen Freundschaftsvertrag mit, der Ägypten für fünfzehn Jahre eng an die Sowjetunion binden sollte. Anwar As Sadat unterzeichnete das Papier.

Zur Verwirrung der Sowjetführung ließ Sadat die Gruppe der Nassergläubigen und Moskaufreunde zu hohen Freiheitsstrafen verurteilen und beschwor trotzdem, nichts werde sich in Ägypten ändern. Zu Breschnjew sagte Sadat während seines nächsten Moskaubesuchs: »Sie sollten wirklich nicht beachten, was über mich geredet wird. Einige von denen, die jetzt im Gefängnis sitzen, sind zu Botschafter Winowgradow gegangen und haben ihm gesagt, daß ich Ägypten an die Amerikaner verkaufe, daß ich die politische Linie ändere, die Nasser geprägt hat. Doch ich verkaufe den Nil nicht an die Amerikaner, und ich halte den bisherigen Kurs bei.«

Nach seiner Rückkehr aus Moskau ließ Sadat zu, daß Militärs und Politiker ihre Klagen über die Sowjets im Lande laut äußerten. Aus Kreisen der Wirtschaftsfachleute war die Beschwerde zu hören, die sowjetischen Militärberater würden im Cairoer Suk Gold aufkaufen. Die Chefs der Militärverwaltung fanden den Ton anmaßend, in dem sowjetische Marineoffiziere Rechte für ihre Schiffe in den Häfen Alexandria und Marsa Matruh forderten. Empörung äußerten auch die für das ägyptische Bodenpersonal auf dem Flughafen Cairo-West Verantwortlichen: Ihre Männer hätten kaum mehr die Möglichkeit, dort zu arbeiten, da die Sowjets ihnen die Schlüssel zu den Anlagen abgenommen hätten.

Verteidigungsminister General Mohammed Sadiq war außer sich vor Zorn, weil der Oberkommandierende der sowjetischen Militärberater sich weigerte, fertig ausgebildete Raketenmannschaften, die vom Trainingskurs in Moskau zurückgekehrt waren, in die SAM-Stellungen zu lassen. Achtzehn ägyptische Raketenteams standen bereit, doch weiterhin blieb die Bedienung der Luftabwehrwaffe allein den Militärberatern überlassen. Die ägyptischen Soldaten fragten sich, warum sie überhaupt ausgebildet worden seien. Als der Verteidigungsminister die Sowjets darum bat, wenigstens zwölf der Batterien zu übergeben, löste dieser Wunsch beleidigte Gefühle aus. Marschall Gretschko reiste nach Cairo, um Sadat zu fragen, warum er den Freundschaftsdienst der Soldaten aus der Sowjetunion ablehne. Die Übergabe der Raketenbatterien an die Ägypter würde von amerikanischen Beobachtern als Niederlage der Sowjets ausgelegt werden.

Anwar As Sadat gab noch einmal nach. Am 26. Mai 1972 diktierte er den Text eines Telegramms an Breschnjew mit Glückwünschen zum ersten Jahrestag der Unterzeichnung des ägyptisch-sowjetischen Freundschaftsvertrags. Aus dem Grunde seines Herzens, so schrieb Sadat, strömten die Worte der Dankbarkeit über die festen und unzertrennlichen Bande, die beide Staaten zusammenfügten. Genau sechs Wochen später aber forderte Sadat den sowjetischen Botschafter in Cairo auf, alle Militärberater – ihre Zahl belief sich inzwischen auf siebzehntausend – aus Ägypten abzuziehen. Der Grund für diesen Schritt war vor allem in der Weigerung der Sowjets zu suchen, den Ägyptern die Verantwortung für die modernen Waffensysteme zu übertragen, die am Suezkanal und am Nil installiert waren. Ohne eigene Verantwortung konnte der Präsident nicht daran denken, diese Waffen im Kriegsfall einzusetzen. Die Militärberater hätten bei Kriegsbeginn gar nicht auf seine Befehle gehört. Sie nahmen nur Weisungen aus Moskau entgegen. Anwar As Sadat aber war entschlossen, Krieg zu führen. Die Sowjets sollten ihm nicht die Pläne verderben können.

Ohne Protest verließen die sowjetischen Militärberater das Land am Nil. Sadat handelte, ohne sich zu entschuldigen. Er schickte seinen Ministerpräsidenten nach Moskau mit der Anweisung, keine Erklärungen zum Problem der Ausweisung zu geben, die Freundschaft der Verantwortlichen an Moskwa und am Nil sei zu beteuern. Als ob nichts geschehen wäre, hatte der Ministerpräsident nach weiteren Waffenlieferungen zu fragen. Diese Frage aber wurde von den Sowjets als Hohn empfunden.

Bemerkenswert zurückhaltend im Ausdruck war der Brief, den Breschnjew in den Tagen nach dem Besuch des ägyptischen Ministerpräsidenten an Anwar As Sadat schrieb:

»Herr Präsident, wir wären nicht aufrichtig zu uns selbst, wenn wir behaupten würden, nichts habe sich verändert in den Beziehungen zwischen unseren Ländern. Die Fragen, die wir uns stellen, nachdem Sie den Abzug des sowjetischen Personals gefordert haben, sind noch immer ohne Antwort geblieben. Es handelt sich ja nicht um eine schlichte Rückholung von sowjetischen Offizieren und Soldaten. Diese Männer waren in Ägypten auf Wunsch des Präsidenten Gamal Abdel Nasser. Dieser Wunsch war von Ihnen oft genug bestätigt worden. Es kann keinen Zweifel geben, daß die Spekulationen über Ihren Entschluß unsere Feinde ermutigt haben. Sie wissen ja nichts von der wahren Natur unserer Freundschaft. Die Beziehungen zwischen Ägypten und der Sowjetunion haben unter dieser Entwicklung gelitten. Den Interessen Ägyptens kann dies nicht dienen. Wir können uns nicht so benehmen, als ob die Politik der ägyptischen Regierung nicht im Widerstreit zum Nutzen unserer beiden Länder stünde. Schuld daran trägt die Intrige, die rechtsorientierte Elemente angezettelt haben. Diese Elemente sind mit dem Imperialismus verbündet, der ein Interesse daran hat, Ägyptens Marsch auf der Straße des Fortschritts aufzuhalten. Welchen Weg will Ägypten einschlagen? Welche Kräfte innerhalb und außerhalb seiner Grenzen bestimmen diesen Weg? Wie werden unsere Beziehungen in Zukunft aussehen? Das sind die Fragen, die Ihre Freunde ängstlich machen, aus denen unsere Feinde Ermutigung schöpfen. Wir erwarten Ihre Antwort in der Hoffnung, daß sie so freimütig ist wie die Fragestellung.«

Nach Erhalt dieses Schreibens bat Anwar As Sadat seinen Außenminister und seinen Sicherheitsberater, Entwürfe für eine Antwort auszuarbeiten. Beide Texte mißfielen ihm, denn sie trafen nicht den Ton der bisherigen Gespräche und des Briefwechsels zwischen ihm und dem Sowjetpolitiker. Anwar As Sadat schrieb schließlich einen ganz persönlichen Brief. Der Präsident sagte selbst, daß er sieben Stunden daran formuliert habe. Der Brief ist ein Dokument dafür, wie hohl die gegenseitigen Beteuerungen der Freundschaft geworden waren. Der Text lautete nach den Unterlagen von Hassanein Heikal so:

»Ich schreibe Ihnen vertraulich und im Geiste der freundschaftlichen Gefühle, die ich immer zu spüren bekam im Verlauf unserer Begegnungen. Es ist mein Wunsch, daß wir einen Ausweg finden aus dem Teufelskreis, der unsere Beziehungen eingefangen hat. Der Teufelskreis erzeugt Mißverständnisse. Er wird sich immer schneller drehen, wenn wir uns nicht Mühe geben, Klarheit zu schaffen. Deshalb schreibe ich, was mich bewegt. Sie sollen meinen Standpunkt erfahren.

1. Wir wissen, welche Rolle die Sowjetunion im Zweiten Weltkrieg gespielt hat. Das Sowjetvolk widerstand den Nazibesetzern. Es kämpfte heroisch. Kein Opfer war ihm zuviel für die Befreiung seines Gebiets und für die Bewahrung seiner nationalen Würde. Es darf daher nicht überraschen, daß auch das ägyptische Volk bereit ist, jedes Opfer zu bringen für die Rückeroberung seines Gebiets. Das ist unser Ausgangspunkt.

2. Es ist sicher wünschenswert, daß ich mit diesem Brief an dem Punkt anfange, an dem unsere Diskussion bei unserem letzten Treffen im April 1972 abbrach. Als Freunde sollten wir verstehen, was sich in der Zwischenzeit ereignete, um den Dialog zwischen uns fortsetzen zu können.

3. Sie werden mir sicher zustimmen, daß ich immer auf die Freundschaft zwischen uns geachtet habe. Dies betrifft vor allem die vier Besuche, die ich Ihnen in den vergangenen zwei Jahren abgestattet

habe. Bei allen diesen Gelegenheiten war Israels Aggression der Hauptgegenstand der Diskussion. Darf ich Sie an die Punkte erinnern, die ich Ihnen während unserer Begegnungen darzulegen versuchte? Ich erklärte, daß wir hauptsächlich von zwei Prinzipien geleitet werden. Das erste lautet, daß wir unsere Schlacht nur durch die eigenen Kräfte ausfechten lassen und durch niemand sonst. Das zweite Prinzip heißt, daß wir nicht wollen, daß sich unser Kampf zu einer Konfrontation zwischen der Sowjetunion und den Vereinigten Staaten ausweitet. Dies würde eine Katastrophe für die ganze Welt bedeuten. Nur ein Verrückter kann ein solches Risiko eingehen.

4. Wir waren uns immer darin einig, daß Israel und die USA nichts unternehmen werden, um das Nahostproblem zu lösen, wenn Israel nicht zu spüren bekommt, daß unsere militärische Stärke eine Herausforderung bedeutet für die Überlegenheit, die Israel derzeit besitzt. Erst dann werden Israel und die USA daran denken, in ihrem eigenen Interesse eine Lösung anzustreben. In unseren Besprechungen habe ich immer darauf hingewiesen, wie wichtig eine Abschreckungswaffe für uns ist, die Israel davon abhält, tief in unser Gebiet einzudringen. Solche Flüge wird Israel erst unterlassen, wenn auch wir fähig sind, Angriffe tief in seinem Gebiet durchzuführen. Wir haben jedoch keine solche Abschreckungswaffe. Wir sind unfähig, irgendeine militärische Initiative zu ergreifen. Deshalb gibt es für Israel keinen Grund, seine Haltung zu ändern.

5. Als Marschall Gretschko mich im Mai 1972 besuchte, unternahm ich alles, um seinen Aufenthalt im Erfolg enden zu lassen. Er hatte fertige Erklärungen mitgebracht, die besagten, ägyptische Piloten hätten Kampfmaschinen mit dreifacher Schallgeschwindigkeit geflogen, und die Mig-23 sei jetzt bei der ägyptischen Luftwaffe eingeführt. Da der Marschall das wünschte, unterschrieb ich diese Erklärungen – doch sie waren einfach nicht wahr. Ich wußte, daß Sie sich mit Nixon treffen werden und daß die Erklärungen benutzt wurden, um Ihre Position zu stärken.

6. Unmittelbar nach Nixons Besuch in Moskau schickte ich Ihnen eine Botschaft mit sieben verschiedenen Punkten. Ich rekapitulierte, was ich Marschall Gretschko gesagt hatte. Ich betonte, daß das Problem des Oberkommandos gelöst werden müsse. Für mich war es undenkbar, sowjetische Kampfeinheiten auf ägyptischem Boden zu wissen, ohne daß sie ägyptischer Kontrolle unterstehen.

7. Einen Monat lang mußte ich auf Antwort warten, trotz der Mahnungen meines Ministerpräsidenten und meines Außenministers. Dann endlich erhielt ich Ihren Brief vom 8. Juli. Obgleich ich Ihnen zuvor schon gesagt hatte, wie wichtig jeder Tag, jede Stunde und sogar jede Minute für uns ist, war die lange Zeit verstrichen. Ich fand diesen Brief enttäuschend, denn er enthielt nichts, was die Probleme betraf, von denen ich gesprochen hatte. Der Brief festigte meinen Eindruck, daß sich Ihre Haltung, unter der wir fünf Jahre lang gelitten haben, nicht geändert hat. Sie wollen nicht verstehen, was wir für unseren Kampf brauchen. So war ich gezwungen, den Inhalt und den Ton Ihres Briefes zurückzuweisen. Ich glaube, wir brauchen einfach eine Pause, um unsere Positionen abzuklären. Die Amerikaner sagen, sie selbst halten den Schlüssel für eine Lösung in der Hand. Sie rüsten allerdings Israels Luftwaffe jetzt völlig neu aus. Aus Ihrem letzten Brief aber konnte ich ersehen, daß Sie für den Zeitraum von fünf Jahren ein teilweises Waffenembargo über uns verhängt haben. Davon ist wohl auch die Abschreckungswaffe betroffen, die Sie in Ihrem Brief überhaupt nicht erwähnen. Dieses Verhalten ließ meinen Entschluß reifen, die Mission der sowjetischen Experten zu beenden. Damit wollte ich eine Phase unserer Beziehungen beenden und eine andere beginnen.

8. Erlauben Sie mir bitte in aller Freundschaft, daß ich Ihnen einige Beispiele nenne, wie unseren Streitkräften mitgespielt wird. Über die Fälle, die ich nenne, hätten Sie von Ihren Experten informiert werden müssen:

a) Die Marine. Seit vier Jahren bittet der Marineoberbefehlshaber um Geräte, die Unterseeboote in weiterer Entfernung entdecken können. Die Geräte, über die er verfügt, wirken nur innerhalb des Bereichs von einem halben Kilometer. Dem Marineoberbefehlshaber wurde mitgeteilt, die Sowjetunion besitze keine Geräte von größerer Reichweite. Aber alle unsere Seeoffiziere wissen genau, daß Ihre Schiffe mit Anlagen ausgestattet sind, die Unterseeboote aufspüren können, die am Horizont untergetaucht sind. Die Flotten des Westens haben solche Geräte auch – und machen gar kein Geheimnis daraus. Wir sind kein rückständiges Land. Wir können auch lesen. Wir wissen, über welche Waffen Sie und der Westen verfügen. Die ganze Welt ist darüber informiert. Die Kommentare unserer Seeoffiziere können Sie sich vorstellen.

b) Die Luftwaffe. Alle unsere Piloten wissen – sie sind schließlich Absolventen Ihrer Militärakademien –, daß Sie moderne Flugzeuge besitzen. Aber bei Ihnen ist alles geheim. Kein Ägypter darf sich diesen Maschinen nähern.

c) Das Heer. Unsere Offiziere sind genau darüber informiert, daß Sie wirkungskräftigere Geschütze als die Amerikaner besitzen. Doch Ihre Offiziere machen ein Geheimnis daraus; sie leugnen sogar, daß solche Geschütze in der Sowjetunion existieren. Die Kommentare unserer Artillerieoffiziere können Sie sich ebenfalls vorstellen. Die Offiziere und die Soldaten wissen, daß der schwierigste Teil einer militärischen Operation das Aufbrechen der feindlichen Linien ist. Jeder Augenblick der Verzögerung des Erfolgs bedeutet Verlust von Menschenleben. Doch wir sind nicht ausgerüstet für eine solche Operation. Sie leugnen sogar, die dafür geeigneten Waffen zu haben. Verstehen Sie unter solchem Verhalten Zusammenarbeit von Freunden?

Wir brauchen so viel, obgleich wir gegenüber unserem Volk und gegenüber der übrigen Welt das Gegenteil behaupten. Wir sagen, wir hätten alles erhalten, was wir brauchen. Ich möchte nicht über einzelne spezielle Wünsche mit Ihnen diskutieren, ich will über die Geisteshaltung diskutieren, die eine Auslieferung der Waffen verhindert. Sie behandeln uns, als ob wir ein rückständiges Land wären, das von gar nichts eine Ahnung hat. Unsere Offiziere haben dieselben Kurse besucht wie Ihre Offiziere. Da kann es keine Geheimnisse geben, denn alle Waffen, die existieren, sind in Büchern beschrieben, die es zu kaufen gibt. Doch wenn wir die Sowjetexperten fragen, schweigen sie meist, oder sie sagen, derartige Waffen seien in der Sowjetunion nicht vorhanden. Wir wissen aber genau, daß die Sowjetunion alles besitzt.

Ich gebe zu, wir gehen durch eine schwierige Phase unserer Beziehungen. Der gefährlichste Aspekt ist, daß sie ein Erbe der Bitterkeit gegenüber der Sowjetunion hinterlassen wird. Sie haben jedes Recht, nach meinem Entschluß, uns von den sowjetischen Experten zu trennen, Schritte zu unternehmen, die zum Schutz Ihrer Interessen dienen. Ich glaube aber nicht, daß es nützlich für Sie sein wird, die bitteren Gefühle in unserem Volk noch zu verstärken. Wir stehen einem Feind gegenüber, der mit den modernsten Waffen ausgerüstet ist. Wir haben nichts. Was glauben Sie, denkt der normale ägyptische Bürger darüber? Sie können sich die Antwort selbst geben. Ich würde unsere Freundschaft betrügen, wenn ich Ihnen nicht freimütig alle Fakten vorlegte. Wir möchten gute Beziehungen zu Ihnen haben. Ob dieser Wunsch wirksam wird, hängt davon ab, ob unsere Freunde in der Sowjetunion uns helfen wollen auf dem Weg zu unserem ersten und letzten Ziel – zur Befreiung unserer Gebiete.«

Dieser Brief blieb nicht ohne Wirkung: Die Sowjetunion lieferte Waffen. Raketen vom Typ SAM-3 und SAM-6 trafen in großer Zahl ein im Hafen Alexandria und Panzer mit Infrarot-Zieleinrichtungen. Die ägyptische Armee erhielt vor allen Dingen das langersehnte Material für Pontonbrücken; ohne dieses Material war kein Übergang zum anderen Ufer des Suezkanals möglich. Jetzt konnten Sadats Truppen mit den Vorbereitungen zum Sturm auf die Bar-Lev-Linie beginnen. Sie übten von nun an mit dem sowjetischen Brückenmaterial an einem Seitenarm des Nil im Delta. Ein Abschnitt des Nilarms wurde als Modell für die Situation am Suezkanal präpariert. Sadat fragte seine Generale, wann der erfolgreiche Angriff gegen das Ostufer des Kanals möglich sei – er bekam nur ausweichende Antwort. Die Armeeführung wollte den Krieg nicht.

# »Er ist eben doch nur ein Papierkamel!«

Sadats Haus im Cairoer Stadtteil Giza war der Ort wichtiger Entscheidungen. Es liegt dort, wo der Nil am breitesten ist: Nur wenige Meter nördlich von diesem Haus beginnt Gezira, die große Insel; vor der Aufteilung in zwei Arme nimmt der Fluß die Ausmaße eines Sees an. Irgendwann, zu Nassers Zeiten, war mitten in diesem See die Vorrichtung für eine Riesenfontäne gebaut worden. Doch selten war der Wasserstrahl zu sehen gewesen. Während der Regierungsjahre Sadats hat die Fontänenpumpe nie gearbeitet. Vom Balkon von Sadats Schlafzimmer aus wäre sie am besten zu sehen gewesen. Hatte Sadat für die Lösung eines Problems den Ansatzpunkt noch nicht gefunden, erwartete er häufig auf diesem Balkon den befreienden Einfall.

Nach einem Tag der Überlegung lud der Präsident auf den Abend des 24. Oktober 1972 den Obersten Rat der Streitkräfte in das Haus am Nil in Giza ein. Fünfzehn Generale und ein Admiral kamen. Sadat legte sein Konzept für den militärischen Konflikt dar: Er hatte die Absicht, einen begrenzten Krieg zu führen mit dem Ziel, am Ostufer des Suezkanals Brückenköpfe zu bilden. Er sagte:»Kann ich nur zehn Millimeter des Bodens drüben auf Sinai wieder in ägyptische Hand bringen, stärkt sich meine Position für die Verhandlungen, die nach dem Krieg beginnen werden!«

Die Generale zeigten wenig Begeisterung. Die meisten hatten sich fest darauf verlassen, daß Sadat nie ernsthaft an Krieg dachte. Verteidigungsminister Sadiq wehrte sich sogar gegen den Plan mit dem Argument, der Ausrüstungszustand der Armee reiche bei weitem nicht aus, um einen Angriff über den Suezkanal hinweg zu wagen. Dieses Argument verblüffte wiederum Sadat, hatten doch die Sowjets in den Wochen zuvor fast alles geliefert, was Ägypten je an Waffen angefordert hatte. Um Mitternacht endete die Sitzung des Obersten Rats der Streitkräfte. Als die Generale weggefahren waren, brach der Ärger auf in Sadat. Da war eine Armee aufgebaut worden nach der Niederlage des Jahres 1967; sie war mit Waffen versorgt worden, und sie hatte sich auf die Rückeroberung des verlorenen Gebiets vorbereitet. Doch die Generale weigerten sich, ihre Pflicht zu erfüllen.

Zwei Tage später entließ Anwar As Sadat den Verteidigungsminister. General Sadiq erhielt einfach die Mitteilung, Sadat habe das Rücktrittsgesuch angenommen – es war nie eingereicht worden. Der Präsident suchte sich für den Posten des Verteidigungsministers einen Offizier, der unpolitisch veranlagt war, der Befehle entgegennahm und befolgte. General Ismaïl wurde neuer Armeechef.

Am Samstag, dem 6. Oktober 1973, um 14.05 Uhr begann die »Operation Badr«. Dieser Name war gewählt worden in Erinnerung an ein Gefecht, das der Prophet Mohammed einst gewonnen hatte. Die Feuerkraft, die Ägypten am Westufer des Suezkanals konzentriert hatte, war gewaltig. Insgesamt viertausend Geschütze und Raketenwerfer konzentrierten ihre Geschosse auf den schmalen Uferstreifen. Die Besatzungen der Bunker in der Bar-Lev-Linie hatten nicht mit dem Feuerüberfall gerechnet. Vor ihren Stellungen wirbelten die Einschläge Sand auf. Eine Wolke von undurchsichtigem Staub lag bald über der Ostseite des Suezkanals. Als um 14.20 Uhr die Besatzungen von eintausend Schlauchbooten auszuführen begannen, was sie seit Monaten am Seitenarm des Nil geübt hatten – den Übergang über die Wasserstraße –, da bemerkten die israelischen Soldaten zunächst nichts. Sie wurden überrumpelt. Kaum war die vorderste Linie erobert, begannen ägyptische Ingenieure mit den Vorbereitungen zum Brückenbau: Sie spülten mit Wasserwerfern die Sandbarrieren weg, die israelische Pioniere aufgehäuft hatten. Um 19.30 Uhr war das Angriffsziel erreicht: Nicht nur Brückenköpfe waren gebildet, sondern das gesamte Sinaiufer des Suezkanals war in ägyptischer Hand. Die mühsamen Übungen am Nil hatten sich gelohnt.

Als sich der Erfolg der Offensive abzeichnete, verlangte der sowjetische Botschafter in dringendem Ton einen sofortigen Termin für ein Gespräch mit Sadat unter vier Augen. Um 20.00 Uhr empfing der Präsident den Vertreter der Moskauer Führung am Nil. Botschafter Winowgradow teilte mit, ihm habe Breschnew den Wunsch des syrischen Staatschefs übermittelt, durch Waffenstillstand den Kampf zu beenden. Die syrische Armee hatte ebenfalls um 14.05 Uhr mit dem Angriff begonnen. Ihr Kampfplatz war der Nordosten Israels; ihr Kampfziel war die Eroberung der im Junikrieg von 1967 verlorenen Golanhöhen.

Sadat wunderte sich über den syrischen Wunsch, hatte er doch kurz zuvor über Funk mit Staatspräsident Hafez Assad gesprochen, der ihm beruhigend mitgeteilt hatte, die Offensive im Golangebiet verlaufe nach Wunsch. Seine Truppen hätten bereits die wichtige elektronische Abhörstation der Israelis auf einer Erhöhung des Golanplateaus – diese Erhöhung heißt Jebel Al Sheikh – erobert. Nach dem Weggang des Botschafters fragte sich Sadat, ob die Sowjets überhaupt an einem Erfolg der Araber interessiert seien. Dem Präsidenten kam der Gedanke, Breschnjew wolle verhindern, daß die arabischen Staatschefs nach einem Sieg zu selbstbewußt werden und aus der Allianz mit der Sowjetunion und aus der Abhängigkeit ausbrechen könnten.

Die Sowjets hielten an diesem kritischen Tag engen Kontakt zu ihren Partnern, den Syrern und den Ägyptern. Die amerikanische Regierung aber mußte erst angestoßen werden, damit sie reagieren konnte. Zwar war Henry Kissinger maßgeblich an Sadats Entschluß, Krieg zu führen, beteiligt – hatte doch Kissinger die Ägypter mehrfach darauf hingewiesen, daß nur eigene Initiative aus der Sackgasse des Zustands von »Weder Krieg noch Frieden« herausführen könne –, doch über den Termin des Kriegsausbruchs war keiner der amerikanischen Politiker informiert. Anwar As Sadat wollte mit dem Aufbrechen des Konflikts die USA schrecken: Sie sollten begreifen, daß die Zeit reif sei für eine umfassende Lösung des Nahostkonflikts, die realistisch einkalkulierte, Israel werde nicht für alle Zeit ganz selbstverständlich die absolut führende Militärmacht im Nahen Osten bleiben.

Doch der Augenblick, um die US-Regierung zu schrecken, war schlecht gewählt: Richard Nixon war heftigen innenpolitischen Angriffen ausgesetzt. Ihm wurde vorgeworfen, er habe vom Einbruch einiger seiner Mitarbeiter ins gegnerische Parteibüro im Watergate-Gebäude in Washington gewußt. Von drohender Amtsenthebung des Präsidenten war die Rede. Dazuhin mußte sich Nixon entschließen, seinem Vizepräsidenten Spiro Agnew den Rücktritt zu empfehlen; Agnew war wegen eigener Skandale ins Zwielicht geraten. Watergate überdeckte die Entwicklung im Nahen Osten.

Die ungewohnt hohen Verluste der israelischen Truppen veranlaßten Golda Meïr und Moshe Dayan, die USA um raschen Ersatz des zerstörten Kriegsmaterials zu bitten. Die Leitung der Hilfsmaßnahmen war fast ausschließlich Henry Kissinger überlassen. Seine Absicht war, zu verhindern, daß die Israelis eine entscheidende Niederlage erlitten. Sie durften jedoch auch nicht die überlegenen Sieger dieses Konflikts sein. Trotz aller Anfangserfolge der ägyptischen und der syrischen Verbände bestand für beide arabischen Armeen schließlich doch die Gefahr, Verlierer zu sein.

Mit Hilfe der Waffenlieferungen aus den USA gelang es den israelischen Soldaten und Offizieren, den Vormarsch der Araber zu stoppen. Eine Gegenoffensive warf Ägypter und Syrer zurück – dabei nahm Israel den Bruch eines bereits vereinbarten Waffenstillstands in Kauf, den Henry Kissinger mit Unterstützung Breschnjews hatte durchsetzen können.

Mit Glück und Geschick machte Kissinger jeder Seite in diesem Kampf die Hoffnung zunichte, sie könne einen spektakulären Sieg erringen. Am Ende des militärischen Konflikts war niemand als Sieger und niemand als Besiegter zu bezeichnen. Ideale Voraussetzungen für Verhandlungen waren damit gegeben.

»Er ist eben doch nur ein Papierkamel«, das war Andrei Gromykos Einschätzung von Sadats Persönlichkeit, als die Waffen schwiegen. Nach Meinung der Sowjetführung hätten die von ihr gelieferten Panzer, Raketen und Kampfflugzeuge eine Entscheidung erzwingen müssen.

Am 7. November, einen Monat und einen Tag nach Kriegsbeginn, stand Henry Kissinger frühmorgens auf dem Balkon des Hotels Nile Hilton in Cairo. Er sah die Stadt und den Nil zum erstenmal. Er blickte hinunter auf die Straße, die zwischen Hotel und Fluß verläuft. Dabei sei ihm, so berichtet er, deutlich geworden, warum die Israelis Angst haben vor diesem Volk am Nil. Es war bereits zwölfmal so stark wie das israelische Volk – innerhalb von jeweils drei Jahren wuchsen dem ägyptischen Staat so viele Menschen zu, wie die gesamte Bevölkerung Israels ausmachte. In der Erinnerung an jenen Morgen auf dem Balkon über dem Fluß meint Henry Kissinger: »Da habe ich begriffen, daß Zahl und Zeit für die Araber arbeiten. Die Araber können warten, bis den Israelis ein entscheidender, fataler Fehler unterläuft. Die Israelis kennen ihre Lage. Deshalb ist ihre Diplomatie so unflexibel, so auf Bewahrung von festen Grundsätzen ausgerichtet.« Mit dieser Haltung hatte sich Henry Kissinger während der Verhandlungen der kommenden Monate in der Praxis auseinanderzusetzen.

Anwar As Sadat gelang es, in seinem Volk die Überzeugung zu wecken, daß ein Sieg gewonnen sei, der die Schmach aller Niederlagen seit dem Beginn des Konflikts mit Israel auslösche. Als diese psychologische Voraussetzung geschaffen war, konnte er in den Verhandlungen einen beweglichen Standpunkt einnehmen – zur Überraschung von Henry Kissinger.

In seinem Haus am Ersten Nilkatarakt empfing Anwar As Sadat den amerikanischen Außenminister, der sich vorgenommen hatte, alle Parteien im Nahostkonflikt auf den Weg des Friedens zu bringen. Der ägyptische Präsident, der im milden Winterklima am oberen Nil eine Erkältung auskurierte, trug eine Jacke von militärischem Zuschnitt, bis unters Kinn zugeknöpft. Die Begegnung der beiden Politiker, die sich noch nicht persönlich kannten, begann mit dem Gespräch darüber, welche Bedeutung der Platz Asswan einst für Ägypten und seine Kultur gehabt habe. Sadat meinte, die Ägypter, die hier gewohnt hätten, seien immer strafversetzt gewesen – nur er befinde sich freiwillig in Asswan.

Sadat und Kissinger brauchten sich jedoch nicht lange mit Plaudereien aufzuhalten. Der Ägypter kannte sein Ziel genau: Israel mußte veranlaßt werden, sich vom Suezkanal zurückzuziehen. Kissinger legte Wert darauf, daß das Wort »Rückzug« vermieden werde, da es in Israel wenig populär sei. Der Begriff »Truppenentflechtung« sei dienlicher und trotzdem passend. Einig waren sich beide Gesprächspartner darin, daß die Sowjetunion aus dem Friedensprozeß insgesamt ferngehalten werden müsse. Sadat war der Meinung, Moskau habe noch nie in der Geschichte eine Beziehung zum Land am Nil gehabt; Euphrat und Tigris lägen den Sowjets näher.

Aus eigener Erfahrung wußte Sadat, wie wenig sich die sowjetischen Politiker in den Problemen des Nahen Ostens auskannten. Den arabisch-israelischen Konflikt sahen sie mit Augen von Politikern, die sich im eigenen Lande mit einer jüdischen Minderheit auseinanderzusetzen hatten, die sich nicht der Forderung nach Solidarität der Arbeiterklasse beugen wollte. Im Laufe der Zeit, so lautete das Argument der Sowjetführung, werde diese Solidarität wachsen – dies sei ein historischer Zwang, dem sich niemand entziehen könne. Auch im Nahen Osten werde eine solche Solidarität entstehen. Dann sei der Zeitpunkt gekommen für die glückliche Lösung des Konflikts, denn dann werde die Arbeiterklasse in Israel und in der Arabischen Welt ihre Geschicke in die Hand nehmen – und damit sei dem Konflikt die Grundlage entzogen. Derartige Utopien hielt Sadat für Unsinn.

Für die sowjetischen Politiker war Ägypten Neuland. Seit Zar Peter dem Großen war der Blick der Mächtigen in Moskau auf die »warmen Wasser« des Persischen Golfs gerichtet gewesen. Im Testament dieses Zaren wurden alle künftigen Herrscher Rußlands auf die Bedeutung dieser Region hingewiesen. Peter der Große hatte den Grundsatz proklamiert: Wer den Persischen Golf beherrscht, dem gehört die Welt. Nie hatte Moskau zum Nil geblickt. Nie waren Forscher aus Rußland an den Nil gekommen. Nie hatten die Bewohner Ägyptens in der Vergangenheit ein Wort Russisch gehört. Sosehr die kolonialen Praktiken des Westens von den Ägyptern verachtet wurden, sie waren trotzdem mit den Menschen, die Französisch oder Englisch sprachen, verbunden. Napoleon war Eroberer gewesen, Lord Cromer Administrator im Auftrag einer Kolonialmacht – und doch wurden sie von den Intellektuellen Ägyptens als Männer geachtet, denen das Land am Nil sein Erwachen verdankte. Kein Russe von Rang hatte sich jemals um die Altertümer Ägyptens gekümmert, hatte Geld ausgegeben, um Tempel auszugraben. Die Menschen des Westens hatten sich in jenen Jahren eine Art von Heimatrecht am Nil erworben.

Anhaltspunkt dafür, wie gering gegenseitiges Interesse und Berührungsmöglichkeiten zwischen Menschen aus Ägypten und aus der Sowjetunion tatsächlich sind, gibt die Statistik. Innerhalb von zwei Jahrzehnten hatten sich rund zweihunderttausend männliche Araber für längere Zeit in der Sowjetunion aufgehalten. Sie waren zum Studium oder zur militärischen Ausbildung dort. Weniger als hundert dieser Männer hatten Mädchen aus dem Gastgeberland geheiratet. Im selben Zeitraum aber hatten nur fünfzehntausend männliche Araber Gelegenheit gehabt, in den USA zu studieren. Siebentausend davon haben amerikanische Mädchen geheiratet – und viele sind überhaupt in den Vereinigten Staaten geblieben.

Den Mächtigen der Sowjetunion mußte die Verbundenheit des Nillandes mit dem Westen rätselhaft bleiben. Sie hatten geglaubt, unbelastet von der Vergangenheit handeln zu können. Sie waren nicht dem Vorwurf ausgesetzt, sie oder ihre Vorgänger hätten sich an kolonialer Ausbeutung beteiligt. Ihnen blieb nur die eine Feststellung: Die Vergangenheit wirkte sich zuungunsten der Sowjetunion aus. Sie konnte in der Gegenwart immer nur Ersatz für den Westen sein. Sowie sich der Westen bereit fand, die einseitige Bindung an Israel aufzugeben, signalisierte die ägyptische Führung, offen zu sein für weitgehende Kontakte. Henry Kissinger hatte unmittelbar nach dem Abschluß der Waffenstillstandsverhandlungen bewiesen, daß er nicht die Absicht hatte, die Israelis zu bevorzugen. Diese Haltung war für Anwar As Sadat der Grund, dem Amerikaner Henry Kissinger zu vertrauen, obgleich der Außenminister während des Krieges für die amerikanischen Waffenlieferungen verantwortlich gewesen war.

Der Entschluß, die Sowjets vom Friedensprozeß fernzuhalten, entwertete den ägyptisch-sowjetischen Freundschaftsvertrag völlig. Der Vertragstext sah Konsultationen in politisch wichtigen Fragen vor. Anwar As Sadat aber war nicht bereit, mit Breschnjew über seine Vorstellungen vom Frieden zu beraten. Am 5. Mai 1976 verkündete der Präsident vor dem ägyptischen Parlament, daß er den Freundschaftsvertrag aufgekündigt habe. Fünfzehn Jahre lang hätte er gelten sollen; erst vier Jahre dieser Zeit waren vergangen.

Anwar As Sadat hatte gehandelt, ohne Vorwarnung in Richtung Moskau. Er hielt es nicht einmal für notwendig, parallel zur öffentlichen Aufkündigung der Sowjetführung eine Erklärung abzugeben.

Zwei Tage nach Sadats Rede bat der Botschafter der Sowjetunion dringend um die Chance einer Begegnung mit Anwar As Sadat. Ihm wurde mitgeteilt, der Präsident selbst habe keine Zeit, doch Vizepräsident Mubarak werde den Botschafter gerne empfangen. Mubarak und Winowgradow begegneten sich im Abdinpalast. Gleich zu Gesprächsbeginn legte der Botschafter einen Umschlag auf den Tisch mit der Bemerkung, er enthalte ein Schreiben der sowjetischen Regierung. Mubarak nahm die Bemerkung nicht zur Kenntnis. Nach einem belanglosen Gespräch erhob sich Winowgradow, um zu gehen, wurde aber vom Vizepräsidenten mit der Frage aufgehalten, was sich denn im Umschlag befinde. Winowgradow wiederholte den Satz, den er zu Beginn der Begegnung gesagt hatte: Im Umschlag sei ein Schreiben mit einer Mitteilung der sowjetischen Regierung an die ägyptische Regierung. Für solche Fälle sei das Außenministerium zuständig, meinte

Mubarak darauf; der Botschafter sei gut beraten, den Brief dort abzugeben, denn er als Vizepräsident sei wohl nicht der richtige Adressat.

Winowgradow nahm den Umschlag wieder an sich und brachte ihn selbst zum Außenministerium. Dort quittierte der Chef des Protokolls den Empfang. Mit der Hauspost gelangte das Schriftstück zu Mahmud Riad, dem Staatsminister für Auswärtige Angelegenheiten. Mahmud Riad war von Anwar As Sadat angewiesen, Winowgradows Brief nicht zu öffnen, sondern umgehend zurückzusenden. Er beauftragte den Chef des Protokolls mit dieser Aufgabe. Im Auto wurde ein Bote auf den Weg geschickt, über die Nilbrücken zur Sowjetbotschaft. Winowgradow mußte diesen Schritt der Ägypter vorausgesehen haben, denn sein Pförtner hatte Order, den Boten samt Brief abzuweisen. Das Außenministerium behielt jetzt den Umschlag, ließ aber den Zeitungen mitteilen, es habe eine Note der Sowjetführung nicht zur Kenntnis genommen.

Anwar As Sadat öffnete dann selbst den Umschlag und las, was Breschnjew gegen ihn vorbringen wollte. Nach den Gepflogenheiten der Dipomatie war das Schreiben eigentlich gar nicht mehr vorhanden. Breschnjew hatte einen schroffen Brief geschrieben. Breschnjew war der Meinung, für die einseitige Aufkündigung des Freundschaftsvertrages könne überhaupt keine Entschuldigung angenommen werden: Schließlich sei der Vertrag den Ägyptern damals, im Jahre 1972, keineswegs aufgezwungen worden. Sadat habe selbst gesagt, er unterzeichne ihn freiwillig zum Vorteil künftiger Generationen. Ursache der Kündigung sei wohl die amerikanische Unterstützung bei den Verhandlungen über den israelischen Rückzug. Diese Verhandlungen aber hätten gezeigt, daß Ägypten dabei sei, sich davonzuschleichen aus der Gemeinschaftsfront der Araber, die alle zusammen verpflichtet seien, die verlorenen Gebiete zurückzugewinnen. Nicht zu verzeihen sei, daß Anwar As Sadat sich darauf eingelassen habe, mit dem Aggressor an einem Tisch zu verhandeln. Als unverschämt aber bezeichnete Breschnjew die Behauptung, die Sowjetunion habe unziemliche Forderungen an Ägypten gestellt. Gerade das Gegenteil sei der Fall gewesen: In der Schuldenfrage zum Beispiel habe die Sowjetregierung von sich aus den Zeitplan der Rückzahlung zugunsten Ägyptens neu geordnet.

Es war längst abzusehen gewesen, daß die Sowjetunion nicht mehr bereit war, mit weiteren Krediten auszuhelfen. Die nun vollzogene Trennung öffnete die Kassen von finanzstarken Ländern Arabiens, denen das Bekenntnis der ägyptischen Staatsführung zum Sozialismus immer mißfallen hatte: Saudi-Arabien und die Emirate am Persisch-Arabischen Golf gaben Geldgeschenke und zinslose langfristige Kredite in Milliardenhöhe. Der Schah von Iran war bereit zu helfen. Die Vereinigten Staaten sorgten durch kurzfristige Darlehen dafür, daß der ägyptische Staat einigermaßen zahlungsfähig blieb. Der Krieg vom Oktober 1973 und die nachfolgende Veränderung der außenpolitischen Situation schufen die Voraussetzung für die Öffnung des Landes gegenüber dem Westen – und gegenüber westlichem Kapital. Wie stark wirtschaftlicher Druck die politischen Entscheidungen des Präsidenten beeinflußt hat, gab er selbst im Sommer 1974 vor Studenten der Universität Alexandria zu:

»Meine Söhne, ich möchte Euch nicht verheimlichen, daß wir uns in der Zeit vor Kriegsausbruch in einer miserablen wirtschaftlichen Lage befanden. Genau sechs Tage vor dem Übergang über den Suezkanal war überhaupt kein Geld mehr auf den Staatskonten. Wir hatten den absoluten Nullpunkt erreicht. Die Armee kostete uns 100 Millionen Ägyptische Pfund im Monat. Nur 200 Millionen Ägyptische Pfund aber flossen uns aus Steuern im ganzen Jahr zu. Mit diesen Jahreseinnahmen von 200 Millionen konnten wir also gerade den Militäretat von zwei Monaten decken. Uns blieb nur der Ausweg, den Krieg zu beginnen. Hätten wir diesen Schritt nicht gewagt, wäre uns bald kein Brotlaib mehr geblieben. Aber noch im Oktober 1973 erhielten wir 500 Millionen Dollar. So retteten wir unsere Wirtschaft vor dem totalen Zusammenbruch.«

Den Krieg und die Öffnung einer bis dahin abgeschlossenen und kontrollierten Wirtschaft für Gelder von außen sah Anwar As Sadat als Gesamtstrategie zur Heilung der Probleme Ägyptens. Das Schlagwort für diese Wirtschaftspolitik hieß »Infitah«, das arabische Wort für »Öffnung«.

Die Grundlage für Infitah sah Sadat so: »Wer Geld investiert in Ägypten, dem geben wir jede Garantie für politische und wirtschaftliche Stabilität. Er soll nicht unter der Furcht leiden, diese Garantie gelte nicht für immer, denn sie ist der Ausdruck des freien Willens dieses alten Volkes am Nil, das seine Zukunft selbst formen will.«

Damit waren alle Prinzipien der Wirtschaftspolitik Nassers umgestoßen. Die Nationalversammlung jubelte, als Sadat die Grundlage für Infitah verkündete. Die Begeisterung erstaunte niemand, denn die meisten der Abgeordneten gehörten dem Bürgertum an, das einst unter Nassers sozialen Reformen gelitten hatte und das jetzt wieder seine Chance sah: Ägypten sollte erneut auf den Weg des freien Unternehmertums gebracht werden. David Rockefeller, der Vorsitzende der Chase Manhattan Bank, registrierte die Veränderung sofort: »Ägypten hat begriffen, daß Sozialismus und überspitzter arabischer Nationalismus für seine Bewohner überhaupt keine Besserung ihrer Lage gebracht haben. Wenn Sadat diesen Millionen helfen will, muß er nach Prinzipien der Privatindustrie arbeiten lassen. Dieser Meinung sind übrigens auch Fachleute in Israel.«

Rockefellers positives Urteil veranlaßte Zehntausende von Geschäftsleuten aus den USA und Europa, an den Nil zu reisen. Hatten sie zunächst noch Sorgen, ob dem Garantieversprechen zu trauen sei, so verloren sie alle Bedenken, als Präsident Richard Nixon nach Cairo kam und seine Begeisterung über Sadats Wirtschaftspolitik laut verkündete. Zusammenarbeit auf den Gebieten Petrochemie, Transport, Landwirtschaft, Energieerzeugung, Tourismus und Bankwesen sollte mit staatlicher Unterstützung rechnen dürfen. Während des Aufenthalts von Richard Nixon in Cairo wurde über Projekte im Wert von zwei Milliarden Dollar gesprochen.

Anwar As Sadat sah bereits zehn Monate nach dem Oktoberkrieg Grund, den Sieg der Infitah zu proklamieren: »Es ist die Wahrheit, wenn ich sage, daß inzwischen ein Wirtschaftswunder eingetreten ist. So etwas hat es in unserem Land bisher nie gegeben. Es ist uns gelungen, jedem Menschen die Grundlage der Existenz zu sichern. Jedem Bürger stehen ausreichend Lebensmittel und Kleidung zur Verfügung. Das Angebot der Öffentlichen Dienste ist ausreichend. Wir können heute unseren Kopf hoch erheben, denn wir haben mit beschränkten Mitteln viel erreicht. Wir haben einen militärischen Sieg errungen, soziale Sicherheit erreicht, wir haben unsere Entwicklung vorangebracht. Wir können jedem Hochschulabsolventen einen Arbeitsplatz geben. Dieses haben wir erreicht, während es anderen Ländern schlechter und schlechter geht.«

Sadats Zuhörer reagierten mit Begeisterung. Sie gehörten zum Stand der Händler und Grundbesitzer. Sie mußten sich nicht Tag für

Tag in langen Schlangen vor Läden anstellen, die mit Hilfe staatlicher Subventionen billig Zucker, Reis und Geflügel anbieten konnten. Sie kauften in den Geschäften ein, die Waren aus Europa feilhielten – zu hohen Preisen.

Am 1. Januar 1975 waren auf der breiten Straße zwischen Nil und Abdinpalast Schreie und Proteste zu hören. Hatten die Menschen bisher bei jeder Gelegenheit diese Parole gebrüllt: »Unser Leben, unser Blut, für Dich, oh Sadat!« – so riefen sie jetzt im gleichen, abgehackten Rhythmus: »Ya batal al-'ubūr, wīn al-futūr!« »Du Held der Kanalüberquerung, wo ist unser Frühstück!«

Arbeiter hatten sich versammelt, in aller Frühe, um ihrem Zorn über Lebensmittelmangel und Teuerung Ausdruck zu verleihen. Die meisten von ihnen verdienten den Mindestlohn von 12 Ägyptischen Pfund im Monat. Umgerechnet entspricht dieser Betrag etwa vierzig Mark – wobei in Betracht zu ziehen ist, daß diese Arbeiterschicht ein Anrecht hat auf billigen Einkauf von subventionierten Lebensmitteln, solange der Vorrat reicht.

»Du wohnst in Palästen, oh Sadat, und wir haben Hunger!« Diese Parole war zweieinhalb Monate nach den Unruhen vom 1. Januar zu hören. Dreiunddreißigtausend Arbeiter der staatlichen Spinnereibetriebe legten die Arbeit nieder aus Protest gegen Inflation und schlechte Belieferung der Billigmärkte. 4500 Mann der Polizeieingreifreserve brachen den Streik. Um die Arbeiter einzuschüchtern, fegten Kampfmaschinen im Tiefflug über die Hallen der Spinnerei. Die Streikenden hatten den Eindruck, ihre Fabrik werde mit Bordwaffen angegriffen.

Die Ägypter haben dem Brot den Namen »aisch« gegeben – »aisch« heißt auch »Leben«; »aisch baladi« nennen die Ägypter die runden, scheibenförmigen Fladenbrote, die ihr hauptsächliches Nahrungsmittel bilden. Seit Nassers Zeiten hatte der Preis dafür einen Piaster pro Stück betragen. Am 18. Januar 1977 wurde der Preis verdoppelt – Anwar As Sadat hatte über Nacht die Subventionen für dieses Brot streichen lassen. Die Nationalversammlung zu informieren, hielt er für überflüssig.

# »Lieber von Nasser aus dem Grab regiert werden als von Sadat aus Asswan!«

Die Brotpreiserhöhung riß eine Kluft auf im ägyptischen Volk: Für die Mehrzahl der Familien war Brot plötzlich ein nahezu unerschwingliches Lebensmittel geworden – die Wohlhabenden aber bemerkten die Veränderung gar nicht. Den Armen aber wurde ihre Armut richtig bewußt. Aus Neid wurde Haß auf die Wohlhabenden. Begierig nahm die Schicht, die sich kaum mehr Brot leisten konnte, einen Schimpfnamen auf, der die reiche Klasse diffamierte. Dieser Schimpfname hieß: »Die fetten Katzen«.

Von den Redakteuren der Zeitschrift »Rose Al Jussuf« war der Begriff »fette Katzen« zum erstenmal verwendet worden. Sie hatten ihn geprägt, um die wohlhabende Bürgerschicht zu kennzeichnen, der deutlich anzusehen war, daß sie von Infitah profitierte. Gemeint waren die Händler, die sich mit Geschick und Tricks Devisen beschaffen konnten, um ausländische Waren an den Nil zu holen, die von der besitzenden Schicht gekauft werden konnten – vor allem aber von den vielen Ausländern, die mit der Politik der Öffnung als Repräsentanten amerikanischer und europäischer Firmen Ägypten als zukunftsträchtiges Arbeitsfeld betrachteten. Gemeint waren die Grundbesitzer, die vom Bauboom in den ägyptischen Städten profitierten. Gemeint waren auch die Unternehmer, die sich ihre Kollegen in Europa zum Vorbild genommen hatten, die nichts Verwerfliches darin sahen, an Profit zu denken.

Die Ägypter, die zur Schicht der »fetten Katzen« gehörten, entstammten durchweg dem Bürgertum. Während Nassers Regierungszeit hatten sie nach Europa geblickt. Sie hatten voll Sehnsucht bemerkt, wie der Lebensstandard der Menschen dort wuchs. Die Familien der Grundbesitzer und Unternehmer hegten einen Wunsch: Sie wollten ihren täglichen Bedarf in einem wohlbestückten Supermarkt decken können. Den Griff in gefüllte Regale sahen sie als Handlung an, die den Menschen glücklich macht. Mit Abscheu hatten sie Nassers Bemühungen verfolgt, wenigstens den Versuch zu wagen, auch den Ärmeren Chancen für soziale Sicherung, ja sogar für beruflichen Aufstieg zu geben. Daß Sozialismus keinen Wohlstand schaffen, sondern nur bestehende Güter umverteilen könne, war oberster Grundsatz ihres volkswirtschaftlichen Denkgebäudes. Sadats Politik der Infitah gab ihnen die Möglichkeit, die meisten ihrer Sehnsüchte zu erfüllen. Fehlten ihnen selbst die Zahlungsmittel, das Geschäft zu organisieren, das sie sich erträumt hatten, so lernten sie schnell, fremde Gelder auf ihre Konten zu leiten: Investoren, die am Aufschwung Ägyptens verdienen wollten, brauchten zur Finanzgründung Strohmänner, die einen ägyptischen Paß besaßen.

Infitah revolutionierte das Bild der bedeutenden ägyptischen Städte. Hatten bisher Minaretts die Silhouetten geprägt, so wurden sie jetzt im Schatten von Hochhäusern versteckt, die im amerikanisch-europäischen Stil gebaut wurden. Kapital der dollarreichen Ölförderländer veränderte die Baulandschaft an den Cairoer Nilufern: Vielstöckige Hotelhochburgen wurden betoniert; ihre Achitektur ist an Häßlichkeit nicht zu überbieten. In den Baugruben arbeiteten Männer jeden Alters, Kinder, Erwachsene und Greise. Für Pfennige trugen sie Aushuberde zu Lastwagen. Ihre Situation war nie anders gewesen – doch jetzt wurde ihnen bewußt, daß andere Ägypter sich damit beschäftigten, ohne Mühe Reichtum zu sammeln. Sie hätten ihre Situation auch weiterhin in Ergebenheit hingenommen, hätte die Regierung nicht den Brotpreis verdoppelt. Doch nun bekamen die Armen ihren Hunger zu spüren.

Ein ägyptisches Sprichwort sagt: »Ein hungriger Mann ist gefährlich.« Noch am Tag der Brotpreiserhöhung zeigte sich, daß es die Wahrheit spricht. Früh am Morgen schon begannen Demonstrationen. Die Arbeiter einer Fabrik im Westen von Alexandria machten den Anfang. Sie wollten zunächst nur um eine Begegnung mit dem Gouverneur von Alexandria bitten, in der Absicht, ihm zu erklären, daß sie sich kein Brot mehr kaufen können. Die Regierung möge ihre Lage bedenken – schließlich sei »aisch baladi« ihr Hauptnahrungsmittel – und möge beschließen, den Brotpreis wieder zu subventionieren. Die Diskussion konnte jedoch nicht stattfinden, da Polizei ihnen den Weg zur Stadt-mitte blockierte. Dieser Widerstand gegen ihren bislang friedlichen Marsch regte die ohnehin wütenden Männer auf. Ihre Schreie alarmierten Arbeiter einiger Werkstätten, die sich in der Nähe befanden. Die Zahl der Demonstranten wuchs rasch. Zehntausende schrien schließlich Parolen des Protests gegen die Regierung – gegen Sadat. Immer bösartiger klangen jetzt die Sprechchöre: »Ya batal al-'ubūr, wīn al-futūr!« Der Schrei »Du Held der Kanalüberquerung!« verlor jeden Beiklang des Respekts, war nur noch gehässig gemeint.

Nach einer Stunde der Konfrontation zwischen Massen und Polizei, die nur in Worten ausgetragen wurde, brachen auch in anderen Stadtvierteln Unruhen aus. Je größer die Zahl der Demonstranten wurde, desto aggressiver wurden die einzelnen Teilnehmer. Polizei wurde mit Steinen beworfen. Offiziere versuchten ihre bedrängten Männer am Gebrauch der Waffe zu hindern. Die Polizisten, die nicht an derartige Massenaufstände gewöhnt waren, wurden nervös. Schüsse fielen. Verwundete schrien auf. Jetzt brachen alle Schranken der Gefühle. Unaufhaltsam schoben sich die Massen in den Straßen auf die Polizisten zu. Die Offiziere, einig darin, daß der Kampf Ägypter gegen Ägypter vermieden werden mußte, gaben Befehl zum Abzug ihrer Einsatzverbände.

Um die Mittagszeit gehörte das Zentrum von Alexandria den Demonstranten. Sie ließen ihre Wut an teuren Restaurants, Boutiquen und an amerikanischen Autos aus. Auf Plünderung folgte Brandstiftung. Zuerst schlugen Flammen aus dem Gebäude der örtlichen Zentrale der Arabischen Sozialistischen Union, der Staatspartei. Am Nachmittag legten Demonstranten Feuer an das recht luxuriöse Haus des Vizepräsidenten Hosni Mubarak in einem Vorort von Alexandria.

Die Arbeiter von Alexandria hatten das Signal gesetzt für die Armen in der Hauptstadt. Auch in Cairo machte sich zunächst eine Delegation auf den Weg. Ein Dutzend gestandener Männer, die nicht glauben konnten, was an diesem Morgen über den Brotpreis in der Zeitung zu lesen war, hatte sich entschlossen, Rat bei den Volksvertretern im Parlament zu suchen. Sie waren als Parteifunktionäre aus einem Arbeiterwohnviertel durchaus regimetreu eingestellt. Sie wollten nur von einem Verantwortlichen erfahren, warum die Regierung derart arbeiterfeindlich handle. Das Eisengitter, das den Hof des Parlaments-gebäudes sicherte, öffnete sich ihnen jedoch nicht.

Lange blieben die Parteifunktionäre vor dem Gitter nicht allein. Erst versammelten sich Neugierige, dann aber kamen die Unzufriedenen aus allen Straßen und Gassen. Arbeiter und Arbeitslose rotteten sich zusammen. Der Ruf war zu hören: »Zum Abdinpalast!« In diesem Prachtbau hatte einst König Faruk Hof gehalten; jetzt war er der Amtssitz des Präsidenten. Noch ehe die Demonstranten den Platz der Republik vor dem Palast erreichen konnten, hatte Polizei die Zufahrtsstraßen abgeriegelt.

Die Konfrontation zwischen Staatsmacht und Massen nahm in Cairo Ausmaße an, die gefährlicher und brutaler waren als die Vorgänge in Alexandria vom gleichen Tag. Die Straßen zwischen dem Platz der Republik und dem Nilufer waren dicht gedrängt von tobenden Menschen, gegen die jede Polizeistreitmacht hilflos war. Mit überraschender Konsequenz wurden Zerstörungen ausgeführt: Die Fensterscheiben der Boutiquen wurden zerschlagen, an Busse und Straßenbahnen wurde Feuer gelegt. Vernichtet wurde alles, was an die »fetten Katzen« erinnerte – und an staatliche Autorität. Straßenbahnen und Busse waren Staatseigentum, deshalb wurden sie angezündet. So geschah es auch, daß Arbeiter der Stahlwerke von Heluan beim Cairoer Bahnhof Bab Al Luk die Schienen der Eisenbahn, auf die sie Tag für Tag für den Transport zur Arbeitsstätte angewiesen waren, von den Schwellen brachen. Sie sahen in der Eisenbahn ein Mittel des staatlichen Machtapparates, das sie tagtäglich in die Sklaverei brachte. Deshalb zerstörten sie über Hunderte von Metern den Schienenstrang, der Cairo mit Heluan verbindet.

Auch in Cairo schmähten die Sprechchöre den »Helden der Kanalüberquerung«, er sei verantwortlich für den Hunger. Sogar Jehan Sadat, die Frau des Präsidenten, wurde von Demonstranten in den Kreis derer einbezogen, die Verantwortung trugen für das Elend der Armen: »Jehan! Jehan! – al-sha'ab gu'an!« »Jehan! Jehan – das Volk verhungert!«

Dann begann eine Gruppe den Namen zu schreien, der lange nicht mehr mit Lautstärke zu hören war auf den Straßen von Cairo: »Nasser! Nasser! Nasser!« Innerhalb von Sekunden breitete sich die Welle dieser Schreie aus. Anwar As Sadat, das war an diesem Tag zu spüren, hatte sein Volk verloren. An einer der Stahlbrücken, die den Fußgängern den Weg über den Befreiungsplatz erleichtern sollen, war bald diese Parole in leuchtendroter Schrift zu lesen: »Lieber von Nasser aus dem Grab regiert werden als von Sadat aus Asswan!«

Als die Unruhen ausbrachen, befand sich der Präsident in seinem Haus am Ersten Nilkatarakt. Er litt an Halsentzündung. Diese Krankheit plagte ihn häufig im Winter. Trotz der Erkältung flog er sofort in die Hauptstadt. Dies geschah jedoch weniger, weil der Präsident glaubte, in Cairo die Situation besser einschätzen zu können, sondern weil er die Sicherheitsvorkehrungen im Haus am oberen Nil für unzureichend hielt. Als Bauer verkleidet fuhr er in einem alten Auto zum Flughafen Asswan.

Alle Maßnahmen, die er an Ort und Stelle anordnete, versagten vor dem Ausbruch der Volkswut. Spezialtruppen der Polizei, mit Schußwaffen ausgerüstet, konnten die Massen nicht von der Straße treiben. Selbst der Einsatz von Panzern blieb erfolglos; die Menschen öffneten den Kettenfahrzeugen eine Gasse, die sich hinter ihnen wieder schloß. Auch die Verhängung der Ausgangssperre blieb in manchen Vierteln in Cairo unbeachtet.

Doch nach sechsunddreißig Stunden war der Aufstand zu Ende. Sadat selbst hatte dafür gesorgt, daß die Massen auseinandergingen: Er hatte in der Nacht zum 19. Januar 1977 das Dekret zur Erhöhung des Brotpreises wieder zurückgenommen.

Daß ein Volksaufstand stattgefunden hatte, konnte Anwar As Sadat nicht zugeben. Kurze Zeit später beschrieb er die Ereignisse so: »Kommunisten hatten die Macht ergreifen wollen in Ägypten. Sie wollten die Atmosphäre der Freiheit ausnützen, die ich geschaffen hatte. Sie wollten die Macht ergreifen, um zu zerstören. Um nichts anderes ging es am 18. und am 19. Januar. Die Kommunisten sagen, es war ein Aufstand des Volkes. Schande über sie. Es war ein Aufstand der Diebe. Sie wollten stehlen und töten. Wer protestiert gegen Schwierigkeiten im Transportsystem dadurch, daß er Busse und Straßenbahnen anzündet? Wer protestiert gegen Versorgungsschwierigkeiten durch Plünderung von Läden? Das soll eine Volkserhebung gewesen sein? Ich sage es noch einmal: Das war die Erhebung der Diebe!«

Dann ließ sich Anwar As Sadat dazu hinreißen, mit denen abzurechnen, die es gewagt hatten, die Erinnerung an Gamal Abdel Nasser wachzurufen: »Da existiert kein Unterschied zwischen den Kommunisten und denen, die sich Nassers Erben nennen. Was hat Nasser denn wirklich erreicht? Er hat das Volk überwachen lassen, hat Enteignungen angeordnet, hat Konzentrationslager eingeführt. Nasser hat die Arabische Welt in progressive und konservative Staaten aufgeteilt – er hat sie damit gespalten. Wir haben besser gehandelt: Wir haben den Oktoberkrieg geführt, und alle Araber standen auf unserer Seite. Da gab es keine Spaltung mehr.«

Sadat beschwor das Volk am Nil, sich als »altes Volk« seiner Geschichte bewußt zu sein: Kraft habe Ägypten immer nur in der Einigkeit seines Volkes besessen.

Diese Beschwörung der Geschichte des Nillandes klang seltsam in den Ohren einer Reihe von Männern, die sich gerade in jener Zeit dafür einsetzten, daß Sadat dem historischen Erbe keinen Schaden zufüge. In vorsichtigen Formulierungen, die Sadats Empfindlichkeit gegenüber Kritik berücksichtigen, wiesen sie in Zeitungsartikeln darauf hin, daß sich Ungeheuerliches an den Pyramiden von Giza vorbereite: Mit Billigung des Präsidenten solle rings um die für die Ewigkeit geschaffenen Bauwerke eine Touristenoase mit Swimmingpools und Golfplätzen, mit Nachtlokalen und Spielkasinos entstehen. Die Pyramiden seien als Hintergrund für gigantische Konkurrenz zu Las Vegas gedacht. Der Mann, der das Wüstenland bei den Pyramiden in eine grüne Zone verwanden sollte, war bereits gefunden. Er hieß Peter Munk und war Kanadier, der einschlägige Erfahrungen als Gründer von Touristenkolonien in der Südsee gesammelt hatte.

Aus seinem Munde waren Worte zu hören, die Schrecken auslösten bei allen, die in den Pyramiden ein wertvolles Relikt aus alter Zeit sahen: »Da sind die Pyramiden, da ist die Sphinx. Seit fünftausend Jahren hat in der Gegend, wo sie stehen, niemand etwas verändert. So ist die Gegend sandig geblieben. Wir können dort etwas Größeres, Besseres machen. Wir schaffen eine Oase. Grün soll das Land werden, das fünftausend Jahre lang nur Wüste war. Was brauchen wir dazu? Nur etwas Wasser und etwas Mist. Vom Flugzeug aus wird die gewaltige Oase zu sehen sein.«

Das »Pharaonenland« sollte Disney Land an Attraktionen, an Sensationen bei weitem übertreffen. In seiner Mitte – so stellte sich Peter Munk das Projekt vor – mußte eine Pyramide unserer Zeit entstehen, an Größe den Pharaonenpyramiden ebenbürtig. Daß die Pyramide unserer Zeit auch aus dem Material unserer Zeit, aus Plastik, gebaut werde, war für Munk und für Sadat Selbstverständlichkeit. »Seit den Pharaonen ist nie mehr ein derart gewaltiges Projekt im Bereich des Nildeltas in Angriff genommen worden. Damals hatten die Herrscher ihre Volksmassen für den Bau mobilisiert.« Nach Peter Munks Idee sollte auch in der Gegenwart die Arbeitskraft von vielen Tausenden für das aktuelle Pyramidenprojekt eingesetzt werden.

Anwar As Sadat gefiel der Gedanke, daß sich rings um die Monumente der Frühzeit Avenuen hinziehen werden, von Palmen gesäumt, die Schatten spenden. Villen, bewohnt von Ölsheiks und Filmstars, sollten eine eigene Stadt bilden. Für die Zukunft waren die Reichen eingeladen, in »Palm Springs on the Nile« zu wohnen. Der Präsident machte den Anfang: Er ließ sich eine Villa bei den Pyramiden bauen.

Doch als in der Tageszeitung »Al Ahram« gewarnt wurde vor der unwürdigen Zerstörung des nationalen Kulturerbes, da spürte Anwar As Sadat, wie wenig seinem Volk der Plan gefiel, neben die Monumente aus Stein eine Pyramide aus Plastik zu stellen. Im Frühjahr 1978 verzichtete er schließlich auf die Ausführung des Projekts »Pharaonenland«.

»Überraschung ist ein wichtiges Element in Krieg und Frieden« – das war eine von Anwar As Sadats Lebensregeln. Ende November 1977 überraschte der Präsident sein Volk, die Araber insgesamt und die Politiker aller Staaten der Welt mit dem Entschluß, nach Israel zu fliegen, um vor dem israelischen Parlament seinen Standpunkt darzulegen – und um den Israelis den Abschluß eines Friedensvertrags vorzuschlagen. Zehn Monate nach den Unruhen in Alexandria und Cairo gelang ihm das Meisterstück, der Phantasie des ägyptischen Volkes noch einmal die Richtung zu weisen, die eine glückliche Zukunft versprach. Hatten Krieg und die Zeiten zwischen den Kriegen das Land am Nil arm gemacht, so war fest damit zu rechnen, daß der Friede Wohlstand bringen mußte.

Die Menschen von Cairo, die neun Monate zuvor ihren Staatschef verflucht hatten, feierten ihn bei der Heimkehr aus Jerusalem wie nie zuvor. »Mehr als fünf Millionen Männer und Frauen haben mich willkommen geheißen« – diese Feststellung wiederholte Sadat noch oft während der vier Jahre, die seinem Leben blieben. Er hatte sich diese indirekte Volksabstimmung ertrotzt. Sein Stab hatte ihm geraten, ebenso heimlich nach Ägypten zurückzufliegen, wie er abgeflogen war. Doch er wollte nicht verborgen vor der Öffentlichkeit in einer Luftwaffenbasis der Sinai-Halbinsel landen – er wollte mit allen Ehren auf dem Internationalen Flughafen Cairo empfangen werden. War Anwar As

Sadat sonst darauf bedacht gewesen, bei der Heimkehr sein Haus am Nil in Giza rasch mit dem Hubschrauber zu erreichen, so bestand er jetzt darauf, die Strecke von fast 20 Kilometern im offenen Auto zurückzulegen. Entlang des ganzen Weges standen jubelnde und winkende Menschen. Besonders dicht drängten sich die Massen auf den Nilbrücken, die für den Verkehr gesperrt wurden. Sadat wurde wieder als »al-batal al'ubūr« gefeiert, als »Held der Kanalüberquerung«. Der gehässige Unterton fehlte in den Sprechchören. »Unser Blut und unser Leben werden wir dir opfern«, riefen die Frauen und Männer ihm zu.

Wenige Wochen später aber machten sich Politiker, die nicht zum engsten Kreis um Sadat gehörten, Gedanken darüber, ob der Nil noch ein Fluß sei, der durch ein arabisches Land fließe, oder durch ein Land, das sich darauf besinne, nur noch ägyptisch zu sein. Der Flug nach Jerusalem und die Begegnung mit den bisherigen Erzfeinden Menachem Begin, Moshe Dayan und Golda Meïr haben arabische Könige und Präsidenten vor den Kopf gestoßen. Mit dem Israelbesuch – so klagten sie – habe sich Anwar As Sadat aus der Solidaritätsfront der Araber davongestohlen.

Nur wenige Tage vor der Jerusalemreise hatte Moammar Al Kathafi dem ägyptischen Präsidenten mitgeteilt, er werde seinem Land fünfhundert Panzer schenken und fünf Staffeln moderner Kampfflugzeuge. Dieses Geschenk an Ägypten war nicht mit der Auflage verbunden, Krieg zu führen. Es hätte Sadats Position am Verhandlungstisch verbessern sollen. Jassir Arafat hatte diesen Akt arabischer Solidarität vermittelt. Er und Moammar Al Kathafi empfanden bitter den Schlag, den Sadat ihnen versetzt hatte. Sie glaubten erkannt zu haben, daß der Ägypter Sadat die Araber verachte. Viele der politisch denkenden Köpfe in Cairo waren derselben Meinung. Sie äußerten sich leise, doch deutlich hörbar. Sie beklagten den Zustand der selbstgewählten Isolation, in dem sich Ägypten befinde, und sie erinnerten sich an Nassers Zeiten, als Ägypten das Zentrum Arabiens war.

Sadat erkannte die Gefahr, daß sein arabischer Nationalismus an den Maßstäben gemessen wird, die Gamal Abdel Nasser einst gesetzt hatte. Er wehrte sich: »Da gibt es einige, die meine Initiative verurteilen. Ich erkläre deren Verhalten mit diesem Beispiel: In der normalen Politik besteigt einer ein Pferd, schlägt eine Richtung ein, und die anderen folgen ihm. Ich aber reite nicht auf einem Pferd, sondern auf einer Rakete. Und alle Politiker schnaufen hinter mir her. Sie flehen mich an, ihnen doch eine Chance zu lassen, damit sie Atem schöpfen können. Nur mein Volk, das ägyptische Volk, ist mir sogar voraus. Das Volk drängt mich, daß ich schneller und schneller reite. Die Welt sieht, wie schnell ich mich bewege, doch sie kann mir nicht folgen. Ich wiederum sehe, wie schnell sich mein Volk bewegt, und kann ihm nicht folgen.«

Sadat war überzeugt, das Volk verlange von ihm revolutionäre Ergebnisse. Durch das Verfahren normaler Verhandlungen mit Israel, so meinte Sadat, sei kein Fortschritt zu erzielen: »Wir müssen uns freimachen vom Gedanken, eine Genfer Konferenz bringe uns den Frieden. Dort wird wochenlang sinnloses Zeug geredet. Dann werden Ausschüsse eingesetzt, die keinerlei Entscheidungsvollmacht besitzen. Wir würden am Verlauf dieser Konferenz nur verzweifeln.«

Da die Regierung der Vereinigten Staaten eine Konferenz aller am Konflikt beteiligten Staaten ablehnte, weil sie auch die Sowjetunion einbezogen hätte, wurde Sadat aus Washington immer stärker zu einer bilateralen Lösung gedrängt, die zugeschnitten war auf Ägypten und Israel und nahezu alle anderen Probleme des Nahen Ostens ausklammerte. Den Separatfrieden, den er schließlich in Camp David unterschrieb, hatte der ägyptische Präsident ursprünglich gar nicht gewollt. Zwänge amerikanischer Innenpolitik trieben ihn voran. Jimmy Carter, der auf Resultate demoskopischer Umfragen achtete, brauchte im Jahre 1978 einen vorweisbaren Erfolg. Aussichtslos war sein Kampf gegen Inflation im eigenen Lande. In Europa schwand der Einfluß der USA.

Die Sowjetunion verlor mehr und mehr den Respekt vor dem bisher mächtigsten Land der Erde. Die USA schienen nicht länger die Kraft zu haben, Weltpolitik zu gestalten. Der Nahe Osten aber bot die Möglichkeit, der Öffentlichkeit zu zeigen, daß es diesem Präsidenten möglich war, positive Entwicklungen einzuleiten, daß er das Meisterstück fertigbrachte, Erbfeinde an den Verhandlungstisch und schließlich zur Vertragsunterschrift zu zwingen. Ägypten und Israel waren nach nahezu unwürdigen diplomatischen Manövern des amerikanischen Präsidenten bereit, Frieden zu schließen. Verabredet wurde, daß die 1967 von der israelischen Armee eroberte Sinai-Halbinsel an die Verlierer jenes Krieges zurückgegeben wird.

Anwar As Sadat kehrte wiederum als Sieger an den Nil zurück. Er verkündete, daß jetzt die »Schlacht der Befreiung« endgültig vorüber sei, jetzt beginne die »Schlacht des Wiederaufbaus«. Wieder standen Zehntausende auf den Nilbrücken, um den Mann zu sehen, der von Rundfunk und Zeitungen als der beachtenswerteste Politiker dieses Jahrhunderts gepriesen wurde. Sadat verlangte von seinem Volk, daß es mit Stolz die Isolation in der Arabischen Welt ertrage. Sie könne nicht lange dauern, da die Gesamtheit der arabischen Staaten mehr auf Ägypten als Ägypten auf sie angewiesen sei. Der Grund für die Stärke Ägyptens liege im Bekenntnis der Menschen des Nillandes zu ihrer Geschichte: »Da wir zu lernen vermögen, haben wir sogar aus den engen Beziehungen profitiert, die Europa im 19. Jahrhundert zu uns geknüpft hat.« Sadat distanzierte sich damit von anderen arabischen Staaten, die nur Kritik an den Kolonialmächten übten.

Sadat beschwor die Vergangenheit: »Wir sind ein altes Volk, aus dessen Arbeit die Zivilisation der Menschen überhaupt gewachsen ist. Siebentausend Jahre der Zivilisation haben wir schon hinter uns. Unsere Erfahrung zeigt, daß wir immer überleben. Wer glaubt, daß wir untergehen, der kennt Ägypten nicht. Wir tragen die Werte einer langen Vergangenheit in uns.« Die Beschwörung der Vergangenheit trat an die Stelle wagemutiger Zukunftsprojekte für das eigene Land.

# Sadat will Nilwasser an Israel verschenken

Im September 1979 besuchte Anwar As Sadat die Stadt Haifa in Israel. Er war dazu übers Mittelmeer gereist, in der Jacht, die einst König Faruk gehört hatte. Die Bewohner von Haifa gefielen dem ägyptischen Präsidenten, da sie ihn zu feiern verstanden. Inspiriert durch den überaus freundlichen Empfang verkündete Anwar As Sadat, er sei bereit, an Israel Öl aus den Förderstätten im Sinai zu verkaufen – über dieses Öl hatte die israelische Wirtschaft zwölf Jahre lang, während der gesamten Besatzungszeit, verfügen können. Die Lieferung von zwei Millionen Tonnen Öl pro Jahr versprach der ägyptische Präsident den Israelis – zu Vorzugspreisen.

Dieses Versprechen, das harmlos aussah, weckte Zorn bei Mitgliedern arabisch-nationalistischer Kreise in Ägypten. Sie hatten mit Begeisterung gesehen, wie wirkungsvoll in politisch kritischer Zeit das arabische Öl als Waffe eingesetzt werden konnte – und wie überaus empfindlich die sonst unangreifbaren Industriestaaten des Westens auf den Einsatz dieser Waffe reagierten. Während jeder arabischen Gipfelkonferenz wurde die Forderung erhoben, die Ölwaffe müsse wieder aktiviert werden, um die Europäer und die Amerikaner zu veranlassen, so sehr Druck auf die Israelis auszuüben, daß Menachem Begin endlich die Räumung des Ostteils von Jerusalem anordne. Demselben Begin, der von der Ölwaffe getroffen werden sollte, versprach nun Anwar As Sadat, er könne mit günstiger Lieferung arabischen Öls rechnen. Die Ölwaffe, der Stolz der Nationalisten Arabiens, war stumpf geworden.

Die Verwunderung über Sadats Fußtritt für die Nationalisten war noch nicht abgeklungen, da folgte eine neue Überraschung, die nun ganz ausgesprochen ägyptische Empfindlichkeiten traf. Vor den Herausgebern israelischer Zeitungen dachte Anwar As Sadat laut darüber nach, was unternommen werden müsse, damit auch Israel in den Genuß des Nilwassers komme. Er meinte: »Ich werde sowieso eine Menge dieses Wassers nach Sinai leiten. Sie wissen, das ist das süßeste Wasser, das es auf der ganzen Welt gibt. Von den vier großen Flüssen der Erde besitzt der Nil das süßeste Wasser. Von Sinai aus leite ich Wasser in die Negevwüste weiter. Warum soll das nicht geschehen? Sinai grenzt an die Negevwüste. Wir werden dort gute Nachbarn sein. Das süße Wasser öffnet viele Möglichkeiten – und viel Hoffnung.«

Dieser Gedanke des Präsidenten wurde von Politikern aller Richtungen mit Bestürzung aufgenommen. Zwar durften sie eigentlich gar nichts von Sadats Gedanken über die Verwendung von Nilwasser erfahren; in Rundfunksendungen und in Zeitungsmeldungen war kein Wort darüber zu entdecken. Doch seit Israel kein Feind mehr war, sickerten Neuigkeiten von dort schnell durch die Demarkationslinie.

Schon wenige Stunden nachdem Sadat laut gedacht hatte, war die Reaktion in Cairo spürbar. »König Sadat« verschenkt das Heiligste, was Ägypten besitzt – dies war die Meinung fast aller Menschen am Nil. Seit vielen tausend Jahren lebten sie im Bewußtsein, daß der Nil mehr ist als ein gewöhnlicher Fluß, daß Nilwasser nicht mit anderem Wasser vergleichbar ist. Das ägyptische Volk lebt vom Nil. Volk und Nil gehören zusammen. Da hatte keiner das Recht, Nilwasser zu verschenken. Für viele Ägypter, denen die Vergangenheit in der Gegenwart präsent ist, war Sadats Absicht eine Todsünde gegen die Götter des Niltals.

Selbst die wenigen, die politisch nüchterner dachten, empfanden Schrecken. Erinnerungen erwachten an Pläne der »Zionisten«, das Nilwasser nach Nordosten fließen zu lassen, in die wasserarmen Gebiete, die dann von jüdischen Siedlern in fruchtbares Land verwandelt werden sollen. Schon um die Jahrhundertwende, so sagten die ägyptischen Nationalisten, seien derartige Pläne von jüdischen Siedlerorganisationen entwickelt worden. Entstanden seien sie aus der Erinnerung an den Aufenthalt des jüdischen Volkes am Nil, dem Mose einst ein Ende gemacht hatte. Der Standpunkt der Siedlerorganisationen sei gewesen, daß die Juden sich damals ein Heimatrecht am Nil erworben hätten, das nicht einmal der Pharao aufgekündigt habe. Rückkehr an den Nil sei nicht möglich – dafür aber sei erreichbar, daß der Nil zum jüdischen Volk fließe.

Die Israelis von heute, so sagten die Nationalisten Ägyptens, haben die Pläne ihrer »zionistischen Vorfahren« als unrealistisch abgetan und vergessen. Es war Anwar As Sadat vorbehalten, wieder daran zu erinnern. »Der Nil ist bedroht«, schrieb die Zeitung »As Sha'ab«, die von der Arbeiterpartei Ägyptens, der offiziell genehmigten Oppositionsgruppe, herausgegeben wird. Selten sind von dieser Zeitung so viele Exemplare verkauft worden als an jenem Tag des Protestes gegen die Weiterleitung von Nilwasser nach Israel. Die Leser stimmten mit dem Schreiber überein: Gerade in der jüngsten Vergangenheit hat das ägyptische Volk gewaltige Anstrengungen unternommen, um das Wasser des Nil zu nutzen – der Damm von Asswan zählte zu diesen Anstrengungen. Nilwasser an den Feind von gestern auszuliefern, der noch nichts getan hatte, um der Freund von heute zu sein, konnte nur als Verrat an der Vergangenheit Ägyptens und als Verbrechen an seiner Zukunft bezeichnet werden.

Sadat begriff sofort, daß er sich zu einem enormen Fehler hatte hinreißen lassen. Er gab Order, den Schaden durch eine kluge Interpretation seiner Worte gering zu halten. Er habe bei seinen Worten nicht an ein Bewässerungsprojekt für die Negevwüste gedacht, sondern an eine Verknüpfung des Nillandes mit der für alle Moslems heiligen Stadt Jerusalem. Sadat habe die Absicht ausgedrückt, »den Nil hinaufzuschicken nach Jerusalem als Kanal zwischen dem islamischen Lehrinstitut Al Azhar in Cairo und dem vom Propheten Mohammed gesegneten Felsendom in Jerusalem«. So war die Auseinandersetzung auf eine religiöse Ebene verschoben. Das Angebot, so ließ Sadat wissen, sei nicht als Hilfsangebot für die an Wassermangel leidende israelische Landwirtschaft gedacht, sondern als Projekt zum Ruhm des Islam. Das Nilwasser sei vergleichbar der süßen Flüssigkeit, die aus der Quelle Zemzem sprudle, die an der Kaaba in Mekka die Gläubigen erfrische. An der Quelle Zemzem verstumme aller Streit. Daraus trinke der Pilger, den friedliche Absichten leiten. Heilig sei auch der Nil und würdig, Frieden zu stiften.

Mit dieser Interpretation erlosch zwar die Diskussion um Sadats Geschenk an die Israelis, doch es blieb das ungute Gefühl, daß dieser Präsident der ägyptischen Republik den Nil und wohl auch das Land an den Nilufern als sein Eigentum betrachte. Erneut erwachte die Erinnerung an den Vorgänger, dem der Gedanke fremd war, Wasser an die Israelis zu verschenken. Wieder wurden Vergleiche gezogen zu Gamal

Abdel Nasser, der von 1952 bis 1970 im selben bescheidenen Haus wohnte, dessen Frau sich einfach kleidete, der mit seiner Familie nicht an den schönsten Plätzen am Nil leben wollte.

Anwar As Sadat hatte zu Beginn seiner Regierungszeit den Ägyptern das Gefühl gegeben, er sei einer von ihnen, entstamme dem typischen Dorf im Nildelta und sei ein Fellache geblieben, mit allen Bindungen an den Fluß und an den Boden. Nach dem Oktoberkrieg von 1973 erlosch dieses Gefühl. Der Bauernsohn, der Präsident geworden war, entwickelte sich zum Monarchen. Er besaß keinen Kontakt mehr zu seinem Volk.

Drei Tage vor seiner Ermordung weihte Sadat nördlich vom Flughafen Cairo eine Trabantenstadt ein, die Wohnraum bieten kann für Hunderttausende. »Salam City« nannte der Präsident diesen Ort. Kaum war er dem Hubschrauber entstiegen, der ihn vom Haus am Nil in Giza zur Salam City gebracht hatte, empörte er sich über die geringe Höhe des Denkmals, das der Gouverneur von Cairo hatte aufstellen lassen zur Erinnerung an die Einweihungsfeier. Mit dem Stock wies Sadat in die Höhe; er wollte zeigen, wie hoch er sich das Denkmal vorstelle. Dem offensichtlich zerknirschten Gouverneur befahl er, das unwürdige, kleinliche Monument wieder abreißen zu lassen und durch ein anderes zu ersetzen, das von den größten Künstlern Ägyptens geschaffen werden müsse.

Die »jubelnden Massen« wurden von der Polizei auf Distanz gehalten. Sie waren in Bussen herbeigefahren worden, um dem Präsidenten zu zeigen, wie sehr er geliebt wurde. Sie täuschten Bewohner vor, die es in Salam City noch gar nicht gab. Niemand hatte bisher in die Wohnungen einziehen dürfen. Sadat wußte nichts davon, daß die Menschen, die sich begeistert bei ihm bedankten, zu einer Organisation von Berufsjublern gehörten, die für ihren Einsatz bezahlt werden. Bei seinem Amtsantritt hatte er diese Organisation einst aufgelöst, weil er damals nicht Sympathie und Begeisterung vorgetäuscht bekommen wollte. Doch längst schon war sie heimlich wieder aufgestellt worden, da die Männer um Anwar As Sadat nicht das Risiko eingehen wollten, den Präsidenten in Berührung mit den normalen, nicht ausgewählten Bürgern Ägyptens zu bringen.

Sadat genoß den Jubel. Da war keine Spur mehr von Skepsis zu spüren, die Jubler könnten ihre Begeisterung vielleicht gar nicht ernst meinen. Fremd war ihm die Charaktereigenschaft der Menschen am Nil geworden,

den Mächtigen gern einen billigen Gefallen zu tun, ohne ihre wahren Gefühle zu zeigen. Sadat hätte lernen können aus der neuesten Geschichte seines Landes. Die Massen hatten Nassers panarabische Ideologie bejubelt – und wenig später Sadats Prinzip der Loslösung des Nillandes von Arabien. Sie hatten Empörung gezeigt über den »US-Imperialismus« – und hatten Richard Nixon in Cairo empfangen, als ob er ein ägyptischer Kriegsheld wäre. Sie hatten palästinensische Kommandochefs gefeiert – und zeigten ihre Sympathie für israelische Politiker. Die Massen lassen sich einspannen im Dienst des Mächtigen, selbst wenn er ihnen gleichgültig oder sogar verhaßt ist.

Kamal Jumblat, der kluge libanesische Politiker, hat in seinem Testament die Position der ägyptischen Herrscher bis zur Gegenwart so definiert: »Wer immer am Nil regiert, der wird zum Pharao. In kurzer Zeit denkt und handelt er wie ein Pharao.« Zu den Eigenschaften des Pharao gehört, daß er sich seinem Volk entfremdet.

Was Sadat zu sehen bekam, hatte wenig mit dem realen Leben der Ägypter gemeinsam. Während der Einweihung von Salam City besuchte Anwar As Sadat einen Lebensmittelladen. Hoch aufgestapelt waren Säcke mit Zucker und Reis. Beide Artikel sind Mangelware in Ägypten. Reich war der Vorrat an Konserven, an Ölflaschen, an Mehlpaketen. Sadat nahm mit Genugtuung zur Kenntnis, daß die Bewohner von Salam City nicht zu hungern brauchten. Der Präsident wurde auf die Preisschilder hingewiesen. Er nickte befriedigt: Offenbar hielt sich die Inflation am Nil in Grenzen. Doch die Preisangaben täuschten; dem Staatschef wurden niedere Lebenshaltungskosten vorgegaukelt. Kaum hatte Sadat den Laden verlassen, wurden die Lebensmittel wieder abtransportiert. Als Salam City dann wirklich von Menschen bezogen wurde, da wurden die Käufer mit der Wirklichkeit konfrontiert: Reis, Zucker und Öl bekamen sie nur selten angeboten – und nie zum Preis, den der Präsident begutachtet hatte.

Die meisten Ägypter reagierten mit Resignation auf die Veränderung der Persönlichkeit des Präsidenten. Den Mächtigen hatten sie immer Distanz zum normalen Leben zugebilligt. Doch die von Sadat regierten Menschen verglichen ihren Präsidenten immer kritischer mit dem Vorgänger. Daß auch Gamal Abdel Nasser sich von Berufsjublern hatte feiern lassen, war längst in Vergessenheit geraten. Ihm wurde jetzt nachgesagt, er habe immer gewußt, wie sehr der einfache Ägypter von den Umständen des Lebens bedrückt werde.

Je stärker die Erinnerung wuchs an Nasser, desto intensiver hatte der Nachfolger das Gefühl, sich von Nasser distanzieren zu müssen. Acht Jahre hindurch hatte Anwar As Sadat regelmäßig an den Trauerfeierlichkeiten zu Nassers Todestag teilgenommen. Im neunten Jahr aber blieb er fern. Mit Verwunderung bemerkten die Menschen in Cairo, daß der Präsident seinem Vorgänger keine Ehrung mehr erwies. Mit Gefühlen der Verachtung aber stellten viele fest, daß Sadat genau am Todestag ein eigenes Fest feierte, draußen bei den Pyramiden. Dieses Fest sollte den Beginn des Friedens für das Land am Nil markieren. Doch eingeladen waren nicht die Ägypter – auch nicht eine repräsentative Auswahl. Sadat wünschte, daß die Reichen der Welt mit ihm feierten. Vierhundert der Damen und Herren, die sonst in den noblen Küstenorten Südfrankreichs, in St. Moritz, in London oder New York durch Extravaganz aufgefallen waren, ließen sich von Sadats Versprechen anlocken, sein Fest werde Maßstäbe setzen für die künftigen Feiern der internationalen Prominenz. Bedeutende Männer der Geschäftswelt fehlten nicht: Die höchsten Manager von Coca-Cola, Mobil Oil und der Fluggesellschaften Pan-Am und TWA wollten mit Sadat den Friedensbeginn festlich begehen. Sie hatten für einen Tisch 30 000 Dollar zu bezahlen – und bekamen dafür auch eine Persönlichkeit aus Sadats Mitarbeiterstab als Betreuer zugewiesen. Von Teilnehmern, die sich mit Tischen begnügten, die weiter entfernt waren von Sadat und seiner Frau, wurden 2500 Dollar verlangt.

Die Kosmetikfirma Revlon Inc. hatte die Organisation des Festes übernommen. Sie trug auch die Kosten für das Unterhaltungsprogramm, dessen wichtigster Bestandteil Frank Sinatra war. Um ihn von New York an den Nil zu bringen, hatte Revlon ein Flugzeug gechartert. Das Management von Revlon war der Meinung, die Investition lohne sich – schließlich war die Firma bisher vom arabischen Markt verbannt gewesen. Da sie in Israel Geschäfte machte, war sie vom Boykottbüro der Arabischen Liga auf die Liste der Firmen gesetzt worden, die ihre Artikel nicht in den Mitgliedsländern der Liga verkaufen durften. Sadat aber brachte dem Nahen Osten den Frieden. Nach Meinung der Revlonmanager, die das Fest des 28. September 1979 an den Pyramiden auszurichten hatten, werde die Boykottliste in kurzer Zeit verschwinden. Sie glaubten, Sadat öffne ihnen den Markt zwischen Marokko und Saudi-Arabien. Millionen von Frauen, die noch nichts von moderner Kosmetik wußten, könnten sich künftig mit den Produkten der Firma

Revlon pflegen. Die Revlonmanager waren überzeugt, daß ihr Markenname zum Inbegriff für Kosmetik überhaupt in den Harems der ölproduzierenden Staaten am Persisch-Arabischen Golf werde.

Für die Kleidung der Teilnehmer am »Fest des Friedens« bei den Pyramiden hatte Revlon den Farbton »Elfenbein« als verbindlich erklärt. Zusatzfarben sollten sich auf Schwarz und Gold beschränken. Frau Sadat, ihre Tochter und ihre Schwiegertochter folgten dem Wunsch auf vorbildliche Weise – sie hatten sich von Pierre Balmain kleiden lassen.

Das Unterhaltungsprogramm gruppierte sich um Frank Sinatra, den Lieblingssänger des ägyptischen Präsidenten. Die Sphinx bildete den Hintergrund für seinen Auftritt. Als Sinatra seine Erfolgsnummern gesungen hatte, begab sich die Gesellschaft zum Dinner in den Garten des Hotels Mena House, das zwar nur wenige hundert Meter entfernt, doch bereits in der Senke des Niltals liegt. Scheinwerfer flammten auf; sie ließen die Pyramiden, die vom tiefen Standpunkt des Hotels aus besonders mächtig erscheinen, in den Farben Elfenbein und Gold leuchten.

An das Dinner schloß sich die Modeschau des Hauses Pierre Balmain an. Die Mannequins benützten den Rand des Swimmingpools als Laufsteg. Nie bisher hatte in neuerer Zeit eine Show auf ägyptischem Boden stattgefunden, die eleganter und reicher war. Seit der Epoche der Pharaonen war niemals mehr weibliche Schönheit derart in der Öffentlichkeit zur Geltung gekommen. Der Modeschöpfer wollte das Altertum mit der Neuzeit verbinden. Pierre Balmain hatte Stilelemente der Frauenmode aus der Pharaonenzeit einbezogen in seine Creationen. Vom Abendkleid bis zum Nachthemd und zum Minibikini waren alle Kleidungsstücke in den Farben des Abends gehalten.

Obgleich die Veranstalter nichts unversucht ließen, den Glanz des Pharaonenhofs neu erblühen zu lassen, hatten doch manche der Gäste das Gefühl, daß dieses Fest ein fremdartiges Phänomen im heutigen Ägypten sei. Nicht wenige dieser Reichen waren schon einmal bei ähnlichem Anlaß Gast gewesen – damals im Jahre 1971, als der Schah von Iran in Persepolis in großem Prunk die Erinnerung an König Cyrus feiern ließ und an den 2500 Jahre dauernden Bestand der Monarchie in Persien. Die Menschen von Iran waren ausgeschlossen geblieben – als Sadat bei den Pyramiden feierte, sorgten Polizeistreitkräfte dafür, daß die Ägypter in großer Entfernung vom Mena House Hotel gehalten

wurden. Sie konnten die Pyramiden bewundern, die, dank der Scheinwerfer, in dieser Nacht weit zu sehen waren.

Die Organisation des Friedensfests kostete die Kosmetikfirma Revlon
fast zehn Millionen Dollar. Sie erhielt nichts von den Beträgen, die im
voraus als Eintrittsgelder bezahlt worden waren. Sie wurden Frau
Jehan Sadat zur Verfügung gestellt für Stiftungen. Die zehn Millionen
Dollar erwiesen sich für den Konzern als verlorene Investition, denn
der Markt Arabien blieb auch künftig seinen Artikeln versperrt. Am
Abend selbst hatten die Manager mit Bedauern festgestellt, daß die
Mächtigen und Reichen Arabiens nicht an den Nil gekommen waren:
Keiner der Sheikhs aus den Ölstaaten wollte bei dieser Friedensfeier
anwesend sein. Der engste Kreis um Sadat war unter sich – die
»fettesten der fetten Katzen«.
Bankiers und Unternehmer aus den USA und aus Europa, die Skepsis
äußerten, ob Ägypten der richtige Platz sei, um von hier aus in das
Arabiengeschäft einzusteigen, versuchte Anwar As Sadat durch Zahlen
zu überzeugen: »Allein in Ägypten leben vierzig Millionen Menschen.
Wenn wir das Land des Präsidenten Numeiri, den Sudan dazurechnen,
dann kommen wir schon auf über sechzig Millionen. Da stellen wir
fest, daß über die Hälfte aller Araber am Nil leben. Und sie alle
unterstützen meine Friedensinitiative. Alle anderen sind Zwerge. Nur
Numeiri und ich sind Riesen.«

Dschafar An Numeiri war der einzige arabische Staatschef, der laut
und deutlich Sadats Flug nach Jerusalem für richtig hielt. König Hassan
von Marokko hatte zwar durch geduldige Vermittlung mitgeholfen, die
Brücke zwischen Cairo und Jerusalem zu schlagen, doch als Sadat den
Schritt dann wirklich gewagt hatte, da hielt es Hassan für klug, nicht in
der dünnen Linie derer zu stehen, die Propaganda für die Aussöhnung
mit Israel machten. Worte der Unterstützung waren noch aus Maskat,
dem Regierungssitz des Sultans von Oman, zu hören. Aus allen
anderen Hauptstädten schlug dem ägyptischen Präsidenten blanker
Haß entgegen. Da blieb ihm nur der Sudan zum Trost. Allein Dschafar
An Numeiri sprach seine Unterstützung so offen aus, daß sie von Sadat
als nützlich empfunden wurde. Numeiri meinte, Sadats Initiative sei
ein »großer Sieg auf dem Feld der internationalen Strategie«. Der
Sudanese bedankte sich damit für die Hilfe, die ihm Sadat in kritischer
Zeit geleistet hatte.

# Die Erben des Mahdi

Nutzen konnte Anwar As Sadat aus Numeiris Worten nicht ziehen. Vom Sudan war wenig politische Unterstützung von Gewicht zu erwarten. Das Land um den Blauen und den Weißen Nil erstickt an den eigenen Problemen. Sein Präsident braucht Beistand aus dem Norden – ohne Ägyptens guten Willen ist er verloren.

Der Sudan, den Dschafaar al Numeiri zu verwalten hat, war der Ausgangspunkt für die Expeditionen zur Erforschung der Nilquellen gewesen. Die geographische Gestalt des Gebiets, die den Forschern Barrieren in den Weg gelegt hatte, trennt heute noch den Staat Sudan auf. Die Schwarzen, die in den Stämmen des Südens leben, sind noch immer von der Erinnerung geprägt, daß einst die Araber aus dem Norden durch die Nilsümpfe gebrochen sind, um die Frauen und Männer dieser Stämme als Sklaven fortzuführen. Die dunklen Menschen des Sudan mißtrauen denen mit heller Haut auch heute.

Die Kolonialmacht England hat diese Menschen unterschiedlicher Rasse in einem Staat zusammengespannt. Die dadurch entstandenen Probleme kann nur die Trennung lösen. Die dunklen Sudanesen sind verwandt mit den Stämmen in Uganda und Zaïre. Sie sollten sich diesen Stämmen angliedern können. Sie haben keine Beziehung zur Kultur der Region nördlich der Nilsümpfe; sie können sich nicht in Richtung Cairo orientieren. Doch niemand wird ihnen helfen. Keine Person und keine Institution der Welt besitzt die Kraft, die von den Kolonialmächten gezogenen Grenzen Afrikas neu zu ordnen. Khartum wird die unglückliche Hauptstadt eines Staates bleiben, der dreimal so groß ist wie Ägypten.

Auf den letzten Kilometern der Strecke, die der Blaue Nil allein zurücklegt, ehe er sich mit dem Weißen Nil vereinigt, ist sein linkes

Ufer mit mächtigen Bäumen bestanden. Die Kolonialmacht England hat diese Allee von Eukalyptusbäumen im Stadtgebiet von Khartum pflanzen lassen; die unabhängige Republik Sudan pflegt den Baumbestand. Die Straße, die unter dem Laubdach völlig gerade verläuft, ist auch bei praller Mittagssonne kein Ort der sengenden Höllenhitze. Schatten der Bäume und Wind vom Fluß lassen vergessen, daß sich Khartum in der heißesten Zone Afrikas befindet.

Früher, zur Zeit der Kolonialherrschaft, war die Uferstraße durchweg benützbar. Heute ist der Verkehr unterbrochen: Autos und Fußgänger werden durch Militärposten vom Fluß weggeleitet. Vor dem Palast des Präsidenten darf sich aus Sicherheitsgründen niemand aufhalten, der nicht dazu autorisiert ist. Numeiri braucht Schutz.

Weiß angestrichen ist das unauffällige, niedere Gebäude. Die Baumwipfel ragen darüber hinaus. Die Bezeichnung »Palast« trifft die Wahrheit nicht – sie wird mehr aus Gewohnheit verwendet. Der Bau kann eher als Villa im kolonialen Stil gelten. Er unterscheidet sich nur wenig von dem Gebäude, in dem vor hundert Jahren General Gordon viele Tage und Nächte auf Entsatz gehofft hatte, auf dessen Treppe er von den tödlichen Waffen der Mahdikämpfer getroffen worden war. Kitchener, der Sieger von 1898, hat Gordons zerstörtes Haus wiederaufgebaut; spätere Gouverneure haben es erweitert.

Von der Jahrhundertwende an bis zum 1. Januar 1956, dem Tag der Unabhängigkeit, regierten die Vertreter der britischen Krone in der Stadt am Zusammenfluß der beiden Nilströme. Die Geschichte des Sudan nach dem Zusammenbruch des Mahdiregimes beginnt mit Zweideutigkeiten. England wollte das Land besitzen und konnte diesen Wunsch doch nicht zugeben. Die Regierung in London hielt nach der Eroberung beharrlich an der politischen Formel fest, der Khedive von Ägypten besitze die Souveränität über Nil und Weißen Nil zwischen dem 20. und dem 4. Grad nördlicher Breite sowie über den Blauen Nil zwischen Khartum und Er Roseires. Der englische Gouverneur und die englischen Truppen seien nur anwesend, um die Herrschaft des Khediven zu unterstützen. Gern hatten die Politiker Englands nicht auf den Anspruch verzichtet, selbst die wahren Herren am Oberen Nil zu sein, doch die Zurückhaltung war notwendig, um die ägyptischen Nationalisten in Cairo und im Nildelta nicht zu reizen. Der Gedanke, das Niltal bilde eine Einheit – und sei von Cairo aus zu regieren –, war durchaus populär am unteren Nil.

Um die Politiker an der Themse und am Nil zu befriedigen, hatte das Anglo-Ägyptische Abkommen des Jahres 1899 über die künftige Regierung des Sudan die Frage der Souveränität einfach ausgeklammert. Die Vereinbarung lautete zwar, der Monarch Ägyptens sei der Oberherr, doch der Vertragstext sagte kein Wort darüber. Dieser diplomatische Trick gab der britischen Regierung vielfältige Interpretationsmöglichkeiten. Fragten die französischen Diplomaten nach, auf Grund welches Rechtstitels sich in Khartum ein britischer Beamter Gouverneur nenne, so bekamen sie zur Antwort, dieser Beamte habe einen Vertrag mit dem Khediven und handle in seinem Auftrag. Protestierten die ägyptischen Nationalisten, so wurden sie darauf hingewiesen, daß die Eroberung des Sudan allein dank der Hilfe Englands möglich gewesen sei. England dürfe deshalb einen Sonderstatus beanspruchen. Ohne jeden Zweifel stehe jedoch die Souveränität des Khediven fest – auch wenn Ägypten selbst überhaupt nicht in der Lage sei, das Land der zwei Nile zu regieren.

Bis zum Jahr 1922 war die Zweideutigkeit des Anglo-Ägyptischen Abkommens die Basis der britischen Präsenz in Khartum. Schwierig wurde die Situation, als Ägypten pro forma seine Unabhängigkeit zugesprochen erhielt. Jetzt bestand die Gefahr, daß der ägyptische König die schriftliche Fixierung seiner Souveränität forderte. Ein Ereignis gab jedoch den Briten Gelegenheit, diese Gefahr zu bannen: Als in Cairo Sir Lee Stack, der Generalgouverneur des Sudan, durch ein Attentat ums Leben kam, da hatte die britische Regierung den Vorwand gefunden, um den Abzug ägyptischer Soldaten aus dem Sudan durchzusetzen. Die britische Regierung argumentierte, der Ehre Englands sei eine derartige Beleidigung angetan worden, daß für die weitere Gültigkeit des Anglo-Ägyptischen Abkommens keine Basis mehr bestehe. England fühlte sich künftig allein zuständig für den Sudan.

Die Mehrzahl der Bewohner von Khartum waren unglücklich über den Abzug der Ägypter. Die Nordsudanesen und die Ägypter hatten sich verstanden: Die gleiche Sprache und die gleiche Religion verband sie. Die Engländer aber waren Ungläubige, denen man nicht trauen konnte – hatten sie doch dem vom Mahdi begründeten religiös orientierten Staat ein Ende bereitet. Im Verborgenen war eine neue Generation von Anhängern des Mahdi herangewachsen. Sie machte sich jetzt durch Proteste bemerkbar. Aufstände einzelner sudanesischer Truppeneinheiten gegen die Autorität des britischen Administrators im Gouverneurspalast von Khartum wurden jedoch von britischen Soldaten rasch beendet.

Beide Herrscher des Mahdistaates, der Mahdi selbst und der Khalifa, hatten sich als Träger der zentralen Gewalt gesehen, die ihnen von Allah zugewiesen war. Die Stämme hatten sich dem Befehl des Herrschers zu fügen. Um gegen die neue Generation der Mahdianhänger ein politisches Gewicht zu schaffen, das die Pläne der Wiedergründung des Mahdistaates vereiteln sollte, entwickelte die britische Sudanverwaltung den Gedanken, den Sheikhs der Stämme unabhängige Gewalt über die Stammesangehörigen und über das Land, auf dem sie leben, zu geben. Dezentralisierung der Staatsmacht wurde angestrebt. Ziel war, die Eigenständigkeit jedes Stammesfürsten so zu stärken, daß er sich ganz selbstverständlich wehren mußte gegen jeden, der Anspruch erhob, der neue Khalifa zu sein, der Unterwerfung fordern könne.

Die britische Regierung billigte den Gedanken der Dezentralisierung. Sie gab dieser Politik die Bezeichnung »indirect rule«. Sie war schon deshalb sofort mit den Absichten ihres Generalgouverneurs in Khartum einverstanden, weil die Verlagerung der Verantwortung auf die Männer an der Spitze der Stämme den Aufbau einer unteren und mittleren Verwaltungsebene überflüssig machte. Notgedrungen hätte das Personal der beiden Verwaltungsebenen aus Sudanesen bestehen müssen. Diese Sudanesen aber hätten lesen gelernt, hätten ihr Denkvermögen entwickelt und wären damit beeinflußbar geworden durch Ideologien, die von außen ins Land gebracht werden konnten. Die Politiker in London waren der Meinung, die Stärkung der Stammestraditionen helfe ihnen, die Ruhe im Sudan zu bewahren.

Die Jahre der »indirekten Herrschaft« fügten dem Land großen Schaden zu. Da die Notwendigkeit fehlte, Menschen auszubilden, waren Schulen überflüssig geworden. Selbst die Armee durfte niemand mehr für Offiziersränge qualifizieren; das Trainingscenter für sudanesische Soldaten wurde geschlossen. Den Sudanesen wurde verboten, die Intelligenz ihrer jungen Männer zu entwickeln. Das arabische Land am Oberlauf des Nil sollte für immer den Engländern ausgeliefert sein.

Für das sudanesische Gebiet südlich der Nilsümpfe aber galt eine andere Politik. Eine Zentralgewalt hatte bislang dort kaum existiert.

Die Stämme waren den christlichen Missionaren überlassen geblieben mit dem ausdrücklichen Auftrag, »den Wilden Grundelemente menschlichen Benehmens, eine Spur von Vernunft und vor allem Gehorsam gegenüber höhergestellten Personen beizubringen«. Die britische Regierung war nun der Meinung, der Süden verdiene stärkere Aufmerksamkeit. In London war erkannt worden, daß der Süden wenig mit dem Norden gemeinsam hat, daß die Nilsümpfe den Sudan in zwei Gebiete aufspalten. Angestrebt wurde jetzt, die Bewohner des Südsudan darauf vorzubereiten, daß ihr Land geteilt und an die Nachbarländer angeschlossen werde. Die Stämme sollten sich so langsam eine Meinung bilden, zu welchem Volk jenseits der bisherigen Grenze sie gehören wollten. Der Hintergedanke war, die Grenzen zwischen den Völkern der Schwarzen überhaupt zu beseitigen, um eine britisch beherrschte Föderation zentralafrikanischer Großclans zu schaffen.

Dieser Plan beruhte auf einem Ansatz der Selbstbestimmung für Stämme, die nie gefragt worden waren, wie sie sich Gegenwart und Zukunft vorstellten. Ob sie schon fähig dazu waren, einen eigenen Weg zu erkennen, war zweifelhaft – dennoch war es der Kolonialverwaltung ernst mit ihrer Absicht, das Zentrum Afrikas unter Berücksichtigung von Abstammung und Verwandtschaft neu zu ordnen.

Zur Vorbereitung der Auftrennung des Sudan wurden Araber, die sich im Süden niedergelassen hatten, nach Norden deportiert – zur großen Freude der schwarzen Nilvölker, die in der Deportation eine Art Rache für frühere Raubzüge der Araber sahen.

Die Briten hatten begonnen, den Sudan, den sie als koloniale Verwaltungseinheit geschaffen hatten, selbst zu zerstören. Doch die Erkenntnis, daß der Sudan auf Dauer nicht bestehen könne, weil er Völker zusammenzwingt, die einander fürchten und hassen, kam zu spät. Die Briten weckten mit dem Plan der Auftrennung nationalistische Gefühle, die sich bisher wenig bemerkbar gemacht hatten. Da waren Stimmen zu hören, die vorgaben, stolz darauf zu sein, dem Sudan anzugehören, die dagegen protestierten, daß dieser Staat, der zwar noch Kolonie war, von der Landkarte verschwinde.

Der britische Gouverneur war überrascht. Das Erwachen des sudanesischen Nationalismus bedeutete die Niederlage der Politik der »indirekten Herrschaft«, die den einzelnen Stämmen nahezu Souveränität gegeben hatte. Wohl waren die Stammessheikhs und ihre Honoratioren zufrieden gewesen mit den Regierungsrechten in ihrem begrenzten

Bereich, doch da war eine junge Generation herangewachsen, die damit argumentierte, alle Stämme seien abhängig von einer gemeinsamen Versorgungsader – und sie meinten damit den Nil. Der Fluß umgreife mit seinen Nebenarmen den ganzen Sudan; der Fluß vereinige die Bewohner des Sudan. Es sei ein Verbrechen, den Willen der Natur zu mißachten.

Im Norden waren solche Ideen gewachsen; vor allem in der Hauptstadt Khartum. Obgleich die Kolonialverwaltung darauf geachtet hatte, daß nur eine geringe Zahl von Heranwachsenden vernünftige Schulen besuchen konnte, war es doch einigen hundert Sudanesen gelungen, einen gehobenen Bildungsstand zu erreichen. Die Absolventen von Schulen und Hochschulen stammten meist aus Familien von Händlern und Handwerkern in den Städten. Eltern hatten Begabten und Ehrgeizigen Geld gegeben, damit sie in Cairo lernen und studieren konnten. Die Kolonialverwaltung hatte solche Studienaufenthalte ungern gesehen, denn in Cairo kamen die jungen Männer in Kontakt mit ägyptischem und arabischem Nationalismus. Sie lernten die Parole kennen von der Einheit des Niltals. Der Argwohn des britischen Gouverneurs, die Studierten würden nach der Heimkehr nur Unruhe stiften, war berechtigt. Sie schlossen sich kurz vor dem Zweiten Weltkrieg im »Graduates' Congress« zusammen. Bald schon bewarb sich jeder, der lesen und schreiben konnte, um Aufnahme.

Im Jahre 1942 unterbreitete der Vorstand des »Graduates' Congress« dem Gouverneur ein Memorandum, das die Bewahrung der Einheit des Sudan forderte. Für Nord und Süd sollte eine gemeinsame Sprache bestimmt werden. Das Memorandum war in Arabisch abgefaßt, und ganz selbstverständlich nahmen die Verfasser an, daß die Menschen im Süden sich zu dieser Sprache bekennen sollten, besaßen sie doch kein eigenes, gemeinsames Idiom. In der Tat bestanden zwischen den Großfamilien der Stämme Dinka und Schilluk Sprachbarrieren. Nahezu jede Großfamilie hatte ihren eigenen Dialekt entwickelt, der den Nachbarfamilien fast unverständlich war. Die Bewohner des Nordens aber sprachen einheitlich Arabisch. Der Vorschlag des »Graduates' Congress«, alle sollten Arabisch sprechen, war nicht unvernünftig – gleich welche Sprache auch gewählt wurde, die Menschen des Südens mußten sie ohnehin erst lernen.

Der Gouverneur wies zwar das Memorandum zurück, da es anmaßend in Ton und Inhalt sei, doch so langsam vollzog die Kolonialverwaltung eine Änderung der Politik. Den Stammessheikhs wurden in den Jahren von 1943 bis 1948 ihre Souveränitätsrechte nach und nach entzogen und einer zentralen Behörde für den Sudan übertragen, der am Ende dieser Übergangsperiode eine parlamentarische Körperschaft beigefügt wurde – die jedoch nicht unter den Maßstäben der heute gängigen Demokratiebegriffe betrachtet werden sollte. Die Mitglieder waren weder gewählt, noch besaßen sie gesetzgebende Gewalt; trotzdem trug die Körperschaft den Namen Legislative Assembly.

Um die Körperschaft wenig wirksam werden zu lassen, wandten die Herren im Gouverneurspalast erfolgreich die Methode an, einzelne Gruppierungen gegeneinander auszuspielen. Zwei Richtungen standen sich gegenüber: Das Programm der einen Gruppe hieß »Der Sudan den Sudanesen« – die andere Gruppe aber verlangte Zusammenschluß mit Ägypten unter dem Motto »Einheit des Nitals«. Diejenigen, die den Sudan als unabhängigen Staat formen wollten, wurden von der sich ständig erneuernden Anhängerschaft des längst verstorbenen Mahdi unterstützt. Der Glaube an diesen Mann, der im Jahre 1885 Sieger über Gordon gewesen war, erlosch nicht. Die Männer und Frauen, die an ihn glaubten, waren deshalb gegen die »Einheit des Niltals«, weil sie überzeugt waren, die politisch Verantwortlichen in Ägypten hätten längst den wahren Glauben aufgegeben und würden die Sitten der Ungläubigen nachahmen. Die Mahdianhänger lebten in der nicht unberechtigten Sorge, die weltlich orientierte Einstellung der in Cairo regierenden Schicht werde sich bei einem Zusammenschluß der Länder am unteren und am oberen Nil auch im Sudan auswirken.

Die Gemeinde des Mahdi war den Engländern unverdächtig; sie gehörte zwar zu den Nationalisten, doch sie begrenzte ihren eigenen Horizont auf den Sudan. Gefährlicher erschienen die Propagandisten der Einheit mit Ägypten, denen die Bildung eines mächtigen Nilstaates vorschwebte, der selbstbewußt genug sein sollte, um von England keine Befehle mehr entgegenzunehmen.

Die Gruppierungen, die den Nilstaat wollten, mußten 1952 eine Niederlage hinnehmen: Die revolutionäre Bewegung des Gamal Abdel Nasser, die den König aus Ägypten verjagte, hatte verkündet, daß für sie der Grundsatz »Einheit des Niltals unter der Krone Ägyptens« keine Gültigkeit mehr besitze. Bislang hatte ihn König Faruk noch als verbindlich für die ägyptische Politik betrachtet. Nassers Verzicht war allerdings nicht so ganz ehrlich gemeint. Er sollte nur den Engländern – die zunächst im Nahen Osten nichts mehr fürchteten als den Zusammenschluß von Ägypten und Sudan – die Lockerung der Klammer, mit der sie den Sudan gepackt hatten, erleichtern. Nasser glaubte jedoch die Politiker zu kennen, die künftig, nach der Unabhängigkeitserklärung, im Sudan zuständig sein würden. Nach seiner Meinung kannten sie nur den einen Wunsch: den Nil zur Lebensader eines geeinten Staates zu machen.

Da die britische Regierung immer behauptet hatte, sie halte nur deshalb noch Truppen und einen Gouverneur im Sudan, um zu verhindern, daß der ägyptische König seinen Anspruch auf Herrschaft am oberen Nil mit Gewalt durchsetze, ohne die Bewohner des Sudan zu fragen, war nach der Verzichtserklärung Nassers kaum mehr eine Rechtfertigung dafür gegeben, im weißen Palast am Blauen Nil weiterhin einen Engländer regieren zu lassen. Die Regierung Ihrer Majestät gestand zu, daß in Städten und Dörfern Wahlen abgehalten werden, unter der Aufsicht einer internationalen Kommission, die Wahlschwindel zu verhindern hatte. Sieger der Wahlen wurde die National Unionist Party, geführt von Ismaïl Al Azhari. Er übernahm im Januar 1954 als erster Sudanese das Amt des Regierungschefs.

Gamal Abdel Nasser erwartete, daß Al Azhari bei der Parlamentseröffnung am 1. März die Vereinigung des Sudan mit Ägypten verkünden werde. Doch an diesem Tag zeigten die Anhänger des Mahdi in Khartum ihre Stärke. Von Omdurman aus, vom Grab des Mahdi, waren sie in den frühen Morgenstunden über die Brücke beim Zusammenfluß von Weißem und Blauem Nil gezogen, an Zahl rund Fünfzigtausend. Sie umstellten das Parlamentsgebäude und schrien Parolen gegen die Vereinigung mit Ägypten. Ihre Anführer drohten, den Sudan aufzuspalten, den Norden vom Süden zu trennen, wenn der Plan, das Niltal zu vereinigen, nicht aufgegeben werde.

Die Demonstranten hatten die Zufahrtswege zum Parlament gesperrt, ehe der Ministerpräsident und die Staatsgäste vorgefahren waren. Die Polizei schoß. Einige der Mahdianhänger wurden getötet, viele erlitten Verwundungen, doch die anderen wichen nicht. An diesem ersten Tag der Unabhängigkeit stand der Sudan bereits vor dem Bürgerkrieg. Ministerpräsident Al Azhari mußte auf die Feier der Parlamentseröffnung verzichten. Der Staatsgast General Nagib, damals der Präsident Ägyptens, reiste nach Cairo zurück, um Gamal Abdel

Nasser, dem Revolutionsführer, zu berichten, daß der Plan des Zusammenschlusses nicht ausführbar war.

Al Azhari versprach der Führung der Mahdiorganisation, daß der Sudan unabhängig bleiben werde. So konnte die Abspaltung des Nordens verhindert werden. Doch im August 1955 brach der Aufstand des Südens los. In der Provinzhauptstadt Juba – am Nil gelegen, nahe der einstigen Siedlung Gondokoro, die vielen Expeditionen zu den Nilquellen als Ausgangsbasis gedient hatte – meuterten schwarze Soldaten gegen ihre aus dem Norden stammenden arabischen Offiziere. Die Rebellion gegen Bevormundung durch die Araber dehnte sich rasch auf die ganze Stadt aus. Dreihundert Araber starben durch Kugeln und Messerstiche. Ermordet wurden vor allem Beamte und Händler aus dem Norden.

Der Funke des Aufstands sprang zum Glück für die Regierung in Khartum nicht auf die Südprovinzen Oberer Nil und Bahr Al Ghazal über. So konnte die Unabhängigkeitsbewegung für diesmal eingedämmt werden. Wirklich zur Ruhe kam die Stadt Juba jedoch erst, als ihren Abgeordneten versprochen wurde, dem Süden werde in einem Bundesstaat Sudan Autonomie zugesprochen. Doch keine Regierung fand Zeit zur Regelung der Probleme, die den Start in die Unabhängigkeit behinderten. Koalitionsstreit lähmte die Exekutive. Regierungen wechselten in rascher Folge. Immer wieder erwiesen sich die Anhänger des Mahdi als Kraft, die ihren Willen Partnern und Gegnern aufzwingen konnte. Ein Verwandter des heiligen Mannes – sein Name: Sayyid Sadiq Al Mahdi – setzte sich an die Spitze der Organisation.

Am 17. November 1958 schlug die Armee zu, um dem Parteienstreit ein Ende zu machen. Offiziere übernahmen die Regierung. Die Mehrheit der Bevölkerung hatte dagegen nichts einzuwenden. Der Chef der Mahdiorganisation stimmte zu, daß eine Militärjunta den Sudan regiere. Ihre vordringlichste Aufgabe bestand darin, die Baumwollernte des Vorjahres zu verkaufen, für die sich bisher kein Abnehmer gefunden hatte. Anfragen beim sowjetischen Handelsministerium weckten Interesse, obgleich die Sowjetunion schon von Ägypten mit Baumwolle versorgt wurde. Für die Kremlführung ergab sich eine Chance, Fuß zu fassen in Khartum. Dies erschien ihr schon deshalb besonders wichtig, weil im Sudan eine gut organisierte kommunistische Partei besteht. Die Existenz dieser Partei war und ist eine Besonderheit in der Arabischen Welt.

Ihre Gründung hatte in der Zeit der britischen Kolonialverwaltung stattgefunden. Die Gouverneure waren der Überzeugung, das riesige Flächenland brauche ein Verkehrsmittel, das Menschen und Waren rasch und billig über weite Strecken transportieren sollte. So entstand im Laufe von Jahrzehnten ein beachtliches Schienennetz im Nordsudan, das die wichtigsten Städte miteinander verband. Eine Eisenbahnlinie in die Südprovinzen zu bauen war allerdings wegen der Nilsümpfe nicht möglich.

Das Bahnpersonal des Sudan wurde von englischen Eisenbahnern ausgebildet. Auch später, als die Engländer den Zugverkehr nicht mehr überwachten, blieben Beziehungen zwischen den Lokomotivführern von Khartum und London bestehen. Ganz selbstverständlich kopierten die Sudanesen das Verhalten ihrer englischen Kollegen. Da die Eisenbahner auf der britischen Insel in Gewerkschaften zusammengeschlossen waren, bauten auch ihre Partner im Sudan Arbeitnehmervertretungen auf. Die Gewerkschaften in England waren kommunistisch orientiert; als getreue Nachahmer übernahmen auch die Eisenbahner von Khartum diese Ideologie.

Die Zustimmung zur Lehre von Marx und Engels blieb jedoch nicht auf die Bahnbediensteten beschränkt. Viele der Sudanesen, die Schulen und Hochschulen absolviert hatten, waren der Meinung, der Kommunismus könne als Grundlage für eine gerechte Staatsordnung dienen und sei deshalb geeignet als Ideologie für das junge Land Sudan. Sie blickten auf die Sowjetunion, da sie glaubten, dort herrsche der Kommunismus – und damit Gerechtigkeit für die arbeitende Klasse. Da die Sowjetunion den Glücksfall der Existenz einer »Kommunistischen Partei des Sudan« ausnützen wollte, paßte der Wunsch der Militärregierung, die Handelsbeziehungen und Kontakte jeder Art auszuweiten, in ihr politisches Konzept.

Zwar gelang es der Offiziersjunta, durch Sicherung der Baumwollverkäufe die Staatskasse zu füllen, doch für die Lösung der internen Probleme reichten ihre Kräfte nicht aus. In der optimistischen Vorstellung, mit Disziplin sei vieles zu erreichen, auch im Sudan, hatten die Militärs ihre Aufgaben angepackt. Da sie in Disziplin erzogen waren, sahen sie in der eigenen Kaste das Instrument, dieses Land zu regieren. Offiziere sicherten sich bald die wichtigsten Posten der Staatsverwaltung.

Diese Entwicklung nahmen zunächst die Beamten übel. Als dann festzustellen war, daß Offiziere zumindest ebenso bestechlich waren wie Zivilisten im Öffentlichen Dienst, verlor die Militärjunta an Vertrauen. Ein Streikaufruf der Beamten wurde schließlich auch von den Händlern der Märkte in Khartum und Omdurman befolgt. Aus dem Streik entwickelte sich eine Revolution. Im Herbst 1964 löste sich die Militärregierung selbst auf. Während der sechs Jahre der Offiziersherrschaft hatte sich die Unzufriedenheit im Gebiet südlich der Nilsümpfe derart gesteigert, daß der Boden bereitet war für den Aufbau einer Befreiungsorganisation.

Die Junta hatte das Problem unter militärischen Gesichtspunkten angepackt: Sie glaubte, es sei nur durch Waffengewalt zu lösen. Den politischen Ansatzpunkt, die Spannungen durch Verhandlungen abzubauen, konnte sie nicht erkennen. Die Junta bestand aus Offizieren, zu deren Weltbild das feste Bewußtsein gehörte, daß Meuterei durch Gewehre zu bestrafen sei.

Die Zivilregierung, die auf die Junta folgte, suchte das Gespräch mit den führenden Männern des Südens. Um die Grundlage dafür zu schaffen, erließ sie zunächst eine Amnestie für alle, die im Zusammenhang mit der Meuterei zu Freiheitsstrafen verurteilt waren. Als Basis der Verhandlungen mit den Rebellen im Gebiet um Juba boten die regierenden Politiker weitgehende Autonomie für den Süden an – die Bevölkerung dort sollte sogar ein eigenständiges Parlament bekommen. Mißtrauen der Süd-Sudanesen gegenüber allen Vorschlägen aus dem Norden verhinderte jedoch eine friedliche Lösung.

Zwei Kräfte, die sich nicht miteinander vereinbaren ließen, gehörten mit zu den Trägern der Regierung: die Mahdiorganisation und die Kommunisten, wobei die linke Gruppierung sogar zunächst die Oberhand besaß. Die Stärkung der Kommunisten löste jedoch den Widerstand der Religiösen aus. Sayyid Sadiq Al Mahdi baute im stillen eine Koalitionsfront gegen den ideologischen Gegner auf. Der Koalition gelang es schließlich, die Kommunisten aus der Regierung zu vertreiben; ihre Parteiorganisation wurde verboten und aufgelöst. Der Mahdinachfolger übernahm das Amt des Ministerpräsidenten.

Die Spannungen des Jahres 1967, in dessen Mitte Krieg zwischen Israel und arabischen Nachbarn ausbrach, veränderte jedoch die Situation völlig. Die Sowjetunion wurde zum bedeutendsten Waffenlieferanten der arabischen Staaten. Da die USA keine Panzer und Flugzeuge an den Sudan verkaufen wollten, schickte die Koalitionsregierung eine Anfrage nach Moskau. Als sich die Sowjetunion bereit erklärte, die Waffenwünsche im Prinzip zu erfüllen, ließ sich das Verbot der kommunistischen Partei nicht mehr aufrechthalten. Ihre Führer durften sich wieder am politischen Kräftemessen beteiligen.

Die islamischen Gruppierungen forderten, die Verfassung des Sudan müsse den Koran zur Grundlage haben – dagegen wehrten sich die Kommunisten. Im Streit verzehrte sich die Koalition. Ende Mai 1969 fanden sich erneut Offiziere bereit, die Macht zu übernehmen. Oberst Dschafar An Numeiri ernannte sich zum Staatschef des Sudan.

Da der Oberst dafür bekannt war, daß er sozialistische Neigungen besaß, waren die Kommunisten auf seiner Seite. Im Revolutionsrat, der aus zehn Männern bestand, saßen drei Offiziere, die zumindest Sympathien für die Kommunisten empfanden; diese drei waren Oberstleutnant Babakr An Nur, Major Faruk Osman Hamadallah und Major Hashem Al Atta. Diese drei ließen sich schon nach wenigen Wochen auf eine seltsame Verschwörung mit der Mahdiorganisation ein.

Den Kern der Organisation bildete eine Sekte, die sich »Ansar«, Helfer, nannte. Sie rekrutierte sich aus Nachkommen der Männer des engsten Kreises um den Mahdi und um den Khalifa. Mitten im Weißen Nil liegt das Zentrum der Sekte, etwa 220 Kilometer südlich von Khartum. Die Insel Abbas ist ein langgestrecktes Schwemmland, umflossen von trägem Wasser. Fruchtbar ist der Boden der Insel; er kann viele tausend Menschen ernähren. Hier versammelten die Chefs der Ansarsekte immer wieder ihre Anhänger zur Auffrischung ihrer Ideologie und zu militärischem Training. Baracken zum Nilufer waren Kaserne der Ansarkämpfer und Waffendepot zugleich. Sie verfügten über Maschinengewehre jeden Kalibers, über Granatwerfer und Infanterieraketen.

Im März 1970 berichtete der Geheimdienst dem sudanesichen Staatschef, daß sich rund dreißigtausend der Ansarmitglieder auf der Insel Abba versammelt hätten. Dschafar An Numeiri wurde argwöhnisch, denn bisher hatte die Mahdiorganisation nie derart viele Anhänger auf einmal konzentriert. Als Numeiri dazuhin von Unruhe im Hauptquartier der Kommunisten erfuhr, da war er überzeugt, daß sich die Anhänger von Marx und Mahdi zusammengetan hätten, um ihn zu stürzen.

Am 27. März flog Numeiri, der ein Offizier von außerordentlichem

Mut ist, selbst in einem Hubschrauber auf die Insel. Er wollte mit den Kommandeuren der Ansar verhandeln; er wollte sich anhören, was ihnen an seinem Regime nicht gefiel. Doch niemand wollte mit ihm reden. Er hatte das Gefühl, gleich werde einer der Ansarkämpfer auf ihn schießen. So rasch als möglich bestieg Numeiri wieder den Hubschrauber und flog zurück nach Khartum.

Für den nächsten Tag befahl er der sudanesischen Armee den Sturm auf die Insel. Der Angriff der Bodentruppen wurde durch Beschuß aus Bordwaffen der Kampfflugzeuge vorbereitet. Gegen Luftwaffe und weitreichende Artillerie konnte die Ansarorganisation nicht standhalten. Einige tausend Mahdianhänger starben an diesem Tag.

Zwei der Mitglieder des Revolutionsrats, die während der Tage vor Numeiris Schlag enge Verbindung mit der Ansarsekte gehalten hatten, flohen rechtzeitig ins Ausland. Beide – Oberstleutnant Babar An Nur und Major Faruk Osman Hamadallah – wollten in London auf eine bessere Gelegenheit zum Putsch warten.

Den Chef der Kommunisten, Abdel Khalek Mahgub, und den führenden Kopf der Mahdianhänger, Sayyid Sadiq Al Mahdi, ließ Numeiri durch Zwang außer Landes bringen. Die Deportierten reisten in einem Militärflugzeug nach Cairo. Der Offizier, der sie zu begleiten hatte, trug einen Brief an Gamal Abdel Nasser bei sich, in dem Numeiri die Bitte äußerte, der ägyptische Staatschef möge die beiden vorläufig in Gewahrsam halten. Nasser sah allerdings keine rechtliche Handhabe, die beiden Sudanesen einzusperren. Er bat sie jedoch, freiwillig in Cairo zu bleiben, damit sich die Lage im Sudan wieder beruhigen könne.

Sayyid Sadiq Al Mahdi folgte dem Rat Nassers und verhielt sich in der ägyptischen Hauptstadt ruhig. Abdel Khalek Mahgub aber hielt es in Cairo bald nicht mehr aus. Mit einem Linienflugzeug der Sudan Airways kehrte er nach Khartum zurück. Dort wurde er allerdings sofort festgenommen.

Daß ihr Vorsitzender im Gefängnis saß, war für die im Untergrund wirkenden Kader der Kommunistischen Partei nur schwer zu tragen. Auf vielfältige Weise wurde versucht, Mahgub aus dem Gefängnis zu schmuggeln. Dies gelang nach gescheiterten und abgebrochenen Versuchen Anfang Juli 1971.

Am 19. Juli wagten die Kommunisten den Putsch. Offiziere, die sich zu Mahgub bekannten, führten Panzereinheiten zum Palast des Präsidenten und zum Hauptquartier der Armee. Numeiri wurde gefangengenommen, blieb aber am Leben. Dreißig Offiziere, die sich nicht den Putschgenerälen anschließen wollten, wurden getötet; ihre übel zugerichteten Leichen blieben zwei Tage lang in einem Nebengebäude des Präsidentenpalasts liegen. Numeiri erinnerte sich später: »Mit Schaudern denke ich an die toten Offiziere zurück. Den Mördern war das Leben dieser jungen Männer nichts wert. Die Kommunisten achten überhaupt nie auf menschliches Leben. Wir müssen alles daransetzen, diese Bestien vom Nil fernzuhalten.«

Schon am Nachmittag des 19. Juli teilte die Sowjetführung in Moskau mit, daß sie den Umsturz im Sudan unterstütze. Die Klasse der Werktätigen habe nun auch in einem arabischen Land den nach historischer Entwicklung fälligen Sieg errungen. Mit Numeiri sei ein Feind des Volkes gestürzt worden. Ähnlich lautete die Stellungnahme der Deutschen Demokratischen Repubik.

Während am Morgen des 22. Juli 1971 die Sonne über dem Mittelmeer südlich von Italien aufging, flog eine britische Verkehrsmaschine auf die libysche Küste zu. Als Routinesache war der Linienflug bei den Luftaufsichtsbehörden in Tripolis und Benghasi angemeldet: Das Flugzeug befand sich auf dem Weg von London nach Khartum; es folgte den regulären Luftstraßen. Mehrfach in der Woche wurde die Strecke von England in den Sudan durch Maschinen der Gesellschaft BOAC nonstop beflogen. Diesmal aber wurde der Besatzung über dem Funkfeuer Malta deutlich, daß dieser Flug nicht als Routinefall enden würde. Der Pilot vernahm im Kopfhörer die Anweisung, nicht in den libyschen Luftraum einzufliegen. Abseits von der Luftstraße hatte die Maschine in Schleifen zu kurven. Auf die Frage, wie lange sich das Flugzeug in der Wartezone über dem Mittelmeer halten müsse, war aus den Funkgeräten des Cockpits keine Antwort zu hören.

Nach zehn Minuten der Unsicherheit entschied sich der Pilot, nach Rom auszuweichen, um im dortigen Luftraum auf eine Anweisung der Flugüberwachung seiner Gesellschaft zu warten. Als er eben die Kurskorrektur in Richtung Norden vornahm, da machte ihn der Kopilot auf drei Kampfflugzeuge aufmerksam, die quer zur neuen Flugrichtung in geringem Abstand vorüberzogen. Erkennbar war, daß es sich um libysche Militärmaschinen handelte. Offensichtlich hatten sie den Auftrag, das Ausweichen der britischen Verkehrsmaschine in den italienischen Luftraum zu verhindern. In diesem Augenblick meldete sich auch wieder die Stimme im Kopfhörer: »Landen Sie in Benghasi. Anflug auf der Piste von Süden her!« Der Pilot folgte der Anweisung. Ihm blieb gar keine andere Wahl: Die libyschen Kampfmaschinen drängten ihn in die Richtung nach Südost. Er hat die Anweisung, auf keinen Fall Passagiere zu gefährden. Unberechenbar erschien ihm das Verhalten der drei Libyer in den Kanzeln der schnellen und wendigen Maschinen, die über Maschinengewehre und Raketen verfügten. Waren die Libyer entschlossen, den Flug der Verkehrsmaschine nach Khartum zu verhindern, bestand keine Chance, ihnen zu entkommen.

Der britische Pilot informierte sein Kabinenpersonal, eine unvorhergesehene Landung in Benghasi sei notwendig geworden. Eine Stewardeß bat daraufhin die Passagiere, ihre Sitzgurte zu schließen, da sich das Flugzeug im Landeanflug auf Benghasi befinde. Zwei Fluggäste der Ersten Klasse verlangten noch einen Whisky. Einer der beiden bemerkte dazu: »Libyen ist ein trockenes Land. Da herrscht Alkoholverbot. Das wird wohl unser letzter Whisky sein.«

Der Pilot der Verkehrsmaschine kann beim Anflug Militärfahrzeuge neben der Piste sehen. Ihm wird in schroffem Ton mitgeteilt, er habe zu einem Abstellplatz weit entfernt von der gewöhnlichen Parkposition der Linienflugzeuge zu rollen. Dort wird die BOAC-Maschine von Bewaffneten umstellt. Die beiden Fluggäste, die noch einen letzten Whisky trinken wollten, sind sich bewußt, daß diese Aktion ihnen gilt. Die Stewardeß der Ersten Klasse berichtet später, einer von ihnen habe gesagt: »Moammar Al Kathafi wird uns eher erschießen als weiterfliegen lassen!«

Der Verdacht, daß die beiden abgefangen werden sollten, bestätigt sich. Über Bordlautsprecher werden ihre Namen aufgerufen: Oberstleutnant Babakr An Nur und Major Faruk Osman Hamadallah. Bewaffnete fordern die beiden auf, die Maschine zu verlassen. Der Pilot kann beobachten, wie sie in ein bereitstehendes Auto gestoßen werden.

Oberstleutnant Babakr An Nur hätte als neuer Regierungschef des Sudan auf dem Flughafen Khartum ankommen wollen. Doch er und Major Faruk Osman Hamadallah steigen dort als Gefangene, mit Handschellen gefesselt, aus. Moammar Al Kathafi hatte sie in einer Militärmaschine nach Khartum bringen lassen – ein Freundschaftsdienst für Dschafar An Numeiri. Kathafi war entschlossen gewesen, die beiden Revolutionäre auf jeden Fall zu hindern, am Putsch von Khartum teilzunehmen. Hätte Numeiri sein Leben verloren, wären der Oberstleutnant und der Major in Benghasi erschossen worden. So trifft sie dieses Schicksal erst in Khartum.

Als die beiden Offiziere ihr Exil in London verlassen hatten, da bestand für sie kein Zweifel am Sieg der Revolution. Dschafar An Numeiri war gefangengenommen worden – damit war der Weg zur Macht frei. Doch während der Stunden des Flugs hatte sich die psychologische Situation für die Revolutionäre verändert. Da waren auf bestialische Weise dreißig Offiziere getötet worden. Diese Tat war nicht von anderen Offizieren begangen worden, sondern von bewaffneten Zivilisten. Die Kommunisten insgesamt wurden dafür verantwortlich gemacht. Das Offizierskorps in der Hauptstadt Khartum war nach diesem Ereignis nicht mehr sicher, ob Zusammenarbeit mit den Freunden Moskaus noch möglich war. Die meisten der Kommandeure wurden unsicher in ihrer Haltung – plötzlich erschien ihnen Numeiri als das kleinere der Übel, zwischen denen sie zu wählen hatten. Am dritten Tag des kommunistischen Putsches entschloß sich ein Major, dem Aufstand ein Ende zu machen; er gab seinen Infanteristen Befehl, auf den Präsidentenpalast zu schießen. Schon nach wenigen Minuten ergaben sich die Aufständischen.

Numeiri kannte jetzt keine Gnade mehr: Wer etwas galt unter den Kommunisten des Sudan, der wurde aufgehängt oder erschossen. Von der Sowjetunion, die über seinen Fall gejubelt hatte, wollte Dschafar An Numeiri künftig nichts mehr wissen.

Der Sieg über den politischen Gegner gab dem Präsidenten Kraft zur Regelung des Konflikts im Süden, der seit Jahren den Sudan auslaugte. Er brauchte dazu allerdings Hilfe. Kaiser Haile Selassie von Äthiopien leistete diplomatischen Beistand. In der Hauptstadt des Kaisers, in Addis Abeba, wurde im April 1972 ein Abkommen zwischen dem arabischen Volksteil im Norden des Sudan und der politischen Vertretung der heidnisch-christlichen Stämme des Südens abgeschlossen. Den drei Provinzen südlich der Nilsümpfe wurde Autonomie gewährt in allen Angelegenheiten, die ihr eigenes Gebiet betrafen.

Im Verlauf der Verhandlungen hatte Numeiri eine weitere Korrektur seiner Politik vorgenommen: Er strich die Unterstützung für die Befreiungsbewegung in Eritrea, deren Chefs aus dieser äthiopischen Provinz eine unabhängige Sozialistische Republik formen wollten. Die eigene Konfrontation mit dem Kommunismus hatte Numeiri sensibel gemacht für die Gefahr, die dem gesamten Niltal drohte.

Der sudanesische Präsident zog das Fazit, er habe Fehler gemacht durch die Unterstützung der militanten Gruppen, die Eritrea lostrennen wollen vom Reich Haile Selassies. Er sah nun im äthiopischen Kaiser, der verbündet war mit den Vereinigten Staaten, einen Garanten der Sicherheit für die sudanesische Südostgrenze. Aus dieser Einsicht heraus konnte er nicht länger eine Befreiungsfront unterstützen, die Äthiopiens Einheit zerstören wollte. Anwar As Sadat war längst zur selben Erkenntnis gekommen: »Wir müssen sehr genau darauf achten, wer an den Nilquellen regiert. Von diesen Quellen trinken Mensch, Tier und Pflanze im Sudan und in Ägypten. Unerträglich ist der Gedanke, die Nilquellen könnten von Politikern beherrscht werden, die uns, die nilabwärts leben, unter Druck setzen wollen. Sie hätten schon Möglichkeiten dazu.« Welche Möglichkeiten er meinte, sagte Anwar As Sadat nicht.

# Feindlicher Griff nach der Quelle des Blauen Nil

Wenn Sadat und Numeiri von den Nilquellen sprachen, meinten sie
beide den Ursprung des Flusses in Äthiopien. Eigentümlich fern war
ihnen der Victoriasee, der in Uganda liegt. Idi Amin und seine Blut-
herrschaft nahmen sie kaum zur Kenntnis – obgleich der Sudan
Zuflucht vieler bedrohter Menschen aus Uganda war. Zwei Gründe gab
es für diese Distanz: Sumpf und Urwald bilden eine natürliche, aber
überaus dichte Grenze die vor den Ereignissen in Uganda abschirmt –
und: der Weiße Nil, der Wasser aus Uganda führt, ist von den
Sudanesen und von den Ägyptern immer weniger beachtet worden als
der Blaue Nil. Die segenbringende Flut kam aus Südosten, aus Äthiopien.

Daß von dort allerdings auch Gefahr drohen konnte, war vielen
hundert Generationen ins Bewußtsein gedrungen. Seit den ersten
Jahrhunderten unserer Zeitrechnung lebten Christen im äthiopischen
Bergland. Den Moslems flußabwärts flößten sie Argwohn ein. Sie
waren lange die Hoffnung europäischer Christen, die den Islam vom
Nil vertreiben wollten. In der Äthiopienchronik des Franziskus Alva-
res, die im Jahre 1566 zu Eisleben auf deutsch gedruckt worden ist,
wurde dieser fromme Wunsch so formuliert: »Die Christen in Europa
sollen über das Meer fahren und sich mit den Abessiniern verbünden.
Dann soll das gemeinsame Heer seinen Weg nach Ägypten nehmen
und das ganze Land mitsamt der Stadt Cairo verheeren und verwüsten,
so daß man sich später darüber zanken wird, an welchem Platz die Stadt
Cairo gestanden habe.«

Jeder Herrscher Äthiopiens war stolz auf seine biblische Abkunft,
gab sich überzeugt, ein leiblicher Nachfahre jenes Sohnes zu sein, den
die legendäre Königin von Saba einst in einer gemeinsamen Nacht von

König Salomo in Jerusalem empfangen habe. Alte Chroniken erzählen davon, die Königin habe ihre Paläste am Ostufer des Roten Meeres verlassen, um in der Hauptstadt des jüdischen Staates den Herrscher kennenzulernen, dessen Klugheit über alles gerühmt wurde. Obgleich ihr Salomo imponiert habe, so wird berichtet, habe sie sich geweigert, mit ihm intim zu werden. Doch eines Nachts habe Salomo der Königin das Versprechen entlockt, sie werde mit ihm schlafen, wenn sie jemals dabei ertappt werde, wie sie etwas an sich nehme, was Salomo gehöre. Am nächsten Abend war das Essen am Hofe besonders scharf gewürzt. In der Nacht trieb der Durst die Königin aus dem Bett. Sie suchte umher, bis sie eine Karaffe mit Wasser fand. Daraus trank sie. Von Salomo überrascht, beugte sie sich seinem Argument, sie habe etwas an sich genommen, war ihr nicht gehöre. Neun Monate später gebar sie einen Sohn – den »Löwen von Juda«.

Kaiser Haile Selassie, bislang der letzte Monarch Äthiopiens, trug noch den Titel »Löwe von Juda« – obgleich die Kette der Nachkommen beweisbar mehrmals unterbrochen worden war. Der Titel sollte imponieren, doch er schützte letztlich nicht vor den gierigen Politikern der Kolonialmächte, die eben auch den »Löwen von Juda« als einen der vielen verwahrlosten afrikanischen Häuptlinge ansahen. Einer seiner Vorgänger aber hatte sich Respekt verschafft zum Erstaunen des christlichen Europa.

Die europäischen Christen sind nicht, wie Franziskus Álvares vorgeschlagen hatte, nach Äthiopien gekommen, um mit den dortigen Christen zusammen den Islam zu vernichten – die Europäer sind letztlich nach Äthiopien gezogen, um das christliche Königreich in Afrika aufzulösen und in koloniale Parzellen zu zerschneiden.,

Um das Jahr 1890 gründete Italien einen Stützpunkt in Ostafrika: Eritrea, das Küstenland am Roten Meer zwischen der heutigen Stadt Massawa und dem Bab Al Mandeb, wurde italienische Kolonie. Sie sollte jedoch nur den Ausgangspunkt bilden für den Vorstoß ins Innere des Berglands. Die Quellen des Blauen Nil zu besitzen war für den König am Tiber ein reizvolles Ziel. Als schwierig wurde der Weg dorthin nicht angesehen. Die Kommandeure des italienischen Expeditionskorps waren der Meinung, ihrer Streitmacht sei kein »afrikanischer Eingeborenenverband« gewachsen. Am 1. März 1896 mußten sie eine bittere Strafe für ihre Überheblichkeit hinnehmen: Die äthiopischen Truppen vernichteten die Angreifer bei Adowa. Diese Stadt liegt in gebirgiger Gegend, 200 Kilometer nördlich des Tanasees, durch den der noch junge Nil fließt. Die Demütigung, von Afrikanern besiegt zu werden, traf Italien schwer; alle Fahnen und Kanonen des Expeditionsheeres waren in die Hände des Feindes gefallen. Für afrikanische Nationalisten aber brachte der Ausgang des Kampfes Trost: Zum erstenmal war ein europäisches Heer auf dem afrikanischen Kontinent geschlagen worden – zumindest seit Hannibal war ein derartiger Erfolg nicht mehr zu registrieren gewesen.

König Menelik, in jenen Jahren der Herrscher von Äthiopien, wurde geachtet nach dem Erfolg von Adowa. Italien verzichtete offiziell auf den Plan, die äthiopischen Nilquellen zu erobern – die römische Regierung wollte in Wahrheit nur abwarten, bis der kluge Feldherr Menelik sterben würde. England und Frankreich schickten diplomatische Missionen nach Addis Abeba. Die Regierung in Paris informierte Menelik sogar, daß sie die Absicht habe, eine Einheit französischer Soldaten unter dem Befehl des Hauptmanns Marchand von Westafrika her an den Weißen Nil zu schicken.

Diese Information war nichts anderes als eine diplomatische Geste, da der Punkt, an dem Marchand auf den Weißen Nil stoßen sollte, nur 200 Kilometer von der äthiopischen Grenze entfernt war. Menelik, der nichts dagegen einwenden wollte, daß sich die Franzosen Besitzrechte am Nil sicherten, schickte eine Reitertruppe in die Gegend von Faschoda; sie sollte Hauptmann Marchand willkommen heißen. Zum vorgesehenen Zeitpunkt waren zwar die Äthiopier am Weißen Nil, doch von den Franzosen hatte niemand in den Siedlungen ringsum etwas gehört. Nach wochenlangem Warten mußte der äthiopische Befehlshaber den Abmarsch anordnen. Seine Männer, die aus dem Bergland stammten, waren dem feuchtwarmen Klima der Nilniederung nicht gewachsen; sie wurden vom Fieber geplagt. Als die Franzosen schließlich den Weißen Nil erreichten, hatten die Äthiopier längst wieder ihre gesündere Heimat in den Bergen erreicht.

Der Sieger von Adowa, der seine Souveränität abgesichert hatte, blieb dennoch abhängig von den Kolonialmächten. Ringsum war Äthiopien von Gebieten umgeben, die unter fremder Kontrolle standen. England hatte sich im Niltal festgesetzt und war daran interessiert, Einfluß zu nehmen auf die politische Situation am Ursprung des Blauen Nil. Italien war nicht zu vertreiben aus Eritrea und aus Somaliland; das Königreich hatte bereits bewiesen, daß es nach den Nilquellen in Äthiopien greifen wollte. Frankreich besaß ebenfalls eine Kolonie auf somalischem Gebiet; es wollte teilhaben an der Kontrolle des Hinterlands.

Menelik sah die Gefahr voraus, daß sich die drei Kolonialstaaten zusammenschließen würden, um aus Äthiopien eine gemeinsame Beute zu machen. Er suchte Unterstützung bei einem vierten Land, dem keine kolonialen Interessen nachgesagt werden konnten – bei Rußland. Menelik schickte junge Männer zum Studium nach Moskau. Er bat darum, daß ihm Rußland ein Krankenhaus einrichte. Meneliks Gesandte wurden in Moskau nicht abgewiesen. Die Mächtigen in Rußland begriffen, daß es klug wäre, auf dem afrikanischen Kontinent Fuß zu fassen. Dafür waren sie bereit, Geld auszugeben. Der Zar genehmigte sogar die Entsendung von Diplomaten nach Addis Abeba. Der Brauch, daß die Missionschefs einen Großteil der Kosten aus der eigenen Tasche bezahlten, ließ sich in diesem Fall nicht einhalten. Die Diplomaten in Addis Abeba mußten aus der russischen Staatskasse mit ansehnlichen Beträgen ausgestattet werden. Sie waren angewiesen, dem König höchste Achtung entgegenzubringen. Sie hatten den russischen Herrscher beim äthiopischen Herrscher zu vertreten. Die Hilfe, die Rußland uneigennützig in dieser frühen Phase der äthiopischen Entwicklung zum Nationalstaat leistete, bringt in der zweiten Hälfte des 20. Jahrhunderts reiche Ernte.

Die Kolonialmächte Italien, England und Frankreich hatten nichts gegen russische Hilfe einzuwenden, da Moskau offensichtlich nicht die Absicht hatte, ein afrikanisches Land zu kontrollieren. Rußland war keine Konkurrenz. Doch als im Dezember 1913 Menelik gestorben war, versuchte sein Nachfolger, engen Kontakt zum Deutschen Reich zu knüpfen. Dies ließen die Interessen der drei Kolonialmächte, die Äthiopien umklammert hielten, nicht zu. Da sie nicht direkt eingreifen wollten, organisierten sie Aufstände in äthiopischen Provinzen, die erst nach einer Veränderung der Staatsspitze abebbten. Tafari Makonnen wurde Herrscher in Addis Abeba – er nannte sich fortan Kaiser Haile Selassie.

War Äthiopien bis dahin ein Land gewesen, in dem sich seit den Anfängen des Christentums wenig verändert hatte, so sorgte der junge Monarch für Reformen, die gewaltige Schritte auf dem Weg in eine neue Zeit bedeuteten: Äthiopien erhielt eine Verfassung – die erste seiner Geschichte – und eine Volksvertretung. Eine Staatsbank wurde gegründet, ebenfalls zum erstenmal. Haile Selassie reduzierte die Steuerlast der Bauern, die bisher unter der Willkür des regionalen Adels zu leiden hatten. Er ließ ein Schulsystem organisieren, das an europäischen Vorbildern ausgerichtet wurde.

Der Kaiser verfolgte den Reformkurs nicht nur aus Liebe zu seinem Volk; er mußte Äthiopien voranbringen, wenn er selbst als Herrscher überleben wollte. Ihm war bekannt, daß seit der Machtergreifung des Faschismus die italienische Regierung erneut an koloniale Expansionspolitik dachte. Eritrea war noch immer italienischer Besitz. Die Planer der römischen Ostafrikapolitik sahen vor, dieses Küstenland als Ausgangsbasis zu nehmen für die Eorberung weiter Gebiete im Innern des afrikanischen Kontinents. »Avanti forza!« lautete Mussolinis Befehl an seine Armee – »mit voller Kraft voraus!«

Über ein Vierteljahrhundert lag die Niederlage der Italiener bei Adowa bereits zurück, doch die Schmach von damals brannte noch. Mussolini, der dem Namen »Italien« Glanz in der Weltpolitik geben wollte, mußte die historische Wende von damals korrigieren. Glorreiche Siege sollten den Mißerfolg vergessen machen.

Haile Selassie war sich bewußt, daß sein Reich nur zu retten war, wenn es Fortschritt und Zivilisation vorweisen konnte. Ein Land, das auf dem Weg war, sich dem Standard der Europäer anzupassen, durfte wohl nicht als Gebiet betrachtet werden, das kolonisiert und damit zivilisiert werden mußte. Um die Rolle seines Staates in der Gemeinschaft der Völker zu betonen, hatte er sich schon im Jahr 1923 für Äthiopien um Aufnahme in den Völkerbund bemüht; sie war ohne Schwierigkeiten im September jenes Jahres zugestanden worden.

Obgleich die Zugehörigkeit zu dieser Gemeinschaft eigentlich hätte Schutz bieten müssen vor Aggressionen, blieb Äthiopien alleingelassen, als Italien am 3. Oktober 1935 den lange vorbereiteten Angriff begann. Die Außenminister Frankreichs und Englands, Pierre Laval und Sir Samuel Hoare, waren sich einig, daß ein militärisches Eingreifen gegen Italien nicht in Betracht komme, auch könne der Suezkanal nicht für italienische Versorgungsschiffe, die nach Eritrea unterwegs waren, gesperrt werden. Damit war Mussolini von der Sorge befreit, England und Frankreich würden Italien für den offenen Bruch des Völkerrechts bestrafen.

Mussolini kalkulierte, daß nur ein rascher Erfolg ihn ganz von der Gefahr möglicher Wirtschaftssanktionen befreien würde. Aber da zeichnete sich kein brillanter Sieg ab. Wechsel im Oberkommando brachte General Pietro Badoglio nach Eritrea. Auch er konnte den Widerstand zunächst nicht brechen. Erst als Mussolini am 28. Dezember 1935 den Einsatz von Giftgas freigab, erzielte die italienische Kolonialarmee Siege. Am 5. Mai 1936 fuhr Badoglio in Addis Abeba ein. Am 30. Juni sprach der Kaiser in Genf vor den Delegierten des Völkerbunds. Seine Anklage nützte nichts mehr. Die Staaten die sich zivilisiert nannten, ließen zu, daß Äthiopien, das Mitglied des Völkerbunds, annektiert wurde.

Die italienische Regierung konnte stolz verkünden, sie sei im Besitz der Nilquellen und beherrsche damit den Ursprung des längsten Flusses der Welt. Diese Proklamation wiederum wies die Verantwortlichen in London darauf hin, daß sie selbst, durch ihre Haltung während der Debatten und der Abstimmungen im Völkerbund eine Entwicklung möglich gemacht hatten, die ihren eigenen Interessen gar nicht dienlich war. Das faschistische Regime in Rom, das jetzt über das Land der Nilquellen verfügte, wurde immer weiter in eine Partnerschaft mit dem nationalsozialistischen Deutschland hineingezogen. Nicht ganz auszuschließen war, daß Hitlers Armee eines Tages in Ostafrika ein Sprungbrett gegen britische Stützpunkte im Niltal geboten bekam. Selbst wenn eine solche Möglichkeit in der Realität unwahrscheinlich erschien, löste sie doch in London Beunruhigung aus, besonders, als sich in Europa der Kriegsausbruch abzuzeichnen begann. Vom englischen Standpunkt aus gesehen, hielt ein Feind den Nilursprung besetzt. Wenn auch beschwerlich, so war die Wegstrecke doch nicht weit von Äthiopien in den Sudan hinein, der von den Engländern besetzt war.

Italiens Stolz, die Nilquellen zu besitzen, war allerdings unbegründet – er war möglich, weil die Italiener von den wirklichen Geschehnissen um den Tanasee nichts erfuhren. Die Bewohner der Provinz Gojam, an ihren Grenzen liegen der Tanasee und der Blaue Nil, wehrten sich hartnäckig gegen die Besetzung. Das Bergland Gojam eignet sich vorzüglich für Guerillaaktionen, die den Italienern das Fürchten beibrachten. Nie war die Quelle, die James Bruce of Kinnaird einst entdeckt hatte, von Feldzeichen des Faschismus geschmückt.

England wurde rasch von der vagen Sorge befreit, Soldaten der Achsenmächte Deutschland und Italien könnten das Niltal von Süden her erobern. Ein halbes Jahr nachdem Mussolini England und Frankreich den Krieg erklärt hatte, am 19. Januar 1941, begann die britische Offensive vom Sudan aus gegen die italienische Besatzungstruppe in Äthiopien. Sie folgte, soweit es das Gelände erlaubte, dem Nilverlauf. Schon Wochen vor Angriffsbeginn hatten britische Flugzeuge über den Guerillastellungen in der Provinz Gojam an Fallschirmen Waffen und Munition abgeworfen. Mit Flugzeug und Fallschirm waren auch Offiziere aus Khartum ins Einzugsgebiet des Nil gebracht worden. So gelang es England endlich, auch den Tanasee und die höchste Strecke des Nilverlaufs unter Kontrolle zu bekommen.

Vor den entschlossenen Engländern wichen die Italiener schnell zurück. Da ihnen der Suezkanal seit Kriegsbeginn versperrt war, hatten sie keinen Kontakt mehr mit der Heimat. So blieben sie ohne Orientierung über Mussolinis Gesamtstrategie. Der Konflikt besaß für sie keinen Sinn mehr. Den Krieg rasch ausklingen zu lassen war der Wunsch der Soldaten aller Ränge in der Kolonialarmee. Der Monarch, der im Exil gelebt hatte, profitierte davon: Auf den Tag genau fünf Jahre nach dem italienischen Einmarsch in Addis Abeba konnte Kaiser Haile Selassie wieder Besitz von seiner Hauptstadt nehmen.

Er wußte allerdings noch lange nicht, ob er nun der Souverän im eigenen Staat war oder ob sich Äthiopien im Frühjahr 1941 nur von einer italienischen Kolonie in eine britische Kolonie verwandelt hatte. Die Kolonialverwaltungen in Cairo und Khartum wollten, daß ihre Macht auf Dauer bis nach Äthiopien ausgedehnt werde. Ihr Argument war, es sei Englands historische Aufgabe, den gesamten Nilverlauf unter seiner Aufsicht zu halten – nur so sei die Einheit der Nilländer, die von der Mehrheit seiner Bewohner gewünscht werde, möglich. Winston Churchill aber hielt es nicht für klug, dem Empire eine weitere Kolonie anzugliedern. Am 31. Januar 1942 erhielt Äthiopien die Unabhängigkeit zugesprochen. Englische Armee-Einheiten blieben allerdings noch länger im Lande stationiert. Die Notwendigkeit ihrer Präsenz in Äthiopien wurde mit Spannungen für die Dauer des Krieges und mit Unruhen in der Nachkriegszeit begründet. Erst 1954 verzichtete London ganz auf Einfluß in Äthiopien.

Als die Engländer abgezogen waren, machten sich Soldaten aus den Vereinigten Staaten breit. Haile Selassie holte amerikanische Waffen ins Land und amerikanische Militärberater. In der Nähe von Asmara durfte der Geheimdienst der USA eine elektronische Überwachungsstation bauen, deren Sensoren jeden Funkverkehr am Horn von Afrika, auf der Arabischen Halbinsel und am Persisch-Arabischen Golf einfangen konnten.

Der Kaiser folgte ohne Zögern der amerikanischen Politik. Solange der sudanesische Präsident Dschafar An Numeiri im Sudan Beziehungen zur Sowjetunion unterhielt, sorgte Haile Selassie dafür, daß die Rebellion im Gebiet südlich der Nilsümpfe über genügend Munition verfügte, um Numeiris Truppen Schwierigkeiten zu bereiten. Als Numeiri, nach der Erfahrung des kommunistischen Putsches, mit der Sowjetunion brach, da beendete Äthiopien die Hilfe für die Rebellen im Südsudan, da bot sich Haile Selassie sogar als Vermittler im Konflikt zwischen den sudanesischen Bürgerkriegsparteien an – auf Wunsch der Regierung in Washington.

Der Kampf gegen die Unabhängigkeitsbewegung von Eritrea zwang den Kaiser zu immer engerer Kooperation mit den USA. Seine Armee brauchte Waffen zum Kampf gegen die Aufständischen. Die Befreiungsorganisation aber wurde lange Zeit von Dschafar An Numeiri gestützt, der sich auf diese Weise für die äthiopische Waffenlieferung an die Unabhängigkeitsbewegung im Gebiet südlich der Nilsümpfe rächte. Numeiri half mit sowjetischen Waffen aus – die Amerikaner lieferten aus eigener Produktion. In der Region von Asmara schossen die Waffen der beiden Großmächte.

Als sich die Amerikaner vorübergehend weigerten, mit ihren Militärberatern immer mehr in den aktiven Kampf um Eritrea hineingezogen zu werden, da sprang Israel ein – aus dem Gefühl der Verbundenheit mit dem »Löwen von Juda«. Nach heftigem Drängen der Regierung Eshkol, die befürchtete, ihr eigenes Waffenlager leere sich zugunsten der Äthiopier, gab Washington jedoch seine Zurückhaltung bald wieder auf. Äthiopien erhielt Kampfflugzeuge vom Typ F 5 E und Panzer der Klasse M-60. Mit der Ankunft der hochentwickelten Waffen vermehrte sich die Zahl der Amerikaner wieder. Sie waren zusammengefaßt in der Military Assistance Advisory Group (MAAG), die schließlich das Oberkommando in der äthiopischen Armee führte.

Sorgfältigste Überwachung des einheimischen Offizierskorps durch die Amerikaner konnte jedoch nicht verhindern, daß die Unzufriedenheit mit dem Kaiser und mit den Militärberatern wuchs. Haile Selassie, seit der Zeit des Ersten Weltkriegs Leitgestalt der Äthiopier, war senil geworden. Die Männer seiner Umgebung aber galten als korrupt. Die äthiopischen Offiziere hielten die Herrschaft der Kaiserclique im Jahre 1974 für nicht länger tragbar. Sie nützten die unruhige Stimmung in der Bevölkerung, die durch Hungersnöte in weiten Teilen des Landes ausgelöst worden war, aus und revoltierten am 12. September. Kein Protest war zu hören, als die Bevölkerung von der Absetzung des Kaisers erfuhr. Zu lange schon hatte der »Löwe von Juda« geherrscht. Niemand trauerte, als er elf Monate später starb. Präziser formuliert: Niemand durfte trauern. In Äthiopien war die Freiheit, Gefühle zu zeigen, nicht mehr geduldet.

126 Soldaten und Offiziere hatten sich vorgenommen, Äthiopien gemeinsam zu regieren; sie bildeten das Revolutionskomitee. Durch ihren Beschluß wurde Äthiopien zum sozialistischen Staat erklärt. Der Verkündung der Prinzipien folgten die praktischen Maßnahmen: Banken und Industriebetriebe wurden verstaatlicht, ebenso alle Grundstükke in Stadt und Land.

Behindert wurde der Sozialisierungsprozeß jedoch durch Streit im Revolutionsrat. Der Gedanke, alle 126 Männer könnten in Einmütigkeit Entschlüsse fassen, war schon bald aufgegeben worden. Kräftezentren hatten sich gebildet, die gegeneinander kämpften. Die politischen Verlierer überlebten meist nicht lange. Nahezu drei Jahre lang dauerten die blutigen Auseinandersetzungen, die durch Maschinengewehre und Geschütze ausgetragen wurden. Am 3. Februar 1977 fand die entscheidende Schlacht im Zentrum von Addis Abeba statt. Der dreißigjährige Oberstleutnant Mengistu Haile Mariam wollte den etwas älteren Brigadegeneral Tafari Bante vom Posten des Vorsitzenden der Militärjunta stürzen. Am Abend war Tafari Bante tot. Mengistu Haile Mariam war fortan der starke Mann in Äthiopien.

Schon wenige Wochen nach dem Sieg des Obersten schickte die Sowjetunion einen Kundschafter nach Addis Abeba, der erforschen sollte, ob Mengistu Haile Mariam ein Partner sein könnte »im Kampf gegen Imperialismus und Kapitalismus«. Der kubanische Revolutionsführer Fidel Castro war dieser Kundschafter. Unangemeldet kam er nach Addis Abeba; kein Empfangskomitee war auf dem Flughafen, um ihn zu begrüßen. Fidel Castro wollte unbeeinflußt sehen und hören. Er zeigte sich beeindruckt von den sozialistischen Ansätzen der Revolution. Äthiopien, so meinte er, folge korrekt dem Kurs des Marxismus-

Leninismus. Es sei jedoch an der Zeit, daß sich das Land aus den Krallen des amerikanischen Imperialismus löse. Die Bindung an die USA sei noch ein Relikt aus der Zeit der Feudalherrschaft. Der Kaiser habe die Amerikaner ins Land gebracht. Mit dem Kaiser habe folglich auch die amerikanische Präsenz zu verschwinden.

Der Rat des Kubaners wurde zwar zur Kenntnis genommen, doch es fiel den äthiopischen Offizieren schwer, die Konsequenzen daraus zu ziehen. Sie waren alle durch amerikanische Kollegen ausgebildet worden. Sie hatten nichts gegen die Amerikaner vorzubringen; viele der Hauptleute, Majore und Oberstleutnants waren freundschaftlich mit den Partnern in der Military Assistance Advisory Group verbunden. Nun in den Amerikanern durchweg Agenten des Imperialismus zu sehen war für jeden einzelnen ein psychologisches Problem. Der einzige Vorwurf, den die äthiopischen Offiziere den Amerikanern machen konnten, galt den engen Beziehungen, die zwischen der Military Assistance Advisory Group und dem kaiserlichen Hof bestanden hatten. Die Amerikaner hatten immer den Eindruck erweckt, als könnten sie sich Äthiopien ohne Haile Selassie gar nicht vorstellen. Die meisten der äthiopischen Oberstleutnants rechneten die enge Bindung der MAAG an den Kaiserhof der ohnehin konservativen Haltung des amerikanischen Offizierskorps zu. Eingemischt hatten sich die Militärberater nicht, als Haile Selassie abgesetzt worden war; sie hatten ihn nie aus den Händen der Revolutionäre zu befreien versucht. So war eigentlich die Grundlage gegeben für eine weitere Zusammenarbeit mit der MAAG. Mengistu Haile Mariam aber sagte, die Amerikaner seien zu sehr kompromittiert, sie hätten Äthiopien zu verlassen. Fidel Castros Worte hatten offene Ohren gefunden.

Oberstleutnant Atnafu Abate, der zweite Mann in der Hierarchie des Offizierskonvents, aber sprach offen aus, was viele dachten: »Im Namen des Sozialismus wird von uns verlangt, daß wir unserem Land seinen reichsten Freund rauben. Ich bezweifle sehr, daß wir aus der Trennung von den USA Nutzen ziehen. Wir müssen überall in der Welt Freunde haben, vor allem aber im Westen, in den USA.«

Der Oberstleutnant glaubte, eine starke Basis zu besitzen im internen Kampf der Machtgruppen. Er war der Kommandeur der 4. Division, die in der Hauptstadt stationiert war; die Offiziere hatten ihm Treue geschworen. Doch als ihn Soldaten verhafteten, die dem ersten Mann der Junta, dem Oberstleutnant Mengistu Haile Mariam, verpflichtet waren, da nützte der Treueschwur nichts mehr. Atnafu Abate wurde im November 1977 erschossen.

Der Bericht, den der Kundschafter Fidel Castro in Moskau über das Regime in Addis Abeba abgegeben hatte, veranlaßte die Kremlführung, die wichtigsten Offiziere nach Moskau einzuladen. Staatspräsident Podgorny empfing Mengistu Haile Mariam auf dem Flughafen der sowjetischen Hauptstadt. Der Oberstleutnant entstieg dem Flugzeug in Zivil. Ohne Uniform wirkte der kleine Mann, der zur Korpulenz neigt, unauffällig und bescheiden.

Nach dem ersten Gespräch mit Breschnjew hatte Mengistu Haile Mariam das Gefühl, daß er die Unterstützung der Sowjetunion gefunden habe; er meinte, es sei ihm gelungen, seine Person als Garanten einer stabilen sozialistischen Politik zu präsentieren. Alle Anzeichen sprachen dafür, daß seine Einschätzung korrekt war. Die Kremlführung erklärte sich bereit, Waffen nach Äthiopien zu liefern. Mengistu Haile Mariam konnte mit der Umrüstung der Armee beginnen.

Die Abhörstation des US-Geheimdienstes bei Asmara war schon unmittelbar nach der Absetzung des Kaisers aufgelöst worden. Die Regierung der Vereinigten Staaten war selbst darauf bedacht gewesen, die geheimen elektronischen Geräte nicht in einem Land zu belassen, das von revolutionären und antiamerikanischen Ideen befallen war. Nach diesem Verzicht ergab sich der stufenweise Abzug der amerikanischen Berater von selbst. Die Military Assistance Advisory Group löste sich langsam auf. Als die ersten sowjetischen Waffen – und mit ihnen die ersten sowjetischen und kubanischen Militärberater – eintrafen, da hatten die Amerikaner Äthiopien geräumt.

In den Staaten, die nilabwärts liegen, registrierten die Präsidenten mit Besorgnis die Veränderung im Land der Quellen des Blauen Nil. Daß Marxisten-Leninisten in Äthiopien regierten, war für Sadat und für Numeiri die Erfüllung ihrer schlimmsten Träume. Ihre Länder waren abhängig vom Wasser aus dem äthiopischen Bergland. Ein radikaler Gegner, der Tanasee und die Schluchten des Nil kontrolliere, könnte sie erpressen, so fürchteten sie, könnte mit Sperrung des Wassers drohen. Der Sowjetunion trauten beide Präsidenten, Numeiri und Sadat, zu, daß sie durch Erzeugung traumatischer Angstgefühle, das Nilwasser könne ausbleiben, Einfluß nehmen wolle auf die Menschen im Niltal. Auf »Sammetpfoten« sei die Sowjetunion an die Nilquellen gelangt, beklagte sich Dschafar An Numeiri. Die amerikanische Regierung hatte er darum gebeten, daß der Luftraum über dem Sudan sorgfältig auf Benutzung durch sowjetische Transportmaschinen überprüft werde. Die Amerikaner waren der Meinung, alle Flugwege der Sowjets in Richtung Äthiopien überwachen zu können. Zur Verblüffung des amerikanischen Geheimdienstes standen jedoch immer wieder sowjetische Antonov-Transporter auf äthiopischen Militärflughäfen, ohne daß ein Land ringsum die Benützung seines Luftraums bemerkt hätte. Keine der Beobachtungsstationen in Iran, Saudi-Arabien oder im Sudan hatten außergewöhnliche und unangemeldete Flugbewegungen auf den Radargeräten registrieren können. Die sorgfältige Überprüfung aller Elektroniksysteme ergab, daß über dem Sudan eine Radarlücke bestand. Da existierten »blinde Flecke«, die sich zu einer Luftstraße ergänzten. Offenbar hatten Spezialisten diese partielle Erblindung der Radarschirme erzeugt. So konnten Flugzeuge, die von der libyschen Wüste her anflogen, über dem Sudan nicht entdeckt werden. Dschafar An Numeiri mußte feststellen, daß die Sowjetunion in seinem Land Freunde auf strategisch wichtigen Positionen besaß.

Der sowjetische Aufmarsch im Land am Ursprung des Blauen Nil beunruhigte nicht nur die arabischen Staatschefs Numeiri und Sadat. Zbigniew Brzezinski, der Sicherheitsberater des amerikanischen Präsidenten Jimmy Carter, sprach im April 1978 davon, daß ihn vor allen Dingen die Präsenz der Kubaner in Äthiopien erschrecke: Im Auftrag der Sowjets befänden sich 12 000 kubanische Panzerfahrer und Piloten in Äthiopien. Brzezinski schickte im Frühsommer 1978 seinen Stellvertreter in der Leitung des National Security Council, David Aaron, nach Addis Abeba. Er sollte Mengistu Haile Mariam überzeugen, daß es unklug sei, sich derart in die Hand der von den Sowjets abhängigen Kubaner zu begeben. Die Vereinigten Staaten seien bereit, bei Reduzierung der Anzahl kubanischer Militärberater auf ein erträgliches Maß die äthiopische Revolutionsregierung auf die Liste der Staatsführungen zu setzen, die Wirtschaftshilfe erhalten. Mengistu Haile Mariam erwiderte, er habe die Kubaner ins Land holen müssen, da Äthiopien Opfer einer Aggression aus Somalia sei. Mohammed Siad Barre, der Chef der somalischen Militärjunta, habe geglaubt, er könne Äthiopien zu einem Zeitpunkt der Schwäche treffen: Mit seinem Angriff vom Ogaden aus habe er gewartet, bis die äthiopische Armee mit der Umrüstung von amerikanischen auf sowjetische Waffen begonnen habe. In seinen abenteuerlichen Absichten sei Mohammed Siad Barre von Anwar As Sadat unterstützt worden, der wohl gehofft habe, das sozialistische Regime in Addis Abeba aus den Angeln zu heben.

David Aaron mußte zugeben, daß Mengistu Haile Mariam die Wahrheit sprach. Äthiopien war von Somalia überfallen worden – Anlaß hatte der schon lange schwelende Grenzstreit um die Provinz Ogaden gegeben. Der Amerikaner verließ Äthiopien mit Verständnis für Mengistu Haile Mariam. Aaron flog von Addis Abeba nach Washington zurück mit der Gewißheit, Äthiopien unternehme nichts gegen amerikanische Interessen – auch nichts gegen die Anwesenheit der Amerikaner im Sudan und in Ägypten. Schon wenige Tage nach Aarons Rückkehr in die amerikanische Hauptstadt beendete Ägypten die heimlichen Waffenlieferungen an Somalia.

Anwar As Sadat und Dschafar An Numeiri mußten sich damit abfinden, daß Äthiopien, das Land, aus dem der Blaue Nil herunterströmt, weiterhin von einem Regime regiert wurde, das enge Freundschaft mit Moskau pflegte. Sadat warnte, Mengistu Haile Mariam sei ein Werkzeug in der Hand der Kremlführung; er habe mitzuwirken an der Einkreisung Ägyptens. Sadat sagte im Frühjahr 1979: »Ich habe immer hinter sowjetischen Aktionen mehr eine langfristige Strategie gesehen als Taktik für den Augenblickserfolg. Ich erkenne jetzt, daß die Situation um uns herum alarmierend ist. Die Sowjetunion ist gefährlicher als jemals zuvor. Da paßt alles ineinander: Der Schah von Iran ist gestürzt, Afghanistan ist bei hellem Tageslicht von den Sowjets besetzt worden. Für uns entscheidend ist, daß sie sich in Südjemen und in Äthiopien eingegraben haben – vor allem aber auch in Libyen. Moammar Al Kathafi ist der Agent der Sowjets.«

# Kathafis Drang zum Nil

Moammar Al Kathafi hatte seinen Weg in der Politik als ein Gegner der Sowjetunion begonnen, der vor den Kremlführern seinen Standpunkt nicht verbarg. Unmittelbar nach der Revolution vom 1. September 1969, die der Monarchie in Libyen ein Ende gesetzt hatte, war Kathafi von Salikh Bataiew besucht worden, einem überzeugten Kommunisten und hohen sowjetischen Parteifunktionär, der jedoch aus einem der islamischen Staaten der Sowjetunion stammte. Bataiew war von Moskau nach Tripolis geflogen, um zu erforschen, ob der junge Revolutionär dem Beispiel Nassers folgen und das nordafrikanische Land dem Sozialismus näherbringen werde. Ihm sagte Kathafi gleich bei der ersten Begegnung, daß er nie verstehen werde, wie ein Mann aus einer islamischen Familie – wie Bataiew zum Beispiel – Propagandist einer atheistischen Weltanschauung werden könne. Er fügte hinzu: »Mein Volk und ich, wir sind keine Kommunisten und werden nie Kommunisten werden. Die Kommunisten der Sowjetunion haben sich für uns entlarvt, als Israel gegründet wurde. Die Amerikaner haben Israel damals nach vier Minuten anerkannt – Moskau brauchte vier Stunden dazu. Für mich ist der Unterschied gering.«

Der Vorwurf des Moslems Kathafi gegen die kommunistische Ideologie lautete, sie leugne die Existenz eines Gottes. Sie behaupte, der dialektische Materialismus sei die Kraft, von der die Welt bewegt werde. Eine Weltanschauung, die nichts von Gott wissen wolle, werde untergehen, da Gott auch nichts von ihr und ihren Anhängern wissen wolle.

Gamal Abdel Nasser – der Moslem war, aber vor allem ein Praktiker der Macht – war sehr erstaunt, als ihm Kathafi erklärte, er könne mit der Sowjetunion nicht verhandeln. Kossygin sei für ihn ganz einfach

479

ein Feind. Nasser antwortete damals: »Sicher sind die Führer der Sowjetunion Atheisten, doch sie sind auf unserer Seite. Die Verantwortlichen der USA sagen, sie glauben an Gott, doch sie sind gegen uns.« Kathafi aber blieb dabei, Atheismus sei ein unverzeihliches Verbrechen. Ein guter Moslem könne deshalb nicht mit Atheisten einig werden.

Von dieser Meinung ist der Revolutionsführer niemals abgerückt – und dennoch geriet er in den Verdacht, der kommunistischen und antireligiösen Führung der Sowjetunion die Tür zur Arabischen Welt wieder aufgetan zu haben, nachdem Sadat sie verschlossen hatte. Weitverbreitet ist das Urteil, Kathafi sei der Agent der Sowjetunion; er habe im Sinn, den Sowjets auch den Weg an den Nil zu bereiten. Sadat selbst sah sein Regime, und vor allem das seines Freundes Numeiri, durch den »Handlanger Moskaus« gefährdet. In der Endphase seiner Regierungszeit bemühte er sich, diese Gefahr abzuwenden. Dieses Bemühen nahm ihn während der letzten Lebensmonate ganz in Anspruch.

Vom ersten Monat seiner Amtszeit an blickte Sadat mit Argwohn auf den Revolutionär in Tripolis. Er wußte, daß Kathafi mit dem Wunsch zu ihm kommen werde, die Nachbarländer Libyen und Ägypten zu vereinigen. Gamal Abdel Nasser hatte schon ähnliche Vorschläge zu hören bekommen, doch vor einer Stellungnahme hatte sich der Ägypter bis zu seinem Tode gedrückt. Aus Erfahrung war Nasser vorsichtig geworden gegenüber allen Plänen, bisher unabhängig existierende arabische Staaten miteinander zu verbinden. Mit Begeisterung war am 1. Februar 1958 in Ägypten und in Syrien die Nachricht von der Fusion der beiden Staaten zur Vereinigten Arabischen Republik aufgenommen worden. Dreieinhalb Jahre später aber waren beide Völker zufrieden, daß eine Trennung möglich wurde – nur Nasser war tief enttäuscht. Er konnte einfach keine Befriedigung mehr zeigen, wenn ihn ein junger Revolutionär besuchte, um ihm zu sagen, daß er sein Land mit Ägypten vereinigen wolle. Anwar As Sadat hatte diese vorsichtige Haltung übernommen. Wie er mit Kathafis Unionsplänen, die er als »Drang zum Nil« bezeichnete, konfrontiert wurde, schilderte Sadat so:

»Im August 1972 erklärte Kathafi in aller Öffentlichkeit, er wolle die totale Vereinigung Libyens mit Ägypten. Da ich schon lange einen Besuch im Nachbarland zugesagt hatte, reiste ich nach Benghasi, um zu erforschen, was er eigentlich wollte. Bei meiner Ankunft stellte ich fest, daß er die Pläne für einen Zusammenschluß schon fertig hatte. Über diese Eile war ich gar nicht begeistert. Die Pläne sahen vor, daß ich zwar Präsident des Unionsstaates sein würde, Kathafi aber sollte Vizepräsident werden – und vor allem Oberbefehlshaber aller Streitkräfte. Ich sagte Kathafi, daß ich seiner Ernennung zum Oberbefehlshaber nicht zustimmen könne. Es hätte immer katastrophale Folgen gehabt, wenn ein Politiker geglaubt hätte, er müsse den Generalen Befehle geben. Die Streitkräfte zu führen sei Sache der Fachleute. Dazuhin müsse die Armee aus der Politik herausgehalten werden.«

Sadat hatte sich nicht übertölpeln lassen. Er beherrschte die wichtigste Grundregel nahöstlicher Politik, die auch am Nil gilt: Derjenige besitzt die Macht im Staat, aus dessen Mund die Armee Befehle entgegennimmt. Moammar Al Kathafi hätte die Verfügungsgewalt über die Armee ausgenutzt, um Anwar As Sadat unter Druck zu setzen. Der Präsident wäre nach und nach seiner Amtsgewalt beraubt worden; er hätte schließlich nur noch den Ausweg des Verzichts gehabt.

Anders als Nasser, der den Libyer sympathisch fand, weil er sich als Jünger der Ideologie Nassers präsentierte, konnte Sadat dem Revolutionsführer im Nachbarland nichts abgewinnen. Sadat glaubte, Kathafi sei ein Mensch, der wohl nie reif werde, dessen Charakter immer gefährlich unausgeglichen bleibe.

Hassanein Heikal, der in Nassers und in Sadats Auftrag die Persönlichkeit Kathafis zu analysieren hatte, aber urteilt so: »Er ist ein Beduine. Er kann von einem Augenblick zum anderen völlig seine Position wechseln. Ihn fasziniert das Spiel mit der Macht. Obgleich er im Grunde ein Mann von großer Geduld ist, kann er auch in Ausbrüche äußerster Ungeduld verfallen. Als er begann, sein Land zu industrialisieren, da sollte alles auf einmal geschehen. Er wollte keine Zeit verschwenden, wie er sagte, für Untersuchungen, für lange Diskussionen und endlose Verhandlungen. Er hatte das Geld, um alles verlangen zu können. Ihn interessiert immer nur eines, wie schnell etwas getan werden kann. Und doch muß man auch dies bedenken: Eigentlich hatte er seine Revolutionsbewegung als Schüler begründet – fünfzehn Jahre alt war er damals. Mit siebenundzwanzig hat er dann den König vertrieben. Zwölf Jahre lang war es ihm möglich gewesen, eine Untergrundorganisation am Leben zu halten, dafür zu sorgen, daß die

Verschwörer bei der Sache blieben und nicht an Absprung oder gar an Verrat dachten. Das ist doch ein Zeichen von außerordentlicher Geduld und Beharrlichkeit.«

Heikal hatte frühzeitig in seinen Gesprächen mit Kathafi feststellen können, daß der Libyer sein eigenes Land für die Fortsetzung Ägyptens in Richtung Afrika hält, das nicht eigenständig weiterexistieren solle. Es sei ein Naturgesetz, so dozierte Kathafi einmal, daß die Bewohner Libyens angezogen werden müssen – wie dem Gesetz der Schwerkraft folgend – von der Masse der Menschen im Niltal, daß ihnen letztlich nichts anderes übrig bleibt, als sich mit den Ägyptern zu verschmelzen. Diesen historischen Prozeß wollte und will er unterstützen und lenken. Moammar Al Kathfai stellte sich vor, daß sich um einen derart starken, in sich gefestigten Volkskern dann ein Feld der Anziehungskräfte bilden werde, das die Menschen der übrigen arabischen Staaten zur Vereinigung mit Ägypten und Libyen zwinge. Kathafi hält durchaus auch die Bildung anderer Volkskerne für möglich – doch sei keiner so attraktiv wie der, dessen Lebensader der Nil bilde.

Daß er, der unermüdliche Agitator für die Bildung von Kernen der arabischen Einigung, auch der Führer des sich bildenden Gesamtstaates werden würde, war ihm seit Nassers Tod ein selbstverständlicher Gedanke. Nur dem arabischen Nationalisten Gamal Abdel Nasser hatte Kathafi die Kraft zugetraut, ein Vereinigtes Arabien zu führen. Alle anderen Staatschefs und Politiker, Anwar As Sadat eingeschlossen, hielt Kathafi für unfähig, ein derart revolutionäres Konzept zu realisieren. Nach seiner Ansicht sind arabische Politiker zu sehr Egoisten, die auf eigene Macht und auf ihren Machtbereich nicht verzichten wollen. Er entschloß sich, den Präsidentenkollegen demonstrativ zu zeigen, daß er anders sei, daß er auf Macht verzichten könne.

Anlaß für den Verzicht war Kathafis Ärger über die Hindernisse, die ihm den Weg zur Einigung Arabiens blockierten. Er hatte sich mit Sadat endlich geeinigt gehabt, daß Ausschüsse über Voraussetzungen und Konsequenzen der libysch-ägyptischen Einigung beraten sollten mit dem Ziel, Pläne für die praktische Durchführung der Fusion vorzulegen. Doch in diesen Ausschüssen saßen hohe Beamte der Ministerien; diese Bürokraten sahen ihre vornehmste Aufgabe darin, auf die Schwierigkeiten der Vereinigung hinzuweisen. Kathafi kritisierte zu Recht, daß die Ausschußmitglieder mehr das Trennende zwischen Ägypten und Libyen sahen als die Faktoren, die beide Länder und Völker verbanden. Enttäuscht von der »politischen Impotenz« der Araber insgesamt, teilte Moammar Al Kathafi Anfang Juni 1973 seinen Revolutionskameraden, den Ministerien und den akkreditierten Diplomaten mit, er habe sich dazu durchgerungen, auf seinen Sitz im Revolutionsrat zu verzichten. Er wolle künftig nur als Bürger Libyens behandelt werden.

Da niemand seinen Entschluß ernst nahm, flog Kathafi nach Cairo; nicht in einer Sondermaschine, sondern in einem planmäßigen Verkehrsflugzeug. Der Bürger Libyens begab sich an den Nil, in die Stadt, die er als Zentrum Arabiens ansah. Überzeugt, daß nur die Bürokraten und die Politiker den Zusammenschluß zwischen Ägypten und Libyen verhinderten, wollte er als einfacher Bürger Libyens mit einfachen Leuten in Cairo reden, um sie von der historischen Notwendigkeit der Einigung zu überzeugen. Er wunderte sich, daß auch die Männer in den Straßencafés am Nil genau die Fragen stellten, die ihn schon während der Sitzungen der Bürokratenausschüsse geärgert hatten. Sie wollten wissen, ob künftig auch am Nil die strengen Strafen angeordnet werden würden, die von den Richtern in Libyen bereits praktiziert wurden. Sie interessierten sich dafür, wie sich denn die Frauen im künftigen Unionsstaat zu benehmen hätten, ob ihnen wieder der Harem drohe. Diese Fragen aber hielt Moammar Al Kathafi für kleinlich im Zusammenhang mit der revolutionären Idee, ein Vaterland der Araber zu schaffen. Der Schwung der Revolution fehle den Menschen in Cairo, stellte er fest – und flog wieder nach Tripolis zurück.

Noch ehe er in Libyen angekommen war, hatte Kathafi die Idee entwickelt, wie am Nil das revolutionäre Feuer zu entzünden wäre. Er wollte die Massen Libyens auf den Weg nach Cairo schicken. Vierzigtausend Männer und Frauen sollten die Schlagbäume an der libysch-ägyptischen Grenze niederreißen; sie sollten nach Osten marschieren, zum Nildelta und zur ägyptischen Hauptstadt. Die libysche Armee hatte die Organisation zu übernehmen: Sie stellte Verpflegung und ärztliche Hilfe, sie übernahm den Transport derer, die nicht mehr gehen konnten. Weit war die Strecke, die zurückgelegt werden sollte: Sie betrug über 2000 Kilometer.

Mit Gewalt glaubte Moammar Al Kathafi den, nach seiner Meinung, historisch notwendigen Prozeß der Verschmelzung seines Volkes mit den Menschen des Nillandes zum Ablauf bringen zu können. Er rechnete damit, daß den Vierzigtausend aus dem kleinen Volk der

Libyer schon im Nildelta Begeisterung entgegenschlage. Millionen, so meinte er, werden sich seinem Stoßtrupp anschließen. Der revolutionäre Geist des Volkes werde zerstören, was sich seinem Willen entgegenstelle. Das Volk werde erkennen, welche Kräfte die Einigung verhindert haben – sie hätten mit der Vergeltung der Massen zu rechnen. In Flammen müsse aufbrennen, was sich an Verfaultem an den Ufern des Stromes angesammelt habe: Die Feuer aus Dächern und Fensterhöhlen der Nachtlokale an der Straße von den Pyramiden zum Nil werden der Masse die Richtung nach Cairo weisen. Als Endziel des Marsches war von Moammar Al Kathafi der Abdinpalast in Cairo festgelegt worden, der Regierungssitz des Präsidenten Sadat. Der Libyer stellte sich vor, daß dort eine Million Menschen im Namen aller arabischen Völker die Vereinigung fordern werde. Dieser massiven Demonstration des Volkswillens werde Sadat nicht widerstehen können.

Der ägyptische Präsident war sich der Gefahr bewußt, daß die Ankunft der libyschen Massen am Nil die Revolution auslösen werde. Unter allen Umständen mußte die Demonstration abgefangen werden. Anwar As Sadat schickte ein Telex nach Tripolis, dessen Text den Revolutionsführer in bösem Ton auf seine Verantwortung hinwies, die Kampfkraft der ägyptischen Armee zu bewahren – der Marsch der Libyer aber lenke alle Verantwortlichen von ihrer Aufgabe ab, gegen Israel gerüstet zu sein. Der Feind könne die Präsenz der libyschen Massen auf ägyptischem Boden sogar als Vorwand nehmen, um sich am besetzten Boden festzuklammern, mit dem Argument, die Sicherheit Israels verlange dies. Die Antwort aus Tripolis lautete, Kathafi sei nicht zuständig für die Demonstration des Volkswillens. In Libyen sei das Volk der Souverän und treffe eigenständige Entscheidungen; da habe niemand das Recht, sich einzumischen.

Da die politische Lösung nicht möglich schien, entschloß sich Sadat, das Problem militärisch anzupacken. Die Garnison von Marsa Matruh wurde alarmiert; sie bekam Befehl, die Straße zum Nildelta abzuriegeln. Die Kommandeure überlegten sich, ob sie einen Minengürtel legen lassen sollten, der auch die Umgebung der Straße unpassierbar gemacht hätte. Ihnen wurde jedoch bald deutlich, daß ihre Maßnahmen keineswegs abschreckend wirkten. Die Masse der Demonstranten näherte sich ohne Argwohn. Ihre Anführer rechneten nicht mit Widerstand. Der Befehlshaber der Garnison von Marsa Matruh informierte den Präsidenten, daß die Abwehr der vierzigtausend Libyer an der Grenze nur durch Gewalt und damit unter Opferung von Menschenleben möglich sei. Sadat sah schließlich ein, daß der Tod von einigen hundert Libyern der Propaganda Kathafis ebensoviele Märtyrer schaffen würde, die als Helden gefeiert werden könnten, gestorben für die Idee der Einigung Arabiens. Um dies zu verhindern, setzte sich Sadat wieder mit dem Amtssitz des Revolutionsführers in Tripolis in Verbindung. Er schlug vor, daß eine Delegation von vierzig der vierzigtausend nach Cairo kommen solle, um die Wünsche des libyschen Volkes vorzutragen. Auf diesen Vorschlag ging Moammar Al Kathafi ein.

Die Präsidenten von Ägypten und Libyen einigten sich, daß der 1. September 1973 als der Tag gelten solle, an dem der Prozeß der Verbindung beider Staaten beginnen könne. Sadat hatte sich unter Druck auf diesen Termin festlegen lassen; er hatte zugestimmt, um den Emotionen der aufgeputschten Libyer Gelegenheit zu geben, wieder abzuklingen. Ernst war das Versprechen nie gemeint.

Doch Moammar Al Kathafi hatte fest daran geglaubt, daß nun der Zusammenschluß beider Staaten Wirklichkeit werde. Er richtete sich schon darauf ein, an den Nil umzuziehen. Immer wieder erkundigte er sich bei Sadat, ob in Ägypten die Arbeiten an der Gesetzgebung vorangeschritten seien, ob darüber gesprochen werden könne, welche Funktionen ihm im Einheitsstaat zugedacht seien. Antwort aus Cairo erhielt Kathafi nicht.

Fünf Tage vor dem für ihn so wichtigen Termin landete Kathafis Dienstflugzeug in Cairo. Als die Paßbehörde entdeckte, daß der libysche Revolutionsführer selbst der Maschine entstieg, meldete sie die Ankunft der Kanzlei des Präsidentenpalastes. Von dort wurde eilig eine Delegation auf den Weg geschickt, die den Gast empfangen sollte. In den Räumen, in der die Begrüßung von Staatsoberhäuptern gewöhnlich stattfand, wurde Kathafi vergeblich gesucht. Nachforschungen ergaben, daß er in einem Taxi zur Stadt gefahren sei. Dem Geheimdienst gelang es erst nach einigen Stunden, den Namen des Hotels festzustellen, in dem Kathafi ein Zimmer bezogen hatte. Der Einladung Sadats, doch in einen der Paläste umzuziehen, folgte der Libyer nicht.

Immer wenn Sadat durch Bescheidenheit auf andere Menschen wirken wollte, bat er sie, mit ihm in sein Heimatdorf im Nildelta zu kommen. Er sprach bei solcher Gelegenheit dann lange von seiner einfachen Herkunft und von der »Ethik des Dorfes am Nilufer«, die ein schlichtes, aber moralisch einwandfreies Leben vorschreibe. Auch Moammar Al Kathafi erhielt jetzt die Einladung nach Mit Abu Al Kom. Sadat folgte dem gewohnten Ritual. Er sprach schließlich davon, daß dieses Volk des Niltals Zeit benötige, um sich auf den Prozeß der Einigung mit den Menschen der Wüste, die ihm doch fremd seien, einstellen zu können. Trotzdem brauche der 1. September, der vorgesehene Tag der Einigung, nicht zu verstreichen, ohne daß etwas geschehe. Man werde am 1. September die Existenz des Unionsstaates verkünden – ohne jedoch Konsequenzen aus dieser Proklamation zu ziehen.

An die Union zwischen Ägypten und Libyen konnte nun auch Kathafi nicht mehr glauben. Durch Tricks werde er hingehalten, beklagte er sich vor seinem Rückflug nach Tripolis.

Wenige Tage später hatte Al Kathafi wieder der Gedanke gepackt, daß sein Aufgabengebiet eigentlich Cairo sei. Er teilte Sadat mit, die libyschen Studenten der Universität Alexandria hätten ihn gebeten, an Nassers drittem Todestag zu ihnen zu sprechen; diese Bitte wolle er erfüllen. Sadat antwortete, er selbst habe vor, an jenem Jahrestag vor dem Zentralkomitee der ägyptischen Staatspartei zu sprechen – es mache doch wohl einen schlechten Eindruck, wenn die beiden Präsidenten zur gleichen Zeit an verschiedenen Orten Reden hielten. Die beste Lösung wäre – so schlug Sadat ganz konkret vor –, wenn Kathafi sich während der Sitzung des Zentralkomitees neben ihn, den Redner, setzen würde. Am anderen Tag könne dann Kathafi immer noch zu den libyschen Studenten in Alexandria sprechen. Von Tripolis aus stimmte Kathafi zu, daß so verfahren werde.

Wie verabredet kam Moammar Al Kathafi an Nassers drittem Todestag, am 28. September 1973, wieder an den Nil. Er besuchte erst das Grab seines Vorbilds Nasser, dann fuhr er zu dessen Witwe, die über Kathafis Erscheinen überrascht war. Sie führte ein unauffälliges Leben und hatte in den drei vergangenen Jahren nur selten jemand empfangen. Frau Nasser folgte peinlich genau den Vorschriften des Koran. Sie durfte ihrem Gast nichts anbieten, denn der heilige Monat Ramadan hatte eben begonnen, der Fastenmonat. Den Moslems ist es während dieser Mondperiode jeweils von Sonnenaufgang bis Sonnenuntergang verboten, Getränke und Speisen zu sich zu nehmen. Kein Schluck Wasser, auch nicht zur heißesten Jahreszeit, ist erlaubt – und kein Zug aus der Zigarette. Sobald aber die Sonne im Westen untertaucht, ist die Fastenzeit des eben erlöschenden Tages zu Ende.

Die Mahlzeit nach den Stunden der Entbehrung wird als besonderes Fest gefeiert. Es ist die Pflicht des Moslems, Nachbarn und Freunde, die sich in der Nähe befinden, am Essen teilhaben zu lassen. Frau Nasser mußte Moammar Al Kathafi einladen – und er blieb tatsächlich zum Essen. Er brach damit jedoch eine andere Verabredung: Ausgemacht war, daß der libysche Revolutionsführer im Tahapalast auf Anwar As Sadat warten sollte. Kathafi aber traf zu spät, erst lange nach dem Essen bei Nassers Witwe, im Tahapalast ein. Er fand eine Notiz vor, Sadat sei bereits vorausgefahren zur Sitzung des Zentralkomitees der Partei. Kathafi solle einfach nachkommen, man werde ihn schon einlassen. Diese Notiz, formlos abgefaßt, empfand Kathafi als beleidigend. Er fuhr nicht zur Sitzung des Parteigremiums und ging Sadat überhaupt in dieser Nacht aus dem Weg. So zornig war er, daß er sich am folgenden Tag nicht um die libyschen Studenten der Universität Alexandria kümmerte. Sie warteten vergeblich auf den Revolutionär, der versprochen hatte, eine Rede zu halten. Kathafi verließ Ägypten bereits in den frühen Morgenstunden.

So unbedeutend dieser Vorgang auch erscheinen mag, er hinterließ tiefe Spuren. Der Libyer hatte das Empfinden, nicht ernst genommen zu werden vom Präsidenten am Nil. Sein Zorn war noch keineswegs verraucht, da mußte er am 6. Oktober erfahren, daß Anwar As Sadat den Angriff auf israelische Stellungen am Suezkanal befohlen hatte, ohne ihn um Rat zu fragen, ohne ihm auch nur ein Wort von den Kriegsvorbereitungen zu sagen. Mit Erstaunen vernahm Kathafi die Meldungen von der Überwindung des Suezkanals, vom geglückten Stoß durch die Bar-Lev-Linie, die einen dichten Stellungsriegel im Osten des Suezkanals bildete. Ahnungslos war er gewesen, obgleich er sich doch wenige Tage zuvor in Cairo aufgehalten hatte. Tatsächlich hatte Kathafi den ägyptischen Präsidenten oft gereizt mit dem Vorwurf, die Ägypter redeten nur große Worte vom Krieg, dächten aber in Wirklichkeit gar nicht daran, auch nur einen wirkungsvollen Schuß abzugeben. Sadat hatte auf die Provokationen immer nur lächelnd und mit der Versicherung reagiert, eines Tages werde Kathafi erkennen, wie ernst ihm der Gedanke, den Heimatboden zu erobern, sei.

Die Überraschung war eingetreten. Kathafis Zorn flammte wieder auf. Daß vor ihm, dem Partner im beschlossenen ägyptisch-libyschen Unionsstaat, Rüstung, Training und Angriffstermin verschwiegen worden waren, mußte er als Gipfel aller Beleidigung empfinden – hatte er doch den Anspruch erhoben, Oberbefehlshaber der gemeinsamen Streitkräfte zu werden. Ganz offensichtlich besaßen Sadat und die ganze Clique am Nil kein Vertrauen zu ihm, verachteten ihn sogar. Trotzdem überwand der Libyer seine Enttäuschung: Er wollte auch teilhaben an diesem glorreichen Augenblick arabischer Geschichte – hatte doch seit Saladin kein arabischer Feldherr mehr eine derartig entscheidende Schlacht gewagt. Kathafi bot Sadat an, er werde Truppen und Waffen an den Suezkanal schicken. Der ägyptische Präsident, der zugleich Oberbefehlshaber der angreifenden Armee war, lehnte das Angebot ab mit dem Argument, die Eingliederung fremder Verbände in eine bestehende Schlachtformation schaffe nur Verwirrung. Nun fühlte sich Kathafi auch noch ausgestoßen aus dem Kreis derer, die dabei waren, Arabiens Ehre zu retten.

Für den tief verletzten Moammar Al Kathafi gab es künftig keine Brücke mehr zu Sadat, die eine Verständigung möglich gemacht hätte. Von nun an versuchte er mit Gewalt und List, Anwar As Sadat zu stürzen – wenn möglich, ihn töten zu lassen. Er schickte Männer nach Ägypten, die bereit waren, brutale Morde auszuführen, Einheiten der Armee zum Putsch aufzuwiegeln, die Bevölkerung gegen Sadat aufzuhetzen. Kathafi blieb seinem Ziel treu: Er wollte Fuß fassen am Nil.

Die Rivalität zwischen Kathafi und Sadat wurde zu einem der festen Faktoren der Politik im Nahen Osten. Sie stießen sich gegenseitig ab. Ihre Entscheidungen trieben die Positionen ihrer Länder zu extremen Polen: Wandte sich Sadat ohne Vorbehalt den USA zu, so bewarb sich Kathafi fortan um Unterstützung durch die UdSSR. Die Kremlführung, immer auf der Suche nach Brückenköpfen in arabischen Ländern, gab sich hilfsbereit. Der Strom an Waffen, der zunächst nur spärlich nach Libyen geflossen war, schwoll an, als Breschnjews Berater begriffen, daß der Moslem Kathafi ein vertrauenswürdiger Partner sein konnte, obgleich er für den atheistischen Kommunismus weiterhin nichts übrig hatte. Sadat aber, der Moskaus Beteiligung an seiner Politik in der Zeit nach dem Oktoberkrieg ablehnte, erhielt nicht einmal mehr Ersatzteile für die sowjetische Ausrüstung seines Heeres. Für lange Zeit waren die Ägypter nicht in der Lage, an einen Einsatz ihrer Truppen zu denken.

Kathafi aber konnte sich darauf vorbereiten, wagemutige Abenteuer zu begehen. War ihm der direkte Weg zum Nil verschlossen, so nahm er eben einen Umweg in Kauf. Er mußte lange warten, bis die Konstellation dafür günstig war. Doch dann konnte er fast unbeobachtet den Angriff vorbereiten.

Dem Flächenstaat Libyen schließt sich im Süden ein Land ähnlicher Dimension an: die Republik Tschad. Sie ist von Menschen bewohnt, die sich zum Islam bekennen. Eine Chance, um im Tschad politisch aktiv zu werden, ergab sich für Moammar Al Kathafi im Dezember 1980. Gegen den Präsidenten Gukuni Weddei putschte der Verteidigungsminister Hissene Habre. Die Gründe für seinen Aufstand waren persönlicher Art: Hissene Habre wollte der mächtige Mann im Tschad werden. Seine Hoffnung, daß alle Einheiten der Armee seinem Aufruf folgen würden, zerschlug sich jedoch: Starke Verbände blieben dem legitimen Präsidenten Gukuni Weddei treu. Aufspaltung der Armee war die Folge. Die Armee-Einheiten bekämpften sich untereinander. Im Tschad entbrannte ein Bürgerkrieg.

Als sich eine Entscheidung zugunsten des Verteidigungsministers anzubahnen schien, da bat Präsident Weddei den Chef des Nachbarlandes Libyen um Hilfe. Kathafi gab noch am selben Tag seiner Panzertruppe den Befehl, in Richtung Süden abzurücken.

Schon einmal hatte sich die libysche Armee in eine Auseinandersetzung hineinziehen lassen, die undurchsichtig und damit gefährlich war. Um den Sturz des Diktators von Uganda, Idi Amin, aufzuhalten, hatte Kathafi seine Eingreifreserve an den Ursprung des Weißen Nil geschickt. Sie war zerrieben worden in Stammeskriegen, in denen kein Fremder die Fronten erkennen konnte. Kathafi, der Abkomme einer Beduinenfamilie aus der Wüste, war den Intrigen der Politiker am großen Fluß nicht gewachsen gewesen. Seine Soldaten halfen an einem Tag den Kämpfern des Diktators und mußten am nächsten Tag feststellen, daß sie von Amins Leuten beschossen wurden, die sich demoralisiert auf dem Rückzug befanden. Die Libyer waren wieder aus Uganda abgezogen mit der Erfahrung, daß nur eine Art Menschen gefährlicher ist als Soldateska auf der Flucht – und diese eine Art besteht aus besoffener Soldateska auf der Flucht.

War der Ugandakonflikt undurchsichtig, so glaubte Kathafi im Tschad überschaubare Fronten anzutreffen, die jeweils von den Kontrahenten Präsident und Verteidigungsminister kommandiert wurden. Er behielt recht. In diesem normalen Konflikt begann sich die stärkere Seite durchzusetzen: Die Libyer gaben den Ausschlag. Die Einheiten des Verteidigungsministers wurden nach Südosten abgedrängt, auf die Grenze des Sudan zu.

Dschafar An Numeiri erkannte mit Sorge die Strategie, die hinter dem libyschen Einsatz im Tschad verborgen war. Die ständig wachsende Panzerarmee Kathafis schickte sich an, in einer mächtigen Zangenbewegung die Wüste zu durchstoßen, um bei Khartum den Nil zu erreichen. Die libysche Propaganda machte kein Hehl daraus, daß sich der Revolutionsführer entschlossen habe, Numeiri, den Freund Sadats, für seine Unterstützung des Ägypters zu bestrafen. Numeiri wurde von Kathafi als Verräter bezeichnet, weil er Sadats Friedenspolitik gutgeheißen hatte.

Die libysche Armee war gerüstet für die Offensive in Richtung Nil. Von Leonid Breschnjew hatte Kathafi die notwendigen Waffen erhalten: Panzer und Mittelstreckenraketen standen ihm in großer Zahl zur Verfügung. Im Frühjahr 1981 verfügte die libysche Armee über doppelt so viele Panzer wie die Ägypter und die Sudanesen zusammengenommen. Kathafis Panzerarmee war für einen offensiven Feldzug über weite Strecken ausgestattet: Sie besaß mehrere hundert schwere Transportfahrzeuge, die mit Panzern beladen werden konnten. Die Libyer hatten offenbar aus deutschen Erfahrungen gelernt: Generalfeldmarschall Rommel hatte während der Wüstenoffensiven des Zweiten Weltkriegs darüber geklagt, daß ihm Transportfahrzeuge fehlten, die Panzer unter sparsamer Verwendung von Treibstoff an den Einsatzort bringen könnten und die vor allem auch zur Bergung leicht beschädigter Fahrzeuge zu verwenden waren. Europäische Spezialfirmen hatten Kathafi die Sattelschlepper geliefert.

Daß die libysche Präsenz im Tschad, der eine lange Grenze zum Sudan besitzt, für das Regime des Präsidenten im Palast am Blauen Nil in Khartum gefährlich werden konnte, war im April und im Mai 1981 aus sudanesischen und ägyptischen Geheimdienstberichten zu ersehen. Die beiden Verbündeten Sadat und Numeiri sprachen am 13. Mai ihre gemeinsame Abwehrstrategie ab. Sie wollten dem libyschen Angriff zuvorkommen. Die sudanesische Panzertruppe die bei Omdurman am Nil stationiert war, bekam den Befehl, sich auf den Abmarsch vorzubereiten. Als Ziel der Operation wurde angegeben: Vereinigung mit den Verbänden des Hissene Habre, die im Grenzgebiet von Sudan und Tschad Stellung bezogen haben; danach seien die libyschen Panzerkolonnen zu vernichten, die bei der Verfolgung der Getreuen des Verteidigungsministers die Wüsten durchquerten. Die Absprache mit den Ägyptern sah vor, daß wenige Tage nach Beginn der sudanesischen Attacke vom Nildelta aus ein Entlastungsangriff erfolgen sollte, der auf die Cyrenaika gerichtet sein müsse.

Moammar Al Kathafi gewann zu diesem Zeitpunkt die Überzeugung, die Vereinigten Staaten hätten dem ägyptisch-sudanesischen Präventivschlag und der Doppeloffensive zugestimmt. Von der Regierung der Vereinigten Staaten erwartete er nur noch üble Schläge; die persönliche Feindschaft zwischen Moammar Al Kathafi und Ronald Reagan war bereits ausgebrochen. Als dann libysche und amerikanische Kampfflugzeuge über der Syrte, die von Kathafi als rein libysches Mittelmeergewässer betrachtet wird, Luftkämpfe ausfochten, da fürchtete der libysche Revolutionsführer, die Regierung der USA sei Partner in einem abgekarteten Spiel. Die Anwesenheit der amerikanischen Mittelmeerflotte in der Syrte schätzte Kathafi als sicheres Anzeichen dafür ein. Er rechnete mit dem baldigen Überfall.

Der sudanesische Staatschef selbst hatte Hinweise darauf gegeben, daß ein Plan bestand zum Krieg gegen Libyen. Am 9. Juni war Numeiri bei einer Massenkundgebung der Staatspartei erschienen, um eine improvisierte Rede zu halten. Moammar Al Kathafi, so hatte Numeiri gebrüllt, sei ein Feind der Menschen am Nil: »Gegen diesen Feind wird der Sudan Krieg führen, wenn er nicht damit aufhört, uns zu bedrohen. Niemand soll sich wundern, wenn ich selbst in der ersten Reihe der Front diesen Kampf anführe. Wir müssen das Nilland vor diesem Verrückten bewahren!«

Ein innerarabischer Konflikt zeichnete sich ab, der über die Grenzen der Nilregion hinauszubranden drohte: Der syrische Staatspräsident Hafez Assad versprach dem Libyer Hilfe, wenn er vom Sudan aus angegriffen werde, wenn Ägypten die Cyrenaika-Offensive beginne. Syrische Luftlandetruppen standen bereit, um nach Libyen geflogen zu werden. Hafez Assad sagte zu, seine Panzerfahrer der libyschen Truppe zur Verfügung zu stellen, wenn sie unter Mangel an ausgebildetem Personal leiden sollte.

Diese Geste des Staatschefs in Damaskus veranlaßte wiederum Anwar As Sadat zu scharfer Stellungnahme. Er kündigte an, daß die Armeen der Länder der Niltals gemeinsam jeder Aggression begegnen würden. Aus seinen Worten war nun auch die Möglichkeit eines Präventivschlags herauszulesen.

Fronten hatten sich gebildet: Libyen und der Tschad, gestützt von Syrien, standen in Konfrontation zu den zwei Nilländern. Das Niltal, dem Sadat hatte den Frieden bringen wollen, war in Gefahr, von Krieg überzogen zu werden. Unsicher war die Abschätzung des Verhaltens der Großmächte: Sie galten ebenfalls als Gegner in einem möglichen offenen Konflikt. Sowjetische Militärberater dienten in großer Zahl im Rahmen der libyschen Streitkräfte – Soldaten der Vereinigten Staaten trainierten sudanesische Panzerfahrer und Artilleristen. Brach erst der offene Kampf aus, konnten sie kaum abseits stehen.

Der Konflikt erhielt im August 1981 eine dramatische Nuance. Moammar Al Kathafi sorgte für eine Überraschung, die in den Präsidentenpalästen von Khartum und Cairo mit Bestürzung aufgenommen wurde. Sadat und Numeiri mußten mit einer zweiten Front rechnen. Moammar Al Kathafi verbündete sich mit dem Regime in Äthiopien. Mengistu Haile Mariam, der mächtige Mann am Ursprung des Blauen Nil, erklärte sich zum Gegner der Regierungen in Khartum und Cairo.

Für August 1981 hatten sich die Präsidenten von Äthiopien und Südjemen zu einer ihrer regelmäßigen Besprechungen verabredet. Mengistu Haile Mariam und Ali Nasser Mohammed trafen sich häufig, um gemeinsam über Probleme zu beraten, die beide Staaten berührten. Die Territorien stoßen beinahe zusammen: Äthiopien und Südjemen sind voneinander nur durch den Ausgang des Roten Meeres in den Arabischen Golf, durch die schmale Wasserstraße Bab Al Mandeb, getrennt.

Eine starke Klammer zwischen beiden Staaten bildet ihre Bindung an die Sowjetunion. Südjemen und Äthiopien erhalten Waffen aus sowjetischer Produktion, ihre Regime werden durch die Kremlführung gestützt und können mit der Hilfe von Spezialisten militärischer und ziviler Fachgebiete rechnen. Daß die Sowjetunion auf Abstimmung der Bedürfnisse beider Länder drängte, ist einzusehen. Die Nachbarstaaten werden aus denselben Waffenlagern, Hilfskassen und aus demselben Stamm von Spezialisten bedient. Weisen ihre Entwicklungsprogramme gleiche Merkmale auf, kann die Verwaltung der Entwicklungshilfe in Moskau vereinfacht werden.

Das Treffen zwischen Mengistu Haile Mariam und Ali Nasser Mohammed Mitte August 1981 war als Routinebesprechung geplant. Doch kaum war das Flugzeug des Oberstleutnants aus Äthiopien in Aden, in der Hauptstadt des Südjemen, gelandet, da schwebte auch ein Flugzeug aus Libyen auf die Landebahn ein. Ihm entstieg Moammar Al Kathafi, der sich entschlossen hatte, seine Abneigung gegen Marxisten zu überwinden. Er sah sich als Vorkämpfer in der Abwehrfront gegen die »Freunde der USA am Nil« – er war auf der Suche nach Verbündeten. Ein wichtiger Faktor verband den libyschen Revolutionsführer mit Mengistu Haile Mariam und mit Ali Nasser Mohammed: Auch Moammar Al Kathafi war ein Kunde der sowjetischen Waffenschmiede.

Die Initiative zum Dreierpakt ging vom Libyer aus. Er sprach über das gemeinsame Ziel, der Vernichtung des amerikanischen Imperialismus, der noch immer die Dritte Welt zu beherrschen versuche. Dieser Imperialismus mache sich breit in Afrika; er kontrolliere den größten Teil des mächtigsten Flusses der Welt. Zwischen Äthiopien und Libyen bilde dieser Nil, überwacht von den Freunden des Westens, eine Barriere. Revolutionäre Regime aber sollten sich wehren gegen Barrieren, die sie trennen.

Die eher schweigsamen Staatschefs von Äthiopien und Südjemen ließen sich einfangen von der Eloquenz des Libyers. Als er dann noch versprach, den beiden armen Staaten finanziell zu helfen, da brach ihr Vorbehalt gegen einen Pakt zur Festigung der Freundschaft und der gegenseitigen Hilfe zusammen. Beide, Mengistu Haile Mariam und Ali Nasser Mohammed, waren dankbar für Geld aus Libyen: Waffenlieferungen mußten bezahlt werden. Die Sowjetunion war zwar gerne bereit, Panzer, Kampfflugzeuge und Raketen in die von ihr abhängigen Länder auf den Weg zu bringen – doch sie bestand auch darauf, daß die Zahlungen dafür pünktlich und in harter Währung erfolgten.

Moammar Al Kathafi reiste nach Tripolis zurück im Bewußtsein, den Gegnern in Khartum und Cairo eine herbe Niederlage beigebracht zu haben. Daß Südjemen Partner im Pakt war, galt ihm als nebensächlich. Wichtig war ihm vor allem, das Land am Ursprung des Blauen Nil auf seine Seite gebracht zu haben. Dschafar An Numeiri befand sich künftig zwischen der Zange: Vom Tschad und von Äthiopien aus konnte er bedroht werden.

Anwar As Sadat handelte schnell: Er proklamierte den Zusammenhalt des Niltals im Falle der Verteidigung gegen Bedrohung von außen – und er schickte Infanterieverbände nach Khartum. Die ägyptische Luftwaffe, so versprach Anwar As Sadat, stehe dem sudanesischen Oberkommando zur Verfügung, wenn Anzeichen einen Angriff libyscher Kampfflugzeuge möglich erscheinen lassen.

Dschafar An Numeiri teilte darauf seinem Protektor Sadat mit, die Libyer hätten bereits Dörfer in Grenznähe angegriffen. Mit jeder Stunde wachse die Gefahr der direkten Aggression. Dies sei jedoch noch nicht alles: Auch im Innern wachse die Unruhe. Er habe sich schon veranlaßt gesehen, achttausend Personen in Lager sperren zu lassen; sie hätten als Kathafis Fünfte Kolonne wirken wollen. Es handle sich dabei durchweg um Kommunisten.

»Die Menschen des Niltals sind jetzt der schlimmsten Bedrohung ausgesetzt. Der Kommunismus will ihr Leben verändern, will sie zu Sklaven machen.« Diese Klage des ägyptischen Präsidenten wurde in Washington wohl vernommen. Sie war auf Ronald Reagan abgestimmt, der fest überzeugt ist, Moskau sei von expansiven Absichten getrieben und wolle seine Macht auch in der Arabischen Welt ausdehnen. Aus Washington wurde Sadat mitgeteilt, das State Department sei dankbar, wenn er jemand schicke, der die verwirrenden Ereignisse im Sudan und an seinen Grenzen interpretieren könne.

In den letzten Septembertagen des Jahres 1981 schickte Sadat seinen Vizepräsidenten Hosni Mubarak nach Washington. Er hatte den strikten Auftrag zu warnen, der Krieg am Nil stehe unmittelbar bevor – wenn nicht der libysche Aggressor durch eine Geste des amerikanischen Präsidenten, die Entschlossenheit beweise, abgeschreckt werde. Mubarak bat Reagan im Namen Sadats, den Sudan vordringlich mit Waffen zu beliefern. Der Vizepräsident war angewiesen, ausdrücklich diese Worte Sadats zu übermitteln: »Wir verlangen gar nicht, daß die USA uns verteidigen. Wir benötigen weder Basen der USA auf unserem Boden, noch wollen wir, daß unseretwegen die amerikanische Eingreifreserve alarmiert wird. Wir bitten nur darum, daß uns die USA Panzer, Flugzeuge und Raketen geben, damit wir uns selbst wehren können, wenn wir überfallen werden. Ägypten und der Sudan bilden das Bollwerk gegen den Kommunismus im Nahen Osten.«

Einen Tag vor der lange geplanten Militärparade des 6. Oktober 1981 kehrte Hosni Mubarak aus Washington zurück. Er hatte für den Flug die Sondermaschine des Präsidenten benützt. Erklärungen gab er nicht ab bei der Ankunft. Vom International Airport Cairo aus trug ihn der Hubschrauber, der von Nixon einst Sadat geschenkt worden war, über den Vorort Heliopolis, über die Stadt und die Brücken hinweg, zum Landeplatz, der am Haus des Präsidenten über den Nil vorgebaut ist.

Im Arbeitszimmer mit Blick auf den Fluß erfuhr Anwar As Sadat, daß Ronald Reagan bereit sei, den Sudan mit wirkungsvollen Waffen, und auf Kredit, auszurüsten – jedoch nur, wenn Sadat für die Stabilität des derzeitigen Regimes in Khartum garantiere. Mubarak übermittelte an seinen Staatschef die Befürchtung des Außenministers Alexander Haig, die Sowjetunion könne irgendwann in absehbarer Zeit von den amerikanischen Waffenlieferungen profitieren. Ehe moderne Waffensysteme den Sudan erreichten, müsse Vorsorge getroffen werden gegen eine Machtübernahme durch die in Khartum noch immer heimlich wirksame kommunistische Partei. Unter keinen Umständen dürfe die Katastrophe eintreten, daß die von den USA gelieferten Waffen einer kommunistischen Regierung in die Hände fallen, die sie ohne Zweifel an die Sowjetunion zu analytischer Untersuchung ausliefern würde. Anwar As Sadat antwortete dem Vizepräsidenten, er werde wohl die geforderte Garantie geben müsse. Wenn überhaupt jemand die Hand über Dschafar An Numeiri halten könne, dann sei er dies ganz allein.

Mit diesem Gespräch in der Präsidentenvilla am Nilufer in Cairo endet Sadats politisches Wirken. Am folgenden Tag, am 6. Oktober 1981, treffen ihn die Kugeln der Attentäter. Noch während des Nachmittags wird Mubarak, bisher der Schatten Sadats, zum führenden Kopf des Regimes am Nil.

Innerhalb weniger Stunden verändert sich die politisch-psychologische Stimmung im Niltal radikal. Moammar Al Kathafi sieht keinen Anlaß mehr, Ägypten zu drohen, da der Mann tot ist, dessen Worte und Handlungen er als Beleidigung empfunden hat. Der Streit war auf die Personen bezogen gewesen. Er endet mit dem Tod einer Person.

Der neue Mann am Nil zieht sofort Konsequenzen: Mubarak weist die Chefredakteure des Rundfunks und der Zeitungen an, jede Art von Propaganda gegen arabische Regierungen zu unterlassen. Er teilt dem libyschen Revolutionsführer mit, daß keinerlei Absicht bestehe für einen Angriff gegen das Nachbarland. Dem sudanesischen Staatschef

Numeiri aber empfiehlt Mubarak, er möge aufhören, die Situation maßlos zu dramatisieren: Libyen habe keineswegs den Sudan angegriffen. Die Schießereien, die sudanesische Grenzposten wahrgenommen hätten, seien nur Ausläufer des Bürgerkriegs im Tschad gewesen, Gefechte zwischen Einheiten der streitenden Parteien – und damit harmlos für den Sudan. Numeiri wurde darauf hingewiesen, daß es unklug sei, eine äußere Bedrohung vorzugaukeln, um innere Probleme des Sudan zu vertuschen.

Dschafar An Numeiri steckt die Rüge ein, obgleich er überzeugt ist, daß sein Land nur mit Glück der Gefahr einer Invasion entgangen ist. Nach seiner Meinung ist der Sudan noch keineswegs in Sicherheit. Doch da er angewiesen ist auf den Staatschef Ägyptens, schweigt er. Aus Numeiris Mund sind keine Klagen mehr zu hören, der Sudan sei durch Libyen gefährdet. Keinen Widerspruch aber findet der Sudanese, wenn er die Sorge beschwört, die dem Niltal aus dem Süden, aus Äthiopien, drohe.

Der Tod hat eine Atempause, hat Aufschub verschafft. Doch er hat Spannungen nicht gelöst, die Tradition besitzen, die historisch gewachsen sind. Da die Konflikte im Land am Nil eng mit Personen verbunden sind, hat Sadats Ende ein Vakuum entstehen lassen, in dem sich neue Polarisierungen aufbauen können. Die vom libanesischen Politiker Jumblat erkannte Gesetzmäßigkeit gilt, daß jeder, der die Macht ausübt, am Nil zum Pharao werden muß.

Der neue Pharao erbt die Konflikte, die auch in der Zeit des Aufschubs weiterschwelen. Er wird sich damit befassen müssen, daß die Menschen der Wüste anders denken als die vom Fluß – daß selbst die Menschen des Niltals aus unterschiedlichen Völkern bestehen, die aus geschichtlicher Erfahrung einander nur begrenzt trauen.

Das Mißtrauen wird sich in Zukunft verstärken, wenn die Politiker der Völker am oberen Nil erst erkannt haben, welche Auswirkungen die rapide Zunahme der Bevölkerung in Ägypten haben wird. Präsident Mubarak stellte am 13. Februar 1982 fest: »Heute leben am ägyptischen Teil des Nil 44 Millionen Menschen. Im Jahr 2000, also schon in 18 Jahren, werden es bereits siebzig Millionen sein. Diese Zahl wird sich ein Vierteljahrhundert später auf 140 Millionen verdoppelt haben. Kein Mittel der Geburtenkontrolle ist bisher von unserem Volk angenommen worden. Wir haben damit zu rechnen, daß wir die Riesenanzahl an Menschen ernähren müssen.« Mubarak sagt klugerweise nicht, welche Konsequenzen sich daraus ergeben. Doch sie sind erkennbar: Ägypten wird einen höheren Anteil am gesamten Nilwasser fordern. Ägypten wird verlangen, daß Äthiopien und der Sudan auf Staudamm-projekte verzichten. Der Streit ums Nilwasser ist nicht zu vermeiden.

Zur Zeit der Pharaonen hieß der Nil »der Fluß, der aus der Schwärze kommt«. In dieser Schwärze der Region, um den Nilursprung, wohnen Menschen, deren Lebensart den Ägyptern fremd ist. Sie sind weder Moslems noch Araber – sie stehen außerhalb des Kulturkreises von Sonnenbarke und Halbmond. Ihr Gebiet, das Land der Schwärze, Äthiopien, wird immer mit Argwohn betrachtet werden.

# Die Geschichte von der Niederlage des Zauberers aus Äthiopien

Das Britische Museum in London besitzt einen Papyrus – er trägt die Archivnummer 604 –, der ein Beweisstück dafür ist, daß dieser Argwohn seit Jahrtausenden besteht und das Denken der Menschen im Nildelta beeinflußt hat. Die Legende, die das Dokument erzählt, wurde aufgeschrieben in der zweiten Hälfte des 1. Jahrhunderts n. Chr. – doch ihr Ursprung geht weit in die pharaonische Geschichte zurück:

»Es begab sich einmal zur Zeit des Pharao Mench-pa-Re, Sohn des Amon, der ein wohltätiger Herrscher des ganzen Landes war, daß Ägypten Überfluß hatte an allen guten Dingen. Er gab großzügig Geschenke, und er ließ Arbeiten ausführen an den Tempeln Ägyptens.

Eines Tages geschah es, daß der Häuptling im Lande der Schwärze in einer Laube ruhte. Da hörte er drei Fürsten Äthiopiens untereinander reden. Der eine von ihnen sagte mit lauter Stimme: Ich möchte meinen Zauber hinab nach Ägypten werfen und bewirken, daß das Volk von Ägypten drei Tage und drei Nächte nur das Licht der Öllampen zu sehen bekäme. Ein zweiter sagte: Ich möchte meinen Zauber hinab nach Ägypten werfen und bewirken, daß das Land dort drei Jahre lang nicht fruchtbar ist. Der dritte der Äthiopier aber meinte: Ich möchte meinen Zauber hinab nach Ägypten werfen und bewirken, daß der Pharao von Ägypten ins Land der Schwärze geholt wird, damit er hier verprügelt werden kann.

Als der Häuptling im Lande der Schwärze die Worte der drei Fürsten aus Äthiopien gehört hatte, da schickte er Diener, daß man die drei herhole. Dann sagte er zu ihnen: Wer ist es, der gesagt hat, er wolle seinen Zauber hinab nach Ägypten werfen und wolle die Menschen am unteren Fluß drei Tage und drei Nächte lang kein Licht sehen lassen?

Einer antwortete: Ich bin es. Dann fragte der Häuptling: Wer ist es, der gesagt hat, er wolle seinen Zauber hinab nach Ägypten werfen, damit das Land am unteren Fluß drei Jahre nicht fruchtbar sei? Der zweite antwortete: Ich bin es. Dann lautete die Frage: Wer hat gesagt, er wolle seinen Zauber hinab nach Ägypten werfen und damit den Pharao ins Land der Schwärze holen, damit er hier verprügelt werde? Der dritte antwortete: Ich bin es.

Da sagte der Häuptling im Lande der Schwärze zum dritten: Wende ihn an, deinen Zauber. Wenn das Werk deiner Hand gelingt, so soll dir eine Fülle an Gutem widerfahren. Daraufhin formte der dritte aus Wachs eine Trage mit vier Trägern. Er sprach einen Zauberspruch über die Träger, hauchte ihnen Atem ein und machte sie lebendig. Dann befahl er ihnen: Reist schnell hinab auf dem Fluß und bringt den Pharao von Ägypten herauf. Die Zaubergeschöpfe des Äthiopiers eilten bei Nacht hinab nach Ägypten. Sie holten den Pharao Mench-pa-Re aus seinem Palast und brachten ihn ins Land der Schwärze. Dort wurde er mit Peitschen gehauen und sofort zurück nach Ägypten gebracht.

Als der Morgen des folgenden Tages angebrochen war, da sagte der Pharao zu den Beamten seines Hofes: Was ist in Ägypten geschehen, während ich fern war. Die Beamten antworteten verwirrt, weil sie glaubten, er sei von Sinnen: Gesundheit, Gesundheit, o Pharao, unser großer Herr. Isis wird dich beschützen. Was ist die Absicht der Worte, die du zu uns gesprochen hast, o Pharao, unser Herr? Du liegst doch in deinem Schlafgemach im Palast.

Da stand der Pharao von seinem Lager auf und ließ die Beamten seinen Rücken sehen, auf dem sie Striemen erkannten. Er sagte: Jemand hat mich ins Land der Schwärze geholt, jemand hat mich geprügelt. Dann aber brachte man mich wieder herab nach Ägypten.

Als die Beamten den Rücken gesehen hatten, da öffneten sie ihren Mund zu lauten Klagerufen. Der Pharao aber befahl, daß der Oberste der Zauberer zu ihm komme. Dieser trat bald in das Schlafgemach des Pharao. Er stieß einen lauten Schrei aus und sagte: Mein großer Herr, das waren die Zauberer der Äthiopier, ich will sie in dein Haus der Marter und Hinrichtung schaffen lassen. Der Pharao antwortete: Beeile dich und sorge dafür, daß sie mich nicht noch einmal bei Nacht ins Land der Äthiopier bringen.

Der Oberste der Zauberer holte seine Bücher und Amulette zum Pharao. Er band ihm ein Amulett auf den Leib und las einen Zauberspruch über ihn, damit die Figuren der Äthiopier ohne Macht über den Pharao wären. Dann ging er vom Pharao weg, bestieg ein Boot und fuhr unverzüglich auf dem Fluß zum Tempel des Gottes Thoth. Er verrichtete ein Gebet, das so lautete: Wende dein Antlitz zu mir, o Thoth, mein Herr. Du bist es, der die Zaubersprüche erfunden hat. Du bist es, der den Himmel aufgehängt hat, der die Erde gegründet hat und die Unterwelt. O laß mich wissen, wie ich Pharao erretten kann vor den Zauberfiguren der Äthiopier?

Der Oberste der Zauberer des Pharao legte sich im Tempel zum Schlafen nieder. Er träumte, die Gestalt des großen Gottes Thoth rede zu ihm und spreche so: Wenn der Morgen gekommen ist, gehe in die Bibliothek des Tempels. Dort wirst du einen versiegelten Schrein finden. Darin liegt eine Papyrusrolle, die ich selbst geschrieben habe: ›Das Buch der Zauberkunst‹. Sie hat mich beschützt vor den Gottlosen, sie wird auch den Pharao beschützen vor den Zauberfiguren der Äthiopier.

Der Oberste der Zauberer des Pharao tat, wie ihm geheißen war. Dann schrieb er den Text, der auf der Papyrusrolle verzeichnet war, ab und ging unverzüglich zum Pharao. Über dessen Gestalt sprach er die Formeln aus dem ›Buch der Zauberkunst‹.

In der Nacht kamen die Zauberfiguren aus Äthiopien wieder den Fluß herabgefahren, doch sie konnten sich des Pharao nicht bemächtigen, weil er Amulette trug und durch magische Formeln geschützt war.

Am Morgen aber formte der Oberste der Zauberer des Pharao ebenfalls aus Wachs eine Trage und vier Träger. Er sprach eine Formel über die Träger, hauchte ihnen Atem ein und befahl ihnen folgendes: Ihr sollt dem Fluß folgen und sogar über seinen Anfang hinausreisen. Holt den Häuptling aus dem Land der Schwärze und bringt ihn her nach Ägypten.

Die Zauberfiguren, geschaffen vom Haupt der ägyptischen Magier, flogen, dem Fluß folgend, unter den Wolken des Himmels dahin. Sie erreichten das Land der Schwärze, fanden den Häuptling der Äthiopier und brachten ihn nach Ägypten, ins Haus der Marter und Hinrichtung, das sich in Memphis befand. Dort wurde er mit der Peitsche verprügelt. Noch in derselben Nacht reisten die Zauberfiguren mit ihm wieder auf geheimnisvolle Weise nilaufwärts.

Am Morgen erhob sich der äthiopische Häuptling, zerschlagen durch die Hiebe. Als die Hofbeamten seinen Zustand sahen, da öffneten sie ihren Mund zu lauten Klagen. Zum dritten der Fürsten aber, der seinen Zauber hinunter nach Ägypten geworfen hatte, sagte der Häuptling: Sorge dafür, daß ich aus der Hand der Ägypter erlöst werde. Doch alle Bemühungen des dritten der Fürsten waren vergebens: Noch zweimal wurde der Äthiopier von den Zauberfiguren nach Memphis ins Haus der Marter und Hinrichtung geholt.

Da sagte der Fürst, der magische Kraft besaß, zu dem so schwer Gepeinigten: Mein Herr und Herrscher, ich will selbst hinabreisen nach Ägypten, damit ich sehe, wer dort so kunstvoll die Zauberei ausübt. Ehe er aber das Versprechen wahrmachte, dem Magier in Memphis die Zauberkraft zu lähmen, ging er zu seiner Mutter, die sich ebenfalls in der magischen Kunst auskannte. Sie meinte: Sei auf der Hut vor den Ägyptern. Da du aber unbedingt hinabreisen willst, so sorge dafür, daß ich erfahre, wenn es dir schlecht geht.

Der Fürst aus Äthiopien sagte zu seiner Mutter, die eine Negerin war: Sollte es geschehen, daß ich mich in übler Lage befinde, dann wird dir ein Zeichen gegeben. Das Wasser, das du trinkst, wird die Farbe von Blut annehmen, und auch der Himmel über dir soll dieselbe Färbung haben. Dann begab er sich hinab nach Ägypten, und alle Zauberbücher, die er besaß, nahm er mit.

Am Hof des Pharao in Memphis angekommen, ließ der Zauberer, dessen Heimat das Land der Schwärze war, Feuer in das Haus fahren, in dem sich der Pharao gerade befand. Laut schrie der Herrscher auf, als er den Brand sah. Er verlangte in bösem Ton, daß ihm sein oberster Zauberer helfe. Der sorgte rasch für Abhilfe. Ein mächtiger Regenguß löschte das Feuer. Daraufhin sprach der Äthiopier Worte, denen die Gewalt innewohnte, ein Gewölbe aus Stein entstehen zu lassen, das die Weite einer Grabkammer besaß. Dieses Gewölbe umgab den Pharao und seine Höflinge. Nichts mehr konnten sie sehen von ihrem Land, und die Menschen ihres Landes sahen den Pharao und die Höflinge nicht mehr. Der Pharao blickte auf zum Himmel, doch er sah kein Gestirn. Vor Schreck schrie er laut auf. Der Oberste seiner Zauberer aber wußte wiederum Rat. Auf seinen Befehl hin erschien ein Schiff. Es segelte eher am Himmel als auf dem Fluß. Dieses Schiff nahm das Gewölbe aus Stein in sich auf und trug es fort. Schiff und Steingewölbe verschwanden im Fluß.

Da erkannte der Fürst aus Äthiopien, daß er der Kunst des Zauberers aus Ägypten nichts von gleicher Fertigkeit entgegensetzen konnte. Er besaß keine Formel mehr, um dem Pharao zu schaden. Machtlos war er, dem Tode preisgegeben. In dieser Stunde aber erfuhr die Negerin im Lande der Schwärze von der Bedrohung ihres Sohnes, denn das Wasser, das sie trinken wollte, färbte sich blutrot. Auch überzog sich der Himmel über ihr mit der Farbe des Blutes. Um rasch ihrem bedrängten Sohn helfen zu können, nahm sie die Gestalt einer Wildgans an und flog flußabwärts.

Der Oberste der Zauberer des Pharao aber war auf der Hut. Er entdeckte die Wildgans über dem Palast, sprach einen Zauber und bewirkte, daß sie sich nicht mehr bewegen konnte. Die Wildgans fiel zur Erde. Da wechselte sie erneut die Gestalt und wurde als äthiopische Frau erkennbar. Ausgeliefert war sie dem Pharao.

Sie bat darum, daß man sie am Leben lasse. Die Negerin sprach: Wenn der Pharao mir und meinem Sohn ein Schiff zur Heimfahrt geben möchte, so werden wir Ägypten nie wieder überfallen. Die Frau aus dem Land der Schwärze erhob die Hand zum Schwur, daß sie ihr Wort halten werde. Und ihr Sohn sprach: Zu keiner Zeit werden wir unsere Grenzen überschreiten. Für immer werden wir Ägypten in Frieden lassen.«

Vom Totenreich aus wache der Oberste der Zauberer des Pharao Mench-pa-Re darüber, daß die Bewohner des Landes am Heiligen Fluß ewig in Sicherheit leben können – so endet die altägyptische Legende von der Niederlage des Zauberers aus Äthiopien.

# Hunger und religiöser Eifer im Niltal

Aus dem äthiopischen Bergland wandern sie herunter: elende Gestalten, die Tücher um die mageren Leiber geschlungen haben. Familien, die auf der Flucht sind vor dem Hungertod. Ihre Heimat ist die Provinz Eritrea, nordwestwärts der Hafenstadt Massawa. Der Hunger dort hat zwei Ursachen: die Trockenheit – vor allem aber den Krieg, den die äthiopische Armee auf Befehl des Staatschefs Mengistu Haile Mariam gegen die Befreiungsbewegung in der Provinz Eritrea führt. Von Sonne und Granaten verbrannt sind die Felder der Familien. Die Hoffnung der Frauen, Männer und Kinder ist, zum einzigen frischen Wasser in der Region des nordöstlichen Afrika zu gelangen, an den Nil. Doch ihre Wanderung endet weitab vom Nil, in der Steppe, in einer Gegend, die den Namen Tukulubab trägt. Mehr als 600 Kilometer entfernt fließt das rettende Wasser. Durch Hunger und Krankheit entkräftet, müssen sie die Hoffnung aufgeben, den Nil zu erreichen.

Stunde um Stunde treffen Familien in der Steppe Tukulubab ein. Tausend Menschen überqueren an jedem Tag die äthiopische Grenze in Richtung Sudan. Viele sterben an Malaria, an Cholera, an Typhus, an Tuberkulose – wer tot ist, der wird, abseits vom Lagerplatz der Flüchtlinge, im Sand verscharrt.

Die sudanesische Regierung sieht keine Möglichkeit, den Hungernden zu helfen. Sie in das fruchtbare Land am Nil zu holen, wird gar nicht erst versucht, da im Sudan die meisten Transportmittel aus Benzinmangel stillstehen. Die Regierung ist aber auch darauf bedacht, Elend vom Nil fernzuhalten – hauptsächlich wenn die Elenden Christen aus Äthiopien sind. Dem Christentum soll keine Chance am oberen Nil gelassen werden.

Auch wer sich im Sudan zum christlichen Glauben bekennt – im

Gebiet südlich der Nilsümpfe sind die meisten Menschen Christen –, muß seit 1984 die Gesetze des Koran beachten. Mit Hieben wird bestraft, wer Bier, Wein und Whisky trinkt. Die Amputation der rechten Hand muß erleiden, wer als Dieb ertappt wird; jeweils mittwochs und freitags wird diese Strafe vollzogen, vom Arzt des Gefängnisses von Khartum. Die Einführung der islamischen Rechts- und Strafpraxis hat dem sudanesischen Präsidenten Dschafar An Numeiri die Unterstützung der meisten religiös orientierten Armeeoffiziere und der Mehrzahl der Politiker eingebracht.

Gegner der Anwendung streng islamischer Rechtsvorschriften aber sind in Gefahr, aufgehängt zu werden. Mahmud Mohammed Taha wurde auf Befehl des Präsidenten am 18. Januar 1985 zum Galgen geführt, mitten in der Stadt Omdurman am Nil. Der 76 Jahre alte Vorsitzende der Organisation »Republikanische Brüder« hatte öffentlich zu behaupten gewagt, der Prophet Mohammed habe einst angeordnet, ein überführter Dieb dürfe, zusätzlich zur Amputation der Hand, nicht auch noch mit einer Geldstrafe belegt werden. Mahmud Mohammed Taha war angeklagt worden, durch diese Behauptung das Verbrechen der »Ketzerei« begangen zu haben. Mit der Verkündung des Todesurteils hatte das Gericht festgesetzt, nach der Rechtslehre des Propheten Mohammed sei dem Schuldigen eine Frist von einem Monat zu gönnen; innerhalb dieser Frist könne Reue und Widerruf der ketzerischen Meinung zur Begnadigung führen. Präsident Numeiri aber strich persönlich diesen Zusatz im Urteil: Mahmud Mohammed Taha war sofort hinzurichten.

Die Mitglieder der Organisation »Republikanische Brüder« – verfolgt seit 1984 – bezeichnen sich selbst als gläubige Moslems. Numeiris Zorn haben sie sich zugezogen, weil sie die Forderung gestellt hatten, »im Lichte des Koran« seien Christen als den Moslems gleichberechtigt zu betrachten. Numeiri hält diese Forderung für Hochverrat an den Grundsätzen des islamischen Staates Sudan.

Die Entwicklung am oberen Nil wirkt sich am Unterlauf des Flusses aus: Bekennt sich der Sudanese Numeiri zum Koran als der Basis des Zusammenlebens der Menschen, dann muß sich der ägyptische Staatschef davor hüten, den Anschein zu erwecken, er lasse sich an Glaubenskraft und Glaubenseifer in den Schatten stellen. Die Geistlichen der Al-Azhar-Moschee haben mit Zustimmung zur Kenntnis genommen, daß Dschafar An Numeiri in Khartum vor einer riesigen Menschenmasse

Bierdosen und Whiskyflaschen in den Nil entleert hat. Sie erwarten für Ägypten ein Dekret des Präsidenten Mubarak, das ebenfalls alkoholische Getränke verbannt. Sie werden so lange über den »Herd der Unmoral mitten in Cairo« predigen, bis ein Gesetz auch den europäischen Mitgliedern des Gezira Sporting Club das gemeinsame Baden von Männern und Frauen verbietet.

Hosni Mubarak zögert, die Menschen seines Landes völlig den islamischen Gesetzen zu unterwerfen, aus Rücksicht auf die Millionen von Kopten in Ägypten, die an Christus und dessen Lehre glauben. Sie erkennen keinen religiös bestimmten Grund zum Verbot alkoholischer Getränke an, und sie weigern sich, daran zu glauben, Gott habe bestimmt, einem Dieb die rechte Hand zu amputieren.

Die Glaubenslehre der Kopten zu verachten, das kann sich Hosni Mubarak nicht leisten. Hunderttausende koptischer Händler, Fabrikanten und Techniker sorgen dafür, daß die Wirtschaft des Nillandes im Interesse aller Ägypter funktioniert. Mit Geduld haben die Kopten auf die Löschung des Dekrets gewartet, das ihr geistliches Oberhaupt, Papst Shenuda III., in ein abgelegenes Kloster der Wüste verbannt hatte. Am 4. Januar 1985 unterzeichnete Präsident Mubarak den Erlaß, der dem Koptenpapst gestattete, wieder in seinen Amtssitz und in seine Kathedrale nach Cairo zurückzukehren. Am 6. Januar, dem Weihnachtsfest der orthodoxen Kirche, feierte Shenuda III. mit Prunk das Ende seiner Verbannung.

Die Kopten preisen Mubarak für die Wiederherstellung der Würde ihres Papstes. Viele Moslems aber sehen ungern, daß Shenuda III. wieder »christlichen Irrglauben« predigen darf. Doch diese islamischen Gläubigen wurden zuvor schon für notwendiges Verständnis entschädigt: Am 22. September 1984 durften die Mitglieder der Organisation, die Sadats Ermordung geplant und durchgeführt hatten, Mubaraks Milde erfahren. Die meisten der 288 Angeklagten konnten Gerichtssaal und Gefängnis zur Rückkehr in ihre Familien verlassen. Nur 98 Männer erhielten Freiheitsstrafen zwischen sieben und fünfzehn Jahren. Kein einziges Todesurteil wurde ausgesprochen – obgleich der Staatsanwalt den Tod aller Angeklagten gefordert hatte. Selbst der Major Abud Abdel Latif Az Zomor, der führende Kopf derer, die das Attentat auf Sadat ausgeführt hatten, mußte nicht sterben. Er kann damit rechnen, in wenigen Jahren wieder in Freiheit zu leben – wie der Theologieprofessor Dr. Omar Ahmed Ali Abdel Rahman, der geistliche

Führer der Verschwörer, der 1981 die Parole ausgegeben hatte, Anwar As Sadat sei ein Feind der Religion und habe deshalb sein Leben verwirkt.

Die Männer hinter den Gitterstäben, die bis zur Decke des Gerichtssaals reichten, schrien Jubelrufe, als sie erkannten, daß der Vorsitzende kein einziges Todesurteil zu verkünden hatte. Allah, so brüllten sie im Sprechchor, habe ihnen geholfen. Die Einsicht des Präsidenten Mubarak dokumentiere einen Sieg des Islam. Die 190 Freigesprochenen leiteten aus dem Wunder des Urteils die Verpflichtung ab, den Kampf fortzusetzen. Nicht vergessen hatten sie während der drei Jahre Aufenthalt im Untersuchungsgefängnis den Artikel 5 der Verfassung, die sich ihre Organisation gegeben hatte: Der Artikel 5 verpflichtet zur Vernichtung der »Herrschaft des Heidentums« in Ägypten und zum Aufbau eines islamischen Staates.

Die Situation aller Länder im Niltal erleichtert den Gegnern des bestehenden Regimes die Agitation: Mit der schnellwachsenden Zahl der Menschen nimmt das Elend am Nil zu. Millionen gläubiger Männer sind überzeugt, daß mit menschlicher Kraft allein keine Abhilfe zu schaffen ist.

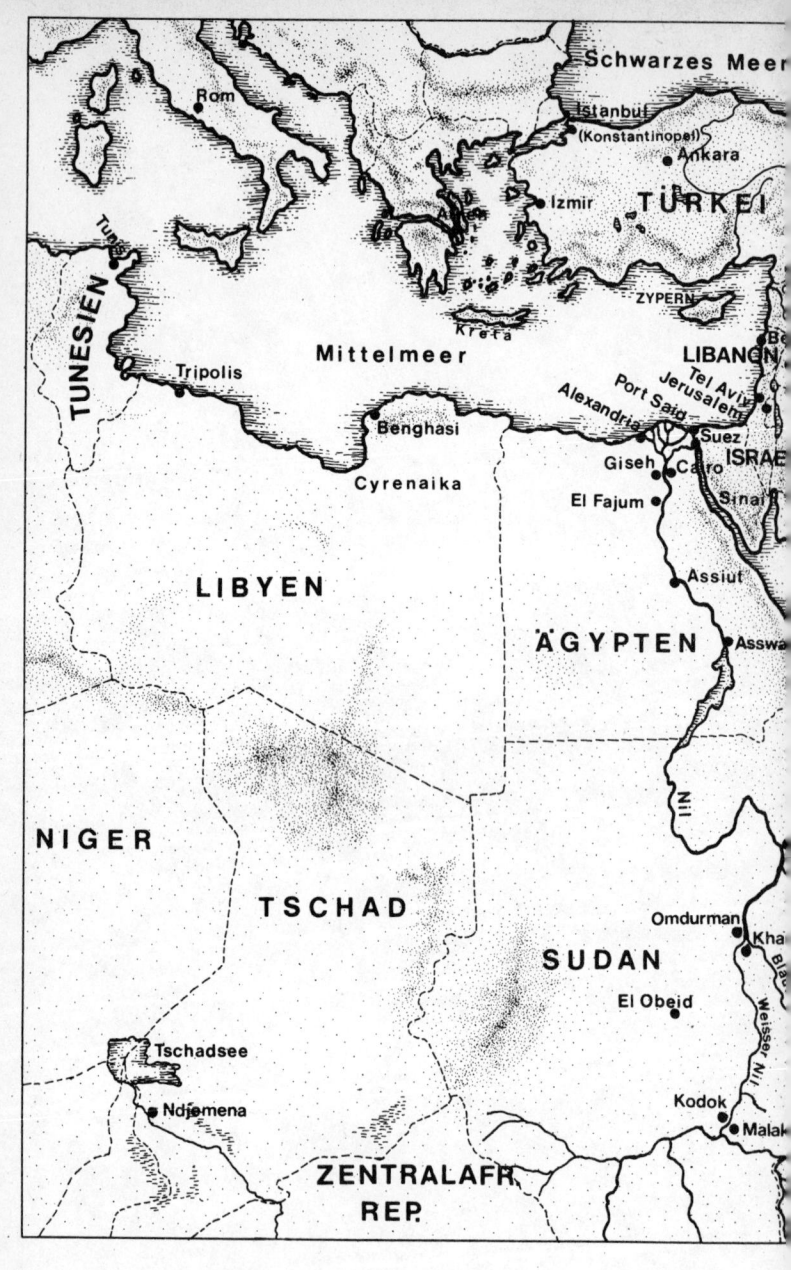

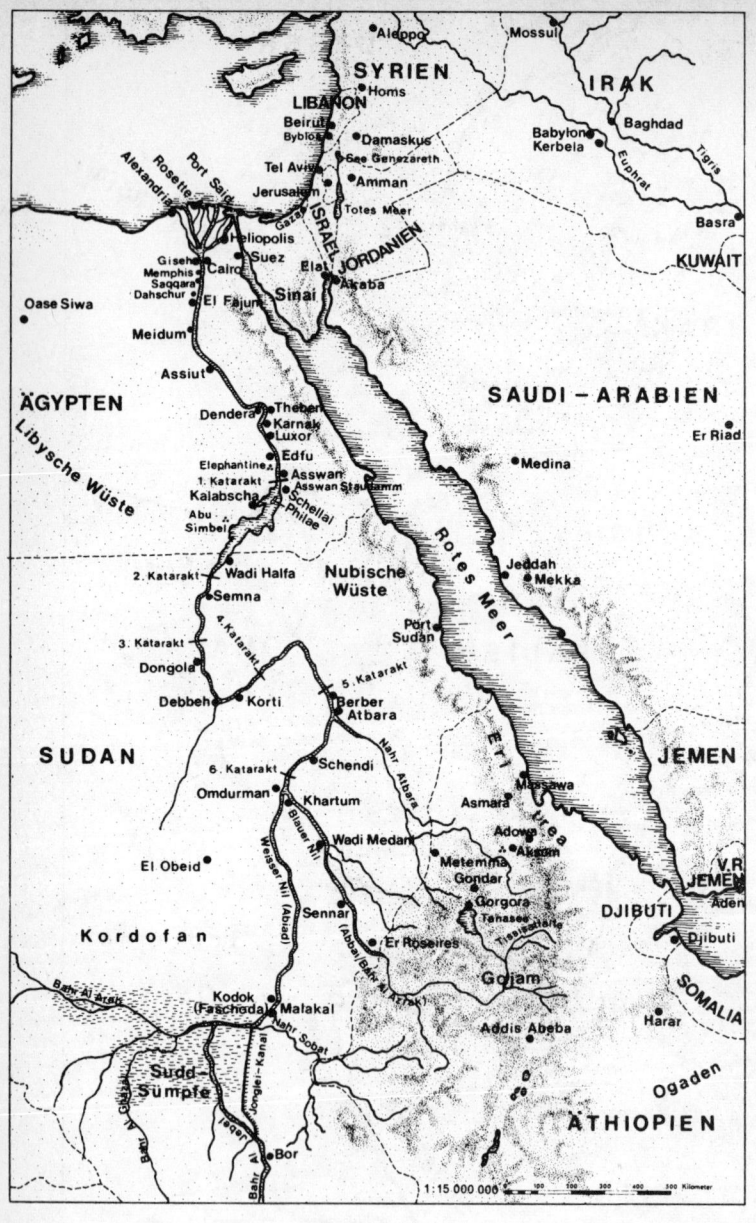

SUDAN

ÄTHIOPIEN

SOMALIA

Juba
Ismailia
(Gondokoro)
Obb

Mogadischu

Rudolfsee

Wadelai
Murchison-
fälle
Masindi
Kyogasee
Mt. Elgon

KENIA

Albert-
see

Aruwimi

Kongo

Ruwenzori
Semliki
UGANDA
Owenfälle
Jinja

Kampala

Mt. Kenia

Äquator

Edward-
see

Kagera

Victoria-
see

Nairobi

Kiwusee
Kigali
RUANDA

Uhuru

BURUNDI
Bujumbura

Kilimandscharo

Mombasa

Malagarasi

Ul. Ujiji

ZAÏRE

Tanganjikasee

Tabora

Mpwapwa

Sansibar
Bagemoyo

TANZANIA

Dar es Salam

Lualaba

Rukwasee

Mweru-
see

Bangweolo-
see

KOMOREN

Malagarasi

MALAWI

Njassasee

ZAMBIA
Cabora-Bassa

MOZAMBIQUE

Victoriafälle
Karibasee

Sambesi

ZIMBABWE

MADAGASKAR

BOTSWANA

1 : 15 000 000   0   100   200   300   400   500 Kilometer

# Register

# Gerhard
# Konzelmann

## Die islamische Herausforderung

384 Seiten, gebunden

Die USA und die westliche Zivilisation sehen sich von islamischen Ländern herausgefordert. Khomeni droht mit dem „Heiligen Krieg". Welche Kräfte werden hier freigesetzt? Warum steht der Westen dem Geschehen so hilflos gegenüber? Konzelmann liefert den Schlüssel zum Verständnis eines Dramas, das für den Rest dieses Jahrhunderts wahrscheinlich ausschlaggebend ist.

## Jerusalem

4000 Jahre Kampf um eine heilige Stadt
496 Seiten, gebunden

Gerhard Konzelmann, ein Meister der Erzählung und Detailschilderung, entwirft ein historisches Kolossalgemälde, in dem er Herrscher und Propheten, Politik und Kampf, Kulturen und Religionen im Kulminationspunkt Jerusalem zeigt. In keinem anderen Winkel der Erde hat die Geschichte solch unmittelbare Bedeutung für die aktuelle Politik erlangt. Wer die Gegenwart begreifen will, muß sich hier zwangsläufig mit der Vergangenheit auseinandersetzen. Ein spannendes, unverzichtbares Buch, das nicht zuletzt durch seine Objektivität besticht.

## Der unheilige Krieg

Krisenherde im Nahen Osten
512 Seiten, gebunden

Der Autor hat die Auseinandersetzung zwischen maronitischen Christen, Drusen und Moslems vor Ort miterlebt. Seit Jahren berichtet er für die ARD aus dem Libanon: über die Aktivitäten der PLO, das Eingreifen Syriens und Israels, das Engagement der Großmächte und das Auftreten Khomeini-treuer Schiiten, das eine neue Dimension in den Libanonkonflikt gebracht hat: Seither besteht ein Zusammenhang zum iranisch-irakischen Krieg, was eine Lösung der Probleme noch weiter erschwert. Eine schreckenerregende Schilderung aus erster Hand.

# Hoffmann und Campe